國家社科基金重大項目（10&ZD104）成果

宋代筆記研究叢書

戴建國 主編

筆記語境下的宋代信仰風俗

范熒 著

大象出版社
中原出版傳媒集團
中原傳媒股份公司
·鄭州·

圖書在版編目(CIP)數據

筆記語境下的宋代信仰風俗／范熒著．— 鄭州：大象出版社，2020.9（2021.5重印）
（宋代筆記研究叢書／戴建國主編）
ISBN 978-7-5711-0403-0

Ⅰ．①筆… Ⅱ．①范… Ⅲ．①宗教信仰-民間文化-研究-中國-宋代 Ⅳ．①B933

中國版本圖書館CIP數據核字(2019)第257252號

筆記語境下的宋代信仰風俗
BIJI YUJING XIA DE SONGDAI XINYANG FENGSU

范　熒　著

出 版 人	汪林中
責任編輯	成　艷
責任校對	李婧慧　毛　路　安德華　牛志遠
裝幀設計	王莉娟

出版發行	大象出版社（鄭州市鄭東新區祥盛街27號　郵政編碼450016）
	發行科　0371-63863551　總編室　0371-65597936
網　　址	www.daxiang.cn
印　　刷	洛陽和衆印刷有限公司
經　　銷	各地新華書店經銷
開　　本	720 mm×1020 mm　1/16
印　　張	31.5
字　　數	541千字
版　　次	2020年9月第1版　2021年5月第2次印刷
定　　價	89.00元

若發現印、裝質量問題，影響閱讀，請與承印廠聯繫調換。
印廠地址　洛陽市高新區豐華路三號
郵政編碼　471003　　　　電話　0379-64606268

序

戴建國

"宋代筆記研究叢書"係國家社科基金重大項目"《全宋筆記》整理與研究"的重要成果。

在中國古代,筆記作爲一種文體乃隨筆記事而非刻意著作之文,其以質樸、不事雕琢的特色生動呈現了古代社會生活的場景。筆記既有對社會重大事件的記録,也有對微觀生活的叙述,藴含着豐富的社會文化,是中國傳統文化寶庫中一顆璀璨的明珠。筆記文獻在文化史、社會史、學術史、科技史等領域的研究價值是其他文獻無法替代的。

宋代是中華民族燦爛文化創造的高峰期。陳寅恪先生云:"華夏民族之文化,歷數千載之演進,造極於趙宋之世。"宋代人文昌盛,經濟發達,對外交流極爲頻繁,儒、釋、道相容并包。有學者指出:筆記作爲獨具一格、隨筆記事的文體,長短不拘,輕鬆活潑,是古代文體解放的重要標志。這種文體在宋代文學史上占有一席之地,值得將其作爲獨立的文體門類進行學科性的探究。文體的解放與環境、寫作者意識的開放相關聯,不拘一格的筆記是精神環境相對寬鬆、士人文化勃興氛圍下發展的結果。

宋代的這些時代特色,在筆記中都有具體的記載和生動的反映。如北宋的《夢溪筆談》,記載了人類發展史上最早發明活字印刷術的畢昇,并記述了二百多條有關自然科學方面的内容,涉及數學、天文學、氣象學、地質和礦物學、物理學、灌溉和水利工程學、農藝學、醫藥和製藥學等。指南針發明後,我們的祖先將其運用於航海,大大便利了海上航行。朱彧的《萍洲可談》是現存最早記録這一活動的宋人筆記,書中記載:"舟師識地理,夜則觀星,晝則觀日,陰晦觀指南針。"

宋代處於海上絲綢之路的興盛時期,對此,宋人筆記亦多有記載。例如:周去非《嶺外代答》,保存有南海、南亞、西亞、東非、北非等地古國及交通方面的寶貴資料。成書於1225年的《諸蕃志》，記述了海外諸國的物産資源，其範圍東自日本，西極東非索馬里、北非摩洛哥及地中海東岸，内容詳贍，記載明晰。因相關不少國家、地區尚處於無文字時代，故此書記録尤顯珍貴，是研究中古時期中西交通、海上絲綢之路及東南亞、南亞、西亞、北非等地歷史風土的重要文獻。

中華民族是一個多民族組成的大家庭，宋人筆記也爲我們記述了多民族共同生活、共同書寫歷史的活動。如范成大《桂海虞衡志》生動真切地記載了宋代西南、海南各少數民族聚居地區的民俗風情及氣象地貌、礦産土物、民族特色、中外交通，乃至政治、經濟、文化、軍事等社會狀況，是極爲可貴的實録，給後人留下了以桂林爲中心的西南地區的歷史地理、社會學、人類學、民族學、民族史、中外關係史、中外貿易史、經濟史、生物學、農學、地質學等衆多領域的珍貴史料。

《夢溪筆談》《東京夢華録》《萍洲可談》《容齋隨筆》……這一部部鮮活的筆記，記録了我們先人的偉大發明創造，記録了我們民族認識世界、改造世界的活動，構成了我們民族記憶的瑰麗寶典。

"宋代筆記研究叢書"共計七部研究成果，從文史結合的角度多方位地探討了宋代筆記的文獻價值及所藴含的豐富的社會文化價值，將微觀考釋與宏觀論述相結合，探求唐宋時期社會文化繁榮和發展的歷史軌跡。

研究成果之一《全宋筆記書目提要》，是爲《全宋筆記》收録的宋人筆記逐一撰寫的學術提要。對相關筆記的作者、筆記内容、版本流傳、學術價值等詳加考訂，并吸收采納最新的研究成果，糾正文獻流傳過程中的訛誤，言簡意賅地反映了《全宋筆記》的基本面貌和學術研究成果，揭示出這些筆記的史料價值和學術意義。

研究成果之二《兩宋筆記研究》，通過對宋代筆記史料的全面搜集、梳理和辨析考訂，對筆記的源流和筆記概念的界定、筆記的數量及分類、筆記中之僞書問題、宋代筆記興盛的社會文化背景、筆記的撰寫體裁與史料來源、筆記的刊印傳布、筆記作者等諸多問題作了詳盡的論述。此成果在學界已有研究的基礎上，對宋人筆記作了更爲深入的研究，提出了一些新的見解。

研究成果之三《宋人筆記視域下的唐五代社會》，深入探討了筆記所反映的唐五代時期的社會生活。在傳世的宋代筆記中，有一部分保存有唐後期至五代社會生活的資料，具有獨特的史料價值，記錄了中唐以降至五代社會的深刻變化。這些變化顯著地體現在人們的飲食、住居、交通、婚姻、家庭、教育等方面。社會生活的變化是社會進步的標志，所有這些變化爲其後宋代社會經濟和文化的進一步繁榮打下了基礎。

　　研究成果之四《筆記語境下的宋代信仰風俗》，認爲經歷了唐宋之際政治、經濟、社會、文化的重大變革，宋人的宗教觀念和信仰習俗也展現出前所未有的新特點。首先，人們的社會生活更趨豐富，與之相應，信仰習俗也更加複雜。其次，宋王朝"佛、道并重"的政策使佛、道二教獲得發展良機，從而在民間廣泛傳播。再次，原始崇拜所具有的神秘虛妄色彩至宋代有所淡化，在諸多信仰活動和崇奉儀式中已增添了不少俗世情趣和生活氣息。

　　研究成果之五《宋代的仕女與庶民女性——筆記内外所見婦女生活》，以社會性别理論作爲分析的主要工具，以筆記爲主要資料，揭示了宋代婦女生活的面貌。選取社會下層婦女這一群體進行探討，以乳母群體爲例，進行個案的分析論述，探究宋代庶民婦女的生活，認爲乳母本爲婢女的一種，也具有由下層向上層流動的特點，與妾具有某些共通點。

　　研究成果之六《宋代筆記語言概論》，對筆記史料進行了文字學、詞彙學、訓詁學、語音學、語法學等多視角的全面考察，并深入探討了筆記中的一批新詞新義、詞義演變、常用詞、方言俗語、行話隱語與外來詞語，總結了筆記中藴含的因聲求義、求證方言、追求語源、排比歸納、鉤沉古注、探求理據、古今對比等訓詁方法，從古今語音演變、南北方音差异、實際語言與韵書記録差异等多個角度對語言進行了深入研究。

　　研究成果之七《宋代筆記國際學術研討會論文集》，是課題組 2015 年主辦的學術研討會會議成果，收録了 20 位學者的論文。這些論文運用筆記材料，對宋代社會文化史、政治經濟史及文學史諸領域作了多維度的研究，或運用新理論、新方法從文本、空間等新視角切入，深入解讀宋人筆記文獻；或考證梳理兩宋興衰治亂之由，進一步拓展了文史研究的新領域。

　　本叢書的出版，是參與子課題研究工作的各位學者同心協力、多年辛勤耕耘的結果。這些成果爲我們認識有血有肉、豐富多彩的宋代社會提供了一個多方位的視角。這套叢書是我們對宋人筆記進行初步探討的階段性的研究成果。我們深知這些研究還有諸多不足，在此敬請讀者批評指正。

2019 年 7 月 20 日

目錄

緒　言 / 一

第一章　自然與自然物崇拜 / 七

一、天地與天體崇拜 ……………………………… 一〇
　（一）上天崇拜 ………………………………… 一一
　（二）大地崇拜 ………………………………… 一六
　（三）日月星辰崇拜 …………………………… 二七

二、天象崇拜 ……………………………………… 三九
　（一）雷神崇拜 ………………………………… 三九
　（二）雨神崇拜 ………………………………… 四四
　（三）風神崇拜 ………………………………… 五三
　（四）虹霓崇拜 ………………………………… 五六

三、山石水火崇拜 ………………………………… 六〇
　（一）山崇拜 …………………………………… 六〇
　（二）石崇拜 …………………………………… 六六
　（三）水崇拜 …………………………………… 七二
　（四）火崇拜 …………………………………… 七八

四、動植物崇拜 …………………………………… 八二
　（一）動物崇拜 ………………………………… 八三
　（二）植物崇拜 ………………………………… 八八

第二章　鬼魂信仰與祖靈崇拜／九五

一、鬼魂信仰 …………………………………… 九七
　　（一）鬼魂顯形 ………………………………… 九八
　　（二）鬼魂附體 ………………………………… 一〇四
　　（三）鬼魂托夢 ………………………………… 一〇七
　　（四）作祟與報應 ……………………………… 一〇九

二、冥世傳說 …………………………………… 一一六
　　（一）傳統冥世 ………………………………… 一一六
　　（二）佛教冥世 ………………………………… 一二一
　　（三）道教冥世 ………………………………… 一二六
　　（四）陰府冥官 ………………………………… 一二九

三、喪葬與信仰 ………………………………… 一三五
　　（一）薦亡避煞 ………………………………… 一三五
　　（二）焚楮安親 ………………………………… 一四二
　　（三）相墓卜葬 ………………………………… 一四九

四、祭祖祀先 …………………………………… 一五七
　　（一）家廟與宗祠 ……………………………… 一五八
　　（二）臨墓祭掃 ………………………………… 一六七
　　（三）祭祖禮俗 ………………………………… 一七二
　　（四）先賢祠祀 ………………………………… 一八〇

第三章　佛教信仰習俗／一九一

一、寺廟與僧尼 ………………………………… 一九三
　　（一）叢林名剎 ………………………………… 一九三
　　（二）衣鉢傳承 ………………………………… 二〇〇
　　（三）僧尼言行 ………………………………… 二〇五

二、佛教與帝王縉紳 …………………………… 二一三
　　（一）皇室扶佛 ………………………………… 二一四
　　（二）士夫好禪 ………………………………… 二二一

三、彌漫社會的崇佛之風 …………………………………… 二二九
　　（一）弃俗入佛 …………………………………………… 二二九
　　（二）放生與結社 ………………………………………… 二三三
　　（三）篤信因果 …………………………………………… 二四〇
　　（四）佛教法術 …………………………………………… 二四五
四、佛教文藝 ………………………………………………… 二四九
　　（一）詩偈說唱 …………………………………………… 二五〇
　　（二）佛教書畫 …………………………………………… 二五四

第四章　道教信仰習俗／二五九

一、憑依官方的道教 ………………………………………… 二六一
　　（一）朝廷崇道 …………………………………………… 二六一
　　（二）宮觀與道士 ………………………………………… 二六九
二、民間奉道之風 …………………………………………… 二七九
　　（一）奉道祀仙 …………………………………………… 二七九
　　（二）道教節日 …………………………………………… 二八九
三、道教方術 ………………………………………………… 二九三
　　（一）黃白術 ……………………………………………… 二九四
　　（二）外丹與內丹 ………………………………………… 二九六
　　（三）求籤問卦 …………………………………………… 二九九
　　（四）符籙祈禳 …………………………………………… 三〇〇
　　（五）治病療疾 …………………………………………… 三〇二
　　（六）養生延年 …………………………………………… 三〇四
　　（七）尸解 ………………………………………………… 三〇七
四、道教文藝 ………………………………………………… 三〇九
　　（一）道教詩詞 …………………………………………… 三〇九
　　（二）道教書畫 …………………………………………… 三一五

第五章　俗神信仰與淫祀／三一九

一、家內神 ……………………………………… 三二一
（一）門神 ……………………………………… 三二二
（二）竈神 ……………………………………… 三二五
（三）中霤神 …………………………………… 三二八
（四）廁神 ……………………………………… 三三一

二、行業神 ……………………………………… 三三五
（一）農業神 …………………………………… 三三五
（二）蠶業神 …………………………………… 三三九
（三）工商業神 ………………………………… 三四一
（四）胥吏神 …………………………………… 三四四

三、社會神 ……………………………………… 三四五
（一）生育神 …………………………………… 三四五
（二）文運神 …………………………………… 三五三

四、淫祀 ………………………………………… 三六〇
（一）遍地淫祠 ………………………………… 三六〇
（二）淫祀危害 ………………………………… 三六六
（三）淫祀處置 ………………………………… 三七五

第六章　巫術與禁忌／三八五

一、預測巫術 …………………………………… 三八七
（一）先兆迷信 ………………………………… 三八七
（二）占卜算命 ………………………………… 三九六
（三）看相解夢 ………………………………… 四〇六

二、祈禳巫術 …………………………………… 四一八
（一）趨吉祈福 ………………………………… 四一八
（二）避凶禳災 ………………………………… 四三〇
（三）厭勝施蠱 ………………………………… 四三九

三、民間禁忌 …………………………………………… 四四九
　　　（一）歲時禁忌 ………………………………………… 四五〇
　　　（二）生活禁忌 ………………………………………… 四五四
　　　（三）語言禁忌 ………………………………………… 四六一

參考書目／四七二

緒言

從人類歷史看,宗教信仰曾是各國各民族精神生活的重要組成部分,人們的宗教觀念和信仰習俗不僅滲透於社會文化的各個層面,而且對物質生活形成很大影響,唯因如此,宗教信仰已成爲學界研究的一個重要領域。古代中國的一大特點是,大量原始的信仰與崇拜,諸如自然崇拜、動植物崇拜、祖先崇拜、鬼神崇拜以及巫術、禁忌等,并未伴隨歷史的進程發展爲成熟形態的宗教,而是經過官方的收羅和世人的改造,以國家祭祀和民間信仰的形式在歷史上長期傳承。印度傳入的佛教和本土生成的道教,也始終未被提升爲全民尊奉的"國教",出現政教合一的局面。佛教經歷了"中國化"的過程後,逐漸傳布於社會各階層,道教將大量民間俗神納入其神譜後,更與本土俗信難分彼此。在此基礎上,佛、道二教的發展和傳播皆呈現"民俗化"的趨向,多種信仰元素的相互滲透與融合,致使中國古代的宗教觀念和信仰習俗顯得尤爲繁複和龐雜。

　　考察中國古代信仰習俗的演進過程,兩宋時期無疑是一個極爲重要的階段。經歷了唐宋之際政治、經濟、社會、文化的重大變革,宋人的宗教觀念和信仰習俗也展現出前所未有的新特點。其一,隨着城市的發展和經濟的多元化,人們的社會生活更趨豐富,與之相應,信仰習俗也更加複雜。不僅國家祀典進一步擴大,社會各階層人士也依據自己的需要興起諸多新的神靈信仰。官方對家廟、宗祠的重視,推動了民間的祖先祭拜,而各類先賢祠祀也盛行於世。因此,宋代的祭祀對象更爲廣泛,信仰活動也更加頻繁。其二,宋王朝"佛道并重"的政策使佛、道二教獲得發展良機,從而在民間廣泛傳播。值得注意的是,此時的佛、道皆呈現"儒學化""民俗化"的演變趨勢,與世俗社會的現實需要結合得更加緊密。僧道與文人學士的交往空前密切,文士的好禪崇道與僧道的擅詩工文蔚然成風,以因果報應之説行倫理道德勸誡尤爲常見。民間崇奉佛道具有更明顯的世俗功利目的,源於佛教的觀音菩薩轉變爲中國特色的"送子觀音",點金、煉丹、算命、祈禳、養生等道教法術,皆與世人的現實訴求相關。其三,原始崇拜所具有的神秘虛妄色彩至宋代有所淡化,在諸多信仰活動和崇奉儀式中已增添了不少俗世情趣和生活氣息。一些宗教節日形成大規模的群體集會活動,節日期間,除原有的信仰儀式外,還彙聚了雜技、歌舞、戲劇之類的文藝演出,甚至還有商品交易活動,因此,原先的宗教節日實際上已成爲集信仰、文娛、休閑、社會交往、商品貿易於一體的大型民俗節日。宋代的信仰習俗不僅展現了與前不同的新風貌,而且對後世產生了極大影響。

然而,當後人試圖瞭解乃至研究宋代的信仰習俗時,不免遭遇中國古代文獻的一個通病,即正統史書在記載民間信仰方面的缺失。漢代以來,所謂的"經史之學"受儒家的影響尤爲深刻,在"不語怪力亂神"的傳統教誨下,官方的正史、政書以及學者私撰的各類史籍,包括文集中言及政治與社會的奏疏、論說,對國家祀典之外的民間俗神及其信仰行爲多予以鄙視與擯棄,即便提及,也往往語焉不詳,人們祇能在"禁巫術""毁淫祠"的建議和詔令中,窺見一些蛛絲馬迹。於是,因語涉鬼神而難登"大雅之堂"的民間信仰習俗,在正統史書中實難見其錯綜複雜、豐富多彩的本來面目。

好在,還有一種特殊體裁的文獻,即所謂的筆記。

"信筆記之"的筆記,特點是長短不一、內容不拘,無論親身經歷,還是道聽途說,皆可隨意錄入。所以,此類文獻在古代被歸爲小說、雜錄,是上不得臺面的文字。然而,筆記較正規的史著却有其長處:其一,在歷代文士眼中,"無關著述"的筆記,非學術性的創作,僅爲茶餘飯後之閑情,耳聞目睹、展卷品讀之際,凡心有所動,皆可將所思所想付諸筆端,不必顧慮世人的評判,也無須掩飾自己的真性情,如此,反而能揮灑自如、暢抒胸臆,於是,諸多在"高頭講章"中遭擯弃的"不經""不雅"之事,包括民間的信仰習俗,以及作者本人對此類社會現象的認識,在不經意中被保留下來;其二,筆記內容的"雜",爲信仰習俗的記錄提供了足夠的空間,無論是列入國家祀典的天地祭祀,還是釋道二教的求籤放生、齋醮修煉,乃至遍及鄉野的看相占卜、祈禳賽會,以及千奇百怪的鬼神、靈异、因果報應等,在筆記中都堂而皇之地據有一席之地,從而爲後人展示了光怪陸離的民俗風情;其三,筆記枝枝節節、長長短短、不拘一格的寫作形式,讓作者放開手脚,隨心所欲地錄下一時感興趣的信仰傳聞,其中既有三言兩語表達的評價和感慨,也不乏原原本本、曲曲折折的故事情節,作者記述隨意,無拘無束,多了些趣味,少了些枯燥,衆多信仰風俗的細節在這不羈的筆墨中顯得尤爲鮮活生動。

兩宋時期,筆記文獻的發展可謂空前,留存數量也十分可觀。爲《宋史·藝文志》小説類、故事類、雜家類所著録的,即有七百餘種,留存至今且被《全宋筆記》完整收録者亦有近五百種。筆記文獻如此之多,自然成爲研究宋代信仰習俗的資料淵藪。宋代的知識分子在重文輕武基本國策引導下,自我意識增强,參與政事熱情高漲,因而所著筆記内容大多事關本朝國事及要人軼聞。但即便是以著録本朝時事或朝廷掌故著稱的《歸田録》《涑水記聞》等,也有關於宫廷祈雨、孤山淫祠的記載;即便被認爲是專記典章制度的《文昌雜録》,也記録了請紫姑、畫卦影的時風;以記録科技知識著名的《夢溪筆談》,亦詳細記載了有關虹霓、水神、門神等崇拜現象及厭勝、施蠱等巫術行爲。更不用説《東京夢華録》《夢粱録》等專記城市風俗的筆記,在反映兩宋商業發達、都市繁榮的同時,也將市民階層豐富多彩的信仰生活展現於字裏行間。宋代志怪類筆記并不算多,代表作有《括异志》《睽車志》《夷堅志》等,比較集中地收録了鬼神靈异、迷信方術等各類信仰傳聞,多角度地反映了民間信仰習俗,也是本書重要的史料來源。

當然,筆記文獻因其獨特的撰作方式,也有其先天缺陷。主要是所記載的史實,往往個案衆多、細節豐富,但對某一類現象常缺乏全面的、總括的論述,令人有"衹見樹木,不見森林"之嘆。同時,筆記類文獻的通病,如失實、誤記、張冠李戴、誇大其辭等,宋代筆記也在所難免。鑒於筆記文獻的特點,以及史學界在宋代佛教史、道教史、信仰史等方面已有不少研究成果,本書的撰作不擬采用時序性的方式,從"史"的角度對宋代的宗教信仰進行全面的、系統的論述,而是希望通過對筆記文獻的全面搜尋,擷取其中最爲典型的事例,證以部分史著,就宋代宗教信仰中"習以成俗"的部分,予以生動、具體的描述,輔之必要的分析,向讀者展現宋代信仰習俗的本真面目和鮮活細節。爲此,本書采用以類相從的方式編排章節,内容涉及宋代最爲流行的信仰習俗門類,如自然與自然物崇拜、鬼魂信仰、祖靈崇拜、佛教信仰、道教信仰、俗神信仰、巫術與禁忌等,其中論及佛、道的内容,僅叙述其已成爲習俗的事項,不涉及宗教理論、佛道儀軌等部分。

需要特別指出的是,以現今無神論的、科學的眼光看,所有事涉宗教信仰的記載,皆有其虛妄神秘、荒誕不經的成分,包括筆記文獻中具體的人與事,也難免錯訛,但當時人的宗教觀念和信仰行爲,作爲一種社會文化現象,確爲歷史上客觀的、真實的存在,而且從宗教學、民俗學、社會文化史的視角考察,還可透視并還原出特定時段多個層面的歷史事實。所以,本書在引用原始文獻論述某些信仰習俗時,衹是力圖還原歷史的真實,并不表明作者本人贊同歷史文獻上的記載及其觀點。在此一并説明後,凡書中采以爲論據的史料,行文中不再就其荒謬之處一一予以批駁。

　　主要以筆記文獻資料撰作專題性的論著,畢竟屬於一種嘗試,其中偏頗不周之處在所難免,唯期方家賜教指正。

第一章 自然與自然物崇拜

人類生來就與大自然親密接觸,大自然不僅向人類無私奉獻了岩洞、樹洞等躲避風雨禽獸的天然場所,還慷慨地提供了大量的花草林木和飛禽走獸,使生產能力極其低下的早期人類通過采集和原始狩獵滿足了基本的生存需要,因而得以不斷進化、發展。因此,人類對滋養萬物的大自然充滿了感恩之情,將朝夕相處的天地、日月、名山、大川等自然物作爲崇拜對象,對影響自身生活又無法加以控制的風雷雨電等自然現象以及旱、澇、地震等自然災害抱有敬畏之情,從而形成了自然崇拜和自然物崇拜。

　　時至宋代,雖然人們對大自然的認識能力以及對人類本身的認識能力都大大提高,但是,那種原始的、幾乎是與生俱來的對大自然的崇拜和敬畏感仍然揮之不去。兩宋君主也充分認識到民間信仰對國家統治的重要作用,對包括自然神在內的天下神靈一再進行加封或賜額,因而自然崇拜和自然物崇拜仍大量地留存在宋人的政治生活和社會生活中。北宋初,被納入祀典的祭祀對象有大祀三十、中祀九、小祀九,而到哲宗時已是"每歲大祠凡九十有六,中祠凡二十有九,小祠凡一十有四"[1],大凡山林川澤、日月星辰、風雨雷神等都被納入祀典。

　　莊綽在《雞肋編》中十分詳細地記載了宋代吉禮所規定的祭祀對象:

> 國朝祠令,在京大中小祀,歲中凡五十。立春祀青帝,後亥祭先農,後丑祀風師,皆於東郊。孟春上辛祈穀,祀昊天上帝,是日祀感生帝,俱於南郊。享太廟、后廟。仲春上丁釋奠至聖文宣王廟。上戊釋奠昭烈武成王廟。戊日祭太社、太稷,祀九宮貴神於東郊,祭五龍祠。剛日祭馬祖於西郊。春分朝日於東郊,是日祠東太一宮,開冰祭司寒於冰井。季春吉巳祭先蠶於東郊。立夏祀赤帝於南郊。後申祀雨師、雷師於西郊。孟夏雩祀昊天上帝於南郊。享太廟、后廟。五年一禘,

---

1　楊士奇:《歷代名臣奏議》卷一二六《葛勝仲奏議》,上海古籍出版社,1989年,第1661頁。

则停时享。夏至祭皇地祇於北郊,是日祠中太一宫。季夏土王,祀黄帝於南郊,祀中霤於太廟之廷。立秋祀白帝於西郊。後辰祀靈星於南郊。孟秋享太廟、后廟。仲秋上丁釋奠於至聖文宣王廟。上戊釋奠於昭烈武成王廟。戊日祭太社、太稷,祀九宫貴神於東郊。剛日祀馬社於西郊。秋分夕月於西郊,是日祀太乙宫,祀壽星於南郊。季秋大享明堂,祀昊天上帝於南郊。立冬祀黑帝於北郊。後亥祀司中、司命、司民、司禄於北郊。孟冬祭神州地祇於北郊。享太廟、后廟。三年一祫,則停時享。祭司寒於北郊。剛日祭馬步於西郊。冬至祀昊天上帝於南郊,是日祀中太一宫。季冬戊日,蠟百神、大明、夜明於南郊。蠟太廟、后廟,祭太社、太稷。藏冰祭司寒於冰井。右并司天監於一季前,以擇定日供報太常禮院,參詳訖,還監,乃牒尚書祠部,具畫日申牒散下。[1]

上述記載與《宋史·禮志》的相關內容詳略互見,從中可得知,宋代官方吉禮中,祭祀對象涉及天、地、日、月、風、雷、雨、星及牧馬、養蠶、種植等業相關的神祇,除了文宣王孔子和武成王姜子牙,幾乎全與自然及自然物有關。其之所以能與其他"有功烈於民者"同列於官方祭壇,是因爲"日月星辰,民所瞻仰也,山林川谷丘陵,民所取財用也"[2]。這一先秦儒家的祭祀原則,仍然是宋人尊崇自然和自然物的理論依據之一。[3]

一、天地與天體崇拜

天地與天體崇拜,是最古老的信仰。早在原始社會後期,逐漸進入農牧業生產的人們,已經意識到天地及天體運行與自己的生產生活有着密切的關聯。廣袤的大地提供給他們維持生存的物品,而無垠的天空所具有的光和熱,却是

---

[1] 莊綽撰,夏廣興整理:《雞肋編》卷中,《全宋筆記》第四編第七册,大象出版社,2008年,第56~57頁。
[2] 孔穎達:《禮記正義》卷四六《祭法》,中華書局影印阮元校刻《十三經注疏》本,1980年,第1590頁。
[3] 石介:《徂徠集》卷五《怪説上》,《景印文淵閣四庫全書》第1090册,臺灣商務印書館,1986年,第215~216頁。

萬事萬物生長的依靠。於是，包括日月星辰等物象在内的天體崇拜和大地崇拜很自然地產生了。

（一）上天崇拜

在古代中國人的心目中，上天是至高無上的。宋代的祀典中，昊天上帝與五方帝都屬於"天帝"，被列入上祀。

昊天上帝也稱"昊天"或"上帝"，是"天神之最尊貴者"，主宰着天地宇宙，古籍中往往將其等同於"天"。此外又有青帝、赤帝、黄帝、白帝、黑帝等五方帝，代表着"五行精氣"，并主管四時變易。宋太祖乾德年間（963—968），朝廷采納了太常博士聶崇義的建言："皇帝以火德上承正統，請奉赤帝爲感生帝。每歲正月，别壇而祭，以符火德。"[1] 因而作爲宋王朝感生帝的赤帝，地位又有别於其他四帝。各級神祇還有不同的配享，昊天上帝就以太祖爲配，後亦以太宗、真宗迭配。

根據"天人合一""君權神授"的觀念，皇帝是"天之子"。天子要表現對上天的尊崇，莫過於舉行隆重的祭天之禮，祭天是皇權及政權合法化的標志。《宋史・禮志》記載："宋之祀天者凡四：孟春祈穀，孟夏大雩，皆於圜丘或别立壇；季秋大饗明堂；惟冬至之郊，則三歲一舉，合祭天地焉。"[2] 其中，最爲隆重的就是三年一次由皇帝親自主持的、在南郊或明堂舉行的祭天典禮了。周密的《武林舊事》詳盡地記載了南宋時祭天典禮的繁複和盛況。

在冬至日舉行的祭天大典，一般在當年元日就下詔準備了。首先，修内司要將郊壇修飾一新，并搭建數百間"青城齋殿"，"悉覆以葦席，護以青布"，以供祭天時戒齋之用。同時，差官兵在太廟至郊壇南門、城門至皇宫正門間修築長達九里三百二十步的御路，"皆以潮沙填築，其平如席，以便五輅之往來"。爲保證皇帝的安全，還要"以車五乘，壓之以鐵，多至萬斤，與輅輕重適等，以觀疾徐傾側之勢"，并進行"閃試"，以測試車輛在遭遇突發情况時的情狀。祭典前一個月，要對各個重要環節"次第按試習儀"，演練活動排得滿滿當當，"殆無虛日"。

---

[1] 脱脱等：《宋史》卷一〇〇《禮志三》，中華書局，1977 年，第 2461 頁。

[2] 脱脱等：《宋史》卷一〇〇《禮志三》，第 2456 頁。

祭典前十日，所有的執事及陪祀官員和宗室成員要分別到尚書省和太廟"受誓戒"，以免舉行大禮時出錯。祭典前夜，鹵簿、儀仗、軍兵於御路兩旁分列，點上火盆、大燭，使太廟至郊壇之間"輝映如畫"。宰執親王、貴家巨室等皆不遠千里，不憚重費，數月之前就預定好位置，觀看這三年一次的盛況美景。於是，二十里間，"列幕櫛比"，不僅珠翠錦繡絢爛，雖寸地不容閑。還引來"歌舞游遨，工藝百物，輻輳爭售，通宵駢闐"。祭典當天，皇帝乘玉輅，從以金、象、革、木四輅，以馴象前導，千官百司，法駕儀仗，錦繡雜沓，"聲容文物，不可盡述"。南宋的郊壇規模雖比不上北宋後期，但也夠壯觀的，天盤至地高三丈二尺四寸，通七十二級，分四層。上廣七丈，共十二階，分三十六龕。午階闊一丈，供天子升降，其餘各闊五尺。皇帝登祭壇時，"天步所臨，皆藉以黃羅，謂之'黃道'"。還專門有人手持大金盒，將其中的冰片、龍腦"迎前撒之"。皇帝先後祭拜昊天位、皇地祇、祖宗位，然後進行奠玉，祭酒，讀冊、亞、終獻，賜胙，送神，望燎等繁複的程序，祭典纔算告一段落。第二天黎明，皇帝又登上大安輦，舉行"登門肆赦"，赦免犯人以表示上天恩澤。屆時也是"教坊排立，奏念致語口號"；"諸軍隊伍亦次第鼓吹振作。千乘萬騎如雲奔潮湧，四方萬姓如鱗次蟻聚"，聲勢亦不亞於祭祀日。每次祭典都要動用大量人力物力，從太廟到青城排列的儀仗就有六千八百八十九人。皇帝所乘的玉輅為青飾，下有各類祇應人三百二十一人。其他四輅，分別以黃、紅、淺色、黑色裝飾，輅下各有一百五十六人，其冠服顏色并依輅色，十分醒目齊整。此外還有六軍儀仗官兵二千二百三十二人，鼓吹五百八十三人，導駕樂人三百三十人等。周密因此而感慨賦詩曰："萬騎雲從簇錦圍，內官排立馬如飛。九重閶闔開清曉，太母登樓望駕歸。"[1]

如此排場，花費極為可觀。宋太宗至道末年（997），朝廷年總收入是"緡錢二千二百二十四萬五千八百"，但"三歲一親祀郊丘，計緡錢常五百餘萬"，花費約占全年收入的百分之二十二，以至於不得不"大半以金銀、綾綺、絁紬平其直給之"。真宗景德年間（1004—1007），郊祀費用增至七百餘萬，再加上泰山封禪、汾陰祀后土所花費的八百餘萬，使朝廷財政不堪重負。即便是以節儉著稱，

---

[1] 以上敘事皆見周密撰，范熒整理：《武林舊事》卷一"大禮"，《全宋筆記》第八編第二冊，大象出版社，2017年，第12~15頁。

"屢命官裁節"的宋仁宗,於明堂祭天的費用也達到一千二百餘萬,以至於"轉運使復於常賦外進羨錢以助南郊"。[1] 據統計,有宋一朝,共舉行南郊大禮五十七次,明堂大禮四十八次,所費錢財可想而知。隆重、奢華的祭天大典足以顯現朝廷對天的崇敬,祇是這一目標的達成是以勞民傷財爲代價的。

祭天大典基本上三年一次,且是皇帝作爲"天之子"的專利,普通民衆若想舉行稍具規模的祭天行爲就要受到官府的干預了。越州(今浙江紹興)的民衆好敬神,每年春天都自發集資斂物,請來僧道,彙集士女,舉行隆重的祭天禮。仁宗時,張友直爲知州,認爲此舉違制,就果斷下令禁絶,所斂財物全部歸公,"建學以延諸生"[2]。既然不能舉辦典禮式的祭天,那麽平日裏不同階層的宋人又是如何表達對上天的敬意呢?

宋代有挂天燈、燒天香的習俗,上至皇宮,下至民間,都認可這一做法。端明殿學士林希的《蘜堂野史》關於宫内燒天香有這樣一段描寫:

> 禁中帝及兩宮,各有尼道并女冠各七人,選於諸寺觀年三十以上能法事者充,隨本殿内人居處。每早輪一尼一道,導上於佛閣前贊念,導上燒香佛道者各兩拜,又導下殿燒天香四拜,又導至殿門後殿出視朝,方退。[3]

這些養在皇帝和皇太后宫内的尼及女冠,其主要任務就是每天早晨輪流引導皇帝在佛閣前贊念,然後又向佛、道神靈上香禮拜,再引導皇帝燒天香祭拜天帝,隨後把皇上引至殿門,恭送皇帝上朝。從中我們可以發現兩點:其一,皇宫内也保持了多神崇拜,天子在佛閣前既拜佛,也拜道,還拜屬於原始信仰範疇的天帝;其二,皇帝向天帝的禮拜次數要成倍於對佛、道神靈的禮拜,這或許可以證明,在"天之子"的心目中,天帝的地位是要高於佛、道之神靈的。

此外,每年的元旦清晨,景陽鐘聲響起,皇帝就要"精虔炷天香,爲蒼生祈百穀於上穹"[4],這是以燒天香的方式向天帝祈求新一年的風調雨順。

---

1 《宋史》卷一七九《食貨志下》,第 4349~4353 頁。
2 《宋史》卷三一一《張士遜傳附友直傳》,第 10219 頁。
3 林希:《蘜堂野史》,《説郛三種》第四册,上海古籍出版社,1988 年,1723 頁。
4 吴自牧撰,黄純艷整理:《夢粱録》卷一"元旦大朝會",《全宋筆記》第八編第五册,大象出版社,2017 年,第 92 頁。

官僚士大夫階層也有燒天香的做法，筆記中比較典型的史料是葉夢得《石林燕語》所記趙抃的故事：

> 趙清獻公每夜常燒天香，必擎爐默告，若有所秘祝者然。客有疑而問公，公曰："無他，吾自少晝日所爲，夜必哀斂，奏知上帝。"已而復曰："蒼蒼渺冥，吾一夫區區之誠，安知必能盡達？姑亦自防檢，使不可奏者如有所畏，不敢爲耳。"[1]

趙抃是景祐年間（1034—1038）進士，神宗時官至參知政事。其爲政善因俗施設，猛寬相濟，爲世所稱道。曾任殿中侍御史，彈劾不避權勢，時稱"鐵面御史"。其爲人長厚清修，樂善好施，平生不治貲業，不畜聲伎。入蜀爲官時，僅以一琴一鶴自隨，是爲官清廉的典範，被譽爲"世人標表"。趙抃身居高位却能自律如此，與其内心對天帝之敬畏之心有關。他認爲，自己每天燒天香，把一天的所作所爲向天帝彙報，天帝未必能夠知道，不過以此作爲警示自己的手段：凡是不敢告訴天帝的事情，就决不能做。所謂"人在做，天在看"，對天帝的尊崇和敬畏是趙抃爲官立身的重要精神支柱，燒天香，祇是這種虔誠心理的表現形式而已。

平民百姓挂天燈、燒天香的行爲很普遍，南宋咸淳年間（1265—1274），黄震在知撫州的時候，就經常見到這一景象。他在《咸淳八年正旦曉諭敬天説》一文中説："每五鼓行轎，率見街市挂天燈、供天香，輒爲欣喜。"黄震之所以對百姓的這一舉動感到欣喜，是因爲他認爲："蓋人知敬天，何事不善？此本州風俗最好處。"[2] 可見，"敬天"是黄震最爲關注的民風之一，而挂天燈、燒天香，不過是敬天具體的表現形式。第二年，黄震撰《咸淳九年正旦再諭敬天説》，再一次表示對這一習俗的"不勝贊喜"，并且認爲："近來風俗尤好，詞訟頓稀，年穀豐登，疾病不作，此皆吾民敬天之效，可賀可賀。"他指出："天燈熒煌，天香紛郁，神明在上，此心肅然，邪念盡消，耳目聰明，四肢百骸亦皆輕爽，此時此心直與天一，豈不樂哉？"所以，他希望百姓"而今而後自正月初一日至一年三百六十日，自天

---

1. 葉夢得撰，徐時儀整理：《石林燕語》卷一〇，《全宋筆記》第二編第十册，大象出版社，2006年，第147頁。
2. 黄震：《黄氏日鈔》卷七八《公移·咸淳八年正旦曉諭敬天説》，《景印文淵閣四庫全書》第708册，臺灣商務印書館，1986年，第806頁。

燈、天香至事父母、友兄弟、處宗族、接鄰里、應干交財買賣諸事,百爲此心,常新此心,常正此心,常敬天明明。上天隨處照臨,則吾民自作多福,長享太平,其樂亦無窮矣。"[1]

　　值得重視的是,黄震的"敬天説"超出了一般人對上天的認識。他認爲上天有四。其一,日月星辰風雷雨露皆是天。因爲那是"長我、育我、又生五穀蔬果以活我性命,若使有一欠闕,我便無以爲生"。所以真正的敬天,是"於此無一不敬",至於那些"拜祭塔廟、迎引社會、枉費財物"的行爲,衹不過是"信邪造罪,即非敬天"。其二,朝廷是天。黄震認爲本朝天子是堯舜以來最爲仁慈的君主,"凡前代嚴刑重斂游幸土木調遣征行干戈爭戰擾民之事一毫無之"。且朝廷的一系列措施皆是替天行道,"如立條法是禁奸戢暴使我歸善,如取官賦是養軍衛邊使我安樂"。生活在這樣的時代是黎民百姓的幸事,所以百姓應該"知慚知愧依公服理,以上體朝廷,使天下長長如此太平,方爲敬天。若自逞雄豪,不有官法,皆非敬天"。其三,父母是天。因爲"天生萬民,生生不息,故父母之氣便是天之氣。父母生我,父母便是天"。其他如兄弟宗族内外姻眷等親戚關係,都是由此一氣發展而來。所以,對父母親人要"備盡恩愛,方爲敬天。若爲財物所昏,爲血氣所使,一有違忤,皆非敬天"。其四,自身亦是天。黄震認爲,人是靠"天之清氣"得以生存的,就像魚離不開水一樣,因而人之所能皆"非我自能之也,皆天也"。而人心又是人身之主宰,所以,"我舉一念,人雖未知,此心先知,即是天知。人必先使此心端正,方爲敬天。若起念害物,或欺心瞞人,皆非敬天"。黄震的"敬天説"融合了傳統的對"天"的崇敬以及儒家竭力提倡的忠孝觀念,對百姓的思想及行爲作了實實在在的教化要求,把虚無縹緲的天帝崇拜轉化爲遵紀守法、敬老愛幼、無私坦蕩的爲人準則,如此敬天,最大限度地滿足了統治者維持社會穩定的要求,因而黄震要反復呼籲:因敬天之心,推廣敬天之實,風俗日美,長享太平,不勝幸甚![2]

---

[1] 黄震:《黄氏日鈔》卷七八《公移·咸淳九年正旦再諭敬天説》,第807頁。

[2] 黄震:《黄氏日鈔》卷七八《公移·咸淳八年正旦曉諭敬天説》,第806~807頁。

(二) 大地崇拜

對農業社會而言,土地是萬物生長之源,古代人類感恩於大地孕育滋養萬物,視大地爲母親,虔誠地尊崇地神,一如《禮記·郊特牲》所云:"地載萬物,天垂象,取財於地,取法於天,是以尊天而親地也,故教民美報焉。"[1]

大地崇拜在不同的歷史時期有着不同的特點,祭祀的神祇也各有名目。原始的大地崇拜,祇是單純的對人類生存、依附的這片土地的感恩和崇敬。在國家政權誕生之後,出現了與"天帝"對應的、以整個大地爲對象的抽象化的地神概念,后土常常與皇天并舉,出現在國家祀典中。而各個地區則根據地理條件和經濟特點,供奉本地區的土地神,後來被稱爲"社"。又由於"人非土不立,非穀不食"[2],土地之神"社"與五穀之長"稷"并舉,成爲農業時代國家的象徵。城市發展之後,城隍神迅速崛起,作爲城市保護神享受了城鎮民衆的香火。而在更廣泛的鄉村中,土地神則依然兢兢業業,承擔起保一方安寧的責任。在宋代,這些不同等級的土地神崇拜,程度不同地并存着。

1. 后土

將后土與皇天并祀,始於西漢武帝時。《漢書·武帝紀》記載,武帝於元鼎四年(前113)十一月甲子立后土祠於汾陰(今山西萬榮縣),并親臨其地祭祀后土,以與南郊祭天相匹配,其後歷代帝王相沿。漢成帝建始年間(前32—前28)作北郊祭地。從此,帝王於冬至在南郊祭天,夏至在北郊祭地遂成爲定制,有時也有天地合祭的。後世君王少有親臨汾陰祭祀后土的,但也有例外,如唐玄宗、宋真宗等。

據《宋史·禮志》記載,宋初,地神被稱爲"皇地祇",朝廷於宮城之北十四里處設方丘,以夏至日祭祀之。但事實上,除神宗元豐六年(1083)曾派高級官員代表皇帝親祀北郊外,宋前期的一祖六宗在位期間,都采取了天地合祭於南郊的做法。儘管朝臣一次次地提出合祭天地不合古禮,但也許是因爲夏至日的

---

[1] 孔穎達:《禮記正義》卷二五《郊特牲》,第1449頁。
[2] 班固:《白虎通義》卷上《社稷》,《景印文淵閣四庫全書》第850冊,臺灣商務印書館,1986年,第11頁。

酷暑始終是皇帝親祭無法逾越的障礙,因此每次討論總以"議久未決"而告終。唯宋徽宗於政和四年(1114)、七年(1117),宣和二年(1120)、五年(1123)先後四次"親祭地於方澤"[1],并於宣和六年(1124)以"王者父天母地",而地祇却未有稱謂爲由,下詔上徽號曰"承天效法厚德光大后土皇地祇"[2],以對應於昊天上帝。爲此,還將當時所有名爲"承天"的佛寺改名爲"能仁寺",以避后土尊號。[3]

"西祀"是宋真宗在位期間最爲擾民的事件之一。他在"東封"即親往東岳泰山封禪之後,意猶未盡,又在百僚進士、父老僧道的百般"懇請"下,決定親至汾陰祭祀后土。朝廷爲此專門徵發了陝西、河東軍士五千人趕到汾陰,重整、打造了"八角,三成,八陛,三重壝"的方丘,并出廄馬,增傳置,詳定儀注,造玉册、祭器,分遣官員先期趕到汾陰遍祭河中府境内的伏羲、神農、帝舜、周文王、周武王及漢唐諸帝。在作了充分的準備後,宋真宗在龐大儀衛扈從下於大中祥符四年(1011)正月丁酉從京師出發,抵達山西汾陰已是二十天以後的事了。根據所定儀注,"祀汾陰后土,請如封禪",因而"仗衛儀物大略如東封之制",真宗乘金輅,登上祭壇時,"夾路設燎火,盤道回曲,周以黄麾仗";"祀后土地祇,備三獻";"謁后土廟,設登歌奠獻"。其後接受朝賀、大赦天下、賜宴群臣父老等,前後折騰了數月,天下爲之轟動。[4]

無論宋真宗"東封西祀"的真正目的是什麼,其勞民傷財、傷害國本是不争的事實,可惜當時"滿朝耆老方正之士,鮮有肯啓昌言以遏其奸焰"。唯有孫奭上疏論西祀曰:

> 汾陰后土,事不經見。漢都雍,去汾陰至近;河東者,唐王業所起之地,且又都雍,故武帝、明皇行之。今陛下經重關,越險阻,遠離京師根本之固,其爲不可甚矣。古者聖王先成民而後致力於神,今土木之功,纍年未息,水旱作沴,饑饉居多,乃欲勞民事神,神其享之乎。……

---

1 《宋史》卷一〇〇《禮志三》,第 2455 頁。
2 《宋史》卷一〇四《禮志七》,第 2543 頁。
3 施宿:《嘉泰會稽志》卷七"寺院",《宋元方志叢刊》第七册,中華書局,1990 年,第 6826 頁。
4 《宋史》卷一〇四《禮志七》,第 2536~2537 頁。

> 今之奸臣……以誣下罔上爲己任，撰造祥瑞，假托鬼神，纔畢東封，便議西幸。以祖宗艱難之業，爲佞邪僥倖之資，臣所以長嘆而痛哭也。[1]

孫奭認爲，漢、唐之所以祀汾陰，是因爲汾陰距離其都城近，河東又是唐的王業所起之地，大宋天子有何理由要長途跋涉趕到那裏祭祀？且在朝廷內外交困的時候這般勞民，神難道會樂意嗎？這一切都是那些佞幸之臣造成的！可惜孫奭的力諫，沒能阻擋宋真宗的一意孤行。

民間的后土信仰雖無如此排場，但也十分普及。何薳在《春渚紀聞》中記載了這樣一件事：金陵老人邵衍曾夢被黃衣人召至一官府，侍衛嚴肅，一王者形象者對他說，世傳的《后土詞》瀆慢太甚，需要圓真相，并且要求他"禁絕世所傳《后土詞》"。夢醒後邵衍就告誡自家甥侄"此詞之不可復傳"。[2]《后土詞》廣泛傳播，以至於"瀆慢"，這也從一個側面反映了后土信仰流傳之廣。值得注意的是，也許是受"天陽地陰""天父地母"觀念的影響，宋代民間所祀的后土皇地祇，已爲婦女之型，這一變化，自中唐以來就逐漸形成了。徐鉉《稽神錄》記載："江南司農少卿崔萬安，分務廣陵，嘗病苦脾泄，困甚。其家人禱於后土祠。是夕，萬安夢一婦人，珠珥珠履，衣五重，皆編貝玉爲之。謂萬安曰：'此病可治，今以一方相與。'……如其言服之，遂愈。"[3] 可見，宋初的地母后土，不僅形象作婦女造型，且頗具女性慈悲關懷之特性。對此，宋代士人既感不滿又顯得無奈，俞琰的《席上腐談》論說：

> 《書》云："皇天后土。"皇者，大也；后即厚也。古字"后""厚"通用也。揚州后土夫人祠，塑后土爲婦人像，謬矣。……古者天子稱元后，諸侯則爲群后，若以后土爲婦人，則后夔后稷亦可謂婦人乎？[4]

俞琰認爲"后土"的"后"，并沒有"皇后"之意，塑爲女相，實爲大謬。不過，他的抗争，在日漸深入人心的"地母娘娘"形象面前，已經十分乏力。

1　洪邁撰，孔凡禮整理：《容齋三筆》卷七"孫宣公諫封禪等"，《全宋筆記》第五編第六册，大象出版社，2012年，第82頁。
2　何薳撰，儲玲玲整理：《春渚紀聞》卷二"后土詞瀆慢"，《全宋筆記》第三編第三册，大象出版社，2008年，第187頁。
3　徐鉉撰，傅成校點：《稽神錄》卷一"崔萬安"，上海古籍出版社，2012年，第18頁。
4　俞琰：《席上腐談》卷上，《叢書集成新編》第12册，臺灣新文豐出版公司，1985年，第479頁。

2.社神

社稷的"社",歷來有許多解釋,據《禮記》所云:"共工氏之霸九州也,其子曰后土,能平九州,故祀以爲社。"[1]可見"社"的原始意義與后土有關,即土地之神。其後,"社"的概念外延不斷擴大,"社稷"成爲應政治需要而創立的象徵性的神祇。宋代的國家祀典中有太社、太稷,"自京師至州縣,皆有其祀。歲以春秋二仲月及臘日祭太社、太稷。州縣則春秋二祭"[2]。祭祀儀式十分隆重,即便是地方州縣也不得懈怠:

> 前一月檢舉關所屬,前祭三日,散齋(宿於正寢,不吊喪,不問疾、不作樂、不行刑、不書獄、不與穢惡)。致齋一日(質明,赴祠所,凡祭外皆禁)。前祭二日,設行事、執事官次,牽牲詣祠所。祭日,丑前五刻設神位於壇上,席以莞,陳幣、筐、籩、豆、俎、簠、簋、罍、洗、犧尊、象尊、太尊、山尊、著尊、壺尊,皆加冪。前祭一夕,晡後省饌。祭日,丑前五刻行事官等各就次,掌饌者實饌,贊禮者引初獻省視陳設,乃各就次易祭服,以次行二獻,行禮,禮畢,引初獻,飲福、受胙,還次。亞獻以下皆受胙,再拜送神,瘞幣,乃退。[3]

祭祀程序如此繁複,足見其地位之崇高。有關法律還規定:"諸州縣長官到任,親謁社稷,點檢壇壝,若春秋祈報,非有故不得差官。監司巡歷檢察得壇壝修飾,有不如儀者,具事因奏聞。"[4]可見,在國家政治層面上,社稷的祭祀還是很受重視的。

但是在宋代民間,社稷之神的實際地位却在不斷下降。南宋葉適幼時所見的溫州社稷祭壇已是如此情狀:"壇陛頹缺,旁無四墉,敝屋三楹,飲博嬉遨聚焉。祭且至,徐薙莽蔓草,燔燎甫畢,已叢生過其舊矣。"葉適認爲,社稷是"風雲雷雨隨地而興,禾黍菽麥隨種而生,神明之所繇出"的民生之根本,所以應該"至嚴至敬,不敢忽也"。而造成社稷祭祀如此頽敗的原因是:"怪淫誣誕之説起,乞

---

1 孔穎達:《禮記正義》卷四六《祭法》,第1590頁。
2 《宋史》卷一〇二《禮志五》,第2483頁。
3 施宿:《嘉泰會稽志》卷一"社稷",《宋元方志叢刊》第七册,第6728頁。
4 謝深甫監修:《慶元條法事類》卷七《職制門·監司巡歷》,中國書店,1990年影印本,第69頁。

哀於老佛,聽役於鬼魅,巨而龍岡,微而鱔蜴,執水旱之柄,擅豐凶之權,視社稷無爲也,嗚呼,豈民悖而不知禮哉? 乃長吏導之非其義也。"[1] 歸結葉適的表述或許可以得出如下結論:在宋代,多神崇拜的存在和佛、道的發展分割了社稷之神原有的神權,加上地方官員的忽視和"導之非其義",造成了社稷之神沒有得到應有的重視。

不過,宋代民間的春秋二祭已經發展成"社""會"兼具的節日,人們不僅焚香祭拜,感謝社神的一年恩賜與保佑,還利用此時聚會作樂,放鬆心情。《東京夢華錄》記載了開封的社日活動:

> 八月秋社,各以社糕、社酒相賫送。貴戚官院以猪羊肉、腰子、奶房、肚肺、鴨餅、瓜薑之屬,切作棋子片樣,滋味調和,鋪於飯上,謂之"社飯",請客供養。人家婦女皆歸外家,晚歸即外公、姨、舅,皆以新葫蘆兒、棗兒爲遺,俗云"宜良外甥"。市學先生預斂諸生錢作社會,以致雇倩祇應、白席、歌唱之人。歸時各携花籃、果實、食物、社糕而散。[2]

城市的社日,成爲睦鄰歡聚的好時機,而鄉村的社日,則通過隆重的祭神儀式和盛大的迎神賽會,虔誠地寄托着春日的期盼和秋日的感恩。范成大的《樂神曲》如此形容:"豚蹄滿盤酒滿杯,清風蕭蕭神欲來。願神好來復好去,男兒拜迎女兒舞。老翁翻香笑且言,今年田家勝去年。去年解衣折租價,今年有衣著祭社。"[3] 陸游的《賽神曲》則將迎神賽會描寫得更爲生動:"擊鼓坎坎,吹笙嗚嗚。綠袍槐簡立老巫,紅衫繡裙舞小姑。烏臼燭明蠟不如,鯉魚糝美出神厨。老巫前致詞,小姑抱酒壺:願神來享常歡娛,使我嘉穀收連車;牛羊暮歸塞門閭,鷄鶩一母生百雛;歲歲賜粟,年年蠲租;蒲鞭不施,圜土空虛;束草作官但形模,刻木爲吏無文書;淳風復還羲皇初,繩亦不結况其餘! 神歸人散醉相扶,夜深歌舞官道隅。"[4] 詩人的神來之筆,讓我們感受到南宋鄉村祭祀社神的真實情況。

---

1 葉適:《水心集》卷一一《溫州社稷記》,《景印文淵閣四庫全書》第1164册,臺灣商務印書館,1986年,第223頁。
2 孟元老撰,伊永文整理:《東京夢華錄》卷八"秋社",《全宋筆記》第五編第一册,大象出版社,2012年,第174頁。
3 范成大:《范石湖集》卷三《樂神曲》,上海古籍出版社,1981年,第30頁。
4 陸游撰,錢仲聯校注:《劍南詩稿校注》卷二九,上海古籍出版社,1985年,第1975頁。

3. 城隍

一般認爲,城隍是《禮記·郊特牲》所記"天子八蠟"中的水庸神,鄭玄注曰:"水庸,溝也。"在農業社會,不僅農田中有溝渠,早期村落的周圍也往往挖有深溝,以防野獸的侵襲。因此,水庸顧名思義應爲溝渠神,但實際職能似乎更接近於村落保護神。之後逐漸形成的城鎮,仿照早期村落,外圍多有防禦建築城牆,牆外一般都有護城河,而溝渠神也由村落保護神升格爲城市保護神了。所以,早期的城隍是城牆及護城河神化的産物,屬於自然神範疇。

城隍信仰的興起大致在六朝,至隋唐有了很大的發展,到宋元時期已經遍及全國。趙與時《賓退録》記載:"今其祀幾遍天下,朝家或錫廟額,或頒封爵,未命者,或襲鄰郡之稱,或承流俗所傳,郡異而縣不同。至於神之姓名,則又遷就附會,各指一人,神何言哉!"根據趙與時的形容,各地城隍的身份地位真是五花八門,有既有廟額又有封爵的,所封或爲王,或爲侯;有僅有廟額但没有爵命的,其廟額爲顯忠、威澤、靈顯、孚惠、顯應、仁貺、昌國、建寧、惠應等,應有盡有;還有將廟額與前朝的賜封混爲一談的。至於城隍的本來身份更是複雜,紀信、灌嬰、周苛、英布、范增、蕭何、姚弋仲、龐玉、焦明……各地自持一説。還有如"彭州既有城隍廟,又有羅城廟;袁州分宜縣既有城隍廟,又有縣隍廟"之類的情況,讓趙與時不得不感嘆"尤爲創見"。[1]

宋代的城隍神不僅負有守護城池之責任,本地的祛灾除患、懲惡揚善、冥間事務等都歸其掌管,因而"升遷"很快。如臨安的城隍廟在吴山,"賜額'永固'。歲之豐凶水旱、民之疾病禍福,祈而必應。朝廷纍加美號,曰'輔正康濟明德廣聖王'"[2]。台州地方的城隍則因"水旱祈禱多驗",政和年間(1111—1118)賜額"鎮安",建炎三年(1129)封"顯佑侯",四年(1130)以保護巡幸加"通應",紹興八年(1138)加"靈惠",乾道四年(1168)加"昭貺",慶元二年(1196)進"靈濟公",四年(1198)加"顯佑",六年(1200)加"廣澤",嘉泰四年(1204)加"普應",

---

[1] 趙與時撰,姜漢椿整理:《賓退録》卷八,《全宋筆記》第六編第十册,大象出版社,2013年,第112~114頁。

[2] 吴自牧:《夢粱録》卷一四"山川神",第228頁。

嘉定元年(1208)進"順利王",[1]一路"加官進爵",身份扶搖直上。

地位高了,權力也大了,城隍在地方上的影響已足以與社稷神抗衡,并有逐漸凌駕於其上之勢。《二程遺書》云:

> 范公甫將赴河清尉,問:"到官三日,例須謁廟,如何?"曰:"正者謁之,如社稷及先聖是也。其他古先賢哲,亦當謁之。"又問:"城隍當謁否?"曰:"城隍不典。土地之神,社稷而已。何得更有土地邪?"又問:"祇恐駭衆爾。"[2]

在理學家的眼中,地方上的土地神應是社稷,祭城隍不合典制。但是新任地方官却擔憂上任時不祭拜當地城隍將是"駭衆"的行爲。這一擔憂并非空穴來風,《夷堅志》裏就記載了這麼一件事:乾道九年(1173),一程姓將領至漢陽領取馬匹,準備渡江返駐地。下屬提醒他:按照舊例,必須準備牲酒到城隍廟謁拜,如此即使長途跋涉也會十分安全没有顧慮,但是程不聽。下屬再次進言,程大怒曰:"我取官馬,何預於神!"叱退了下屬。當天晚上,馬群遭到其他馬群的衝擊,但是"暗中不能測其多寡",祇知道群馬"衝突踶嚙不可制"。等天明一看,突襲而來的馬群了無踪影,而自己領取的馬匹却死者幾半,"皆折脅流腸,若遭矛戟"。面對如此惨重之損失,衆人都以爲是程將"慢神之咎"。[3] 這個故事足見城隍神在地方民衆心目中的實際地位。所以,儘管城隍至少在北宋中期還没有列入國家祀典,但宋代地方政府還是根據實際情况正視并認同了城隍的地位,"社稷爲一州境土最尊之神,城隍爲一城境土最尊之神"[4],較好地解釋了社稷和城隍的關係。

城隍廟的普及,城隍神地位的提高,顯然是與宋代城市及城市經濟的發展密切相關的。兩宋城市人口集中,商業繁榮,城市在社會中的地位日顯重要。但是,從戰亂割據中走過來的宋代城市,其防禦系統大多離"金城湯池"的要求

---

1 陳耆卿:《嘉定赤城志》卷三一《祠廟門》,《宋元方志叢刊》第七册,中華書局,1990年,第7516頁。
2 程顥、程頤撰,王孝魚點校:《二程集·河南程氏遺書》卷二二上《伊川雜録》,中華書局,1981年,第295頁。
3 洪邁撰,何卓點校:《夷堅支志》景集卷七"鄂州綱馬",中華書局,1981年,第932頁。
4 羅濬等:《寶慶四明志》卷二《叙郡中》"城隍",《宋元方志叢刊》第五册,中華書局,1990年,第5011頁。

相距很遠,也少有精兵強將把守。這一狀態與朝廷削弱地方勢力以防割據的國策有關,但客觀上卻增加了城市居民的不安全感。人們需要一個強有力的保護神,而城隍神以其無所不能的神力,加以其原型生前的各種美德,贏得了城市居民的信任。在此情況下,原爲農業之神的社稷,在城市經濟模式下不敵城隍,被城隍搶了不少香火,也是順理成章的事。因此陸游很客觀地認爲:"城者,以保民禁奸、通節内外,其有功於人最大,顧以非古黜其祭,豈人心所安哉?故自唐以來,郡縣皆祭城隍,至今世尤謹,守令謁見,其儀在他神祠上。社稷雖尊,特以令式從事,至祈禳報賽,獨城隍而已,則其禮顧不重歟?"[1] 作用決定了地位,城隍神的崛起,實是中古時期社會發展的反映。

4.土地

南宋孫應時言:"古禮祠后土氏,封境之神也;後世加祠城隍,都邑之神也;今俗又祠土地,室宅之神也。"[2] 其中所說的土地,不是前文所及官方化的"社",而是指保鄉里安寧平靜、以安宅安人爲任的土地神。

土地崇拜在宋代非常普遍,上至皇宮深院,下至普通民居,都可能供奉着土地神。淳熙五年(1178),太上皇高宗曾"遣張宗尹特設牲牢旨酒、珍果香花,致祭於本宮土地之神"[3],并且還有御製的祭土地文,可見土地在皇宮内也有一席之地。其他如廟宇、官衙、學校、店鋪、宅院等,都有土地神的踪影,民間還有"本店土地""吾家土地"之稱。

土地雖說祇是神界一個小得不能再小的"芝麻官",但是由於他與民衆生活最爲接近,因此人們相信,在關鍵時刻,其神力還是能够保家宅平安的。洪邁的《夷堅志》記載了這樣一個故事:

> 慶元元年正月,平江市人周翁瘧疾不止。嘗聞人說瘧有鬼,可以出他處閃避,乃以昏時潛入城隍廟中,伏卧神座下,祝史皆莫知也。夜且半,見燈燭陳列,兵衛拱侍,城隍王臨軒坐,黄衣卒從外領七八人至

---

[1] 陸游:《陸放翁全集》卷一七《寧德縣重修城隍廟記》,世界書局,1936年,第96頁。

[2] 孫應時:《燭湖集》卷一三《到任謁廟文》,《景印文淵閣四庫全書》第1166册,臺灣商務印書館,1986年,第685頁。

[3] 田汝成輯撰:《西湖游覽志》卷一四,上海古籍出版社,1998年,第171頁。

廷下,衣冠拱侍。王問曰:"吾被上帝敕令此邦行疫,爾輩各爲一方土地神,那得稽緩。"皆頓首聽命。其中一神獨前白曰:"某所主孝義坊,誠見本坊居民家家良善無過惡,恐難用病苦以困之。"王怒曰:"此是天旨,汝小小職掌,祇合奉行。"神復白曰:"既不可免,欲以小兒充數如何?"王沉思良久曰:"若此亦得。"遂各聲諾而退。周翁明旦還舍,具以告人,皆哂以爲狂譫,無一信者。至二月,城中疫癘大作,惟孝義一坊但童稚抱疾,始驗周語不誣。迨病者安痊,坊衆相率斂錢建大廟,以報土地之德。[1]

文中之土地,雖然身份卑微,在城隍面前祇能"頓首聽命",但在關係到自己轄區内民衆利益的時候,能夠仗義執言,最終拯救了一坊民衆。因此,在百姓的心目中,自己家院内僅尺把高神龕供奉着的土地的地位,或者也不亞於在高大廟宇中矗立的社神。

正因爲土地在民衆心目中有着不可替代的地位,因此民間凡涉及土地的事項都要祭告土地,士大夫階層也是如此。如宋庠因房屋上梁,祈求土地"庶資冥祐,永保靈基";修繕后廟時又撰文"恭陳信祝,尚介神休"。[2] 韓琦於戰亂後尋訪得四代祖墳,欲"開隧視銘,以取衆信",因而祭告土地"佑而助之,使如素志,不當以輕犯土地而降咎殃"。[3] 鄒浩因學校年久失修將搬遷新址,希望土地"既克庇之,則亦惟終始之,當不此疆爾界爲异觀也"。并且每年春秋都"潔誠祭奉"學校土地"弗敢懈",以期"士以永賴"。[4] 即便没有"今日動土"之大事,但爲求老少安寧,也可祭告土地,如張九成祭土地文曰:"叨竊郡寄老稚在焉,惟神庇之,蟲鼠蛇虺有害於人悉屏勿見,乃神之休。"[5] 朱熹也有類似的祭告文:"熹窮

---

1 洪邁:《夷堅支志》景集卷六"孝義坊土地",第927頁。
2 宋庠:《元憲集》卷三五《繼照堂上梁祭告土地文》《后廟修築垣壇祭告土地文》,《景印文淵閣四庫全書》第1087册,臺灣商務印書館,1986年,第676頁。
3 韓琦:《安陽集》卷四二《祭告四代祖塋土地文》,《景印文淵閣四庫全書》第1089册,臺灣商務印書館,1986年,第477頁。
4 鄒浩:《道鄉集》卷三八《遷學祭告舊學土地文》《春秋祭本學土地文》,《景印文淵閣四庫全書》第1121册,臺灣商務印書館,1986年,第503頁。
5 張九成:《横浦集》卷二〇《祭本衙土地》,《景印文淵閣四庫全書》第1138册,臺灣商務印書館,1986年,第437頁。

年奔走,兹復奠居。老幼無虞,以及改歲。繄神之賴,報事敢怠?尚其顧歆,永垂覆祐。謹告。"[1]他們所求的,也就是室家平安而已。在進行其他事務的時候,有時也需要向土地報備。曾鞏在做地方官的時候,遇旱,準備求雨,行事之前先向土地打招呼:"農勤甚矣,歲既暮春,麥待雨而成,菽粟待雨而種,而旱暵爲虐,人用憂嗟。今將爲壇,象龍以禱,是用先事告爾土神,尚其降休,無咈人望。"[2]恭敬之至,足見土地神的實際地位。

土地在世俗社會中的實際作用,使朝廷也不得不對其重視起來。太平興國四年(979),"詔以修葺太廟,遣官奏告四室及祭本廟土地。自後凡太廟有修葺,皆遣官及差宗正寺官奏告"[3]。可見,太廟地位固然高,但"本廟土地"的存在也讓人不敢忽視。值得重視的是,這次祭告土地并非"一次性"的動作,而成爲其後太廟修葺時的規定程序,這説明土地在宋代的地位是十分穩定的。北宋後期,鄒浩曾經草擬過這樣一道制令:"敕後苑土地:爾神分職幽間,實在禁籞,數有顯應,動乎見聞。宜昭正直之功,用錫列侯之號,享予秩祀,與國無窮。"[4]皇宫後苑的土地神被封侯,除了因其"數有顯應",更重要的是凸顯了皇帝對土地的重視。

至於地方上的土地,被賜額封爵的也越來越多:如福建莆田縣的迎仙驛土地祠,南唐時被封"平康侯",宋神宗熙寧九年(1076)改封"祐民侯",高宗紹興十五年(1145)賜廟額"靈應",三十年(1160)加封"顯濟",孝宗乾道三年(1167)加封"祐民顯濟孚澤侯",妻封"協惠夫人";江西的撫州城土地祠,仁宗慶曆元年(1041)賜名"靈佑",神宗元豐四年(1081)封"靈佑應順秦王",徽宗崇寧四年(1105)改賜廟額"英顯";寧化縣黄蓮岡土地祠,舊稱"感應廟",紹興元年(1131)八月賜廟額"靈感",三十年(1160)封"威濟侯";建寧府建陽縣北樂里北固耆土地祠,紹興十六年(1146)三月賜廟額"昭福",三十年(1160)三月封

---

[1] 朱熹撰,戴揚本、曾抗美校點:《晦庵先生朱文公文集(五)》卷八六《祝文·又祭土地文》,《朱子全書》第二四册,上海古籍出版社、安徽教育出版社,2002年,第4057頁。

[2] 曾鞏:《元豐類稿》卷四一《祭土祈雨文》,《景印文淵閣四庫全書》第1098册,臺灣商務印書館,1986年,第691頁。

[3] 劉琳等點校:《宋會要輯稿》禮一四《群祀》注引《續會要》,上海古籍出版社,2014年,第745頁。

[4] 鄒浩:《道鄉集》卷一五《後苑土地封顯應侯制》,第297頁。

"忠應侯";[1]等等。《宋會要》中有很多這樣的記載。獲封的土地神,管轄區域可能是一城、一縣、一鎮、一坊,或許還有更小範圍的,他們之所以被封,無關於轄區大小,關鍵是一要有"靈驗",二要有助於地方教化。

土地的教化作用往往是通過神主的選擇來實現的,重要的土地神主,很多都是著名的歷史人物。清俞樾《茶香室三鈔》引顧震濤《吳門表隱》記載,蘇州地區元墓各村有二十八處土地廟,祭祀的是東漢雲臺二十八將,都是在宋朝建立的。[2] 雲臺二十八將是漢光武帝重興漢室江山過程中最具戰功的將領,他們在紛亂局勢中能够"感會風雲,奮其智勇",因而在千餘年之後被痛感江河破碎、祈免兵燹之灾的宋人奉爲地方守護神。又據《夢粱録》記載,南宋臨安的太學内設土地神廟,"朝家敕封號曰正顯昭德孚忠英濟侯。按贊書相傳爲中興名將,其英靈未泯,而應響甚著,蓋其故居也,理或然與? 自是遂明指爲岳忠武鄂王"[3]。據此可見,當時的太學之宅是岳飛故居,岳飛以其忠勇報國之精神深受民衆愛戴,因而被尊爲太學的土地神。事實上,祗要能達到教化目的,現實生活中的小人物也可以出任土地神主,《夷堅志》記載曰:

> 侯官縣市井小民楊文昌,以造扇爲業,爲人樸直安分。每售扇皆有定價,雖村人及過往收市,未嘗妄有增加。稍積餘錢,則專用養母,自奉甚薄,間井頗推重之。一日出街,欻閃仆於地,若氣厥者。少頃復蘇,語路人曰:"適間逢黄衣人,持文牒在手。外題云:'拜呈交代。'接而啓視之,云:'楊文昌可作畫眉山土地,替鄭大良。'我應之曰:'諾。'遂豁然而寤,此必不佳,吾甚以爲憂。"有與之善者,掖以還家。明日,别母與妻子,沐浴而逝。時慶元元年春也。歲晚,蜀客至閩,楊之子因其來買扇,從容話及前事。客言:"畫眉山者,正在西川嘉州。郡人盡談今年二月内,多夢新土地上任。今比之昔時,頓覺靈顯,一邦奉事甚謹。"楊子乃知父爲神云。[4]

---

1 《宋會要輯稿》禮二〇《諸祠廟》"天地月星風雨岳瀆等祠",第 997~998 頁。
2 俞樾:《茶香室三鈔》卷一九,《筆記小説大觀》第二三編第七册,臺灣新興書局,1962 年,第 4148 頁。
3 吴自牧:《夢粱録》卷一五"學校",第 238 頁。
4 洪邁:《夷堅支志》癸集卷四"畫眉山土地",第 1249~1250 頁。

楊文昌在現實生活中是個"市井小民",却被神界指定出任畫眉山土地,顯然與其樸直安分、不貪不欺、克己奉母等可爲人表率的品質是分不開的。

土地神主的選定有時衹是順勢而爲,衹要當地人民認可就行。《麈史》中記載:范仲淹知鄧州時,整治了景色宜人的百花洲,并決定建造百花洲土地廟。在立土地神像的時候,工匠不知道神的相貌應該是怎樣的,就去請示范仲淹。范仲淹隨口説:"即我是也。"於是,便"以公爲祠"了。范仲淹爲人正直,頗有政聲,因此其祠"不惟邦人神明之,士大夫經過者亦多造焉"[1],如此,百花洲土地廟供奉的就是范仲淹了。以後,土地廟逐漸演變爲先賢祠,一直保留至今。

(三)日月星辰崇拜

日月星辰是可以通過感官直接感受到的天體,相比起浩瀚的天空要直觀得多,并且直接作用於人類的生産和生活。人們在從事原始農業生産的過程中,逐漸意識到自己的勞動成果或多或少地受到太陽的制約,逐漸發現月亮的盈虧與他們的生産過程關係密切,逐漸領悟到星辰的位置能够爲出行及狩獵提供相當準確的方位,於是就自然而然地産生了對天體的依賴、禮敬乃至崇拜。

1.日崇拜

對太陽的崇拜很早就出現在華夏文化中,除有拜日形象的原始岩畫外,還有新石器時代模擬太陽光的彩陶紋,以及青銅器時代鑄有日輪形象的器皿等。殷商時期的甲骨文,明確記載了殷人在日出、日落時都必須加以禮拜的風俗,《尚書·堯典》中也有"賓日"於東、"餞日"於西即迎送太陽的記載。《禮記·祭義》則記載:"郊之祭,大報天而主日,配以月。"意爲太陽因光明可見,因此祭祀時以日爲百神之主。

然而,至漢代,"朝朝日,夕夕月"已成爲天子冬至日郊拜泰一神時的附屬儀式,太陽神的地位明顯下降了,直至宋代,也未見改觀。宋仁宗慶曆年間祭日不過"羊豕各二,籩豆十二,簠簋俎二"[2],犧牲衹用少牢,連牛都未捨得用。皇祐

---

[1] 王得臣撰,黄純艷整理:《麈史》卷中"賢德",《全宋筆記》第一編第十册,大象出版社,2014年,第27頁。
[2] 《宋史》卷一〇三《禮志六》,第2505頁。

年間(1049—1054)所定的朝日壇,僅高八尺,廣四丈,不僅與祭天的郊壇不可同日而語,與九宮貴神及高禖的祭壇規模也有相當距離。朝日、夕月之禮在宋代吉禮中排在社稷、岳瀆、籍田、先蠶等之後,顯然,太陽在神壇的地位與其在天空中的實際地位及作用并不成正比。個中原因,除了程民生先生在論及天神地位時曾經分析過的:日月碩大而光明,人人可以審視,缺乏神秘之感;日月運動快、變化多,不符合王道鞏固、萬世不變的要求;日月有黑子、斑塊,并非完美無缺,還有日食、月食等不祥之兆……[1] 更爲重要的,恐怕還是君權神授理念所起的作用:皇帝既然是"天子",自然祗能"父天而母地,兄日而姊月"[2],太陽固然光明,但充其量也就是皇帝的平輩。太陽崇拜觀念的變遷,實際反映了人間帝王地位的上升。

不過,宋人對太陽的敬畏感并不因爲其神壇地位的下降而減弱,尤其是日食,一向被視作極其嚴重的天災。宋代姚勉的《日食罪言》長詩曾描寫理宗嘉熙年間(1237—1240)發生日食時鷄犬不寧、民心惴惴的情景:"金烏失焰彩,玉象潛光輝","鷄登杙樑立,鳥急林梢栖","兒童忽走報","老稚相喧呼"。而姚勉能夠分析的日食原因則是:"或恐由宮闈","亦恐由群兒","或由邊事危"。[3] 顯然,無論是君王"耽燕私"還是群臣"違國柄",抑或是北敵"驚邊陲",對於飄搖欲墜的南宋政權來說,都將是沉重的打擊,在這個時候發生日食,無疑將使萬民憂心。

百姓憂懼日食,君王或許更甚! 由於天人合一政治理念的貫徹,日食總是被統治者看成是上天的警示。漢文帝曾經發布《日食求言詔》,認爲"天生民,爲之置君以養治之。人主不德,布政不均,則天示之灾以戒不治"。因此要求臣民"悉思朕之過失,及知見之所不及,丐以啓告朕",[4] 以利政事之改進,減輕上天的懲罰。《漢書·天文志》也將"春秋二百四十二年間,日食三十六",與"周室

---

1 程民生:《神人同居的世界》,河南人民出版社,1993年,第14頁。
2 《舊唐書》卷二四《禮儀四》,中華書局,1975年,第914頁。
3 姚勉:《雪坡集》卷一七《日食罪言》,《景印文淵閣四庫全書》第1184冊,臺灣商務印書館,1986年,第122~123頁。
4 班固:《漢書》卷四《文帝紀》,中華書局,1962年,第116頁。

微弱,上下交怨,殺君三十六,亡國五十二"對應起來,[1] 確實能讓統治者感到心驚肉跳。因而歷代統治者都非常重視日食,在日食發生時,一般會避離正殿,減少常膳,以表示對自己過失的責罰。宋太祖建隆元年(960)五月預測有日食,朝廷要求"掩藏戈兵鎧胄",皇帝避正殿,素服,百官各守本司,遣官用牲於太社祭祀。宋真宗景德四年(1007)五月,日食,上避正殿,不視事。宋仁宗皇祐六年(1054)四月,發生了日食,朝廷以爲四月是正陽之月,發生日食很不吉利,就改年號曰"至和"。[2] 宋仁宗嘉祐四年(1059)正旦日食,皇帝不僅提前避殿損膳,還決定在宴請契丹使節的時候不作樂,并將三京的囚犯都降罪一等,徒以下全釋之。之後,還要百官一而再,再而三地上表請求,皇帝纔會"御正殿,復常膳"。[3] 即便有如此周到的防範,日食所帶來的陰影還是讓帝王不安,據張端義《貴耳集》記載,宋孝宗決定禪讓於光宗時,已經"擇正月使人離闕,選日講行大典",忽然對丞相周必大説:"二月一日日蝕,避正殿,未滿旬日,有此典故,恐非新君所宜。朕自當之,俟日蝕後別擇日。"[4] 真是可憐天下父母心,孝宗皇帝覺得日食將對新帝不利,寧肯推遲舉行禪位大典,而讓自己來承受可能會降臨的厄運。

宋人也將日食作爲朝政是否清明、爲官正直與否的檢驗。據《桯史》記載,徽宗朝的左司諫陳瓘就曾直截了當地對權臣曾布説:"三省長官,宜守法而已,若夫道揆,天子三公之事,豈太宰之所得預乎?兩年日食之變,皆在正陽之月,此乃臣道大强之應,亦閣下之所當畏也。"陳瓘正直不阿,不畏强權,不爲曾布的高官厚禄收買所動,他認爲連續兩年發生在正陽之月的日食,是對權臣當道的警示,因而告誡曾布之流在這"天變屢作,人心憂懼"的時候,不應該再得意忘形,而應該"居寵思危"了。[5]

爲了化解日食之厄,宋代沿襲古制,行"救日伐鼓"之禮。古人認爲"凡有聲

---

1 《漢書》卷二六《天文志》,第 1300~1301 頁。
2 《宋史》卷一二一《禮志》,第 2842~2843 頁。
3 《宋史》卷一二《仁宗本紀》,第 243 頁。
4 張端義撰,許沛藻、劉宇整理:《貴耳集》卷中,《全宋筆記》第六編第十册,大象出版社,2013 年,第 310 頁。
5 岳珂撰,吴企明點校:《桯史》卷一四"陳了翁始末",中華書局,1981 年,第 160 頁。

皆陽事以壓陰氣"[1]，因而鼓聲可以抑陰助陽，拯救日食引發的灾難。救日伐鼓之禮始於周代，届時天子素服不升殿，由太史登上靈臺觀察天象，日食一開始就立即伐鼓，同時太祝向天祝辭，代表帝王自責。漢代以後基本沿用此禮，唐德宗時廢止，宋初得以恢復，歸爲軍禮的一種。宋仁宗時，救日伐鼓之禮進一步制度化：

> 合朔前二日，郊社令及門僕守四門，巡門監察鼓吹令率工人如方色執麾旂，分置四門屋下。龍蛇鼓隨設於左東門者立北塾南面，南門者立東塾西面，西門者立南塾北面，北門者立西塾東面。隊正一人執刀，率衛士五人執五兵之器，立鼓外。矛處東，戟處南，斧鉞在西，稍在北。郊社令立稷於壇，四隅縈朱絲繩三匝。又於北設黄麾，龍蛇鼓一次之，弓一、矢四次之。諸兵鼓俱静立，俟司天監告日有變，工舉麾，乃伐鼓；祭告官行事，太祝讀文，其詞以責陰助陽之意。司天官稱止，乃罷鼓。如霧晦不見，即不伐鼓。自是，日有食之，皆如其制。[2]

徽宗時，朝廷進一步修改了救日伐鼓儀，擴大了儀式的規模，《政和五禮新儀》規定的"合朔伐鼓儀"將救日伐鼓分爲齋戒、陳設、祭告和伐鼓四個部分，陳設和祭告的成分得以加强，并把以往一直争論不定的"用牲於社"融入到救日伐鼓儀中。宋代的救日伐鼓儀通過日食救護的形式表現了對太陽的崇敬，同時也進一步明確了天子"救日"的特權，使君權神授觀念更加深入人心，維護和强化了集權統治。

2. 月崇拜

與太陽一樣，月亮是天體崇拜的主要對象。上古社會以月配日，祭日於壇，祭月於坎；祭日於東，祭月於西；祭日於朝，祭月於夕；祭日於春分，祭月於秋分，以表上下、陰陽、幽明、内外之别。月亮與太陽在天空中相輔相成，在神壇上的地位也同起同落。

月亮崇拜在宋代吉禮中仍有一席之地。皇祐年間定朝日壇的時候，也重定了夕月壇，明確了"坎深三尺，廣四丈，壇高一尺，廣二丈"的形制以及"禮生引司

---

[1] 范寧集解，楊士勛疏：《春秋穀梁傳注疏》卷六，中華書局影印阮元校刻《十三經注疏》本，第 2387 頁。
[2] 《宋史》卷一二一《禮志》，第 2843 頁。

天監官分獻,上香,奠幣、爵、再拜"[1]的祭拜儀式,但更多的官方祭祀活動就很少見於記載了。

不過,月亮畢竟有着其他天體所不具備的特性。其一,月亮有上弦、下弦、月虧、月滿等規律性的變化,不僅作用於人們的生產和生活,也容易引發人們各種遐思與感慨。其二,月光的清和、素雅,十分符合中國人平和、含蓄的性格,更容易使人接納和寄情。其三,相對於太陽的光明和強勁,月亮顯得昏暗與柔弱,這不僅符合中國傳統的陰陽對立觀念,還特別符合道家崇陰貴柔、強調虛靜無爲的哲學思想。其四,月亮永恒却不張揚的存在,最能體現禪學所追求的淡遠心境,它的清澈皎潔,也與佛教超脱的精神境界相契合。這些特性,使月亮雖然在神壇上顯得黯然,却在儒、釋、道漸趨合一的宋代,更多地走進了文人士大夫及普通民衆的精神生活。

拜月是宋代民間最常用的表達月亮崇拜的方式,因而拜月情景常常出現在文人筆下。如蘇軾記望海樓晚景:"樓下誰家燒夜香,玉笙哀怨弄初涼。臨風有客吟秋扇,拜月無人見晚妝。"[2]陳淵有詩:"衡陽新雁幾時歸,惆悵佳人萬事非。蓬首西風還拜月,夜涼赢得露沾衣。"[3]周紫芝也有"木杪收殘照,雲間得數星。吴姬不驚客,拜月下中庭"[4]的詩句。從"晚妝""蓬首""吴姬"等詞可見,拜月的應該都是女性。但金盈之的《醉翁談録》則如此記載拜月之俗:"傾城人家子女,不以貧富,自能行至十二三,皆以成人之服服飾之,登樓或於中庭焚香拜月,各有所期:男則願早步蟾宫,高攀仙桂……女則淡佇妝飾,願貌似常娥,員如皓月。"[5]如此,則拜月并不限於女性,宋代的少男少女都會拜月,祇是各自向月神表達的企盼不同而已。

---

[1] 《宋史》卷一〇三《禮志》,第2506頁。
[2] 蘇軾撰,孔凡禮點校:《蘇軾詩集》卷八《望海樓晚景五絶》,中華書局,1982年,第369頁。
[3] 陳淵:《默堂集》卷二《七夕閨意戲范濟美三首》,《景印文淵閣四庫全書》第1139册,臺灣商務印書館,1986年,第308頁。
[4] 周紫芝:《太倉稊米集》卷二一《臨安道中晚晴書所見》,《景印文淵閣四庫全書》第1141册,臺灣商務印書館,1986年,第146頁。
[5] 金盈之:《醉翁談録》卷四《京城風俗記》,《續修四庫全書》第1166册,上海古籍出版社,2003年,第204頁。

宋代還沿襲唐俗，流行拜新月。徐鉉有《禁中新月》詩曰：" 今夕拜新月，沉沉禁署中。玉繩疏間彩，金掌靜無風。節換知身老，時平見歲功。吟看北墀暝，蘭爐墜微紅。"[1] 可見，宋代的九重深宮内，是有拜新月之俗的。張詠有《孟孟詞》曰：" 邊城不識春時節，門外春迴花未發。奴家聞道漢宮春，遥望南天拜新月。拜新月，攢雙眉，别部天山聲亦悲。低頭自嘆無人知。"[2] 党項婦女善於用捲起的葦葉吹曲，多淒婉動人，名曰 " 孟孟 "，由此可見，當時邊地的少數民族也是有拜新月之俗的。楊萬里亦有 " 大江日東流，我坐自向西。亦復拜新月，不爲學蛾眉 "[3] 之句，或可進一步證明，拜新月在宋代并非年輕女子的專利。

　　相比新月，滿月自然更符合人們追求完滿、渴望團圓的心理，因此，月圓之時，尤其是八月十五中秋，最是祭月、拜月的好時機。宋人很忌諱中秋無月，《後山談叢》記曰：" 中秋陰暗，天下如一。中秋無月，則兔不孕，蚌不胎，蕎麥不實。兔望月而孕，蚌望月而胎，蕎麥得月而秀。世兔皆雌，惟月兔雄爾，故望月而孕。"[4]《醉翁談録》裏也有這樣的話：" 舊傳是夜月色明朗，則兔弄影而孕，生子必多，海濱老蚌吐納月影，則多產明珠，比明年采珠捕兔者，卜此夕爲驗。"[5] 將中秋月與動物、植物的繁殖聯繫起來，并以此作爲預卜來年豐歉的方法，凸顯了月亮原始的豐殖、生殖神性，同時也反映了宋人敬月、崇月的心理，使人們對中秋圓月的期盼更爲真切和虔誠。

　　雖然，至少在宋初以前，官方還没有正式承認八月十五日爲中秋節，但自中唐以來，中秋節的民間文化基礎已是相當的深厚，入宋以後，隨着城市經濟的發展及市民文化的推進，中秋節的規模和影響已大大超過同爲八月節的秋社和秋分了。吴自牧的《夢粱録》是這樣記載臨安中秋節情景的：

1　徐鉉：《騎省集》卷五《禁中新月》，《景印文淵閣四庫全書》第 1085 册，臺灣商務印書館，1986 年，第 42 頁。

2　張詠：《乖崖集》卷二《孟孟詞》，《景印文淵閣四庫全書》第 1085 册，臺灣商務印書館，1986 年，第 587 頁。

3　楊萬里：《誠齋集》卷三五《明發康郎山下亭午過湖入港小泊棠陰砦回望豫章兩山慨然感興》，《景印文淵閣四庫全書》第 1160 册，臺灣商務印書館，1986 年，第 380 頁。

4　陳師道撰，李偉國整理：《後山談叢》卷五，《全宋筆記》第二編第六册，大象出版社，2012 年，第 111 頁。

5　金盈之：《醉翁談録》卷四《京城風俗記》，第 204 頁。

八月十五日中秋節,此日三秋恰半,故謂之"中秋"。此夜,月色倍明於常時,又謂之"月夕"。此際金風薦爽,玉露生涼,丹桂香飄,銀蟾光滿。王孫公子、富家巨室莫不登危樓,臨軒玩月,或開廣榭,玳筵羅列,琴瑟鏗鏘,酌酒高歌,以卜竟夕之歡。至如鋪席之家,亦登小小月臺,安排家宴,團圞子女,以酬佳節。雖陋巷貧窶之人解衣市酒,勉強迎歡,不肯虛度此夜。天街買賣直至五鼓。玩月游人婆娑於市,至曉不絕。[1]

孟元老的《東京夢華錄》、周密的《武林舊事》及署名西湖老人的《繁勝錄》等,亦有相似記載。從中可見,宋代的中秋夜,玩月、賞月之成分已遠遠超出祭月、拜月的行為,源於上古秋季祀月的中秋節,至此已逐漸成為世俗歡愉的民俗節日。

與日食一樣,宋人認為月食甚至月暈也預示着天災人禍,《宋史·天文志》中多處記載了月食、月暈的災異之兆。如:"月食,聚斂之臣有憂。月暈,兵敗,糴貴,將戮,人疾疫。""月食,王后有憂,將亡,亦為饑,郊祀有咎。月暈,兵先動者敗,妊婦多死,又曰國主死,天多雨,或山崩,有破軍。""月食,大臣誅,女主憂,為饑,邊兵起,將死,北地叛。月歲三暈,弓弩貴,民饑。""月食,為旱,大將憂,有叛主者。正月月暈,有赦,外軍不勝,大將憂,偏裨有死者。""月食,有內亂,大臣黜,后不安,五穀不登,分有兵、喪。月暈,為旱,為兵,為民流,國有憂。"[2] 其災異涉及君王、后妃、將相、郊祀、兵燹、五穀收成、水旱災害等,都是國家大事,因而得採取積極措施躲避災難。

古人以為,日食、月食都是陰陽互侵而產生的結果,因此若要"救",就必須壓制"侵"的那方。發生月食是由於陽侵陰,所以救月就必須以弓矢射陽,即如《周禮注疏》鄭玄所注的那樣:"日月之食,陰陽相勝之變也,於日食則射太陰,月食則射太陽。"[3] 此救月之法的實施在宋代筆記中未見記載,但卻時時出現在宋

---

[1] 吳自牧:《夢粱錄》卷四"中秋",第120頁。
[2] 《宋史》卷五一《天文四》,第1031~1051頁。
[3] 賈公彥:《周禮注疏》卷三七《秋官·司寇》,中華書局影印阮元校刻《十三經注疏》本,1980年,第889頁。

人詩文中,如黃庭堅就有"收汝救月弓,蛙腹當拆裂""張公若問解何宗,食月蝦蟆救月弓"[1]等句。還有一個方法就是"擊鑑救月",與"擊鼓救日"一樣,用聲響擊退食月的蛤蟆。《白虎通義·災變》曰:"月食救之者,陰失明也,故角尾交日。月食救之者,謂夫人擊鏡,傅人擊杖,庶人之妻楔搔。"[2]曾慥《類說》引《開元天寶遺事》記唐人的做法:"長安城中每月食,士女取鑑向空擊之,云救月蝕。"[3]宋代依然存在這一風俗,有一年中秋,恰逢月食,家鉉翁親見"邦人鳴鉦救月不約而齊",感慨"中原舊俗猶有存者",因而賦詩曰:"風掃沈陰萬象開,斷雲扶月出陽臺。萬人拭目看天眼,蟆蝕何曾蝕得來。"[4]此情此景,頗有些"人定勝天"的意味。自然,如若無相當普遍且深入的月崇拜心理,邦人救月哪能那麼齊心協力呢?

3.星辰崇拜

星辰雖然沒有太陽那樣炫目、月亮那樣皎潔,却因數量繁多和變幻莫測的運行使人們產生莫大的神秘感,進而產生星辰崇拜。之後,星辰的神力不斷被衍化,人們認爲星辰或主風,或主雨,或預兆兵事,甚至能預示世人的生死,等等,於是對星辰的依賴和崇敬也逐步提升。

時至宋代,以星象變化來占卜人世間吉凶禍福的占星術已發展得十分成熟,因此,對星辰的敬與畏都有了爲大多數人認同的理論依據,太史局不僅承擔觀察天象、布告正朔的重任,也時不時地被要求以星象來分析判斷國家事務、人間災禍,凡遇禮、冠、婚、喪、葬等吉凶大事,還要發揮根據星象"擇日"的作用。

自然,不同層面的人關注星象的側重點是不同的:帝王關注的是天命所歸、王朝興衰、戰爭勝敗;士大夫,尤其是理學家關注的是宇宙演化與氣、道、理之間的關係;普通百姓關注的多爲趨吉避凶的方法、黃道吉日的選擇等。雖然境界

---

1 黃庭堅:《山谷集·外集》卷五《碾建溪第一奉邀徐天隱奉議并效建除體》、《別集》卷二《送黃龍曉禪師住觀音頌》,《景印文淵閣四庫全書》第1113册,臺灣商務印書館,1986年,第389、556頁。
2 班固:《白虎通義》卷上《災變》,第35頁。
3 曾慥:《類說》卷二一引《開元天寶遺事》"擊鑑救月",《景印文淵閣四庫全書》第873册,臺灣商務印書館,1986年,第376頁。
4 家鉉翁:《則堂集》卷六《中秋月蝕邦人鳴鉦救月不約而齊中原舊俗猶有存者感而有作》,《景印文淵閣四庫全書》第1189册,臺灣商務印書館,1986年,第358頁。

各有不同,但异常的星象總能引起人心惶惶。

周密的《齊東野語》記載:

> 景定五年甲子七月初二日甲戌,御筆作初三日乙亥,彗見東方柳宿,光芒烜赫,昭示天變。太史占云:"彗出柳度,爲兵喪,爲旱,爲亂,爲夷狄,爲大臣貶。"乾象占云:"彗,妖星也。所出形狀各异,其殃一也。"彗、木類,除舊布新之象,主兵疫之灾。一曰埽星,小者數寸,長或竟天,兵起、大水,除舊布新。按彗本無光,借日爲光。夕見則東指,晨見則西指,皆隨日光芒所及則爲灾。丁丑,避殿减膳,下詔責己,求直言,大赦天下。[1]

當時,國力衰弱,理宗昏庸,權臣賈似道擅權,正是天怒人怨之時。彗星的出現,朝議汹汹,讓本就混亂的朝政更加不堪,理宗不得不下詔責己。周密的《癸辛雜識》還說,當時"度宗在東宫。七月初三日未時,皇太子妃全氏降生皇孫,以彗星出現,避殿免賀"[2]。皇孫出生,本是重大的喜事,却由於彗星的出現,弄得喜氣全無,足見朝廷對星辰是何其敬畏。

范鎮的《東齋記事》記載:

> 嘉祐元年五月二十四日昏時,二星相繼西流,一出天江,一出天市,劉仲更曰:"出天江者主大水,出天市者主散財。"未幾,都城大水,居民廬室及軍營漂流者不知幾千萬區。天變不虚發也如此。
>
> 治平三年春,有星孛出營室,歷於虚、危。術者占曰:"營室衛分,濮水出,主宗廟祭祠事;虚、危齊分,上受命之國,主墳墓哭泣。"逾年,而熙寧改元矣。天之告人,豈不昭昭然哉![3]

范鎮是北宋進士,歷仕仁、英、神、哲四朝,《宋史》本傳稱其言論"務引大體,非關朝廷安危,生民利疚,則闊略不言"[4]。蘇軾也評價説:"其道德風流,足以師表

---

[1] 周密撰,張茂鵬點校:《齊東野語》卷一七"景定彗星",中華書局,1983年,第317頁。

[2] 周密撰,范熒整理:《癸辛雜識》别集下"度宗誕育",《全宋筆記》第八編第二册,大象出版社,2017年,第402頁。

[3] 范鎮撰,汝沛、永成整理:《東齋記事》卷一,《全宋筆記》第一編第六册,大象出版社,2014年,第201、203頁。

[4] 《宋史》卷三三七《范鎮傳》,第10785頁。

當世。其議論可否,足以榮辱天下。"[1] 這樣一位"清白坦夷"、持論"不苟同"的賢者,針對二星西流、星孛出營室等星象變化及隨後發生的都城大水、熙寧改元等世事,所發的感慨是"天變不虛發""天之告人,豈不昭昭然"。總之,范鎮相信星象是上天對塵世災異的預兆,這一結論應該是出於他對星象的一貫認識。

事實上,從筆記史料看,宋代持相同星象觀的士大夫很多,如曾敏行《獨醒雜志》記載:

> 宣和中,太白見,甚高。尚書劉公才邵時在中秘,見而嘆曰:"是兵象也,國家其有外患乎!"因與僚友同觀,憂形顏色。未幾,敵犯畿甸。後,周苪秀實來倅廬陵,贈詩云:"劉郎校書天祿閣,太白下觀光昭灼。心知漢祀厄中天,夜半瞻星涕零落。"[2]

根據宋代的星占說,太白(即金星)異常,往往預示女主強、外夷入侵、戰爭或朝政有失等,一次"太白見",就讓當時在中秘校書的劉才劭與同僚們"憂形顏色""夜半瞻星涕零落",士大夫們對星辰的敬畏也可見一斑了。

不過,也有人對所謂星相不以爲然。岳珂《桯史》記載:

> 建隆三年五月,詔增修大内。時太歲在戌,司天監以興作之禁,移有司,毋繕西北隅。藝祖按視見之,怒問所繇。司天以其書對,上曰:"東家之西,即西家之東,太歲果何居焉?使二家皆作,歲且將誰凶?"司天不能答,於是即日茇撤一新之。[3]

邵博《邵氏聞見後錄》也記載了類似的事情,不過是發生在仁宗朝。[4] 嚴格地說,太歲不是星辰,是人們假想的、與歲星(木星)作相反運行的天體運動觀測方式,用於滿足記時的需要。太歲雖然不是實體,但由於與天體運動密切相關,因此一直受到與其他星體類似的神化與崇拜。漢代以來,上到出師略地、開拓封疆,下至修建宅舍、遷徙嫁娶都忌諱"犯太歲",宋代也是如此,因而才有了司天監的上書。而宋太祖對司天監怒斥,固然有其作爲帝王的威勢,但也表明了他

---

1 蘇軾撰,孔凡禮點校:《蘇軾文集》卷一四《范景仁墓志銘》,中華書局,1986年,第435頁。
2 曾敏行撰,朱杰人標校:《獨醒雜志》卷二,上海古籍出版社,1986年,第11~12頁。
3 岳珂:《桯史》卷八"太歲方位",第94頁。
4 邵博撰,夏廣興整理:《邵氏聞見後錄》卷一,《全宋筆記》第四編第六冊,大象出版社,2008年,第8頁。

對當時爲大多數人奉若神明的星相學的保留態度。岳珂對此的議論是："今世士大夫號於達理者,每易一榱,覆一簀,蔫蔫拘泥,不得即決,稽之聖言,思過半矣。"觀文思意,想必作爲士大夫的岳珂也是贊同太祖觀點的。

民間最直接體現星辰崇拜的活動要數七夕節了。七夕節源於春秋戰國時期,純然是爲了祭祀牽牛星和織女星。至漢代,附會上了牛郎織女淒美的愛情故事,便演變爲女性的節日,有了乞巧的風俗。宋代七夕節的内容更爲豐富,不僅沿襲了穿針驗巧、以蜘蛛驗巧等舊俗,還增加了吃七夕巧果、供摩睺羅等新的風俗。《夢粱録》記載:

> 七月七日,謂之七夕節。其日晚晡時,傾城兒童女子,不論貧富皆著新衣。富貴之家於高樓危榭安排筵會,以賞節序,又於廣庭中設香案及酒果,遂令女郎望月瞻斗列拜,次乞巧於女牛。或取小蜘蛛,以金銀小盒兒盛之,次早觀其網絲圓正,名曰"得巧"。内庭與貴宅皆塑賣磨喝樂,又名"摩睺羅孩兒"。悉以土木雕塑,更以造彩裝襴座,用碧紗罩籠之,下以桌面架之,用青緑銷金桌衣圍護,或以金玉珠翠裝飾尤佳。……市井兒童手執新荷葉,效摩睺羅之狀。[1]

拜星、乞巧,皆是舊俗,宋代至多表現出更爲發達的商品經濟特色。而這摩睺羅,有人以爲出自浄土宗經典《阿彌托經》,原叫"化生",體現浄土宗"西方極樂世界之人從蓮花中化生而來"的觀念,融入宋代民俗,有祈福祈子的意思。也有人認爲波斯民族有傳統的七月節,摩睺羅就是七月節的供物,離鄉背井的波斯商人思鄉情切,便將此雕像帶入中原,後來與七夕節俗融合在一起,既化解了鄉愁,又獲得了商機。但無論是何種含義,摩睺羅都與中國傳統的星辰崇拜關係不大,它的紅火,體現了宋代民間信仰的繁複與多信仰融合,同時也反映了傳統的星辰崇拜在此時的變异。不過,儘管如此,"祈求女子巧慧"的主題仍然是宋代七夕主流,孔平仲《談苑》記載:"蔡州丁氏,精於女工,每七夕禱以酒果。忽見流星墜筵中,明日瓜上得金梭,自是巧思益進。"[2] 説明宋人不止是向星辰祈求,也十分虔誠地相信星辰能讓人變得巧慧,足見織女星的神力在人們心目中

1　吴自牧:《夢粱録》卷四"七夕",第 118 頁。
2　孔平仲撰,池潔整理:《談苑》卷四,《全宋筆記》第二編第五册,大象出版社,2006 年,第 339 頁。

依然存在。

宋時織女星的神力遠非限於巧慧。《中吳紀聞》記載：

(昆山縣東有牛郎織女祠,)祠中舊列二像,建炎兵火時,士大夫多避地東岡,有范姓者經從祠下,題於壁間云："商飆初至月埋輪,烏鵲橋邊綽約身。聞道佳期唯一夕,因何朝暮對斯人？"鄉人遂去牽牛像,今獨織女存焉。禱祈之間,靈迹甚著。每遇七夕,人皆合錢爲青苗會,所收之多寡,持杯珓問之,無毫厘不驗,一方甚敬之。[1]

青苗會是苗稼茂盛的時候舉行的祭祀活動,祈求青苗神保佑禾苗苗壯。可見,宋代吳地的織女星不僅脫離了牛郎星獨立接受祀奉祈禱,而且還成爲掌管青壯苗稼的神靈,讓遠近民衆"甚敬之"。

壽星的形象在宋代更加完善生動了。在古代,壽星有二義：一是指天空某一區域,十二次之一,其範圍相當於二十八宿中東方角、亢二宿,位於列宿之首,所以名曰壽星。但歷代立祠所祀的壽星則多指南極老人星。據說老人星具有主國運長短之重要職掌,因而也被視作掌人間壽夭的神靈。漢代,朝廷舉行敬老活動總是結合祭祀老人星一起進行,以後歷代王朝也都將壽星列入祀典。宋代數次修訂了關於壽星的祀儀,對祭祀的時間、地點及祭壇、祭品的規格等都作了明確的規定。[2] 但是,此時的壽星已不再駐足於祭壇,而是以多種形式走進人們的生活,承載着人們對長壽的期盼。趙善璙《自警編》記載：

陳恭公執中初罷政,判亳州,年六十九。遇生日,親族往往獻《老人星圖》以爲壽,獨其姪世修獻《范蠡游五湖圖》,且贊曰："賢哉陶朱,霸越平吳,名遂身退,扁舟五湖。"恭公甚喜,即日表納節,明年纍表求退,遂以司徒致仕。[3]

這一記載說明,壽星圖在宋代已是非常普及的祝壽禮品,反倒是其他別出心裁的禮品更受歡迎。《桯史》也有記載：

---

[1] 龔明之撰,張劍光整理：《中吳紀聞》卷四"黃姑織女",《全宋筆記》第三編第七冊,大象出版社,2008年,第245頁。

[2] 《宋史》卷一〇三《禮志六》,第2515~2516頁。

[3] 趙善璙：《自警編》卷五"休致",《景印文淵閣四庫全書》第875冊,臺灣商務印書館,1986年,第308頁。

德壽(宋高宗)在北内,頗屬意玩好。孝宗極先意承志之道,時罔羅人間,以共怡顔。會將舉慶典,市有北賈,携通犀帶一,因左璫以進於内。帶十三銙,銙皆正透,有一壽星,扶杖立。上得之喜,不復問價,將以爲元日壽卮之侑。賈索十萬緡,既成矣,傍有璫見之,從賈求金。不得,則摘之曰:"凡壽星之扶杖者,杖過於人之首,且詰曲有奇相。今杖直而短,僅至身之半,不祥物也。"亟宣視之,如言,遂卻之。此語既聞遍國中,無復售者。[1]

銙是古人革帶上的裝飾物,將壽星像鑄於銙上,也算是巧思了。孝宗準備以十萬緡買下這條犀帶,作爲新年禮物去孝敬高宗,可是却被索賄不得的宦官潑了冷水:壽星之拐不够長,并且達不到"詰曲有奇相"的要求,不僅無法體現長壽之意,還是不祥之物!孝宗祇得放棄此禮物,空歡喜一場。這個故事告訴我們,挂着長拐、白髮蒼蒼的壽星形象在宋代已經定型,且深入人心,要不然,形象不符的相關產品怎會遭到"無復售者"的下場?

　　魁星可算是宋代星辰崇拜中的新秀,民間認爲其爲主管文運的神,故本書將其歸於第五章中加以論述,此不贅言。

二、天象崇拜

　　所謂天象,即大自然氣象。天象不僅與人們虔誠崇拜的天體密切相關,其本身的變幻莫測,也直接影響人們的生產與生活,所以,在對大自然的認識極度貧乏的時代,形成天象崇拜是很自然的事情。宋代時,人們對雷、電、風、雹、雨、虹等自然現象的認識雖然有所提高,但基本仍處於萬物有靈、天人感應的有神論階段,因而相關記載中充滿着神异之説。

(一)雷神崇拜

　　在各種天象中,雷鳴電閃所發出的聲和光威懾力最强,所造成的破壞力也驚人,人們對其由瞬時的恐懼轉爲内心的敬畏。在宋代筆記中,有關雷神崇拜

---

[1]　岳珂:《桯史》卷四"壽星通犀帶",第40頁。

的記載時有所見。

宋人筆下的雷神之稱有多種,如雷公、雷師、雷鬼、雷王、雷媪等,其形之描寫也各异:或爲丈餘長人,或醜陋如鬼,或爲女身,或半人半獸等。如《夷堅志》中,既記有"長僅三尺許,面及肉色皆青,首上加幘,如世間幞頭,乃肉爲之,與額相連。顧見人,掩面如笑。既而觀者漸衆,笑亦不止"[1]的醜陋且猥瑣的雷鬼;也記有"擾擾東西,蒼黃失措,髪苣然,赤色甚短,兩足但三指,大略皆如人形"[2]的畸形且畏人的雷媪,當然還有"丈餘,朱衣青袖,持巨斧"[3]的威武且勇猛的雷神。可見雷神形象在宋代是多樣化的。

宋人對雷神是十分敬畏的,兩廣地區尤爲如此。周去非《嶺外代答》記載:

    廣右敬事雷神,謂之天神,其祭曰祭天。蓋雷州有雷廟,威靈甚盛,一路之民敬畏之,欽人尤畏。囿中一木梏死,野外片地草木萎死,悉曰天神降也,許祭天以禳之。苟雷震其地,則又甚也。其祭之也,六畜必具,多至百牲。祭之必三年,初年薄祭,中年稍豐,末年盛祭。每祭則養牲三年,而後克盛祭。其祭也極謹,雖同里巷,亦有懼心。一或不祭,而家偶有疾病、官事,則鄰里親戚衆尤之,以爲天神實爲之灾。[4]

周去非在南宋孝宗淳熙年間任職静江府(今廣西桂林),對宋代嶺南地區的風土民情十分熟悉。他所看到的廣西民衆,把雷神視爲天神,哪怕是草木枯萎之類的變化,也認爲是上天所降的罪罰,如果有雷震其地,就一定要設祭禳灾了。誰若偶有一次不參加,其家隨後又發生了疾病或官司,衆人就會認爲是遭天神所譴。蔡絛《鐵圍山叢談》還特别記載了祭雷神所用的特殊的犧牲:"今南人喜祀雷神者,謂之天神。祀天神必養大豕,目曰'神牲'。人見神牲則莫敢犯傷,養之率百日外,成矣始見而祀之。獨天牲如此,他牲則但取具而已。"[5]雷神所享用

---

1 洪邁:《夷堅丙志》卷七"揚州雷鬼",第421頁。
2 洪邁:《夷堅丁志》卷八"南豐雷媪",第601頁。
3 洪邁:《夷堅甲志》卷一二"雷震石保義",第101頁。
4 周去非撰,查清華整理:《嶺外代答》卷一〇"天神",《全宋筆記》第六編第三册,大象出版社,2013年,第217頁。
5 蔡絛撰,李國强整理:《鐵圍山叢談》卷四,《全宋筆記》第三編第九册,大象出版社,2008年,第217頁。

的犧牲要特別飼養,可見雷神在當地受到特別的尊崇。

宋人普遍相信,誰要是不承認雷神的存在,那是必定會遭到懲治的。《夷堅志》記載:

> 崇仁熊某,通判廣府,攝守雷州。至之日,吏白當致敬雷廟,熊曰:"吾知有社稷山川之神、學官之祀而已,烏有於雷祠。"言未訖,烈風驟雨,震霆飛電,四合而起。一橫板從空墜前,取觀之,乃其家以限倉户者,所題則熊手筆,不勝恐,急致香幣謁謝。續馳書質家人,果以其日失此板。竟没於郡。予在西掖時,曾行雷神加封制,其廟曰顯震,其神曰威德昭顯王,其廟神土地曰協應侯。然則名載祀典,渠可忽哉![1]

這位熊姓官員并非不敬神靈,但他有點鄙視雷神,覺得還不值得他祭祀,如此就引來十分嚴重的後果,遭到雷神即時的警告(家裏倉户擋板從天而降),雖經及時彌補,最後還是死於任上。所以洪邁回顧朝廷曾經對雷神的加封,感嘆説雷神"名載祀典,渠可忽哉!"

值得重視的是,宋代筆記中的雷神很多時候是以執法者形象出現的,民間所謂"遭天譴"的行爲,如不孝敬父母、做生意不誠信、欺壓良善等,往往都由雷神來執行天之罰。如《夷堅志》記載了一個廣州女子,極得父母寵愛,但却"很戾不孝,無日不悖其親"。某日,女子"晝飲過醉,復詈母,既又走出户以右手指畫,肆言穢惡不可聞。鄰人不能堪,至欲相率告官者。忽片雲頭上起,雷隨大震,女擊死於道上,其身不仆,手猶舉指如初"。[2] 雷神處置了這個不孝女,并讓她仍保持着詈罵父母時的惡形惡狀,向世人明示其橫死的緣由。另有興國軍小民熊二,視艱難撫養其成人的老父如路人,至使乞食。老父祈求弗聽,訴官不忍,衹得"每夜焚香,仰告神天,冀其子回心行孝",但惡子毫無悔意。某日,"長空無雲,忽變陰慘,雨脚如麻,雷電交至,諸人對面翳暗,莫能舉目,聞有呼熊二者。良久開霽,不見其人,相率尋覓,得尸於郭門外,剜其眼,截其舌,朱字在背,歷歷可認,曰'不孝之子'"。[3] 孝親是中國最基本的倫理道德,人們認爲對父母不

---

[1] 洪邁:《夷堅支景》卷九"熊雷州",第955頁。

[2] 洪邁:《夷堅丙志》卷一六"廣州女",第504頁。

[3] 洪邁:《夷堅支甲》卷三"熊二不孝",第732~733頁。

孝、不敬、不養會招致天譴，不孝子熊二遭雷擊後的慘狀，對世人的震撼應是十分強烈的。

宋代商品經濟發展迅速，可觀的利潤吸引越來越多的人罔顧士農工商社會地位的傳統觀念，投身於經商群體，致力於坐列販賣。經商者多，客觀上推進了商業的發展，但非法牟利之類的事情也就較前更多，百姓深惡痛絕却又無可奈何，而雷神往往就能達成民衆的心理訴求。王明清《投轄録》記載："近歲，淮西路漕司下諸州分開聖惠方。而舒州刊匠以工食錢不以時得，不勝忿躁，凡用藥物，故意令誤，不如本方。忽大雷電，匠者六而震死者四，昭昭不可欺也如此！"[1]《夷堅志》也有記載："樂平明口人許德和，聞城下米麥價高，令幹僕董德押一船出糶。既至，而價復增，德用沙礫拌和以與人，每一石又贏五升。不數日貨盡，載錢回。甫及家，天氣正好晴，或變陰暗，雷風掀其身於田畔間，即時震死。"[2] 以上事例中，雷神主持正義，代天執法，震死了製造假藥的工匠和以沙礫拌米麥牟取暴利的糧販子，嚴厲懲處了損人利己的行徑，表達了百姓的道德評判。

爲官不仁是百姓最痛恨的事，但是自古以來民難以與官鬥，百姓吃了虧，也祇能自認倒霉、聽天由命。不過雷神可以替天行道，使貪官污吏受到應有的懲處。《夷堅志》記載了這麼一件事："贛州寧都縣吏李某，督租近村，以一僕自隨。僕乞錢於逋户，不滿志，縛諸桑上，灌以糞，得千錢。即日雲雷四起，斃僕於村中普安寺前。錢正在腰間，打四百文入肉中，皮蒙其上。"[3] 官員下鄉催租，其僕人仗勢欺人，私下勒索，可憐的欠稅之家被灌以糞湯，受盡屈辱，還不得不在租稅之外向僕人交出千錢，可知民衆無助到何等程度！不過這惡僕并沒有逃脱雷神的懲罰，不僅橫死在普安寺前，深嵌膚下的不義之財還向世人昭示了他的恥辱。

雷神的這種替天行道的社會職能雖然帶有濃重的唯心主義色彩，但是在宋代還是符合很多人的認知水平的，人們畏懼天譴，不得不時時檢點自己的行爲，

---

1 王明清撰，燕永成整理：《投轄録》"舒州刊匠"，《全宋筆記》第六編第二册，大象出版社，2013年，第116頁。"工"，原本作"左"，據四庫本改。
2 洪邁：《夷堅丁志》卷一九"許德和麥"，第700頁。
3 洪邁：《夷堅乙志》卷七"寧都吏僕"，第242頁。

力求經得起上天的考驗,即使是統治者,也往往由此反省自己的言行和決策。《邵氏聞見錄》記載曰:"仁宗時,一日,天大雷震,帝衣冠焚香再拜,退坐静思所以致變者,不可得。偶後苑作匠進一七寶枕屏,遽取碎之。"發生了雷震,宋仁宗除焚香祭拜外,還静思引發雷震的緣由,他細細回顧了近期所爲,却覺得没做什麽不妥的事情能夠引起天變,最終,匠人進獻的七寶枕屏讓他找到了理由:一定是上天認爲他的生活方式過於奢靡了,於是,"遽取碎之"以表決心。這一故事足以表現宋仁宗的自律之嚴以及對上天的敬畏之甚,所以邵伯温會感嘆:"嗚呼,帝敬天之威如此,其當太平盛時享國長久,宜矣!至熙寧大臣以'天變不足畏'説人主,以成今日之禍,悲夫!"[1]同樣,民衆也常常以雷震的發生來評判他人的行爲包括政治措施。陳長方《步里客談》記載:"崇寧間,立《元祐奸黨碑》於宣和殿,蔡京書立於諸長吏廳事。未幾,星變,一夕大雷雨,碎宣和殿碑石,遂并諸州者去之。人心不以爲然而天應之,天人無間如此,體究可以知道。"[2]元祐黨人碑是蔡京爲把持朝政、打擊政敵而樹立的,他還勒令地方上也據以刊刻,共刻有司馬光、蘇軾等三百零九個所謂元祐奸黨的名字。這些黨人或被囚禁,或被流放,慘遭迫害,連詩文都被禁毁,引起許多有良知的朝臣和士人不滿。驚雷毁碑,正所謂"人心不以爲然而天應之",讓反對者的呼聲更爲强烈了,最後朝廷不得不把分立在各地的黨人碑也毁弃了。

　　無論是作爲自然神還是職能神,雷神在宋代的地位都居高不下,不僅享有民衆的虔誠祭拜,朝廷也屢屢下詔對雷神祭祀的"壇壝器服之度,升降跪起之節"作出規定,還多次對雷神進行加封,如雷州海康縣的雷神祠,神宗熙寧九年(1076)九月被封爲"威德王",高宗紹興三十一年(1161)十二月賜廟額"顯震",孝宗乾道三年(1167)十一月加封"威德顯昭王"等,[3]朝廷的敕封,無疑也提高了雷神的地位。

1　邵伯温撰,查清華、潘超群整理:《聞見録》卷二,《全宋筆記》第二編第七册,大象出版社,2006年,第112頁。
2　陳長方撰,許沛藻整理:《步里客談》卷上,《全宋筆記》第四編第四册,大象出版社,2008年,第7頁。
3　《宋會要輯稿》禮二〇《諸祠廟》,第995、1058頁。

(二)雨神崇拜

對於傳統的農業社會而言,風調雨順是至關重要的,久旱不雨或久雨不晴不僅關係到當年的收成,進而還影響到社會安定、王朝穩固,因此,宋代自朝廷至民間,都對司雨之神極其崇敬,風伯雨師與朝日夕月、壽星靈星一樣,在吉禮中占有一席之地。

與出現其他异常氣象時一樣,每當雨不逢時,宋人首先想到的是,是否有什麽不當的行爲導致了上天降灾?但與雷神崇拜不同的是,雷擊的發生多是瞬間的、局部的,因此其代表的天譴,既可針對朝政大事,也可針對平凡小人,從筆記史料看,後者還占多數,所以一旦雷擊發生,人們常常可以在行爲不端的個人身上找到原因。但是久旱不雨或久雨不晴却不同,其發生時間長、波及面大,影響上達朝廷經濟命脉,下及黎民生産生活,人們很難將其與普通人的個别行爲對應起來,因而目光所及,往往就是關係朝政的大事。王得臣《麈史》記載:

> 永熙(宋太宗)幸佛寺塔廟禱雨,至大慶,三館起居。因駐輦問曰:"天久不雨,奈何?"或對天數,或對至誠必有應。一綠衣少年越次對曰:"刑政不修故也。"上領之而行。歸復駐輦,召綠衣者問狀。對曰:"某土守臣犯贓,法當死,宰相以親則不死。某土守臣犯贓,不當死,宰相以嫌卒死之。"翼日,上爲罷宰相,天即大雨。綠衣者,寇萊公也。[1]

據《宋史·寇準傳》記載,此事發生在淳化二年(991)寇準三十歲時,守臣"當死不死"者爲"盜主守財至千萬"的王淮,"不當死而死"者是"受賄贓少"的祖吉,涉事宰相就是王淮的哥哥參政王沔。寇準引《洪範》説:天與人的關係是互相應和的,就像影子和回聲一樣,發生大旱一定是朝政有缺陷,這一次的旱灾就是因爲刑罰不公平而引起的。寇準的直言不僅爲太宗接受,還由此得到太宗的青睞,"即拜準左諫議大夫、樞密副使,改同知院事"。[2]

在政治鬥争比較激烈的時候,失時不雨更是政敵間互相攻擊的絶好武器。魏泰《東軒筆録》記載:

---

[1] 王得臣:《麈史》卷上"忠讜",第20頁。

[2] 《宋史》卷二八一《寇準傳》,第9527頁。

熙寧十年,京師旱,上焦勞甚,樞密副使王韶言:"昔桑弘羊爲漢武帝籠天下之利,是時,卜式乞烹弘羊以致雨。今市易務衰剝民利,十倍弘羊,而比來官吏失於奉行者,多至黜免。今之大旱,皆由吕嘉問作法害人,以致和氣不召。臣乞烹嘉問以謝天下,宜甘澤之可致也。"[1]

吕嘉問是吕公弼重孫,因支持王安石變法,不僅爲家族所不容,還招致無數政敵。王韶認爲大旱的發生是因吕嘉問奉行新法,破壞了和氣,提出應援引古例烹煮吕嘉問以致甘澤,既提供了能安撫神宗"焦勞"的良策,也提供了這一良策可靠的歷史依據,巧妙地利用氣象异常帶來的自然災害,達到攻訐政敵的目的,可謂無所不用其極。

在兩宋,因旱災引起朝政變化的情况并非絶無僅有,如曾敏行《獨醒雜志》記載:"大觀四年五月,彗星出於奎、婁之間,又自三月不雨至五月,上頗焦勞。臺官吴執中等屢上章言蔡京罪惡,上亦浸薄京之所爲,遂降授太子少保致仕。"其後居然就"彗星見而遽没,旱甚而雨"了。[2] 蔡京爲人爲官如何,史家自有公論,而致使其下臺的原因之一居然是時雨之不至,這恐怕是先後四次出任宰相、掌權十數年的蔡京無論如何也想不到的。

然而,再怎麽歸咎人禍,久旱不雨的天災還是需要有更爲直接的方法解决的,但在古代,唯一能以人力達成的努力,就是祈雨了。由於宋代處於災害頻繁的氣候變遷期,所以祈雨活動特别活躍,可算是最爲頻繁的祭祀活動了。尤其是江南地區,據莊綽《鷄肋編》所記:"春多大雷雨,霖霪不已……迨秋,稻欲秀熟,田畦須水,乃反亢旱。"所以莊綽感嘆説:"余自南渡十數年間,未嘗見至秋不祈雨!"[3]

傳統的祈雨活動包括雩祀、九宫貴神祀及風伯、雨師、雷神祭等,但宋代禮制規定的祈雨對象遠不止這些。《宋會要輯稿》記載:"以旱,命近臣遍禱天地、社稷、宗廟、宫觀、神祠、寺,遣中使馳驛禱於岳瀆。"其注曰:"自是凡水旱皆遣官

---

[1] 魏泰撰,燕永成整理:《東軒筆録》卷六,《全宋筆記》第二編第八册,大象出版社,2006年,第43頁。

[2] 曾敏行:《獨醒雜志》卷二,第14~15頁。

[3] 莊綽:《鷄肋編》卷中,第78頁。

祈禱,唯有變常禮則別錄。"¹ 可見,天地、社稷、祖宗、佛道、民間祠神及地方上的名山大川等,都承擔着司雨之神的職能。每遇水旱災害,中央根據禮制,或由皇帝親祀,或派遣官員分赴各地祈雨,各地官員則根據當地災情,選擇轄區內靈驗的祠廟,虔心祈禱。

皇帝祈雨,一般情況下是在宮廷裏祈禱,雖然範圍不大,但不影響皇帝祈雨的虔誠。《涑水記聞》記載:

> 慶曆三年五月旱,丁亥夜雨。戊子,宰相章得象等入賀,上曰:"昨夜朕忽聞微雷,因起,露立於庭,仰天百拜以禱。須臾雨至,朕及嬪御衣皆沾濕,不敢避去,移刻雨霽,再拜而謝,方敢升階。"得象對曰:"非陛下至誠,何以感動天地!"上曰:"比欲下詔罪己,避寢撤膳,又恐近於崇飾虛名,不若夙夜精心密禱爲佳耳。"²

爲避免沽名釣譽之嫌,仁宗没有大張旗鼓地下罪己詔或避寢撤膳,衹是私下靜心密禱,不辭辛苦地仰天百拜,衣服淋濕也不敢避,真是以至誠感天動地。

王鞏的《聞見近録》還記載了一件仁宗朝祈雨的事情:

> 慈聖光獻皇后養女范觀音,得幸仁宗,温成患之。一歲大旱,仁宗祈雨甚切,至燃臂香以禱,宫人、内璫皆右左燃之。祈雨之術備盡,天意弗答,上心憂懼。温成養母賈氏,宫中謂之賈婆婆,威動六宫,時相認之以爲其姑,乃陰謂丞相,請出宫人以弭灾變,上從之。温成乃白上,非出所親厚者,莫能感天意,首出其養女以率六宫,范氏遂被出。³

仁宗祈雨之心,不可謂不誠矣,以至不惜損傷帝王之軀燃香於臂,可惜上天不保佑,祈雨不靈驗。温成皇后想藉機除去情敵,暗中讓丞相出面提出減損後宫以消灾,并以"非出所親厚者,莫能感天意"爲由,趕走了仁宗寵愛的范觀音。宋仁宗或許根本没有想到,他至誠的祈雨居然會被後宫爭鬥利用。

一旦發生特別嚴重的水旱灾害或有其他政治需要的時候,皇帝也會走出宫

---

1 《宋會要輯稿》禮一八《祈雨》,第 950 頁。
2 司馬光撰,鄧廣銘、張希清整理:《涑水記聞》卷八,《全宋筆記》第一編第七册,大象出版社,2014 年,第 99 頁。
3 王鞏撰,戴建國整理:《聞見近録》,《全宋筆記》第二編第六册,大象出版社,2006 年,第 13 頁。

廷,赴圜丘或佛道寺觀祈雨。皮慶生根據《宋史》與《宋會要》的記載統計,兩宋曾外出祈雨的皇帝有九位,共三十四次,所到場所有六十八處,以寺觀爲主。[1] 外出祈雨顯然影響大,花費也大,但朝廷重視的是通過祈雨達到的政治目的:不僅可以向正遭受水旱之擾的農民表示朝廷的關切,必要時還能夠藉此緩和矛盾,提高威望,實現安撫民衆、穩定秩序的目標,所以花費再大也是值得的。爲此,祈雨不是一種走過場的儀式,必須表現得十分鄭重和虔誠。《邵氏聞見後錄》記載:

> 仁皇帝慶曆年,京師夏旱。諫官王公素乞親行禱雨。帝曰:"太史言月二日當雨,一日欲出禱。"公言:"臣非太史,是日不雨。"帝問故,公曰:"陛下幸其當雨以禱,不誠也。不誠不可動天,臣故知不雨。"帝曰:"明日禱雨醴泉觀。"公曰:"醴泉之近,猶外朝也,豈憚暑不遠出耶?"帝每意動則耳赤,耳已盡赤,厲聲曰:"當禱西太乙宮。"……明日,特召王公以從。日色甚熾,埃霧漲天,帝玉色不怡。至瓊林苑,回望西太乙宮,上有雲氣如香烟以起,少時,雷電雨甚至。帝却逍遙輦,御平輦,徹蓋還宫。又明日,召公對,帝喜曰:"朕自卿得雨,幸甚。"[2]

仁宗雖然同意王素的建言準備親自外出禱雨,但是畢竟酷暑難耐,自然希望祈雨地點近一些,時間短一些,所以定於太史預測有雨的前一天出發,地點選擇在離宫較近的醴泉觀。但是王素却不同意,認爲仁宗這一做法不誠心,無法感動上天,上天必定不會降雨。仁宗雖然一時覺得很難堪,但最終還是采納了王素的建議,第二天就出發,且選擇了地處遠郊的西太乙宫,祀畢還弃逍遙輦,坐上普通的輦車,淋着雨回宫。祈雨給了皇帝一個表現仁愛厚民的絶佳機會,這才是祈雨活動真正的意義之一。

有時,祈雨還可給統治者帶來更大的政治利益,趙善璙的《自警編》記載了英宗治平二年(1065)的祈雨:

> 英宗即位初,以憂疑得心疾,太后垂簾聽政。韓魏公(韓琦)潜察帝已安,而太后未有還政意,乃先建議於帝曰:"可一出祈雨,使天下之

---

[1] 皮慶生:《宋代民衆祠神信仰研究》,上海古籍出版社,2008年,第174頁。

[2] 邵博:《邵氏聞見後録》卷一,第7頁。

人識官家。"上然之,咨太后,太后怒曰:"獨不先禀此耶?孩兒未安,恐未能出。"公曰:"可以出矣。"甲午,祈雨於相國寺及醴泉觀。帝久不豫,至是士庶歡呼相慶,太后不久竟還政。[1]

宋英宗因身體原因久不理政,皇太后垂簾執政,且没有還權之意,時間一長,引發朝内外議論紛紛。韓琦認爲這對政權穩定不利,建議英宗以祈雨爲由公開亮相,爭取民衆的關注和支持。果然,百姓得以瞻望年輕健康的天子聖顔,皆歡呼相慶,皇太后再也没有繼續把持朝政的理由,祇得撤簾還政。一次祈雨,就解决了當時朝政的一個大難題,其政治作用十分顯見,這也就難怪歷代統治者爲何都對祈雨活動如此熱衷了。

官員祈雨要分兩類:一類是由朝廷派遣官員分赴京師及各地重要場所祈雨,官員身份最高可是執政的宰輔,也可是各種級别的外朝官,如侍郎、給事中、知制誥等,還有相當數量的内侍。兩宋遣官外出祈雨十分頻繁,出發前的戒齋、祈雨時的祭品、儀式過程中的舉止等都有具體的規定,形成了一套程式,在《宋會要》中有很多相關記載。另一類是地方官員,他們或是按照上級的命令在規定的時間根據規定的儀式祈雨,或是根據本土的灾情和民情,自主進行祈雨。相比之下,地方官員更直接地承擔着年成豐歉、百姓安定的責任,祈雨對他們來説,像是職務性行爲,不僅是應對灾害的有效手段,更是一種安撫民心的必要措施,還是可以向朝廷彙報的政績。因此,無論朝廷是否下令,地方官員組織或參與祈雨活動的積極性普遍都比較高,且態度也是極其誠懇的。朱弁的《曲洧舊聞》記載:

> 張文懿雖爲小官,而憂民出於至誠。在射洪,禱雨於白崖山陸史君之廟,與神約曰:"神有靈,即賜甘澤。不然,咎在令,當曝死。"乃立於烈日中,意貌端懇。俄頃有雲起西北,靈虁四合,雨大沾足,父老咨异,因爲立生祠焉。[2]

此事在《東齋記事》中也有相似記載。張文懿就是在真宗、仁宗朝三次拜相的張士遜,他在淳化年間舉進士第,除射洪(今屬四川)令。雖然當時還是個無名小

---

[1] 趙善璙:《自警編》卷七"善處事",第381~382頁。
[2] 朱弁撰,張劍光整理:《曲洧舊聞》卷三,《全宋筆記》第三編第七册,大象出版社,2008年,第25頁。

輩,但却以至誠的憂民之心感動了司雨之神,更重要的是,感動了當地的父老鄉親,爲他今後的官聲和仕途都打下了很好的基礎。

可是,由中央指派或要求的祈雨,未必與地方的實際災情相吻合,常常令地方官們啼笑皆非、左右爲難。洪邁曾在《容齋四筆》中抱怨說:

> 海內雨暘之數,郡异而縣不同,爲守爲令,能以民事介心,必自知以時禱祈,不待上命也。而省部循案故例,但視天府爲節,下之諸道轉運司,使巡内州縣,各詣名山靈祠,精潔致禱,然固難以一概論。乾道九年秋,贛、吉連雨暴漲。予守贛,方多備土囊,壅諸城門,以杜水入,凡二日乃退。而臺符令禱雨,予格之不下,但據實報之。已而聞吉州於小廳設祈晴道場,大廳祈雨。問其故,郡守曰:"請霽者,本郡以淫潦爲災,而請雨者,朝旨也。"其不知變如此,殆爲侮威神天,幽冥之下,將何所據憑哉。俚語《笑林》謂:"兩商人入神廟,其一陸行欲晴,許賽以豬頭,其一水行欲雨,許賽羊頭。神顧小鬼言:'晴乾吃豬頭,雨落吃羊頭。有何不可。'"正謂此耳。坡詩云:"耕田欲雨刈欲晴,去得順風來者怨。若使人人禱輒遂,造物應須日千變。"此意未易爲庸俗道也。[1]

洪邁真實地記載了地方官們的尷尬,明明在緊張地抗洪,上司却要求禱雨,面對這種不符實情的命令,身爲贛州郡守的洪邁還敢於"格之不下",以實際情況向上級報告,而吉州郡守却没有這樣的魄力,祇得分別做兩個道場,一個根據本州水灾祈晴,一個奉行朝命祈雨,祈雨的那個道場還占用了大廳,因爲是奉"朝旨"也。在洪邁看來,朝廷如此不知變通,祇知循案故例,根本就是在侮惑神天!所以忍不住引用了民間笑談及蘇軾的詩對此進行諷刺。

宋代祈雨的方式豐富多彩,除了常規的頂禮膜拜,朝廷還曾經多次頒布統一的祈雨法,《宋史·禮志》記録了其中的三次。真宗咸平二年(999),頒布了唐李邕制定的《五龍堂祈雨法》,其法大致爲:於東方築壇,取土造青龍,長吏戒齋後,率羣吏鄉老祭拜祝醑,雨足後送龍水中。真宗景德三年(1006)五月,頒定了《畫龍祈雨法》,其法是:於縑素上繪黑龍或白龍,口吐黑白氣爲雲,模擬下雨

---

[1] 洪邁撰,孔凡禮整理:《容齋四筆》卷三"水旱祈禱",《全宋筆記》第五編第六册,大象出版社,2012年,第239~240頁。

時的天象。[1]《夷堅志》記載的一次祈雨采用的就是此法：

> 紹熙三年六月，平江境内大旱，東西舟船不通。西館橋鬻生果主人，出力抄題衆鋪錢，得二十餘千。命工塑龍於橋上，創造洞穴，繪畫雲氣，作飛龍取水之狀。士庶來觀，焚香請禱，絡繹不斷。府守沈虞卿侍郎適餞送過客，回車見之，亦下而瞻敬。迨還府治，又遣致酒果香燭，連夕供事，極爲精專。沈夢龍告以明日有雨。如期果沛然作霖，高下沾足。乃展具禮容，僧道耆老，音樂梵唄，送龍於石湖。[2]

神宗熙寧十年（1077）四月，又頒布了《蜥蜴祈雨法》，其法很有趣：捕數十蜥蜴放在瓮中，擇二十八個童男持柳枝沾水散灑，口誦咒語，晝夜環繞，直到降雨後纔把蜥蜴放掉。[3] 此外，仁宗、孝宗朝也曾頒布過祈雨法，但基本上是以上三種方法的補充或修訂。這些祈雨法頒布後，得以在各地實行，宋人的詩文中常有所見，如蘇東坡《次韵孔毅父久旱已而甚雨》云："今年旱勢復如此，歲晚何以黔吾突。青天蕩蕩呼不聞，況欲稽首號泥佛。瓮中蜥蜴尤可笑，跂跂脉脉何等秩。陰陽有時雨有數，民是天民天自恤。"[4] 詩中所說的就是蜥蜴祈雨法，顯然，蘇軾對此是不以爲然的。事實上，朝廷頒定的祈雨法，行之地方，不可能有預期的那麽規範。張師正《倦游雜錄》記載：

> 熙寧中，京師久旱。按古法，令坊巷各以大瓮貯水，插柳枝，泛蜥蜴，使青衣小兒環繞呼曰："蜥蜴蜥蜴，興雲吐霧。降雨滂沱，放汝歸去。"開封府准堂札責坊巷寺觀祈雨甚急，而不能盡得蜥蜴，往往以蝎虎代之，蝎虎入水即死，無能神變者也。小兒更其語曰："冤苦冤苦，我是蝎虎。似恁昏沉，怎得甘雨？"[5]

如此挂羊頭賣狗肉地祈雨，是欺神還是欺人？想必，同蘇軾一樣腹誹其法的士人庶民，應該也是爲數不少的。

1　《宋史》卷一〇二《禮志五》，第 2500 頁。
2　洪邁：《夷堅支志》庚集卷五"西館橋塑龍"，第 1172 頁。
3　《宋史》卷一〇二《禮志五》，第 2502 頁。
4　蘇軾：《蘇軾詩集》卷二一《次韵孔毅父久旱已而甚雨》，第 1121~1122 頁。
5　張師正撰，李裕民整理：《倦游雜錄》卷五"蜥蜴求雨"，《全宋筆記》第八編第九册，大象出版社，2017年，第 245 頁。

藉助宗教祈雨,在宋代是十分普遍的,無論是佛教的寺廟還是道教的宫觀,都是官方熱衷的祈雨場所。《春渚紀聞》記載了一則地方官於佛塔祈雨的故事:

> 大觀間,公(李公素)自工部郎中出典泗州。是歲,淮甸久不雨,至於苗穀焦垂。郡幕請以常例啓建道場,禱於僧伽之塔。……一日晨起,視事畢,呼郡吏,亟令[1]告報塔下,具佛盤,啓建請雨道場。仍報郡官俱詣行香,且各令從人具雨衣從行。一郡腹誹,以爲狂率。既至塔下,焚香致敬訖,復令具素飯,留郡官就食,待雨而歸。飯罷,烈日如焚。公再率郡寮詣僧伽前炷香默禱者久之,休於僧寺。須臾,雷起南山,甘澤傾注,舉郡歡呼,集香花迎擁公車還郡而散。一雨三日,千里之外蒙被其澤。[2]

僧伽本是西域僧人,唐朝時入華化緣,游於江淮一帶,後多在泗州傳法,得名"泗州大聖",唐中宗時號稱國師,賜寺名"普光王寺"。僧伽信仰在兩宋盛極一時,泗州普照寺的僧伽塔成爲官方祈雨的重要場所。李公素祈雨於僧伽塔,在烈日如焚的情況下要求下屬準備好雨具,表現得胸有成竹。一番致祭儀式過後,果然大雨傾盆,三日乃止,其"有如宿約"的成功祈雨讓人十分驚訝。後李公素自言真相:其實他在兩個月前就已開始齋居素食,并取來僧伽像,"嚴潔致供,晨夕祈禱",極盡其誠,才獲得了大聖的支持,有了祈雨的成功。可見,藉助佛教祈雨,是建立在宋代佛教世俗化以及人們對佛教廣泛信奉的基礎上的。

兩宋的宗教人士也越來越多地參與或主持祈雨活動,且采用的方法各顯神通,一如宋人謝采伯所説:"祈雨,三代用巫覡,後世用僧道。唐僧不空、羅公遠、一行、無畏,祈雨法各不同。"[3] 如孫升在《孫公談圃》中記載:"神宗時旱,一西僧咒水金明池,雲氣蔽水如墨。僧云:'羅叉神灾劫重,戰退天神,不令下雨。但可於某日内,東門降雨數點而已。'果如其言。"[4] 顯然,這位西僧采用的是咒語法。洪邁《夷堅志》也有記載:

---

1 "亟令",原本作"只令",據寶顏堂秘笈本改。
2 何薳:《春渚紀聞》卷一"李右轄抑神致雨二异",第 182~183 頁。
3 謝采伯撰,李偉國整理:《密齋筆記》卷四,《全宋筆記》第七編第八册,大象出版社,2016 年,第 150 頁。
4 孫升撰,趙維國整理:《孫公談圃》卷中,《全宋筆記》第二編第一册,大象出版社,2006 年,第 155 頁。

紹興五年夏大旱，朝廷遍禱山川祠廟，不應。遣臨安守往上天竺迎靈感觀音於法惠寺，建道場，滿三七日，又弗應，時六月過半矣。苦行頭陀潘法慧者，默禱於佛，乞焚右目以施，即取鐵彈投諸火，煅令通紅，置眼中，然香其上。香焰纔起，行雲滿空，大雨傾注，闔境沾足。法慧眼即枯，深中洞赤，望之可畏，然所願既諧，殊自喜也。[1]

這位法慧和尚采取的是自毀身體的極端手法，時人稱之爲"番法"，雖然殘忍，却被認爲比較靈驗，因此模仿者時而有之。如《夷堅志》記載了出知棣州的吏部侍郎肇仕豫采用番法祈雨："執筆坐於烈日中，汲水數十桶，更互澆其體，遂得病死。"[2] 官員祈雨急於求成，至有不惜以傷害自己軀體爲代價者。不過，朝廷明確反對這種方法，認爲有"惑衆"的後果，據《宋會要》記載，仁宗皇祐四年（1052）三月，就發生了開封婦人阿齊爲祈雨斷臂的事件，仁宗"恐惑衆"，下令將其逐出京師，徙居曹州。[3]

民間祈雨，頗具中國民間信仰的功利性特點，不論門派，不論雅俗，有效就行。范成大《吳船錄》記載蜀地的祈雨方法："西川夏旱，支江水涸，即遣使致禱，增堰壅水，以入支江。三四宿，水即遍，謂之'攝水'。余在成都，連歲遣郡丞馮俯攝水祠下，皆如期而應，連得稔。"[4] 顯然，范成大是祈禱於李冰祠并倚靠了都江堰的水利建設，纔戰勝了乾旱，獲得了連年的豐收。而同在蜀地，謝采伯《密齋筆記》記載了嘉州（今四川樂山）完全不同的祈雨方法："嘉州雷洞，初禱香幣，不應則投死彘及婦人敝屨之類以棖觸之，雷風隨發。"[5] 嘉州民衆見常規祭禱方式不靈驗，就拿死豬、女人破鞋之類的不祥不潔之物"棖觸之"，這種祈雨方法就類似於巫術了。周密的《癸辛雜識》記載了河南地方以驅魃的方法避旱災："金貞祐初，洛陽大旱。登封西吉成村有旱魃爲虐，父老云：'旱魃至，必有火光，即魃也。'少年輩入昏憑高望之，果見火光入農家，以大棓擊之，火焰散亂，有聲

---

1 洪邁：《夷堅乙志》卷一三"法慧燃目"，第292~293頁。
2 洪邁：《夷堅乙志》卷一六"鄒平驛鬼"，第320頁。
3 《宋會要輯稿》禮一八《祈雨》，第954頁。
4 范成大撰，方健整理：《吳船錄》卷上，《全宋筆記》第五編第七册，大象出版社，2012年，第55頁。
5 謝采伯：《密齋筆記》卷四，第151頁。

如駝。"¹ 祈之不成,轉而禳之,西吉成村民衆對旱魃的反擊,十分符合北方烈性的民風。《夷堅志》所記岳州的祈雨法十分有趣:

> 岳州崇陽縣村巫周狗師者,能行禁禱小術,而嗜食狗肉,以是得名。最工於致雨,其法以紙錢十數束,猪頭鷄鴨之供,乘昏夜詣湫洞有水源處,而用大竹插紙錢入水,謂之刺泉。凡以旱來請者,命列姓名及田疇畝步,具於疏内,不移日,雨必降,唯名在禱疏者得雨,他或隔一塍越一墊,雖本出泉處,其旱自若。村民方有求時,先持錢粟爲餉,未能者至牽牛爲質,及應感,則賣錢贖取之。周所獲不鮮,然但以買酒肉飲啖,所居則茅屋一區而已。其所刺泉穴,或源水即時乾渴,懼爲彼民所抑,故必夜往。邑宰常苦旱,并走群祠,了不嚮答,呼周使禱。周曰:"請知縣與佐官皆詣某所,須携雨具以行,恐倉卒沾濡,無以自蔽。"宰勉從之。施法甫畢,雨大至。臨川眼醫鄭宗説嘗游行到岳,識其人,悔不捐囊裝傳其術也。刺泉之法,方策不載,他處亦未之有。²

周狗師的"刺泉"法簡單易行,且誠心致供者必有應,也顯得十分公平,因而上至邑宰,下至村民,都篤信其法。

(三) 風神崇拜

風神的崇拜起源甚早,人類在巢居時代,就能最直接地感知風對日常生活的影響及其無法控制的破壞力,很早就形成了"四方之風""八方之風"等説。古人通過風的方向和温度感受和認識不同的季節,并逐漸將東南西北及春夏秋冬不同的風與"四立"及"二至""二分"等節令對應起來,如《易緯通卦驗》曰:"立春調風至,春分明庶風至,立夏清明風至,夏至景風至,立秋涼風至,秋分閶闔風至,立冬不周風至,冬至廣莫風至。"³ 人們認爲風是上天的使者,無論是和煦的春風還是凛冽的寒風,都傳遞着天地的號令。一旦狂風怒作,對人們的生

---

1 周密撰:《癸辛雜識》别集下"旱魃",第379頁。
2 洪邁撰:《夷堅支志》乙集卷三"周狗師",第816頁。
3 孔穎達:《春秋左傳正義》卷四九《昭公二十年》,孔穎達疏引《易緯通卦驗》,中華書局影印阮元校刻《十三經注疏》本,1980年,第2094頁。

產生活造成了破壞,古人除了敬畏、崇拜、祈求,沒有什麼更好的對付風的辦法。

風神祭祀在宋初的吉禮中被列爲中祀,禮制規定"立春後丑日祀風師"[1]。政和中定《五禮新儀》,將風雨雷等氣象神祭祀一并改爲小祀[2],并定壇制曰"風壇廣二十三步,雨、雷壇廣十五步"[3],僅從壇制言,風神的地位似乎還比雨神、雷神高一些。地方政府也普遍祭祀風伯雨師,大中祥符年間曾詔令:"惟邊地要劇者,令通判致祭,餘皆長吏親享。"[4]其規格根據地區的重要性有所差异,但風伯雨師在地方上的崇祀是被官方認可的。

宋代比較有特色的風神崇拜現象是沿海地區的"祈風"習俗,尤以東南海濱泉州的祈風祭奠爲代表。

泉州自南朝後期就有海船遠航至東亞、東南亞、南亞的遼闊海域,到宋元時代,已有百來個國家和地區與泉州通商貿易。古代的海上航行,主要依靠的是風力的驅動,早在漢代,我國就已經能够利用季風航海,而到了宋代,人們對季風變化規律的認識和應用都已經相當嫻熟,如朱彧《萍洲可談》記載:"舶船去以十一月、十二月,就北風;來以五月、六月,就南風。……海中不唯使順風,開岸就岸風皆可使,唯風逆則倒退爾,謂之使三面風。"[5]海上交通最重要的就是順風順水,所以,無論是商人還是地方官員都十分重視對風神的祭祀,每年夏冬兩次的祈風活動在閩、廣一帶是件大事。

官方的祈風典禮一般由市舶司官員主持,參加者有郡守、宗正、統軍、邑令、縣宰等各級軍政要員,如廣州的祭典就由兼任廣州市舶司長官的廣帥主持。祈禱的對象因地而异,泉州的祭風祀典一般是在當時閩南最大禪林之一延福寺的通遠王神祠進行的,廣州的官方祈風祭祀對象則是豐隆神。官方祭典的隆重程度自不必説,而祭祀者的虔誠程度可從真德秀所作的《祈風文》中感受一二:

惟泉爲州,所恃以足公私之用者,蕃舶也。舶之至時與不時者,風

---

1 《宋史》卷九八《禮志一》,第2425頁。
2 《宋史》卷九八《禮志一》,第2426頁。
3 《宋史》卷一○三《禮志六》,第2517頁。
4 《宋史》卷一○三《禮志六》,第2516頁。
5 朱彧撰,李偉國整理:《萍洲可談》卷二,《全宋筆記》第二編第六册,大象出版社,2006年,第148~149頁。

也。而能使風之從律而不愆者,神也。是以國有典祀,俾守土之臣一歲而再禱焉。嗚呼! 郡計之殫,至此極矣;民力之耗,亦既甚矣。引領南望,日需其至,以寬倒垂之急者,唯此而已。神其大彰厥靈,俾波濤晏清,舳艫安行,順風揚帆,一日千里,畢至而無梗焉。是則吏與民之大願也! 謹頓首以請。[1]

真德秀在嘉定、寶慶年間(1208—1227)兩度知泉州,當時,原本是南宋最繁榮的海外貿易中心泉州,由於管理不善以及對外商的盤剝過重而逐漸顯得冷落,最嚴重時每年來此的外國商船僅有三四艘。真德秀到任後,一方面整頓和加強海防,一方面采取各種措施,如減免不合理的徵稅等,以刺激和保護海外貿易的復蘇。因此,他的祈風文可謂言真意切:蕃舶帶來的經濟效益,是泉州賴以"足公私之用"的,能夠"寬倒垂之急"。因此希望神能使"風之從律而不愆",保佑船舶"順風揚帆,一日千里"。發展海外貿易,增加地方和國家的財政收入,這恐怕是地方官冬遣舶、夏回舶,不厭其煩地一年兩禱的根本動力。祈風儀式,雖然祈禱的是商船出海順風,但其代表的不僅是商人的利益,而且是"吏與民之大願",是官方宣示重視海外貿易之立場態度的一種有效方式。

從事海外貿易的民間商賈自然更希望"波濤晏清,舳艫安行",因此對祈風活動的熱衷完全是自發的。南宋初生活在泉州的李邴在《水陸堂記》中記載:"泉之南安有精舍曰延福,其刹之勝爲閩第一。院有神祠曰通遠王,其靈之著爲泉第一。每歲之春、之冬,商賈市於南海暨蕃夷者,必祈謝於此。農之水旱,人之疾病亦然。車馬之迹盈其庭,水陸之物充其俎,戕物命不知其幾百數焉。已而散胙飲福,觴豆雜進,喧呼狼藉。"[2] 其盛況可見一斑。不僅中國商人如此,雲集此間的各國商人對祈風也同樣持虔誠態度,衹不過他們未必認同中國的神祇,而是各自根據本民族的宗教習慣,選擇祈風地點、儀式以及膜拜對象。岳珂的《桯史》記載了穆斯林商人在廣州懷聖寺的祈風活動:

---

[1] 真德秀:《西山文集》卷五四《祈風祝文》,《景印文淵閣四庫全書》第 1174 册,臺灣商務印書館,1986 年,第 863 頁。

[2] 曾棗莊、劉琳主編:《全宋文》第 175 册,卷三八二三《李邴三·水陸堂記》,上海辭書出版社、安徽教育出版社,2006 年,第 62 頁。

有窣堵波，高入雲表，式度不比它塔，環以甓，爲大址，纍而增之，外圍而加灰飾，望之如銀筆。下有一門，拾級以上，由其中而圜轉爲如旋螺，外不復見其梯磴。每數十級啓一竇，歲四五月，舶將來，群獠入於塔，出於竇，啁哳號呼，以祈南風，亦輒有驗。[1]

南宋方信孺的《南海百咏》中也有"每歲五六月，夷人率以五鼓登其絕頂，叫佛號，以祈風信"[2]的相關記載。

其實，宋代的祈風不僅表現在航海貿易活動中，風神崇拜行爲在戰爭中也時有發生。宋金戰爭中，金覬覦宋朝長江以南地區，發動水軍南下，戰船停泊於膠州灣口外陳家島一綫，衹等北風起就發動進攻。浙西總管李寶臨危受命，率舟師駐扎於膠西石臼島，兩軍相距止一山。李寶決定搶占先機，乘其不備，火攻破敵，但其前提是，必須要刮南風！熊克的《中興小紀》記載：

寶伺敵未覺，遣裨將曹洋、黃端禮禱於石臼神祈風助順。丙寅，風自南來，衆喜爭奮，引帆握刃。俄頃，過山薄敵，鼓聲震叠，敵驚失措。敵帆皆以錦纈爲之，彌亘數里，忽爲波濤卷聚一隅，窘蹙搖兀，無復行次。寶命以火箭射之，烟焰隨發，延燒數百……[3]

這一仗，宋軍藉助風勢，使用火箭等火藥武器，使金軍以松木製造、以油絹爲帆的艦船瞬間被烈火吞没，溺死者甚衆，獲文書、器甲、糧斛等無數。李寶以區區三千水軍，戰勝了人數裝備二十倍於己的勁敵，使金朝欲從海上侵襲臨安的戰略計劃也徹底泡湯。這一勝利的取得，在宋人眼裏，很大程度應該歸功於向石臼神祈風，因而纔能在"時北風盛"的情況下，"俄有風自柁樓中來，如鍾鐸聲"[4]，而轉北風爲南風，正是宋軍這次海戰以少勝多的關鍵條件。

(四)虹霓崇拜

虹霓是一種變幻莫測的自然現象，多在雨霽後出現，却又非逢雨必現；連天

---

[1] 岳珂：《桯史》卷——"番禺海獠"，第126頁。
[2] 方信孺：《南海百咏》"番塔"，《叢書集成新編》第94册，臺灣新文豐出版社，1985年，第223~224頁。
[3] 熊克：《中興小紀》卷四〇，臺灣文海出版社，1968年，第1026頁。
[4] 《宋史》卷三七〇《李寶傳》，第11500頁。

接地，形如大弓，却又常常非完整呈現；色彩斑斕，人見人愛，却又轉瞬即逝，可望而不可即。因此，自古以來，虹霓在人們心目中就十分神秘，并由此産生了虹神觀念。

虹在古代被稱爲"天弓"，趙令時《侯鯖録》曰："天弓，即虹也，又謂之帝弓。明者爲虹，暗者爲霓。"[1] 稱其爲弓，應是因其形狀而言，而稱爲"帝弓"，就意義非凡。國外神話中多有將虹比作天神法器的，中國也有民間傳説稱后羿射日時用的弓就是虹，情節雖然不同，但顯然都認爲虹霓具有非凡的神力。事實上，在甲骨文中的虹字爲象形字，如龍如蛇，身形如弓，兩端有頭，故卜辭專家稱"卜辭虹字象兩頭蛇龍之形"[2]。在古人心目中，虹神多爲龍蛇形象，其出現是爲了吸水，以備下次降雨所用。自甲骨文始，歷代多有"虹飲河水""虹飲井水""虹飲溪泉"的記載和傳説，這一説法到北宋依然存在。沈括《夢溪筆談》記載：

> 世傳虹能入溪澗飲水，信然。熙寧中，予使契丹，至其極北黑水境永安山下卓帳。是時新雨霽，見虹下帳前澗中。予與同職扣澗觀之，虹兩頭皆垂澗中。使人過澗，隔虹對立，相去數丈，中間如隔絹縠。自西望東則見，蓋夕虹也。立澗之東西望則爲日所鑠，都無所睹。久之稍稍正東，逾山而去。次日行一程，又復見之。孫彥先云："虹乃雨中日影也，日照雨則有之。"[3]

沈括生動描寫了雨霽後虹"兩頭皆垂澗中"的景象，還觀察到了虹與陽光之間的關係，并引孫彥先的話表明日照是虹産生的必要條件。在虹的自然現象認識方面，沈括已有了很大的進步，但是，他還是對"世傳虹能入溪澗飲水"的説法"信然"。顯然，虹的龍蛇形象及其司雨功能在宋代還是相當深入人心的。

虹究竟是兆凶還是兆吉，歷來衆説紛紜。據《宋史·天文志》："瑞氣則有慶雲、昌光之屬，妖氣則有虹霓、祥雲之類，以候天子之符應，驗歲事之豐凶，明賢者之出處，占戰陣之勝負焉。"[4] 可見，在宋代的正統觀念中，虹霓絕對算不上是

1　趙令時撰，孔凡禮整理：《侯鯖録》卷四，《全宋筆記》第二編第六册，大象出版社，2006 年，第 224 頁。
2　陳夢家：《殷墟卜辭綜述》，中華書局，1988 年，第 243 頁。
3　沈括撰，胡静宜整理：《夢溪筆談》卷二一《异事》，《全宋筆記》第二編第三册，大象出版社，2006 年，第 158 頁。
4　《宋史》卷五二《天文五》，第 1081 頁。

祥瑞之氣,一旦出現,應該是凶年、戰敗等的預兆,因此筆記中談及虹霓,尤其是白虹,也多與凶事相關。如王闢之《澠水燕談錄》記載:

> 皇祐二年,陳珙知邕州。冬至日,珙旦坐廳事,僚吏方集,有白虹貫庭,自天屬地。明年五月,龍鬥於城南江中,馳逐往來,久之江水暴漲。未幾,儂智高陷二廣。前此,陶弼以詩貽楊畋,請為備,云"虹頭穿府署,龍角陷城門"也。[1]

北宋仁宗時期,發生了儂智高領導的壯族人民反抗宋王朝的武裝鬥爭,極大地動搖了北宋在廣西地區的統治,人們認為事件爆發前發生的"白虹貫庭"就是預兆,陶弼甚至還能以"虹頭穿府署"提醒負責平盜賊的楊畋早作準備。又《鐵圍山叢談》記載:"宣和歲壬寅,北伐事興,夏五月出師。是日白虹貫日,童貫行而牙旗折。"[2] 徽宗時期,朝廷欲聯金滅遼,以童貫為河北、河東路宣撫使掛帥出征,但是出征日發生的白虹貫日,同樣預示了這次北伐的慘敗結果。

不過,宋代也有人認為虹霓的出現為吉兆,黄休復的《茅亭客話》有如下記載:

> 有陳季和者云,昔韋中令鎮蜀之日,與賓客宴於西亭,或暴風雨作,俄有虹霓自空而下,直入於亭,垂首於筵中,吸其食饌且盡焉。其虹霓首似驢,身若晴霞狀。公懼且惡之,曰:"虹霓者,陰陽不和之氣,妖沴之兆也。"遂罷宴。座中一客曰:"公何憂乎?真祥兆也。夫虹霓者,天使也,降於邪則為戾,降於正則為祥,理則昭然。公正人也,是宜為祥,敢為先賀。"旬餘,就拜中書令。孟氏初,徐光溥宅虹霓入井飲水,其母曰:"王蜀時,有虹入吾家井中,王先主取某家女為妃。今又入吾家,必有女為妃后,男為將相,此先兆矣。"未浹旬,選其女入宫。後從蜀主歸闕,即惠妃也。休復母氏常說眉州眉山縣桂枝鄉程氏,某之祖裔焉。伯父在僞蜀韓保貞幕,任本州眉山縣令。丁母憂,歸村野,服將闋,時當夏秒,天或陰翳,見家庭皆如晚霞晃耀,紅碧靄然。時餉開

---

[1] 王闢之撰,金圓整理:《澠水燕談錄》卷六《先兆》,《全宋筆記》第二編第四册,大象出版社,2006年,第68頁。

[2] 蔡絛:《鐵圍山叢談》卷二,第177頁。

霽，瓮釜之中，井泉之内，水皆涸盡，時餉大雨霶霈而已。未幾，韓侍中授秦州節制，伯父署節度推官，將知虹霓者多爲祥矣。[1]

黄休復在此援引了三例：一爲唐劍南節度使韋皋宴客時有虹霓出現，韋皋懼且惡之，但有人勸慰并解釋説虹霓"降於正則爲祥"，果然，韋皋不久即拜中書令；二是五代時徐光溥家有虹霓入井，不久其女入宫爲妃，且此事在徐氏家族已不是首次出現了；三是虹霓入眉州縣令家，吸盡了瓮釜、井泉之中的水，不久，原本丁憂的縣令便得授職。因此，黄休復認爲"虹霓者多爲祥矣"。

隨着認識自然能力的提高，人們對虹霓的理性觀察和思考越來越多，如南宋儲泳《袪疑説》云："象見於上，則應在於下。如虹霓，妖氣也，當大夏而見，則不能損物，百物未告成也；秋見，則百穀用耗矣。或入人家而能致火，飲井則泉竭，入醬則化水。和氣致祥，妖氣致异，厥有明驗。天道感物，如響斯應，人事感天，其有不然者乎？"[2] 儲泳雖然仍認爲虹霓是妖氣，但已經認識到其"損物"的程度是與客觀現實的差异相關的。又如陸佃《埤雅·釋天》云："先儒以爲雲薄漏日，日照雨滴則虹生。今以水噀日，自側視之，則暈爲虹霓，然則虹雖天地淫氣，不暈於日不成也。故今雨氣成虹，朝陽射之則在西，夕陽射之則在東。"[3] 説明時人不僅認識到虹霓與陽光位置的關係，還會采用"以水噀日"的方法從側面來觀察虹霓。此外，朱熹還澄清了關於虹吸水止雨的説法，説："虹非能止雨也，而雨氣至是已薄，亦是日色射散雨氣了。"[4] 種種對虹霓的説法，表明了宋人對虹霓是一種自然現象的認識在不斷提高，也正因爲如此，相比其他的氣象崇拜，對虹霓的敬畏和禁忌也漸趨減少了。

其他如對雲、雪、雹等氣象的崇拜行爲，筆記中亦偶有所見。總體而言，在對自然災害缺乏應對手段的時代，异常的氣候所帶來的困擾，往往讓人們束手無策，由此產生的多是一些虛無的認識。如魏泰《東軒筆録》記載：

熙寧三年，京輔猛風大雪，草木皆稼，厚者冰及數寸，既而華山震，

---

[1] 黄休復撰，趙維國整理：《茅亭客話》卷五"虹霓"，《全宋筆記》第二編第一册，大象出版社，2006年，第41頁。
[2] 儲泳：《袪疑説》"天道不遠説"，《叢書集成新編》第33册，臺灣新文豐出版公司，1985年，第430頁。
[3] 陸佃：《埤雅》卷二〇《釋天》，浙江人民出版社，2008年，第203頁。
[4] 黎靖德編，王星賢點校：《朱子語類》卷二《理氣下》，中華書局，1986年，第24頁。

> 阜頭谷圮折數十百丈,蕩摇十餘里,覆壓甚衆。唐天寶中,冰稼而寧王死,故當時諺曰:"冬凌樹稼達官怕。"又《禮》有"泰山其頹,哲人其萎"之説,衆謂大臣當之。未數年,而司徒侍中魏國韓公琦薨,王荆公作挽詞,略曰:"冰稼嘗聞達官怕,山頹今見哲人萎。"蓋謂是也。[1]

嚴寒和地震,在客觀上都會造成重大損失,而宋人相信,這些灾害同時還預示着重要人物的厄運,熙寧三年(1070)所發生的"冰稼"和"華山震",就由韓琦這位大臣的離世而"當之"了。

不過,即便是同樣的天象,四方之人所産生的心理感受是不一樣的。莊綽《鷄肋編》記載:

> 紹興四年十二月二十九日、三十日,洪州連大雷電,雨雪冱寒,雖立春數日,然於候爲早,老杜詩載"十月荆南雷怒號",亦以爲异。趙正之都運云:"渠在蜀中,十月聞雷,土人相慶,以爲豐年之兆。"蓋四方遠俗,未可以一理論也。[2]

在荆南被視爲"怒號"的十月雷,在蜀中就成爲豐年之兆,可見,宋代各地之氣象崇拜表現必定是極其豐富多彩的,筆記所載,亦衹是其萬一也。

三、山石水火崇拜

相對於日、月、星辰等天體和風、雨、雷、虹等天象,山、石、水、火等是更爲具體的大自然存在物,相應的信仰行爲可稱爲自然物崇拜。這些自然物的神靈觀念,最晚在新石器時代就已經形成,隨着時代的推移,其神性和神職也不斷發展和變异,以符合當時人們的精神生活需求。時至宋代,這些自然物崇拜的觀念、作用和儀式等,都有了很大的改變。

(一)山崇拜

對山岳及山神的崇拜,在各類自然物崇拜中,占有比較重要的地位。山岳

---

[1] 魏泰:《東軒筆録》卷五,第41頁。
[2] 莊綽:《鷄肋編》卷下,第88頁。

的巍峨、深邃,讓早期人類産生敬畏之感;山林中豐富的資源,又讓得益於此的人們對山岳的主宰充滿感恩之情,因此,對於山神的崇拜十分普遍,就如《抱朴子》所言:"山無大小,皆有神靈。山大則神大,山小即神小也。"[1]

中國之名山,根據地域分布,有五岳、五鎮之説。五岳即東岳泰山、南岳衡山、西岳華山、北岳恒山和中岳嵩山;五鎮即東鎮沂山、南鎮會稽山、西鎮吳山、北鎮醫巫閭山、中鎮霍山。秦漢以來,天子出巡,往往會到五岳、五鎮致祭,祭祀之規格逐步提高。以五岳而言,三代以來用公爵之禮,唐朝升格爲王禮,武則天垂拱四年(688)一度封嵩山爲"神岳天中王",後又加封爲"神岳天中皇帝",山岳神的地位一路飆升。

宋太宗太平興國八年(983),秘書監李至上言:"按五郊迎氣之日,皆祭逐方岳鎮、海瀆。自兵亂後,有不在封域者,遂闕其祭。國家克復四方,間雖奉詔特祭,未著常祀。望遵舊禮,就迎氣日各祭於所隸之州,長吏以次爲獻官。"於是,對山岳神的祭祀又以唐朝武德、貞觀之制爲基礎規範起來。禮制規定:立春日祀東岳岱山於兗州,東鎮沂山於沂州。立夏日祀南岳衡山於衡州,南鎮會稽山於越州。立秋日祀西岳華山於華州,西鎮吳山於隴州。立冬日祀北岳恒山、北鎮醫巫閭山并於定州。土王日祀中岳嵩山於河南府,中鎮霍山於晋州。[2] 祭祀之禮,都由官方舉辦,廟宇修建也是官方經營。

東岳泰山因其"峻極於天",不僅被視爲距天最近的地方,還被想象成神仙聚居之所在,歷來被當作五岳之宗。秦始皇滅六國後東封泰山,漢武帝在位時八次封禪泰山,東漢光武及後嗣諸帝相繼致祭泰山,直至唐玄宗時的"封泰山神爲天齊王",泰山作爲衆山之首的地位已得到朝廷的正式承認,泰山祭祀納入國家祭祀體系,祀典日益隆盛。宋代,泰山的地位愈加顯赫。這首先是因爲,宋代的政治中心東移,與歷代中央王朝相比,其都城與東岳的距離最近,就如宋人宇文粹中在宣和四年(1122)撰寫的《宣和重修泰岳廟記》中所言:"宋受天命,建

---

[1] 葛洪著,王明校釋:《抱朴子内篇校釋》卷一七"登涉",《新編諸子集成》第37册,中華書局,1986年,第299頁。

[2] 《宋史》卷一〇二《禮志五》,第2485~2486頁。

都於汴,東倚神岳,遠不十驛。"¹地理上的優勢,使泰山的影響明顯超越其他四岳。而真正使泰山地位達於巔峰的,是宋真宗的"東封"。

澶淵之盟後,宋真宗且喜且憂,喜的是宋遼近百年的戰爭狀態結束了,他可以擺脱惱人的戰事,當一個安樂皇帝;憂的是澶淵之盟的締結在許多朝臣眼中,是喪權辱國的行爲,他必須滌除澶淵之耻,重建聖君威嚴。真宗聽從了王欽若的建議:"唯有封禪泰山,可以鎮服四海,誇示外國。"²於是就弄虛作假,製造了一個"降天書"的"祥瑞",引得舉國振奮,文武百官、諸軍將校及藩夷、僧道、耆壽等紛紛上書請求真宗封禪以感謝上天,如此,泰山封禪就名正言順、大張旗鼓地籌備進行了。封禪大典於大中祥符元年(1008)舉行,前後歷時五十七天,所費民脂民膏不計其數,滿足了真宗欲與秦皇、漢武等歷代聖君比肩的政治欲望。封禪,固然是祭祀天地大典,但是由於封禪地點是在東岳泰山,因此泰山神的地位也扶搖直上。封禪禮畢,真宗便"加號泰山爲仁聖天齊王",劉斧《青瑣高議》如此神化這一經過:

> 真廟大駕東封,萬官隨仗,仰登封告成之美功,陳金泥玉檢之盛事。發明絶古之光華,敷繹無前之偉績。駕將至東岳,去岳四十里。有冠劍伏道左右,趨謁甚恭。帝知岳靈,顧左右莫有見者。帝功成禮畢,又賜岳之徽號焉,封天齊仁聖帝。夫至誠之動天地、感鬼神也如此。³

真宗不僅加封泰山神,還給予泰山周全的關照,下詔曰:"岳鎮之宗,神靈攸處,尤宜安静,以表寅恭。慮草木之有傷,在斧斤之不入,庶致吉蠲之懇,式符茂育之仁。應公私不得於泰山樵采,違者重行科斷。"⁴如此,泰山不僅享有崇高的尊祀,還獲得來自朝廷全面的保護。此後四年,真宗又晋封東岳神曰"天齊仁聖帝",泰山的神階達到秦漢以來的最高等級,成爲"帝神"。從此,東岳神的香火迅速向各地、向民間擴展,東岳行宮到處可見,如北宋政和二年(1112)浙江安

---

1 曾棗莊、劉琳主編:《全宋文》卷三一二九,第145册,第254頁。
2 《宋史》卷二八二《王旦傳》,第9544頁。
3 劉斧撰,李國强整理:《青瑣高議》後集卷三《岳靈記(真宗東封祀泰岳)》,《全宋筆記》第二編第二册,大象出版社,2006年,第131頁。
4 《宋會要輯稿》禮二二《封禪》,第1112頁。

吉縣東岳行宫建成,時人彭脩撰寫了《湖州安吉縣新建東岳天齊仁聖帝行宫碑》,其云:"我宋誕膺顯命,……於時山川之載在祀典者,泰山爲最尊貴,名號視上帝,且天下咸得祀之。雖窮山幽谷、要荒不毛之地,皆飾祠嚴奉之。"[1] 宋室南渡之後,更多的東岳祠在南方修建,如臨安地區:

  一在吴山,大觀中造,紹興七年鄉民合力重修,二十九年乃成,嘉泰四年、淳祐十二年重建者再,寶祐元年理宗皇帝賜御書"東岳之殿"四大字。一在西溪法華山,乾道三年建。一在湯鎮順濟宫側,乾道間德壽宫行幸,賜銀帛建五岳樓,淳祐三年有旨重修,理宗皇帝賜御書"東岳行宫東岳之殿"八大字。[2]

朝廷的提倡和重視,更刺激了東岳信仰的發展,遠至荆湖、廣南、福建等路都有州府乃至縣修建的東岳祠,東岳神儼然成爲全國神。

東岳祠的興建,使泰山信仰迅速地深入民間,東岳廟會這一民俗活動逐漸流行於全國,東岳神的誕生日成爲各地的一大盛會。張師正《括异志》云:"太山廟據縣(兖州奉符縣)之中,……歲三月,天下奉神者悉持奇器珍玩來獻。"[3]《琴川志》記:"每歲季春岳靈誕日,旁郡人不遠數百里結社火、具舟車、賫香信詣祠下致禮敬者,吹簫、擊鼓、揭號華旗,相屬於道。"[4] 吴自牧的《夢粱録》也詳細地描寫了都城臨安的這一活動,就連岳神的屬下忠惠王,也受到人們的崇奉。[5]

泰山作爲五岳之宗,其地位自不可比擬,但其他岳、鎮在宋代的山嶺崇拜中仍有相應的地位。吕頤浩《燕魏雜記》記載:"東岳廟在兖州奉符縣,封天齊仁聖帝。西岳在華州華陰縣,封金天順聖帝。南岳在潭州衡山縣,封司天昭聖帝。中岳在西京登封縣,封中天崇聖帝。惟北岳在大茂山,山大半陷敵境,移廟於中山府曲陽縣,縣在中山府北七十里,封安天元聖帝。"[6] 有祠廟有封號,自然也有

---

1 阮元編:《兩浙金石志》卷七,《宋代石刻文獻全編》第二册,北京圖書館出版社,2003 年,第 721 頁。
2 潛説友:《咸淳臨安志》卷七三《外郡行祠》"東岳廟",《宋元方志叢刊》第四册,中華書局,1990 年,4011 頁。
3 張師正撰,傅成點校:《括异志》卷四"張太博",上海古籍出版社,2012 年,第 33 頁。
4 孫應時:《琴川志》卷一〇《廟》,《宋元方志叢刊》第二册,中華書局,1990 年,1244 頁。
5 吴自牧:《夢粱録》卷二"二十八日東岳聖帝誕辰",第 107 頁。
6 吕頤浩撰,燕永成整理:《燕魏雜記》,《全宋筆記》第二編第八册,大象出版社,2006 年,第 245 頁。

來自官方和民間的奉祀和香火。

宋代的山岳神,其興雲布雨、司禽掌獸的自然神屬性已然淡化,而社會職能大爲加強。韓琦曾經論説修築山神廟的功用:

> 於禮,祀莫大於天地,而五岳次之。古者天子壇以祀四望,若時巡至其所,既柴,然後秩而望祀之。廟而祭焉,非古也,其後世之文乎!然則爲之者,誠有意焉耳。夫嶄然而石,坳然而谷,泉焉而百派别,林焉而萬幹擢,岳之形也。倏霽忽冥,伏珍見祥,喜焉而風雨時,怒焉而雷電發,岳之神也。人狎其形而易之也,薪於是,畋於是,安知其所以爲神哉?君人者,患民之不知也,於是廟而像之,以警民之耳目,致其嚴奉之心,使違禍而趨福。雖文於古,其於教也固益明矣。[1]

在統治者心目中,山岳廟祭可"警民之耳目",達到"違禍而趨福"的目的,所以,雖非古制,但於教化有益,因而值得推廣。

山岳神可以司鬼魂,這類故事在宋代筆記中比較多見。如《夷堅志》記載:

> 趙清憲公父元卿,爲東州某縣令。有婦人亡賴健訟,爲一邑之患,稱曰"攔街虎",視笞撻如爬搔。公雖知之,然未嘗有意治也。會其人以訟事至廷,詰問理屈,遂杖之,數至八而斃。即日見形爲厲,行步坐卧相追隨不置,雖飲食亦見於杯盤中,公殊以爲苦。既罷官,過岱岳,入謁,女鬼隨之如初。暨登殿,焚香再拜,猶立其旁。公端笏禱曰:"元卿受命治縣,以聽訟爲職。此婦人自觸憲罔,法當決杖,數未訖而死,邂逅致然,非過爲慘酷殺之也。而橫爲淫厲,纍年於兹,至於大神之前,了無忌憚。神聰明正直,願有以分明之,使曲在元卿,不敢逃譴,如其不然,則不應容其久見苦也。"禱畢,又拜而起,遂無所見。[2]

趙元卿爲女鬼糾纏,備受其苦,最後訴於泰山神,轉瞬間,問題就解決了。當然,其中的先決條件必須是"曲不在元卿",否則無以表現泰山神代表正義的權威。

山岳神可以掌生死,這一觀念與釋道二教的發展傳播有關。人們把佛教的輪回觀念、道教的陰曹地府之説與現實中的判官制度融爲一體,創造了掌管世

---

[1] 韓琦:《安陽集》卷二一《定州重修北岳廟記》,第325頁。
[2] 洪邁:《夷堅乙志》卷九"攔街虎",第256~257頁。

人生死的幽冥之王,東岳神就是民間傳說中主要的冥帝之一。釋文瑩《湘山野錄》記載了這樣一件事:

> 崔公誼者,鄧州德學生也,纍舉不第,後竟因舅氏賈魏公蔭,補莫州任邱簿。熙寧初,河北地震未已,而公誼秩滿,挈家已南行數程。一夕,宿孤村馬鋪中,風電陰黑,夜半急叩門呼曰:"崔主簿在否?"送還僕曰:"在。"又呼曰:"莫州有書。"崔聞之,方披衣遽起,未開門,先問:"何人書?"曰:"無書,祇教傳語崔主簿,君合係地動壓殺人數,輒敢擅逃過河,已收魂岱岳,到家速來。"迨開門,寂無所睹。其妻乃陳少卿宗儒之女,陳卿時知壽州。崔度其必死,遂兼程送妻孥至壽陽,次日遂卒。[1]

崔公誼在河北地震前已經離任,且在返鄉途中,但由於是冥界預定的"地動壓殺人數",還是被"收魂岱岳",未能逃脫一死,足見東岳神掌生死之職能十分強勢。

傳說中的山岳神還主兵,一旦戰事起,祈禱山神,往往能夠得到幫助。劉斧《青瑣高議》記載:

> 慶曆年,湖南郴衡桂陽間,蠻獠為惡,侵掠吾民,亦時殺官軍。朝廷就敕劉相忱鎮長沙,又召提刑楊畋,二公合謀,經制一方。二共乃躬禱南岳,願賜陰助。
>
> 一日,湘潭縣民吏見大軍旌旗、金革蔽滿山谷,民疑為官軍焉。而兵渡江,步於水上,俱不濡足,民方知神鬼。中有人呼曰:"吾皆岳兵,效用山前,不日破賊,爾等各以犧牢吾。"於是民大以冥財酹酒祭焉,久乃不見。後連破數洞,覆其巢穴,繫其醜類,請於朝廷。迄今餘獠畏服,乃二公經制之力,亦有神助者焉。[2]

周密《癸辛雜識》也有相關記載,稱"衡岳廟之四門,皆有侍郎神,惟北門主兵,最靈驗。朝廷每有軍旅之事,則前期差官致祭"。南岳神不僅能夠"陰助"官軍,還派得出眾多岳兵,由主司"開北門,然亦不敢全開,以尺寸計兵數"。一旦"全門

---

[1] 釋文瑩撰,鄭世剛整理:《湘山野錄》卷中,《全宋筆記》第一編第六冊,大象出版社,2014年,第33頁。
[2] 劉斧:《青瑣高議》後集卷三《神助記(劉楊討賊得神助)》,第130~131頁。

大啓之",就能"兵出既多,旋以捷告"。[1] 可見,山岳神主兵的權力和能力不容小覷。

各地山岳神的職能包羅萬象,或主宰禍福,或掌管生育,人們希望五穀豐收、六畜平安、百病消除,似乎都能向山岳神祈求,從廣義而言,山岳神就是一方的保護神。當然,也有人對此不以爲然,蘇東坡就是其中一位。李廌的《師友談記》記載了蘇軾親述的一件事:

> 公曰:"頃在鳳翔罷官來京師,道由華岳。忽隨行一兵,遇祟甚狂,自襆其衣巾不已。"公使人束縛之,而其巾自墜。人皆曰:"此岳神之怒,故也。"公因謁祠,且曰:"某昔之去無祈,今之回無禱,特以道出祠下,不敢不謁而已。隨行一兵,狂發遇祟,而居人曰神之怒也,未知其果然否?此一小人如蟣虱爾,何足以煩神之威靈哉!縱此人有隱惡,則不可知,不然,以其懈怠失禮,或盜服御飲食等,小罪爾,何足責也,當置之度外。竊謂岳鎮之重,所隸甚廣,其間強有力富貴者,蓋有公爲奸慝,神不敢於彼示其威靈,而乃加怒於一卒,無乃不可乎!某小官,一人病則一事闕,願怒之,可乎?非某愚直,諒神不聞此言。"出廟,馬前一旋風突而出,忽作大風,震鼓天地,沙石驚飛。公曰:"神愈怒乎,吾弗畏也。"冒風即行。風愈大,惟趁公行李,而人馬皆辟易,不可移足。或勸之,曰:"禱謝之?"公曰:"禍福,天也。神怒即怒,吾行不止,其如予何?"已而風止,竟無別事。[2]

蘇軾不僅對西岳神去無祈、回無禱,還認爲岳神是在吹毛求疵、爲難小民,進而譏諷山神畏懼豪強,面對奸慝不敢顯示威靈,最後還強硬地表示,他怒他的,我做我的,"其如予何"?蘇軾的態度,是否能代表當時士大夫階層對山神信仰的總體認識?

(二)石崇拜

石與早期人類的生存發展關係密切,舊石器時代的打製石器可以用來狩

---

[1] 周密:《癸辛雜識》別集卷上"衡岳借兵",第361頁。
[2] 李廌撰,查清華、潘超群整理:《師友談記》,《全宋筆記》第二編第七冊,大象出版社,2006年,第35~36頁。

獵、自衛;新石器時代的磨製石器可以切割獸皮,分解禽獸;用石做成的刀斧、箭鏃等是戰鬥中重要的武器;即便是笨重的原石,也是搭建房屋時重要的材料。更重要的是,一些石塊能够摩擦起火,這在人類從生食進化到熟食階段起了至關重要的作用。石有功於人類,因而人類感激石、崇敬石,進而形成石崇拜文化。

時至宋代,石在人們生活中的重要性自然遠不能與上古時期相比,但是對石的崇敬仍然以各種形式留存在人們的意識中。

大凡巨石、奇石、美石,多能引起人們的重視,引發人們的想象,許多石塊就因此被神化了。周密在《癸辛雜識》中記載:"汴京天津橋上有奇石大片,有自然《華夷圖》,山青水綠,河黃路白,粲然如畫,真异物也。今聞移置汴京文廟中,作拜石。"[1] 又記載,汴梁的朝元宫虚皇臺上"有拜石,方廣二丈許,光瑩如璧玉,四畔刻龍鳳,雲霧環繞"[2]。這兩方奇石不僅體積大,還紋理奇特,前者像一幅地圖,後者四周呈龍鳳之相,所以都被作爲重要場所的拜石。

偶爾,有些巨石會由於颶風或地震等原因自立或自移,這就更讓人們感到神秘而倍加崇奉了。《夷堅志》"天寶石移"條曰:

福州福清縣大平鄉修仁里石竹山,俗曰蛤蟆山,去邑十五里。乾道二年三月三日夜半後,居民鄭周延等咸聞山上有聲如震雷,移時方止,或見門外天星光明,迹其聲勢,在瑞雲院後石竹山上。明旦,相與視之,山頂之東南有大石,方可九丈,飛落半腰間,所過成蹊,闊皆四尺,而山之木石,略無所損。縣士李槐云:"山下舊有碑,刊囊山妙應師讖語,頃因大水,碑失,今復在縣橋下,其語曰:'天寶石移,狀元來期。龍爪花紅,狀元西東。'"邑境有石陂,唐天寶中所築,目曰天寶陂,距石竹山財(纔)十里。是月,集英廷(殿)試多士,永福人蕭國梁魁天下。永福在福清西,閩人以爲應讖矣。又三年,興化鄭□繼之,正在福清之東。狀元西東之語,無一不驗云。[3]

---

[1] 周密:《癸辛雜識》續集卷上"華夷圖石",第248頁。
[2] 周密:《癸辛雜識》別集卷上"汴梁雜事",第332頁。
[3] 洪邁:《夷堅乙志》卷二〇"天寶石移",第353~354頁。

龔明之的《中吴紀聞》也有類似記載："穹窿山在城之西,里老相傳云:'穹窿石移,狀元來歸。'一夕,聞有風雨聲,詰旦視之,果有石自東而移西者。淳熙辛丑,黃子由遂魁多士。"[1] 石的自立自移現象在歷代史書中時有所見,顯然,這是因自然界外力的作用而引起的,但是宋人還不能解釋這一現象,以爲是神力所致,這種"飛來石"也自然被認作神石。

被神化了的石頭,人們會不遺餘力地求之。曾敏行在《獨醒雜志》中叙述了這樣一件事:

> 余鄉民有燒畬於山崗,每晨往,必見人憩於樹陰之石。望之,仿佛如釋教所謂觀音像者。稍逼近,則不見矣。一日再往,所見如前,即石求之,瑩然如玉,其中隱隱有觀音像,類今之繪者。民以石歸,龕而祠之,自是生理日饒,家用大昌。民既死,其二子析居,兄請盡以家賄與弟,而唯求其石。弟亦願得石,而盡舉家賄以遜其兄。争之不已,訴於郡。太守取石藏之公帑,而析其財,由是争息。[2]

一方"隱隱有觀音像"的石頭,被"龕而祠之",居然能使收藏者"生理日饒,家用大昌",難怪兄弟倆分家時要爲此争個頭破血流了。還有人因爲太想獲得"神石",反被似是而非的迹象忽悠了,《湘山野録》記載:

> 汝州葉縣大井涸,忽得一石,上刻四句云:"葉邑之陰,汝潁之東,兹有國寶,永藏其中。"葉人大惑,謂之神石,置於縣祠中,享禱日盛。貪夫至有浚井掘田願求國寶者,纍歲未已。忽一客因游仙島觀北極殿,有一礎爲柱所壓,柱棱外鐫四句猶可見,曰:"賦世永算,享國巨庸,子賢而嗣,命考而終。"其客徐以廟中神石之句合之,其韵頗協,量之,復長短無差。白邑宰取其礎觀,乃唐開成中一中郎將墓志爾,安礎時欲取其方,因裁去餘石,弃井中,後得之,遂解惑焉。[3]

葉縣人從枯井中獲得一方刻有文字的石頭,視作神石,"享禱日盛",還刺激了鄉民"浚井掘田願求國寶"。後來因外來游客的發現纔真相大白,所謂神石,其實

---

1 龔明之:《中吴紀聞》卷六"狀元讖",第 277 頁。
2 曾敏行:《獨醒雜志》卷五,第 46 頁。
3 釋文瑩:《湘山野録》卷中,第 29~30 頁。

是唐朝的一塊墓碑,被人用作柱子下的石墩,石墩需正方形的,而墓碑却是長方形,所以裁下多餘部分扔入井中。這一令人啼笑皆非的結果,正反映了宋人對神石的追崇。

同理,被神化的石頭,一旦被褻瀆,將會帶來飛來橫禍,《夷堅志》記載了如下故事:

> 湖州周司户幹僕陶忠,掌收掠儗債之直。每日暮,必經由清塘門裏,常見河畔仿佛有光自水際出,凡數十夕皆然,漫記其處。旦而往訪,尋得一方石,四面皆鐫釋迦佛像,即取以歸,香火供事甚謹。石理細潤可愛,遇天將雨,先一夜必有水珠出,以之候陰晴,未嘗不驗。時乾道初年也,陶氏自此儲積稍以豐腴。至淳熙甲午,其子顯置黃頭雀籠於佛室相近處,遺矢污像,不加拂拭。忽風雷中夜暴震,迫曉,失佛所在,窮人力搜索,不復可得。未幾,顯病痁,夢爲黃衣卒逮至獄廟。神斥數其罪,命與杖二十。驚覺視之,臀無膚矣。醫者以杖瘡膏貼,傅月餘乃愈。明年夏,頓苦煩悶,赴水而死。家日以貧窶,一切如初。[1]

這方有异光、能預報雨晴,又鐫有釋迦佛像的神石,給陶氏帶來了幸運,但一朝被鳥糞所污,養鳥的陶氏兒子便百罪莫贖,祇能赴水而死,由神石帶來的富饒,也隨之而消失了。

宋人認爲石能主宰世人生育,因而有許多祈子習俗都與石有關。莊綽《雞肋編》記載:

> 襄陽正月二十一日,謂之"穿天節",云交甫解佩之日。郡中移會漢水之濱,傾城自萬山泛彩舟而下。婦女於灘中求小白石有孔可穿者,以色絲貫之,懸插於首,以爲得子之祥。[2]

張君房的《雲笈七籤》在記金堂縣昌利化玄元觀九井之靈驗時也曰:"每歲三月三日,蠶市之辰,遠近之人,祈乞嗣息,必於井中,探得石者爲男,瓦礫爲女,古今

---

[1] 洪邁:《夷堅支志》景集卷四"清塘石佛",第910~911頁。
[2] 莊綽:《雞肋編》卷上,第24頁。

之所效驗焉。"[1] 這一習俗或與原始的生殖崇拜有關,許多民族往往將窪地、岩洞、水井當作女陰加以祭拜,將柱形石、石子、石塊等看作是男根的象徵物,因此,宋人在河中、井中摸石或佩戴之,表達的都是希望生育并且生男的相同意願。

宋人認爲石有避邪鎮鬼的能力,因而人們在建宅時常以石板埋於宅基之下,用以鎮宅。這一習俗,早在南朝梁宗懍的《荆楚歲時記》中就有記載,"十二月暮日,掘宅四角,各埋一大石以鎮宅"[2],到了唐宋,此風仍然存在。《福建通志》引劉斧《青瑣集》佚文:

> 宋慶曆四年,秘書丞張緯出宰莆田再新縣,中堂其基太高,不與他室等,治之使平。得石銘長五尺,闊如之,按之無刊鏤痕,乃墨迹也。其文曰:"石敢當,鎮百鬼,壓災殃,官吏福,百姓康,風教盛,禮樂張。唐大曆五年四月十日縣令鄭押字記。"并有石符二枚,具存自唐大曆五年,至宋慶曆四年墨迹如故,亦一奇事也。[3]

慶曆年間的新任縣令整治中堂,發現了唐大曆五年(770)的石碑,這不僅證明以山石作鎮物的風俗在唐代的沿襲,還可見"石敢當"信仰在此時已經成熟,被認爲與地方教化及安康密切相關。

據王象之《輿地碑記目》載,宋時興化軍(今福建莆田一帶)有石敢當碑。[4]其實,不僅在福建,包括浙江、江蘇、江西、山東在内的東部地區,"石敢當"的流布都十分廣泛。宋施青臣的《繼古叢編》曾載錄吳地的"石敢當"之用:"吳民之廬舍,衢陌直衝,必設石人,或植片石,題鎸曰'石敢當',以寓厭禳之旨。"[5]說明宋代的石敢當不僅被作爲宅基,更多地會以石人、石碑的形式出現在宅角或橋

---

[1] 張君房:《雲笈七籤》卷一二二《道教靈驗記》,《道藏要集選刊》第一册,上海古籍出版社,1989年,第850頁。

[2] 唐慎微:《證類本草》卷三引宗懍《荆楚歲時記》,《景印文淵閣四庫全書》第740册,臺灣商務印書館,1986年,第124頁。

[3] 《福建通志》卷六六《雜記·福州府》,《景印文淵閣四庫全書》第530册,臺灣商務印書館,1986年,第367頁。

[4] 王象之:《輿地碑記目》卷四"興化軍碑記",《叢書集成新編》第51册,臺灣新文豐出版公司,1985年,第95頁。

[5] 施青臣:《繼古叢編》,《説郛三種》第四册,上海古籍出版社,1988年,第1158頁。

路衝要之處。據民俗學家考證,吳地"石敢當"的基本形制有石人圓雕和片石鐫字,這種形制風格在宋代已基本具備。在福州市郊高湖鄉,還發現了現存最早的南宋"石敢當"實物:碑高約80厘米,寬約53厘米,石上橫書"石敢當"三字,其下有銘文曰:"奉佛弟子林進暉,時維紹興載,命工砌路一條,求資考妣生天界。"[1] 這位林姓孝子,爲父母能夠順利地往生天界,出資修築了道路,還特立"石敢當"碑,鎮守着道路的安寧。

還有一些石頭,不知由於什麼原因,讓人們賦以特殊的神力。如《癸辛雜識》記載,在長安城裏有一塊釘官石,"色青黑,其堅如鐵。凡新進士求仕者,以大釘釘之,如釘徑入,則速得美官,否則齟齬不能入,入亦不能快利也。石上之釘皆滿"[2]。在科舉時代,學子們嘔心瀝血埋頭苦讀,就是爲能走上仕途光宗耀祖,"美官"的位置人人嚮往,却總是僧多粥少,因而以"釘石"卜前程之舉吸引了衆多進士,其思想基礎應該是認爲石頭有着預知的神力吧。

在"崇石"的過程中,"賞石"文化也發展了起來。宋代是中國古代賞石文化的鼎盛時期,奇石、怪石登堂入室成爲士人的文房清供,"登几案觀玩",已是十分普遍。有皇帝舉"花石綱"之倡導,朝野上下都以搜求奇石爲時尚,出現了一大批愛石、賞石、對石品很有研究的達官貴族乃至紳商士人,其中最著名的就是被稱作"石癲"的米芾。費袞《梁谿漫志》記載米芾拜石的故事:"米元章守濡須,聞有怪石在河壖,莫知其所自來,人以爲異而不敢取。公命移至州治,爲燕游之玩。石至而驚,遽命設席,拜於庭下曰:'吾欲見石兄二十年矣!'言者以爲罪,坐是罷去。"[3] 葉夢得《石林燕語》也有相似記載:"(米芾)知無爲軍,初入州廨,見立石頗奇,喜曰:'此足以當吾拜。'遂命左右取袍笏拜之,每呼曰'石丈'。言事者聞而論之,朝廷亦傳以爲笑。"[4] 米芾無視世人的譏笑,不惜被劾罷官,愛石成癖,且在相石方面頗有心得,創建了瘦、透、漏、皺的相石理論原則,爲後世所沿用。

1　陶思炎:《石敢當與山神信仰》,《藝術探索》2006年第1期。
2　周密:《癸辛雜識》續集卷下"釘官石",第311頁。
3　費袞撰,金圓整理:《梁谿漫志》卷六"米元章拜石",《全宋筆記》第五編第二册,大象出版社,2012年,第198~199頁。
4　葉夢得:《石林燕語》卷一〇,第152頁。

其實,宋代像米芾一樣愛石戀石的人并非絕無僅有,《宋稗類鈔》記載:

  米元章守漣水,地接靈璧,畜石甚富。一一品目,加以美名。入書室,則終日不出。時楊次公爲察使,知米好石廢事,因往廉焉。至郡,正色言曰:"朝廷以千里郡邑付公,汲汲公務,猶懼有闕。那得終日弄石,都不省録?爾後當録郡事,不然,按牘一上,悔亦何及!"米徑前,以手於左袖中取一石。其狀嵌空玲瓏,峰巒洞穴皆具,色極清潤。米舉石宛轉翻覆以示楊曰:"如此石安得不愛?"楊殊不顧,乃納之左袖。又出一石,叠嶂層巒,奇巧又勝。又納之左袖。最後出一石,盡天劃神鏤之巧。又顧楊曰:"如此石安得不愛?"楊忽曰:"非獨公愛,我亦愛也。"即就米手攫得之,徑登車去。[1]

這一故事生動反映了宋代士人愛石、研石的濃厚風氣,而這一風氣的形成,或有當時"以石養心,以石修身,以石感懷天地"的士人文化追求,或有如同米芾這樣清放不羈、不同流俗的個性使然,但究其根本,還是源於人們潛意識中對石頭的敬重心理。就如宋代杜綰《雲林石譜》所言:"天地至精之氣,結而爲石。"[2] 古老的石崇拜信仰,賦予頑石以靈性和神靈色彩,使宋代的賞石文化能體現出天人合一的哲學境界。

(三)水崇拜

  任何生物都無法完全離開水而存活,因而人類對水的依賴要遠遠超過對山的求取。但是水也常常帶給人類極大的傷害,時不時發生的滔天洪水,所造成的就是無法抗拒的滅頂之災。因此,人類對水是既敬又畏,可以説,在古代社會中,大至海,小至井,凡有水源的地方就有水神崇拜。

  最遲在周代開始,江、河、淮、濟"四瀆"就與"五岳"相對,成爲河川神的代表,享受官方祭祀。關於"瀆",歷來有很多解釋,如唐代許敬宗認爲:"瀆之言獨也。不因餘水,獨能赴海者也。"但宋代王觀國不同意此説,而引顏師古"瀆者,發源而注海者也"之説發揮曰:"江、河、淮、濟皆發源於西而注乎東,受他水而不

---

1 潘永因編,劉卓英點校:《宋稗類鈔》卷四"放誕",書目文獻出版社,1985年,第306~307頁。
2 杜綰:《雲林石譜》卷上,《説郛三種》第七册,上海古籍出版社,1988年,第4412頁。

爲他水之所受,有直通之意,故謂之瀆。天下洪流巨谷雖多,然自發源以往,皆爲他水之所受,未有如四瀆不爲他水之所受。……四瀆正因受餘水而不爲餘水之所奪,故能直赴於海,而敬宗乃言'不因餘水獨能赴海',非也。"[1]可見,宋人對四瀆的地理學認識已超越了唐人。

四瀆的官方地位是逐漸上升的。《漢書》記載:漢宣帝神爵元年(前61),"制詔太常:'夫江海,百川之大者也,今闕焉無祠。其令祠官以禮爲歲事,以四時祠江海雒水,祈爲天下豐年焉。'自是五岳、四瀆皆有常禮。……唯泰山與河歲五祠,江水四,餘皆一禱三祠云"[2]。足見五岳四瀆中,泰山和黄河的地位是最高的。唐天寶六載(747),朝廷將四瀆分別封爲廣源公、靈源公、長源公和清源公。[3] 到宋仁宗康定元年(1040),又將四瀆由"公"加封爲"王"。按《禮記·王制》規定:"天子祭天下名山大川,五岳視三公,四瀆視諸侯。"[4] 所以,唐宋以來四瀆由諸侯之禮進爲公、王,在禮制上的地位是大大提高了,尤其是河瀆,宋代的封號爲"顯聖靈源王"[5],較其他三瀆多了兩個字,進一步突出了黄河的地位。

黄河作爲中華民族的母親河,在古代經濟文化中的地位是不言而喻的,所以黄河神自然成爲最有影響力的水神,古籍中所稱"河伯"很多都是特指黄河神。生活在黄河流域的人民對河神的崇拜是十分虔誠的,取悅河神的手段也是五花八門,其中就包括人祭。《史記》所載西門豹治鄴故事中的"河伯娶婦"之事在先秦并非僅有,洪邁《容齋三筆》就引《史記·六國年表》"秦靈公八年,初以君主妻河"之記載,論證當時的秦國也有此風,且給河伯娶的妻子還是位公主。[6] 李廌《師友談記》還記録了蘇東坡的一段話:"郭子儀鎮河中日,河甚爲患。子儀禱河伯,曰:'水患止,當以女奉妻。'已而河復故道,其女一日無疾而

---

1 王觀國撰,徐時儀、鄭曉霞整理:《學林》卷四"瀆",《全宋筆記》第四編第一册,大象出版社,2008年,第169~170頁。
2 《漢書》卷二五《郊祀志》,第1249頁。
3 《舊唐書》卷二四《禮儀志四》,第934頁。
4 孔穎達:《禮記正義》卷一二,第1336頁。
5 《宋史》卷一〇二《禮志五》,第2488頁。
6 洪邁:《容齋三筆》卷一〇"河伯娶婦",第118~119頁。

卒。子儀以其骨塑之於廟,至今祀之。惜乎此事不見於史也。"[1] 郭子儀是唐代的著名將領,在平定安史之亂和擊退吐蕃進犯的過程中,居功甚偉,享有很高的聲譽。他爲了消除河患,承諾"以女奉妻",說明至少在中唐,以人殉河伯的事情還有發生。到了宋代,祭河的行爲在史書中還時有所見,如真宗大中祥符三年(1010)八月,"遣中使於三亭渡等處祭河,以度河舟車闐咽故也"[2]。又真宗天禧四年(1020),"命右諫議大夫張士遜詣滑州祭河。詔馮守信俟河平,留兵萬人護之"[3]。仁宗時期也有"以汴流不通,遣知制誥聶冠卿祭河瀆廟,内侍押班藍元用祭靈津廟"[4]。這些祭祀活動多因事而起,并不是常禮,且都由官方進行,換言之,大規模的河神祭祀在宋代已不多見,曾經最有影響力的水神——河伯在民間也逐漸趨於無聞。

河伯的影響力爲何下降?趙彦衛在《雲麓漫鈔》中這樣解釋:"《史記·西門豹傳》說河伯,而《楚辭》亦有'河伯'詞,則知古祭水神曰河伯。自釋氏書入中土,有龍王之說,而河伯無聞矣。"[5] 趙彦衛認爲是龍王信仰取代了河伯信仰,此言不無道理。

龍本是中國古人想象出來的一種動物,是象徵祥瑞的"四靈"之一,具有降雨的神性。董仲舒《春秋繁露》記載漢代求雨儀式:"爲大蒼龍一,長八丈,居中央。爲小龍七,各長四丈,於東方,皆東向,其間相去八尺。小童八人,皆齋三日,服青衣而舞之……"[6] 這些儀式都是以龍爲中心的。佛教傳入中國後,努力地本土化、世俗化,佛經中有龍王的稱呼,并稱其"莫不勤力興雲布雨",這就與中國龍的神力相一致。於是,佛經中的龍王與中國傳統信仰中的龍神逐漸結合,在人們心目中的地位也進一步提高,并逐漸躋身於國家的祀典中。唐玄宗開元二年(714),"詔祠龍池……爲龍池樂章十首。又詔置壇及祠堂,每仲春將

---

[1] 李廌:《師友談記》,第48頁。

[2] 李燾:《續資治通鑑長編》卷七四,大中祥符三年八月丙寅,中華書局,1995年,第1686頁。

[3] 李燾:《續資治通鑑長編》卷九五,天禧四年正月辛巳,第2179頁。

[4] 李燾:《續資治通鑑長編》卷一三一,慶曆元年三月乙亥,第3113頁。

[5] 趙彦衛撰,朱旭強整理:《雲麓漫鈔》卷一〇,《全宋筆記》第六編第四册,大象出版社,2013年,第226頁。

[6] 董仲舒:《春秋繁露》卷一六"求雨",《二十二子》,上海古籍出版社,1986年,第803頁。

祭則奏之"[1]。至宋代,龍的祠祀更加規範,《宋會要輯稿》載:

> 京城東春明坊五龍祠,太祖建隆三年自玄武門徙於此。國朝緣唐祭五龍之制,春秋常行其祀,用中祀禮。真宗大中祥符元年四月,詔修飾神帳。哲宗元祐四年七月賜額。先是熙寧十年八月,信州有五龍廟,禱雨有應,賜額曰"會應",自是五龍廟皆以此名額云。徽宗大觀二年十月,詔天下五龍神皆封王爵,青龍神封廣仁王,赤龍神封嘉澤王,黃龍神封孚應王,白龍神封義濟王,黑龍神封靈澤王。[2]

朝廷的封賜意味着龍王的身份和地位得到官方的承認,於是龍王信仰逐漸遍及中土,人們對龍的神力也依然信服。袁文《甕牖閒評》曰:

> 夏間久旱,四方不免祈求,而雨隨至者,多是龍捲江河之水而上,非陰陽交感而成也。觀徽宗政和七年夏大雨,有二魚落殿中省廳屋上,其事見《國史後補》。雨中那得有魚,此雨是江河之水爲龍所捲而上無疑矣。[3]

可見,宋代不少人對龍的降雨能力是堅信不疑的。

已經爲"王"的龍神,其神力已遠不止於興雲布雨,在必要的時候,祇要人們足夠虔誠,龍王總能伸出其萬能之手。沈括《夢溪筆談》記載:

> 彭蠡小龍,顯异至多,人人能道之,一事最著。熙寧中,王師南征,有軍仗數十船,泛江而南。自離真州,即有一小蛇登船,船師識之,曰:"此彭蠡小龍也,當是來護君(軍)仗耳。"主典者以潔器薦之,蛇伏其中,船乘便風,日棹數百里,未嘗有波濤之恐,不日至洞庭……有司以狀聞,詔封神爲順濟王,遣禮官林希致詔。[4]

傳說中的龍是由多種動物組合而成,其中魚、鱷、蛇等涉水動物是其最主要的組合形態。彭蠡即今江西鄱陽湖,彭蠡龍王就是以"首如龜,不類蛇首"的小蛇形象出現,并保證了王師軍仗船的順利航行。

1　馬端臨:《文獻通考》卷九〇《郊社考》二十三《雜祠淫祀》,中華書局,1986年,第822頁。
2　《宋會要輯稿》禮四《五龍祠》,第562頁。
3　袁文撰,李偉國整理:《甕牖閒評》卷三,《全宋筆記》第四編第七册,大象出版社,2008年,第155頁。
4　沈括:《夢溪筆談》卷二〇《神奇》,第150~151頁。

值得注意的是,在龍神信仰世俗化、擬人化的發展過程中,還出現了龍母、龍女信仰。所謂龍母、龍女,未必就是龍的母親或女兒,在宋人筆記中經常被混用。其原型有世俗人物,有與龍相關的女性,甚至就是龍本身。有關龍母、龍女傳說的出現應該不遲於漢代,但是龍母、龍女信仰及祠祀,是起於唐末五代,至宋達於高峰。宋代的龍母、龍女祠一是數量多,據莊綽《雞肋編》所言,僅在祀典的、以龍女爲號的祠廟就有五十三處。[1] 二是地位顯,宋朝政府多次賜封龍母、龍女,僅徽宗、高宗時期就有近三十次。三是分布廣,北到甘肅陝西,南到福建兩廣都有。各地供奉的龍母、龍女身份不一、形象不一,區域性特徵十分明顯,其共同性的職能不外是興雲布雨、平定水患、護航救難等,這自然是由水網密布的地理環境、水旱災害頻仍以及戰亂不斷的時代背景決定的。[2] 黃休復《茅亭客話》記載唐宋時期的龍母信仰很有代表性:

> 益州城西北隅有龍女祠,即開元二十八年長史章仇公兼瓊拔平戎城,夢一女曰:"我此城龍也,今弃番陬來歸唐化。"後問諸巫,其言不異,尋表爲立祠,錫號"會昌"。祠在少城舊迹,近揚雄故宅。每旱潦祈禱,無不尋應。乾符中,燕國公高駢築羅城,收龍祠在城内。工徒設板至此,驟有風雨,朝成夕敗,以聞於高公。公亦夢龍女曰:"某是西山龍母池龍君,今築城,請將某祠置於門外,所冀便於往來。"公夢中許之。及覺,遂令隔其祠於外,而重葺之,風雨乃止,城不復壞焉。繼之王、孟二主,甚嚴飾之,祈禱感應,封睿聖夫人。天禧己未歲,自九月不雨,至庚申歲二月,寺觀諸廟禱祈,寂無影響。知州諫大夫趙公積躬詣其祠冥禱,未至郡,甘澤大澍達旦,屬邑皆告足。是歲豐登,民無札瘥,遂奏章新其祠宇焉。[3]

文中記載的是著名的西山龍母,原爲吐蕃神祇,開元年間平戎城被唐軍攻克後,這位吐蕃神歸順了大唐,成爲漢域之神。她"旱潦祈禱,無不尋應",還能助修城池,因而唐至五代一再獲封。入宋後,其神力遠超其他寺觀諸廟,因此繼續獲得

---

[1] 莊綽:《雞肋編》卷下,第87頁。
[2] 有關龍母信仰,參見翟衛姿:《宋代龍母信仰研究》,河北大學2014年碩士論文。
[3] 黃休復:《茅亭客話》卷五"龍女堂",第45頁。

很高的崇祀。

古人對海洋的觀念是不切實際的,以爲中國處於大地的中央,四周有海洋環繞,海的盡頭也就是天地的盡頭,雖然早有四海及四海之神的説法,但實際上對四海海域并無明確概念,海洋與人們的生活關係也不大,因而對海神的崇祀遠不如對江河之神。而到了宋代,由於海上貿易的迅速發展,海上航運的安全直接關係到社會經濟的發展,於是朝廷屢加封賜,海神的地位日漸上升,相關的祭祀也日益隆重。宋代的海神信仰對後世影響最大的是天妃信仰,天妃即閩、廣一帶所稱之媽祖,其身世來歷向來有多種説法,比較爲人認可的説法是:天妃林姓,福建莆田人,生於北宋。相傳她能在大海中救人於危難之中,南宋時已被奉爲福建一帶的海上保護神。洪邁《夷堅志》中有關於天妃神迹的較早記載:

> 紹熙三年,福州人鄭立之,自番禺泛海還鄉。舟次莆田境浮曦灣,未及出港,或人來告:"有賊船六雙在近洋,盍謀脱計?"於是舟師詣崇福夫人廟求救護,得三吉珓。雖喜其必無虞,然遲回不决,聚而議曰:"我衆力單寡,不宜以白晝顯行迎禍?且安知告者非賊候邏之黨乎?勿墮其計中。不若侵曉打發,出其不意,庶或可免。況神妃許我耶!"皆曰:"善!"迨出港,果有六船翔集洪波間,其二已逼近。舟人窘迫,但遥瞻神祠致禱,相與被甲發矢射之。矢且盡,賊舳艫已接,一魁持長叉將跳入。忽烟霧勃起,風雨欻至,驚波駕山,對面不相睹識,全如深夜。既而開霽帖然。賊船悉向東南去,望之絶小。立之所乘者,亦漂往數十里外,了無他恐。蓋神之賜也,其靈異如此,夫人今進爲妃云。[1]

天妃的神力及其仁慈,在宋代形成了"凡賈客入海,必致禱祠下,求杯珓,祈陰護,乃敢行"[2]的風氣,使天妃崇祀迅速發展,并逐漸向北流布。據吴自牧《夢梁録》記載,當時的臨安就有三處天妃行宫:

> 順濟聖妃廟在艮山門外,又行祠在城南蕭公橋及候潮門外瓶場河下市舶司側。按《廟記》:"妃姓林,莆田人氏,素著靈異,立祠莆之聖堆。宣和賜廟額,疊加夫人美號,後封妃,加號曰靈惠協應嘉順善應聖

---

[1] 洪邁:《夷堅支志》戊集卷一"浮曦妃祠",第1058頁。

[2] 洪邁:《夷堅支志》景集卷九"林夫人廟",第950~951頁。

妃。其妃之靈著多於海洋之中，佑護船舶，其功甚大。民之疾苦，悉賴
姘檬。"[1]

天妃信仰在元代得以進一步發展，"天妃"神號，也是元代所加，其最高海神
地位逐漸確立。沿至近代，凡海商船民足跡所到之處，都會有"天妃宫"出現。

(四) 火崇拜

《抱朴子》曰："天下不可以經時無日，不可以一旦無火。"[2] 足見火之於人類
生存之重要性。然而古人又認爲"人火曰火，天火曰災"[3]，那就是説，自己能够
控制的火是造福於人類的，而由雷震及易燃物摩擦等原因引燃的火就會帶來極
大的災難。因此，古人對火也是既敬又畏，先秦時期就有火神祭祀，傳説中的燧
人氏、炎帝、祝融等都曾是早期信奉的火神。

趙宋王朝建立後，便於建隆元年（960）三月"定國運以火德王，色尚赤，臘用
戌"[4]。乾德元年，國子博士聶崇義提出："皇家以火德上承正統，膺五行之王
氣，纂三元之命曆，恭尋舊制，存於祀典。伏請奉赤帝爲感生帝，每歲正月，别尊
而祭之。"朝廷采納後即行以相關措施："感生帝爲壇於南郊，高七尺，廣四丈，奉
宣祖升配。牲用騂犢二，玉用四圭有邸，幣如方色，常以正月上辛奉祀。"[5] 赤帝
祭祀在南宋紹興年間升格爲大祀。[6]

火既然是宋朝德運所屬，因此火崇拜對於宋朝就有了别樣的意義，崇祀也
越來越周到。仁宗康定初年，在宋朝的開國之處河南商丘設壇祭祀大火（二十
八宿之一的心宿），并以高辛氏的火正閼伯配享，器用規格仿中祠。南宋紹興初
又在臨安設神位，一年兩次向商丘望祭。紹興十八年（1148）還在太乙宫爲之别

1　吴自牧：《夢粱錄》卷一四"外郡行祠"，第236頁。
2　葛洪著，楊明照撰：《抱朴子外篇校箋》卷二"逸民"，《新編諸子集成》第38册，中華書局，1991年，第90頁。
3　孔穎達：《春秋左傳正義》卷二四，第1888頁。
4　《宋史》卷一《太祖本紀》，第6頁。
5　李燾：《續資治通鑒長編》卷四，乾德元年閏十二月乙亥，第113頁。
6　《宋史》卷一〇〇《禮制三》，第2463頁。

立"明離殿",專奉火德。[1] 此外,宋徽宗時期,先後建陽德觀、長生觀以祀熒惑,熒惑即火星。洪邁《容齋三筆》引東漢馬融注《尚書》云:"七政者,北斗七星,各有所主。第一主日;第二主月;第三曰命火,謂熒惑也;第四曰煞土,謂填星也;第五曰伐水,謂辰星也;第六曰危木,謂歲星也;第七曰剽金,謂太白也。日月五星各异,故曰七政。"[2] 熒惑既然主火,與火德相繫,故而最終得以在赤帝壇壇外築壇,享受了"有司以時致祭"的待遇。如此,宋代官方至少有三位火神可以祭祀:感生帝即赤帝、大火及閼伯、熒惑。

或許由於火與國運聯繫在一起,宋代官方對火的崇拜有點誠惶誠恐,唯恐得罪了火神,影響了國運。洪邁《容齋四筆》記載:

> 熙寧、元豐中,聚斂之臣專務以利爲國,司農遂粥天下祠廟。官既得錢,聽民爲賈區,廟中慢侮穢踐,無所不至。南京有閼伯、微子兩廟,一歲所得不過七八千,張文定公判應天府,上言曰:"宋,王業所基也,而以火王。閼伯封於商丘,以主大火,微子爲宋始封,此二祠者獨不可得免乎?乞以公使庫錢代其歲入。"神宗震怒,批出曰:"慢神辱國,無甚於斯。"於是天下祠廟皆得不粥。[3]

祠廟被租賃做生意,雖有侮慢神靈之嫌,但因有利可圖,地方上也就放任自流了。但涉及有關國運的火神,那是決不能容許的,於是在神宗的震怒下,其他祠廟也"因火得福",皆得不鬻。又據《宋會要輯稿》記載,哲宗元祐四年(1089),蘇頌主持製造的水運渾天儀成功,這是一座渾儀、渾象和報時裝置三組器件合在一起的高臺建築,整個儀器用水力推動運轉,故稱水運儀象臺。但是有人却上言説:"伏睹宋以火德王天下,所造渾儀其名水運,甚非吉兆。乞更水名,以避刑克火德之忌。"遂詔以"元祐渾天儀象"爲名。[4] 這一改,就將其最關鍵的動力因素模糊掉了。

如果發生了火災,首先會歸因於天譴,皇帝通常會下詔罪己,反省自己在治

---

1 李心傳:《建炎以來繫年要錄》卷一五七,紹興十八年五月辛酉,中華書局,1988年,第2555頁。
2 洪邁:《容齋三筆》卷一一"天文七政",第133頁。
3 洪邁:《容齋四筆》卷一一"熙寧司農牟利",第323頁。
4 《宋會要輯稿》運曆二《銅儀》,第2712頁。

理天下的時候是否有不妥當的措施,并且在生活上加以裁制,如素服、撤樂等,以表示接受來自上天的警告。同時會要求百官直言時政得失,提出批評建議。錢惟演《玉堂逢辰錄》記載:大中祥符八年(1015)四月二十三日夜榮王宮火,"是夕燒屋舍計二千餘間,救焚而死者千五百人⋯⋯焚諸庫香聞十餘里,秘閣三館圖籍一時俱盡,又火風中有飄書籍至汴水南者"[1]。這場大火燒了一天兩夜,災後,真宗即罪己并求直言曰:

> 朕承大寶,祗懼小心。膺眷祐之無疆,荷靈禧之協應。少虧周慎,俄有震驚。雖曰因人,敢忘克己? 今月二十三日夜,榮王元儼官不謹遺燼,遽致延燒。昏夕之間,撲滅靡及;遲明之際,士伍并臻。尚賴群心,率同盡瘁。殿庭連屬,不免致焚;宮禁回環,幸皆安堵。眷兹藩邸,自失於防微;叩謝宗祊,彌深於省咎。亦虞庶務,未洽大和,或政令匪中,或物情有壅,期聞讜論,以輔眇躬。應文武官并許直言,當從親覽。渴聞規益,勿各傾輸。[2]

此外,真宗還怒斥了榮王元儼,將他降爲端王,貶出東京。他還想懲罰更多的責任人,但被宰相王旦阻止了。羅從彥《遵堯錄》記載:"榮王宮火延前殿,有言非天災,請置獄劾火事,當坐死者百餘人。旦獨請見曰:'始失火時,陛下以罪己詔天下,而臣等皆上章待罪,今反歸咎於人,何以示信?且火雖有迹,庸知非天譴耶?'由是坐者皆免。"[3] 顯然,一場損失慘重的火災還是歸咎於"天譴"比較簡單,也比較符合大多數人的心態和認識。

火災的發生除常見的主客觀原因外,還會被人們找到莫名其妙的"罪魁禍首",歐陽修《歸田錄》記載了一件有趣的事:

> 内中舊有玉石三清真像,初在真游殿。既而大内火,遂遷至玉清昭應宫,已而玉清又大火,又遷於洞真,洞真又火,又遷於上清,上清又火,皆焚蕩無孑遺,遂遷於景靈。而宫司道官相與惶恐,上言:真像所

---

[1] 錢惟演:《玉堂逢辰錄》,《説郛三種》第五册,上海古籍出版社,1988年,第2051頁。

[2] 《宋會要輯稿》帝系九《詔群臣言事》,第215頁。

[3] 羅從彥撰,黄寶華整理:《遵堯錄》卷五"王旦",《全宋筆記》第二編第九册,大象出版社,2006年,第172頁。

至輒火,景靈必不免,願遷他所。遂遷於集禧宮迎祥池水心殿。而都人謂之"行火真君"也。[1]

這尊道教神像,運氣不好,所奉之處總是發生火災,於是被人趕來趕去,最後衹能在有水的地方安身。這個故事,一方面强調"灾由天火",以便推脱人爲責任,另一方面也反映了朝廷在頻發的火災面前無可奈何的心態。

火災帶給下層人民的將是傾家蕩産、家破人亡,所以百姓對火的恐懼是不言而喻的。除了小心火燭,宋人普遍相信人品好,遭灾少,《夷堅志》裏就有不少這樣的記載:

> 乾道五年,福州長溪大火。邑士陳使君者,居鄉與人和同,而賦性剛介。火將逼其居,鄉黨相率請避,陳曰:"吾平生未嘗有一毫之私,今天降灾,必不肯及我。"堅坐不動,但焚香於庭,朝服而禱曰:"此屋皆清俸之餘所建,神天其鑒之。"須臾,四向皆爲煨燼,惟陳一區獨存。[2]

> 觀察使李綬,雖生戚里,而律身甚嚴,不妄語笑,交游間稱爲法度士。所居在東京報慈寺西。一日,寺中火延燒於外,將及綬宅,家人童奴荒窘奔走,徙置箱篋帑藏。綬叱之不聽,出而索公服,焚香再拜祝曰:"若李綬家有贓賄,願天速焚之。"火將近數步而滅。[3]

陳使君和李綬,堅信自己品行無虧,所以在大火面前毫不畏懼,堅決不躲避,最終得到了火神的庇護。觀此二人之所爲有共同之處:一是與人和,自律嚴;二是清廉無私,不貪不賄;三是對火神極爲恭敬,危急關頭還是公服焚香拜祝。其爲人堪爲表率,對火神的態度也無可指摘,難怪能得到火神青睞。

宋人還認爲,如果平時多做善行,便會免遭火灾,即使不幸遭遇火灾,也會減少損失,《夷堅志》中就有這樣的故事:

> 鄂州民嫗李二婆,居於南草市,老而無子,以鬻鹽自給。淳熙乙巳,市中大火,自北而南凡五里,延燒屋廬數千間,雖樓居土庫亦不免。嫗之四鄰已焚,嫗屋獨存。門外鹽兩席,凡所挂葦薦,緣以青布,略無

1　歐陽修撰,儲玲玲整理:《歸田録》卷一,《全宋筆記》第一編第五册,大象出版社,2014年,第246頁。
2　洪邁:《夷堅支志》戊集卷六"陳使君",第1095頁。
3　洪邁:《夷堅支志》景集卷六"李綬祝火",第926~927頁。

少損,一郡嘆异。郡守趙善俊、軍師郭杲呼問之曰:"天災如此,汝屋何以得免,亦有説乎?"對曰:"無所長,但每日所貨鹽,來買一斤,以十八兩與之。所憑以活殘年者,一秤而已。"趙、郭聞而加敬,厚遺錢帛而遣之。[1]

一位獨孤老人,長期"買一斤與十八兩",這樣的善心是應該得到火神保佑的。《夷堅志》還記載了一位醫官滑世昌,"行醫以救人爲心"。一日,所居南草市大火,他不僅得到城隍的預警,而且在大火燃燒無計自脱的關鍵時刻,竟出現了數十壯夫抬着轎子把闔門十口送至安全處。在廢墟中,火神還給他留下三十兩碎銀,使全家災後不致凍餒。這位醫官之所以有這麽好的運氣,是因爲"初,滑爲醫藥飯食官,會歲荒疫,凡傷寒有危證者,自捐錢藥拯療,賴以全安者不勝計,故蒙此報云"[2]。這樣一位以救天下蒼生爲己任的醫者,理應得到神靈的厚報。

民間普遍供奉的灶神,也起源於火崇拜,不過在宋代,尤其在漢民族中,灶神已經成爲家庭保護神,有了比自然崇拜更多的社會屬性,因此就不在本章論述了。

四、動植物崇拜

原始時期,人類依靠采集和狩獵獲得食物維持生存,因此野生的動物和植物既是人們攫取的對象,又是人們生活的依賴。然而,這些食物的獲得有其不確定性,如凶猛野獸的難以獵得,不明植物的食用安全,异常氣候造成的動物絶迹、植物不生等。於是人們對動植物逐漸產生了很複雜的心理:一方面想方設法地去獲取,同時又畏懼來自獲取對象的報復;一方面感恩於動植物的慷慨獻身,同時又爲不得不損傷它們感到歉疚。由此,動植物也逐漸成爲人類的崇拜對象之一。

---

[1] 洪邁:《夷堅志補》卷二五"李二婆",第1775頁。
[2] 洪邁:《夷堅支志》癸集卷二"滑世昌",第1230~1231頁。

（一）動物崇拜

原始狩獵階段，動物崇拜的面比較廣，大至虎豹熊羆，小到羚羊野兔，凡能支持人們生存的，都有可能引發人們的感謝或祈求。進入農耕時代後，與農業、畜牧業和家庭飼養業關係比較密切的動物，更容易成爲崇拜的對象，一些相應的動物神，接受着人們的頂禮膜拜，同時也承載着人們對生産、生活的各種期冀。

在宋代官方祀典中有一席之地的動物不多，而被列入小祀的馬，却有足夠重要的地位。葉廷珪《海録碎事》所説的"仲春祭馬祖，仲夏祭先牧，仲秋祭馬社，仲冬祭馬步"[1]之禮，早在先秦就已如此實行。據《周禮注疏》的解釋，馬祖是"天駟"，即二十八宿的"房星"，象徵天馬、龍馬，被視爲馬之祖；先牧是最初養馬的人，夏天水草肥美，適合養馬，故祭之；馬社是最早乘馬的人，秋天馬已養得膘肥體壯，正適合騎乘，故祭之；馬步是"爲灾害馬者"，馬十分難育，所以要祈求馬步神加以保佑。[2] 一年四祭，馬神之祀不可謂不隆重，這是因爲馬乃耕戰之必備，對經常處於戰爭狀態、對抗的又是游牧民族的宋朝來說，更是不可或缺的軍備力量。

民間凡蓄養車馬者及武人都十分愛惜馬，對馬神奉之甚勤，馬神廟十分普遍。《夢粱録》記載："白馬神祠在壽域坊，今遷糧料院巷口，故基。"[3]可見在繁華的都城臨安，也有馬神祭祀存在。時人以端午日爲馬的生日，《武林舊事》記載："俗以是日爲馬本命，凡御厩、邸第上乘，悉用五彩爲鬃尾之飾，奇轡寶轡，充滿道途，亦可觀玩也。"[4]足見愛馬護馬之心態。

作爲"六畜之首"的馬，有時桀驁不羈、奮蹄疾馳，有時又温良馴服，善解人意，尤其是作爲坐騎的馬，與主人緊密相隨，忠誠又有靈性，堪稱"榮辱與共"。一旦馬發生了什麽异常，人稱"馬禍"，常常被視作灾禍之兆，因此馬的主人特别

---

[1] 葉廷珪:《海録碎事》卷二一《政事禮儀部·祭祀門·馬社馬步》,《景印文淵閣四庫全書》921册,臺灣商務印書館,1986年,第864頁。

[2]《周禮注疏》卷三三《夏官·司馬下》,第860頁。

[3] 吳自牧:《夢粱録》卷一四"土俗祠",中國商業出版社,1982年,第118頁。

[4] 周密:《武林舊事》卷三"端午",第42頁。

在意。這類故事,筆記中常見。如《能改齋漫錄》記載:"晏元獻公晚年,夢乘白馬渡長橋。中渡橋斷,白馬奔逸,公墮橋上,馬獨登天。俄而公薨。"[1] 又《夷堅志》記載:

> 賈思誠,字彥孚,紹興十七年爲夔州帥。夢受命責官,厩卒挾馬來迎,臨欲攬轡,細視馬有十三足,嘆异而覺。明日,背疽發,十三日死。賈生於庚午,近馬禍云。[2]

前例中馬獨自上天,把主人給甩下了,大不吉;後例中馬有十三足,顯然屬怪异,結果也對主人不利。當然,如有如簧巧舌,也可以把凶兆解釋爲吉兆。釋文瑩《玉壺清話》記載:

> 圓覺大師德明善詳夢。晋公鎮金陵,忽大病,自夢乘駿於通逵,馬躍中卧身於地。晋公甚猒,召明詳之。明應聲曰:"公善可賀,即日疾痊。"晋公曰:"何謂?"明曰:"馬蹶則鞍落。"果旬日勿藥自安,晋公解所乘馬贈之。[3]

利用諧音,把"鞍落"釋爲"安樂",可巧又言中了,於是圓覺大師得駿馬,晋公丁謂解心病,皆大歡喜。

牛對中國農業經濟的作用甚大,因此對其神化及祭祀的時間必定甚早,不過,關於牛王的記載自唐宋開始多見,且有了擬人化的牛神。高文虎《蓼花洲閒錄》記載:"有自中原來者云:'北方有牛王廟,畫百牛於壁,而牛王居其中間(或作"問")。牛王爲何人?乃冉伯牛也。'嗚呼!冉伯牛乃爲牛王。"[4] 冉伯牛是春秋時期魯國人,孔子的學生,以德行著稱。他名耕,字伯牛,史家多以其名字作爲春秋時期已用牛耕的力證。冉伯牛雖然是不折不扣的文人,但就其名字和品行而言,被奉爲牛王也不無道理。又范成大《吳船錄》記載,沿江行至歸州以下,"至黃牛峽。上有洺川廟,黃牛之神也,亦云助禹疏川者。廟背大峰,峻壁之上,

---

[1] 吳曾撰,劉宇整理:《能改齋漫錄》卷一八《神仙鬼怪》"晏元獻公楊侍郎夢",《全宋筆記》第五編第四册,大象出版社,2012年,第241頁。

[2] 洪邁:《夷堅甲志》卷一五"賈思誠馬夢",第128頁。

[3] 釋文瑩撰,鄭世剛整理:《玉壺清話》佚文,《全宋筆記》第一編第六册,大象出版社,2014年,第185頁。

[4] 高文虎:《蓼花洲閒錄》,《説郛三種》第五册,上海古籍出版社,1988年,第1917頁。

有黄迹如牛,一黑迹如人牽之,云此其神也。廟門兩石馬,一馬缺一耳,東坡所書歐陽公夢記及詩甚詳。至今人以此馬爲有靈,甚嚴憚之。古語云:朝發黄牛,暮宿黄牛;三朝三暮,黄牛如故。言其山岩嶤,終日猶望見之。"[1] 可知宋代的長江上游地區有黄牛神奉祀。

每年的立春之日是牛最爲"風光"的日子,《夢粱録》"立春"條記載:

> 臨安府進春牛於禁庭。立春前一日,以鎮鼓鑼吹妓樂迎春牛,往府衙前迎春館内。至日侵晨,郡守率僚佐以彩杖鞭春,如方州儀。太史局例於禁中殿陛下奏律管吹灰,應陽春之象。街市以花裝欄坐乘小春牛,及春幡、春勝各相獻遺於貴家宅舍,示豐稔之兆。宰臣以下皆賜金銀幡勝,懸於幞頭上,入朝稱賀。[2]

孟元老《東京夢華録》和金盈之《醉翁談録》也有相似記載。在立春日打春牛是漢族古老的習俗,又叫"鞭春"。先秦時期,每至孟春時節,天子就要率百官到郊外迎春,"出土牛以示農耕早晚"。後世沿襲,地方官每年舉行迎春儀式,與民同耕,官吏象徵性地以彩杖鞭打泥土塑成的牛,表示規勸農事、鼓勵春耕,且祈求豐稔,因此春牛承載着上至官府下至農家對農事順利的期盼。宋代鄉間的鞭春更增添了喜迎新春、預占豐歉的意味,楊萬里有《觀小兒戲打春牛》詩曰:"小兒著鞭鞭土牛,學翁打春先打頭。黄牛黄蹄白雙角,牧童緑簑笠青箬。今年土脉應雨膏,去年不似今年樂。兒聞年登喜不飢,牛聞年登愁不肥。麥穗即看雲作罨,稻米亦復珠盈斗。大田耕盡却耕山,黄牛從此何時閑。"[3] 既表現了農家打春牛時輕鬆快樂的氣氛,也表達了今年要比去年樂的美好願望。

爲了保證有足夠的耕牛滿足農業生産的需要,歷代法律都嚴禁任意宰殺耕牛,《清波雜志》記載,北宋時皇宫"御厨止用羊肉",還是"祖宗家法"所規定的。[4] 因此,民間殺牛、食牛的行爲雖然時有發生,但是違者往往需要承受思想壓力的。《春渚紀聞》記載:

---

1 范成大:《吴船録》卷下,第 79 頁。
2 吴自牧:《夢粱録》卷一"立春",第 94 頁。
3 楊萬里:《誠齋集》卷一二《觀小兒戲打春牛》,第 126 頁。
4 周煇撰,劉永翔、許丹整理:《清波雜志》卷一"祖宗家法",《全宋筆記》第五編第九册,大象出版社,2012 年,第 15 頁。

陶安世云：張覬鈐轄家人嘗夢爲人追至一所，仰視榜額，金書大字云"牛王之宫"。既入，見其先姨母驚愕而至，云："我以生前嗜牛，復多殺，今此受苦未竟。所苦者，日食銼飯一升耳。"始語次，即有牛首人持飯至，視之皆小鐵蒺藜，其大如麥粒而鋒銼甚利。飯始入咽，則轉次而下，痛貫腸胃，徐覺臂體間燥癢，即以手爪把搔，至於癢極，血肉隨爪而下，淋漓被體。牛首人則取鐵杷助之，至體骨現露，銼飯盡出。一呼其名，則形體復舊。家人視之，恐怖欲逃。牛首人即呼持之曰："汝亦嘗食此肉四兩，今當食飯二合而去。"號呼求解不可得，即張口承飯，飯纔下咽，則痛楚不勝。宛轉之次，忽復夢覺。頰舌皆腫，不能即語。至翌日始能言，因述其夢云。[1]

類似的食牛報故事在筆記中時有所見，這是禁屠法律和牛崇拜雙重因素在人們信仰意識中的反應。

在農桑經濟爲主的時代，蠶是需要得到善待及特别保護的，這不僅是因爲蠶能給人們帶來巨大的經濟效益，它的柔弱以及"到死絲方盡"的特質也讓人們格外憐惜它。《夷堅志》"南昌胡氏蠶"條記載這樣一個故事：

淳熙十四年，豫章蠶頓盛，桑葉價直過常時數十倍。民以多爲憂，至舉家哭於蠶室，命僧誦經而送諸江。富家或用大板浮籚管其上，傍置緡錢而書標云："下流善友，若饒於桑者，願奉此錢以償，乞爲育此蠶，期無愧於天地。"他不得已而輦弃者，皆蹙額起不忍心。獨南昌縣忠孝鄉民胡二，桑葉有餘，足以供喂養，志於鬻葉以規厚利，與妻議，欲瘞蠶，妻非之，胡不顧，喚厥子携鋤，劚桑下爲穴，悉窆之，且約遲明采葉入市。自以爲得策，飲酒醉寢。三更後，聞床壁嘖嘖聲，謂有盜，舉火就視，蓋蠶也。以帚掃去之，隨掃隨布，竟夕擾擾，一家駭懼，妻尤責言曩怨。胡愈憤怒，決意屏滌盡，明日昏時乃定，殊不自悔，但恨失一日摘鬻之利。俄又聞嘖嘖聲，胡呼曰："莫是個怪物又來也？"亟起明燈，足纔下地，覺爲蟲所嚙，大叫稱痛。其子繼起，亦如之。妻急奔視，

---

[1] 何薳：《春渚紀聞》卷三"牛王宫銼飯"，第212頁。"銼"，原本作"鉈"，據四庫本、説郛本及上下文意改。

則滿榻上下蜈蚣無數。父子宛轉痛楚，數日，胡二死，蜈蚣悉不見，子幸無他。而外間人家，蠶已作繭，胡桑葉盈園，不得一錢也。[1]

黃休復《茅亭客話》也記載了相似的故事：

> 新繁縣李氏，失其名，家養蠶甚多。將成，值桑大貴，遂不終飼而埋之，鬻其桑葉，大獲其利。將買肉麨歸家，造饅頭食之，擘開，每顆中有一蠶。自此災癘俱興，人口淪喪。夫蠶者靈蟲，衣被天下。愚氓坑蠶獲利，有此徵報爾！[2]

在前一故事中，我們不僅可以看到以桑葉謀取暴利、狠心將自家的蠶活埋的胡氏最終的下場，更可以看出當時的蠶民，不論貧富，愛惜蠶，善待蠶，"期無愧於天地"的認識和做法。而在後一故事中，作者則直截了當地表明了"蠶者靈蟲"，坑蠶有惡報的觀點。

家畜、耕畜由於其特殊的經濟作用固然受到重視，但即使如雀鰍蛙蟹等小動物，在宋人眼中也都有靈性，也不乏崇拜或敬畏，不過地域性特徵比較明顯。如范致明《岳陽風土記》記載：

> 岳人以兔爲地神，無敢獵取者。
>
> 巴陵鴉甚多，土人謂之神，無敢弋者。穿堂入庖厨，略不畏。園林果實未熟，耗啄已半，故土人未嘗見成實之果，半生半熟采之。[3]

《夷堅志》也記有南陵祀奉蜂王者："宣州南陵縣舊有蜂王祠，莫知所起，巫祝因以鼓衆，謂爲至靈，里俗奉事甚謹。既立廟，又崇飾龕堂貯之，遇時節嬉游，必迎以出。"[4] 又《事物紀原》記載："在河南府永安縣安陵東北，即蛇王祠也。景德四年二月，賜廟名'顯靈'。"[5] 其他如猿、烏龜、蜥蜴等，都有被祀奉的記載。

在宋代，許多動物都已被納入人們的食譜，雖有受佛教影響而形成的戒殺、

---

[1] 洪邁：《夷堅支志》景集卷七"南昌胡氏蠶"，第935頁。
[2] 黃休復：《茅亭客話》卷九"蠶饅頭"，第73頁。
[3] 范致明撰，查清華、潘超群整理：《岳陽風土記》，《全宋筆記》第二編第七冊，大象出版社，2006年，第87頁。原本無"見"字，據四庫本補。
[4] 洪邁：《夷堅支志》乙集卷五"南陵蜂王"，第830頁。
[5] 高承撰，金圓、許沛藻點校：《事物紀原》卷七《靈宇廟貌部第三十七》"顯靈廟"，中華書局，1989年，第379頁。

放生等習俗,但是大多數人還是能够接受"葷腥"成爲自己的盤中餐的。不過,若爲逗口腹之欲而多食、濫殺,甚至以折磨動物的方式殺生而換取美味,這樣的行爲却是會遭到譴責和報應的。《夷堅志》裹記載了不少這類故事:

> 秀州人好以鰍爲乾,謂於水族中性最暖,雖孕婦病者皆可食。陳五者,所貨最佳,人競往市,其徒多端伺其術,不肯言。後得疾,蹢躅床上,纔著席,即呼謈,掖之使起,痛愈甚。旬日死,遍體潰爛,其妻方言:夫存時,每得鰍,置器內,如常法用灰鹽外,復多拾陶器屑滿其中,鰍爲鹽所螫,不勝痛,宛轉奔突。皮爲屑所傷,鹽味徐徐入之,故特美。今其疾宛然如鰍死時云。[1]

> 奉化海上漁人虞一,以取岈螺爲生。每得時,率用生絲綫作圈套其上,候吐肉出,則盡力繫縛之,急一拔,了無餘蕴。數年後,右手背生惡瘡,五指及皮俱脱落,痛苦之甚,略不能運動。追悔前業,誓不復更爲。久之乃愈。遂弃妻子,捨身爲寺家奴。[2]

> 石溪人楊四,工造酒,富家争用之,因是生理給足。好食鷄,每醉,輒縛取一兩隻,覆以竹籠,然後酌沸湯從上淋沃。鷄負痛奔跳,毛羽脱落無餘,乃施剖腹,去其糞污,隨意啖之。凡二三十年,所殺萬計。淳熙九年七月二日,爲饒氏蒸酒,困卧竈側。信人土俗,坊場及上户,多就地結竈,用大桶作甑,可容酒罐十餘,而焚稻秆以燒煮。是日甑崩罐破,沸湯數斛,盡傾於厥身,跳擲呼叫,與鷄正同,兩日方死。[3]

以上故事中的主角爲追求食物的美味可口,都别出心裁,采用非常規的方法處理食材,使動物受盡折磨而死。最終,他們都飽嘗了同樣的痛苦而死去。宋人的這種動物保護意識,或與不得不殺食動物的"歉疚"心理有關,這是古老的動物崇拜在現實生活中的反映。

(二) 植物崇拜

早期人類無法脱離對野生植物的依賴,又無法認識植物的生長規律,他們

---

[1] 洪邁:《夷堅甲志》卷四"陳五鰍報",第32頁。
[2] 洪邁:《夷堅丁志》卷三"虞一殺螺",第990頁。
[3] 洪邁:《夷堅三志》壬集卷八"楊四鷄禍",第1526~1527頁。

渴望食物多結果實,擔心植物枯萎後不能復生,這種心理使他們產生了植物神秘觀念,采用各種禮節來取悦於植物之靈,由此形成了原始的植物崇拜。宋代,儀式化的植物崇拜趨於淡化,但由於萬物有靈的觀念依然存在,有關樹神、花神等靈异傳説仍然流行,對某些植物的避邪禳灾功能仍然崇信,還盛行藉助具有美好寓意的植物寄托各種生活願望。

對於農業社會而言,五穀祭祀應該是十分重要的,宋朝禮志規定朝廷"祀天者凡四",其中孟春祭祀就明確是"祈穀"的。[1] 地方上多社稷一同祭祀,其中稷就代表了五穀。羅璧《識遺》曰:

> 禮,社祭土,其神曰勾龍,以治平水土也;稷祭穀,其神曰后弃,以教稼穡也。地廣不能遍敬,故封五土爲壇而祭之;穀多不能盡祀,故聚五穀爲壇而祭之,然獨祀稷者,以首種爲百穀長。[2]

農耕社會有"穀父蠶母"之説,重要性僅次於五穀的植物大概要數桑了。徽宗宣和年間修訂先蠶禮的時候,就在先蠶壇旁築蠶室,置繭館,立織室,還特意"爲桑林。築采桑壇於先蠶壇南",并制訂了從皇后到各級命婦的采桑儀式。[3] 不過由於桑總是與蠶緊密聯繫着的,因而在民間,蠶、桑崇拜往往融爲一體,單純作爲植物崇拜對象的桑,在宋代筆記中并不多見。

四季常青的樹象徵靈魂不滅,繁殖能力强的樹象徵生命力旺盛,包括木質好的、經濟價值高的樹木,其信仰地位都相對比較高,因此有關松、柏、槐、梓、柳、桃等樹的崇信相對廣泛。《夷堅志》記載:

> 廣州清遠縣之東峽山寺,山川盤紆,林木茂盛,有古飛來殿。殿西南十步許,大松傍崖而生,婆娑偃蓋。大觀元年十月,南昌人皇城使錢師愈罷廣府兵官北還,艤舟寺下,從者斧松根取脂照夜。明年,殿直錢吉老自廣如連州,過寺,夢一叟鬢須蟠然,面有愁色,曰:"吾居此三百年,不幸值公之宗人不能戢從者,至斧吾膝以代燭,使我至今血流。公

---

[1] 《宋史》卷一〇〇《禮志三》,第 2456 頁。
[2] 羅璧:《識遺》卷一〇"社稷",《景印文淵閣四庫全書》第 854 册,臺灣商務印書館,1986 年,第 606 頁。
[3] 《宋史》卷一〇二《禮志五》,第 2494~2496 頁。

能爲白方丈老師，出毫髮力補治，庶幾盲風發作，無動揺之患，得終天年，爲賜大矣。"吉老問其姓氏及所居，曰："吾非圓首方足，乃植物中含靈性者。飛來之西南，即所處也。幸無忘。"吉老覺，疑其松也，以神異彰灼，須寺啓關，將入告。時曉鐘未鳴，復甘寢。至明，則舟人解縴已數里，悵然不能忘，過洺光，以語令建安彭鋉。政和二年，鋉解官如廣府。過寺，即以吉老言訪之，果見巨松，去根盈尺，皮膚傷剥，膏液流注不止，蓋七年矣。乃白主僧，和土以補之，圍大竹護其外。[1]

故事中的老人自言是"植物中含靈性者"，即樹精，錢吉老因未能遵守承諾，"悵然不能忘"；彭鋉不負重托，時隔七年後尋訪故地，十分周到地把巨松保護起來，想必都是認爲此松是非常之物吧。

一些植物，尤其是大樹、老樹若有异常情况發生，通常會被認爲是吉凶之預兆。如《夷堅志》又記載：

紹興戊午冬，予兄弟同奉先夫人之喪，居無錫大池塢外家墳庵。庵前後巨松二萬株，次年春，兩松各結一球。松高四五丈，球生其顛，四向翠葉圍繞，宛然天成。庵僧紹明曰："近村邊氏墓松亦曾如此，其狀差小，而其孫安野秀才預薦。今數二而大，豈非沈氏有二子登科乎？"是時內兄沈自强、自求方應進士舉，既而皆不利。而予伯氏、仲氏乃以壬戌年中博學宏辭。蓋習此科時，正在庵肄業，遂合二球之瑞。[2]

方勺《泊宅編》也有記載：

《傳》曰："地反物爲妖。"以所睹驗之，有未然者。紹興中，迎侍居杭之西湖。明年春，圃中桃實皆雙，又明年，先子捐館。李友聞來吊，因語及之，慼頷曰："某爲婺州録參，廨舍櫻桃，一株盡雙實，亦丁外艱。"勺近游建康，見太府少卿吳德素云："先舍人頃寓太學，齋後千葉桃，忽結子十八枚，其中一顆甚大。詔下，會同舍拈鬮以卜升沈，唯徐

---

1 洪邁：《夷堅甲志》卷一七"峽山松"，第154~155頁。
2 洪邁：《夷堅乙志》卷一〇"松球"，第270頁。

鐸得其大者。是舉本齋預奏名者十八人,而鐸遂冠多士。"[1]

以上幾例中,樹木都反常地結了果子,但或主吉或主凶,不一而論。作者皆言乃親歷,從中亦能見作者對植物預兆的基本認識和觀點。

樹既有精,花亦有神,宋代已有慶賀百花生日的節日,即爲後世所沿襲的花朝節。吳自牧《夢粱錄》記載:

> 仲春十五日爲花朝節。浙間風俗以爲春序正中,百花争放之時最堪游賞。都人皆往錢塘門外玉壺、古柳林、楊府雲洞,錢湖門外慶樂、小湖等園,嘉會門外包家山王保生、張太尉等園,玩賞奇花异木。[2]

温州平陽有一株杜鵑,九月怒放,花開數千朵,人皆訝其非時。洪邁聽説後就説道:

> 予記《神仙傳》所載,潤州鶴林寺有此花,高丈餘,每春末,花爛熳。或窺見三女子,紅裳艷麗,共游樹下,俗傳花神也。是以人共保惜,繁盛异於常花。節度使周寶謂道人殷七七曰:"鶴林之花,天下奇絶。嘗聞能開非時花,此花可開否?"七七曰:"可也。"寶曰:"今重九將近,能副此日乎?"而七七乃前二日往鶴林。中夜,女子來曰:"妾爲上玄所命,下司此花,與道者共開之。"來日晨起,花漸拆蕊,及九日,爛熳如春,一城驚异。[3]

故事中的道士殷七七能溝通人神,邀得花仙令杜鵑非時開花,在重陽時節"爛熳如春"。故事雖發生在唐末,但百花爲花神所司的概念,必定延續至宋代,故洪邁在後文中説:"然則杜鵑之秋華,在於平陽,固不假女仙及道人之力也",這是對時人的認識提出了自己的見解。

宋人相信,不少植物具有驅邪禳灾的功能,因而特别崇拜。人們迷信柳樹古已有之,曾慥《類説》引《齊民要術》記載:"正月旦,取柳枝著户上,百鬼不入家。"[4] 至宋代,周密的《武林舊事》還記載:

---

[1] 方勺撰,許沛藻、燕永成整理:《泊宅編》卷九,《全宋筆記》第二編第八册,大象出版社,2006年,第209頁。

[2] 吳自牧:《夢粱録》卷一"二月望",第100頁。本段文字標點不從原本。

[3] 洪邁:《夷堅支志》丁集卷一〇"平陽杜鵑花",第1046頁。

[4] 曾慥:《類説》卷四四引《齊民要術》"正旦柳枝",第777頁。

>　　清明前三日爲寒食節,都城人家皆插柳滿檐,雖小坊幽曲,亦青青可愛,大家則加棗餬於柳上,然多取之湖堤。有詩云:"莫把青青都折盡,明朝更有出城人。"[1]

用面做成棗餬飛燕,以柳條串之插門上的做法,在北方叫"子推燕",以紀念春秋時晉國賢臣介子推。[2]

又如茱萸,本是茴香科植物,有芳香,可驅蟲,也可入藥,古人於重陽節折茱萸插頭上,或置於香袋隨身佩帶,以辟除惡氣,故唐王維有名句"遙知兄弟登高處,遍插茱萸少一人"。宋人則更進一步,以茱萸泡酒喝。《夢粱錄》記載:

>　　今世人以菊花、茱萸浮於酒飲之,蓋茱萸名"辟邪翁",菊花爲"延壽客",故假此兩物服之,以消陽九之厄。[3]

曾慥《類説》還記載了一種"神護草",説將它"置户上,人至則有聲,如叱咄"[4]。估計與懸艾於門的作用是一樣的。

最典型的驅邪植物要數桃了。桃樹在中國的栽培歷史至少有三千年,桃曾經是人們維持生命的佳果之一,"夸父追日""后羿之死"等神話故事,都展現過桃之非凡能力,西王母設蟠桃會的故事讓桃主長壽的觀念深入人心,時至宋代,由這些觀念引發的桃崇拜現象仍然存在。

宋人認爲桃能治病,莊綽《雞肋編》記載了發生在范仲淹長子范純祐家中的事:

>　　(純祐)有子早世,祗一孫女,喪夫,亦病狂。嘗閉於室中,窗外有大桃樹,花適盛開,一夕斷櫺登木,食桃花幾盡。明旦,人見其裸身坐於樹杪,以梯下之,自是遂愈。再嫁洛人奉議郎任譖,以壽終。[5]

桃花居然能治愈連醫生都感到棘手的精神失常,這反映了宋人對桃的藥用價值和治病能力的信服。

宋人還相信桃能使人成仙,魏泰《東軒筆録》記載:

1　周密:《武林舊事》卷三"祭掃",第40頁。
2　孟元老:《東京夢華録》卷七"清明節",第160頁。
3　吴自牧:《夢粱録》卷五"九月",第124頁。
4　曾慥:《類説》卷三五引《本草》"神護草",第606頁。
5　莊綽:《雞肋編》卷中,第63~64頁。

> 永州有何氏女，幼遇异人與桃食之，遂不饑，無漏，自是能逆知人禍福，鄉人神之，爲構樓以居，世謂之"何仙姑"。士大夫之好奇者，多謁之以問休咎。[1]

也許是受西王母故事影響太深，"仙桃"一詞，不僅常出現在時人的詩文中，還出現在兩都的食鋪中，成爲人們喜愛的點心之一。

宋人更相信桃能驅鬼鎮鬼，這一習俗早在先秦時期就已經形成，漢代立桃人、挂桃弧、喝桃湯等做法已相當普遍。南朝梁宗懔《荆楚歲時記》記：正月一日，要"造桃板著户，謂之仙木"。又説要"挂鷄於户，懸葦索於其上，插桃符於旁，百鬼畏之"。[2] 這些做法宋代基本都沿用。宋代有桃符之制，陳元靚《歲時廣記》引《皇朝歲時雜記》曰：

> 桃符之制，以薄木板長二三尺，大四五寸，上畫神像狻猊白澤之屬，下書左鬱壘、右神荼，或寫春詞，或書祝禱之語，歲旦則更之。[3]

這一做法想必在當時非常普遍，因而王安石有"總把新桃换舊符"，蘇東坡有"退閑擬學舊桃符"之詩句。

漢代以來，一直流行着以穀豆棗栗等植物果實祈福禳災的習俗，高承《事物紀原》記載：

> 漢世京房之女適翼奉子。奉擇日迎之，房以其日不吉，以三煞在門故也。三煞者，謂青羊、烏鷄、青牛之神也。凡是三者在門，新人不得入，犯之損尊長及無子。奉以謂不然，婦將至門，但以穀豆與草禳之，則三煞自避，新人可入也。自是以來，凡嫁娶者，皆置草於門閫内，下車則撒穀豆，既至，麾草於側而入，今以爲故事也。[4]

宋代完全沿用了這一做法，還增添了小兒争搶等熱鬧的場景。《東京夢華録》記載："新婦下車子，有陰陽人執斗，内盛穀豆錢果草節等，咒祝望門而撒，小兒輩

1　魏泰：《東軒筆録》卷一四，第108頁。
2　宗懔：《荆楚歲時記》，《景印文淵閣四庫全書》第589册，臺灣商務印書館，1986年，第15頁。
3　陳元靚：《歲時廣記》卷五"寫桃版"，《叢書集成新編》第43册，臺灣新文豐出版公司，1985年，第393頁。
4　高承：《事物紀原》卷九《吉凶典制部第四十七》"撒豆穀"，第473頁。

争拾之,謂之'撒穀豆',俗云厭青羊等殺神也。"[1]《夢粱錄》也有相似記載,足見以植物祈福禳災是當時遍及南北的習俗。

《夢粱錄》還記載了南宋杭城的育子風俗。孕婦將足月臨盆時,其娘家要備"催生禮"送上門。[2] 催生禮中,除了嬰兒衣物及給產婦補身子的食物,還有很多討口彩的東西,其中的棗和栗等植物果實就別有含義,是取其諧音"早生立子"之意,以滿足家族繁衍後代、光大門楣的期盼。

---

1 孟元老:《東京夢華錄》卷五"娶婦",第149頁。
2 吳自牧:《夢粱錄》卷二〇"育子",第301頁。

第二章

鬼魂信仰與祖靈崇拜

自人類形成靈魂不滅的觀念後，由此産生的鬼魂信仰和祖靈崇拜便成爲原始崇拜的重要組成部分。中國古代，以父家長制大家庭爲主要特徵的社會組織和社會制度長期延續，先秦以來，"慎終追遠"一直被世人奉爲倫理道德的基本準則，與之相應，敬畏鬼神，奉祀祖先，尊崇先賢，成爲一項長盛不衰的信仰習俗。然而，隨着歷史的演進，各類社會、文化條件至宋代皆發生了重要的變動，諸如佛道思想的影響、家族組織的重構、社會觀念的變遷等，遂使人們的鬼魂信仰和祖靈崇拜也在内容與形式上出現了諸多前所未有的新變化。

一、鬼魂信仰

中國的鬼魂信仰由來已久，新石器時代的墓葬所透露的信息説明，當時的先民已篤信人死後靈魂依然存在，這些鬼魂生活在冥世，并往來於冥世與人間，對活人造成一定的影響。[1] 古代文獻也記載了古人對鬼魂的認識。如《禮記·祭法》稱："大凡生於天地之間者皆曰命，其萬物死皆曰折，人死曰鬼。此五代之所不變也。"[2]（鄭玄注：五代謂黄帝、堯、舜、禹、湯。）《禮記·祭義》稱："衆生必死，死必歸土，此之謂鬼。骨肉斃於下，陰爲野土；其氣發揚於上爲昭明，焄蒿凄愴，此百物之精也，神之著也。"[3] 顯然，在世人的觀念中，脱離了骨肉形骸的鬼魂源於人的精、氣、神，一般來説，鬼魂是無影無踪、難以接觸的，但因某些特殊情況或特殊需要，鬼魂也可通過多種形式與人間發生關係。上述鬼魂觀念在後世得以長期傳承，從宋代筆記描述的事例看，鬼魂主要通過顯形、附體、托夢等

---

[1] 詳見拙作《上海民間信仰研究》，上海人民出版社，2006年，第14~15頁。
[2] 孔穎達：《禮記正義》卷四六《祭法》，第1588頁。
[3] 孔穎達：《禮記正義》卷四七《祭義》，第1595頁。

方式,與活人進行溝通。

(一)鬼魂顯形

在宋代的傳聞中,鬼魂與人間發生關係的一種常見方式爲"顯形"。這些鬼魂以無异於生前的形象出現在某些特定的時間和場合,如同活人一樣地與世人進行接觸和溝通。既然人們相信,鬼魂是"不滅"的,因此,顯形的鬼魂既可以是當代的逝者,也可以是前代的古人。北宋時,洛陽一帶盛傳唐代舊宮時常鬧鬼的奇聞,即爲前代鬼魂顯形的典型事例。唐昭宗李曄可謂唐朝事實上的末代皇帝,在位後期受朱溫挾制,被迫遷都洛陽,不久,即被朱溫殺害。洛陽的皇宫自宋初以來即有鬼怪頻現的傳聞,北宋宣和年間更是傳得沸沸揚揚。蔡絛根據自己的親耳所聞,在《鐵圍山叢談》中作了繪聲繪色的描述:

> 雒陽大内興立自隋唐五代,至聖朝藝祖嘗欲都之,開寶末幸焉。而宮中多見怪,且適霖雨,徒云祀謝,見上帝而歸矣。是後至宣和,又爲年百五十,久虛曠。蓋自金鑾殿後,雖白畫人罕敢入,入亦多有异。蕈或大於斗,蛇率爲巨蟒,日夜絲竹歌笑之聲不絕也。宣和末,有監官吴本者武人,持氣不畏事。夏月因納凉於殿廡間,至晡時後,天尚未昏黑,而從者堅請歸舍,不聽。俄忽聞蹕聲自内而出,即有衛從繽紛,執紅綃金籠燭者數十對,成行羅列。中一衣黃人,如帝王狀,胸間尚帶鮮血,擁從甚盛,徐徐行躧殿廡,從本寓舍前過。本與其從者急趨入户避之,得詳瞰焉。最後有一衛士似怒,以納凉故妨其行從也。乃以手兩指按其卧榻之四足,遂穿磚而陷於地,頃刻轉他殿而去,遂忽不見。本大駭,自是不敢宿止其中矣。因圖畫所見,遍以示人。雒陽士大夫多能傳之,曰:"此必唐昭宗也。"吾頃嘗聞是事。[1]

其實,前代鬼魂顯形的傳聞并非都令人毛骨悚然,在不少事例中,鬼魂對於活人如朋友般地拜訪交談、笙歌歡飲,有時還透露一些冥界的消息,告知其命定的前途、陽壽之類,而活人也未察覺逝世數百年的鬼魂與活人有异。文瑩的《湘山野録》記載了一則北宋重臣王欽若與唐代宰相裴度結交的傳聞:

---

[1] 蔡絛:《鐵圍山叢談》卷四,第209~210頁。

冀公王欽若,淳化二年自懷州赴舉,與西州武覃偕行,途次圍田,忽失公所在。覃遂止於民家,散僕尋之。俄見僕闊步而至,驚悸言曰:"自此數里有一神祠,見公所乘馬馳繮宇下,某徑至蕭屏,有門吏約云:'令公適與王相歡飲,不可入也。'某竊窺見其中,果有笙歌杯盤之具。"覃亟與僕同往,見公已來,將半酣矣。詢之,笑而不答。覃却到民家,指公會處,乃裴晋公廟。覃心异之,知公非常人矣。公登第後,不數年為翰林學士,使兩川,回輜至襃城驛,方憩於正寢,將吏忽見導從自外而至,中有一人云:"唐宰相裴令公入謁。"公忻然接之。因密謂公大用之期,乃懷中出書一卷,示公以富貴爵命默定之事,言終而隱。及公登庸,圍田神祠出俸修飾,為文紀之。[1]

當然,從宋代筆記的記載看,鬼魂顯形的事例以當代逝者更為多見。有些傳聞甚至涉及皇位繼承、朝廷權鬥等驚心動魄的大事。例如,宋太祖趙匡胤的遽然而亡引發了"斧聲燭影"的千古之謎,而宋太宗趙光義當時及事後的一些舉動也頗啓人疑竇。太宗繼位後,對其皇位傳子形成一定威脅的有三人:同母弟秦王趙廷美,太祖的兒子趙德昭、趙德芳。德昭因惹怒太宗,被逼自刎;德芳"寢疾薨",死得不明不白;廷美之死則與宋朝的開國元勛趙普有關。據說,趙普向太宗告發,說廷美與宰相盧多遜勾連,企圖謀反。於是,廷美被貶往房州(今湖北房縣)安置,不久,憂悸而亡。由此,北宋中期盛傳,廷美的鬼魂向陰府訴冤,致使趙普久病身亡。文瑩的《玉壺清話》有如下記載:

　　(趙普)年七十一,病久無生意,解所寶雙魚犀帶,遣親吏甄潛者詣上清太平宮醮星露懇,以謝往咎。上清道錄姜道元為公叩幽都,乞神語,神曰:"趙某開國忠臣也,奈何冤累不可逃。"道元又叩乞所冤者,神以淡墨一巨牌示之,濃烟罩其上,但牌底見"大"字爾。潛歸,公力疾冠帶出寢,涕泣受神語,聞牌底"大"字,公曰:"我知之矣,此必秦王廷美也。(按:《說文》"美"字從羊從大。)然當時事曲不在我,渠自與盧多遜遣堂吏趙白交通,其事暴露,自速其害,豈當咎予?但願早逝,得面

---

[1] 釋文瑩:《湘山野錄》卷上,第23頁。

辨於幽獄,曲直自正。"是夕,普卒。[1]

然而,此類涉及宗室內部權位之爭的秘聞,官方文獻往往語焉不詳,唯有私家著述悄悄記錄了一些世間的傳說。如李燾撰《續資治通鑒長編》,不敢記載趙普與趙廷美的恩怨,而私下為趙普作別傳,則記錄了世人的傳言,說廷美在趙普病篤時顯形,坐在床邊,憤恨地與趙普爭辯。元代學者袁桷稱,其為修撰遼、金、宋史而搜訪前人著述,曾見過李燾這段記載:

秦王廷美、吳王德昭、齊王德芳皆緣普以死。今《宋史》普列傳無一語及之,李燾作《通鑒長編》亦不敢載,私家作普別傳,始言普將死,見廷美坐於床側,與普忿爭。其集號《巽岩集》所宜搜訪。[2]

廷美顯形的傳聞不免有藉助鬼魂述說人事的成分,但世人盛傳此說,顯然是覺得其中確有蹊蹺,并相信陰府冥官恩怨必報,會依據冤鬼的訴求向當事人索命。

北宋前期,還有一則奇聞在士大夫間流傳甚廣。南唐名士徐鉉,曾受人賄賂,干預了一件大案的審判。入宋,徐仍歷任高官。後遭人誣陷,貶謫邠州(治今陝西彬縣)。徐自料必死,預托友人用舟船將其靈柩運回故鄉。舟行途中,經東海大帝祠,徐鉉的鬼魂擔心因生前犯贓觸怒神靈,使靈柩不能平安通過,遂顯形,懇求當地知縣索湘代向大帝告罪祈禱。作為答謝,鬼魂則向索湘透露了其日後升遷的信息。《玉壺清話》對這一傳聞作了詳細描述:

徐常侍得罪竄邠,平日嘗走書托洪州永新都官胡克順曰:"僕必死於邠,君有力,他日可能致我完軀,轉海歸葬故國,侍先子於泉下,即故人厚恩也。"未幾,果遣訃來告。順感其預托,創巨舟,齎厚費,親自往邠迎之。舟出海隅,一巨邑,忘其名,邑有東海大帝祠,帳殿嚴盛,禱享填委。時索湘典邑,舟未至,鉉先謁之,稱江南放叟徐鉉。湘素聞其名,悚敬迎拜。冠服嚴偉,笑談高逸,曰:"僕得罪於邠,幸免囚置,放歸故里,艤舟邑下,因得拜謁,仍有少懇拜聞,迨晚再謁。"語訖,失之,湘大駭。未久,津吏申:"有徐常侍靈柩船到岸。"湘大感動,亟往舟撫其

---

[1] 釋文瑩:《玉壺清話》卷六,第138~139頁。
[2] 袁桷:《清容居士集》卷四一《修遼金宋史搜訪遺書條列事狀》,《景印文淵閣四庫全書》第1203冊,臺灣商務印書館,1986年,第550頁。

孤曰："先公有真容否？"曰："有。"遂張之於津亭，果適之來謁者。湘設席感動，置醪俎再拜以奠。迨暝，果至，曰："適蒙厚饗，多謝，實己之幸。蓋少事不得已須至拜叩。僕在江南爲學士日，一里舊賣一寶帶，托僕投執政，變一巨獄，僕時頗有勢焰，執政不敢違。然事不枉法，以贓名畀身，恐旅櫬過廟，帝所不容，君宰封社，廟籍鄉版，皆隸於君，君爲吾禱之，帝必無難。"湘感其誠告，爲之潔沐過己事，齋心冥禱訖，令解絆過廟，恬然無纖瀾之驚。薄暮，果再至，飾小懷刺爲謝，其刺題曰："鉉專謝別東坡索君賢者，含喜再拜。"欸然而去。泊再開其刺，旋爲灰飛。湘頗懷東坡之疑，後果爲左諫議大夫。[1]

與涉及宮廷、官場的事例相較，民間的鬼魂傳說則顯得更爲質樸平實。尤值得一提的是，經歷了唐宋之際的重大變革，宋代的社會狀況、人際關係、民俗心理、生活追求等，都發生了一系列的變化。城市的發展和市民階層的崛起，動搖了長期以來比較單一的傳統農村的生活方式和生活觀念，傳統的社會心理也開始涌動起一種新的傾向，即更爲注重人世日常生活中情感慰藉，渴望物質生活和精神生活的現實享受。這一切也對宋人的信仰習俗產生了一定的影響。從宋代筆記記載的不少事例看，前代充斥的那種神秘荒誕、猙獰恐怖的色彩有所消退，而人世間日常生活中的親情、友情等，則有所增強。一些傳聞，雖然說的是鬼事，却讓人感受到濃濃的人情味。郭彖《睽車志》中的一則記載即頗爲典型：

> 汴河岸有賣粥嫗，日以所得錢置缿筒中，暮則數而緡之。間得楮錁二，驚疑其鬼也，自是每日如之。乃密自物色買粥者，有一婦人，青衫素裲襠，日以二錢市粥，風雨不渝。乃別貯其錢，乃（及）暮視之，宛然楮錁也。密隨所往，則北去一里所，闃無人境，婦人輒四顧入叢薄間而滅。如是者一年。忽婦人來謂嫗曰："我久寄寓比鄰，今良人見迎，將別嫗去矣。"嫗問其故，曰："吾固欲言，有以屬嫗。我李大夫妾也，舟行赴官，至此死於葦間，藁葬而去。我既掩壙而子隨生，我死無乳，故日市粥以活之，今已期歲。李今來發叢，若聞兒啼，必驚怪恐，遂不舉

---

[1] 釋文瑩：《玉壺清話》卷一〇，第175~176頁。

此子。乞嫗爲道其故,俾取兒善視之。"以金釵爲贈而別。俄有大舟抵岸,問之,則李大夫也。徑往發叢,嫗因隨之,舉柩而兒果啼。李大夫駭懼,因爲言,且取釵示之。李諦視信亡妾之物,乃發棺取兒養之。[1]

故事中的女鬼因難産而死,被草草埋葬後,却産下了嬰兒。鬼魂無乳,遂顯形爲人,日日買粥,養活其子。鬼母的愛子之情,與人世間含辛茹苦哺育嬰兒的母子之情,并無多大差别。又劉斧《青瑣高議》中的一則傳聞也體現了人間的親情和友情。説的是吴、王二翁因真摯的友情結爲親家,王死後,從陰府獲悉,某日有禍事,將殃及吴翁,於是王顯形與吴相見,預告此事,使親家躲過一劫:

吴大者,賣鞋於虹飛橋。鄰人王二叔以掌鞋爲業,二人甚相得。王謂吴曰:"我有女,願作親家。"吴曰:"諾。"既成親而王死。

越明年,吴晚歸,百餘步,見王自東而來。相見,屈吴店飲。吴曰:"親家翁已死,何故相見?"王曰:"然。某之女蒙君好看。某在陰府,頗甚感激,今特來相見。某今職此橋,來日橋下死五十三人,親家翁是一人之數,特爲換其姓名矣。來日慎勿上此橋,記之。"出門不見。

吴來日於橋側俟至午後,橋壞,打殺者果五十三人,豈不异哉![2]

鬼魂除顯形爲生前的形象,也有化身爲其他生物的,其中,"化蝶"尤具浪漫色彩。人的靈魂可化爲蝴蝶的説法當源於《莊子》中的"夢蝶",而將化蝶與男女愛情相聯繫,則始於韓憑夫婦的故事。韓憑夫婦的傳説最早見於晋干寶《搜神記》的記載,但原初傳本中唯有化身"相思樹"和雌雄鴛鴦的情節,并無化蝶之事。[3] 韓憑妻化蝶的傳説,約形成於中晚唐,李商隱在《青陵臺》一詩中始提及化蝶之説:"青陵臺畔日光斜,萬古貞魂倚暮霞。莫訝韓憑爲蛺蝶,等閑飛上别枝花。"[4] 至北宋前期樂史修撰《太平寰宇記》時,書中引述的韓憑夫婦之事,已

---

[1] 郭彖撰,李夢生校點:《睽車志》卷三,上海古籍出版社,2012年,第114頁。

[2] 劉斧:《青瑣高議》補遺《吴大换名》,第261~262頁。

[3] 詳見干寶撰,汪紹楹校注:《搜神記》卷一一《韓憑妻》,中華書局,1979年,第141~142頁。《搜神記》原著至宋代已散佚,中華書局校注本所依據的二十卷本,據今人考證,應源於明代胡元瑞的輯佚本。校注本以及引述韓憑夫婦故事的唐宋文獻《藝文類聚》《法苑珠林》《獨异志》《北户録》《嶺表録异》《太平廣記》《太平御覽》等,具體内容略有异同,但皆無化蝶之説。

[4] 李商隱撰,劉學鍇、余恕誠集解:《李商隱詩歌集解·編年詩》,中華書局,2004年增訂重排本,第1153頁。

增添了化蝶的情節：

> 青陵臺。《郡國志》云：宋王納韓憑之妻，使憑連土築青陵臺，至今臺迹依約。……韓憑冢。《搜神記》：宋大夫韓憑取妻，美，宋康王奪之。憑怨王，自殺。妻腐其衣，與王登臺，自投臺下，左右攬之，着手化爲蝶。又云：與妻合葬，冢樹自然交柯。[1]

今人熟知的梁山伯與祝英臺的故事，其起源更晚於韓憑夫婦之事。宋代張津（乾道）《四明圖經》記載：

> 義婦冢。即梁山伯、祝英臺同葬之地也，在縣西十里接待院之後，有廟存焉。《舊記》謂：二人少嘗同學，比及三年，而山伯初不知英臺之爲女也，其樸質如此。按《十道四蕃志》云：義婦祝英臺與梁山伯同冢，即其事也。[2]

可見，唐宋文獻提及梁祝故事，唯有"同冢"之說，而無"化蝶"之事。因此，梁祝傳說中的化蝶情節，其源頭不會早於宋代。但梁祝故事自宋元以來，通過戲曲、曲藝、小説等形式廣泛流傳，所以對民間影響極大。[3]

值得注意的是，唐末宋初的傳聞中，韓憑妻實爲"腐衣化蝶"，而至北宋中後期，已進而推衍爲"鬼魂化蝶"，并由此敷衍出多則傳聞。例如，何薳《春渚紀聞》記載：

> 建安章國老之室，宜興潘氏女，二族稱其韶麗，既歸國老，不數歲而卒。其終之日，室中飛蝶散滿，不知其數。聞其始生，亦復如此。既

---

1 樂史：《太平寰宇記》卷一四《河南道·濟州》，《景印文淵閣四庫全書》第 469 册，臺灣商務印書館，1986 年，第 121 頁。樂史於宋初據引的《搜神記》，其傳本顯然有別於唐初《藝文類聚》《法苑珠林》所引之本，故不可能是干寶的原初傳本。據各種情況推斷，很可能韓憑妻化蝶的說法在唐代晚期傳開後，流入宋代的某些《搜神記》傳抄本，已被增添了化蝶的情節。
2 張津：(乾道)《四明圖經》卷二《鄞縣·冢墓》，《續修四庫全書》第 704 册，上海古籍出版社，2003 年，第 528 頁。書中引述的《十道四蕃志》爲唐代梁載言所撰，今已亡佚。目前所知，《四明圖經》及其引述的《十道四蕃志》，爲明確記載梁祝故事的最早文獻。
3 梁祝故事至明代，已有不少文人予以記述和評論。今人探討其故事原型，往往引述明末清初徐樹丕的《識小錄》。該書卷三"梁山伯"條記述的故事梗概，與現今流傳的梁祝故事，內容大致相符，其中已有同冢、化蝶等情節。徐氏所稱："梁祝事異矣，《金樓子》及《會稽異聞》皆載之。"梁元帝所撰《金樓子》，原著已佚，今本輯自《永樂大典》，其間并無梁祝之事。《會稽異聞》現今也無傳本。故徐氏所見二書爲何版本，具體內容究竟如何，是否可能誤記，皆無從考知。

設靈席,每展遺像,則一蝶停立,久之而去。後遇遠諱之日,與曝像之次,必有一蝶隨至,不論冬夏也。[1]

南宋周密的《癸辛雜識》也有兩則類似的記載:

> 楊昊字明之,娶江氏少艾,連歲得子。明之客死之明日,有蝴蝶大如掌,徊翔於江氏傍,竟日乃去。及聞訃,聚族而哭,其蝶復來繞江氏,飲食起居不置也。蓋明之未能割戀於少妻稚子,故化蝶以歸爾。李商嘗作詩記之曰:"碧梧翠竹名家兒,今作栩栩蝴蝶飛。山川阻深羅網密,君從何處化飛歸。"……楊大芳娶謝氏,謝亡未殮,有蝶大如扇,其色紫褐,翩翩自帳中徘徊飛集窗戶間,終日乃去。始信明之之事不誣。余嘗作詩悼之云:"帳中蝶化真成夢,鏡裏鸞孤枉斷腸。吹徹玉簫人不見,世間難覓返魂香。"亦紀實也。[2]

宋代盛傳的鬼魂化蝶故事,爲恩愛夫妻的生離死別敷上了一層濃濃的浪漫色彩,故使人感到格外的淒婉纏綿。實際上,這是在鬼魂信仰的基礎上,以幻想的方式,對男女愛情的贊美與謳歌,所折射出的實爲人世間的真摯情感。

(二)鬼魂附體

在宋人筆記中,"鬼魂附體"的傳聞也十分常見。所謂鬼魂附體,即鬼魂進入并占據了某一活人的軀體,被附體之人雖保持着原先的音容笑貌,但喪失了精神上的自我,思想言行完全受鬼魂的控制與操縱,惟在鬼魂離去後,纔能恢復原本的自我。張師正《括异志》中的一段記載,對這種狀況的描述頗爲傳神。

> 治平中,有錢齋郎者調於吏部,挈其妻居京師。一日,其妻被夫之衣冠,語言皆男子也,狀如病心。召符禁者視之,術皆不效。聞孔監丞者有道術,能已人疾苦,遂詣其居,告以妻之所爲。孔許至其居。翌日乃來,與錢偶坐。其妻冠幘束帶,往來於左右,詈曰:"汝是何人,預我

---

[1] 何薳:《春渚紀聞》卷四"花月之神",第226頁。

[2] 周密:《癸辛雜識》前集"化蝶",第175頁。前則作詩記之的李商,名李彭,字商老,北宋中期詩人,嘗與蘇軾、張耒等人唱和。其詩集《日涉園集》現有輯本留存,所作《蝴蝶詩》并序,存於集中,故知楊昊化蝶的傳聞流行於北宋中期。楊大芳與謝氏則爲周密的同時代人。

家事!"久之,孔都不與語。俄而獨曰:"莫須著去否?"孔因謂曰:"汝本何人,輒憑人之室家,可乎?"乃曰:"我嘗被一命而死,亦曾舉進士,頗探釋老書。昨到京師,無處寓止,暫憑附於此人。"孔曰:"既若曾涉獵三教,是識理之人也。汝在世仕宦之日,汝之室肯令他人憑之乎?"鬼默然。又謂曰:"汝既言曾探釋老,有爾許大虛空,何所不容,而言無寓止之所?"言訖,錢妻蕭然而倒,半日乃寤。詢其前事,皆不知也。[1]

上述傳聞中的鬼魂因游蕩在外,無處寄宿,遂暫時附體於錢齋郎之妻,後聽從孔監丞的勸告而離去。不過在一般情況下,鬼魂附體於某一活人,往往出於某些特定目的,希望完成鬼魂無法實現的事情。有關此類事例,郭彖《睽車志》中講述的一則故事尤爲典型。説的是陳察推之妻去世成鬼之後,依然割捨不了愛女之情,揪心於二女的婚姻大事,於是附體李通判之女,執意嫁給陳察推,然後悉心張羅,辦妥了二女的終身大事。了却了人世的心願後,陳妻與丈夫歡飲作別,飄然離去:

李通判者,忘其名。一女既笄,選擇佳婿,久未有可意者。一日,有陳察推者通謁,與李有舊,叙話甚款,因言近喪偶,且及期矣,言及歔欷流涕。且言家有二女,皆已及嫁,思念逝者,悲不自勝。李女自青瑣間窺之,竊謂侍婢曰:"是人篤於情義,如此决非輕薄者,得爲之配者,亦幸矣。"因再三詢其姓氏,每言輒及之。陳時年逾強仕,瘠黑而多髯,容狀塵垢,素好學,能詩,妙書札。李喜之,每嘆曰:"使其年貌稍稱吾女,亦足婿矣。"女聞之,竊謂傅姆曰:"女子托身惟擇所歸,年之長少,貌之美醜,豈論也哉!"由是家人頗識女意。媒議他姻,則默不樂,父母怪之,曰:"豈宿緣耶?"乃遣媒通約。陳初固拒,以年長非偶,其議屢格,則女輒憂憤,或慍不食。父母憂之,固請,不得已乃委禽焉。女喜甚,既成婚,伉儷和鳴,撫陳之二女如己所生。謂陳曰:"女已長,婚對當及時,不宜緩也。"朝夕屢以爲言,且廣詢媒妁,不半載而嫁其長女,傾資奉之。陳曰:"季女尚可二三年。"妻曰:"不然。"趣之尤力。陳辭曰:"縱得婿,今無以備奩具。"妻曰:"第求婿,吾爲營辦。"又數月,亦

---

[1] 張師正:《括异志》卷三"錢齋郎",第25頁。

受幣,亟議嫁遣。陳曰:"奈何?"妻忽謂陳曰:"君昔貯金五十星於小罌中,埋床下,盍取用之?豈於己女而有吝耶!"陳大驚曰:"汝何從知之?"但笑而不言。蓋陳實嘗埋金,他人無知者,因取用之。不期年而二女皆出適。妻謂陳曰:"吾責已塞,今無餘事矣,當置酒相賀。"乃與陳對飲,極量歡甚,各大醉而寢。翌日醒覺,妻忽驚遽,大叫曰:"此何所耶?"顧陳曰:"爾何人也?"陳大驚,疑其心疾,媵侍輩圍守。妻驚恐惶惑,問曰:"我何爲在此?"媵侍曰:"夫人成親一年,豈不省耶?"妻都不曉。俄其父母至,撫慰之,因歷言其本末。妻大慟曰:"父母生女不爲擇配,此人醜老可惡,忍以我弃之耶?"不肯留,乃送其家。自言恍如夢覺,前事皆不知之。陳亦悟埋金之事惟其亡妻知之,疑其繫念二女而魂附李女以畢姻嫁也。後竟仳離而改醮焉,异哉![1]

故事娓娓道來,情節委婉曲折,其間全無陰森可怖的氣氛,有的祇是母親對女兒的深深關愛。

然而,也有一些鬼魂,離世時因遭人侵害而滿懷怨憤,其附體的目的是對怨家報仇泄憤,有些鬼魂在附體時還化出生前的形貌,以此驚怖仇家。《睽車志》中即有這樣一則傳聞:

> 章思文,福唐人,家世貧窶,思文以鈎距心計致富。初一武臣(忘其姓名)監秀州華亭縣鹽場,贓污不法,多受亭戶賄賂,任思文以爲肘臂,約所得中分之。武臣者以方在任,欲匿其迹,故受賂多寄思文所,信之不疑也。秩滿受代,乃從而取之,思文盡乾没不與。武臣者不勝憤恨,致疾以死。思文暮年始生一子,鍾愛之,而其子幼則多病,治療之費,竭產不恤。年六七歲竟死,思文慟悼,恨不身代之也。蓋棺之際,痛不能捨,復舉面幂撫之,則其子面已變如向武臣之狀,盛怒勃然,懼而亟瘞之。[2]

監管鹽場的武臣貪贓枉法,獲得大量財物,不料,竟被所信任的章思文全部吞没。武臣之死固屬咎由自取,但章的行爲也極其卑鄙可惡。鬼魂的報復致使章

---

[1] 郭彖:《睽車志》卷五,第123~124頁。

[2] 郭彖:《睽車志》卷四,第120頁。

的愛子夭折,蓋棺之際還附體變臉恐嚇章。從惡者終難逃報應,顯然,述説、記録這一傳聞的人,頗有藉鬼警世的寓意。

(三) 鬼魂托夢

綜觀宋代的鬼魂信仰,"鬼魂托夢"的傳聞尤爲普遍。鬼魂托夢某人,并與人在夢中相會、交談,通常也有一定的訴求,或因在塵世尚有未竟的夙願,或因在冥界遭遇種種困境。王闢之《澠水燕談録》中的一段記載頗有意思:

> 石曼卿,天聖、寶元間以歌詩豪於一時,嘗於平陽作《代意寄師魯》一篇,詞意深美,曰:"十年一夢花空委,依舊山河損桃李。雁聲北去燕西飛,高樓日日春風裏。眉黛石州山對起,嬌波泪落妝如洗。汾河不斷水南流,天色無情淡如水。"曼卿死後,故人關咏夢曼卿曰:"延年平生作詩多矣,獨常自以爲《代平陽》一首最爲得意,而世人罕稱之。能令予此詩盛傳於世,在永言爾。"咏覺,增廣其詞爲曲,度以《迷仙引》,於是人爭歌之。他日,復夢曼卿謝焉。咏字永言。[1]

北宋著名詩人石延年去世後,魂魄仍牽挂生前的詩作,於是托夢友人關咏,希望自己平生最爲得意的作品《代意寄師魯》,能通過關咏的稱揚而盛傳於世。如願以償後,鬼魂又托夢致謝,人情往來,幾與陽世無異。[2]

魯應龍《閑窗括异志》記載的一段傳聞,説的是鬼魂在鬼國受苦受難,爲求解脱,托夢其妻,要求家人爲其許願做功德:

> 資聖寺在海鹽縣西……寺有寶塔極高峻,層層用四方燈點照,東海行舟者皆望此爲標的焉,功爲甚宏。有海濱業户某,與兄弟泛舟入洋口接鮮,風濤驟惡,舟楫悉壞,俱溺於海而死。其家日夕號泣,一夕,

---

[1] 王闢之:《澠水燕談録》卷七《歌咏》,第 76 頁。
[2] 歐陽修稱:"石曼卿自少以詩酒豪放自得,其氣貌偉然,詩格奇峭。……曼卿卒後,其故人有見之者,云恍惚如夢中,言'我今爲鬼仙也,所主芙蓉城',欲呼故人往游,不得,忽然騎一素騾去如飛。其後又云降於亳州一舉子家,又呼舉子去,不得,因留詩一篇與之。余亦略記其一聯云:'鶯聲不逐春光老,花影長隨日脚流。'神仙事怪不可知,其詩頗類曼卿平生語,舉子不能道也。"可見,石延年去世後仍時常顯形、托夢的奇聞在北宋文人士大夫中流傳得十分廣泛。見歐陽修撰,李逸安點校:《歐陽修全集》卷一二八《詩話》,中華書局,2001 年,第 1956 頁。

夢其夫歸,曰:"我未出海時,先夢神告曰:'來日有風波之厄,不可往。'吾不信。遂死於此。初墜海時,彈指隨波已去數百里,神欲救我,不可及。今在海潮鬼部中極苦。每日潮上,皆我輩推擁而來,他佛事祭享,皆爲諸鬼奪去,我不可得。獨有資聖塔燈光明,功德浩大耳。"其妻因鬻家貨入寺設燈願。次夕,又夢夫來謝云:"今得升一等矣。"[1]

傳聞中還有不少事例,蓋因鬼魂在世時死於非命,被草草埋葬,葬處或低濕骯髒,或非其所宜,使之難以投胎往生,爲此托夢他人,請求改葬別處。如張師正《括异志》記載:

> 冀秘丞膺,皇祐中知河南府緱氏縣,代人將至,預徙家於洛城,獨止於縣之正寢。一夕,夢二女子再拜於榻前。問其所以,云:"妾等是前邑尹家女奴也,以過被鞭死,瘞於明府寢榻之下。向來宅眷居此,不敢妄出,恐致驚怛。今夕方敢誠告,乞遷於野,乃幸之大也。"冀可之。明日發其地,果得二枯骨,紅梳綉履尚在。命裹以衣絮,祭以酒飯,加之楮錢,埋於近郊。數夕後,夢中前謝而去。[2]

劉斧的《青瑣高議》也有類似的記載,説衛公(韓琦)家的女奴被鬼魂附身,自稱謝紅蓮,爲人側室,被大婦所殺,埋骨於宅内,不得往生,希望能沉骨得遷。衛公認爲"伏尸往往能爲怪",囑手下徹查,却了不見尸。該鬼魂又托夢役夫,引導吏卒在厨浴之間找到了尸骨,却無頭;鬼魂再顯形爲無頭婦人舞於庭,引導吏卒找到了腦骨。衛公乃以"温絮裹之,彩衣覆之",并"葬於高原"。若干日之後,有衣着鮮麗的美貌婦人托夢衛公的門生,表示:"蒙衛公遷之爽塏,俾得安宅,則往生亦有日矣。夫遷神之德,何可議報?子爲我多謝衛公……"[3] 按中國傳統的生死觀,"死無葬身之地"是古人最不能承受的生命歸宿,鬼魂爲葬事托夢的諸多傳聞,正表現了人們對"善終"的不懈追求。

兩宋時期,佛教的影響已滲透於各社會階層,世人普遍相信輪回轉世之説,

---

[1] 魯應龍撰,儲玲玲整理:《閑窗括异志》,《全宋筆記》第八編第四册,大象出版社,2017年,第34~35頁。

[2] 張師正:《括异志》卷四"冀秘丞",第32頁。

[3] 劉斧:《青瑣高議》前集卷一《葬骨記(衛公爲埋葬沉骨)》,第13~14頁。

這一觀念在當時的鬼魂信仰中也頗有體現。因此,傳聞中出現了這樣的事例,數世之前相知相交的友人,死後數百年乃至千餘年,滯留冥界者與多次轉生者,在夢中相會。張師正《括异志》中的一則記載尤具代表性:

> 治平中,武昌縣令鄭前嘗覺腠理不寧,晝寢曲室。夢一老父,古衣冠,揖鄭曰:"君小疾,煮地骨皮湯飲之即愈。"鄭曰:"素不奉展,何故至此?"云:"我西漢時與君嘗聯局事,君已爲三世人,我尚留滯幽壤。"即詢其名氏,云:"前將軍何復。或欲尋吾所居,可來費家園也。"臨別口占詩一絕云:"與子相逢西漢年,半成枯骨半成烟。欲知土室長眠處,門有青松澗有泉。"鄭官滿之鄂渚,游頭陀寺,山下城小路見叢薄蔚然,問寺僧,乃費家園也。道次有斷碑,字已漫滅,惟有何復字可辨。冢前有澗水泊老松數株。[1]

(四)作祟與報應

自古以來,中國傳統的鬼魂觀念一直認爲,人死成鬼,同樣也有善惡之別。生前作惡多端或死於非命者,會成爲作祟人間、危害活人的厲鬼、惡鬼;生前有益於他人且得以善終者,則成爲無害於人間的善鬼。如《左傳》稱:"匹夫匹婦強死,其魂魄猶能馮依於人,以爲淫厲。(杜預注:強死,不病也。)"又稱:"鬼有所歸,乃不爲厲。"[2]《禮記·檀弓上》稱:"生有益於人,死不害於人。"[3]

前文述及鬼魂顯形、附體、托夢時,大部分事例涉及的是所謂"善鬼",因而未對世人造成危害,甚至很有人情味。然而,宋代筆記中有關"厲鬼"的記載也爲數不少。從諸多傳聞看,成爲厲鬼者,往往都是年少夭折,或因人爲因素自殺、被殺,結局頗爲悲慘的。這些鬼魂滿懷憤恨,無法安寧,所以在人世間作祟爲害。郭彖《睽車志》中的一段記載,即屬此類:

> 泉州故陳洪進所據也。州之便廳,至今郡守不敢登。廳階常有劍影,極分明,障之不能掩,削之不能去,郡人神而畏之。屋今敝甚,而不

---

[1] 張師正:《括异志》卷九"鄭前",第64~65頁。
[2] 俱見孔穎達:《春秋左傳正義》卷四四《昭公七年》,第2050頁。
[3] 孔穎達:《禮記正義》卷八《檀弓上》,第1292頁。

敢葺。近城法石寺,洪進墓在焉。傍有小冢,則其女之殯也。女年及笄,未嫁而死,時或形見,遇者輒死。有連江尉龔遂良游寺中,夜見之,翌日與人言:"吾體中大覺不佳。"且囑後事。肩輿亟送至家而殂。又士人王宗衡因至寺中,偶便旋於墓側,即得心疾,狂易不知人,逾年乃愈。[1]

傳聞中的陳洪進之女化爲厲鬼後,凡有人接近其冢墓,或被其遇見,即加以危害。這樣的事例雖時或可見,但爲數并不多,大多數情況下,鬼魂的作祟是爲了報復,所針對的特定對象往往是致其屈死、慘死的仇人。張師正《括異志》記載了一段傳聞,北宋嘉祐年間,書生王俊民科考中了狀元,春風得意、釋褐爲官之際,却被厲鬼索去了性命。原來,王生前曾致兩名女子慘死,所以遭到報應:

　　王廷評俊民,萊州人。嘉祐六年進士,狀頭登第,釋褐,廷尉評簽書徐州節度判官。明年充南京考試官。未試間,忽謂監試官曰:"門外舉人喧噪詬我,何爲略不約束?"令人視之,無有也。如是者三四。少時又曰:"有人持檄逮我。"色若恐懼,乃取案上小刀自刺,左右救之,不甚傷。即歸本任醫治,逾旬創愈,但精神恍惚,如失心者。家人聞嵩山道士梁宗朴善制鬼,迎至,乃符召爲厲者。夢一女子至,自言:"爲王所害,已訴於天,俾我取償,俟與簽判同去爾。"道士知術無所施,遂去。旬餘,王亦卒。或聞王未第時,家有丼竈婢蠢戾,不順使令,積怒,乘間排墜井中。又云王向在鄉閭與一倡妓切密,私約俟登第娶焉。既登第爲狀元,遂就媾他族。妓聞之,忿恚自殺。故爲女厲所困,夭閼而終。[2]

郭彖《睽車志》記載了這樣一則傳聞,巡轄張悦與福州知州張嶷有隙,遭張嶷誣陷後,蒙冤被殺,張悦化爲厲鬼,向張嶷報仇,將其捽離人世,拽往陰府:

　　張嶷初爲福州安南縣丞,郡有指使張悦,以州檄到縣,頗傲慢不遜,嶷心銜之。後知福州,而悦爲本路巡轄馬遞,至州上謁,嶷踞坐廳事,引悦廷參。悦甚不堪,誦語紛紜,嶷命廷卒加捶。時韓王世忠駐建州,嶷即械送之,申牒訴言悦常私悦田路分之女,强逼與亂。韓王大

---

[1] 郭彖:《睽車志》卷三,第111頁。
[2] 張師正:《括異志》卷三"王廷評",第26頁。

怒,斬悦於軍門。嚳後知袁州,日坐書室,忽如中惡,仆地不醒人。左右扶掖進湯藥,以少蘇,乃亟命取朝服來。家人問之,答曰:"適見張巡轄來,便相捽拽,今須與同往辨理。"言訖而卒。[1]

劉斧《青瑣高議》中也有一則類似的記載。北宋慶曆年間,朝廷出兵平定湖南一帶的少數民族反叛,胡賓爲主將,殿直張宿在其麾下。胡的輕敵使張身陷重圍,張拼死力戰,"身被十餘創墮澗下",幸免於難,但歸營後,却被胡恣意枉殺。張死不瞑目,化爲厲鬼,尋胡報仇,終使胡神情恍惚,於陣前被殺:

> 宿三日方歸營,胡責之曰:"兵盡亡而獨歸,何也?"宿爲人氣勁語直,言曰:"宿所將兵纔二百人耳,深入溪洞,吾被斷歸路,宿勵兵力爭死戰,殺傷千人,吾自手殺者百人,吾兵雖没,亦足以報國也。吾今自身被重創者十餘,墮澗下,將軍何酷之深也?"語言剛毅,曾不少屈。胡大怒,命左右斬之。宿引手攀帳哭曰:"將軍貸賤命,我必立功報將軍。死於此,不若死於賊。則吾之子孫當蒙恩澤,可以養老母及妻。"胡愈怒,叱兵擒去,宿攀帳木折乃行。宿出門叫屈,言云:"若有神明,吾必訴焉!"

> 後日,胡如厠,見宿立於傍,胡叱之曰:"爾安得來此?"宿曰:"吾已訴於有司,得報子矣。"胡但陰默自嘆。不久,胡引兵入洞征蠻,大戰得退。胡又深入過溪,見宿行於厠前,胡自知不免,又力戰,乃陷,軍盡死之。[2]

屈死的鬼魂除自身前來報仇,也有通過訴告陰府,由冥官向仇家索命的。張師正《括异志》中有這樣一則故事,貪財的御醫仇鼎爲張郎中治病,故意用毒藥加重病情,計劃拖延數日後再以良藥救治,意在獲取高額報酬,不料病情急轉直下,張郎中不治身亡。張的鬼魂向陰府投訴,仇鼎終被冥官逮治:

> 張郎中景晟,洛陽人也,去華侍郎之孫。登進士第,始逾强仕,爲屯田郎中。熙寧四年,奉朝請於京師,忽瘍生於手,痛不可忍。時有御醫仇鼎者,專治創痏,呼視之,遂取少藥傅其上。既而苦楚尤甚,仇雖

---

[1] 郭彖:《睽車志》卷三,第113頁。
[2] 劉斧:《青瑣高議》後集卷七《張宿(胡賓枉殺張宿報)》,第177~178頁。

復注以善藥,而痛不能已,數日而卒。沉困之際,但云:"仇鼎殺我,必訴於陰府,不汝致也!"月餘,仇坐藥肆中,見二人,一衣緋,一衣綠,入鼎家,手持符檄,謂鼎曰:"張郎中有狀相訟,可往對事。"仇曰:"張郎中病疽而死,何預我事?"緋衣曰:"奉命相逮,不知其他。"仇知不免,哀求延數日之命。二人相顧曰:"延三日可矣。"緋衣曰:"雖然,當記之而去。"遂出一印,印其膝下,遂不見。所印之處即腫潰,創中所出如青油,痛若火灼。後三日而死。始,仇之知張橐實良厚款,欲先以毒藥潰其創,然後加良藥愈之,以邀重賂,遂至不救。鬼之來,獨鼎見之,左右但見紛紜號訴而已。噫,庸醫之視疾,多以藥返其病,使困而後治,欲取厚謝,因而致斃者眾矣。儻盡若張君之顯報,則小人之心,庶幾乎革矣![1]

　　宋代的鬼魂信仰中,有關"女厲"的傳聞頗多。細究其內容,可以發現,其間實寓有人世間豐富的社會内涵。中國傳統社會的基本特點之一是男尊女卑,婦女尤其是身份低微的婦女,在男子面前始終處於弱勢,無法把握自己的命運。她們往往將所有的希望都寄托於尋覓一位有情有義的如意郎君,建立一個幸福美滿的家庭,使自己終身有靠。然而宋代却是一個社會流動空前頻繁的時代,科舉考試的完善、工商業的發展、市場經濟的繁榮等,均使人們的社會地位和人際關係處於時常變動的狀態。出身平民布衣,某日科考高中,從此平步青雲者,不乏其例;富貴之家,一旦淪落,其子孫"縲縲於公庭""荷擔而倦於行路"者,[2]也屢見不鮮。基於這樣的世態,女子的希望難免落空。當日的海誓山盟即便是真的,也遠遠比不上時過境遷後的名利追求,何況不少負心漢言之鑿鑿地對天發誓,原本就是騙人騙財的伎倆。無數痴情女子付出了自己的全部,最終却被抛弃,甚至惨遭殺害。陳世美和秦香蓮的故事被置於宋代的歷史背景下,顯然有其確實的社會基礎,而宋代以來,此類悲劇不知在歷史上搬演了多少齣。劉

---

[1] 張師正:《括异志》卷二"張郎中",第19~20頁。
[2] 劉清之《戒子通錄》卷六引黃庭堅《家戒》稱:"庭堅自卯角讀書,及有知識,迄今四十年,時態歷觀。諦見潤屋封君,巨姓豪右,衣冠世族,金珠滿堂,不數年間,復過之,特見廢田不耕,空困不給。又數年,復見之,有縲縲於公庭者,有荷擔而倦於行路者。"《景印文淵閣四庫全書》第703冊,臺灣商務印書館,1986年,第67頁。

斧《青瑣高議》即記載了兩則女子受騙被害的故事，情節悲傷淒慘，令人欷歔感嘆。

其一：

慶曆元年，李雲娘，都下之娼姬也。家住隋河大堤曲，粗有金帛，與解普有故舊。是時普待闕中銓，寓京經歲，囊無寸金，多就雲娘假貸以供用。普紿雲娘曰："吾赴官，娶汝歸。"由是雲娘罄篋所有，以助普焉。普陰念：家自有妻，與雲娘非久遠計也。

一日，召雲娘并其母極飲市肆中。夜沿汴岸歸，雲娘大醉，普乃推雲娘墮汴水中，詐驚呼，號泣不已。明以善言誘其母。適會普家書至，附五十緡，又以錢十緡遺雲娘母。不日，普授秀州青龍尉，乃挈家之官。

一日，普同家人閒坐，有人揭簾而入者，普熟視，乃雲娘也。責普曰："我罄囊助子，子不償，復以私計害吾性命，子之不仁可知也。我已得報生矣。"普叱曰："是何妖鬼，敢至此囁嚅也！"引劍擊之，俄而不見，冷風觸人面甚急，舉家大驚。

後數日，報有劫盜，普乘舟警捕。行半日，普或唾水曰："汝又來也。"有一手出水中，挽普入水，舉舟皆見。公吏沉水拯之，不獲。翌日方得屍，普面與身皆有傷處。

評曰：奪人之財，猶曰不可，況陰賊其命乎？觀雲娘之報解普，明白如此，有情者所宜深戒焉。[1]

其二：

陳叔文，京師人也。專經登第，調選銓衡，授常州宜興簿。家至窘窶，無數日之用，不能之官。然而叔文丰骨秀美，但鬱結，亦多在娼妓崔蘭英處閒坐。叔文之言及以有所授，家貧未能之官。蘭英謂叔文曰："我雖與子無故，我於囊中可餘千緡，久欲適人，子若無妻，即我將嫁子也。"叔文曰："吾未娶。若然，則美事。"

一約即定。叔文歸欺其妻曰："貧無道途費，勢不可共往，吾且一

---

[1] 劉斧：《青瑣高議》後集卷四《李雲娘（解普殺妓獲惡報）》，第140~141頁。

身赴官,時以俸錢贖爾。"妻子諾其説。叔文與蘭英泛汴東下。叔文與蘭英頗相得,叔文時以物遺妻。

後三年替回,舟溯汴而進,叔文私念:蘭英囊篋不下千緡,而有德於我。然不知我有妻,妻不知有彼,兩不相知,歸而相見,不惟不可,當起獄訟。叔文日夜思計,以圖其便。思惟無方,若不殺之,乃爲後患。遂與蘭英痛飲大醉,一更後,推蘭英於水,便并女奴推墮焉。叔文號泣曰:"吾妻誤墮汴水,女奴救之并墮水。"以時昏黑,汴水如箭,舟人沿岸救撈,莫之見也。

叔文至京與妻相聚,遂共同商議。叔文曰:"家本甚貧,篋笥間幸有二三千緡,不往之仕路矣。"乃爲庫以解物,經歲,家事尤豐足。遇冬至,叔文與妻往官觀,至相國寺,稠人中有兩女人隨其後。叔文回頭看,切似英焉。舉蒙首望叔文,乃蘭也。俄遣向墮水中女奴招叔文,托他故,遣其妻子先行。叔文與蘭英并坐廊砌下,叔文曰:"汝無恙乎?"蘭英云:"向時中子計,我二人墮水,相抱浮沉一二里,得木礟不得下,號呼救人,方得人撈救得活。"叔文愧赧泣下曰:"汝甚醉,立於船上,自失脚入於水,此婢救汝,從而墮焉。"蘭英曰:"昔日之事,不必再言,令人至恨。但我活即不怨君。我居此已久,在魚巷城下住,君明日急來訪我。不來,我將訟子於官,必有大獄,令子爲齏粉。"叔文詐諾,各散去。

叔文歸,憂懼。巷口有王正臣爲學聚小童,叔文具道其事,求計於正臣。正臣曰:"子若不往,且有争訟,於子身非利也。"叔文乃市羊果壺酒,又恐家人輩知其詳,乃僦別里巷人同往焉。

至城下,則女奴已立門迎之。叔文入,至暮不出。荷擔者立之門外,不聞耗。欲還,門吏詢之云:"子何久在此,昏晚不去也?"荷擔人云:"吾爲人所使,其人在此宅,未出。"吏曰:"此乃空屋耳。"因執燭共入,有杯盤在地,叔文仰面,兩手自束於背上,形若今之伏法死者。申官司,呼其妻識其尸,然無他損,乃命歸葬焉。

議曰:兹事都人共聞。冤施於人,不爲法誅,則爲鬼誅,其理彰彰然异矣。[1]

從故事的描述以及文末的評議可以看出,世人對痴情女子的遭遇深表同情,而對喪盡天良的負心漢,則予以強烈譴責。尤值得注意的是,中國早在先秦時代已形成善有善報、惡有惡報的觀念,佛教傳入後,在融合中國本土思想的基礎上,更形成完整而系統的因果報應學說。兩宋時期,因果報應的觀念已盛行於社會各個階層,各類鬼魂信仰也深受其影響。上述各則有關鬼魂的傳聞中,即有不少寓有善惡報應的觀念。李雲娘和崔蘭英被害後化爲"女厲",死死纏住負心漢,終於報仇雪恨,這不僅符合當時的倫理觀念和民俗心理,也爲道德教化中的勸善懲惡增添了更具震懾力的信仰性因素。

惡報與善報是因果報應的兩個方面,在宋代筆記中,行善而獲善報的事例同樣存在。張師正《括异志》所記載的一則鬼魂報恩的傳聞,尤爲典型:

> 司勳外郎尚公霖,祥符末以殿中丞知夔州巫山縣。有尉李某者,山東人,頗幹敏。一旦疾病,尚聞其委頓,日往臨問,曰:"萬一不起,可以後事告也。"尉曰:"願以老母幼女爲托。公儻垂仁惻,某雖死,敢忘結草之義乎!"尚泫然愍之。既死,出俸錢送其母及骨函還鄉里,嫁其女於士族。一夕,夢李如平昔,拜且泣曰:"某懇求於陰官,今得爲公之子,以此爲謝耳。"是月,邑君妊娠。明年解官,沿流赴闕,或遇灘險,隱約見尉在岸上指呼。將抵荆渚,又夢李報曰:"某明日當生,府中必送一合來,宜收之。"翌日,果誕一男子,府尹以合貯粟米遺尚曰:"聞邑君育子,以爲糜粥之具。"因字穎,曰合兒。穎性純厚,敏於行而篤於學,官至大理丞。[2]

除了在故事中寓以善惡報應的觀念,讓人體悟領會,還有一些鬼魂傳聞更是借鬼喻人,直白地勸人行善。《勸戒錄》中即有一例:

> 大觀間,一官員於京師買靴,認一靴是其父葬時物。詰之,鋪家言:"一官員攜來修,可候之。"既至,乃其父。拜之,不顧,但取靴乘馬而去。隨二三里,度不可及,乃呼曰:"生爲父子,何無一言見教?"父

---

[1] 劉斧:《青瑣高議》後集卷四《陳叔文(叔文推蘭英墮水)》,第141~143頁。

[2] 張師正:《括异志》卷八"尚寺丞",第53~54頁。

曰:"學鎮江太守葛繁。"其子謁繁,言之,因問繁何以爲幽冥所重。繁曰:"予始者日行一利人事,嗣後或二或三或十,今四十年矣,未嘗少廢。"問:"何以利人?"繁指座間踏子曰:"此物置之不正,則礙人足,予爲正之;若人渴,予能與杯水,皆利人事也。但隨其事而利之。上自卿相,下至乞丐,皆可以行。惟在乎久。"後有异僧見繁在净土境中,蓋繁能以利人爲念,則日用無非利人事矣。[1]

上述故事雖有亡父鬼魂勸兒子向鎮江太守葛繁學做善事的情節,而實際内容則與宋代通常勸善書的教誨基本一致。由此可見,儘管宋代筆記中的鬼魂故事基於人們的鬼魂信仰,但人們在傳述和記載時注入諸多因果報應、懲惡揚善觀念,遂使爲數不少的鬼魂故事實際上已成爲現實社會中道德勸誡的生動事例。

二、冥世傳説

冥世傳説是鬼魂信仰的組成部分,人們相信,人死成鬼之後,皆居於冥世,仍像生前一樣生活。不過,宋代的冥世觀念十分龐雜,本土傳統的冥世信仰依然流行,而佛教、道教的冥世之説也對人們產生了重要影響。不同的冥世信仰既各成體系,又相互融通,由此形成一種交叉并存、錯綜複雜的狀態。

(一) 傳統冥世

中國傳統的冥世信仰由來已久,先秦古籍中已透露出早期的冥世信息。如《楚辭·招魂》稱:"魂兮歸來!君無下此幽都些。"(王逸注:幽都,地下后土所治也。地下幽冥,故稱幽都。)[2]《山海經·海内經》稱:"北海之内,有山,名曰幽都之山,黑水出焉。其上有玄鳥、玄蛇、玄豹、玄虎、玄狐蓬尾。"[3] 上述的"幽都",作爲當時人觀念中的鬼魂聚居之處,或在地下,或在山上,皆遠離普通人居

1　李昌齡:《樂善録》卷一引《勸戒録》,《續修四庫全書》第 1266 册,上海古籍出版社,2003 年,第 283 頁。

2　洪興祖:《楚辭補注》卷九《招魂》,中華書局,1983 年,第 201 頁。

3　袁珂:《山海經校注》卷一八《海内經》,巴蜀書社,1993 年,第 525 頁。

住的區域。此類古老的冥世觀念在後世民間依然流行,宋代傳聞中的"鬼國",實與之一脉相承。洪邁《夷堅志》中的兩則記載對所謂的"鬼國"作了詳細描述。

其一:

建康巨商楊二郎,本以牙儈起家,數販南海,往來十有餘年,纍貲千萬。淳熙中,遇盜於鯨波中,一行盡遭害。楊偶先墜水得免,逢一木,抱之沉浮,自分必死,經兩日,漂至一島,捨而登岸,信脚行。俄入一洞,其中男女雜杳,争來聚觀,大抵多裸形,而聲音可辨認。一婦人若最尊者,稱爲鬼國母,侍衛頗衆,駭曰:"此間似有生人氣。"遣小鴉鬟出探,則見楊,遽走報。母令引當前,問之曰:"汝願住此否?"楊自念無計可脱,姑委命逃生,應曰:"願住。"母即分付鬟爲治一室,而使爲夫婦。約僅二年久,飲食起居與世間不异。嘗有駛卒持書至,曰:"真仙邀迎國母,請赴瓊室。"即命駕而出。自此旬日或一月必往,其衆悉從。楊獨處洞中,他日言於母:"乞侍行。"母曰:"汝是凡人,欲去不得。"如是者纍纍致懇,忽許之。飄然履虚,如躡烟雲,至一館宇,優樂盤殽,極爲豐潔。至者占位而坐,鬼母導楊伏於桌幃,戒以屏息勿動。移時宴罷,乃焚燒楮鏹,漸次聞人哭聲,審聽之,蓋其妻子與姻戚也。楊從桌下出,唤家人名,皆以爲鬼物,交口唾罵。唯妻泣曰:"汝没於大海,杳無消息,當時發喪行服,招魂卜葬。今夕除靈,故設水陸做道場追薦,何得在此?莫是別有强魂附托邪!"楊曰:"我真是人,元不曾死。"具道所值遇曲折,方信爲然。鬼母在外招唤,繼以怒罵,然不能相近。少頃寂然。楊氏呼醫用藥調補幾歲,顔狀始復故。[1]

其二:

支壬載鬼國母之异,復得一事,頗相類而實不同。福州福清海商楊氏,父子三人,同溺於大洋,共附一木,遂漂流鬼國中。烟火聚落,悉如人世。但其人形軀枯悴,生理窮窶。每相報云"去某州某縣赴法會",則各有喜色,往往盡室以行。大率醉歸,挾餘饌分餉三楊,賴以充

---

[1] 洪邁撰:《夷堅志補》卷二一"鬼國母",第 1741~1742 頁。

饑。或數日不值,枵腹竟夕。居數年,不堪鬼氣薰蒸,父兄皆死,唯幼子存。一日,見飛符使者從天而下,訪問此子。衆鬼謀曰:"使去則不可,若不去又已有它姓名,將奈何?"或曰:"令隨隊而行亦可。"戒楊瞑目勿開。既登塗,耳畔聞風雨波濤之聲甚厲,良久,脚履平地,見僧振鈴咒食,衆合掌盡入,引楊生蔽身大木之上,時持食物出餽。忽聆群誦大悲咒,楊少年時能之,自墮异域已廢忘,一聽其聲,便能憶,亦隨口持諷,鬼不復相親。會散掃迹,楊彷徨到曉,往來見者指爲猿猱,乃下樹與人説本末。始認得夜來法席,正其家也。秀州天寧長老妙海時在彼縣,親見之。楊氏一門,且疑且畏,妻亦不敢深相求識。經日驗其無它,方悲泣存問。積久,漸復人色。越歲,一切如初。[1]

可見,宋人意識中的鬼國也在遠離世人的海島上,國內有首領管理各項事務,衆鬼魂的日常生活"悉如人世",人間凡有喪家設水陸道場,則騰雲駕霧前去享用。

自漢代開始,中國本土又逐漸流行東岳泰山"主冥"的信仰。張華《博物志》引漢代《孝經援神契》稱:"太山,天帝孫也,主召人魂。東方萬物始成,故知人生命之長短。"[2]《後漢書·烏桓列傳》也稱:"(烏桓)死者神靈歸赤山。……如中國人死者魂神歸岱山也。"[3]魏晉,泰山主冥的信仰尤盛,泰山神也被人格化爲"泰山府君",並有相應的官署。[4]

上述信仰傳承至宋代仍非常流行,筆記中有不少傳聞描述了泰山府主神掌管生死、懲治惡行的情形。洪邁《夷堅志》記載的一則故事,當時流傳甚廣:

政和四年,有旨修西內,命京西轉運司董其役。轉運使王某坐科擾,爲河南尹蔡安持劾罷,起徽猷閣待制宋君於服中,以爲都轉運使,免判常程文書,專以修宫室爲職。宋鋭於立事,數以語督同列曰:"速

---

[1] 洪邁:《夷堅支志》癸集卷三"鬼國續記",第1239頁。
[2] 張華撰,范寧校證:《博物志校證》卷一《山水總論》,中華書局,1980年,第12頁。
[3] 范曄:《後漢書》卷九〇《烏桓鮮卑列傳》,中華書局,1965年,第2980頁。
[4] 干寶《搜神記》中即有泰山神的多則記載。如卷四《胡母班》稱:"胡母班字季友,泰山人也。曾至泰山之側,忽於樹間逢一絳衣騶,呼班云:'泰山府君召。'班驚愕,逡巡未答。復有一騶出,呼之。遂隨行數十步,騶請班暫瞑。少頃,便見宫室,威儀甚嚴。班乃入閣拜謁。主爲設食,語班曰:'欲見君,無他,欲附書與女婿耳。'……"(第44頁)

成之,醲賞可立得也。"轉運判官孫覿獨以役大不可成,戲答曰:"公聞狐婿虎之説乎?狐有女,擇婿,得虎焉。成禮之夕,儐者祝之曰:'願早生五男二女。'狐拱立曰:'五男二女非敢望,但早放却臊命爲幸耳。'今日之事,正類此也。"宋不樂,覿即引疾罷去。凡宫城廣袤十六里,創立御廊四百四十間,殿宇丹漆之飾猥多,率以趣辦,需牛骨和灰,不能給。洛城外二十里,有千人冢數十丘,幹官韓生獻計曰:"是皆無主朽骸,發而焚之,其骨不可勝用矣,自王涒時已用此。"宋然之。管幹官成州刺史郭漣容、佐使臣彭玘十餘人,皆幸集事,舉無异詞。宋以功除顯謨閣學士,召爲殿中監而卒。宣和中,孫覿病死,至泰山府,外門榜曰"清夷之門",獄吏捽以入,令供滅族狀。孫曰:"我何罪?"殿上厲聲曰:"發洛陽古冢以幸賞,乃汝也,安得諱?"孫請與諸人對。望兩囚荷鐵校立廡下,各有一卒持鐵扇障其面,時時揮之。扇上皆施釘,血流被體,引至前,乃宋、王二君也。猶與相撐拄,孫歷舉狐虎之説,及所以去官狀,廷下人皆大笑。兩人屈服去,孫復蘇。他日,韓生亦夢如孫所見者,供狀畢,將引退,仰而言曰:"某罪不勝誅,但先祖魏公有大勳勞於宗社,不應坐一孫而赤族。"主者凝思良久曰:"祗供滅房狀。"乃如之。自是數月死。不一歲,妻子皆盡,今唯取同宗之子以繼云。[1]

宋徽宗下旨在洛陽興修宫殿,負責該項工程的前後兩任轉運使王某、宋某爲了邀功,日夜趕造,擾民極甚。轉運判官孫覿竭力勸阻,却惹惱宋某而辭職。彩飾殿宇的丹漆須以牛骨焚灰調和,宋鋭竟然聽從屬下韓某的建言,傷天害理地發掘洛陽城外數萬座冢墓,以人骨代替牛骨。事後,王、宋、韓等人皆遭泰山府主神逮治,幷牽連到孫覿。經過對質,孫覿擺脱干係,重返人間,其餘人皆遭受嚴懲。

《夷堅志》中另一則傳聞也頗有代表性:信州威果營節級鄭超,爲人平直寡過。慶元元年八月忽病篤,餌藥弗效。夢一黄衫吏至,稱"東岳第八司生死案唤汝",持索縛超而行。

俄抵岳下第八司,入至殿廷上唱云:"押到信州威果指揮鄭超。"超

---

[1] 洪邁:《夷堅乙志》卷七"西内骨灰獄",第239~240頁。

初離家時,軀幹驟長,大如寺門金剛,自駭其异。至是縮小,纔如茶托。主者問:"汝在陽間看誦是何經典?"對曰:"常念《金剛經》。"對甫罷,金光涌出,照耀上下,若日光明四畔,萬鬼衆擎拳稱好。主者呼功德司者呈白主案,而書判語於兩漆板,令持示超。大略類篆書,全不可曉。又唱云:"照鄭超應有作過愆罪,并皆赦除。"顧追吏引憩左方,自朝至午。主者再升殿,又判展一紀半之年壽,語超曰:"吾乃東平忠靖王,管人間生死案,正直無私。汝還世說與人不妨。"超曰:"超到陽間,必不敢說,怕泄漏天機。"主者曰:"但依直說,勿妄言可也。"命押赴監門疏放。既及門,兩官人分居左右,裹幞頭,衣綠袍,各書空作字,以口吹之超身,又取小紅合内藥撒其腹,謂曰:"放汝自此歸,便吃得飲食。凡閑野神鬼,皆不敢輒侵犯。"元吏爲解索出門,履級道數層,一足踏虛而醒,舉體冷如冰。妻子熟睡,呼語之曰:"聖王已放我回。"使妻以麥門冬水來飲一杯,覺芬香透頂,旋索粥。明日即平安。[1]

該記載顯示,經過層纍式的叠加,宋代的泰山主冥信仰已變得更加豐富,其中有幾點尤值得關注。其一,泰山府主神的名號爲"東平忠靖王",可見,在世人心目中,泰山神的地位和權勢進一步提高。其二,泰山府官衙的規模十分龐大,主管之下,分司辦事,有掌管生死案的第八司以及記錄人間善行的功德司等。其三,鄭超因時常念誦《金剛經》而大獲稱贊,由此赦免平生一切罪過,并延展陽壽一紀半。顯然,泰山主冥作爲本土的傳統信仰,此時也深受佛教的影響。

《夷堅志》中還有一則傳聞,講述了兵部侍郎張淵道的出嫁女被傳喚至陰府,就其父是否參與張浚枉殺趙哲一案提供證詞,整個鞫訊過程頗爲生動:

妻父張淵道自兵部侍郎奉祠,寓居無錫縣南禪寺。次女已嫁梁元明,來歸寧。紹興己未正月七日,因游惠山寺,食煎餅差冷,還家心痛。至夜遂劇,正睡落枕。元明扶之起坐,但泪下不語,指其口曰:"說不得。"問何所見,應曰:"張渥在此。"渥者,淵道叔也,死於兵間,後降靈其家,云爲泰山府直符走吏。意其爲祟,呼洞虛觀道士視之。道士取紙焚香作法,請家人共視,皆曰:"仿佛見紙上有影如人戴幞頭者。"道

---

[1] 洪邁:《夷堅支志》戊集卷七"信州營卒鄭超",第1104~1105頁。

士曰:"然則正神,非崇也。是必陰府追對事耳。"書符使吞之。天明稍蘇,猶心痛,忽忽如痴,晚乃能言。始病時,有持符來床下,云:"官追汝。"女曰:"我士大夫家女子,何得輒喚?"曰:"陽間如此,陰府不問也。"便覺身隨此人去。……有兜檐甚飾,使登焉。兩人肩舁,約行數百里,又度錢塘江。久之,入一大府,朱門明焕,上施大金釘,殿屋九間皆垂簾,其中三間簾捲。王者紅袍碧玉冠,坐其上。追者前白:"公事到。"王竦身憑案立問曰:"張相公在陝西殺趙哲,汝父爲參議官,預其事否?"女欲言"不知",恐累父,答云:"初不預謀,亦曾諫,不見聽。"王曰:"諫而不聽,何不去?"答曰:"嘗求一郡,不得請。"王顧左右,令詣司供狀。方對答時,望西廡一人,側聽而笑。東廡亦有一人,皆狀貌堂堂,既詣曹。曹吏指曰:"笑者乃趙哲,其東則曲端也。"(作者按:曲端也爲張浚所殺)吏以下皆長一丈,戴鐵幞頭,著褐布袍,具筆札,令女爲狀。且曰:"當追長子,以其不慧,故免。"蓋淵道長子通,自幼多病,不解事。俄持盤食來,甚豐。或曰:"不可食,食則不得歸矣。"廡下各列門户,或榜云"鑊湯地獄",或榜云"剉碓地獄"。其室甚多,皆扃鐍,不見人。遥見故姻家宋氏母,據案相望而笑。傍人云:"見判善部。"須臾,供狀畢,王命放還。無復轎乘,獨隨追者行。[1]

該條記載雖未明言張氏所赴爲何類陰府,但既然是"泰山府直符走吏"前來索人對事,應該也是泰山府。文中還可看出,人死成鬼後,皆須赴泰山府衙候審,經主神訊問鑒別後,分別給以不同歸宿。行善積德者,判入善部,可安享逸樂;爲非作歹者判入惡部,則下地獄受罪。趙哲、曲端雖在陽間被殺,却可在冥世申冤,還以清白。張氏已故的姻家宋氏母,判入善部,所以笑容滿面。值得一提的是,地獄的觀念其實也源於佛教,而此時已成爲傳統冥世的組成部分。

(二)佛教冥世

佛教傳入漢地後經歷了中國化的過程,其冥世觀念和地獄之説也在演變中吸納了諸多中國元素,逐漸爲中國民衆所接受。兩宋時期,佛教的冥世信仰已

---

[1] 洪邁:《夷堅乙志》卷五"張女對冥事",第224~225頁。

在社會各階層中産生極大影響。從宋代筆記著録的傳聞看,民衆信奉的冥世主宰有地藏菩薩、閻羅王和地府十王。

地藏菩薩(梵名:Ksitigarbha)的來歷,佛經中有多種説法。一説其爲古印度某國國王,因國内民衆多犯罪作惡,遂發誓度盡六道衆生後始願成佛。一説其爲古印度婆羅門女,因其母墮入地獄,故爲之設供修福,度母出離地獄,并發願救拔一切罪苦衆生。在中國的傳聞中,還有宋初贊寧《宋高僧傳》記載的説法,稱地藏降誕爲新羅國王族,姓金,出家後於唐玄宗時渡海來華,上九華山(在今安徽池州境内)苦修,貞元年間圓寂,肉身不壞。[1] 其後,九華山之肉身殿即相傳爲地藏菩薩成道場。據説,地藏菩薩有無數化身,包括大梵王身、閻羅王身,乃至羅刹身、地獄身等。隋唐以來,地藏信仰在漢地非常興盛,民間視之爲冥界最高主宰,稱爲"幽冥教主",其下還管轄十殿閻王。敦煌千佛洞存有宋代所繪地藏十王圖,并附有太平興國八年造像銘文。[2] 蘇軾《東坡志林》中的一則記載,即反映了當時人的地藏菩薩信仰:

> 戊寅十一月,余在儋耳,聞城西民李氏處子病卒兩日復生。余與進士何旻同往見其父,問死生狀。云:初昏,若有人引去,至官府幕下,有言此誤追。庭下一吏云:"可且寄禁。"又一吏云:"此無罪,當放還。"見獄在地窟中,隧而出入。繫者皆儋人,僧居十六七。有一嫗身皆黄毛如驢馬,械而坐,處子識之,蓋儋僧之室也。曰:"吾坐用檀越錢物,已三易毛矣。"又一僧亦處子鄰里,死已二年矣,其家方大祥,有人持盤餐及錢數千,云:"付某僧。"僧得錢,分數百遺門者,乃持飯入門去,繫者皆爭取其飯。僧飯,所食無幾。又一僧至,見者擎跪作禮。僧曰:"此女可差人速送還。"送者以手擘牆壁使過,復見一河,有舟,使登之。送者以手推舟,舟躍,處子驚而寤。是僧豈所謂地藏菩薩耶?書

---

1 闕贊寧撰,范祥雍點校:《宋高僧傳》卷二〇《唐池州九華山化城寺地藏傳》,中華書局,1987年,第515~516頁。

2 地藏菩薩信仰的詳情可參閲星雲監修:《佛光大辭典》,臺北佛光出版社,1988年,第2318~2320頁;張總:《地藏信仰研究》,宗教文化出版社,2003年。

此爲世戒。[1]

不過,佛教系統的冥世主宰,在宋代民間知名度最高、影響最大的首推閻羅王。閻羅王(梵名:Yama-rāja),亦稱閻魔王,來歷十分複雜。據説其原爲古印度吠陀時代的夜摩神(梵名:Yama),與妹妹閻美(梵名:Yami)同時出生,兄妹共爲冥界之主、地獄之王,故稱雙王,分别管轄男事和女事。上述神話被佛教吸納後,夜摩轉化爲佛教的閻羅王。佛經中對閻羅王的職掌有多種説法,但大致仍與冥界和地獄相關。[2] 閻羅王的信仰隨佛教傳入中國後,其身世和主冥的緣由出現一些新的説法。唐釋道世《法苑珠林》引《問地獄經》及《净度三昧經》稱:

> 閻羅王者,昔爲毗沙國王,經與維陀如生王共戰,兵力不敵,因立誓願:爲地獄主。臣佐十八人,領百萬之衆。頭有角耳,皆悉忿懟,因立誓曰:後當奉助治此罪人。毗沙王者,今閻羅王是。十八大臣者,今諸小王是。百萬之衆,諸阿傍是。[3]

閻羅王主冥的信仰在宋代極爲興盛,并對後世産生了深遠的影響。宋代筆記中有關閻羅王的事例爲數不少,洪邁《夷堅志》中的一則故事就將"見閻王"的過程記載得十分完整:

> 襄陽南漳人張腆,居縣之雁汊,世工醫。紹興十八年夏夜,夢自所居東行二里許過固城鋪北上,久之,入大城,出北門,登溪上高橋橋上,水中人往來如織。見其妻鄭氏亦涉水登岸,欲前同途,轉眴間已相失。俄别至一城,同行者莫知其數。腆已入門,回問户者:"此何郡縣?"曰:"閻羅城也。"腆知身已死,甚悲懼,彷徨無計,不覺又前進。至階北,見大門三楹,與衆俱入,過百許步復至一門,五楹,金碧照耀。頃之又過一門,塗飾益華,兩廡下對列司局,正殿極高大,垂黄簾。腆且行且觀,至東廡吏舍門内,顧舍中人悉冠帶,或朱或紫,前揖之,了不相應,獨一緋衣者微作答。腆立移時,緋衣頗相憫,以足撥一磚云:"可坐此。"坐

---

1 蘇軾撰、孔凡禮整理:《東坡志林》卷二《道釋》"李氏子再生説冥間事",《全宋筆記》第一編第九册,大象出版社,2014年,第54~55頁。
2 閻羅王的來歷及其演變可參閲星雲監修:《佛光大辭典》,第6340~6343頁。
3 釋道世撰,周叔迦、蘇晋仁校注:《法苑珠林校注》卷七《六道篇·地獄部·典主》,中華書局,2003年,第244頁。南朝梁僧旻、寶唱撰《經律异相》也有該條引述,文字略有不同。

未定,妻忽立於門外,相顧皆漠然。頃之,一人自殿簾出,著黃背子,背拱手,仰視屋桷,移步甚緩,若有所思,久而復入。脾問何官,緋衣摇手低語曰:"此閻羅天子也。"脾曰:"適觀狀貌,與人間所畫不同,却與清元真君甚相似。"言未既,殿上卷簾,呼押文字,群吏奔而往。下列囚甚衆,或送獄,或枷訊,或即放去,度兩時許,人去且盡。脾在吏舍,遥見其妻亦决杖二十,但驚痛垂涕而已。須臾簾復垂,吏還舍解衣,半坐半卧。緋衣指脾謂同列曰:"此人無過,何不令還?"衆皆默然。又言之,乃曰:"公欲遣去,何必相問?"其中一人云:"渠雖欲去,三重門如何過得?"緋衣戒脾曰:"外面如有人相問,但云司裏令唤獄子。"脾遜謝而出,每及一門必有問者,如其言即免。復尋舊路急行,將近屋東橋下,跌水中而寤。鷄既鳴矣,呼其妻,亦矍然驚覺,語所夢,無不同者。[1]

細觀上述記載,不難發現,在宋代普通民衆的閻羅王信仰中,作爲冥界的閻羅城以及陰府的官衙建築、司局設置、鞫訊過程,乃至閻羅王及其屬下的服飾、形象等,皆已顯現出中國本土的特色。

《夷堅志》中另一則"共相公"的記載更體現出閻羅王信仰中外雜糅的情形:

南康都昌縣盧衝民劉四秀才,紹興四年十一月暴卒,爲兩吏領至幽冥中,入閻王殿庭下。仰望陛基,可高一丈許,王憑几坐其上,其前立巨牌,碧字標云"共相公至此"。劉默念:"世間安得有此姓。"初未嘗發言,王顧語左右,似有生人氣。吏質劉曰:"汝適所説何事?"劉不敢答,辭曰:"未曾啓此齒。"再三逼之,乃道所念。吏叱曰:"不得泄漏!此是饒州洪右相,今作閻羅王。"少頃,王命吏押回。劉歸,經歷數獄,見罪囚苦楚,驚悸之極。吏舉袖掩其面,遂蒙無所睹,行三十餘里始釋手。別又有一殿巍然,僧合掌升高坐,前有黑光,桌鋪白紙一張,紙上數蟲蠕動。僧下坐,執隨求法環,摇撼作響,問劉曰:"汝在生修何善業?"對曰:"無可紀者,僅能持《高王觀世音經》耳。"對(僧)曰:"祇此是也,放汝去。汝來已經三日,恐汝妻壞了宅舍,宜亟還。"吏即引行,

---

[1] 洪邁:《夷堅丁志》卷一七"閻羅城",第679~680頁。

過澗水兩重,躍而寤。[1]

劉四秀才暴卒後被領至冥界,在陰府中見到的閻羅王,却由饒州洪右相充當,此説顯然是本土的元素。而具體經管的僧人因劉平日常念《高王觀世音經》,展其陽壽,送返人間,則爲佛教的特色。

宋代還流行"地府十王"的信仰。所謂"地府十王",其實是佛教閻羅王信仰傳入中國後,與道教信仰相結合,衍生出的冥界"十王"觀念。完整的十王之説約在唐代形成,敦煌寫卷晚唐沙門藏川所撰《佛説地藏菩薩發心因緣十王經》《佛説閻羅王受記令四衆逆修生七齋功德往生净土經》皆提及冥界十王之説,稱十王分别職掌十殿地獄。十王在佛教中的名稱爲"十殿閻王"或"閻羅十殿",唐末、五代以來的名號一般爲:一殿秦廣王,二殿初(楚)江王,三殿宋帝王,四殿五官王,五殿閻羅王(天子),六殿變(卞)成王,七殿太(泰)山王,八殿平正(等)王,九殿都市王,十殿轉輪王。顯然,其名號充分體現出佛教與中華本土文化融合的特色。[2]《夷堅志》中有一則關於"地府十王"的記載:

> 俞一郎者,荆南人。雖爲市井小民,而專好放生及裝塑神佛像。紹熙三年五月,被病困危,爲二鬼卒拽出,行荒野間,遂至一河。見來者甚衆,皆涉水以渡,獨得從橋到彼岸。别有鬼使,引飛禽走獸萬計,盡來迎接。稍抵前路,又遇千餘僧。及一門樓,使者導入,望殿上十人列坐,著王者之服。問爲何所,曰:"地府十王也。"判官兩人持文簿侍側,俄押往殿下,檢生前所爲。王者問:"有何善業可以放還?"判官云:"此人天年尚餘一紀,并有贖放物命,已受生人身者二十餘,合增壽二紀。"王遂判:"俞一本壽祇六十三歲,今來既增二紀,目下差童子押回。"俄兩青衣童子,引行青草路,至一缺墻,推其背使過,不覺復活。左手掌內有朱字數行,不可認,蓋批判語也。[3]

文中小民俞一郎被鬼卒拽至地府,却"遇千餘僧",又因生前"專好放生及裝塑神

---

[1] 洪邁:《夷堅支志》甲集卷四"共相公",第737頁。
[2] "地府十王"的由來及其具體名號可參閲星雲監修:《佛光大辭典》,第6339~6340頁;姜守誠:《十王信仰:唐宋地獄説之成型》,載《湖南科技學院學報》2010年第9期。
[3] 洪邁:《夷堅三志》己集卷四"俞一郎放生",第1331頁。

佛像"而得以增壽二紀。顯然，他所見的當屬佛教的"十殿閻王"。以後，道教進一步吸收、改造了佛教的幽冥理念，宋代道士就在"地府十王"的基礎上構建起自己的"地府十殿真君"之説。[1]

（三）道教冥世

道教信仰中的冥世之説，最早且最著名的是"酆都"。成書於南朝的《元始上真衆仙記》曾提出"五方鬼帝"之説，其中，北方鬼帝的治所在羅酆山：

> 鮑靚爲地下主者，帶潜山真人，復五百年，當爲昆兵侍郎。鄭思遠住南霍，常乘虎豹、白鹿，未有職事。蔡鬱壘爲東方鬼帝，治桃丘山。張衡、楊雲爲北方鬼帝，治羅酆山。杜子仁爲南方鬼帝，治羅浮山，領羌蠻鬼。周乞、嵇康爲中央鬼帝，治抱犢山。趙文和、王真人爲西方鬼帝，治嶓冢山。[2]

南朝梁陶弘景《真誥》對羅酆山作了解釋：

> 羅酆山，在北方癸地。山高二千六百里，周迴三萬里。其山下有洞天，在山之周迴一萬五千里。其上其下并有鬼神宫室，山上有六宫，洞中有六宫，輒周迴千里，是爲六天鬼神之宫也。[3]

陶弘景《洞玄靈寶真靈位業圖》中主冥神仙的排位是："第七中位：酆都北陰大帝。（炎帝大庭氏，諱履甲，天下鬼神之宗，治羅酆山，三千年而一替。）"[4] 此後，酆都作爲道教系統的"鬼城"，酆都大帝爲主冥神仙的説法，逐漸流傳於世。

---

[1] 宋元道書中論及"十殿真君"的頗多。如《太上救苦天尊説消愆滅罪經》稱："一七秦廣大王太素妙廣真君，二七初江大王陰德定休真君，三七宋帝大王洞明普静真君，四七五官大王玄德五靈真君，五七閻羅大王最勝耀靈真君，六七變成大王寶蘭昭成真君，七七泰山府君玄德妙生真君，百日平等大王無上正度真君，小祥都市大王飛魔演慶真君，大祥轉輪大王五化威靈真君。"詳見《中華道藏》第四册，華夏出版社，2004年，第328頁。

[2] 現存《道藏》的《元始上真衆仙記》，據當代學者考證，實由舊題葛洪所撰的《枕中書》和佚名作者的《元始上真衆仙記》合成。前者成書時間約在東晉與南朝宋之際，後者成書稍晚一些。文中所引五方鬼帝之説出自後者。見《中華道藏》第二册，第632頁。

[3] 陶弘景：《真誥》卷一五《闡幽微》，《景印文淵閣四庫全書》第1059册，臺灣商務印書館，1986年，第456頁。

[4] 陶弘景：《洞玄靈寶真靈位業圖》，《中華道藏》第二册，第729頁。

宋代筆記中有關酆都和酆都冥官的傳聞也時或可見，如方勺《泊宅編》記載：

> 從事郎林毅，嘗夢黃衣吏持文書，列十人姓名在其中，謂林曰："召公等作酆都使者，請書名。"林視餘人往往皆相識，而俱未書名，乃語吏："候九人皆簽字，然後及我。"吏曰："諾。"月餘，又夢如前，而九人者皆已書押，林遂書之，相次所謂九人者，已二三死矣。林方治任西游，至泗州，卒。從政郎任楫初聞林説，戲曰："公果作使者，幸一援我。"林卒未久，任殂謝。[1]

酆都使者，冥官也，不過，在當時學道慕仙的人看來，冥官地位不高，實非美差，即便躋身"神仙"，但并無吸引力。洪邁《夷堅志》中的一則記載，頗能反映宋人的觀念：

> 林乂，字材臣，姑蘇人，剛正尚誼，鄉里目爲林無乂，以其名近乂字也。晚以貢士特奏名得官，調嘉興主簿。任滿還家，夢吏士來迎，入官府，升堂正坐。掾屬數十輩，或衣金紫銀章，列拜廷下，出文牘，摘紙尾使書。視官階，乃印銜闊徑三寸，不可辨，但識其下文五字，曰"酆都宮使林"。如是凡數紙。乂平生讀道書，頗慕神仙事，顧謂吏曰："學道之人，皆當爲仙官，此乃冥司主掌，非以罪譴謫者不至。且吾聞居此職者率二百四十年始一遷，非美官也。"不願拜。吏曰："此上帝命也，安得拒？恐得罪於天，將降充下列，雖此官不復可得矣。"乂不得已，乃書名，遂寤。知其命不得長，以告所善道士吕山友。……久之，又調官京師，還，及泗上，卒於舟中。[2]

中國道教的一大特點是，在發展的過程中不斷吸納原始信仰及外來佛教的元素，由此形成一個極爲龐雜的理論體系和神仙譜系。與之相應，道教的冥世信仰也變得越來越複雜，包括本土的泰山神、佛教的閻羅王等，在宋代，又都成爲道教的神仙。此外，還有一些新創的神仙，也參與了冥事的管理。劉斧《青瑣高議》即記載了這樣一個故事：右侍禁孫勉受命監管元城埽，當地有巨黿居水

---

[1] 方勺：《泊宅編》卷四，第184頁。
[2] 洪邁：《夷堅丙志》卷九"酆都宮使"，第438頁。

下,致使一埽時常塌陷,孫勉恪守其職,射殺了巨黿,不料被陰府追索。

……勉不得已,隨之行。若百里,道左右宫闕甚壯,守衛皆金甲吏兵。勉詢吏曰:"此何所也?"吏曰:"此乃紫府真人宫也。"勉曰:"真人何姓氏?"曰:"韓魏公也。"勉私念:向蒙魏公提拂,乃故吏,見之求助焉。乃祝守門吏入報,少選,引入。勉望魏公坐殿上,衣冠若世間嘗所見圖畫神仙也,侍立皆碧衣童子。勉再拜立,公亦微勞謝,云:"汝離人世,當往陰府證事乎?"勉曰:"以殺黿被召。"乃再拜曰:"勉久蒙拂持。今入陰獄,慮不得回,又恐陷罪,望真人大庇。"又懇拜。魏公顧左右,於東廡紫複架中,取青囊中黄誥,公自視之。傍侍立童讀誥曰:"黿不與人同。黿百餘歲,更後五百世,方比人身之貴。"勉曰:"黿穴殘埽岸,乃勉職也。"公以黄誥示勉,公乃遣去。勉出門,見追吏云:"真人放子,吾安敢攝也。"乃去。一青衣童送勉至家,童呼勉名,勉乃覺。[1]

故事中的韓魏公即韓琦,此時已成神仙"紫府真人"。孫勉曾是韓琦的下屬,遂向韓求助。韓聽取申辯後,將孫免罪放回,而來自陰府的追吏也祇得作罷,説明紫府真人這位新創神仙對於冥事管理的權勢已不容小覷了。

道教還有崔府君主冥之説。崔府君相傳爲唐代滏陽縣令,死後成神,并被納入道教神譜,成爲主管冥府的神仙之一。後人最初在磁州(今河北邯鄲磁縣)立廟祭祀。宋代,其祠祀已擴散於多處。開封居民於太宗淳化年間在城北爲之建祠,真宗景德年間重修,朝廷令開封府每年春秋遣官致祭,仁宗景祐年間封爲"護國顯應公"。[2] 從宋代筆記看,自北宋以來,民間就有崔府君治理冥事的傳聞,張師正《括異志》記載了這樣一個故事:興國軍黄遵,能丹青,繪人物曲盡其妙。事母篤孝。慶曆中忽感疾而死,向陰府主事崔府君號慟叩頭,以"母老無兄弟,乞終母壽"爲求,至額血濺地。崔府君查知其母還有十年陽壽,念其至孝,許

---

[1] 劉斧:《青瑣高議》前集卷一《紫府真人記(殺黿被訴於陰府)》,第16~17頁。
[2] 高承《事物紀原》卷七《靈宇廟貌部第三十七》"顯應公"記載:"顯應公,在京城北,即崔府君祠也。相傳唐滏陽令没爲神,主幽冥,本廟在磁州。淳化中,民於此置廟。至道二年,晉國公主石氏,祈有應,以事聞,詔賜名護國。景祐二年七月,封護國顯應公。"(第376~377頁)又《宋會要輯稿》禮一四《群祀一》引《續會要》稱:"(景德三年)自後開封府縣文宣王、浚儀縣崔府君、天王、畢卓、九龍等廟,皆遣官祭告。"(第753頁)

終母壽。但要求他記住自己容貌,回人間後如實繪畫,但不得多傳,"恐人間祭祀不常,返昏吾慮"。黃遵復甦後,遽索紙筆,圖崔府君形容,但僅畫了三幅,正畫便藏於地藏院。後十年,黃遵爲母送終,遍辭親友後卒。[1] 這一故事不僅記錄了崔府君治冥的傳說,還證明了當時的祭祀之盛,以致神仙都要顧慮"祭祀不常,返昏吾慮"了。

(四)陰府冥官

綜觀上述各類有關冥世的記載,可以發現,所有鬼魂在前往另一個世界時,都必須先經過主冥官衙的審訊、判決和發遣,世人習稱這一冥界官衙爲"陰府"或"陰司"。儘管各類冥世和陰府的信仰都有其來源,但至兩宋時期,中國傳統的原始信仰與佛教、道教已表現出明顯的融通合流趨勢,因此,宋代筆記中所記載的陰府,真正能識別其信仰類型和特點的實屬少數,大部分爲既未明言,也無法辨識,兼容多種元素的"混合型陰府"。劉斧《青瑣高議》中有一則記載非常完整地保留了陰府審案的詳細過程,據此,可以發現宋人在其信仰觀念中構建冥界陰府的若干特點:

> 程說,字潛道,潭州長邑人。家甚貧,說爲工以給其家,暇則就學舍授業。士君子聞之,頗哀其志。好義者與之米帛,以助其困,說益得以爲學。慶曆間,魁薦於潭,次舉及登第,授郴州獄官。替日赴調中銓,泊家於隋河之南小巷中。
> 一夕卧病,冥冥然都不醒悟,但心頭微熱,氣出入綿綿若毫髮之細。凡三日,或起而長吁,家人環立,泣而問曰:"子何若而如此也?"說遽詢家人,曰:"視吾篋中,前知州王虞部柬曾在乎?"求於笥中,已失之矣。說曰:"甚哉,陰吏之門,而使人可畏也。吾病,見一青衣吏,手執書曰:'府君召子。'出大門,行至五七十里。天色凝陰,昏風颯颯,四顧不聞雞犬。又百里,至一河,說極困,息於古木,仰視其木,但枯枝而已。二吏亦環坐,說曰:'此木高百尺,六十圍,其勢甚壯,絶無枝幹翠葉,其故何也?'一吏曰:'罪人多休於其下,爲業火熏灼,故其葉殞脱

---

[1] 張師正:《括异志》卷八"黃遵",第55~56頁。

墮。'説方悟身死，泣涕謂吏曰：'説守官以清素，決獄畏慎，無欺於心，自知甚明，何罪也而死？吾家世甚貧，薄寄都下，此身客死，家無所依。'乃慟哭。一吏曰：'吾亦長沙人。今爲走吏，甚不樂。子與吾同里，有胡押院，亦吾鄉人，引子見之。求之，當得休庇也。'乃行，引過一水，有府庭，入門兩廊皆高屋。一吏引説立於廡下，曰：'子且在此少待。吾爲子召胡君。'久方至，乃衡州蔡陵胡茂也。與説有舊，相見極喜。胡曰：'子必有重罪。此二吏乃地獄鞫事司吏也。'説恐懼。胡曰：'子行矣，吾爲子見本行吏。'復爲説曰：'地獄罪惡不容私，見王便直陳其事，慎勿隱諱。'

"俄入大門，一人坐大殿上，吏曰：'此王也。'説俯砌下。王曰：'汝權知郴縣日，殺牛五十隻。牛本施力養人者，無罪殺之，汝當復其命，仍生异道。'説曰：'非説殺也，乃知州王真征蠻，要犒軍也。'王曰：'有何證也？'説曰：'真有親書手柬在説處。'王曰：'其柬曾將來乎？'説曰：'在説書笥中。'王命一吏取來，少選即至。王執其吏，急令召王真來。俄王虞部至庭，王以柬擲砌下，謂真曰：'此豈君手迹也？'真曰：'此誠某所書柬。但真受命山下戰蠻日，兵官胡禮賓令真取牛，兩人共議，然後犒軍。'王命引去，謂説曰：'召子證事。子壽未終，可速回。'

"説出門外，見茂且敘久別之意。茂曰：'吾此亦薄有權。'説禱茂曰：'我今幸得更生，常聞地獄，遣我一觀之乎？'茂曰：'不惜令子見，但恐不益於子。'説堅欲往。茂乃呼一吏，作符付吏曰：'當速回。'囑説曰：'無捨吏。若一失，子陷大獄不可出。'

"説與吏至一處高垣。垣上荊棘自生，若鋒刃，獰密，料雖蛇虺不可過。有一門不甚高，極壯厚，吏乃扣門，自內應曰：'有罪人乎？'吏曰：'吾有押院符。'門乃開，有一赤髮短臂鬼，胸前後鐵甲。吏急叱曰：'胡押院親戚，欲暫見地獄，可急去，恐見汝驚懼也。'鬼隱去，吏與説乃入獄。左右皆大屋，下有數千百床，床下有微火，或滅或燃。床上或卧或坐，呻吟號呼，形色焦黑，蒼然不可辨男子婦人。説迤邐行看，吏促其出。又至一處，吏曰：'乃鋸獄。'大屋之前，人莫知其數，皆體貫刃，有蛇千百條周旋於罪人間。或以尾或以口銜其刀，刀動則人號叫，所不忍聞。吏人又促之出,吏曰:'此乃湯火獄,人不可近。'説望之,烈焰時時出於上,俯聽若數萬人求救聲。説覺心臆微痛。吏引説出獄,俄口鼻出血。又行過一瓦礫堆積之所,有一人手出於上。説曰:'何人也?'吏曰:'此秦將白起也。受罪於此。'説謂吏曰:'白起死已千餘年矣,尚在此乎?'吏曰:'昔起殺降人四十萬,禍莫大焉。此瓦礫乃人骨也,爲風雨劫火消磨至此。更千年,瓦礫復歸本於土,起方出平地上。又千年,起方入异類中。'

"吏曰:'子急歸,無累吾。'吏乃陪説歸。不久,路上見殿閣,説曰:'此是何官宅?'吏曰:'相國寺也。'説方悟,吏或斂容鞠躬俯首而行,説曰:'何故如此?'吏指寺曰:'此中有聖像故也。'同吏升寺橋,沿汴水南岸東去,行方數步,以手推説墮汴水,説乃覺。"

説終於蘄州黄岡令。其子存焉。

議曰:程説與余先子嘗同官守,都下寓居,又與比鄰,故得其詳也。觀陰府决遣,甚實甚明。起之殺趙降人,誠可寒心,陰報果如此,安可爲不善耶?[1]

從上述故事可見,宋代的陰府傳説雖加入了源於佛教的地獄情節,但從其"治鬼"的整個過程看,包括拘捕、押解、鞫訊、對質、查律、判决、發遣等,幾乎完全是陽間官府"治人"的翻版。

諸多陰司故事都彰顯,陰府審判的主要依據是善與惡,人世間日常生活中最多見的財産糾紛之類,在陰府的審理中幾乎不值一提。洪邁《夷堅志》中的一則事例,尤能反映"治人"與"治鬼"的异同,以及用善惡報應之説進行道德勸誡的寓意:

衛仲達,字達可,秀州華亭人。爲館職時,因病入冥府,俟命庭下。四人坐其上,西嚮少年者呼曰:"與它檢一檢。"三人難之。少年曰:"若不檢,如何行遣!"三人曰:"渠已是合還,何必檢?恐出手不得爾。"少年意不可回,呼朱衣吏諭意。吏捧牙盤而上,中置紅黑牌二:紅者金書"善"字;黑者白書"惡"字。少年指黑牌,吏持以去。少焉,數人捧簿

---

[1] 劉斧:《青瑣高議》後集卷三《程説(夢入陰府證公事)》,第136~139頁。

書盈庭，一秤橫前，兩首皆有盤。吏舉簿置東盤，盤重壓至地，地爲動摇，衛立不能安。三人皆失色曰："向固云不可檢，今果爾，奈何？"少年亦慘沮，有悔意。須臾曰："更與檢善看。"吏又持紅牌去。忽西北隅微明，如落照狀，一朱衣道士捧玉盤出，四人皆起立。道士至，居中而坐。望玉盤中文書，僅如箸大。吏持下置西盤，盤亦壓地，而東盤高舉向空。大風欻起，捲其紙蔽天，如烏鳶亂飛，無一存者。四人起相賀，命席延衛坐。衛拱手曰："仲達年未四十，平生不敢爲過惡，何由簿書充塞如此！"少年曰："心善者惡輕，心惡者惡重。舉念不正，此即書之，何必真犯！然已灰滅無餘矣。"衛謝曰："是則然矣。敢問善狀何事也？"少年曰："朝廷興工修三山石橋，君曾上書諫，此乃奏稿也。"衛曰："雖曾上疏，朝廷不從，何益於事！"曰："事之在君盡矣。君言得用，豈祇活數萬人命。君當位極人臣，奈惡簿頗多，猶不失八座，勉之。"遂遣人導歸。衛後至吏部尚書。[1]

故事中的冥官不是以善惡之行而是以善惡之念來判定人之生死前程，凡人祇要曾起惡念，即使未曾實施，也會被記錄在冊。但衛仲達曾疏諫朝廷濫用民力，雖未被采納，但却屬能"活數萬人命"的善念，因而判其還陽，可惜其"惡簿"記載太多，本當位極人臣的官運被改寫了。

陰府中主持審判的冥官職掌定善惡，别决遣，事關重大，必須公正無私，所以其人選極爲重要。世人的普遍心理，希望人鬼之際的最終審判是不偏不倚、令人信服的，因而公正賢良之人死後充當冥官的傳説甚多。如宋初孫光憲《北夢瑣言》記載，唐代的李德裕、張讀死後都曾判冥："世傳云：人之正直，死爲冥官。道書云：酆都陰府官屬，乃人間有德者卿相爲之，亦號'陰仙'。近代朱崖李太尉、張讀侍郎小説，咸有判冥之説。"[2] 宋代筆記中，當代名臣死後執掌冥司的記載也不少，如張師正的《括异志》有寇準當閻王的記載，説宋仁宗時，王質知泰州，某日，當地監軍已故之母亡靈顯形，稱自冥界而來：

---

[1] 洪邁：《夷堅甲志》卷一六"衛達可再生"，第136~137頁。
[2] 孫光憲撰，俞剛整理：《北夢瑣言》卷七"李學士賦讖"，《全宋筆記》第一編第一册，大象出版社，2014年，第89~90頁。

監軍遽謁告,且白平晉公(王質)。平晉公朝服往拜,而以常所疑鬼神事質之,皆不對,曰:"幽冥事泄,其罰甚重,無以應公命。"平晉又問:"世傳有閻羅王者,果有否?復誰尸之?"曰:"固有,然爲之者,亦近世之大臣也。"請其名氏,則曰:"不敢宣於口。"公乃遍索家藏自建隆以來宰輔畫像以示之,其間獨指寇萊公(寇準)曰:"斯人是也。"復問冥間所尚與所惡事,答曰:"人有不戕害物性者,冥間崇之。而陰謀殺人,其責最重。"如是留五日,遂去。[1]

又龔明之的《中吳紀聞》有關於范仲淹當閻王的記載:

曾王父捐館,至五七日,曾王妣前一夕夢還家,急令開篋笥,取新公裳而去。因問之曰:"何忽促如此?"答曰:"來日當見范文正公,衣冠不可不早正也。"又問:"范公何爲尚在冥間?"曰:"公本天人也,見司生死之權。"既覺,因思釋氏書,謂人死五七,則見閻羅王,豈文正公聰明正直,故爲此官邪![2]

方勺的《泊宅編》則記載了蔡襄當閻王的傳說:

朝奉郎李邁知興化軍時,蔡君謨襄自福帥尋罷歸鄉,病革,以後事屬李守。守夜夢神人紫綬金章,從數百鬼物升廳,與守云:"迓代者。"守問:"何神?代者復何人?"神曰:"予閻羅王,蔡襄當代我。"明日,蔡公薨。李作挽詞有"不向人間爲冢宰,却歸地下作閻王"之句,蓋寔錄也。[3]

洪邁的《夷堅志》也記載了林衡當閻王的故事:

林衡,字平甫,平生仕宦,以剛猛疾惡自任。嘗知秀州,年過八十,乃以薦被召,除直敷文閣。既而言者以爲不當得,罷歸。歸而病,病且革,見吏抱案牘來,紙尾大書閻羅王林,請衡花書名。衡覺,以語其家:"前此二十年,蓋嘗夢當爲此職,秘不敢言,今其不免矣。"家人憂之,少日遂卒。卒之夕,秀州精嚴寺僧十餘人,同夢出南門迎閻羅王。車中

---

[1] 張師正:《括异志》卷四"王待制",第29頁。
[2] 龔明之:《中吳紀聞》卷五"范文正爲閻羅王",第258頁。
[3] 方勺:《泊宅編》附三卷本獨有條目卷中,第226~227頁。

坐者,儼然林君也。衡居於秀之南門外,時乾道二年。[1]

寇準、范仲淹、蔡襄、林衡等,都是北宋著名的賢臣,或廉潔無私,或嫉惡如仇。人們希望陰府由正直公正的冥官把持,以保證自己身後之亡靈能得到公平合理的評判和歸宿。

後世民間盛傳,閻羅王屬下的獄卒有所謂的"牛頭馬面",專事勾人靈魂,押送冥世。其中,"牛頭"一說的起源甚早,東晉竺曇無蘭所譯《五苦章句經》即有"獄卒名傍,牛頭人手,兩腳牛蹄,力壯排山,持鋼鐵叉"的說法。[2] 南朝宋劉義慶《幽明錄》記載,巴丘縣巫師舒禮病死後,被送往太山府,因平日大量殺生而受責罰,執行者即爲"牛頭人身"的府卒:

太山府君問禮:"卿在世間皆何所爲?"禮曰:"事三萬六千神,爲人解除祠祀,或殺牛犢猪羊鷄鴨。"府君曰:"汝罪應上熱鏊。"使吏牽著鏊所。見一物牛頭人身,捉鐵叉叉禮著鏊上。宛轉,身體燋爛,求死不得。[3]

前文引《法苑珠林》述及閻羅王時,也有"閻羅王者,昔爲毗沙國王,……臣佐十八人,領百萬之衆。頭有角耳"的說法。至宋代,陰府獄卒爲"牛頭人身"的說法,在民間已廣爲流傳。洪邁《夷堅志》中有一則頗爲發噱的奇聞:

洪州州學正張某,天性刻薄,老而益甚,雖生徒告假,亦靳固不與。學官給五日,則改爲三日;給三日,則改爲二日,它皆稱是,衆憾之。有張鬼子者,以形容似鬼得名,衆使僞作陰府追吏以怖張老,鬼子欣然曰:"願奉命。然弄假須似真,要得一冥司牒乃可。"衆曰:"牒式當如何?"曰:"曾見人爲之。"乃索紙以白礬細書,而自押字於後。是夜,詣州學,學門已扃,鬼子入於隙間,衆駭愕。張老見之,怒曰:"畜産何敢然?必諸人使爾夜怖我。"笑曰:"奉閻王牒追君。"張老索牒,讀未竟,鬼子露其巾,有兩角橫其首,張老驚號,即死。鬼子出,立於庭,言曰:"吾真牛頭獄卒,昨奉命追此老,偶渡水失符,至今二十年,懼不敢歸。

1　洪邁:《夷堅丙志》卷一"閻羅王",第370頁。
2　見《大正新修大藏經》第17冊,日本東京大藏經刊行會發行,2001年再版,第547頁。
3　釋道世:《法苑珠林校注》卷六二《祭祠篇·祭祠部·感應緣》引《幽明錄》,第1849頁。

賴諸秀才力,得以反命,今弄假似真矣。"拜謝而逝。[1]

故事中的張老面對前來索命的張鬼子還算鎮定,索要閻王牒細讀,但一見"兩角橫其首"的鬼子真容,即驚號而死,可見,牛首人身的"勾司人"形象在當時已深入人心了。

相對而言,"馬面"的説法出現得稍晚,應該是宋代以後,民間爲與"牛頭"相配而傳開的。元明以來,"牛頭馬面"的合稱便盛傳於世了。[2]

三、喪葬與信仰

在各項人生禮俗中,喪葬禮俗與鬼魂信仰的關係尤爲密切。在人間情感和鬼魂信仰的雙重作用下,世人治喪時的心理是十分複雜的。既對親人離世深感悲痛,又對亡靈遠赴冥世頗懷擔憂;既對長輩的神靈充滿敬重,希望其能庇佑家族,又對家人的鬼魂甚覺畏懼,生怕其擾亂活人的生活。因此,商周以來逐漸形成的,經漢代儒生傳承、整理,著録於《儀禮》《禮記》等典籍中的一系列喪葬禮儀以及相應的習俗慣制,不僅體現了世人對逝者的悼念,實際上也是對往居冥世的鬼魂給予安頓和撫慰。兩宋時期,伴隨社會文化條件的變動,儒家經典規定的喪葬儀禮出現了"從簡"的趨勢,而佛教、道教的深入影響,更使喪葬習俗增添了諸多新的內容。這些變化可在薦亡避煞、焚楮安親、相墓卜葬等社會風氣中得以明顯展現。

(一)薦亡避煞

中國傳統喪葬禮俗的主要程式和內容爲招魂、報喪、哭靈、殮尸、停殯、祭奠、出葬、喪期守孝等,而至宋代,世人在治喪過程中又興起多項新的習俗,其中之一是設水陸道場追薦亡靈。這一習俗的盛行,主要緣於佛教和道教的影響。

---

[1] 洪邁:《夷堅丙志》卷一三"張鬼子",第478頁。
[2] 明代徐應秋《玉芝堂談薈》卷一四《漫衍角觝》在敘述時人以三個葫蘆變戲法的奇術時稱:"但聞鏘鏘銅鐵聲,鬼嘯非常,須臾,牛頭馬面、獄卒、夜叉,種種變相入第一葫蘆中。"《景印文淵閣四庫全書》第883册,臺灣商務印書館,1986年,第329頁。

前文述及佛教閻羅王信仰傳入中國後,與道教思想相結合,衍生出"十王"的信仰,佛教稱"十殿閻王",道教稱"十殿真君",民間習稱"地府十王"。而"十王"信仰在傳播過程中,又與民間治喪時的設齋薦亡緊密結合起來。佛教宣揚輪回轉生、因果報應的學説,其傳入中國,吸收某些本土元素後,又形成這樣一種觀念:人死成鬼之後,須經一段時間方能投胎,亡靈初入冥界至再次轉生,這一時期稱爲"中有"(亦稱"中陰""中蘊"),"中有"期一般爲四十九日,每七日爲一個階段。[1] "十王"的職掌即與上述時段相配,前七王分掌人死後的頭七至七七,後三王分掌百日、小祥(周年)、大祥(兩周年)。亡靈自頭七至七七及百日、周年、兩周年,皆將接受所屬冥王嚴格而公正的審判,審判的結果直接關係到亡靈的歸宿,或上天堂,或下地獄,或轉生富貴,或變身牛馬。因此,民間逐漸形成在每個七日乃至百日、周年、兩周年設齋祈福、誦經薦亡的習俗。據文獻記載,唐代民間已開始出現設"七七齋"乃至"十王齋"的做法[2],至宋代,更成爲普遍的社會風氣,上至帝王,下及百姓,皆熱衷於請僧道做水陸道場。

做道場并不符合傳統禮制的規定,宋代官方制定的禮儀制度和民間私修的禮書,都没有此項内容,但從宋代筆記的記載看,此項"悖禮"之舉實際上普及於社會各階層。例如,宣仁高太后(英宗皇后)於元祐八年(1093)九月去世,次年九月,哲宗在宫中爲祖母做小祥道場。[3]《道山清話》記載:

> 紹聖改元九月,禁中爲宣仁作小祥道場。宣隆報長老升座,上設御幄於旁以聽。其僧祝曰:"伏願皇帝陛下愛國如身,視民如子。每念太皇之保佑,常如先帝之憂勤。庶尹百僚,謹守漢家之法度;四方萬里,永爲趙氏之封疆。"[4]

臣民之家爲逝世親人做道場的事例,在宋代筆記中更爲多見。魏泰《東軒

---

[1] 詳見星雲監修:《佛光大辭典》,第1017~1019頁。

[2] 參閲姜守誠:《十王信仰:唐宋地獄説之成型》,載《湖南科技學院學報》2010年第9期。

[3] 漢代以來,臣民之家於周年舉行小祥之祭,而皇室爲皇帝、皇后、皇太后治喪,則"以日易月",於死後十二日行小祥。宋初以來,皇室慣例是外廷用易月之制,宫内行三年之喪,因此在十二日和周年舉行兩次小祥之祭。神宗元豐年間,曾有官員對此提出異議,但經禮官詳議後,仍維持原先的做法。哲宗爲高太后做小祥道場也是在周年忌日。詳見《宋史》卷一二二《禮志・凶禮一・山陵》《禮志・凶禮二・園陵》,第2854~2856、2873頁。

[4] 佚名撰,趙維國整理:《道山清話》,《全宋筆記》第二編第一册,大象出版社,2006年,第104頁。

筆録》記載，南唐大臣王克正入宋後去世，其女爲之設水陸道場，陳摶謂此女日後必貴，其後果然嫁與參知政事陳恕爲妻，封郡夫人：

> 王克正仕江南歷貴官，歸本朝，直舍人院。及死無子，其家修佛事爲道場，唯一女十餘歲，繢経跪爐於像前。會陳摶入吊，出語人曰："王氏女，吾雖不見其面，但觀其捧爐手相甚貴，若是男子，當白衣入翰林。女子嫁即爲國夫人矣。"後數年，陳晋公恕爲參知政事，一日，便坐奏事，太宗從容問曰："卿娶誰氏，有幾子？"晋公對曰："臣無妻，今有二子。"太宗曰："王克正，江南舊族，身後唯一女，頗聞令淑，朕甚念之，卿可作配。"晋公辭以年高，不願娶。太宗敦諭再三，晋公不敢辭，遂納爲室。不數日，封郡夫人，如陳之相也。[1]

洪邁《夷堅志》記載了一則大悲大喜之事。南宋紹興年間，金朝完顔亮篡位後南侵，不久，金軍發生兵變，殺死完顔亮，并讓被俘的宋軍軍官張真充當使者，與宋議和。張妻原先以爲丈夫已陣亡，正爲之做七薦亡。張真返家後，夫妻二人悲喜交加：

> 紹興三十一年，……是時虜將戕其主，欲遣使報我，訪得瓜州所俘成忠郎張真，使持牒請和。真到家，妻子凶服而出，謂其已戰没，方命僧作四七道場。既相見，悲喜交集，真取靈几自焚之云。[2]

除爲父母、丈夫設齋薦亡，也有達官顯貴爲寵妾做道場的。江休復《江鄰幾雜志》記載：

> 謝師直説：北都李昭亮相，爲寵嬖三夫人作水陸道場，嬴州店叟張三郎處主位，李之祖父在賓位，焚香拜跪，不勝其勞。[3]

爲已逝親人做道場，意在使亡靈能夠早日投胎，或"升格"轉生，如平民投胎官户，女子轉生男子。誦經祈福獲得應驗，亡靈如願以償的傳聞在筆記中也頗常見。洪邁《夷堅志》記載了一則奇聞，池州通判丁悚之妻施氏病亡後，托夢子孫，希望轉生爲男子。其孫丁百朋夢入陰府，懇求冥官：

---

[1] 魏泰：《東軒筆録》卷二，第 12~13 頁。
[2] 洪邁：《夷堅丙志》卷二〇"虜亮死兆"，第 530 頁。
[3] 江休復撰，儲玲玲整理：《江鄰幾雜志》，《全宋筆記》第一編第五册，大象出版社，2014 年，第 154 頁。

……由西廡進，見綠衣人據案，熟視之，則故潭州通判李綱承議也。百朋憶其與乃祖同年進士，升堂再拜曰："公與祖父同年，世契不薄，願毋答拜。"綱受之。既坐，詢大夫安否甚悉。少頃，吏引施氏就訊，百朋離席。綱曰："施縣君與子親歟？"曰："新亡祖母。"綱曰："天屬也。"百朋曰："如聞已有往生之緣，而未脫女身，信否？"曰："然。昨日符已至。"百朋泣曰："祖父昔從公游，今祖母生緣在公馨欬，苟得轉爲男，存没被厚德矣。"綱曰："奈事已定何？"百朋哀祈數四，綱曰："子少俟，當試爲圖之。"於是綱出，循廡而上，迤邐升殿中，若無影響。須臾復下，則左右翼扶，步武詳緩。笑曰："已遂所請，然須歸誦佛說《月上女經》及《不增不減經》，以助度生，可也。"百朋拜謝而退，視祖母，猶立階下，大言曰："二經多致之，勿忘也。"遂寤，盡記其說。餗且驚且疑曰："二經之名，所未嘗聞。"使訪諸乾明院，果得之。乃月上女以辨才聞道，如來授記，轉女身爲男，及慧命舍利弗問佛以三界輪回，有無增減之義，餗始嘆异。擇僧之賢，及令家人女子皆齋絜持誦，數至千卷，設冥陽水陸齋以侑之。迨百日，餗夢妻來曰："佛功德不可思議，蒙君追薦恩，今生於廬州霍家爲子矣。"謝訣而去。[1]

陰府原定施氏仍爲女子，然冥官因與丁餗有舊，又經不住百朋"哀祈數四"，遂爲之通融周旋，予以改判，并叮囑須誦經超度。家人遵囑而行，施氏亡靈果然轉生爲男子。

同書還有一則類似的傳聞。

無錫人陳彥亨，居南禪寺側，妻邊氏有身。夢女子紅衣素裳，掬水廷下，仰視曰："妾昆山縣陳提舉女也。來南禪赴水陸會，若功德圓就，當生夫人家爲男子，如其不然，亦可爲女也。"邊氏視此女甚美，謝曰："爲兒女非所敢望，幸來相過，肯啜茶足矣。"女笑而去。既寤，以告彥亨。使詢之，果有陳彥武提舉者自昆山來，爲十八歲亡女設水陸。明日，邊生一子。[2]

---

[1] 洪邁：《夷堅丙志》卷七"壽昌縣君"，第422~423頁。
[2] 洪邁：《夷堅乙志》卷二"陳氏女"，第197頁。

做七雖多請僧人設水陸道場，但也有請道士設醮薦亡的。《夷堅志》中"黃法師醮"一則，即詳細記載了黃道士爲魏杞亡妻趙氏施法超度，以及魏杞幼子魏叔介夢游陰府的情形：

> 魏道弼(魏杞)參政夫人趙氏，紹興二十一年十月十六日以病亡。至四七日，女婿胡長文元質延洞真法師黃在中設九幽醮，影響所接，報應殊偉，魏公敬異之。及五七日，復命主黃籙醮。先三日，招魂入浴。幼子叔介，年十二歲，以念母之切，願自入室持幡伺視。既入，慟哭，云："母自白幡下，坐椅上，垂足入浴盆，左右挂所著衣。正舉首相顧，忽焉不見，所以哀泣。"已而迎魂至東偏靈位。黃師見夫人在坐，叔介至前，即仆地曰："媽媽在此，家婢小奴先因病腫死，亦從而至。"語言甚久。

其後，魏叔介又夢入陰府，見到守門的將軍和主冥的太一救苦天尊，并目睹了數以萬計荷鐵校候審的鬼魂。生前作惡者，"火輪銅柱、銅狗鐵蛇，鍛冶於前，楚毒備極"。叔介詢問："如何可救？"將軍告訴他："除是轉九天生神章一萬遍，即可救拔。"趙氏因黃道士的超度，免除了生前一切罪過，不致墮入地獄，并登上法壇，"遍禮列位，詣黃君幕前，焚香拜曰：'謝救苦黃法師。'便冉冉翔空，回首言：'宿世冤家皆得解脱，汝勿復悲惱。'"[1] 這一故事告訴時人，請道士薦亡，也是頗有成效的。

鑒於做道場不符合傳統禮制的規定，一些儒家學者對這一習俗提出激烈的批評。如俞文豹所撰《吹劍錄》，即引用司馬光、李舟等人之語，就此悖禮之舉進行抨擊。

> 溫公曰：世俗信浮屠，以初死、七日、至七七日、百日、小祥、大祥，必作道場功德，則滅罪生天，否則入地獄，受銼燒舂磨之苦。夫死則形朽腐而神飄散，雖銼燒舂磨，又安得知。李舟曰：天堂無則已，有則賢人生；地獄無則已，有則小人入。今以父母死而禱佛，是以其親爲小人，爲罪人也。[2]

1　洪邁：《夷堅丙志》卷一〇"黃法師醮"，第448~451頁。
2　俞文豹撰，張宗祥校訂：《吹劍錄全編·四錄》，古典文學出版社，1958年，第124~125頁。

然而,當俞文豹遍詢他人意見時,也有儒士認爲,習俗已成,實難逆轉,即便司馬光那樣的"純儒"也不能完全免俗。對孝子順孫的心情應該予以理解和寬容,雖然不合本人的心意,但或許仍以從俗爲宜:

  一老師曰:魯人獵較,孔子亦獵較(注云:較奪禽獸),時俗所尚,孔子從之者,爲祭祀也。漢符融曰:古之葬者,衣之以薪,惟妻子可以行志。自佛入中國以來,世俗相承,修設道場。今吾欲矯俗行志,施之妻子可也,施之父母,人不謂我以禮送終,而謂我薄於其親也。溫公至不信佛,而有十月齋僧誦經追薦祖考之訓。朱壽昌灼臂燃頂,刺血寫經,求得其母。公及韓、蘇諸公,歌咏其事。江西尚理學,臨川黄少卿舉卒,其子堮欲不用僧道,親族内外群起而排之,遂從半今半古之説,祭享用葷食,追脩用緇黄。蓋孝子順孫,追慕誠切,號泣旻天,無所籲哀,雖俗禮夷教,猶屈意焉。[1]

對此,俞文豹衹能承認"此又是一見,惟識者擇焉",而這也從反面證明了設道場薦亡的風氣在宋代的興盛。

僧人做水陸道場,道士設醮施法,皆須使用樂器,而佛教習用的更是所謂的"胡樂",每逢喪家做七薦亡,總是吹吹打打,喧鬧異常。這顯然也違背了傳統禮制,因此,同樣遭到一些儒士的抨擊。如俞文豹指斥:

  伊川(程頤)曰:吾家治喪,不用浮屠。蓋道場鑼鈸,胡人樂也。天竺人見僧必飯之,因作此樂。今用之於喪家,可乎?文豹謂外方道場,惟啓散時用鐃鈸,終夕諷唄講説,猶有懇切懺悔之意。今京城用瑜珈法事,惟衹從事鼓鈸,震動驚撼,生人尚爲之頭疼腦裂,況亡靈乎?至其誦念,則時復數語,仍以梵語演爲歌調,如降黄龍等曲。至出殯之夕,則美少年長指爪之僧,出弄花鈸花鼓錘,專以悦婦人、掠錢物之計,見者常恨不能揮碎其首。[2]

其實,對於喪葬使用樂器,自宋初以來,朝廷曾多次明令禁止,但因風氣極爲興盛,始終禁而不止,以至比比皆是。王栐《燕翼詒謀録》記載:

---

[1] 俞文豹:《吹劍録全編·四録》,第125頁。
[2] 俞文豹:《吹劍録全編·四録》,第125頁。

喪家命僧道誦經,設齋作醮作佛事,曰"資冥福"也。出葬用以導引,此何義耶?至於鐃鈸,乃胡樂也,胡俗燕樂則擊之,而可用於喪柩乎?世俗無知,至用鼓吹作樂,又何忍也。開寶三年十月甲午,詔開封府禁止士庶之家喪葬不得用僧道威儀前引。太平興國六年,又禁喪葬不得用樂,庶人不得用方相魌頭。今犯此禁者,所在皆是也。[1]

宋代許多地方,尤其是江浙一帶,民間治喪時還盛行"避煞"的習俗。所謂"避煞",是一種源於原始鬼魂信仰的喪葬習俗,亦稱"避衰""逃煞"等。古人認爲,人死後,其鬼魂仍會返回其家一或二次,此時很可能對活人造成危害,故稱"回煞"或"歸殺"。爲此,喪家往往請陰陽術士預先推算鬼魂返家之日,屆時,家人皆出外躲避。"避煞"之說,自魏晉以來已見於文獻記載,但儒家學者多持否定態度。如《三國志》記載,曹丕在位時,因幼女夭折,欲率宮人親自送葬許昌,陳群上疏稱:"……或言欲以避衰,或言欲於便處移殿舍,或不知何故。臣以爲吉凶有命,禍福由人,移徙求安,則亦無益。"[2] 顏之推《顏氏家訓》也稱:

偏傍之書,死有歸煞。子孫逃竄,莫肯在家;畫瓦書符,作諸厭勝;喪出之日,門前然火,戶外列灰,祓送家鬼,章斷注連。凡如此比,不近有情,乃儒雅之罪人,彈議所當加也。[3]

至唐代,呂才著《廣濟陰陽百忌曆》,其中有《喪煞損害法》一篇,就所謂的"回煞"和"避煞"作了比較詳細的叙述。[4] 該書在宋代頗爲世人采信,由此興起"避煞"之風。宋代不少儒士對"避煞"的說法也持反對態度,俞文豹即以其友趙希夢居父喪不避煞的事例,對這一習俗作了猛烈抨擊:

避煞之說,不知出於何時。按唐太常博士呂才《百忌曆》載,喪煞損害法,如己日死者,雄煞,四十七日回煞。十三四歲女,雌煞,出南方第三家,煞白色。男子或姓鄭、潘、孫、陳,至二十日及二十九日兩次回喪家。故世俗相承,至期必避之。然旅邸死者,即日出殯,煞回何處?

---

1 王林撰,誠剛點校:《燕翼詒謀録》卷三"喪葬不得用僧道",中華書局,1981年,第24頁。
2 《三國志》卷二二《魏書·陳群傳》,中華書局,1959年,第636頁。
3 顏之推撰,王利器集解:《顏氏家訓集解》卷二《風操》,上海古籍出版社,1980年,第103~104頁。
4 呂才該書後世已佚,完整的內容不得而知。

京城乃傾家出避。東山(趙希夆)曰:"安有執親之喪,欲全身遠害,而局靈柩於空屋之下?又豈有人父而害其子者?乃獨卧苫塊中,終夕帖然無事。而俗師又以人死日推算,如子日死,則損子午卯酉生人,犯之者,入斂時雖孝子亦避。甚至婦女皆不敢向前,一切付之老嫗、家僕,非但枕席磚扱不仔細,而金銀珠寶之類,皆爲所竊。《記》曰:凡附於身者,必誠必信,勿使有悔焉耳。蓋亡人所隨身者,惟柩中物耳,可不身臨之?此惟老成經歷,平時以此詔教其子弟,庶幾臨時不爲俗師所惑。[1]

洪邁對避煞之説也不以爲然,《夷堅志》中記載了江浙人家避煞時的一則趣聞:

江浙之俗信巫鬼,相傳人死則其魄復還,以其日測之,某日當至,則盡室出避於外,名爲避放(或作"煞")。命壯僕或僧守其廬,布灰於地,明日,視其迹,云受生爲人爲异物矣。鄱陽民韓氏嫗死,倩族人永寧寺僧宗達宿焉。達瞑目誦經,中夕,聞嫗房中有聲嗚嗚然,久之漸厲,若在甕盎間,蹴踘四壁,略不少止,達心亦懼,但益誦首楞嚴咒,至數十過。天將曉,韓氏子亦來,猶聞物觸户聲不已,達告之故,偕執杖而入。見一物四尺,首戴一甕,直來觸人。達擊之,甕即破,乃一犬呦然而出。蓋初閉門時,犬先在房中矣,甕有糠,伸首舐之,不能出,故戴而號呼耳。諺謂"疑心生暗鬼",殆此類乎。[2]

洪邁譏諷喪家"疑心生暗鬼",所謂回煞、避煞皆屬荒誕無謂之事,然而,從該條記載也可看出,避煞之俗在民間確實很流行。

(二)焚楮安親

兩宋時期,世人在治喪送葬的過程中還盛行焚化紙錢以及各類紙冥器的風俗。中國古代推崇"厚葬",安葬家人時,在墓穴中盡可能置放比較豐厚的陪葬品,即所謂的"冥器"(亦稱"明器"),是通行的慣例。基於長期傳承的鬼魂信

---

[1] 俞文豹:《吹劍録全編·四録》,第124頁。

[2] 洪邁:《夷堅乙志》卷二〇"韓氏放鬼",第352頁。

仰,人們認爲,這些陪葬品可供逝者的鬼魂在冥世享用,而冥器的多寡直接關係到鬼魂能否生活得安逸。漢代,世人注重錢幣,所以出現以銅錢隨葬的現象。魏晉以來,人們一方面出於經濟上的考慮,一方面又認爲冥界不同於人世,可以象形之物代表原物,於是又出現以紙錢取代銅錢的做法。至唐代,則形成焚化紙錢及其他紙冥器的習俗。唐代封演《封氏聞見記》曾就上述演變作了簡要叙述:

> 今代送葬爲鑿紙錢,積錢爲山,盛加雕飾,舁以引柩。
>
> 按,古者享祀鬼神有圭璧幣帛,事畢則埋之。後代既寶錢貨,遂以錢送死。《漢書》稱"盜發孝文園瘞錢"是也。
>
> 率易從簡,更用紙錢。紙乃後漢蔡倫所造,其紙錢魏、晉以來始有其事。今自王公逮於匹庶,通行之矣。
>
> 凡鬼神之物,取其象似,亦猶塗車芻靈之類。古埋帛(原注:一本"埋帛"下有"金錢"二字);今紙錢則皆燒之,所以示不知神之所爲也。[1]

宋代使用紙錢、紙冥器的習俗更爲興盛,前代凡以其他材質製作的冥器,宋人往往以紙製作,故趙彥衛《雲麓漫鈔》稱:"古之明器,神明之也。今之以紙爲之,謂之冥器,錢曰冥財。"[2] 流風之下,即便帝王之家,也喜好使用紙錢。百歲老人袁褧《楓窗小牘》記載:

> 思陵神輿就祖道祭,陳設窮極工巧,百官奠哭,紙錢差小,官家不喜。諫官以爲俗用紙錢,乃釋氏使人以過度其親者,恐非聖主所宜以奉賓天也。今上抵於地曰:"邵堯夫(邵雍)何如人,而祭先亦用紙錢,豈生人處世如汝,能日不用一錢否乎?"[3]

---

[1] 封演撰,趙貞信校注:《封氏聞見記校注》卷六《紙錢》,中華書局,2005年,第60~61頁。以象形之物代表原物的現象,春秋戰國時期已出現,如以陶俑代替人殉。秦漢以來,使用象形的陶俑、陶冥器之類隨葬,更爲普遍。紙錢、紙冥器的製作較陶器更加簡易,所以魏晉以後逐漸流行。

[2] 趙彥衛:《雲麓漫鈔》卷五,第155頁。宋代盛行紙錢、紙冥器,并不是說,完全以紙取代其他材質的冥器。貧賤之家多用紙錢、紙冥器,其他隨葬品很少或幾乎没有。富貴之家仍以死者生前物品及其他冥器隨葬,但同時,又大量使用紙錢、紙冥器。

[3] 百歲老人袁褧撰,俞鋼、王彩燕整理:《楓窗小牘》卷下,《全宋筆記》第四編第五册,大象出版社,2008年,第231~232頁。

宋孝宗爲高宗送葬時，於靈柩經過的神道上進行祭奠，冥器中即有紙錢，然因"紙錢差小"，孝宗頗不高興，有官員爲用紙錢進諫，更惹惱了孝宗。顯然，皇家使用紙錢絕非出於經濟上的考慮，而是信從當時的信仰習俗。

尤值得注意的是，宋人已將紙錢視爲冥界的通用貨幣，因此，使用紙錢的方式、目的和功效均較前代大爲擴展。治喪送葬、設齋薦亡、四時祭奠等，普遍使用紙錢，以祈福贖罪，自不待說；活人在世，可往寺廟爲自己預存冥財；生前欠人債務，死後可以紙錢償還；若遇鬼魅，可以紙錢賂鬼驅鬼；紙錢的使用，既可焚化，也可插挂，凡此種種，不一而足。正因爲紙錢的使用非常普遍，製作紙錢遂成爲專門的工商行業。[1]

宋代筆記中有關紙錢的故事頗爲常見，如洪邁《夷堅志》記載：

> 餘干洪崖鄉崠岠山民項明，取倡女胡氏爲妻，十有餘歲，生一女而死。隆興二年，有巫從他鄉來，言能致亡者魂魄。項令召其妻，隨命即至，項無所睹，女已十二歲，獨見之，真其母也。遂留止不去，夜與夫同榻异衾，而與女共處。凡所需索，悉憑女以告。兩月後，忽云父母來，仍携僕從，欲飲食，項即辦供具。初同席鋪設，妻曰："主僕不當均禮。"乃別置焉。繼言："吾父室盧損散，擬建新居，求錢助費。"巫焚紙錁數百束。又云："錢甚多，無人輦送。"乃喚畫工作兩力人，既成，嫌其矬弱，復易之。[2]

山民項明之妻胡氏死後，鬼魂返家顯形，爲其父母在冥界營建新居索要紙錢，并要求繪人力於紙焚化，用以輦送冥財。上文雖暗諷了胡氏的貪心，但紙錢在冥世可像"真金白銀"一般使用，很真實地反映了宋人對於紙錢的信仰觀念。

《夷堅志》"鄂渚王媼"一則記載，王媼生前在寺廟中預存冥財，死後歲餘，在冥世如數獲得：

> 鄂渚王氏，三世以賣飯爲業。王翁死，媼獨居，不改其故。好事

---

[1] 洪邁《夷堅支志》景集卷八"諸暨陸生妻"記載："諸暨縣治有湖四，饒民陸生者，居縣後湖塍上，以打鑿紙錢爲業。"（第940頁）魏泰《東軒筆錄》卷二記載："李太后始入掖廷，纔十餘歲，惟有一弟七歲，……其弟傭於鑿紙錢家。"（第17頁）黎靖德《朱子語類》卷一三二《本朝六·中興至今日人物下》稱："邵武南劍人，多鑿紙錢，費農業。"（第3168頁）

[2] 洪邁：《夷堅支志》甲集卷四"項明妻"，第739頁。

佛,稍有積蓄則盡買紙錢入僧寺,如釋教納受生寄庫錢。素不識字,每令爨僕李大代書押疏文。媼亡歲餘,李猶在竈下,忽得疾仆地,不知人。經三日乃蘇。初爲陰府逮去,至廷下,見金紫官員據案坐,引問鄉貫姓名訖,一吏導往庫所,令認押字。李曰:"某不曾有受生錢,此是代主母所書也。"吏復引還,金紫者亦問,李對如初,曰:"汝無罪,但追證此事耳。汝可歸。"既行,將出門,遇王媼與數人來,李見之再拜,媼大喜曰:"荷汝來,我所寄錢方有歸著。汝□到家日,爲我傳語親戚鄰里,各各珍重。"遂復生。時乾道七年三月也。[1]

《夷堅志》"施三嫂"一則記載,州民張元中曾因購買婢女,欠女僧施三嫂五千錢傭金,施死後,鬼魂托夢張元中,索要傭金,張遂焚化紙錢償還:

州民張元中所居通逵,與董梧州宅相對。董氏設水陸,張夢女僧施三嫂來,曰:"久不到君家,今日蒙董知郡招喚,以衆客未集,願假館爲須臾留。"張記其已死,不肯答。又曰:"曩與君買婢,君約謝我錢五千,至今未得。我懷之久矣,非時不得至此,幸見償。"張寤而惡之。明日,買紙錢一束,焚於澹津湖橋下。夜復夢曰:"所負五千而償不用百,儻弗吾與,將投牒訟君,是時勿悔也。"張不得已,如其所須之數,舉以付寺僧使誦經。[2]

《夷堅志》"書吏江佐"一則記載,洪應賢携書吏江佐返歸故里多年後去世,江向洪家請假,回家收禾,不料病死家中。江的鬼魂托夢洪家次子洪仲堪,請求關照其弟江佽,并述說了自己的悲慘。洪仲堪深表同情,遂焚紙錢,資助其赴陰府的盤費,并照顧其弟多年:

應賢次子仲堪,夢其來,參拜如平生。問:"所收幾何?"對云:"佐纔歸即得病,以爲疫,不肯相拯救,飢困至死。今所以來者,蓋有一事啟告:佐親弟佽在龍泉寺爲行者,它日若作僧,則先父遂無後。望收拾使令之。"仲堪又問:"汝既以疫死,想不復有人爲殯殮,後事竟何如?"曰:"賴鄰里宗族率錢營辦,僅得涼衫裹尸,白松木棺周身,而葬於縣東

---

[1] 洪邁:《夷堅支志》甲集卷八"鄂渚王媼",第775頁。

[2] 洪邁:《夷堅丙志》卷一一"施三嫂",第457頁。

門外。"言訖而泣。且去,問其所欲,曰:"囊無一錢,願賜盤費。"仲堪夢中買紙錢二十結,呼巫在外引宣白而焚與之。又問之曰:"汝來時道路無阻礙否?"曰:"正苦爲關津闌遏。"於是又使巫給一引,佐捧受愧謝。旋登榻取被覆體,少頃揭被,已不見。後旬日,……遣喚江佐至,留之書室,供灑掃,經數年而去。今在光州通判廳爲筆吏云。[1]

《夷堅志》"孔雀逐瘧鬼"一則,記載了撫州宜黃縣民鄒智明以紙錢賂鬼,治愈頭痛瘧疾的奇聞:

撫州宜黃人鄒智明,家饒於財,暴得瘧疾,昏昏不知人。一日少間,語其妻,使請師叔。師叔者,其族叔也,爲僧,住持臨江寺,能誦《孔雀明王經》,至則曰:"可於房内鋪設佛像,而即床前誦經。"妻如其戒。僧誦兩卷畢,出就飯。智明望見挂像處,一孔雀以尾逐瘧鬼。僧竟經讀疏去,日將暮,一小鬼來告曰:"我輩佩佛敕,行當去此,但公頭上有釘未拔,願多燒冥錢與我,便相爲除之。"於是呼幹僕饒山散買楮幣,聚焚於庭,諸鬼奇形异狀以十數,舞謝歡喜。其先告者徑登床拔釘而去,且言曰:"我明日往縣市曾打銀家行病矣。"先是智明最苦頭極痛,登時豁然如失,平旦即能起。欲驗其事,走介扣曾匠家,果云忽害傷寒。[2]

宋代民間使用紙錢時,除焚化外,還有插挂於樹上或竹上的方式。這一做法,一些記載認爲與寒食禁火有關。莊綽《雞肋編》記載:

寒食火禁,盛於河東,而陝右亦不舉爨者三日。以冬至後一百四日謂之"炊熟日",飯麵餅餌之類,皆爲信宿之具。又以糜粉蒸爲甜團,切破暴乾,尤可以留久。以松(中華書局點校本"松"作"柳")枝插棗糕置門楣,呼爲"子推",留之經歲,云可以治口瘡。寒食日上冢,亦不設香火,紙錢挂於塋樹。其去鄉里者,皆登山望祭,製冥帛於空中,謂之"擘錢"。[3]

然而,據另外一些記載看,插挂紙錢的做法其實頗爲流行,未必限於寒食等

---

[1] 洪邁:《夷堅支志》丁集卷四"書吏江佐",第994~995頁。
[2] 洪邁:《夷堅支志》景集卷二"孔雀逐瘧鬼",第888頁。
[3] 莊綽:《雞肋編》卷上,第27頁。

特定時間。如《夷堅志》"姜處恭"一則記載,淄州青年姜處恭率兩名僕從,自南安前往桂陽探親,"行峻嶺曠谷,敻無人烟",途中迷了路:

> 迷失路,日向夕,無人往來,時時見紙錢纏搭草樹。頃之,嵐霧翳合,對面不分誰何。冥行過深夜,埃翳漸散,稍窺明月,傍側若虎嘯聲,急置擔仗,與二僕升高木自縛,移時乃下。復前進,得一草舍,翁媪出揖,驚賀曰:"官人定有後福,憶所過挂紙錢處乎? 魑魅魍魎,白晝牽人衣,嶺上下又多猛虎,豈容平行安步,略無困惱! 真可賀也。"[1]

姜處恭途中所見纏搭於草樹的紙錢,顯然是行旅之人所爲,他們得知當地鬼魅出没,遂以紙錢賂鬼驅鬼,以保自身安全。

《夷堅志》中還有一則以大竹插挂紙錢驅鬼的傳聞:

> 韓郡王(韓世忠)解樞柄,建第於臨安清湖之東。其女晚至後院,見婦人圓冠褐衫,背面立,以爲姊妹也,呼之。婦人回首揕女胸,即仆地,猶能言所見,遂短氣欲絶。王招方士宋安國視之,揭帳諦觀,曰:"雖有祟,然無傷也。一女子年可十八九。"説其衣冠皆同。"又一老媪五十餘歲,皆在左右,今當遣去。"命取大竹一竿,挂紙錢其上,使小童執之。令病者噓氣,宋以口承之,吹入竹杪,如是者二,竹勢爲之曲。宋曰:"邪氣盛如此,豈不爲人害!"又汲水噀其竿,童力不能勝,與竹俱仆,女遂醒。先是,某人家室女爲淫行,父母并其乳婢生投於井中,覆以大青石,且刻其罪於石陰,今所見,蓋此二鬼。[2]

對於當時盛行的使用紙錢、紙冥器的社會風氣,儒家學者圈内是頗有争論的,有堅決反對的,有默認從俗的,也有折中調和的。例如,朱熹的弟子陳淳對喪葬用紙錢深惡痛絶,其《北溪字義》稱:

> 因果之説,全是妄誕。所載證驗極多,大抵邪説流入人心,故人生出此等狂思妄想而已。……況天衹是積氣,到上至高處,其轉至急,如迅風然,不知所謂天堂者該載在何處? 地乃懸空在天之中央,下面都是水,至極深處,不知所謂地獄者又安頓在何處? 況其所説爲福可以

---

[1] 洪邁:《夷堅支志》景集卷四"姜處恭",第906~907頁。
[2] 洪邁:《夷堅乙志》卷一六"韓府鬼",第321頁。

冥財禱而得，爲罪可以冥財賂而免。神物清正，何其貪婪如此！原其初意，亦祇是杜撰，以誘人之爲善，而恐懼人之爲惡耳。野夫賤隸以死生切其身，故傾心信向之。然此等皆是下愚不學之人，亦無足怪。[1]

北宋的邵雍是主張從俗的，故"春秋祭祀，約古今禮行之，亦焚楮錢"。程頤怪而問之，邵雍回答："明器之義也。脫有一非（一非或作一意非），豈孝子慈孫之心乎？"[2]

趙□所撰《就日錄》，列舉了反對者的意見後，傾向於邵雍的做法，認爲應該對使用紙錢予以理解和寬容。

  焚紙錢之說，《唐·王璵傳》曰"漢以來葬者皆有瘞錢，後世里俗稍以紙寓錢爲鬼事，至是璵乃用爲禳祓"，則是喪葬之焚紙錢起於漢世之瘞錢也，其禱神而用寓錢，則自王璵始矣。康節先生春秋祭祀，約古今禮行之，亦焚楮錢。程伊川怪問之曰："冥器之義也，脫有益，非孝子順孫之心乎？"徽廟朝高峰、廖用中（廖剛）奏乞禁焚紙錢，有云："嘗怪世俗鑿紙爲錢，焚之以徼福於鬼神者，不知何所據依？非無荒唐不經之説，要皆下俚之所傳耳。使鬼神而有知，謂之慢神欺鬼可也。"李珂《松窗百記》云："世既是妄，人死而爲鬼，其妄又可知。無身心耳目口鼻之實，而六習常不斷，顛倒沉迷，豈復覺悟？方其具酒殽、列冥器、鑿楮象錢、印繪車馬而焚之，以妄塞妄也。"蓋嘗原其本初，恐瘞錢爲死者之禍，及世艱得錢，易以紙錢。自後沿襲至唐而焚之，其來久且遠。而廖、高峰遽欲絶之，以塞妄費。且夫子謂"死，葬之以禮"，又曰"敬鬼神而遠之"，是夫子不欲遽絶，而以有無之中言之。惟邵康節云"脫有益，

---

[1] 陳淳撰，熊國禎、高流水點校：《北溪字義》卷下《佛老》，中華書局，1983年，第69頁。然而，朱熹本人對紙錢的態度却比較曖昧，并未明確反對。他説："國初言禮者錯看，遂作紙衣冠，而不用紙錢，不知紙錢衣冠有何間别？"見黎靖德編：《朱子語類》卷一三八《雜類》，第3287頁。

[2] 邵伯温：《聞見錄》卷一九，第252頁。後一句文辭疑有錯訛，大概的意思是焚化紙錢無非傳統禮制規定的隨葬明器之義，二者并無不同。祭奠先人必須盡心盡意，假若有一項意思未能盡到，豈不是有違孝子慈孫之心嗎？

非孝子順孫之心",最爲通議。[1]

當然,更多的儒士持折中調和的態度。如戴埴所撰《鼠璞》稱:

《法苑珠林》載:紙錢起於殷長史。《唐·王璵傳》載,漢來皆有瘞錢,後里俗稍以紙寓錢,王璵乃用於祠祭。今儒家以爲釋氏法,於喪祭皆屏去,予謂不然。之死而致死之,不仁;之死而致生之,不知。謂之明器,神明之也。漢之瘞錢,近於之死而致生。以紙寓錢,亦明器也,與塗車芻靈何以异? 俗謂果資於冥塗,則可笑。[2]

戴埴不同意某些儒士完全排斥紙錢的態度,他認爲,從漢代瘞銅錢演變爲如今的焚紙錢,二者都是明器,并無不同,而且與古代習用的"塗車芻靈"之類也無不同,故使用紙錢、紙冥器并不違背傳統禮制。至於世人信從佛道,認爲紙錢真能"資於冥塗",則是可笑的無稽之談。儒家學者的爭論僅反映了思想界中外來宗教與本土文化的碰撞與融合,實際上反對的聲音并不大,不可能對彌漫社會各階層的風俗產生多大作用,因此,焚化紙錢、紙冥器的習俗不僅盛行於宋代,而且對後世產生了深遠的影響。

(三)相墓卜葬

宋人在治喪送葬時還盛行一項習俗,即講求墓地選址和入葬擇時。依據地形、朝向、方位、環境等要素選擇生人居住的宅基和逝者入葬的墓穴,并挑選合適的時間營建下葬,古代稱爲堪輿術、風水術。[3] 其起源甚早,從考古發掘揭示的新石器時代遺址看,諸多原始聚落和墓地的地理位置、周邊環境等,顯然都經過一定的選擇。商周時期,以占卜的方式選擇建城築室的地點,已十分通行。甲骨卜辭中"乍(作)邑"的記載時或可見。《詩經·大雅·綿》記載古公亶父率周

---

[1] 趙□撰,湯勤福整理:《就日錄》,《全宋筆記》第八編第五冊,大象出版社,2017年,第27頁。該書所引邵雍之言與前引《聞見錄》所載略有差异。"脱有益,非孝子順孫之心乎?"文意應該是假若對先人亡靈有所助益,不就是孝子順孫的心意嗎?

[2] 戴埴撰,儲玲玲整理:《鼠璞》"寓錢",《全宋筆記》第八編第四冊,大象出版社,2017年,第70頁。

[3] 看風水在中國古代還有許多异稱,如相地、相宅(陰、陽宅)、青烏術、青囊術等。

人遷至岐山後,"爰始爰謀,爰契我龜。曰止曰時,築室於兹"[1]。《尚書·召誥》記載,周成王欲營建洛邑,先派人前往相宅,"越三日戊申,太保朝至於洛,卜宅"[2]。稍晚一些的文獻中又出現相墓卜葬的記載,如《周禮·春官·小宗伯》所載小宗伯的職掌中,即有王崩後"卜葬兆"一項。[3] 西漢時,"堪輿家"已是占卜諸家之一。[4] 至東晉,郭璞所著《葬書》又對相墓之術作了系統的理論闡述,此後,世人擇地卜葬的習俗日益流行。

宋代,相墓卜葬的風氣尤為興盛,究其原因有二:

其一是受當時冥世觀念的影響。宋人多認為逝者的墓穴如同活人的住宅,營建一處完美的墓葬,等於為先人提供一個宜居的空間,由此,既體現了子孫的孝心,也易於祈求祖靈的庇護。周密《癸辛雜識》的一則記載,頗能反映陰宅類似陽宅的觀念。

> 饒州樂平縣中有某人者,元執役於馬相府。後以病死,入冥見中坐者乃馬相公(馬廷鸞)也,其人舉首叩頭以求救。既而以誤追放還。方出,馬即呼語之曰:"汝回人間,可與吾兒言,我屋已漏損一角,宜亟修之。可憐兒子讀書,將來有用處。"既蘇,遂往馬府告之,然所居之第初無損漏之事。越明年,山中發洪水,馬相之墓適當其衝,遂為大水漂其棺,隨流而去,莫知所之。至四十里之外,為枯槎挽定,適渡子見之,訝其棺華大,疑非常人者,即舉渡船中,載之以歸。既而馬府物色得之,給賞取回,改葬焉。[5]

顯然,馬廷鸞所說的"我屋已漏損一角",是指其墓室。

其二則與當時的社會變動有關。宋代的社會流動空前加速,不同社會等級的垂直升降日益頻繁,當人們難以預控自己的命運時,紛紛信從《葬書》之說,寄

---

1 孔穎達:《毛詩正義》卷一六《大雅·綿》,中華書局影印阮元校刻《十三經注疏》本,1980年,第510頁。詩中"爰契我龜",即以龜甲占卜。
2 孔穎達:《尚書正義》卷一五《召誥》,中華書局影印阮元校刻《十三經注疏》本,1980年,第211頁。
3 賈公彥:《周禮注疏》卷一九《春官·小宗伯》,賈公彥疏:"王喪七月而葬,將葬,先卜墓之塋兆,故云卜葬兆也。"(第768頁)
4 司馬遷:《史記》卷一二七《日者列傳》,中華書局,1959年,第3222頁。
5 周密:《癸辛雜識》續集下"馬相漂棺",第315頁。

希望於卜葬之際能覓得一方風水寶地,選得一個良辰吉時,以此求得家族興旺,榮華富貴。後一種因素自然是更大的驅動力,所以在宋代筆記中,此類傳聞比比皆是。洪邁《夷堅志》中有一則典型的事例,說的是名將劉延慶安葬其祖父時,經過一番周折,終卜得吉地,獲知吉時,葬後,其本人和兒子劉光世皆飛黃騰達:

> 劉延慶少保少孤,後喪其祖,卜葬於保安軍。有告之曰:"君家所卜宅兆,山甚美而不值正穴,蓋墓師以爲不利己,故隱而不言。若啟墳時,但取其所立處,則世世富貴矣。"如其言。墓師汪然出涕曰:"誰爲君言之?業已爾,無可奈何!葬後不百日,吾當死,君善視我家,當更爲君擇吉日良時以爲報。某日,可舁柩至此,俟見一驢騎人即下窆,無問何時也。"劉氏聞其說,亦惻然,但疑驢騎人之說。及葬日,遷延至午,乃山下小民家驢生駒,毛色甚异,民負於背,將以示其主,遂以此時葬焉。越三月,墓師果死。延慶位至節度使,子光世至太傅揚國公。[1]

有些人家獲知一處吉地後,遇有障礙,不惜"巧取豪奪"。吳曾《能改齋漫錄》記載,向敏中的父親爲葬其母卜得一塊吉地,但地處他人菜園中,向恐不獲對方應允,遂於夜間强行入葬:

> 向文簡公父爲母求葬地,時開封城外有地,識曰:"綿綿之岡,勢如奔羊。稍前其穴,后妃之祥。"術者以穴在一小民菜園中,向恐民不肯與,因夜葬其地。民以向橫訴於府,府尹令重與之價,仍不廢其菜。次年,向遂生文簡公。欽聖后,文簡孫也。[2]

另有一些人家,偶然得知吉地所在後,竟以"偷鷄摸狗"的方式,搶先入葬。王明清《玉照新志》記載了本爲蒼頭奴的黃進,爲亡父搶占了主人家卜得的吉地,最終官至防禦使的故事:

> 黃進者,本舒州村人。少爲富室蒼頭奴,隨其主翁爲父擇葬地於郊外山間。與葬師偕行,得一穴最勝,師指示其主云:"葬此,它日須出名將。"進在傍默識之。是夕,乃挈其父之遺骸瘞於其所。主家初不知

---

[1] 洪邁:《夷堅乙志》卷一一"劉氏葬",第275頁。
[2] 吳曾:《能改齋漫錄》卷一三《記事》"開封地識",第122頁。

爲何人也。已而逃去爲盜,坐法黥流。又數年,天下亂,進鳩集黨類,改涅其頰爲兩旗,自號"旗兒軍"。寇攘淮甸間,人頗識之。朝廷遣兵捕之,遂以衆降,制授右階。後纍立戰功,至防禦使。[1]

沈括《夢溪筆談》還記載了一則奇聞,説的是廉州梁氏卜地葬親時,發現有一小龜安葬老龜之處,於是,即以其地安葬其親,其後,家族果然興旺發達。顯然,這一傳聞源於古人的"靈龜"信仰,梁氏無意中由靈龜爲其親覓得了寶地:

瀕海素少士人,祥符中,廉州人梁氏卜地葬其親,至一山中,見居人説:"旬日前有數十龜負一大龜葬於此山中。"梁以謂龜神物,其葬處或是福地,與其人登山觀之,乃見有邱墓之象。試發之,果得一死龜。梁乃遷葬他所,以龜之所穴葬其親。其後梁生三子:立儀、立則、立賢。立則、立賢皆以進士登科,立儀嘗預薦。皇祐中,儂智高平,推恩授假板官。立則值熙寧立八路選格,就二廣連典十餘郡,今爲朝請大夫致仕,予亦識之。立儀、立賢皆朝散郎,至今皆在。徙居廣州,鬱爲士族,至今謂之"龜葬梁家"。[2]

當時,不僅臣民之家熱衷堪輿之術,包括帝王宗室,也對此深信不疑,故每當營建皇陵,必先遣人相地卜吉。王明清《揮麈録餘話》記載,宋太祖趙匡胤入葬永昌陵後,司天監苗昌裔預言,太祖的後裔日後仍會承繼大統。至南宋孝宗繼位,果如其言。

永昌陵卜吉,命司天監苗昌裔往相地西洛。既覆土,昌裔引董役内侍王繼恩登山巔,周覽形勢,謂繼恩云:"太祖之後,當再有天下。"繼恩默識之。……豈知接千歲之統,帝王自有真邪。[3]

卜葬可能福蔭家族後世,也有可能造成負面效應,宋代筆記中對此也有不少記載。有些人家已卜得吉地,但因某些原因,未能入葬吉地,或人爲破壞了吉

---

[1] 王明清撰,戴建國、趙龍整理:《玉照新志》卷四,《全宋筆記》第六編第二册,大象出版社,2013年,第187~188頁。

[2] 沈括撰,胡靜宜整理:《補筆談·續筆談》卷三《异事》,《全宋筆記》第二編第三册,大象出版社,2006年,第241~242頁。

[3] 王明清撰,燕永成整理:《揮麈録餘話》卷一"帝王自有真",《全宋筆記》第六編第二册,大象出版社,2013年,第6頁。

地的構成要素,最後導致家族的衰敗。吳曾《能改齋漫録》記載:

> 夏侯公(夏竦)素好術數,陰陽山水古説,無不收造。其薨於洛中,得善地以葬。時其子龍圖安期,已貴顯。當開塋域,不自督役,委之幹者。其地乃古之一侍中葬穴也,其故椁碑刻具在。幹者以大事迫期,遂諱不白而易之,取棺碑於旁近埋之。既葬,未幾,龍圖死。其婦挈家資數萬改適,其次子又得罪廢。[1]

王明清《揮麈後録》記載,政和進士范同葬父,已卜得吉地,後不聽老僧之勸,執意改葬,終致"遷謫而死"。

> 范擇善同,宣和中登第,得江西教官,自當塗奉雙親之官。其父至上饒而殂,寓於道旁之蕭寺中,進退彷徨。主僧憐之云:"寺後山半適有一穴,不若就葬之,不但免般挈之勞,而老僧平日留心風水,此地朝揖絶勝,誠爲吉壤。"擇善從之,即其地而殯之。其後擇善驟貴,登政府,乃謀歸祔於其祖兆,請朝假以往改卜。時老僧尚在,力勸不從。才徙之後,擇善以飛語得罪於秦會之,未還闕,言者希指攻之云:"同以遷葬爲名,謁告於外,搔擾州縣。"遷謫而死。[2]

又洪邁《夷堅志》記載,官至吏部尚書的宋白,得益於祖墳所在是一處風水寶地,但有方士稱宋家日後當出天子時,宋家人大爲恐懼,怕惹來殺身之禍,遂命人改變了祖墳的風水,致使宋氏後裔再也不得顯貴。

> 宋文安公白,開封人,葬於鄭州再世矣。方士過其處,指墓側澗水曰:"此在五行書極佳,它日當出天子。"宋氏聞之懼,命役徒悉力閉塞之,遂爲平陸。自是宦緒不進,亦不復有人登科。崇寧初,大水泛溢,衝舊澗成小渠,僅闊尺許。明年,曾孫涣擢第,距文安之没正百年。又六年,兄槃繼之。然涣仕財至郡守,槃得博士以没,其後終不顯。[3]

盛行的相墓之風,催生出衆多的堪輿名家。有學者據清代《古今圖書集成》

---

[1] 吳曾:《能改齋漫録》卷一八《神仙鬼怪》"易葬他人陰地之報",第231頁。
[2] 王明清撰,燕永成整理:《揮麈後録》卷一一"范擇善遷葬",《全宋筆記》第六編第一册,大象出版社,2013年,第220頁。
[3] 洪邁:《夷堅丙志》卷一九"宋氏葬地",第522頁。

所載堪輿家列傳統計，115人中，宋代爲43人，占總數的37.4%。[1] 儘管鑒於古代文獻古略今詳的狀況，上述數字并不具有統計學上的意義，但確實在一定程度上反映了宋代的"堪輿熱"。就宋代筆記所載，也可看出堪輿名家"輩出"的情形。如精於各項方術的宋初名道陳搏，自然擅長堪輿，他曾爲种放葬親在豹林谷下卜得佳地。邵伯温撰《聞見錄》記載：

> 先是希夷（陳搏）爲明逸（种放）卜上世葬地於豹林谷下，不定穴。既葬，希夷見之，言地固佳，安穴稍後，世世當出名將。明逸不娶，無子，自其侄世衡至今，爲將帥有聲。[2]

何薳《春渚紀聞》記載，真宗時，精於堪輿之術的信州白雲山人徐仁旺，曾與權臣丁謂商議遷移定陵（趙匡胤祖父宋翼祖陵墓）之事，徐的建議未被采納。結果，徐預言的後患在北宋末年一一應驗：

> 信州白雲山人徐仁旺，嘗表奏與丁晋公議遷定陵事。仁旺欲用牛頭山前地，晋公定用山後地，爭之不可。仁旺乞禁繫大理，以俟三歲之驗，卒不能回。仁旺表有言山後之害云："坤水長流，灾在丙午年內；丁風直射，禍當丁未年終。莫不州州火起，郡郡盜興。"聞之者初未以爲然，至後金人犯闕，果在丙午，而丁未以後，諸郡焚如之禍相仍不絕，幅員之内半爲盜區。其言無不驗者。[3]

《春渚紀聞》還記載了一位堪輿名家張鬼靈的逸聞，其料事如神是否屬實，姑且不論，但從中確可見出時人對堪輿家的崇敬：

> 張鬼靈，三衢人。其父使從里人學相墓術，忽自有悟見，因以"鬼靈"爲名。建中靖國初，至錢塘，請者踵至。錢塘尉黃正一爲余言：縣令周君者，括蒼人，亦留心地理，具飯延欵，謂鬼靈曰："凡相墓，或不身至，而止視圖畫，可言克應否？"鬼靈曰："若方位山勢不差，合葬時年月，亦可言其粗也。"因指壁間一圖問之，鬼靈熟視久之，曰："據此圖，墓前午上一潭水甚佳。然其家子弟若有乘馬墜此潭，幾至不救者，即

---

[1] 見張邦煒：《兩宋時期的喪葬陋俗》，載《四川師範大學學報》1997年7月。
[2] 邵伯温：《聞見錄》卷七，第152頁。
[3] 何薳：《春渚紀聞》卷一《雜記》"定陵兆應"，第176頁。

是吉地,而發祥自此始矣。"令曰:"有之。"鬼靈曰:"是年此墜馬人,必被薦送,次年登第也。"令不覺起,握其手曰:"吾不知青烏子、郭景純何如人也?今子殆其倫比耳。是年春祀,而某乘馬從之,馬至潭仄,忽大驚躍,銜勒不制,即與某俱墜淵底,逮出,氣息而已。是秋發薦,次年叨忝者,某是也。"蔡靖安世,先墓在富春白昇嶺,其兄宏延鬼靈至墓下,視之,謂宏:"此墓當出貴人,然必待君家麥甕中飛出鷓鶉,爲可賀也。"宏曰:"前日某家卧房米甕中忽有此異,方有野鳥入室之憂。"鬼靈曰:"此爲克應也。君家兄弟有被魁薦者,即是貴人也。"是秋,安世果爲國學魁選。鬼靈常語人曰:"我亦患數促,非久居世者,但恨無人可授吾術矣。"後二歲果歿,時年二十五矣。[1]

黃休復《茅亭客話》也記載了一位堪輿名家馮懷古。與衆不同的是,馮并不一味迎合世俗,對於一心以卜葬謀取榮華富貴的人,還能予以理性的勸誡。可見,馮不僅是位兼精諸術的方士,其實還是一位洞悉"天人之際"的通人。然而,這樣的堪輿名家當時并不多見。

  馮山人,名懷古,字德淳,遂寧人也。有人倫之鑒,善辯山水地理。太平興國中,於青城山三蹊路牛心山前看花山後,因卜居,立三間大閣,偃息於中。居常所論,皆丹石之旨,以吐納導引爲事,博采方訣、歌頌、圖記,丹經道書無不研考。每遇往來者,有服餌者,有入室求仙者,有得雜藝者,有能製服諸丹石者,復有誇誕自譽壽過數百歲者,有常與神仙往還者,欲傳之者,以方書爲要,授之者,以金帛爲情,盡皆親近承事之,雖伎藝無取,皆以禮接之。咸平中,成都一豪家葬父,遍訪能地理者,選山卜穴,凡數歲方得之。因令馮看之,馮曰:"陵迴阜轉,山高隴長,水出分明,甚奇絶也。"主人云:"自葬之後,家財耗散,人口淪亡,何奇絶地如是耶?"山人曰:"頗要言之,凡萬物中,人最爲靈,受命於天,與物且异,而有貴賤,各得其位,如鳥有巢栖,獸有穴處,故無互相奪者也。此山是葬公侯之地,豈常人可處?所以亡者不得安,存者不

---

[1] 何薳:《春渚紀聞》卷二《雜記》"張鬼靈相墓術",第197~198頁。

得寧。《易》曰:'負且乘,致寇至,小人而乘君子之器。'其是之謂乎?"[1]

兩宋時期,相墓卜葬之風雖極爲興盛,但荒謬之處是顯而易見的,所以,文人士夫中的有識之士對其抨擊也最爲激烈。陸游曾一針見血地指出:

蔡太師(蔡京)父準,葬臨平山。山爲駝形,術家謂駝負重則行,故作塔於駝峰。而其墓以錢塘江爲水,越之秦望山爲案,可謂雄矣。然富貴既極,一旦喪敗,幾於覆族,至今不能振。俗師之不可信如此。[2]

莊綽所著《雞肋編》也將卜葬之類視爲陋俗,指斥其"尤爲乖舛"。

禮文亡缺,無若近時,而婚喪尤爲乖舛。……喪家率用樂,衢州開化縣爲昭慈太后舉哀亦然。今適鄰郡,人皆以爲當然,不復禁之。如士族力稍厚者,棺率朱漆。又信時日,卜葬嘗遠,且惜殯殮之費,多停柩其家,亦不設塗甓,至頓置百物於棺上,如几案焉。[3]

羅大經的《鶴林玉露》更以長篇大論對世人盲目信從風水之説,唯以相墓卜葬求取富貴的風氣,作了合情合理的系統批駁。

古人建都邑,立室家,未有不擇地者。如《書》所謂達觀於新邑,營卜瀍澗之東西。《詩》所謂升虛望楚,降觀於桑,度其隰原,觀其流泉。蓋自三代時已然矣。余行天下,凡通都會府,山水固皆翕聚。至於百家之邑,十室之市,亦必倚山帶溪,氣象回合。若風氣虧疏,山水飛走,則必無人烟之聚,此誠不可不信,不可不擇也。乃若葬者,藏也。藏者,欲人之不得見也。古人之所謂卜其宅兆者,乃孝子慈孫之心,謹重親之遺體,使其他日不爲城邑道路溝渠耳。借曰精擇,亦不過欲其山水回合,草木茂盛,使親之遺體得安耳,豈藉此以求子孫富貴乎?郭璞謂本骸乘氣,遺體受蔭,此説殊不通。夫銅山西崩,靈鍾東應,木生於山,栗牙於室,此乃活氣相感也。今枯骨朽腐,不知痛癢,積日累月,化

---

[1] 黃休復:《茅亭客話》卷二"馮山人",第20~21頁。

[2] 陸游撰,李昌憲整理:《老學庵筆記》卷一〇,《全宋筆記》第五編第八册,大象出版社,2012年,第122頁。

[3] 莊綽:《雞肋編》卷上,第12~13頁。

爲朽壤,蕩蕩游塵矣,豈能與生者相感,以致禍福乎?此決無之理也。世之人惑璞之說,有貪求吉地未能愜意,至十數年不葬其親者。有既葬以爲不吉,一掘未已,至掘三掘四者。有因買地致訟,棺未入土,而家已蕭條者。有兄弟數人,惑於各房風水之說,至於骨肉化爲仇讎者。凡此數禍,皆璞之書爲之也。且人之生也,貧富貴賤,夭壽賢愚,禀性賦分,各自有定,謂之天命,不可改也,豈冢中枯骨所能轉移乎?若如璞之說,上帝之命,反制於一抔之土矣。楊誠齋素不信風水之說,嘗言郭璞精於風水,宜妙選吉地,以福其身,以利其子孫,然璞身不免於刑戮,而子孫卒以衰微,則是其說已不驗於其身矣。而後世方且誦其遺書而尊信之,不亦惑乎!今之術者,言墳墓若有席帽山,則子孫必爲侍從官,蓋以侍從重戴故也。然唐時席帽,乃舉子所戴,故有"席帽何時得離身"之句。至本朝都大梁,地勢平曠,每風起,則塵沙撲面,故侍從跨馬,許重戴以障塵。夫自有宇宙,則有此山,何賤於唐而貴於今耶?近時京丞相仲遠,豫章人也,崛起寒微,祖父皆火化無墳墓,每寒食則野祭而已,是豈因風水而貴哉![1]

文中所揭示的卜葬之弊,如貪求吉地,數十年不葬其親;既葬之後,反復掘墓遷葬;爲購吉地與人爭訟,以致家道衰落;各房兄弟爭搶吉地,反目成仇,凡此種種,皆切中要害,令人深省。然而,卜葬之風既與世人的信仰習俗以及社會條件的變動相關,在引發因素依舊存在的狀況下,此風顯然也不可能平息。宋元乃至明清,相墓卜葬長盛不衰,即可說明這一問題。

四、祭祖祀先

在中國傳統的信仰習俗中,源於鬼魂信仰的祖靈崇拜是最重要的內容之一。早在氏族制時代,一些氏族或部落首領,生前作爲所在群體的代表和保護者而令人敬畏,死後其亡靈又被視爲該群體得以繁榮興旺的體現者和庇護者而受人崇拜,由此形成供奉祖靈和按時祝祭等一系列信仰儀式。商周以降,父家

---

[1] 羅大經撰,王瑞來點校:《鶴林玉露》丙編卷六"風水",中華書局,1983年,第344~345頁。

長制大家庭的生活方式在漢族地區長期延續,祖靈崇拜的對象一般都是已故的男性家長。按照慣例,家中長者去世後,家人須舉行程序完備而繁複的喪葬儀式,安葬之後,須將祖先亡靈的象徵物供奉於宗廟、家廟或居室之中,定期舉行祭祀。中國古代,無論皇家還是民間,對祖先的敬奉都極爲虔誠,宋代同樣如此。《琴堂諭俗編》所稱:"葬祭二事尤孝子所當盡心焉。蓋孝子之喪親也,葬之以禮,則可以盡慎終之道;祭之以禮,則可以盡追遠之誠。"[1] 頗能反映時人的心態。不過,因歷史的變遷,宋人祭祖祀先的場所、時間及相關的禮儀、習俗等,都出現了一些新的變化。

(一)家廟與宗祠

先秦時期的祭祖場所,可據《禮記·王制》所記載的周代禮儀制度推知:

> 天子七廟,三昭三穆,與大祖之廟而七。諸侯五廟,二昭二穆,與大祖之廟而五。大夫三廟,一昭一穆,與大祖之廟而三。士一廟。庶人祭於寢。[2]

可見,士以上的貴族,皆可按照等級差別建廟祭祖,而庶民之家祇能在居室中祭祀祖先。秦漢以來,皇室的祖廟習稱太廟,儘管歷朝的太廟建制和祭祀禮儀隨各代禮制的因革損益而有所變動,但總體而言,可謂大同小異。[3] 而各級官員和平民百姓的祭祖場所在歷史上則經歷了巨大的變化。司馬光曾就歷代的變化作了簡要的叙述:

> 先王之制,自天子至於官師皆有廟,君子將營宮室,宗廟爲先,居室爲後。及秦,非笑聖人,蕩滅典禮,務尊君卑臣,於是天子之外無敢營宗廟者。漢世,公卿貴人多建祠堂於墓所在,都邑則鮮焉。魏晉以降,漸復廟制,其後遂著於令,以官品爲所祀世數之差。唐侍中王珪不

---

1 鄭玉道、彭仲剛撰,應俊輯補:《琴堂諭俗編》卷上《正喪服》,《景印文淵閣四庫全書》第865册,臺灣商務印書館,1986年,第237頁。

2 孔穎達:《禮記正義》卷一二《王制》,第1335頁。《禮記》雖成書於漢代,但可在一定程度上反映先秦時期的情況。

3 鑒於歷朝太廟的情況大同小異,本書不將其納入討論範圍。本書着重探討的是更具有普遍意義的臣民之家的祭祖場所和祭祖活動。

立私廟,爲執法所糾,太宗命有司爲之營構,以耻之。是以唐世貴臣皆
有廟。及五代蕩析,士民求生有所未遑,禮類教弛,廟制遂絕。宋興,
夷亂蘇疲,久而未講,……群臣貴極公相,而祖禰食於寢,儕於庶人。[1]

據此可知,周禮規定的諸侯、大夫、士的宗廟制度在秦漢遭到破壞。魏晉以後,逐漸形成新的家廟制度,并由朝廷法令作出硬性規定。因此,唐代的各級官員皆須按照官品高下所確定的廟數[2],私人修建規格不等的家廟。唐代中葉以後,朝廷對高級官員還有賜第京師,賜立家廟的做法。[3] 按照"君子將營宮室,宗廟爲先,居室爲後"的禮制精神,不建家廟者,爲禮法所不容。然而,五代以來,家廟制度又遭破壞,故北宋前期,雖達官顯貴,也如同平民,祇能在住宅内祭祀祖先。

針對宋初以來的狀況,群臣議論紛紛,請求恢復區別貴賤等差的家廟制度。北宋朝廷因群臣的建議,先後三次下達了准許群臣修建家廟的詔令。

第一次是在仁宗慶曆元年(1041)十一月二十日,仁宗頒發南郊赦書:"應中外文武官,并許依舊式立家廟。"[4] 然而,這條詔書并無具體的規定,群臣無法遵行,頒下後即被束之高閣,無聲無息了。葉夢得《石林燕語》記載:

士大夫家廟,自唐以來不復講。慶曆元年郊祀赦,聽文武官皆立
廟,然朝廷未嘗討論立爲制度,無所遵守,故久之不克行。[5]

時過十年,宰相宋庠又於皇祐二年(1050)上書亟論建立群臣廟制之急迫與必要:

宋元憲(宋庠)建言:"慶曆郊祀赦書,許文武官立家廟。而有司終
不能推述先典,明喻上指,因循顧望,遂逾十載,使王公薦紳,下同閭
巷。衣冠昭穆,雜用家人,緣媮習弊,甚可嗟也。臣近因進對,屢聞聖

---

1 司馬光:《溫國文正司馬公文集》卷七九《碑志五·文潞公家廟碑》,《四部叢刊初編》本。
2 即按照世系向上推算的廟數,五廟爲父、祖、曾祖、高祖、始祖(或五世祖)五廟,三廟爲父、祖、曾祖三廟,一廟爲父廟。
3 趙彥衛《雲麓漫鈔》卷五稱:"自唐中葉,藩鎮跋扈,朝廷爲羈縻之術,故賜第京師,立家廟,命詞臣爲碑,或賜鐵券。"(第151頁)
4 《宋會要輯稿》禮一二《群臣士庶家廟》,第705頁。
5 葉夢得:《石林燕語》卷一,第14頁。

言,謂諸臣專殖第産,不立私廟,豈朝廷勸戒,有所未孚?將風教頹齡,終不可復?反復至意,形於嘆息。臣每求諸臣所以未即建立者,誠亦有由。蓋古今异儀,封爵殊制,自疑成瘝,遂格詔書。禮官既不講求,私家何由擅立?且未信而望誠者,上難必責;從善而設教者,下或有違。若欲必如三代,有家嫡世封之重,山川國邑之常,然後議之,則墜典無可復之期矣。夫建宗祐,序昭穆,別貴賤之等,所以爲孝。雖有過差,是過爲孝。殖産利,營居室,遺子孫之業,或與民争利,顧不以爲耻。逮夫立廟,則曰不敢,寧所謂去小違古,而就大違古者。今諸儒之惑,不亦甚乎!"[1]

宋庠的上書由朝廷交兩制與禮官商議,詳定相應的制度。具體方案提出後,仁宗第二次准奏頒行。王明清《揮塵前録》記載:

> 定官一品平章事以上,立四廟;知樞、參政、同知樞、簽樞以上,前任見任宣徽、尚書、節度使、東宫三少以上,皆立三廟;餘官祭於寢。凡得立廟者,許嫡子襲爵以主祭。其襲爵世降一世,死則不得别立祔廟,别祭於寢。自當立廟者,即祔其主。其子孫承代,不許廟祭、寢祭,并以世數親疏遷祧。始得立廟者不祧,以比始封。有不祧者,通祭四廟、五廟。廟因衆子立而長子在,則祭以嫡長子主之。嫡子死,則不傳其子而傳立廟之長。凡立廟,聽於京師或所居州縣。其在京師者,不得於裏城及南郊御路之側。既如奏,仍令别議襲爵之制。[2]

顯然,皇祐二年(1050)頒行的群臣家廟制度已有一些具體的規定,但可行性依然很差。其一,朝廷准許建家廟祭祖的僅限於三品以上的高官,大部分官員仍"祭於寢"。其二,朝廷雖規定立廟後,"許嫡子襲爵以主祭",但宋代已完全不同於"世卿世禄"的周代和門閥政治的六朝,官員的升遷、貶謫頗爲頻繁,子孫世代襲爵殊難實行。因此,襲爵之制始終議而不決,"其後終以有廟者之子孫

---

[1] 王明清撰,燕永成整理:《揮塵前録》卷三"慶曆敕書許文武官立家廟",《全宋筆記》第六編第一册,大象出版社,2013年,第34~35頁。宋庠上書時間,《揮塵前録》作"至和三年";《宋會要輯稿》禮一二"群臣士庶家廟"作"至和二年"(第705頁);李燾:《續資治通鑒長編》卷一六九,仁宗皇祐二年,繫於"(二年)十二月"(第4071頁)。鑒於宋庠任宰相在皇祐元年至三年間,當以李燾所記爲確。

[2] 王明清:《揮塵前録》卷三"慶曆敕書許文武官立家廟",第35頁。

或官微不可以承祭,又朝廷難盡推襲爵之恩,遂不果行"[1]。對仁宗時期兩次頒行家廟之制却無法真正推行的原因,王栐《燕翼詒謀錄》有一段評論頗爲中肯:

> 慶曆元年十一月,郊祀赦文:"功臣不限品數,賜私門立戟,文武臣僚許立家廟,已賜門戟,給官地修建。"此循唐制也。故有兄弟同居而各置門以列戟者,想是時必有立戟之制,特近代此制不舉,無能舉舊事以言者,若家廟則終不能行。至皇祐二年十二月甲申朔,復頒三品以上家廟之制。從宋庠之請也。然一時議者欲令立廟之子孫襲其封爵,世降一等,自國公而至封男凡五世,而封爵之卑者僅一二世。或又疑襲封公爵,惟三恪、先聖之後有之,此制一行,數世之後必多。又子孫或初命卑官,不應襲公侯之爵。議終不決,竟泥不行,是不詳考前代之制也,君子惜之。[2]

王栐認爲唐、宋制度迴異,希望恢復舊制,却不能因時制宜,難免碰壁。

從當時的實際情況看,朝廷第二次頒行群臣廟制後,唯有文彦博一人向朝廷提出修建家廟的請求,其真實動機難以揣測,但時任宰相的他,既然朝廷有令頒下,不得不在群臣面前"以身作則",恐怕也是一項考慮。而且文彦博獲得朝廷准許後,仍對家廟的具體建制頗感犯難,拖到嘉祐初年,纔仿照唐代杜佑舊廟形制,於洛陽興建文氏家廟。葉夢得《石林燕語》記載:

> 文潞公爲平章事,首請立廟於洛,終無所考據,不敢輕作。至和初知長安,因得唐杜佑舊廟於曲江,猶是當時舊制,一堂四室,旁爲兩翼。嘉祐初,遂仿爲之。兩廡之前,又加以門,以其東廡藏祭器,西廡藏家牒。祊在中門之右,省牲展饌滌濯等在中門之左。別爲外門,置庖厨於中門外之東南。堂中分四室,用晋荀安昌公故事,作神版而不爲主。[3]

宋代第三次商議并頒行群臣家廟制度是在徽宗時期。當時,徽宗將太廟七室增爲九室,因而欲對群臣廟制作相應的調整。大觀四年(1110),議禮局官員

---

1 《宋會要輯稿》禮一二《群臣士庶家廟》,第706頁。
2 王栐:《燕翼詒謀錄》卷四"功臣立戟置家廟",第40頁。
3 葉夢得:《石林燕語》卷一,第14頁。

與徽宗作了反復商討，確立了下述規定：

其一，增加了高級官員所祀祖先的廟數，擴大了准許建廟的官員範圍。"文臣執政官、武臣節度使以上祭五世，文武升朝官祭三世，餘祭二世"。即三品以上官員所祀廟數，皆可爲父、祖、曾祖、高祖、五世祖五廟；原先三品以下官員祇能"祭於寢"，此時被准許可按品級高下分別修建祭祀三世或二世的家廟。

其二，對官員修建家廟的所在之處和建築規格予以寬容和變通。"今臣僚寓居僦舍，無有定止，禮令一下，士不立廟，當麗於法矣。可應有私第者，立廟於門內之左；如狹隘，聽於私第之側；力所不及，仍許隨宜"。唐代舊制以及仁宗皇祐年間的規定，高官建立三廟以上的家廟，理應在京師或州縣城市本人府第以外的地方覓地興修，建築規格、祭室布局等也必須符合禮制和法令的要求。現在則規定，家廟可建在住宅之內或住宅旁邊，若居處狹隘或力所不及，家廟的建制、規格、大小等，准許各隨其宜。

其三，對傳統禮制"寢不逾廟"的規定予以松動和通融。"古者寢不逾廟。禮之廢失久矣，士庶堂寢逾度僭禮，有五檻、七檻、九檻者，若以一旦使就五世、三世之數，則當徹毀居宇，以應禮制，人必駭聽，豈得爲易行？可今後立廟，其間數視所祭世數，寢間數不得逾廟。事二世者，寢用三間者聽"。[1] 當時，官員士庶之家的住宅多追求寬敞宏大，硬性規定與廟數相配，必然引發騷動。"事二世者，寢用三間者聽"，實際上默認了寢可逾廟的現實。

大觀四年（1110）確立的一系列規定後以"品官時享家廟儀"之名訂入《政和五禮新儀》頒行。顯然，徽宗時的調整與變動提高了群臣家廟制度的可行性，因此，北宋末年及南宋時期，向朝廷乞立家廟的官員有所增加。見於《宋會要輯稿》由朝廷賜修家廟的，仁宗以來僅文彥博一家，徽宗時有蔡京、鄭居中、鄧洵武、余深、侯蒙、薛昂、白時中、童貫八家，南宋有秦檜、韋淵、吳益、楊存中、吳璘、虞允文、韓世忠、史浩、韓琦、張俊、劉光世、史彌遠、賈似道十三家，兩宋共二十二家。[2] 例如，受理宗、度宗寵信的賈似道曾獲賜修建宅第、園林和家廟。周密《齊東野語》記載：

---

[1] 以上所引均見《宋會要輯稿》禮一二《群臣士庶家廟》，第707頁。

[2] 詳見《宋會要輯稿》禮一二《群臣士庶家廟》，第706~715頁。

> 景定三年正月,詔以魏國公賈似道有再造功,命有司建第宅家廟,賈固辭,遂以集芳園及緡錢百萬賜之。園故思陵舊物,古木壽藤,多南渡以前所植者。……四世家廟,則居第之左焉。廟有記,一時名士擬作者數十,獨取平舟楊公棟者刊之石。[1]

除朝廷賜修的二十餘家,兩宋官員中未經賜修而在京師或州縣的住宅之外,按照傳統禮制和朝廷制度私家興修正規家廟的,應該還有一些,但數量不多。[2] 趙彥衛《雲麓漫鈔》的一段記載可反映宋代的普遍狀況。

> 《禮》曰:"君子將營宮室,宗廟爲先。"又曰:"寢不逾廟。"士大夫建大第,至祖考則舍之廡間。今州郡亦古之侯國,郡齋無不壯麗,未有一州有太守家廟者,蓋習俗所移,不以爲怪。或以爲未頒廟制,在昔仁祖時,嘗議立群臣家廟,以議襲爵不定而止。若必待襲爵而後立廟,祖考之得祀者蓋鮮矣;況乎政和《五禮新儀》已有定制。唐以前,士大夫之家無有不立者,王珪自奉甚薄,不立家廟,太宗爲立廟以愧之,則不待朝廷立廟明矣。自唐中葉,藩鎮跋扈,朝廷爲羈縻之術,故賜第京師,立家廟,命詞臣爲碑,或賜鐵券。詎可自處於此而爲例耶?[3]

趙彥衛以其所見揭示,當時州城中知州的官衙和府第皆宏大壯麗,但無人按照相應的規格建造家廟。他認爲,官員或因子孫襲爵問題未解決,或因期待朝廷出資賜修,都不願意私家興修正規的家廟。其實,除上述原因外,還與制度變遷密切相關。宋代實行嚴格的流官制度,官員出知或轉知多地的現象非常頻繁,既然不可能長期居於一地,修建大型家廟便有顧慮。以文彥博爲例,葉夢得《石林燕語》即論及其中的無奈:

> 唐周元陽《祀錄》以元日、寒食、秋分、冬夏至爲四時祭之節。(文

1　周密:《齊東野語》卷一九"賈氏園池",第355~356頁。
2　有學者依據宋代文獻中出現"家廟"字樣的事例進行統計,除朝廷賜修的二十餘家外,還列出建有家廟的三十六家。詳見劉雅萍:《宋代家廟制度考略》,載《蘭州大學學報》2009年1月。這一數字似可商榷。據文中所列各家的文獻出處看,多未言及家廟建築的具體情況,無法確定其爲建於住宅之外的符合傳統慣制的"正規"家廟。實際上,宋代文獻中言及的"家廟"是一種習稱,其中最普遍的是指家祠、祭堂、影堂等建於住宅內或住宅邊的,比較簡單的各隨其宜的祭祖場所。若以此類"家廟"論,則可謂比比皆是,何止千萬。
3　趙彥衛:《雲麓漫鈔》卷五,第150~151頁。

彦博)前祭皆一日致齋,在洛則以是祭,或在他處則奉神版自隨,仿古諸侯載遷主之義。公元豐間始致仕歸洛,前此在洛無幾,則廟不免猶虛設。乃知古今异制,終不可盡行也。[1]

兩宋官員較少建造正規建制的家廟并非意味世人没有特定的祭祖場所,相反,宋代品官士庶設置祭祖場所的實較前代更爲普遍。作爲當時主流的最常見的祭祖場所,是建於住宅内或住宅旁的,規格或大或小,建制各隨其宜的家祠堂、祭堂、影堂等,此類簡易的祭祖場所在宋代文獻中往往也習稱"家廟",但其形制與正規的家廟是有所差別的。如仁宗時的朝臣任中師,在家鄉曹州(今山東菏澤)祖居之側興建祭祖之所,"治其第之側隅,起作新堂者,敞三室而鬥五位,前後左右皆有宇","以是升畫像而薦歲時",因其建制不同於家廟,故稱"家祠堂"。而爲之作記的穆修則稱:"兹宇之設,其近於家廟者耶?"[2] 又如仁宗時的石介,"乃於宅東北隅作堂三楹",用於祭祀祖先,他將這一"緣古禮而出新意","自爲之制"的祭祖之處稱爲"祭堂"。[3] 程頤在論及士庶之家祭祖場所時也稱:"庶人祭於寝,今之正廳是也。凡禮,以義起之可也。如富家及士,置一影堂亦可。"[4] 張載也論及庶人之家以住宅正廳作爲祭祖之處的情形:"凡人家正廳,似所謂廟也,猶天子之受正朔之殿。人不可常居,以爲祭祀吉凶冠婚之事於此行之。"[5] 可見,若住宅狹小的平民無力修建或闢出祭祖之室,衹要在正廳陳放祭祀用品,即可成爲變通的"家廟"。朱熹本人也是在住宅正廳的一側闢出一處充作家廟,并針對他人的疑問,坦率回答:"便是力不能辦。"他還就普通士庶人家如何構建住宅内的簡易家廟,提出了具體的建議:

> 欲立一家廟,小五架屋。以後架作一長龕堂,以板隔截作四龕堂,堂置位牌,堂外用簾子。小小祭祀時,亦可衹就其處。大祭祀則請出,

---

1 葉夢得:《石林燕語》卷一,第14~15頁。

2 穆修:《穆參軍集》卷下《任氏家祠堂記》,《景印文淵閣四庫全書》第1087册,臺灣商務印書館,1986年,第21頁。

3 石介:《徂徠集》卷一九《祭堂記》,第325頁。

4 程顥、程頤:《二程集·河南程氏遺書》卷二二上《伊川雜錄》,第286頁。宋代流行將祖先的畫像懸挂於祭祖之處,故習稱"影堂"。

5 張載撰,章錫琛點校:《張載集》三《經學理窟·祭祀》,中華書局,1978年,第295頁。

或堂或廳上皆可。[1]

從宋代筆記所載也可看出,品官士庶之家的家廟建制,大都比較簡便隨宜。如江少虞《宋朝事實類苑》記載:

> 韓魏公言:王文正(王旦)母弟,傲不可訓。一日,逼冬至,祠家廟,列百壺於堂前,弟皆擊破之,家人惶駭。文正忽自外入,見酒流滿路,不可行,俱無一言,但攝衣步入堂。其後,弟忽感悟,復爲善,終亦不言。[2]

顯然,王旦住宅内的家廟頗爲狹小,因此,爲冬至祭祖大禮準備的祭酒祇能擺放在堂前。

又如富弼,致仕後居洛陽,家廟也設於宅第之内,建制不可能很宏大。

> 朝廷故例:前宰相以使相致仕者給全俸。富公以司徒使相致仕,居洛,自三公俸一百二十千外,皆不受。公清心學道,獨居還政堂,每早作,放中門鑰,入瞻禮家廟,對夫人如賓客,子孫不冠帶不見,平時謝客。[3]

此外,據孟元老《東京夢華録》記載,開封普通士庶人家娶婦,親迎當日,新婦入門後的各項禮儀中,即有"至家廟前參拜"一項。[4] 吴自牧《夢粱録》記載,杭州人家娶婦,新婦也須"參拜堂次諸家神及家廟"[5]。由此可見,宋代士庶之家在住宅内設置"家廟"的現象十分普遍,但家廟的建制大多是簡易型的。當時,即便在邊遠地區,祭祖祀先也極爲虔誠,祇是祭祖的場所往往也因陋就簡。周去非《嶺外代答》記載:

> 家鬼者,言祖考也。欽人最畏之,村家入門之右,必爲小巷升堂。小巷右壁,穴隙方二三寸,名曰鬼路,言祖考自此出入也。人入其門,必戒以不宜立鬼路之側,恐妨家鬼出入。歲時祀祖先,即於鬼路之側陳設酒肉,命巫致祭,子孫合樂以侑之,窮三日夜乃已。城中居民,於

1　黎靖德編:《朱子語類》卷九〇《禮七・祭》,第 2304 頁。
2　江少虞:《宋朝事實類苑》卷一三《德量知識・王文正》,上海古籍出版社,1981 年,第 151 頁。
3　邵伯温:《聞見録》卷九,第 167 頁。
4　孟元老:《東京夢華録》卷五"娶婦",第 150 頁。
5　吴自牧:《夢粱録》卷二〇"嫁娶",第 300 頁。

廳事上置香火,別自堂屋開小門以通街。新婦升廳一拜家鬼之後,竟不敢至廳。[1]

中國傳統的家族制度在唐宋之際發生了巨大的變化。魏晉以來的門閥制家族至唐末、五代已退出歷史舞臺,代之而起的是普通官僚及平民的宗族制家族。宋代的家族組織大致有兩種類型,一爲纍世同居的大家庭組織,二爲聚族而居的宗族組織,兩者的共同點是皆集聚了衆多的家族成員。令家族成員共同參與定時舉行的祭祖儀式,以提升人們對血緣親情的認同感,是家族組織增強其内部凝聚力的重要手段,而在祖先的神靈前,實施道德勸誡、糾紛仲裁、犯規處罰等,也有助於加强家族的權威。這一系列的家族活動都需要一座可容納更多人員的寬敞宏大的建築,於是,一種新型的多功能的祭祖場所——宗族祠堂,應運而生。亟呼"收宗族,厚風俗"的理學家們自然對祠堂的重要作用予以高度重視。朱熹《家禮》即對祠堂的建制以及相關事宜提出諸多建議:

> 君子將營宫室,先立祠堂於正寢之東。祠堂之制,三間,外爲中門,中門外爲兩階,皆三級。……階下隨地廣狹以屋覆之,令可容家衆叙立。又爲遺書、衣物、祭器庫及神厨於其東。……爲四龕,以奉先世神主。祠堂之内,以近北一架爲四龕,每龕内置一卓。……神主皆藏於櫝中,置於卓上,南向。龕外各垂小簾,簾外設香卓於堂中,置香爐香合於其上。……旁親之無後者,以其班祔。置祭田。具祭器。主人晨謁於大門之内,出入必告。正至、朔望則參,俗節則獻以時食,有事則告。[2]

朱熹的建議絶非鑿空之論,他自己申明:"其制度亦多用俗禮。"可見,朱熹應考察過多所祠堂,然後歸納、總結,予以完善,提出自己的規劃性建議。

從文獻記載看,南宋時,家族組織興建祠堂的事例已日益增多,羅大經《鶴林玉露》記載了纍世同居的陸九淵家族在祠堂中的各項活動,可謂典型的一例:

---

[1] 周去非:《嶺外代答》卷一〇"家鬼",第221頁。
[2] 朱熹撰,王燕均、王光照校點:《家禮》卷一《通禮·祠堂》,《朱子全書》第七册,上海古籍出版社、安徽教育出版社,2002年,第875~878頁。

陸象山家於撫州金谿,纍世義居。一人最長者爲家長,一家之事聽命焉。逐年選差子弟分任家事。或主田疇,或主租税,或主出納,或主厨爨,或主賓客。公堂之田,僅足給一歲之食。家人計口打飯,自辦蔬肉,不合食。私房婢僕,各自供給,許以米附炊。每清曉,附炊之米交至掌厨爨者,置曆交收。飯熟,按曆給散。賓至,則掌賓者先見之,然後白家長出見。款以五酌,但隨堂飯食,夜則卮酒杯羹,雖久留不厭。每晨興,家長率衆子弟致恭於祖禰祠堂,聚揖於廳,婦女道萬福於堂。暮,安置亦如之。子弟有過,家長會衆子弟,責而訓之。不改,則撻之。終不改,度不可容,則告於官,屏之遠方。晨揖,擊鼓三叠,子弟一人唱云:"聽聽聽聽聽聽聽,勞我以生天理定。若還惰懶必飢寒,莫到飢寒方怨命。虛空自有神明聽。"又唱云:"聽聽聽聽聽聽聽,衣食生身天付定。酒肉貪多折人壽,經營太甚違天命。定定定定定定定。"又唱云:"聽聽聽聽聽聽聽,好將孝弟酬身命。更將勤儉答天心,莫把妄思損真性,定定定定定定,早猛省。"食後會茶,擊磬三聲,子弟一人唱云:"凡聞聲,須有省,照自心,察前境,若方馳鶩速回光,悟得昨非由一頃,昔人五觀一時領。"乃梭山之詞也。近年朝廷始旌表其門閭。[1]

宋代新興的祠堂順應了家族組織發展的需要,約在南宋後期,某些地區已出現一種新的趨勢,即由家家户户在住宅内設"廟"祭祖,逐漸向宗族成員集聚在祠堂内共同祭祖轉移,元代以降,宗族祠堂更成爲族人祭祖的主要場所。

(二)臨墓祭掃

在家廟、祭堂、影堂、祠堂等場所祭祖,統稱"家祭",除此之外,宋人還普遍前往墓地祭掃,即所謂的"墓祭"。墓祭不載於儒家禮經,故儒家學者多認爲其不合古禮。然而,據史書記載,至晚在漢代已有墓祭的事例,唐代更將墓祭訂入《開元禮》,成爲朝廷的制度。針對當時盛行的墓祭之風,不少宋代學者就其源流作了考述,以論證其既符合情理,也不違背禮法。如高承《事物紀原》稱:

---

[1] 羅大經:《鶴林玉露》丙編卷五"陸氏義門",第 323~324 頁。

《開元禮》曰：宗子去在他國，庶子無廟。孔子許望墓以時祭祀。唐禮每新改命，釋褐結綬，皆往墓見。開元二十二年敕，寒食上墓，禮經無文，近代相傳，浸以成俗。士庶有不合廟享者，何以表其孝思？宜許上墓，編入五禮。按《漢官儀》曰：古不墓祭，秦始皇起寢墓側，漢因不改，四時上飯。《後漢·光武紀》云：建武十年八月，幸長安，有事十一陵。蓋躬祭於墓也。即今上墳拜埽，蓋起於此。《明帝紀》：永平元年正月，帝率公卿朝原陵，如元會儀。劉昭補注《後漢·禮儀志》亦有上陵儀。謝承書曰：建寧五年正月，車駕上陵原。蔡邕曰：明帝至孝，光武即世，帝嗣位，群臣朝正，感先帝不復聞見此禮，乃率百僚就原陵創焉。然則上墳之禮，疑自是以來，民間視上所行，因習以爲俗也。[1]

趙彥衛《雲麓漫鈔》也論證，墓祭并非沒有古禮的依據：

說者皆以嘉禮不野合，古不墓祭。《春秋》辛有適伊川，見被髮而祭於野者，曰："不及百年，此其戎乎？"自漢世祖令諸將出征拜墓，以榮其鄉，至唐開元詔許寒食上墓，同拜埽禮，沿襲至今，遂有墓祭。然是時有使子弟皂隸上墓，而延親知者，唐賢有甚不敬之嘆。殊不知"嘉禮不野合"，謂兩君相遇於境，成事而退，不講宴好，非指祭禮也。《周官·冢人》有"祭墓爲尸"之語，則墓祭亦三代禮，先賢嘗言之。[2]

宋代的理學家雖不認爲墓祭合於古禮，但多採取從俗的態度，對墓祭予以認可。朱熹即稱："墓祭非古。雖《周禮》有'墓人爲尸'之文，或是初間祭后土，亦未可知。但今風俗皆然，亦無大害。國家不免亦十月上陵。"[3]

宋人的墓祭主要集中在每年的寒食、清明期間，[4] 屆時，上自帝王之家，下及平民百姓，皆蜂擁出城，前往墓地祭掃。孟元老《東京夢華錄》記載北宋開封的情形。

清明節，尋常京師以冬至後一百五日爲大寒食。……寒食第三日

1　高承：《事物紀原》卷八《歲時風俗部第四十二》"拜埽"，第433頁。
2　趙彥衛：《雲麓漫鈔》卷六，第168頁。
3　黎靖德編：《朱子語類》卷九〇《禮七·祭》，第2321頁。
4　寒食在上年冬至之後的一百零五天，寒食之後第三天爲清明。自唐代以來，寒食與清明實際上已合而爲一。

即清明日矣,凡新墳皆用此日拜掃,都城人出郊。禁中前半月,發宮人、車馬朝陵,宗室、南班、近親,亦分遣詣諸陵墳享祀。從人皆紫衫、白絹、三角子、青行纏,皆係官給。節日亦禁中出車馬,詣奉先寺、道者院,祀諸宮人墳。莫非金裝紺幰,錦額珠簾,綉扇雙遮,紗籠前導。士庶闐塞諸門。紙馬鋪皆於當街,用紙袞叠成樓閣之狀。四野如市,往往就芳樹之下,或園囿之間,羅列杯盤,互相勸酬。都城之歌兒舞女,遍滿園亭,抵暮而歸。各携棗餲、炊餅、黃胖、掉刀、名花、异果、山亭、戲具、鴨卵、鷄雛,謂之"門外土儀"。轎子即以楊柳、雜花裝簇頂上,四垂遮映。自此三日,皆出城上墳,但一百五日最盛。節日坊市賣稠餳、麥糕、乳酪、乳餅之類。緩入都門,斜陽御柳,醉歸院落,明月梨花。[1]

吳自牧《夢粱錄》記載了清明節時南宋杭州的狀况:

禁中前五日發宮人車馬往紹興攢宮朝陵,宗室南班亦分遣諸陵,行朝享禮。向者從人官給紫衫、白絹、三角兒、青行纏,今亦遵例支給。至日,亦有車馬詣赤山諸攢并諸宮妃、王子墳堂行享祀禮。官員士庶俱出郊省墳,以盡思時之敬。車馬往來繁盛,填塞都門。宴於郊者則就名園芳圃奇花异木之處,宴於湖者則彩舟畫舫款款撑駕,隨處行樂。此日又有龍舟可觀,都人不論貧富傾城而出,笙歌鼎沸,鼓吹喧天,雖東京金明池未必如此之佳。殢酒貪歡,不覺日晚。紅霞映水,月挂柳梢,歌韵清圓,樂聲嘹亮,此時尚猶未絶。男跨雕鞍,女乘花轎,次第入城。又使童僕挑著木魚、龍船、花籃、鬧竿等物,歸家以饋親朋鄰里。[2]

周密《武林舊事》對杭州清明墓祭的盛况也有所記述:

朝廷遣臺臣、中使、宮人,車馬朝饗諸陵原廟,薦獻用麥糕、稠餳,而人家上冢者,多用棗餲、薑豉。南北兩山之間,車馬紛然,而野祭者尤多。如大昭慶、九曲等處,婦人泪妝素衣,提携兒女,酒壺肴罍,村店山家,分餕游息。至暮,則花柳土宜,隨車而歸。[3]

---

1 孟元老:《東京夢華錄》卷七"清明節",第160頁。
2 吳自牧:《夢粱錄》卷二"清明節",第104頁。
3 周密:《武林舊事》卷三"祭掃",第40~41頁。

值得一提的是,清明時節乘出城祭掃之機,在郊外踏青游玩,雖興起於唐代,但真正成爲全民性的風俗,則在宋代。將哀悼先人、祭拜祖靈,與享受人生、及時行樂巧妙地結合在一起,正契合了市民階層崛起後民俗心理所出現的新趨向,同時也對後世產生了深遠的影響。

除清明外,七月十五日中元節及十月三日(或五日)也有不少人家上墳祭掃。《東京夢華錄》記載:"七月十五日,中元節。……城外有新墳者,即往拜掃。禁中亦出車馬詣道者院謁墳。""(十月)三日(今五日),士庶皆出城饗墳。禁中車馬出道者院及西京朝陵。宗室車馬亦如寒食節。"[1]《夢粱錄》記載:"七月十五日,……此日,都城之人有就家享祀者,或往墳所拜掃者。禁中車馬出攢宮以盡朝陵之禮,及往諸王、妃嬪等墳行祭享之誠。""士庶以十月節出郊掃松,祭祀墳塋。内庭車馬差宗室南班往攢宮行朝陵禮。"[2]

中國古代往往將已逝的家族成員安葬在相對固定的區域,數代後便形成家族墓地。因此,宋人臨墓祭掃時也有率家族子弟共同前往的。如《夷堅志》記載:"邢大將者,保州人。……嘗以寒食日,率家人上冢,祀畢飲酒……"[3] 家鉉翁《積慶堂記》記載士夫王成之"歲孟春,率宗族拜省世墓,徘徊顧瞻而不能去"[4]。沈括《蘇州清流山錢氏奉祠堂記》記載:"姑蘇錢君僧孺將謀葬其親,而築館於其側,歲時率其群子弟、族人祭拜其間。"[5]

在臨墓祭掃的過程中,平民百姓大多祇能在墓前的空地上舉行祭祀儀式,但帝王、高官以及富貴之家,往往在墓地附近有專門的祭祀場所。帝王陵墓前自然都有墓祠、享堂之類的建築,其他有能力的人家也皆可修建此類場所。上文所述姑蘇錢僧孺,即在家族墓地旁建有祠堂,以便族人祭拜。宋朝制度規定,官至宰執即可在祖先墳墓旁私人興修墳寺、功德寺(或將原先的寺廟挂靠在私家名下),并獲賜名額,以用於守護先祖墳墓,爲先祖祈福做功德。定時的臨墓

---

1 孟元老:《東京夢華錄》卷八"中元節"、卷九"十月一日",第173、176頁。
2 吴自牧:《夢粱錄》卷四"解制日"、卷六"十月",第118~119、141頁。
3 洪邁:《夷堅乙志》卷一四"邢大將",第307頁。
4 家鉉翁:《則堂集》卷二《積慶堂記》,第302頁。
5 沈括:《長興集》卷一〇《蘇州清流山錢氏奉祠堂記》,《景印文淵閣四庫全書》第1117册,臺灣商務印書館,1986年,第303頁。

祭掃，自然也在寺廟中進行。宋代筆記對此類寺廟記述頗多。如馬永卿《懶真子》稱："司馬溫公(司馬光)祖塋，在陝府夏縣之西二十四里地，名'鳴條山'，有墳寺，曰'餘慶'，山下即溫公之祖居也。"[1] 朱弁《曲洧舊聞》記載："范正平子夷，忠宣公(范純仁)子也。勤苦學問，操履甚於貧儒。與外氏子弟結課於覺林寺，去城二十里。……覺林寺蓋文正公松楸功德寺也。"[2]《道山清話》記載："富丞相(富弼)一日於墳寺剃度一僧。貢父(劉攽)聞之，笑曰：'彥國壞了幾個，才度得一個？'人問之，曰：'彥國每與僧對語，往往獎予過當，其人恃此傲慢，反以致禍者。……'"[3] 惠洪《林間錄》記載："章子厚(章惇)請住墳寺，方對食，子厚言及之，師(净端禪師)瞑目說偈，曰：'章惇章惇，請我看墳；我却吃素，你却吃葷。'子厚爲大笑。"[4] 葉夢得《避暑錄話》記載："歐陽文忠公(歐陽修)平生詆佛老，……公既登政路，法當得墳寺，極難之，久不敢請。已乃乞爲道宮。凡執政以道宮守墳墓，惟公一人。"[5]

墳寺、功德寺原先惟達官顯貴方能擁有，但後來，一般官員，乃至富裕的庶民，也紛紛興建，於是，其數量迅速增加。尤其是浙西一帶，稍有能力的往往在墓地搭建一處小型建築，平時用於存放祭祀物品，寒食、清明之際，即用作祭祖場所。莊綽《鷄肋編》記載：

> 寒食日上冢，……京師四方因緣拜掃，遂設酒饌，携家眷游。或寒食日陰雨，及有墳墓异地者，必擇良辰，相繼而出。以太原本寒食一月，遂爲寒食爲一月節。浙西人家就墳多作庵舍，種種備具，至有簫鼓樂器，亦儲以待用者。[6]

---

[1] 馬永卿撰，查清華、顧曉雯整理：《懶真子》卷四，《全宋筆記》第三編第六册，大象出版社，2008年，第195~196頁。

[2] 朱弁：《曲洧舊聞》卷三，第27頁。

[3] 佚名：《道山清話》，第108頁。

[4] 釋惠洪：《林間錄》卷上，《景印文淵閣四庫全書》第1052册，臺灣商務印書館，1986年，第818頁。

[5] 葉夢得撰，徐時儀整理：《避暑錄話》卷上，《全宋筆記》第二編第十册，大象出版社，2006年，第230~231頁。

[6] 莊綽：《鷄肋編》卷上，第27頁。

(三)祭祖禮俗

祭祀祖先的傳統禮儀,在《儀禮》《禮記》等儒家經典中都有明確規定,但隨着歷史的演進和社會的變遷,諸多古禮難以在後世實行。兩宋時期,舊禮與新俗的衝突、碰撞頗爲明顯,傳統的祭禮同樣表現出從俗的趨勢,不少新的禮俗與器物,逐漸爲社會各階層所認同和接受。

在祭祖儀式中,作爲祖靈象徵物、附着物的神主(亦稱木主,簡稱主),至關重要。許慎《五經異義》稱:"主者神象也,孝子既葬,心無所依,所以虞而立主以事之。"[1] 據日本學者吾妻重二考證,先秦時期已使用神主,既葬之後的虞祭用桑木製作的虞主,小祥練祭用栗木製作的練主,惟其形制已不可考知。漢代,神主形制可知的有正方體、長方體、前方後圓形三種類型。[2] 不過,據漢代儒士的説法,先秦以來"唯天子、諸侯有主,卿大夫無主,尊卑之差也。卿大夫無主者,依神以几筵"[3]。至唐代,《開元禮》已就三品以上官員製作和使用神主作了明確規定。

> 預造虞主,以烏漆櫝櫝之,盛於廂。烏漆跌一,皆置於別所。虞主用桑主,皆長尺,方四寸,上頂圓,徑一寸八分,四廂各剡一寸一分。又上下四方通孔,徑九分。其櫝底蓋方,底自下而上,蓋俱從上而下,與底齊。其跌方一尺,厚三寸,將祭,出神主置於座。櫝置於神主之後。[4]

杜佑《通典》所載唐代"天子、皇后神主",其形制與上引《開元禮》的記載基本相同,惟"長尺二寸",略高一些。[5] 唐代皇帝、皇后的神主形制後爲宋、金、元

---

1 杜佑:《通典》卷四八《禮典八·吉禮七·天子皇后及諸侯神主》引許慎《五經異義》,中華書局影印本,1984年,第277頁。
2 [日]吾妻重二:《木主考——到朱子學爲止》,載《雲南大學學報》2011年第5期。
3 杜佑撰:《通典》卷四八《禮典八·吉禮七·天子皇后及諸侯神主》引許慎《五經異義》,第277頁。這一説法對後世影響很大,但也引起頗大爭議,唐代以來有不少學者對此作了反駁。
4 《大唐開元禮》卷一三九《凶禮·三品以上喪之二·虞祭》,《景印文淵閣四庫全書》第646册,臺灣商務印書館,1986年,第828頁。據同書卷一四〇《凶禮·三品以上喪之三·小祥祭》所載,栗主形制與桑主同。(第830頁)
5 杜佑:《通典》卷四八《禮典八·吉禮七·天子皇后及諸侯神主》,第277頁。

太廟所沿襲,其影響還及日本和韓國。[1]

此外,至晚西晉以來品官與士人已使用類似於神主的祖靈象徵物,稱爲神版、祠版,即後世習稱的牌位。杜佑《通典》記載:

> 晉劉氏問蔡謨,云:"時人祠有板,板爲用當主,爲是神坐之榜題?"謨答:"今代有祠板木,乃始禮之奉廟主也。主亦有題,今板書名號,亦是題主之意。"安昌公荀氏(荀勖)《祠制》:神板皆正長尺一寸,博四寸五分,厚五寸八分。大書"某祖考某封之神座""夫人某氏之神座",以下皆然。書訖,蠟油炙,令入理,刮拭之。[2]

據上述記載,荀勖確定的神版形制其實與《開元禮》記載的神主頗相類似,二者可謂名異實同。這一神版之制,其後爲唐代和宋代所沿用,文彥博首建家廟時,所供奉的神版即采用荀勖之説,徽宗大觀年間重定群臣家廟制度時,也沿襲此制。趙彥衛《雲麓漫鈔》記載:

> 文潞公作家廟……神版之制,文潞公用晉荀安昌公祠制作版,采唐周元陽議,祀以元日、寒食、秋分、冬夏至,致齋一日。受詔之四方,酌古諸侯載遷主之義,作車奉神版以行。按大觀議禮,神版長尺一寸,博四寸五分,厚五寸八分,大書某祖考某封之神座,每室各有神幄。貯以帛囊,緘以漆函,祭則出於位。[3]

雖然宋代官方所定制度仍對神主與神版加以區分,并有明確的等級規定,但普通官員和士人在建廟立祠祭祀祖先時,實際上已愈益普遍地使用神版,而且往往主版不分,混而稱之,[4]唯在體積、形制等方面稍作變動,以與皇家之制相區別。龔鼎臣《東原録》記載:

1　詳見[日]吾妻重二:《木主考——到朱子學爲止》,載《雲南大學學報》2011年第5期。

2　杜佑:《通典》卷四八《禮典八·吉禮七·卿大夫士神主及題板》,第277頁。杜佑顯然不同意許慎卿大夫無主,祭祖祇能用几筵的説法,故以"卿大夫士神主及題板"爲標題。從唐代的實際情況看,三品以下官員可以使用與神主相類似的神版。

3　趙彥衛:《雲麓漫鈔》卷二,第113～114頁。另據《宋會要輯稿》禮一二《群臣士庶家廟》記載,高宗賜修秦檜家廟时,其神版也參照文彥博家廟及大觀年間確定的制度,采用荀勖之制。(第708頁)

4　張載在論及祭祖時即主版混用,如稱:"祭堂後作一室,都藏位板。"又稱:"今之士大夫,主既在一堂,何不合祭之。"見《張載集》三《經學理窟·自道》《經學理窟·祭祀》,第291、293頁。

邵亢學士家作三代木主，大約依古制而規模小也，仍各用一小木室安木主，作一静室置之，不須更畫影幀，蓋非古禮，又木主久而壞，可瘞而別製。安祿山陷洛陽，士庶奔迸。崔祐甫獨崎危於矢石之間，潜入家廟，負木主以竄，然則木主之制，唐士人之家皆爲之也。[1]

不少儒家學者肯定了士大夫在改革形制的基礎上普遍使用神版的做法，并進而認爲，神主之制應當適用於普通士人之家。如司馬光即在《書儀》中論及這一問題。

以桑木爲祠版。……大夫士有重，亦宜有主。……今士大夫家，亦有用祠版者，而長及博、厚，不能盡如荀氏之制。題云"某官府君之神座""某封邑夫人郡縣君某氏之神座"。續加封贈，則先告，貼以黄羅而改題。無官，則題"處士府君之神座"。版下有趺，韜之以囊，籍之以褥，府君夫人衹爲一匣。今從之。《禮》：虞主用桑，練主用栗。祠版，主道也。故于虞，亦用桑；將小祥，則更以栗木爲之。[2]

對於神版形制的改革，宋代理學家曾提出不少建議。如程頤確立的形制爲：將神主或神版於側面的中間剖開，成前後兩半，在剖面上書寫祖先名銜之類，平日儲存時，以兩半合爲一體。這一做法爲不少士人所采用，但因收藏或搬遷時，容易將兩半混淆或遺失，并不方便。趙彦衛《雲麓漫鈔》記載：

今人有用伊川主制，一木判其半，中書字，復以所判之半入於中，或誤入及迎送遷徙而脱落，則爲不敬。不若用版爲當，則是大觀所載神版之制，宜爲當世傳用也。[3]

朱熹曾就《通典》所載荀勖神版之制作了考辨，認爲側面寬於正面的形制不合"版"的詞義，"厚五寸八分"之説顯然有誤。

《江都集禮》晉安昌公荀氏祠制云：祭版皆正側長一尺二分，博四寸五分，厚五分，八分大書云云。今按它所引或作厚五寸八分，《通典》

---

[1] 龔鼎臣撰，黄寶華整理：《東原録》，《全宋筆記》第八編第九册，大象出版社，2017年，第177頁。
[2] 司馬光：《書儀》卷七《喪儀三·祠版》，《叢書集成新編》第35册，臺灣新文豐出版公司，1985年，第37頁。
[3] 趙彦衛：《雲麓漫鈔》卷二，第114頁。

《開元禮》皆然。詳此八分字,連下大書爲文,故徐潤云:"又按不必八分,楷書亦可。"必是荀氏全書本有此文,其作五寸者,明是後人誤故也。若博四寸五分而厚五寸八分,則側面闊於正面矣,決無此理,當以《集禮》爲正。[1]

朱熹所據之隋《江都集禮》,今不可見,但他的説法,神版應寬四寸五分,厚五分,八分是書體而非尺寸,則對南宋時期的神版製作產生了不小影響,後世更爲世人普遍遵行。故元明以後盛行於世的,大多爲正面較寬、厚度較薄的版式祖先牌位。

除了神主與神版,宋人還流行在家廟或祠堂中置放祖先的畫像或塑像,以表示祖先如在,故時人家中的祭祖場所,也習稱影堂。這一做法起源於唐代,至宋代已蔚然成風。王禹偁曾論及繪製祖先圖像的由來,而其家中也有先父的畫像:

> 古者自天子至士,皆有家廟,祭祀其先,以木爲神主,示至敬也。唐季以來,爲人臣者,此禮盡廢,雖將相諸侯多祭於寢,必圖其神影以事之。淳化甲午歲,予小子實罹大罰,洛陽處士楊丹寫我顯考中允府君,神像盡妙。[2]

在祭祖場所安置祖先畫像、塑像,雖不合古禮,但既然習以成俗,包括理學家們也多采取從俗的態度,予以認同。前引程頤之語,即稱:"如富家及士,置一影堂亦可。"朱熹在回答他人關於"影堂"的詢問時,也解釋説:

> 按古禮,廟無二主。嘗原其意,以爲祖考之精神既散,欲其萃聚於此,故不可以二。今有祠版,又有影,是有二主矣。……
>
> 禮意終始全不相似,泥古則闊於事情,徇俗則無復品節。必欲酌其中制,適古今之宜,則宗子所在,奉二主以從之,於事爲宜。[3]

---

[1] 朱熹撰,徐德明、王鐵校點:《晦庵先生朱文公文集(四)》卷六三《書·答郭子從叔雲》,《朱子全書》第二三冊,第 3052 頁。

[2] 王禹偁:《小畜集》卷一四《畫紀》,《景印文淵閣四庫全書》第 1086 冊,臺灣商務印書館,1986 年,第 138 頁。

[3] 朱熹撰,劉永翔、徐德明校點:《晦庵先生朱文公文集(三)》卷四〇《書·答劉平甫》,《朱子全書》第二二冊,第 1795~1796 頁。

宋代筆記中有關影堂的事例尤爲多見,如邵博《邵氏聞見後錄》記載:

> 晁以道言:當東坡盛時,李公麟至爲畫家廟像。後東坡南遷,公麟在京師,遇蘇氏兩院子弟於途,以扇障面不一揖,其薄如此。故以道鄙之,盡弃平日所有公麟之畫於人。[1]

邵博對李公麟爲人之惡評,是否真有事實依據,姑且不論,但說像李公麟這樣的大畫家也曾爲友人繪製過祖先畫像,應該是可信的。

《邵氏聞見後錄》另一條記載也挺有意思:

> 蔡氏(蔡京、蔡卞家族)、鄧氏(鄧綰、鄧洵武家族)、薛氏(薛昂家族),皆立安石之像,祠於家廟,朝拜安石而頌曰:"聖矣,聖矣!"暮拜安石而頌曰:"聖矣,聖矣!"國學,風化之首也,豈三家之家廟乎?故曰:廢大法而立私門,啓攘奪而生後患,可爲寒心,莫大於此。尊君愛國之士,孰敢以此爲是乎?[2]

邵博所言,褒貶頗爲明顯,其間自然有其個人恩怨,但蔡、鄧、薛皆尊崇并追隨王安石確屬事實,曾在家廟中供奉過王安石的畫像或塑像,應該也是事實。

宋人祭祖祀先的時間也出現一些新的變化。古時祭祖有所謂的四時之祭,《禮記·王制》稱:"天子諸侯宗廟之祭,春曰礿,夏曰禘,秋曰嘗,冬曰烝。"[3] 此外還有"蜡祭""薦新"之祭等。唐代祭祖,"天子以四孟、臘享太廟,諸臣避之,祭仲而不臘"[4]。至宋代,一些儒家學者提出:"祭祀用分至四時,正祭也。"此外,還可在元日、寒食、十月朔祭祖。[5] 官方則規定:"所有時饗,按《五禮新儀》,擇日用四孟柔日。"[6] 而實際上,宋代品官士庶多以春、夏、秋、冬四季與傳統的民俗節日相結合,統籌安排一年中的祭祖時間。如文彥博建立家廟後,"祀以元日、寒食、秋分、冬夏至,致齋一日"[7]。程顥、程頤曾就祭祖的時間提出他們的

---

[1] 邵博:《邵氏聞見後錄》卷二七,第193頁。
[2] 邵博:《邵氏聞見後錄》卷二三,第167頁。
[3] 孔穎達:《禮記正義》卷一二《王制》,第1335頁。
[4] 歐陽修、宋祁等:《新唐書》卷一三《禮樂志三》,中華書局,1975年,第346頁。所謂"四孟"是指春、夏、秋、冬各季的第一個月,"仲月"是指各季的第二個月。
[5] 張載:《張載集》三《經學理窟·自道》,第289頁。"分至四時"是指春分、秋分、夏至、冬至。
[6] 《宋會要輯稿》禮一二《群臣士庶家廟》,第708頁。
[7] 趙彥衛:《雲麓漫鈔》卷二,第113頁。

建議：

> 士大夫必建家廟，廟必東向，其位取地潔不喧處。設席坐位皆如事生……每月告朔，茶酒。四時：春以寒食，夏以端午，秋以重陽，冬以長至，此時祭也。每祭訖，則藏主於北壁夾室。拜墳則十月一日拜之，感霜露也。寒食則又從常禮。[1]

除二程外，當時還有不少士大夫如杜衍、韓琦、翟汝文等，皆根據時代的變化，參酌古今，調和禮俗，私家修撰了多部適用於士庶之家的祭祖禮儀，其中皆言及祭祖的時間及相關的儀式。徐度《却掃編》記載：

> 近世士大夫家祭祀，多苟且不經。惟杜正獻公（杜衍）家用其遠祖叔廉書儀，四時之享，以分、至日，不設椅卓，唯用平面席褥，不焚紙幣。以子弟執事，不雜以婢僕。先事致齋之類，頗爲近古。又韓忠獻公（韓琦）嘗集唐御史鄭正則等七家祭儀，參酌而用之，名曰《韓氏參用古今家祭式》，其法與杜氏大略相似，而參以時宜。如分、至之外，元日、端午、重九、七月十五日之祭，皆不廢。以爲雖出於世俗，然孝子之心，不忍違衆而忘親也。其説多近人情，最爲可行。[2]

葉夢得《避暑録話》記載：

> 士大夫家祭多不同，蓋五方風俗沿習與其家法所從來各异，不能盡出於禮。古者修其教，不易其俗，故周官教民，禮與俗二者不偏廢，要不遠人情而已。……近見翟公巽（翟汝文）云，作《祭儀》十卷而未之見也。問其大略，謂如或祭於昏，或祭於旦，皆非是。當以鬼宿渡河爲候。而鬼宿渡河常在中夜，必使人仰覘以俟之。其他大抵類此，援證皆有據。公巽博學多聞，不肯碌碌同衆，所見必每過人也。[3]

從兩宋士庶之家的祭祖時間看，墓祭集中在寒食、清明，家祭多在七月十五日。該日，道教稱爲中元節，佛教稱爲盂蘭盆節，民間的享祀活動極爲熱鬧。盂

1　程顥、程頤：《二程集·河南程氏外書》卷一《朱公掞録拾遺》，第352頁。
2　徐度撰，朱凱、姜漢椿整理：《却掃編》卷中，《全宋筆記》第三編第十册，大象出版社，2008年，第146頁。
3　葉夢得：《避暑録話》卷上，第272頁。

元老《東京夢華錄》記載北宋開封的情況：

> 七月十五日，中元節。先數日市井賣冥器：靴鞋、襆頭、帽子、金犀假帶、五彩衣服，以紙糊架子盤游出賣。……要鬧處亦賣果食、種生、花果之類，及印賣《尊勝目連經》。又以竹竿斫成三脚，高三五尺，上織燈窩之狀，謂之"盂蘭盆"。挂搭衣服、冥錢，在上焚之。構肆樂人自過七夕，便般《目連救母》雜劇，直至十五日止，觀者增倍。中元前一日，即賣練葉，享祀時鋪襯卓面。又賣麻穀窠兒，亦是繫在卓子脚上，乃告祖先秋成之意。又賣雞冠花，謂之"洗手花"。十五日供養祖先素食，纔明即賣搽米飯，巡門叫賣，亦告成意也。又賣轉明菜花、花油餅、餕饌、沙饌之類。[1]

吴自牧《夢粱錄》記載南宋杭州的情況：

> 七月十五日，……市賣冥衣。亦有賣轉明菜花、花油餅、酸餡、沙餡、乳糕、豐糕之類。賣麻穀窠兒者，以此祭祖宗，寓預報秋成之意。雞冠花供養祖宗者，謂之"洗手花"。此日，都城之人有就家享祀者，或往墳所拜掃者。[2]

此外，十月朔日和冬至，民間也有例行的祭祖活動，南宋時的杭州，還在除夕祭祖。《東京夢華錄》記載："（九月）下旬即賣冥衣、靴鞋、席帽、衣段，以十月朔日燒獻故也"；"十一月冬至。京師最重此節。雖至貧者，一年之間，積纍假借，至此日更易新衣，備辦飲食，享祀先祖"。[3]《夢粱錄》記載："最是冬至歲節，士庶所重，如饋送節儀，及舉杯相慶，祭享宗禋，加於常節"；除夜，"士庶家不論大小，家俱灑掃門閭，去塵穢，净庭户，换門神，挂鍾馗，釘桃符，貼春牌，祭祀祖宗"。[4]周密《武林舊事》記載："至除夕，……祀先之禮，則或昏或曉，各有不同。"[5]

祭祖儀式中所使用的祭器，包括形制、數量、組合等，針對使用者的不同身

---

[1] 孟元老：《東京夢華錄》卷八"中元節"，第173頁。

[2] 吴自牧：《夢粱錄》卷四"解制日"，第118~119頁。

[3] 孟元老：《東京夢華錄》卷八"重陽"、卷一〇"冬至"，第175、181頁。

[4] 吴自牧：《夢粱錄》卷六"十一月冬至""除夜"，第144、146頁。

[5] 周密：《武林舊事》卷三"歲晚節物"，第49頁。

份,傳統禮制也有嚴格的等級規定。這些規定大體爲歷朝官方所沿用。北宋徽宗政和六年(1116),繼重定群臣家廟制度之後,對各級品官所使用的祭器也作了明確規定。正一品高官的祭器,據趙彥衛《雲麓漫鈔》記載,規格如下:

> 每位籩十二、豆十二、簠四、簋四、銅鼎一、俎二、壺尊二、壺罍二、爵坫三、祝坫一、燭臺三、登二,共用罍一副,爵洗一副。[1]

正一品以下的官員,依次降等。[2] 當時,朝廷下詔命禮制局仿照古代禮器樣式,用銅製造,賜予按規定修建家廟的宰執。於是,蔡京、鄭居中、鄧洵武、余深、侯蒙、薛昂、白時中、童貫等人都獲得朝廷給賜的銅祭器。南宋初期,朝廷繼續沿用上述規定。孝宗淳熙年間,朝廷接受官員的進諫,停止了賜器之舉,自此,凡有官員獲賜修建家廟,"止令有司精緻製造爵、勺各一給賜本家,餘令禮官定合用禮式,畫圖成册,給付本家,聽其自造,并用竹木"[3]。

不過,宋代一般官員與士人所使用的祭器,因官方并無明確的制度規定,往往略參古制,融以今俗,各隨其宜,没有統一的標準。一些儒士更采取從俗的態度,完全使用宋代通行的器皿,不用古禮規定的禮器樣式,北宋的邵雍即爲典型的一例。其子邵伯溫所著《聞見録》記載:

> 康節先公(邵雍)出行不擇日,……春秋祭祀,約古今禮行之,亦焚楮錢。……又曰:"吾高曾今時人,以籩豆簠簋薦牲不可也。"伯温謹遵遺訓而行之也。[4]

至於普通士庶之家,祭祖祀先的祭器自然没有更多的講究,往往使用的就是當時通行的器皿,但必須保持其完好、潔净,不能使用於日常生活。對於供品,即便理學家也多主張各隨其宜,不必强求。程顥、程頤認爲:"祭之飲食,則稱家有無。祭器坐席,皆不可雜用。"[5] 張載認爲:"祭接鬼神,合宗族,施德惠,行教化,其爲備須是豫,故至時受福也。羞無他物,則雖羞一品足矣。"[6]

---

1 趙彥衛:《雲麓漫鈔》卷二,第113頁。
2 《宋會要輯稿》禮一二《群臣士庶家廟》,第707頁。
3 《宋會要輯稿》禮一二《群臣士庶家廟》,第713頁。
4 邵伯温:《聞見録》卷一九,第252頁。
5 程顥、程頤:《二程集·河南程氏外書》卷一《朱公掞録拾遺》,第352頁。
6 張載:《張載集》三《經學理窟·祭祀》,第293頁。

值得一提的是，宋代的祭祖儀式還流行焚香、奉茶的程序，這是傳統祭禮中没有的内容。對此，張載的解釋是："祭則香茶，非古也。香必燔柴之意，茶用生人意事之。"[1] 即焚香是采用了古代祭天的儀式。《爾雅·釋天》稱："祭天曰燔柴。"（邢昺疏：祭天之禮，積柴以實牲體、玉帛而燔之，使烟氣之臭上達於天，因名祭天曰燔柴也。）[2] 宋代，社會各階層以香茶敬奉長輩已成爲日常生活最基本的禮節之一，所以祭祖奉茶的寓意是尊崇逝者如同侍奉生者。張載對後者的解釋無疑是正確的，前者究竟是融合古代祭天之禮，還是受佛、道的影響，尚可商榷，但焚香敬祖已蔚然成風確屬事實。龔鼎臣《東原録》記載了時人焚香祭祖的情況。

　　丁謂嘗云：唐明皇時异人言，醮席中聞乳香靈祇皆去，至於今惑之。真宗時親禀聖訓，況乳香所以奉高真上帝，百神不敢當。今士大夫家祭多用濕香，亦遵前聞也。[3]

宋代以後，在祭祖儀式中燃香、敬茶，更成爲普遍的社會風俗。

（四）先賢祠祀

先賢祠祀實質上是祖靈崇拜的延伸與擴展。中國這個國家是在血緣紐帶未完全解體、家族組織仍大量留存的狀況下起源的，血緣與地緣的緊密結合是中國早期國家的基本特點。國家政權在保留家族組織的同時，又按照特定的行政區劃進行統治，久而久之，便在家族之外形成一定的地方意識和地方利益，於是，從家族内的祖靈崇拜又衍生出地方上的先賢奉祀。當某人被某一地方的諸多异姓家族共同視爲英杰賢良的先輩，予以尊奉崇拜時，其人便有了血緣與地緣的雙重特性。世人普遍認爲，先賢的神靈能够庇佑一方，在道德教化、人心引領、安樂守護等方面起重要的作用。

《周禮·春官》記載："凡有道者，有德者，使教焉；死則以爲樂祖，祭於瞽宗。"[4] 可見，生前德高望重，死後被尊奉爲神靈，受人祭祀，早在先秦時期已成

1　張載：《張載集》三《經學理窟·祭祀》，第293頁。
2　邢昺等校定：《爾雅注疏》卷六《釋天》，中華書局影印阮元校刻《十三經注疏》本，1980年，第2609頁。
3　龔鼎臣：《東原録》，第189頁。
4　賈公彦：《周禮注疏》卷二二《春官·宗伯下》，第787頁。

爲慣例,從中也可看出,先賢奉祀雖源於鬼魂信仰和祖靈崇拜,但其内涵實具有更爲豐富的人文性和社會性。秦漢以降,對前代賢哲的尊崇日益受人重視,官方也予以提倡和鼓勵。唐代貞觀四年(630),唐太宗下詔:"州、縣學皆作孔子廟。"[1]至此,孔子成爲全國各地都可祭祀的前代聖賢。天寶十三載(754),唐玄宗下令:"五岳四瀆,及名山大川,并靈迹之處、先賢祠廟,各委郡縣長官致祭,其有陵墓祠宇頽毀者,量事修葺。"[2]此後,先賢祠祀更趨流行。

兩宋時期,爲先賢立祠祭祀,已成爲普遍的社會風氣,其建制,或獨立建祠,或於官學、書院、寺觀中特設祭祀場所。其名稱,通稱"先賢祠",爲個人立祠的稱"某某祠",群祀多位先賢的,則以數量之别,稱"三賢祠""五賢祠""群賢祠"等。宋代官方繼承了前代的政策,不僅將諸多先賢納入國家祀典,而且時有褒揚先賢之舉。王栐《燕翼詒謀録》記載:

> 皇朝追襃先賢,皆有所因,仁宗景祐元年九月,詔封扁鵲爲神應侯,以上疾愈,醫者許希有請也。徽宗崇寧元年二月,封孔鯉泗水侯、孔汲沂水侯,崇先聖之嗣也。六月,封伯夷爲清惠侯、叔齊爲仁惠侯,重節義之風也。宣和元年五月甲申,封列禦寇冲虚觀妙真君、莊周微妙元通真君,尚虚無之教也。然仁宗因醫者之請,姑勉從之。伯魚、子思之封,以配享從例封也。伯夷、叔齊遜千乘之國,豈求身後虚名;莊、列物外人,何羡真君之號,不必封可也。[3]

王栐之言或有偏頗,但朝廷追襃先賢確實與其政治意圖、統治政策,乃至皇帝的個人因素密切相關。因此,真正推動具有"民意"基礎的先賢祠祀臻於興盛的主流力量,實在於文人士大夫乃至普通民衆。

大體而言,宋代的先賢奉祀涉及兩個方面:其一是對前代的先賢祀祠予以修葺、維護,或新建、重建,以便時人憑弔、祭奠;其二是爲當代先賢立祠奉祀。這兩方面在宋代筆記中都有頗爲典型的事例。

如唐代詩人李白,於上元三年(當年四月改元寶應,762)逝於當塗(今屬安

---

[1] 《新唐書》卷一五《禮樂志五》,第373頁。
[2] 宋敏求:《唐大詔令集》卷九《天寶十三載册尊號敕》,商務印書館,1959年,第55頁。
[3] 王栐:《燕翼詒謀録》卷四"襃封先賢",第36頁。

徽），其死因或説疾終，或説醉死，民間傳説其泛舟時捉月溺亡。原葬於龍山東麓，後宣歙觀察使范傳正會同當塗縣令諸葛縱將其遷葬青山。再後，有人在墓旁立祠奉祀。南宋時，陸游入蜀任夔州通判，於乾道六年（1170）七月途經當塗，遂往李白祠堂拜訪：

> （七月）十七日，郡集於青山李太白祠堂，二教授同集。祠在青山之西北，距山尚十五里。墓在祠後，有小岡阜起伏，蓋亦青山之別支也。祠莫知其始，有唐劉全白所作墓碣，及近歲張真甫（張震）舍人所作重修祠碑。太白烏巾、白衣、錦袍，又有道帽、氅裘。侑食於側者，郭功甫（郭祥正）也。[1]

據陸游所記可知，李太白祠堂於唐代建祠後，南宋紹興年間任中書舍人的張震曾予以重修。文中述及的郭祥正爲北宋中期人，祖籍當塗。郭"少有詩聲"，追慕李白，時人稱其"天才如此，真太白後身也！"晚年隱居青山。[2] 想必郭也對祠堂作過修葺。

約同時或稍晚一些，程大昌也拜訪過李白祠堂，其《演繁露》記載了自己的見聞，并探討了李白的死因。

> 采石江之南岸，田畔間有墓，世傳爲李白葬所。纍甓圍之，其墳略可高三尺許。前有小祠堂，甚草草，中繪白像，布袍裹軟脚幞頭，不知其傳真否也。白嘗供奉翰林，終不曾得官，則所衣白袍是矣。范傳正作白碑曰："白之孫女言曰：'嘗殯龍山之東麓，墳高三尺。'"傳正時爲宣歙觀察使，諭當塗令諸葛縱改葬於青山，則在舊瘞之東六里矣，其時元和十二年也。然則龍山、青山，兩地皆著白墳，亦有實矣。至謂白以捉月自投於江，則傳者誤也。曾鞏曰："范傳正志白墓，稱白偶乘扁舟，一日千里。"白之歌詩亦自云如此。或者因其豪逸，又嘗草瘞江邊，乃飾爲此説耳。正史及范碑皆無捉月事，則可證矣。[3]

---

1 陸游撰，李昌憲整理：《入蜀記》卷三，《全宋筆記》第五編第八册，大象出版社，2012年，第178頁。
2 詳見《宋史》卷四四四《文苑列傳六·郭祥正傳》，第13123頁。
3 程大昌撰，許沛藻、劉宇整理：《演繁露》卷六"李白墓"，《全宋筆記》第四編第八册，大象出版社，2008年，第231頁。

在宋代新建、重建的前代先賢祀祠中,范仲淹所修嚴光祠堂尤爲著名。嚴光字子陵,會稽餘姚(今浙江餘姚市)人,東漢初年的著名隱士。光武帝即位後,多次召其爲官,皆不就,隱居富春山(今浙江桐廬),耕讀垂釣。年八十,終於故鄉。[1] 後人遂稱富春山爲"嚴陵山",稱其垂釣處爲"嚴陵瀨",稱其垂釣蹲坐之石爲"嚴子陵釣臺"。漢魏至唐,似有人在富春山建過嚴光祠堂,唐睿宗時的洪子輿作有《嚴陵祠》一詩[2],晚唐的方干也有詩作《題嚴子陵祠二首》[3]。但洪詩中稱:"幽徑滋蕪没,荒祠羃霜霰。"可見當時已很破敗。至北宋中期,祀祠已廢圮不存。明道二年(1033),范仲淹貶知睦州(治今浙江淳安),遂在富春山爲嚴光重新修建祠堂,并安排嚴氏後人管理祀祠。[4] 葉夢得《避暑錄話》記載此事稱:

> 嚴陵七里瀨在洞下二十餘里,兩山聳起壁立,連亘七里,土人謂之瀧,訛爲籠,言若籠中。因謂初至爲入籠,既盡爲出籠。瀧本音間江反,犇湍貌,以爲若籠,謬也。七里之間皆灘瀨,今因沈約詩誤爲一名,非是。嚴陵灘最大,居其中。范文正公爲守時,始作祠堂山上,命僧守之。山峻,無平地,不能爲重屋。東西二釣臺乃各在山巔,與灘不相及,突然石出峰外,略如臺。上平,可坐數十人,因以名爾。[5]

范仲淹建祠時還寫下著名的《嚴先生祠堂記》,據說他曾與名儒李覯探討文末的四句歌詩,李擬改動一字,范深以爲然,幾欲下拜,由此傳爲美談。洪邁《容齋五筆》記載:

> 范文正公守桐廬,始於釣臺建嚴先生祠堂,自爲記,用《屯》之初九,《蠱》之上九,極論漢光武之大,先生之高,財二百字。其歌詞云:

---

[1] 詳見《後漢書》卷八三《逸民列傳·嚴光傳》,第2763~2764頁。
[2] 《文苑英華》卷三二〇《祠廟》收録洪子輿《嚴陵祠》:"漢主召子陵,歸宿洛陽殿。客星今安在,隱迹猶可見。水石空潺湲,松篁尚葱蒨。岸深翠陰合,川迴白雲遍。幽徑滋蕪没,荒祠羃霜霰。垂釣想遺芳,掇蘋羞野薦。高風激終古,語理忘榮賤。方驗道可遵,山林情不變。"中華書局影印本,1966年,第1656頁。
[3] 詳見方干:《玄英集》卷八《七言絶句·題嚴子陵祠二首》,《景印文淵閣四庫全書》第1084册,臺灣商務印書館,1986年,第82~83頁。
[4] 范仲淹:《范文正公集》卷七《桐廬郡嚴先生祠堂記》稱:"某來守是邦,始構堂而奠焉,乃復其爲後者四家,以奉祠事。"《四部叢刊初編》本。
[5] 葉夢得:《避暑錄話》卷上,第270頁。

"雲山蒼蒼,江水泱泱。先生之德,山高水長。"既成,以示南豐李泰伯(李覯)。泰伯讀之,三嘆味不已,起而言曰:"公之文一出,必將名世,某妄意輒易一字,以成盛美。"公瞿然握手扣之,答曰:"雲山、江水之語,於義甚大,於詞甚溥,而'德'字承之,乃似趑趄,擬換作'風'字,如何?"公凝坐頷首,殆欲下拜。[1]

范仲淹之後,嚴光祠堂又經過多次修葺,并與富春山上嚴光的其他遺迹一同留存至今。這處名勝古迹現在仍對游客具有極強的吸引力。

宋人爲當代先賢立祠祭祀的事例更多,也更值得關注。南宋名儒真德秀在《宜興縣先賢祠堂記》中的一段論述頗能反映時人的觀念。

> 古者,鄉先生没而祭於社。夫社者,報本之事也,鄉先生何功而祭於此耶?蓋嘗深思社之爲群祀首者,以其産嘉穀,育蒸民。而鄉先生之重於鄉,亦以其蹈道秉德而牖民於善也。育之以保正命,牖之以全正性,其功一爾。……後世先賢有祠,亦古之遺意,蓋不獨躬受教如師弟子,然後可祠。其人遠矣,而言行風迹廩廩且存,鄉人子弟猶有所觀法則,雖歷千百祀不可忘也。[2]

就中國古代先賢祠祀的發展、演變看,宋代正處於承前啓後的中間環節,故呈現出兩個頗爲明顯的過渡性特點。其一,宋代與前代的相似之處是,奉祀先賢時往往并不强調其"仕地""故里"等地方屬性。文人士夫與普通民衆多認爲,雖非生長於斯,但凡游學、仕宦、流寓、途經其地的,甚至與當地并無密切關係的,祇要聲望卓著,可爲楷模,皆能視作先賢,立祠祭祀。如蘇軾爲四川眉山人,晚年自貶所赦還時,途經常州病逝,最終也未葬於該地,但仍被宜興民衆奉爲先賢。上引真德秀《宜興縣先賢祠堂記》即稱其爲"一世偉人","雖非其鄉,

---

[1] 洪邁撰,孔凡禮整理:《容齋五筆》卷五"嚴先生祠堂記",《全宋筆記》第五編第六册,大象出版社,2012年,第444~445頁。

[2] 真德秀:《西山文集》卷二十六《宜興縣先賢祠堂記》,第409頁。

而謂之鄉人可也"。這與明清時期的情況顯然有別。[1]其二,前代被奉爲先賢的雖也是歷史上的真實人物,但在長期的傳承中,因官方的褒獎、佛道的宣揚和民間的附會,往往被過度神化,呈現出濃重的神秘虛妄色彩。而宋人立祠奉祀的先賢,注重的是其文治武功、道德文章以及在守護一方中的實際貢獻,這與後世奉祀先賢唯重其俗世功業的傾向是一致的。

兩宋時期先賢祀祠的具體數字現已不可考知,但舉凡名臣、名將、名儒、名士等,多被立祠祭祀,當屬事實。若僅就現存宋代文集、金石著錄等文獻中所保留的當代先賢祠記統計,即有二百五十餘篇(包括一人多記和多人一記),其中,生祠祠記二十八篇。[2]以筆記所載看,不少事例對建祠奉祀的情況皆有具體的描述。

如北宋太宗、真宗時的名臣張詠爲濮州鄄城(今屬山東)人,其治蜀的政績一直被世人傳爲美談。晚年出知陳州(今河南淮陽),卒於當地。但訃告傳入四川後,蜀地人士深感悲痛,爲之設齋追薦,并立祠奉祀。

> 初蜀新亂,張尚書至,公宇襲舊制,周列更鋪凡數百所,公即日命罷之,人心大安。及代去,留一卷實封文字與僧正希白,且云:"候十年觀此。"後十年,公薨於陳州,訃至,希白爲公設大會齋,請知府凌諫議策發開所留文字,乃公畫像,衣兔褐,繫條草裹,自爲贊曰:"乖則違俗,崖不利物。乖崖之名,聊以表德,因號乖崖。"公遂畫於天慶觀仙游閣。又九曜院皆畫公像,府衙之東南隅,又有祠堂,皆後人思公而爲之也。初,蜀人雖知向學,而不樂仕宦。公察其有聞於鄉者,得張及、李畋、張遠,間召與語民間事,往往延入臥內,從容款曲。故公於民情,無不察者,三人佐之也。其後,三人者皆薦於朝,皆爲員外郎,而蜀人寖(浸)

---

[1] 明清官方實行相對嚴格的户籍控制,士子求學、科考,必經地方官學步步進取,官員離職、退休,也須返回原籍,不能隨意遷徙。明朝官將地方官學中的先賢祠分爲鄉賢、名宦兩部分,并對入祠資格作出嚴格規定。明俞汝楫《禮部志稿》卷八五下《嚴名宦鄉賢祀》稱:"仕於其地,而有政績,惠澤及於民者,謂之名宦;生於其地,而有德業,學行傳於世者謂之鄉賢。"《景印文淵閣四庫全書》第598册,臺灣商務印書館,1986年,第535頁。

[2] 該數字據鄧廣銘、張希清主編《宋人文集篇目分類索引》一三《祠堂墳墓》統計,中華書局,2013年,第1621~1625頁。顯然,有祠記而未被上書收録的,以及没有祠記或祠記未留存的祀祠,總數應當不少。

多仕宦矣。每斷事,有情輕法重,情重法輕者,必爲判語,讀以示之。蜀人鏤版謂之戒民集,大底以敦風俗、篤孝義爲本也。[1]

北宋的寇準爲華州下邽(今陝西渭南北)人,太宗時出知巴東(今屬湖北),頗有政績。真宗時曾任宰相,成爲一時間的風雲人物。但晚景凄凉,貶謫雷州(今屬廣東)後,卒於貶所。巴東縣民感懷其恩德,爲之立祠祭祀。陸游入蜀途中曾拜謁了寇準祠堂,短短數言記載,却極富感情:

(乾道六年十月)二十一日,舟中望石門關,僅通一人行,天下至險也。晚泊巴東縣,江山雄麗,大勝秭歸。但井邑極於蕭條,邑中纔百餘户。自令廨而下,皆茅茨,了無片瓦。……謁寇萊公祠堂,登秋風亭,下臨江山。是日,重陰微雪,天氣黬黬,復觀亭名,使人悵然,始有流落天涯之嘆。遂登雙柏堂、白雲亭,堂下舊有萊公所植柏,今已槁死。[2]

多才多藝的蘇軾,聲名赫然,動於四方,但一生多遭貶謫,仕途歷經坎坷。不過,蘇軾去世後,不少地方的文人士夫和普通民衆都非常懷念他,爲之建立了多處祀祠。前述宜興縣群祀先賢的祠堂中即有蘇軾的一席之地。在此之前,常州知州晁子健也在郡學中爲蘇軾興建了個人的祀祠。費袞《梁谿漫志》記載:

東坡自黃移汝,上書乞居常,其後謝表有"買田陽羨,誓畢此生"之語。在禁林,與胡完夫、蔣穎叔唱和,有云:"惠山山下土如濡,陽羨溪頭米勝珠。賣劍買牛吾欲老,殺鷄爲黍子來無?"又云:"雪芽我爲求陽羨,乳水君應餉惠山。"晚自儋耳北還,崎嶇萬里,徑歸南蘭陵以殁。蓋出處窮達三十年間,未嘗一日忘吾州者;而郡無祠宇奠謁之所,邦人以爲闕文。乾道壬辰,太守晁强伯子健來,始築祠於郡學之西,塑東坡像其中。又於士夫家廣摹畫像,或朝服,或野服,列於壁間。而晁侍郎公武爲之記,其略曰:……記成,强伯刻石爲二碑,一置之郡齋,一置之陽羨洞靈觀,用杜元凱之法,蓋欲俱傳不朽,其措意甚美;然東坡公之名節,固自萬世不磨矣。[3]

---

1 江少虞:《宋朝事實類苑》卷九《名臣事迹·張乖崖》引文瑩《湘山野錄》,第103頁。
2 陸游:《入蜀記》卷六,第216頁。
3 費袞:《梁谿漫志》卷四"毗陵東坡祠堂記",第168~169頁。

周煇《清波雜志》還記載了蘇軾生前與常州及當地民眾的感情：

> 乾道末,晁強伯子健至毗陵,祠蘇東坡於學宮。其叔少尹子止(晁公武)爲之記……祠宇成,中置坡塑像,又遍求從壯至老,及自海外歸儀刑,繪於兩廡。晁文元後,子健爲景迂生以道(晁說之)之嫡孫。……
>
> 東坡自海外歸毗陵,病暑,著小冠,披半臂坐船中,夾運河千萬人隨觀之。坡顧坐客曰:"莫看殺我否?"則素知彼民愛慕,坡亦眷眷此地而不忘。強伯尸而祝之之意出此。[1]

蘇軾曾貶謫黃州(今湖北黃岡),蘇去世後,當地也爲之立祠祭祀。陸游《入蜀記》記載了其拜謁東坡祠堂的情形:

> (乾道六年八月)十九日早,游東坡。自州門而東,岡壟高下,至東坡則地勢平曠開豁。東起一壟頗高,有屋三間,一龜頭曰居士亭。亭下面南一堂頗雄,四壁皆畫雪,堂中有蘇公像,烏帽紫裘,橫按筇杖,是爲雪堂。堂東大柳,傳以爲公手植。正南有橋,榜曰小橋,以"莫忘小橋流水"之句得名。……東一井曰暗井,取蘇公詩中"走報暗井出"之句,寒泉熨齒,但不甚甘。又有四望亭,正與雪堂相直,在高阜上,覽觀江山,爲一郡之最。亭名見蘇公及張文潛集中。……出城五里至安國寺,亦蘇公所嘗寓。兵火之餘,無復遺跡,惟遶寺茂林啼鳥,似猶有當時氣象也。[2]

鑒於被立祠祭祀的先賢皆被士林和民眾視爲楷模,代代頌揚,遂有一些好名之徒千方百計躋身其中,欲藉以流芳百世。張仲文《白獺髓》記載了一則趣聞,曾任臨安府尹的趙從善,不學無術,教子無方,其子愚鈍至極,傳爲笑談。但趙好名,爲官紹興時,見當地群祀先賢的賢牧堂中有諸多名臣畫像,遂想方設法使自己的畫像也并列其中,不料,反遭人恥笑:

> 趙從善尚書自號無著居士,家居吳郡。從善尹天府日,招郡學喬木在家熟(塾)訓子希倉,而喬生者實無所知,乃饕餮人爾,不能責成其

---

[1] 周煇:《清波雜志》卷三"東坡祠",第37~38頁。
[2] 陸游:《入蜀記》卷四,第195頁。

弟子,但委靡依隨而已。……後希倉公倅紹興日,令庖人造燥子茄子,欲書判食單,問廳吏茄子(字),吏曰:"草頭下著加。"即援筆書草,下用"家"字,乃蒙字。郡人目曰"燥子蒙"。會稽郡治有賢牧堂,謂范文正公(范仲淹)、趙清獻公(趙抃)、翟忠惠公(翟汝文)、朱忠靖公(朱勝非)、趙忠簡公(趙鼎)、史越王(史浩)、張毘陵守(張守)像,民祠之。從善嘗帥浙東,日使門吏諭耆宿經倉憲兩司,陳乞以州治賢牧堂增從善像。兩司一時奉承從請。既成,有郡士朱萬年題詩於堂曰:"師罘使衆作祠堂,要學朱張與鄭王。大家飛上梧桐樹,自有旁人説短長。"[1]

其實,公道自在人心,爲官一方,若確實能爲當地利益和民衆安危盡心盡職,人們自然會感激他、懷念他。張師正《倦游雜録》中的一段記載樸實而感人。北宋仁宗時,儂智高起兵反宋,康州(今廣東德慶)知州趙師旦到任僅一日,大兵已壓境。趙命屬下率民衆撤退,自率老弱士卒抵禦,最終城陷而戰死。事後,康州百姓感恩戴德,立祠代代奉祀:

> 儂賊破邕州,偶江漲,遂乘桴沿流入番禺。時贊善大夫趙師旦知康州,到任始一日,賊既迫境,諭官屬吏民使避賊,謂曰:"吾固知斯城不可守,守城而死,乃監兵洎吾之職也。若曹無預禍。"賊既至,率弱卒不滿百禦之,半日城陷,趙與監兵皆死之,士卒得免者無一二。先是,一日,趙方出其妻藏於山谷,道上生一子,弃草中。賊去凡三日,復歸視之尚生,人謂忠義之感。……趙贈衛尉少卿,一子得殿直。趙史君之事,嶺外率知之,康人爲之立祠堂,至今祭祀不絶。[2]

兩宋時期,爲生人立祠的現象也比較流行,[3]如南宋名儒真德秀,歷知泉州、潭州(今湖南長沙)、福州,所至俱有政聲。知潭州時,當地民衆爲之建立生祠。羅大經《鶴林玉露》記載:

---

[1] 張仲文:《白獺髓》,《説郛三種》第四册,上海古籍出版社,1988年,第1730頁。
[2] 張師正:《倦游雜録》卷三"趙師旦",第227頁。
[3] 趙翼撰,欒保群、吕宗力校點《陔餘叢考》卷三二"生祠"稱:"《莊子》:庚桑子所居,人皆尸祝之,蓋已開其端。《史記》:欒布爲燕相,燕、齊之間皆爲立社,號曰欒公社;石慶爲齊相,齊人爲立石相祠,此生祠之始也。"(河北人民出版社,1990年,第568~569頁)唐代,因受官方限制,立生祠的現象極罕見,宋代以來又逐漸流行。

真西山帥長沙,郡人爲立生祠。一夕,有大書一詩於壁間者,其辭云:"舉世知公不愛名,湘人苦欲置丹青。西天又出一活佛,南極添成兩壽星。幾百年方鍾間氣,八千春願祝修齡。不須更作生祠記,四海蒼生口是銘。"[1]

文中的七言詩確實道出了世人的心聲,除了官方行爲,能否爲士林和百姓尊爲先賢,立祠祭祀,建祠之後能否香火不斷,關鍵還在於人心和口碑。

---

[1] 羅大經:《鶴林玉露》乙編卷四"西山生祠",第192~193頁。

第三章 佛教信仰習俗

佛教自兩漢之際傳入中國後,經三國兩晉南北朝的持續本土化,至隋唐,盛行於世的淨土宗、天台宗、法相宗、華嚴宗、禪宗、律宗、密宗等佛教宗派,皆凸顯出鮮明的中國特色。兩宋時期,佛教的傳播更體現出明顯的世俗化傾向,佛教信仰逐漸滲入社會各階層的精神生活之中,成爲社會信仰風俗的一個重要組成部分。

一、寺廟與僧尼

後周世宗的"滅佛"之舉使佛教的發展一度陷入低谷。宋初以來,寺廟和僧尼的數量逐漸恢復,至北宋神宗時又形成一波高潮。佛教各宗派中尤以禪、淨二宗的傳播最爲廣泛,見諸筆記的僧人言行頗能反映宋代佛教的特色。

(一) 叢林名刹

佛教傳入中國後,在歷史上曾經歷了"三武一宗"的"滅佛"事件。所謂的"三武一宗"是指北魏太武帝、北周武帝、唐武宗和五代周世宗,其中,唐武宗與周世宗的裁抑佛教,距趙宋王朝時間不遠,對宋初佛教徒的生存狀況影響很大。有關唐武宗毀佛以及唐宣宗即位後佛教稍有恢復的情况,趙令畤的《侯鯖錄》作了頗爲翔實的記述:

> 唐武宗即位,獨奮怒曰:"窮吾天下者,佛也。"始去其山臺野邑四萬所,冠其徒幾至十萬人。至會昌五年,始命西京留佛寺四,僧唯十人,東京二寺,節度觀察同。華、汝三十四治所,得留一寺,僧准西京數,其餘刺史州,不得有寺。出四御史裏行以督之,御史乘馹未出,開天下寺,至於屋基,耕而刓之。凡除寺四千六百,僧尼笲冠二十六萬五百,其奴婢至十五萬,良人枝附爲使令者,倍笲冠之數。良田數千頃,

奴婢日率以百畝編入農籍,其餘賤取民直,歸於有司,寺材,州縣得以恣新其公宇、傳舍。後二年,宣宗即位,詔曰:"佛尚不殺而仁,且來中國久,亦可助以爲治天下。"率興三寺,用齒衰男女爲其徒,各止三十人。兩京倍其數四五焉。著爲定令,以徇其習,且使後世不得復加也。[1]

趙令時爲宋朝宗室,生活在北宋中後期,素以才學聞名,所作《侯鯖録》對唐、宋故事多有考述,其説與《舊唐書》《唐大詔令集》《唐會要》等史著的記載吻合,而具體細節略有異同,故可與諸書相互參證。

周世宗繼位後,再次大規模抑佛毁寺,他於顯德二年(955)下詔,禁止私自剃度僧尼,除朝廷賜額特許的兩千六百九十四所寺廟,其餘三萬零三百三十六所寺廟全部停廢,所廢寺廟共有僧尼六萬一千二百名,皆令還俗,編入户籍。[2] 可以想見,宋朝建立之初,佛教是何等淒涼,寺廟和僧尼的數量都陷入低谷。

北宋太祖、太宗在位時,認爲佛教有助於治道,遂改變前朝着力抑佛的做法,實行佛、道并重的政策,一方面加強官方對佛教的控制,另一方面則予以適當的維護與扶持。這一政策除了北宋徽宗時一度出現波折,大體爲歷朝宋帝所遵循。經宋初四十餘年的逐步恢復和發展,真宗景德年間,寺廟與僧尼的數量已大大回升,至仁宗嘉祐年間,佛教更呈現極其繁盛的景象。有關這一時期的寺廟數量,官方文獻并無明確記載,而宋人筆記則有所述及。孔平仲《談苑》記載:"景德中,天下二萬五千寺,今三萬九千寺。"[3] 趙令時《侯鯖録》更明確記載:"本朝景德中,天下二萬五千寺;嘉祐間,三萬九千寺。陳襄述古判祠部日,説云出《江鄰幾雜志》。"[4] 孔、趙二人引述的皆爲仁宗時人江休復所著《江鄰幾雜志》,而江氏的記載又源於陳襄之説。陳襄,字述古,曾於嘉祐三年(1058)判尚書祠部,[5] 任職期間,他上書論及近年來全國各地寺廟、道觀數量迅速增加的情況:

1　趙令時:《侯鯖録》卷二,第200~201頁。
2　見《舊五代史》卷一一五《周書六·世宗紀第二》,中華書局,1976年,第1529~1531頁。
3　孔平仲:《談苑》卷二,第306頁。
4　趙令時:《侯鯖録》卷二,第201頁。
5　陳曄:《古靈先生年譜》,見吴洪澤編《宋編宋人年譜》,巴蜀社,1995年,第111頁。

臣因檢會本部在京、諸道州軍寺觀，計有三萬八千九百餘所，僧尼、道士、女冠計有三十一萬七百餘人，數目極多。慶曆以前，自有著令，不許文武臣僚、宗室、戚里、僧道等人陳乞創造寺觀名額，仍委御史臺覺察彈奏，及每年試經撥放人數亦無所增。近年以來，輒增二倍。而又内自宫闈，以至文武近臣、勛賢子孫、宦官、僧道等人一例陳乞墳莊寺觀，除編入舊敕，自皇祐三年以後增置名額六十餘所，放度僧道又計一百八十餘人。[1]

陳襄所説的嘉祐年間寺觀"三萬八千九百餘所"與江休復引述的"三萬九千寺"大致吻合，由此證明，江氏稱"景德中，天下二萬五千寺"當有所本，也是可信的。然而，上述數字仍有兩個問題。其一，陳、江二人所述，僅限於獲得官方承認，已在祠部登記備案的寺觀，并不包括各類民間私自修建的、規模較小的、未獲官方認可的寺觀。其二，二人所述爲佛教寺廟和道教宫觀的總數，其中，佛寺的具體數量并不清楚。關於宋代佛寺的數量問題，有學者作了考辨，大致的結論是，寺觀總數中，佛教寺廟約占90%，道教宫觀約占10%；而所有佛寺中，各類未獲官方承認的廟宇將近半數。儘管宋朝皇帝曾多次下令禁毀未獲官方認可的私修廟宇，但隨着佛教的廣泛傳播，民間私建的寺廟如雨後春筍般不斷出現，時毁時修之間，其數量始終保持在一個很高的水平上。[2] 根據上述比例推算，北宋景德中，全國各類佛寺已將近四萬五千所，較後周世宗時的兩千六百九十四所增加了近十六倍，其中，官方承認的約爲二萬二千五百餘所。嘉祐年間，各類佛寺又劇增至近七萬所，其中，官方承認的約爲三萬五千所。

此後，寺廟的數量繼續增加，方勺《泊宅編》記載了神宗時的情况：

熙寧末，天下寺觀宫院四萬六百十三所，内在京九百十三所；僧尼、道士、女冠二十五萬一千七百八十五人，内在京一萬三千六百六十四人。三年中死亡還俗共二萬三千一百三十九人。[3]

---

1 陳襄：《古靈集》卷五《乞止絶臣僚陳乞創造寺觀度僧道狀》，《景印文淵閣四庫全書》第1093册，臺灣商務印書館，1986年，第531~532頁。

2 詳見游彪：《宋代寺觀數量問題考辨》，載《文史哲》2009年第3期。

3 方勺：《泊宅編》卷一〇，第217頁。

據此可知,熙寧末年的寺廟總數已達到七萬三千一百所,其中,官方承認的約爲三萬六千五百五十所。由於徽宗時曾對佛教加以貶抑,而南宋時期,轄境又大幅度縮小,熙寧末年的寺廟數字當爲宋代的最高值。

按照宋朝的制度規定,佛教寺廟獲得官方承認必須經過一定的程序。一般先由當地官府對所在地寺廟進行檢查、勘定,然後逐級上報審批,審查合格後,禮部屬下的祠部將這些寺廟登記備案,最後,再由朝廷統一敕賜廟名匾額。寺廟獲得賜額後,即成爲合法的寺廟,接受政府的管轄。未經官方備案、賜額的寺廟屬不合法的寺廟,不受官方保護,有時還被勒令廢毀。賜額之舉雖源於唐代,但當時獲賜的寺廟很少。宋代出現濫授的現象,這也是合法寺廟不斷增加的一個重要原因。有關宋代的賜額,趙彥衛的《雲麓漫鈔》有這樣一段記載:

> 本朝凡前代僧寺道觀,多因郊赦,改賜名額,或用聖節名,如承天、壽聖、天寧、乾寧之類是也,隋、唐舊額,鮮有不改者。後來創建寺,多移古名,州郡亦逼於人情,往往曲從;然豈有敕賜於彼,而臣下可移於此?特不思耳。甚至富民功德寺,皆有名額,申令兩府以上得造功德寺賜名,往往無力爲之,反不若富民也。[1]

這條史料揭示了一個事實,宋朝廷向寺廟,包括前朝留存的有額寺廟,敕賜名額時,多使用宋帝聖節名稱。時光流逝,不少前朝舊廟破敗廢圮,諸多宋代新建之廟不經法定程序,直接移用舊廟名額,而地方官府往往不加干預,予以默認。於是,舊額始終不廢,新額不斷頒賜,宋代的合法寺廟與日俱增。此外,《雲麓漫鈔》和陳襄的上書都提及當時十分流行的"墳寺"和"功德寺"。所謂的墳寺、功德寺,是指私人修建的,或挂靠私人名下的,用於守護先祖墳墓,或爲先祖祈福做功德的寺廟。此類寺廟原先多由皇室、貴戚、勳臣等興建,宋朝制度規定,官至宰執即可興修墳寺、功德寺,并獲賜名額。但後來,一般官員,乃至富裕的庶民,也紛紛興建此類寺廟,而且獲賜名額。宋代寺廟之興,可見一斑。

宋代寺廟從住持的承襲看,大致分爲"甲乙徒弟制"和"十方住持制"兩種類型。所謂甲乙徒弟制,即住持示寂或引退時,職位由其弟子按照年輩順序繼承。所謂十方住持制,即住持之職不拘師徒關係,而是邀請各地有名望的高僧

---

[1] 趙彥衛:《雲麓漫鈔》卷五,第147頁。

擔任。一般寺廟,尤其是律宗寺廟,往往采用甲乙徒弟制,禪宗寺院則多采用十方住持制。兩宋時期,禪宗寺院尤爲興旺,江南一帶更出現不少規模龐大、僧徒衆多的禪林名刹。明初宋濂稱,南宋寧宗時,權臣史彌遠奏請排定天下禪院名次,確立五山十刹,以此作爲全國等級最高的寺院。[1] "五山十刹"作爲僧侶逐級升遷的制度,是否由史彌遠奏立,并確實實行過,因未見現存宋代文獻記載而或有疑問,但其作爲南宋地位最高的著名禪院,則元初文獻已見稱頌,應該沒有問題。[2] "五山十刹"的具體寺院,明代田汝成的《西湖游覽志餘》有明確的記載:

> 嘉定間,品第江南諸寺,以餘杭徑山寺,錢唐靈隱寺、净慈寺,寧波天童寺、育王寺,爲禪院五山。錢唐中天竺寺,湖州道場寺,温州江心寺,金華雙林寺,寧波雪竇寺,台州國清寺,福州雪峰寺,建康靈谷寺,蘇州萬壽寺、虎丘寺,爲禪院十刹。[3]

其實,"五山十刹"中的不少禪院早在北宋時期已名聞遐邇。例如,位居"五山"之首的餘杭徑山寺始建於唐代,北宋時,蔡襄、蘇軾、蘇轍、晁補之等都曾前往游覽,蘇軾自稱"徑山客",留下吟山咏寺之詩八首。[4] 南宋紹興年間,著名禪師宗杲任住持時,香火極盛,僧徒多達兩千餘人。文獻記載:"時緇流之赴宗杲者二千餘衆,徑山雖巨刹至無所容,宗杲更敞千僧閣以居之。"[5]

寧波的天童寺、阿育王寺和雪竇寺分別躋身"五山"與"十刹"。三寺皆始建於晋,興起於唐,至北宋已十分昌盛。陸游《老學庵筆記》記載了南宋初年新上任的明州知州與天童寺住持正覺禪師、阿育王寺住持介諶禪師、雪竇寺住持行持禪師的一段對話,頗爲有趣:

> 僧行持,明州人,有高行而喜滑稽。嘗住餘姚法性,貧甚,有頌曰:

---

1 詳見宋濂:《宋學士文集》卷四〇《住持净慈禪寺孤峰德公塔銘》,《四部叢刊初編》本。
2 參見閆孟祥:《宋代佛教史》,人民出版社,2013年,第31~33頁。
3 田汝成:《西湖游覽志餘》卷一四《方外玄踪》,上海古籍出版社,1998年,第211頁。相同記載亦見於郎瑛:《七修類稿》卷五《天地類・五山十刹》,文化藝術出版社,1998年,第60頁。田、郎等人當有所本。
4 見宋奎光輯:《徑山志》卷一〇《名什》、卷一一《外護》,明天啓刊本。
5 李幼武:《宋名臣言行録・別集下》卷九《張九成》,《景印文淵閣四庫全書》第449册,臺灣商務印書館,1986年,第606頁。

"大樹大皮裹,小樹小皮纏。庭前紫荆樹,無皮也過年。"後住雪竇,雪竇在四明,與天童、育王俱號名刹。一日同見新守,守問天童覺老:"山中幾僧?"對曰:"千五百。"又以問育王諶老,對曰:"千僧。"末以問持,持拱手曰:"百二十。"守曰:"三刹名相亞,僧乃如此不同耶?"持復拱手曰:"敝院是實數。"守爲撫掌。[1]

行持禪師所報爲"實數",雪竇寺有僧一百二十人自無問題,而被暗諷有虛的天童寺和阿育王寺,其僧衆也應該不下於千餘人和近千人。由此可以想見這三所名刹在南宋初年的規模。

阿育王寺歷史悠久,規模宏大,寺内還有始建於西晋的舍利塔,因此深受世人重視。北宋蘇軾曾爲之撰寫碑銘,南宋高宗、孝宗曾爲寺中塔、殿題額。有關該寺"靈異"的傳聞也很多。據郭彖《睽車志》記載,孝宗時任宰相的魏杞及其家人曾在阿育王寺中遇見佛像顯現的奇事:

明州育王塔,靈感甚多。魏丞相南夫母秦國太夫人祥除,飯僧寺中。丞相夫人慶國姜氏然香於臂,有高麗僧適在其間,咨嗟贊異。俄丞相之猶子鯉門指塔級間有佛現,丞相隨所指視之,良信。衆皆爭睹,悉見佛像,而各不同,或見金像、鐵像,或肉色相,或見半身,或惟見頭髻,或惟見面,觀者駭异。丞相乃於諸像中詢衆目所同見多者,命工圖之。[2]

蘇州虎丘的雲岩寺爲"十刹"之一,該寺與鎮江的招隱寺、湖州何山的宣化寺同爲著名的古寺,且皆因有山林泉水而成爲文人墨客喜歡游覽的名勝。兩宋之際的葉夢得在《避暑録話》中記載了自己游玩三寺的感受:

鎮江招隱寺,戴顒宅。平江虎邱雲岩寺,王珣宅。何山宣化寺,何楷宅。今既皆爲寺,猶可仿佛其故處。何山無甚可愛,淺狹近在路旁。無岩洞,有泉出寺西北隅,然亦不甚壯。招隱雖狹,而山稍曲複幽邃,有虎跑、鹿跑二泉,略如何山,皆不能爲流,唯虎邱最奇。蓋何山不如

---

[1] 陸游:《老學庵筆記》卷三,第35頁。

[2] 郭彖:《睽車志》卷三,第112頁。

招隱,招隱不如虎邱。平江比數經亂兵殘破,獨虎邱幸在。[1]

尤值得一提的是,後人將浙江普陀山視爲觀音道場,與文殊道場山西五台山、普賢道場四川峨眉山、地藏道場安徽九華山相提并論,譽爲佛教的四大"名山聖地",但在宋代以前,普陀山還是一座名不見經傳的沿海小山。[2] 依據筆記史料,普陀山的觀音信仰應該興起於北宋,至晚在兩宋之際,當地的觀音信仰已頗盛行。南宋建炎年間,任職明州市舶局的張邦基在《墨莊漫錄》中記載了自己在普陀山的見聞:

> 予在四明市舶局日,同官司户王操粹昭,郡檄往昌國縣普陀山觀音洞禱雨,歸爲予言:普陀山去昌國兩潮,山不甚高峻,山下居民百許家,以魚鹽爲業,亦有耕稼。有一寺,僧五六十人。佛殿上有頻伽鳥二枚,營巢梁棟間,大如鴨頰,毛羽紺翠,其聲清越如擊玉,每歲生子必引去,不知所之。山有洞,其深回測,莫得而入。洞中水聲如考數百面鼓,語不相聞。其上復有洞穴,日光所射,可見數十步外,菩薩每現像於其中。粹昭既致州郡之命,因密禱願有所睹。須臾見欄楯數尺,皆碧玉也,有刻鏤之文爲毬路,如世間宫殿所造者;已而復現紋如珊瑚者,亦數尺,去人不遠,極昭然也;久之於深遠處見菩薩像,但見下身如腰,而上即晦矣,白衣瓔絡(珞),了了可數,但不見其首。寺僧云:"頃有見其面者,乃作紅赤色,今於山上作塑像,正作此色,乃當時所見者。"東望三韓外國諸山在杳冥間,海舶至此,必有所禱。寺有鐘磬銅物,皆雞林商賈所施者,多刻彼國之年號。亦有外國人留題頗有文彩者。僧云禱於洞者,所現之相有不同,有見净瓶者,有見纓絡(瓔珞)者、善財者、橋梁者,亦有無所睹者。洞前大石下有白玉晶瑩,謂之菩薩石。粹昭平生倔强,至是頗信向云。[3]

稍晚一些,有關普陀山觀音菩薩的傳聞就更爲神奇了。郭彖《睽車志》的記載即爲典型的一例:

---

1 葉夢得:《避暑録話》卷上,第270頁。"宣化寺",原本作"宣教寺",據四庫本改。
2 參見嚴耀中:《江南佛教史》,上海人民出版社,2000年,第291~292頁。
3 張邦基撰,金圓整理:《墨莊漫録》卷五,《全宋筆記》第三編第九册,大象出版社,2008年,第68頁。

紹興辛未歲，四明有巨商泛海行，十餘日，抵一山下。連日風濤，不能前，商登岸閑步，絕無居人，一徑極高峻。乃攀躋而登至絕頂，有梵宮焉，彩碧輪奐，金書榜額，字不可識。商人游其間，闃然無人，惟丈室一僧獨坐禪榻。商前作禮，僧起接坐。商曰："舟久阻風，欲飯僧五百，以祈福祐。"僧曰："諾。"期以明日。商乃還舟，如期造焉，僧堂之屨已滿矣，蓋不知其所從來也。齋畢，僧引入小軒，焚香瀹茗，視窗外竹數個，乾葉如丹。商堅求一二竿，曰："欲持歸中國為偉異之觀。"僧自起斬一根與之。商持還，即得便風，就舟口裁其竹為杖，每以刀鍥削輒隨刃有光，益異之。前至一國，偶攜其杖登岸，有老叟見之，驚曰："君何自得之？請易簞珠。"商貪其賂而與焉。叟曰："君親至普陀落伽山，此觀音坐後旃檀林紫竹也。"商始驚悔，歸舟中，取削葉餘札寶藏之，有久病醫藥無效者，取札煎湯飲之輒愈。[1]

從宋代以後廟宇建築的大體趨勢看，中國寺廟的分布狀況、建制規格、宗派特色等，在兩宋時期已基本確立。

(二) 衣鉢傳承

唐代盛行的中國佛教各宗派，至宋代又有了新的發展和變化。

天台宗經武宗滅佛和唐末、五代的戰亂，頗顯低迷，北宋太宗、真宗時逐漸復興，宗派的弘揚與傳承主要集中在今浙江一帶。北宋末年和南宋時期，該宗的發展時起時伏，總體而言，是在維持中漸趨衰落。[2]天台宗尊奉《妙法蓮華經》(簡稱《法華經》)為其教義依據，所以也稱"法華宗"，宋人筆記《道山清話》中有一則記載頗有趣。

　　建中靖國辛巳，都下有一僧，行誦《法華經》，晝夜不停聲，雖大雨雪亦然。行步極緩，問之不應，招之不來。有人隨其後行，亦無止宿處。每誦數十句，即長嘆一聲曰："怎奈何無人知者！"[3]

1　郭彖：《睽車志》卷四，第117頁。

2　參見閆孟祥：《宋代佛教史》，第137~235頁。

3　佚名：《道山清話》，第110頁。

這則趣聞其實從一個側面反映了北宋徽宗即位後,天台宗在北方地區的影響已十分有限,民間很少有人知曉其主要經典。

法相宗又稱唯識宗、慈恩宗,入宋後漸趨沉寂,因文獻記載語焉不詳,宗派內部的傳承脉絡和修法狀況皆不甚明瞭,雖在各地有一定的流傳,但影響相對較小。唯其宗教理論仍綿延不絶,各派高僧時有講論"唯識學"的,故該宗呈現融入其他宗派的趨勢。[1]

華嚴宗也稱賢首宗、法界宗,教理以博大精深著稱。該宗在唐末、五代遭受很大打擊,入宋後,經子璿法師及其弟子净源法師的弘揚,至北宋神宗時得以中興,影響有所擴展。北宋末年以後,其傳承數經起伏,南宋晚期漸趨衰落,影響也迅速下降。宋代佛教的主要特點是各宗派之間互相滲透與融合,華嚴宗也不例外。該宗滲入净土宗後,爲净土信仰的廣泛傳播奠定了重要的理論基礎;禪宗的傳承發展也吸收了華嚴宗的教理。[2]

律宗以佛教戒律爲核心,圍繞研習和傳持戒律形成完整的修行方法。宋代佛教的一大問題是,僧尼往往不能嚴格持守戒律,禪林中忽視戒律的現象尤爲常見。這一時代性的特點顯然不利於律宗的發展。然而,正因爲僧尼的不守戒律頗受世人詬病,各派宗師以及官方都十分重視戒律,不斷強調恪守戒律的必要性。於是,律宗在北宋中後期復興。南宋時期,儘管律宗作爲宗派在維持中逐漸低落,但因持守戒律已被視爲修行的標志,故其影響始終存在。[3]

宋代佛教中禪宗和净土宗最爲流行,在社會上的影響也最大。

禪宗至五代形成潙仰宗、臨濟宗、曹洞宗、雲門宗、法眼宗五家門派。潙仰宗不久即衰亡,數代後傳承不明。法眼宗在北宋前期一度十分興盛,隨後逐漸衰落,乃至默默無聞。臨濟宗在宋初曾陷入低迷,隨即迅速崛興,臻於極盛。北宋中期,臨濟宗又另創黄龍、楊岐二宗,與原先五宗合稱"禪宗五家七宗"。南宋初期,臨濟宗著名禪師大慧宗杲力倡"看話禪",宗風大振,影響尤爲深遠。曹洞宗由洞山良价及其弟子曹山本寂開創,也習稱"洞山禪"。該宗入宋後頗爲沉

1　參見閆孟祥:《宋代佛教史》,第 345~346 頁。
2　參見閆孟祥:《宋代佛教史》,第 288~340 頁。
3　參見閆孟祥:《宋代佛教史》,第 236~387 頁。

寂,北宋真宗時,嗣法的大陽警玄禪師(後因避諱改名警延)已成一綫單傳。警玄晚年因無人繼嗣,就懇求臨濟宗禪師浮山法遠代爲傳法。法遠不負其望,將洞山禪法傳給投子義青,義青再傳芙蓉道楷,遂使該宗復興,至南宋臻於鼎盛。雲門宗在北宋時非常興盛,但南宋時日漸衰落,其影響爲曹洞宗所取代。[1]

禪宗的法脉傳承,筆記史料也有頗爲具體的記載,如葉夢得的《避暑録話》,即叙述了禪宗尤其是曹洞宗的嗣法過程:

> 傳禪者以雲門、臨濟、潙仰、洞山、法眼爲五家宗派。自潙仰而下,其取人甚嚴,得之者亦甚少,故潙仰、法眼先絶,洞山至大陽警延,所存一人而已。延亦僅得法遠一人,其徒號遠録公者,將終以其教付之。而遠言吾自有師,蓋葉縣省也。延聞,拊膺大慟。遠止之,曰:"公無憂。凡公之道,吾盡得之。顧吾初所從入者不在是,不敢自昧爾。將求一可與傳公道者授之,使追以嗣公可乎?"許之。果得清華嚴(即投子義青),清傳道楷。楷行解超絶,近歲四方談禪,唯雲門、臨濟二氏,及楷出,爲雲門、臨濟而不至者,皆翻然捨而從之,故今爲洞山者幾十之三。斯道固無彼此,但末流不能無弊。要之,與之嚴者,其得之必精;得之精者,其傳之必遠。此洞山所以雖微,而終不可泯也。[2]

雲門宗在北宋中期可謂盛極一時,該宗的兩位著名禪師延恩法安和法雲法秀同出天衣義懷禪師門下,但性格、意趣全然不同。法安安於佛門清静,專心修持,而法秀應神宗之詔居京師法雲寺,喜與皇親國戚、達官名士交往。法安認爲法秀的張揚其實不利於本宗的傳承,并由此預言,雲門禪日後必定式微。對此,惠洪的《冷齋夜話》有一段生動的記載:

> 洪州武寧安和尚(法安)者,天衣懷禪師之嗣也,與秀關西(法秀)爲同行。秀已應詔住法雲寺,其威光可以挾其友登雲天而翔也,而安止荒村破院,單丁五十年。秀時以書致安,安未嘗視,弃之。侍者不解其意,因間問之,安曰:"吾始以秀有精彩,乃今知其痴。夫出家兒冢間

---

[1] 以上參見[日]鎌田茂雄著,鄭彭年譯:《簡明中國佛教史》,上海譯文出版社,1986年,第266~268頁。

[2] 葉夢得:《避暑録話》卷上,第269頁。

樹下辦那事，如救頭然。無故於八達衢頭架大屋，養數百閑漢，此真開眼尿床也，何足復對語哉！吾宗自此蓋亦微矣，子曹猶當見之。"[1]

净土宗在兩宋時期極爲興盛，對民間的影響尤爲廣泛。所謂"净土"是指佛教中菩提修成者所居之土，其中最典型的爲西方極樂世界净土，所以一般所説的净土宗就是指以信仰阿彌陀佛及其所居的西方極樂世界，并以往生西方極樂世界爲修行法門的佛教宗派。由於該宗提倡誦念佛號，往生時通過蓮花化生，又稱爲"念佛宗""净宗""蓮宗"。宋代净土宗的净土信仰和念佛法門往往滲入天台宗、禪宗等各家宗派中，成爲各宗的基本修法之一，因此出現了台净融合、禪净雙修的現象。除了與各宗互相滲透，當時專修净土的信徒也極多，而且常以結社的形式出現，集會時往往形成數千乃至數萬人的規模，聲勢非常浩大。爲此，宋代獨立的净土宗寺廟數量日增，非净土宗寺廟也多有净土宗的課誦，甚至建有彌陀閣、十六觀堂等專供念佛修行的場所。[2]

值得一提的是，宋代佛教的基本特點不僅是各宗派之間的融合，還表現爲佛教與儒學、道教的相互滲透和影響。佛教各派宗師、高僧多兼通儒學，善於運用中國本土文化的特點宣揚佛教。儒家學者和文人士大夫，包括以"排佛"著稱的，也多精通佛學，他們往往糅合儒、道、佛三家，着意闡述其間的"通"和"同"。此類議論在宋代筆記中可謂俯拾皆是。例如，葉夢得以死生、鬼神和因果報應之説論證了儒、佛二家的主旨是一致的，認爲"兩者未嘗不通"：

> 林下衲子談禪，類以吾儒爲未盡，彼固未知吾言之深也。然吾儒拒之亦太過矣。《易》曰："精氣爲物，游魂爲變，是故知鬼神之情狀。原始要終，故知死生之説。"此何等語乎？若"作善，降之百祥；作不善，降之百殃""積善之家，必有餘慶；積不善之家，必有餘殃"。則因果報應之説亦未嘗廢也。晋宋間，佛學始入中國而未知禪。一時名流乃有爲神不滅之論，又有非之者，何其陋乎？自唐言禪者浸廣，而其術亦少异。大抵儒以言傳，而佛以意解，非不可以言傳，謂以言傳者未必真

---

[1] 釋惠洪撰，黄寶華整理：《冷齋夜話》卷一〇，《全宋筆記》第二編第九册，大象出版社，2006年，第82頁。

[2] 參見閆孟祥：《宋代佛教史》，第637~640頁。

解,其守之必不堅,信之必不篤,且墮於言以爲對執,而不能變通旁達爾。此不幾吾儒所謂"默而識之,不言而信者"乎?兩者未嘗不通。自言而達其意者,吾儒世間法也;以意而該其言者,佛氏出世間法也。若朝聞道,夕可以死,則意與言兩莫爲之礙,亦何彼是之辨哉?吾嘗爲其徒高勝者言之,彼亦心以爲然,而有不得同者,其教然也。[1]

葉夢得還進一步認爲儒、道、佛三家的思想其實是相通、相合的,正所謂"其道一也",爲此,他作了詳細論證。有意思的是,他向著名禪師圓照宗本述説了自己的見解後,頗獲宗本的認可:

老子、莊、列之言,皆與釋氏暗合,第學者讀之不精,不能以意通爲一。古書名篇多出後人,故無甚理。老氏别《道德》爲上下篇,其本意也。若逐章之名,則非矣。惟莊、列似出其自名,何以知之?《莊子》以内外自别,内篇始於《逍遥游》,次《齊物》,又其次《養生主》,然後曰《人間世》,繼之以《德充符》《應帝王》,而内篇盡矣。《列子》不别内外而首名其篇曰《天瑞》,瑞與符比,言非相謀而相同。自《養生主》而上,釋氏言出世間法也;自《人間世》而下,人與天有辨矣。夫安知有吻然而一契者,莊子謂之符,列子謂之瑞,釋氏有言信心而相與然許謂之印可者,其道一也。自熙寧以來,學者争信老莊,又參之釋氏之近似者,與吾儒更相附會,是以虚誕矯妄之弊,語實學者群起而攻之。此固學者之罪,然知此道者,亦不可人人皆責之也。《逍遥游》何以先《齊物》?曰:見物之不齊而後齊之者,是猶有物也。若初未嘗有物,則不待齊而與道適,則無往而不逍遥矣。《養生主》何以次《齊物》?生者我也,物者彼也,此《中庸》所謂盡己之性而後盡物之性者,充之則可贊天地之化育。然則是亦世間法耳,何足爲出世間法乎?曰:非也。氣之爲雲也,雲之爲雨也,由地而升者也。方雲雨之在上,謂之地可乎?及其降於地,則亦雨而已。列子言其全,莊子言其别。此列子所以混内外而直言天瑞,莊子列其序而後見其符。合是三者而更爲用,則天與人莫之有間矣。吾爲舉子時,不免隨衆讀此二書,心獨有見於此。

---

[1] 葉夢得:《避暑録話》卷上,第230頁。

爲丹徒尉,甘露仲宣師授法於圓照本,久從佛印、了元游,得其聰明妙解。吾常爲言之,每撫掌大笑,默以吾説爲然。俯仰四十年,今老矣,欲求如宣者時與論方外之事,未之得也。[1]

司馬光被人視爲"純儒",著書立説常持"排佛"的態度,但實際上也精通佛學。他認爲儒與佛并不對立,二者完全可以互相包容。岳珂《桯史》記載了司馬光所作的《解禪偈》,文中即言及儒、佛之"同":

余嘗得東坡所書司馬温公《解禪偈》,其精義深韞,真足以得儒釋之同,特表其語而出之。偈之言曰:"文中子以佛爲西方之聖人,信如文中子之言,則佛之心可知也。今之言禪者,好爲隱語以相迷,大言以相勝,使學者倀倀然益入於迷妄,故余廣文中子之言而解之,作《解禪偈》六首。若其果然,則雖中國行矣,何必西方,若其不然,則非余之所知也。忿氣如烈火,利欲如銛鋒。終朝常戚戚,是名阿鼻獄。顔回安陋巷,孟軻養浩然。富貴如浮雲,是名極樂國。孝弟通神明,忠信行蠻貊。積善來百祥,是名作因果。仁人之安宅,義人之正路。行之誠且久,是名《光明藏》。言爲百代師,行爲天下法。久久不可掩,是名不壞身。道義修一身,功德被萬物。爲賢爲大聖,是名菩薩佛。"於虖!妄者以虚辭岐實理,以外慕易内修,滔滔皆是也,豈若是偈之坦明無隱乎!盍反而觀之。[2]

(三)僧尼言行

現今留存的"燈録""僧傳"等宋代佛教史籍大多從佛教内部的拜師、授徒、修持、講論、傳經、嗣法等角度記載了佛教各宗派的傳承經過。然而,宋代佛教的一大特點是,其發展和傳播已滲透於世人的日常生活,僧尼作爲一個特殊的群體,并未將自己封閉在寺廟之中,而是與社會各階層人士,上至帝王將相,下至販夫走卒,都有着廣泛的接觸。頻繁而密切的社會交往,使僧尼的日常生活也頗受各類教外因素的影響。宋代筆記的作者通過自己的見聞,從旁觀者的角

---

[1] 葉夢得:《避暑録話》卷上,第241~242頁。
[2] 岳珂:《桯史》卷八"解禪偈",第92頁。

度記錄了僧尼的言行舉止,不少生動的事例揭示了出家人"凡俗"的一面,使人們得以從一個側面窺見僧尼日常生活的實相。

僧人與帝王權貴接觸,同樣面臨諂媚奉承與剛正不阿的選擇。北宋仁宗時,惟淨和懷璉是名聞遐邇的高僧。某日,宮中鋸木,發現木材上有些形似梵文的蟲蛀痕迹,仁宗得知後下令翻譯。權臣夏竦面見惟淨,傳達上意,希望從譯文中窺見"天意"。惟淨據實直言,不肯從命。仁宗曾派使者賜予懷璉龍腦鉢盂,懷璉却以不合佛門法規爲由,當着使者的面將龍腦鉢盂焚毁。當時的著名賢臣富弼對兩位高僧的人品大加贊揚,《冷齋夜話》記載:

> 景祐中,光梵大師惟淨以梵學著聞天下。皇祐中,大覺禪師懷璉以禪宗大振京師。淨居傳法院,璉居淨因院,一時學者依以揚聲。景靈宮鋸傭解木,木既分,有蟲鏤紋數十字,如梵書,字旁行,因進之。上遣都知羅宗譯經潤文,夏英公竦詣傳法院導譯,冀得祥異之語,以識國。淨焚香導譯逾刻,乃曰:"天竺無此字,不通辨譯。"右瑞惠曰:"諸大師且領上意,若稍成譯,館恩例不淺。"而英公以此意諷之,淨曰:"幸若蠹紋稍可箋辨,誠教門光也,异日彰謬妄,萬死何補!"上又嘗賜璉以龍腦鉢盂,璉對使者焚之,曰:"吾法以壞色衣,以瓦鉢食,此鉢非法。"使者歸奏,上嘉嘆之。
>
> 富鄭公每語客:"此兩道人可謂佛弟子也。倘使立朝,必能盡忠,以其人品不凡,故隨所寓,輒盡其才。今則淨、璉輩何其少也耶!"[1]

與之相對應的是宋初名僧贊寧。贊寧由吴越入宋,官至左街僧録。他兼精儒、道百家之書,以博學强記、擅長詩文著稱,與人應對,辭辯縱横,人莫能屈。歐陽修《歸田録》記載了一則贊寧應對宋太祖的故事:

> 太祖皇帝初幸相國寺,至佛像前燒香,問當拜與不拜。僧録贊寧奏曰:"不拜。"問其何故?對曰:"見在佛不拜過去佛。"贊寧者,頗知書,有口辯,其語雖類俳優,然適會上意。故微笑而領之,遂以爲定制。至今行幸焚香皆不拜也。議者以爲得體。[2]

---

[1] 釋惠洪:《冷齋夜話》卷一〇,第79頁。

[2] 歐陽修:《歸田録》卷一,第237頁。

歐陽修的記述當得之傳聞,其時間、地點、人物未必準確,但這則故事說明了一個問題,即宋代佛門之中確實有人善於揣摩帝王權貴之意,通過合適的應對,從容周旋於宗教與政治之間,由此頗獲恩寵。

僧侶與世人的關係,筆記中也常見記載。北宋中期的著名禪師真淨克文,號雲庵,平生以慈愛爲懷,待人不分親疏貴賤,皆和藹可親,彬彬有禮,人有危難,總是傾力相助。惠洪《冷齋夜話》即記載了他救助盲女的故事:

> 雲庵住洞山時,嘗過檀越家,經大林間,少立,聞哀聲雜流水,臨澗下窺,有蹲水中者,使兩夫下扶,緣臂而上,乃盲女子,年十七八許。問其故,曰:"我母死,父傭於遠方,兄貧無食,牽我至此,猛推下我而去。"雲庵意惻,不自知涕下,顧其人力曰:"汝無婦,可畜以相活,我給與一世。"力拜諾,即以所乘筍兜舁歸山,雲庵步隨之。盲女後生三子,皆勤院事。雲庵雖領衆他山,歲時遣人給衣食,如子侄然。雲庵高世之行若此之類,甚衆。[1]

宋代不少僧侶雖居空門,却并不遠離俗世,他們博學諸家,擅長詩文,喜與文人士大夫交往,展現出類似於"文士"的一面。北宋名士蘇軾貶居惠州(今廣東惠陽)之日,非常懷念知杭州時與之交往的當地名僧,爲此,他書寫了自己的回憶,囑永嘉羅漢院僧人惠誠拜見這些相知相識的佛門友人,代其致意:

> 妙總師參寥子,予友二十餘年矣,世所知獨其詩文,所不知者,蓋過於詩文也。獨好面折人過失,然人知其無心,如虛舟之觸物,蓋未嘗有怒者。

> 徑山長老維琳,行峻而通,文麗而清。始,徑山祖師有約,後世止以甲乙住持。予謂以適事之宜而廢祖師之約,當於山門選用有德,乃以琳嗣事。衆初有不悅其人,然終不能勝悅者之多且公也,今則大定矣。

> 杭州圓照律師,志行苦卓,教法通洽,晝夜行道,二十餘年矣,無一念頃有作相。自辨才歸寂,道俗皆宗之。

> 秀州本覺寺一長老,少蓋有名進士,自文字言語悟入。至今以筆

---

[1] 釋惠洪:《冷齋夜話》卷八,第69~70頁。

硯作佛事,所與游皆一時文人。

净慈楚明長老自越州來。始,有旨召小本禪師住法雲寺。杭人憂之,曰:"本去,則净慈衆散矣。"余乃以明嗣事,衆不散,加多,益千餘人。

蘇州仲殊師利和尚,能文、善詩及歌詞,皆操筆立成,不點竄一字。予曰:"此僧胸中無一毫髮事。"故與之游。

蘇州定慧長老守欽,予初不識。比至惠州,欽使侍者卓契順來問予安否,且寄十詩。予題其後曰:"此僧清逸絶俗,語有璨、忍之通,而詩無島、可之寒。"予往來吳中久矣,而不識此僧,何也?

下天竺净慧禪師思義學行甚高,綜練世事。高麗非時遣僧來,予方請其事於朝,使義館之。義日與講佛法,詞辨蜂起,夷僧莫能測。又具得其情以告,蓋其才有過人者。

孤山思聰聞復師作詩清遠如畫工,而雅逸可愛,放而不流,其爲人稱其詩。

祥符寺可久、垂雲、清順三闍黎,皆予監郡日所與往還詩友也。清介貧甚,食僅足而衣幾於不足也,然未嘗有憂色。老矣,不知尚健否?

法穎沙彌,參寥子之法孫也。七八歲事師如成人。上元夜予作樂滅慧,穎坐一夫肩上觀之。予謂曰:"出家兒亦看燈耶?"穎愀然變色,若無所容,啼呼求去。自爾不復出嬉游,今六七年矣。後當嗣參寥者。[1]

從蘇軾所憶不難看出,他所交往的這些名僧或品格高潔,或才識過人,而他看重的正是這些僧侶的文人素養和高士情懷。

宋人津津樂道的還有一類僧人,即皈依佛門後,并不終日與古佛青燈爲伴,而是無牽無挂,獨來獨往,或如閑雲野鶴般地雲游四方,或栖身高山深林,枕石漱流。在他們身上,頗能顯露幾分古代"隱逸高士"的氣質,所以很受推崇。惠洪的《冷齋夜話》即記載了一位這樣的僧人:

予游褒禪山,石崖下見一僧,以紙軸枕首,跣足而卧。予坐其旁,

---

[1] 蘇軾:《東坡志林》卷二《佛教》"付僧惠誠游吳中代書十二",第48~50頁。

久之,乃驚覺,起相向,熟視予曰:"方聽萬壑松聲,泠然而夢,夢見歐陽公,羽衣,折角巾,杖藜逍遥潁水之上。"予問師:"嘗識公乎?"曰:"識之。"予私自語曰:"此道人識歐公,必不凡。"乃問曰:"師寄此山如今幾年矣?道具何在?伴侣爲誰?"僧笑曰:"出家欲無累,公所言衮衮多事人也。"曰:"豈不置鉢耶?"曰:"食時寺有碗。"又曰:"豈不畜經卷耶?"曰:"藏中自備足。"曰:"豈不備笠耶?"曰:"雨即吾不行。"曰:"鞋履亦不用耶?"曰:"昔有之,今弊弃之,跣足行殊快人。"予愕曰:"然則手中紙軸復何用?"曰:"此吾度牒也,亦欲睡枕頭。"予甚愛其風韵,恨不告我以名字鄉里,然識其吴音也,必湖山隱者。南還海岱,逢佛印禪師元公出山,重荷者百夫,擁輿者十許夫,巷陌聚觀,喧吠鷄犬。予自嘆曰:"使襃禪山石崖僧見之,則子爲無事人耶?"[1]

宋代禪林中,大慧宗杲是位極其重要的人物。他任徑山寺住持時,追隨者衆多,臨濟宗遂臻於極盛,徑山寺也成爲"五山"之首。宗杲認爲學禪的關鍵在於"悟入",而非搬弄前人的衆多"公案",在文字中求知求解,所以采用簡捷明快的方法,完善了臨濟宗的"看話禪"。宗杲新創的參禪方式不僅振興了宗風,也受到教外之人的贊賞。羅大經《鶴林玉露》記載:

> 宗杲論禪云:"譬如人載一車兵器,弄了一件,又取出一件來弄,便不是殺人手段。我則衹有寸鐵,便可殺人。"朱文公亦喜其説。蓋自吾儒言之,若子貢之多聞,弄一車兵器者也。曾子之守約,寸鐵殺人者也。[2]

然而即便是這樣一位高僧,同樣也有"凡俗"的一面。陸游《老學庵筆記》記載了南宋初年,宗杲南下避亂途中的一則逸事:

> 僧法一、宗杲,自東都避亂渡江,各携一笠。杲笠中有黄金釵,每自檢視。一伺知之,杲起奏厠,一亟探釵擲江中。杲還亡釵,不敢言而色變,一叱之曰:"與汝共學了生死大事,乃眷眷此物耶!我適已爲汝

---

[1] 釋惠洪:《冷齋夜話》卷一〇,第 79~80 頁。
[2] 羅大經:《鶴林玉露》乙編卷一"殺人手段",第 131 頁。

投之江流矣。"杲展坐具作禮而行。[1]

前文提及宋代僧尼常見不守戒律的現象,宋代筆記中的反映尤爲典型。例如,作爲佛教基本戒律的"五戒"明確規定:一不殺生,二不偷盜,三不邪淫,四不妄語,五不飲酒。[2] 然而,當時僧人食葷飲酒的現象頗爲普遍,甚至有因愛吃猪頭而俗號"猪頭和尚"的。[3] 陸游曾作《醉僧》詩:"殘雪覆瓶枯顱,手扶短柳栗。送酒無蘇州,一醉未易得。青旗獵獵秋風吹,長瓶一吸亦足奇。但辦道傍常醉倒,不須解作藏真草。"[4] 將嗜酒和尚的形象描繪得栩栩如生。

食葷飲酒畢竟是破戒,因而犯戒僧人多少還有點遮遮掩掩,趙彦衛《雲麓漫鈔》記載:今僧徒飲酒亦有廋語,呼爲"般若湯";又云"不嗜",言不揮而徑飲也。[5] 蘇軾的《東坡志林》對此不無諷刺地論曰:

僧謂酒爲"般若湯",謂魚爲"水梭花",鷄爲"鑽籬菜",竟無所益,但自欺而已,世常笑之。人有爲不義而文之以美名者,與此何异哉![6]

佛教傳入中國後,僧人娶妻生子的事例雖時有所見,但出家人應獨身滅欲一直是佛門教規之一。唐代以來,社會慣例已禁止僧人娶妻,宋代更以法律的形式明確規定:

諸僧道輒娶妻并嫁之者,各以奸論,加一等,僧道送五百里編管。其本師寺觀主首,及同居尊長,知而聽者,各杖一百。厢耆鄰保,知而不舉者,杖八十。[7]

然而,僧人娶妻的現象在宋代始終禁而不止。陶穀《清异録》載周末宋初"梵嫂"之事,"雙飛之寺"的戲稱即由此而來:

相國寺星辰院比丘澄暉,以艷倡爲妻,每醉點胸曰:"二四阿羅,烟粉釋迦。"又:"没頭髮浪子,有房室如來。"快活風流,光前絶後。忽一

---

[1] 陸游:《老學庵筆記》卷三,第30頁。
[2] 參見星雲監修:《佛光大辭典》,第1097頁。
[3] 方勺:《泊宅編》卷三,第181頁。
[4] 陸游:《劍南詩稿》卷四〇,第2527頁。
[5] 趙彦衛:《雲麓漫鈔》卷五,第148頁。
[6] 蘇軾:《東坡志林》卷二《道釋》"僧文葷食名",第48頁。
[7] 《慶元條法事類》卷五一《道釋門二·雜犯·户婚敕》,第385頁。

少年踵門謁暉,願置酒參會梵嫂,暉難之,凌晨但見院牌用紙漫書曰:"敕賜雙飛之寺。"1

兩宋時期,嫁給僧人的女子稱爲"梵嫂",而娶妻生子,置有家室的僧侶,則被稱爲"火宅僧"。由於此類現象并不少見,南宋曾慥編著《類說》時即收錄了這一名詞,并作了解釋:"僧之有室家,謂之火宅僧。"當時,僧人娶妻的現象在嶺南地區尤爲流行,宋太宗時已令地方官府予以革除:

(雍熙二年)詔曰:"嶺南之俗,民嫁娶、喪葬、衣服制度,委所在長吏漸加戒厲,俾遵條式。其殺人祭鬼、病不求醫、僧置妻孥,深宜化導,使之悛革。"2

但上述詔令未起多大作用,嶺南的風俗一如既往。南宋初期莊綽所作《雞肋編》記載:

廣南風俗,市井坐估,多僧人爲之,率皆致富。又例有室家,故其婦女多嫁於僧,欲落髮則行定,既剃度乃成禮。市中亦製僧帽,止一圈而無屋,但欲簪花其上也。嘗有富家嫁女,大會賓客,有一北人在坐。久之,迎婿始來,喧呼"王郎至矣"!視之,乃一僧也。客大驚駭,因爲詩曰:"行盡人間四百州,祇應此地最風流。夜來花燭開新燕,迎得王郎不裹頭!"如貧下之家,女年十四五,即使自營嫁裝,辦而後嫁其所喜者,父母即從而歸之,初無一錢之費也。3

約與莊綽同時的蔡絛也在《鐵圍山叢談》中記載:

嶺南僧婚嫁悉同常俗,鐵城去容州之陸川縣甚邇。一日,令尹某入寺,見數泥像,乃坐亡僧也。令尹爲改觀,且嘆息,顧謂群髡曰:"是亦有坐亡者耶?甚不易得。胡爲置諸庭,忍使暴露而略不恤耶?"其間一髡號敏爽,亟前對曰:"此數僧今已無子孫矣。"聞者笑之。4

坐亡僧無人收殮安葬是因爲"無子孫",那豈不是說已得安葬的亡僧都是有後代

1　陶穀撰,鄭村聲、俞鋼整理:《清异錄》卷上《釋族門》"梵嫂",《全宋筆記》第一編第二册,大象出版社,2014年,第31頁。

2　王稱:《東都事略》卷三《本紀三‧太宗皇帝》,臺灣文海出版社影印本,1979年,第95頁。

3　莊綽:《雞肋編》卷中,第64頁。

4　蔡絛:《鐵圍山叢談》卷五,第234頁。

的? 雖近似笑話,但嶺南僧人娶妻現象之普遍亦可略見一斑。

宋代還有尼姑嫁人的現象,《雞肋編》中即記載了一則尼姑嫁給道士,生下兒子考中進士的事例:

> 楊何,字漢臣,莆田人也。登進士第,爲南陽士掾,狂率喜功。劉汲作帥,就辟幕府。金人破鄧,全家皆死於兵。始在鄉校,以薄德取怨於衆。人嘲之曰:"牝驢牡馬生騾子,道士師姑養秀才。"蓋謂其父本黃冠,母嘗爲尼也。[1]

不僅如此,和尚狎妓、僧尼私通的現象在宋代也不罕見,而這更是直接觸犯了"不邪淫"的戒律。相國寺僧澄暉所娶之妻原先就是"艷倡"。黃庭堅的《記夢詩》説的也是僧人狎妓之事:

> 《洪駒父詩話》云:"《記夢詩》云:'衆真絕妙擁靈君,曉然夢之非紛紜。窗中遠山是眉黛,席上榴花皆舞裙。借問琵琶得聞否?靈君色莊妓搖手。兩客争棋爛斧柯,一兒壞局君不呵。杏梁歸燕空語多,奈此雲窗霧閣何!'余嘗問山谷,云:'此記一段事也。嘗從一貴宗室攜妓游僧寺,酒闌劇,諸妓皆散入僧房中,主人不怪也,故有曉然夢之非紛紜之句。'"[2]

僧尼私通也是宋代法律嚴格禁止的,"諸僧道與尼女冠,不得相交往來"[3],但也是禁而不止。南宋王栐《燕翼詒謀録》記載:

> 僧寺戒壇,尼受戒混淆其中,因以爲奸。太祖皇帝尤惡之,開寶五年二月丁丑,詔曰:"僧尼無間,實紊教法,應尼合度者,祇許於本寺起壇受戒,令尼大德主之,如違,重置其罪。許人告。"則是尼受戒不須入戒壇,各就其本寺也。近世僧戒壇中,公然招誘新尼受戒,其不至者,反誣以違法。尼亦不知法令本以禁僧也,亦信以爲然。[4]

不少僧侣還與民户女子偷情私通。《雞肋編》記載:

---

1 莊綽:《雞肋編》卷上,第 11 頁。
2 胡仔纂集,廖德明校點:《苕溪漁隱叢話》前集卷四十七《山谷上》,人民文學出版社,1984 年,第 323 頁。
3 《慶元條法事類》卷五一《道釋門二・約束・道釋令》,第 384 頁。
4 王栐:《燕翼詒謀録》卷二"尼不得於僧寺受戒",第 20 頁。

> 兩浙婦人,皆事服飾口腹,而耻爲營生。故小民之家,不能供其費者,皆縱其私通,謂之貼夫,公然出入,不以爲怪。如近寺居人,其所貼者皆僧行者,多至有四五焉。[1]

更有甚者,一些僧侶充當中央或地方的各級僧官後,還倚仗權勢,强迫年輕貌美的尼姑"供寢"。周密《癸辛雜識》記載:

> 臨平明因尼寺,大刹也。往來僧官每至必呼尼之少艾者供寢,寺中苦之。於是專作一寮,貯尼之嘗有違濫者,以供不時之需,名曰"尼站"。[2]

按照佛門慣例,佛教信徒出家時,必須舉行剃髮受戒的儀式,稱爲"剃度"。因此,剃光頭,穿袈裟,已成爲僧人典型的形象標志。但宋徽宗在位時,受道士林靈素蠱惑,將僧侶改名爲"德士",命令他們一律戴上冠巾,地位在道士之下,僧侶的服飾被迫一度改變。葉夢得《避暑錄話》記載了一則與之相關的笑話:

> "和尚置梳篦",亦俚語,言必無用也。崇寧中間改僧爲德士,皆加冠巾。蔡魯公(蔡京)不以爲然,嘗爭之,不勝。翌日,有冠者數十人詣公謝,髮既未有,皆爲贋髻,以簪其冠。公戲之曰:"今當遂置梳篦乎?"不覺烘堂大笑,冠有墜地者。[3]

和尚被迫裝上假髮髻,戴上儒士冠巾,自然引人發笑,但當事人必然是憤懣苦澀的,由此可見,徽宗的命令是何等荒唐。

二、佛教與帝王縉紳

兩宋時期,佛教的再趨興盛很大程度上與帝王縉紳的喜好有關。趙宋皇室實行佛道并重的政策,除了某些例外,歷朝宋帝多采取禮遇僧人、扶助佛門的態度。文人士大夫中好佛習禪的尤爲普遍,宋代筆記中,文士與禪師交往的事例可謂俯拾皆是。這對佛教的廣泛傳播起了重要的助推作用。

---

[1] 莊綽:《雞肋編》卷中,第71頁。
[2] 周密:《癸辛雜識》別集上"尼站",第365頁。
[3] 葉夢得:《避暑錄話》卷下,第293頁。

(一) 皇室扶佛

趙宋皇室與佛教的結緣早在趙匡胤廢周建宋之前就已經開始。五代後漢時，河中節度使李守貞反叛，後漢樞密使郭威(後爲周太祖)率軍平定，當時，柴榮(後爲周世宗)和趙匡胤俱在軍中。有位麻衣和尚預言，這三人日後都能當皇帝。邵伯溫《聞見錄》記載了這則故事：

> 河南(河中)節度使李守正(貞)叛，周高祖爲樞密使討之。有麻衣道者，謂趙普曰："城下有三天子氣，守正(貞)安得久？"未幾城破。……三天子氣者，周高祖、柴世宗、本朝藝祖同在軍中也。麻衣道者其异人乎？[1]

無獨有偶，《佛祖歷代通載》引《歐陽外傳疏》的記載，也稱有位麻衣和尚向趙匡胤預言了改朝換代的"天機"：

> 初，周廢佛寺三萬三百所，毀鎮州大悲像鑄錢。世宗親秉鉞，洞其膺，不四年，疽潰於膺。帝偕太宗目擊其事，因問神僧麻衣："天下何時定？"麻衣曰："甲子方大定。"仍對以三武廢教之禍。帝深然之。及即位，屢建佛寺，歲度八千僧。[2]

這位麻衣和尚在其他文獻中多次被提及，應該真有其人。而趙匡胤可能在代周前曾與這位麻衣和尚(或某位高僧)相識，并請教過天下大勢。作爲後話，趙匡胤即位後，再次到麻衣和尚的寺廟中拜佛：

> 太祖聖性至仁，雖用兵，亦戒殺戮。親征太原，道經潞州麻衣和尚院，躬禱於佛前曰："此行止以吊伐爲意，誓不殺一人。"[3]

宋代筆記還記載，趙匡胤即位前曾受惠於僧侶，他的發迹即與僧人的資助有關。邵伯溫《聞見錄》稱：

> 太祖微時，游渭州潘原縣，過涇州長武鎮。寺僧守嚴者异其骨相，

---

[1] 邵伯溫：《聞見錄》卷七，第150頁。
[2] 釋念常：《佛祖歷代通載》卷十八《宋》，《景印文淵閣四庫全書》第1054册，臺灣商務印書館，1986年，第603頁。
[3] 魏泰：《東軒筆錄》卷九，第72頁。

陰使畫工圖於寺壁,青巾褐裘,天人之相也,今易以冠服矣。自長武至鳳翔,節度使王彥超不留,復入洛。枕長壽寺大佛殿西南角柱礎畫寢,有藏經院主僧見赤蛇出入帝鼻中,异之。帝寤,僧問所向,帝曰:"欲見柴太尉於澶州,無以爲資。"僧曰:"某有一驢子可乘。"又以錢幣爲獻,帝遂行。柴太尉一見奇之,留幕府。未幾,太尉爲天子,是謂周世宗。帝與宣祖(指趙匡胤之父趙弘殷)俱事之,南征北伐,屢建大功,以至受禪,萬世之基,實肇於澶州之行。[1]

"陳橋兵變"前,趙匡胤將母親及所有家眷安置在寺廟中,托寺僧照顧。兵變後,後周官府試圖捕殺趙氏家屬,幸虧寺僧極力相救,衆人才得以保全。朱弁《曲洧舊聞》記載:

> 太祖皇帝在周朝,受命北討。至陳橋,爲三軍推戴。時杜太后眷屬以下盡在定力院,有司將搜捕,主僧悉令登閣,而固其扃鐍。俄而大搜索,主僧紿云:"皆散走,不知所之矣。"甲士入寺,升梯,且發鑰,見蟲網絲布滿其上,而塵埃凝積,若纍年不曾開者,乃相告曰:"是安得有人!"遂皆返去。有頃,太祖已踐祚矣。[2]

以上各條史料的細節未必都確鑿可信,也不能據此認爲宋太祖真的信奉佛教,但說他對佛陀存有幾分禮敬之心,對僧侶頗有好感,比較信任,應該是事實。

宋太祖在位時,確實面臨一個重要抉擇,是繼續推行周世宗的抑佛政策,還是改弦易轍。據說,太祖最初頗爲猶豫,後來發生了一件奇事,促使他下了決心。《鐵圍山叢談》記載:

> 藝祖始受命,久之陰計:"釋氏何神靈,而患苦天下? 今我抑嘗之,不然廢其教也。"日且暮則微行出,徐入大相國寺。將昏黑,俄至一小院戶旁,則望見一髡大醉,吐穢於道左右,方惡罵不可聞。藝祖陰怒,

---

[1] 邵伯温:《聞見錄》卷一,第102頁。
[2] 朱弁:《曲洧舊聞》卷一,第5頁。此外,王明清《揮麈後錄》卷五引《五季泛聞錄》記載:"太祖仕周,受命北伐,以杜太后而下寄於封禪寺。抵陳橋,推戴。韓通聞亂,亟走寺中訪尋,欲加害焉。主僧守能者以身蔽之,遂免。太祖德之,即位後,極眷寵之。"(第153頁)司馬光《涑水記聞》卷一記載:"太祖之自陳橋還也,太夫人杜氏、夫人王氏方設齋於定力院。"(第9頁)可見,趙匡胤發動兵變前,將家眷托付給寺院,確有其事。

適從旁過,忽不覺爲醉髡攔胸腹抱定,曰:"莫發惡心。且夜矣,懼有人害汝,汝宜歸内,可亟去也。"藝祖動心,默以手加額而禮焉,髡乃捨之去。藝祖得促步還,密召忠謹小璫:"爾行往某所,覘此髡爲在否,且以其所吐物狀來。"及至,則已不見。小璫獨爬取地上遺吐狼藉,至御前視之,悉御香也。釋氏教因不廢。[1]

説宋太祖僅因一位神奇的醉僧即打定了主意,自然是小説家之言,但太祖確實是在反覆權衡之後才確定了宋朝的佛教政策。其中一個原因是他對佛教"抑嘗之",而更重要的是他意識到,可以利用佛教爲穩固趙宋王朝的統治服務。因此,宋太祖一方面加強對佛教的管控,另一方面則對佛教予以適當的尊崇和扶持。至此,前朝的抑佛政策爲之一變,一系列的禮佛之舉漸次展開。例如,建隆年間,太祖召見于闐使者,接受所獻佛舍利貝葉梵經;又下詔,派遣僧侣前往西域求法,并賜以行裝錢。乾德年間,迎韶州雲門禪師真身赴闕供養。開寶四年(971),敕令内官前往益州刊刻大藏經版。此外,興修寺廟、雕造佛像、剃度僧尼等,也陸續開始。[2] 與此同時,不少將趙宋皇室與佛教相聯繫的傳聞也流行開來。朱弁《曲洧舊聞》記載了宋太祖爲定光佛轉世的傳説:

> 五代割據,干戈相侵,不勝其苦。有一僧雖佯狂,而言多奇中。嘗謂人曰:"汝等望太平甚切,若要太平,須待定光佛出世始得。"至太祖一天下,皆以爲定光佛後身者,蓋用此僧之語也。[3]

李廌《師友談記》記載了宋太祖曾化身金色黄龍的傳説:

> 普安禪院,初在五代時,有一僧曰某者,卓庵道左,蓺蔬丐錢,以奉佛事。一日,於庵中畫寢,夢一金色黄龍來食所蓺萵苣數畦。僧寤,驚曰:"是必有异人至此。"已而見一偉丈夫於所夢地取萵苣食之。僧視其貌,神色凜然,遂攝衣迎之,延於庵中,饋食甚勤。復取數鐶錢之,曰:"富貴無相忘。"因以所夢告之,且曰:"公他日得志,願爲老僧祇於此地建一大寺,幸甚。"偉丈夫乃藝祖也。既即位,求其僧,尚存,遂命

---

[1] 蔡絛:《鐵圍山叢談》卷五,第224頁。
[2] 參見閆孟祥:《宋代佛教史》,第58~59頁。
[3] 朱弁:《曲洧舊聞》卷一,第6頁。

建寺,賜名曰普安,都人至今稱爲道者院。[1]

此類傳說就事實本身而言,當屬無稽之談,但傳說的流行很可能出於趙匡胤及其謀臣的授意,無非因爲趙氏的篡周自立實有欺負幼兒寡母之嫌,而藉助佛教神靈,則可顯示其正當性與合法性。

宋太祖是趙宋王朝的定基立國之君,他的方針政策大體爲其後的歷朝宋帝所遵循。

宋太宗繼位後,進一步推行禮僧扶佛的政策。當時,除修廟、造像外,度僧的數量也顯著增加,太平興國元年(976),一次下令即度童行十七萬人,此後,度牒制度逐漸規範化,中外佛教交流也日趨頻繁。太宗對著名高僧皆給予很高禮遇,以示恩寵,并在滋福殿安置佛像、佛經,設立宮内道場,還下令翻譯佛經,編撰僧史。太宗曾向宰相展示新譯的佛經,稱:

> 浮屠氏之教有裨政治,達者自悟淵微,愚者妄生誣謗,朕於此道,微究宗旨。凡爲君治人,即是修行之地,行一好事,天下獲利,即釋氏所謂利他者也。[2]

因此,他與群臣接觸時,經常表明自己禮敬佛教的態度。臣屬中有人譏佛、鄙佛的,他都覺得反感;有崇佛、敬佛的,則予以嘉獎。文瑩《玉壺清話》記載了太宗與近臣的一段話:

> 開寶塔成,欲撰記,太宗謂近臣曰:"儒人多薄佛典,向西域僧法遇自摩竭陀國來,表述本國有金剛坐,乃釋迦成道時所踞之坐,求立碑坐側。朕令蘇易簡撰文賜之,中有鄙佛爲夷人之語,朕甚不喜。"詞臣中獨不見朱昂有譏佛之迹,因詔公撰之。文既成,敦崇嚴重,太宗深加嘆獎。[3]

宋太宗在位期間,還親自撰寫了不少譽佛贊法的詩文,從他的言行和文字看,無論對佛教的尊奉還是對佛學的參悟,都較宋太祖有很大提升,所以,他對佛教的態度,恐非簡單的"利用"可概括。很能說明問題的事例是,太宗的第三

---

[1] 李廌:《師友談記》,第48頁。
[2] 李燾:《續資治通鑒長編》卷二四,太平興國八年冬十月甲申,第554頁。
[3] 釋文瑩:《玉壺清話》卷二,第97頁。

女邠國大長公主、第七女申國大長公主先後皈依佛門,出家爲尼。《宋史》記載:"邠國大長公主,太平興國七年爲尼,號員明大師";"衛國大長公主,……號報慈正覺大師。……乾興元年,封申國大長公主"。[1]對衛國(後封申國)大長公主的出家情況,文瑩《湘山野錄》作了較詳細的記載:

> 太宗第七女申國大長公主平生不茹葷,端拱初,幸延聖寺,抱對佛願捨爲尼。真宗即位,遂乞削髮。上曰:"朕之諸妹皆厚賜湯邑,築外館,以尚天姻,酬先帝之愛也。汝獨願出家,可乎?"申國曰:"此先帝之願也。"堅乞之,遂允。進封吳國,賜名清裕,號報慈正覺大師,建寺都城之西,額曰"崇真"。藩國近戚及掖庭嬪御願出家者,若密恭懿王女萬年縣主、曹恭惠王女惠安縣主凡三十餘人,皆隨出家。詔普度天下僧尼。申國俗壽止三十八,尼夏十有六入滅。[2]

申國公主不聽真宗勸阻,堅持出家,并聲稱是太宗的意願,而隨其出家的宗室女及嬪妃等竟多達三十餘人,顯然,佛教在皇帝之家和宗室貴族中已產生了很大影響。

太祖、太宗以後,除了徽宗一度抑佛,歷朝宋帝幾乎都是禮僧扶佛的,祇是尊崇的程度略有不同。例如,仁宗對待佛教可謂傾心尊奉,禮敬有加,他多次下令禁止世人亂殺生,每年定期舉行各類放生活動,并於慶曆七年(1047)親自撰寫了一篇放生文,文中勸誡說:"伏爲汝等各歸人世,莫爲畜種,信行三寶,奉成齋戒,樂聞佛法,永無罪障。三世一切佛,救此業因,信心迴向,不作過惡,得成佛果。"[3]據仁宗第十女賢穆明懿公主回憶,仁宗在位時,每日都在頭上戴一枚小玉佛,以示恭敬。錢世昭《錢氏私志》記載:

> 賢穆一日開小金合,有玉佛兒十數枚,大者如錢,小者如指面。某問何用,賢穆云:"仁皇每日頭上戴一枚,大者襆頭帽子裏戴,小者冠子

1　《宋史》卷二四八《公主列傳》,第8773~8774頁。
2　釋文瑩:《湘山野錄》卷上,第23頁。
3　周應合:《景定建康志》卷四《御制御書》"仁宗皇帝御制放生文",《宋元方志叢刊》第二册,中華書局,1990年,第1368~1369頁。

裏戴。嘗言我無德,每日人呼萬歲,教佛當之。"[1]

仁宗對著名高僧十分禮敬恩寵,經常與他們論佛談禪,其中,與大覺懷璉禪師的交往見諸多部文獻的記載。他曾召懷璉入宮開堂演法,惠洪《林間錄》描述了當時的情景。

> 大覺禪師,皇祐二年十二月十九日,仁宗皇帝詔至後苑,齋於化成殿。齋畢,傳宣效南方禪林儀範開堂演法,又宣左街副僧錄慈雲大師清滿啓白。滿謝恩畢,唱曰:"帝苑春回,皇家會啓。萬乘既臨於舜殿,兩街獲奉於堯眉。爰當和煦之辰,正是闡揚之日。宜談祖道,上副宸衷。謹白。"璉遂升座問答罷,乃曰:"古佛堂中,曾無异説。流通句內,誠有多談。得之者妙用無虧,失之者觸途成滯。所以溪山雲月,處處同風。水鳥樹林,頭頭顯道。若向迦葉門下,直得堯風蕩蕩。舜日高明。野老謳歌,漁人鼓舞。當此之時,純樂無爲之化,焉知有恁麼事。"皇情大悦。[2]

後來,仁宗還派遣中使就參禪問題向懷璉請教。曉瑩《雲卧紀談》記載:

> 仁宗皇帝以皇祐四年十二月九日,遣中使降御,問於淨因大覺禪師懷璉曰:"才去竪拂,人立難當。"璉方與衆晨粥,遂起謝恩,延中使粥。粥罷,即以頌回進曰:"有節非乾竹,三星繞月宮。一人居日下,弗與衆人同。"於是皇情大悦。既而復賜頌曰:"最好坐禪僧,忘機念不生。無心焰已息,珍重往來今。"璉和而進之曰:"最好坐禪僧,無念亦無生。空潭明月現,誰説古兼今。"[3]

宋神宗除延續了太祖、太宗的扶佛政策外,本人對佛學也頗爲留心。當時任職太常寺的楊杰,字次公,少有才名,精通佛學,因禮樂之事,多次入宮參與商討。神宗曾向他瞭解佛教的情况,《萍洲可談》記:

> 楊杰次公,留心釋教,嘗上殿,神考頗問佛法大概,楊并不詳答,云

---

1 錢世昭撰,查清華、潘超群整理:《錢氏私志》,《全宋筆記》第二編第七册,大象出版社,2006年,第65頁。

2 釋惠洪:《林間錄》卷下,第825頁。

3 釋曉瑩撰,夏廣興整理:《雲卧紀談》卷上,《全宋筆記》第五編第二册,大象出版社,2012年,第7頁。

佛法實亦助吾教。既歸，人咸咎之。或責以聖主難遇，次公平生所學如此，乃唯唯何耶？楊曰："朝廷端慎明辯，吾懼度作導師，不敢妄對。"[1]

神宗去世後，哲宗年幼繼位，祖母宣仁太后高氏垂簾聽政，被尊爲太皇太后。神宗病重時，哲宗曾抄寫佛經爲其祈福。高太后去世後，哲宗又在宮中爲太后做道場，《道山清話》記曰：

> 紹聖改元九月，禁中爲宣仁作小祥道場。宣隆報長老升座，上設御幄於旁以聽。其僧祝曰："伏願皇帝陛下愛國如身，視民如子。每念太皇之保佑，常如先帝之憂勤。庶尹百僚，謹守漢家之法度；四方萬里，永爲趙氏之封疆。"既而有僧問話云："太皇今居何處？"答云："身居佛法龍天上，心在兒孫社稷中。"當時傳播，人莫不稱嘆。於戲！太皇之聖，華夷稱爲女堯舜。方其垂簾，每有號令，天下人謂之快活條貫。[2]

南宋高宗、孝宗對佛教也給予頗多扶持，曾分別爲寧波阿育王寺塔、殿題寫匾額。張端義《貴耳集》記載了孝宗巡游杭州天竺山和靈隱寺的逸事：

> 孝宗幸天竺及靈隱，有輝僧相隨，見飛來峰，問輝曰："既是飛來，如何不飛去？"對曰："一動不如一靜。"又有觀音像，手持數珠，問曰："何用？"曰："要念觀音菩薩。"問："自念則甚？"曰："求人不如求己。"因進《圓覺經》二句："使虛妄心若無，六塵則不能有。"經本四字一句，以三句合而爲二句。孝宗大喜，有奎翰入石。[3]

大慧宗杲因與張九成交往，得罪秦檜，被刺配南海。孝宗將其放回，給予極高的禮敬和恩寵，葉紹翁《四朝聞見錄》記載：

> 大慧名妙喜。張公九成字子韶，自爲士時已耽釋學，嘗與妙喜往來，然不過爲世外交。張公自以直言忤秦檜，檜既竄斥張公，廉知其素所往來者，所善獨妙喜，遂杖妙喜背，刺爲卒於南海，妙喜色未嘗動。

---

[1] 朱彧：《萍洲可談》卷三，第166頁。

[2] 佚名：《道山清話》，第104頁。

[3] 張端義：《貴耳集》卷上，第284頁。

後檜死,孝宗果放還,復居徑山。有勸之去其墨者,妙喜笑拒不答。孝宗憐而敬之,寵眷尤厚,賜金鉢、袈裟,輿前用青蓋,賜號"大慧"。言者列其寵遇太過。[1]

由上述可見,兩宋時期,佛教在蕭條中迅速恢復,呈現十分興盛的局面,趙宋皇室的態度實爲一個重要的因素。

(二)士夫好禪

宋代的文人士夫皆爲自幼熟讀經書的儒生,有不少還經科舉考中了進士,但往往又不同程度地受到佛教的影響。其中,篤信佛教、頂禮膜拜的不乏其人,而喜結交僧侶、好談佛參禪的尤爲普遍。即便以"辟佛""排佛"著稱的,私下裏兼習佛經、兼通禪學的也不罕見。司馬光作詩稱:"近來朝野客,無座不談禪。"[2] 蘇軾上奏稱:"今士大夫至以佛老爲聖人,粥書於市者,非老莊之書不售也。"[3] 王闢之《澠水燕談錄》記載:"近年士大夫多修佛學,往往作爲偈頌,以發明禪理。"[4] 南宋陸九淵稱:"佛老之徒遍天下,其說皆足以動人,士大夫鮮不溺焉。"[5] 僅上述數條,已可見宋代文人士夫的風氣。佛教禪宗在宋代臻於極盛,除其内部原因外,文人士夫的推波助瀾也起了不小作用。

文人士夫好佛喜禪的事例,僅見諸筆記文獻的,即可謂俯拾皆是,不勝枚舉。因此,唯能拈取數例,以見一斑。

張齊賢在太宗、真宗兩朝都當過宰相,素以才幹出衆著稱,但思想上頗受佛教影響,所著《洛陽搢紳舊聞記》是部勸世之作,宣揚的多爲佛教的因果報應之説,其中《宋太師彥筠奉佛》一篇,尤具代表性。文中記述的宋彥筠爲五代大將,後唐攻滅前蜀時充任前鋒。他在渝州占據了一名蜀將的住宅,又向蜀將之妻許

---

[1] 葉紹翁撰,張劍光、周紹華整理:《四朝聞見錄》甲集"徑山大慧",《全宋筆記》第六編第九册,大象出版社,2013年,第254頁。

[2] 司馬光:《溫國文正公文集》卷十五《律詩·戲呈堯夫》,《四部叢刊初編》本。

[3] 蘇軾:《蘇軾文集》卷二五《奏議·議學校貢舉狀》,第725頁。

[4] 王闢之:《澠水燕談錄》卷三《奇節》,第32頁。

[5] 陸九淵:《象山集》卷三《書·與曹立之二》,《景印文淵閣四庫全書》第1156册,臺灣商務印書館,1986年,第277頁。

諾,娶她爲妻,由此騙得藏匿的所有家産,其後却將蜀將之妻殺害。在乘舟返京途中,蜀將之妻的冤魂現形,前來索命。宋彥筠答應設齋、建寺造功德,最後得以善終:

> 自峽乘舟下水,昏晚間,見一小舟,中有數婦人,漸及彥筠船。逼而視之,渝州所殺蜀中主妻也。濃妝鮮衣,戟手慢罵曰:"爾虜我全家,奪我金帛,既納我爲妻,發掘我家地中所有,一毫不遺。我與爾無負,何冤而殺我?我已上訴,終還我命。"聲甚厲,船上人俱聞,須臾失之。彥筠駭懼,許齋僧造功德。自是每晚見之如初,洎及荆渚之夕,不之見。宋登陸,首詣僧寺施財,爲設齋造功德,爲狀首罪,許歲歲營造功德,詞甚懇切,對佛懺悔。僧爲禮念,焚之。邇後,或一月半歲見之,宋必頂禮首罪。到闕,除汝州防禦使。於州之西,建寺一所,今額號"等慈",此則專爲主妻所造也。……自此知因果報應之驗爾。[1]

真宗朝任宰相的王旦更是一位典型的佛教信徒,不僅平生誦經拜佛,臨終還吩咐家人,治喪入葬須完全遵照佛教儀軌。司馬光《涑水記聞》記載:

> 旦以寬厚清約爲相幾二十年,……身殁之日,諸子猶有褐衣者。性好釋氏,臨終遺命剃髮着僧衣,棺中勿藏金玉,用荼毗火葬法,作卵塔而不爲墳。其子弟不忍,但置僧衣於棺中,不藏金玉而已。[2]

此類生前拜佛學禪,離世時遵循佛教儀軌的事例并不罕見,真宗時,節度判官朱炎同樣如此。蘇軾《東坡志林》記載:

> 芝上人言:近有節度判官朱炎學禪,久之,忽於《楞嚴經》若有所得者。問講僧義江曰:"此身死後,此心何住?"江云:"此身未死,此心何住?"炎良久以偈答曰:"四大不須先後覺,六根還向用時空。難將語默呈師也,秖在尋常語默中。"師可之,炎後竟坐化。真廟時人也。[3]

仁宗、英宗、神宗、哲宗四朝,崇佛之風尤盛,名臣、名士研經學禪的更爲普

---

[1] 張齊賢撰,俞鋼整理:《洛陽搢紳舊聞記》卷四"宋太師彥筠奉佛",《全宋筆記》第一編第二册,大象出版社,2014年,第185頁。

[2] 司馬光:《涑水記聞》卷七,第95~96頁。

[3] 蘇軾:《東坡志林》卷三《异事下》"朱炎學禪",第58頁。

遍。杜衍字世昌,仁宗時拜相,封祁國公,平生專究儒學。張方平字安道,曾知南京應天府(今河南商丘),神宗時任參知政事,平日喜好佛學,卒諡文定。據説,杜衍致仕後閑居應天府,常與張方平往來。最初,杜衍一直嘲笑張方平"佞佛",後來,他讀了《楞嚴經》,幡然醒悟,遂與張方平志同道合。惠洪《林間錄》記載了這段逸聞:

>杜祁公、張文定公皆致政,居睢陽里巷相往來。有朱承事者,以醫藥游二老之間。祁公勁正,未嘗雜學,每笑安道佞佛,對賓客必以此嘲之。文定但笑而已。朱承事乘間謂文定曰:"杜公天下偉人,惜未知此事。公有力,盍不勸發之?"文定曰:"君與此老緣熟勝我,我止能助之耳。"朱囅然而去。一日,祁公呼朱切脉甚急,朱謂使者曰:"汝先往白相公,但云看首《楞嚴》未了。"使者如所告馳白,祁公默然。久之,乃至。隱几揖令坐,徐曰:"老夫以君疏通解事,不意近亦例闒茸。如所謂《楞嚴》者,何等語?乃爾耽著。聖人微言無出孔孟,捨此而取彼,是大惑也!"朱曰:"相公未讀此經,何以知不及孔孟?以某觀之,似過之也。"袖中出其首卷,曰:"相公試閲之。"祁公熟視朱,不得已,乃取默看,不覺終軸。忽起大驚,曰:"世間何從有此書耶?遣使盡持其餘來。"遍讀之,捉朱手,曰:"君真我知識,安道知之久而不以告我,何哉?"即命駕來見文定,敘其事,安道曰:"譬如人失物,忽已尋得,但當喜其得之而已,不可追悔得之早晚也。僕非不相告,以公與朱君緣熟,故遣之耳。雖佛祖化人,亦必藉同事也。"祁公大悦。[1]

這一時期的名臣中,富弼的好佛是人所共知的。富弼字彥國,仁宗、神宗朝兩次拜相,受封鄭國公、韓國公,卒諡文忠。富弼早年篤信道教,相傳其由道入佛的轉折頗具戲劇性,葉夢得《巖下放言》的記載尤爲生動。

>富鄭公少好道,自言吐納長生之術,信之甚篤,亦時爲燒煉丹竈事,而不以示人。余鎮福唐,嘗得手書《還元火候訣》一篇於蔡君謨(蔡

---

[1] 釋惠洪:《林間錄》卷下,第825~826頁。張方平小杜衍二十九歲,神宗時致仕,當時杜衍已去世多年。張在仁宗時曾知應天府,唯此時有可能與杜衍相往來。《林間錄》稱:"杜祁公、張文定公皆致政,居睢陽里巷相往來。"當爲誤記。

襄)家,蓋至和間持其母服時,書以遺君謨者,方知其持養大概。熙寧初再罷相,守亳州,公已無意於世矣。圓照大本者,住蘇州瑞光寺,方以其道震東南,穎州僧正容世號容華嚴者從之,得法以歸。鄭公聞而致之於亳,館於書室,親執弟子禮。一日旦起,公方聽事公堂。容視室中有書櫃數十,其一扃鑰甚嚴,問之左右,曰:"公常手自啓閉,人不得與。"意必道家方術之言,亟使取火焚之,執事者爭不得。公適至,問狀。容即告之曰:"吾先爲公去一大病矣。"公初亦色微變,若不樂者,已而意定,徐曰:"無乃太虐戲乎?"即不問。自是豁然,遂有得。容曰:"此非我能爲,公當歸之吾師。"乃以書偈通圓照,故世言公得法大本。[1]

富弼信佛之後,學禪悟道尤能深入,他曾與友人吴處厚以書信、偈語探討禪理,頗獲友人贊賞。吴處厚《青箱雜記》記載:

富文忠公,尤達性理。熙寧中,余守官洛下,公時爲亳守,遺余書,托爲訪荷澤諸禪師影像。余因以偈戲之,曰:"是身如泡幻,盡非真實相。況兹紙上影,妄外更生妄。到岸不須船,無風休起浪。唯當清静觀,妙法了無象。"公答偈曰:"執相誠非,破相亦妄。不執不破,是名實相。"既又以手筆貺余曰:"承此偈見警,美則美矣,理則未然。所謂無可無不可者,畫亦得,不畫亦得。就其中觀像者爲不得,不觀像者所得如何?禪在甚麽處?假不以有無爲礙者,近乎通也。思之,思之。"[2]

富弼晚年曾多次堅辭朝廷委任的要職,但遇有高僧開堂説法,總是盡可能前往聆聽,其實在不知不覺中,他已將佛陀置於君王之上。《道山清話》記載:

洛中有一僧,欲開堂説法。司馬君實(司馬光)夜過邵堯夫(邵雍)云:"聞富彥國、吕晦叔(吕公著)欲往聽,此甚不可。但晦叔貪佛已不可勸,人亦不怪,如何勸得彥國?"堯夫曰:"今日已暮矣,姑任之。"

---

[1] 葉夢得撰,徐時儀整理:《巖下放言》卷中,《全宋筆記》第二編第九册,大象出版社,2006年,第334頁。"容",在有些版本中亦作"顒",即證悟修顒禪師。

[2] 吴處厚撰,夏廣興整理:《青箱雜記》卷一〇,《全宋筆記》第一編第十册,大象出版社,2014年,第257頁。

明日,二人果偕往。後月餘,彥國招數客共飯,堯夫在焉。因問彥國曰:"主上以裴晉公之禮起公,公何不應命?又聞三遣使,公皆卧内見之。"彥國曰:"衰病如此,其能起否?"堯夫曰:"上三命,公不起,一僧開堂,以片紙見呼即出,恐亦未是。"彥國曰:"弼亦不曾思量至此。"[1]

富弼回答邵雍的質疑,稱"弼亦不曾思量至此"頗能説明問題。文中提到的吕公著篤信佛教,哲宗時與司馬光同任宰相,卒贈申國公。唯因其好禪,鑽營者往往以談禪爲名巴結他。徐度《却掃編》記載:

> 吕申公素喜釋氏之學,及爲相,務簡静,罕與士大夫接。惟能談禪者,多得從容。於是好進之徒,往往幅巾道袍,日游禪寺,隨僧齋粥,談説理情,覬以自售。時人謂之"禪鑽"云。[2]

年長吕公著十歲的趙抃,字閲道(一作悦道),崇佛程度不亞於吕。他爲官清廉,任殿中侍御史時,彈劾不避權幸,人稱"鐵面御史"。神宗時,官至參知政事。平生究心佛學,好與禪僧交往。惠洪《冷齋夜話》記載:

> 趙悦道休官歸三衢,作高齋而居之,禪誦精嚴,如老爛頭陀。與鍾山佛慧禪師爲方外友,唱酬妙語,照映叢林。性喜食素,日須延一僧對飯,可以想見其爲人矣。[3]

北宋名士中,蘇軾的好佛尤爲人們所熟知。蘇軾字子瞻,號東坡居士,平生既習禪,也慕道,善於融彙儒、道、佛三家。他與衆多禪僧有着頻繁而密切的交往,所著詩文、雜記有不少内容與佛教有關。他研讀《六祖壇經》後寫下這樣一段體驗:

> 近讀六祖《壇經》,指説法、報、化三身,使人心開目明。然尚少一喻。試以喻眼:見是法身,能見是報身,所見是化身。何謂見是法身?眼之見性,非有非無,無眼之人,不免見黑,眼枯睛亡,見性不滅,故云見是法身。何謂能見是報身?見性雖存,眼根不具,則不能見,若能安養其根,不爲物障,常使光明洞徹,見性乃全,故云能見是報身。何謂

---

[1] 佚名:《道山清話》,第94頁。
[2] 徐度:《却掃編》卷上,第133頁。
[3] 釋惠洪:《冷齋夜話》卷一〇,第81頁。

所見是化身？根性既全,一彈指頃所見千萬,縱橫變化,俱是妙用,故云所見是化身。此喻既立,三身愈明。如此是否？[1]

顯然,他對禪學的"悟入"實非常人可及。受蘇軾影響,其弟蘇轍以及所提携的後學,如黄庭堅等人,也都熱衷佛學。

王安石字介甫,號半山,神宗時拜相,主持變法,封荆國公,後追封舒王。他平生也深受佛教影響,罷相後退居江寧(今江蘇南京),尤好讀經參禪。據説,他曾與張方平討論儒佛的盛衰,并對張的看法頗爲贊賞：

世傳王荆公嘗問張文定公曰："孔子去世百年,生孟子亞聖,後絶無人,何也？"文定公曰："豈無？又有過孔子上者。"公曰："誰？"文定曰："江西馬大師(馬祖道一禪師),汾陽無業禪師,雪峰(雪峰義存禪師)、岩頭(岩頭全豁禪師)、丹霞(丹霞天然禪師)、雲門(雲門文偃禪師)是也。"公暫聞,意不甚解,乃問曰："何謂也？"文定曰："儒門淡薄,收拾不住,皆歸釋氏耳。"荆公欣然嘆服。其後説與張天覺(張商英),天覺撫几嘆賞曰："達人之論也。"遂記案間。[2]

王安石好爲儒經作注解,研讀《華嚴經》後也對其中一卷作了注解。儘管蘇軾對他區分"佛語"和"菩薩語"不以爲然,但他確實是下過功夫的。

濟南龍山鎮監稅宋保國出其所集王荆公《華嚴解》。余曰："《華嚴》有八十卷,今獨解其一,何也？"曰："公謂我此佛語,至深妙,他皆菩薩語耳。"曰："予於藏經中取佛語數句雜菩薩語中,復取菩薩語數句雜佛語中,子能識其非是乎？"曰："不能也。"曰："非獨子不能,荆公亦不能也。予昔在岐下,聞汧陽猪肉至美,使人往致之。使者醉,猪夜逸,買他猪以償,吾不知也。客皆大詫,以爲非他産所及。已而事敗,客皆大慚。今荆公之猪未敗耳。屠者買肉,倡者唱歌,或因以悟。子若一念清浄,墻壁瓦礫皆説無上法,而云佛語深妙、菩薩不及,豈非夢中

---

[1] 蘇軾：《東坡志林》卷二《佛教》"讀壇經",第42頁。
[2] 陳善撰,查清華整理：《捫虱新話》卷一〇《儒釋類》"儒釋迭爲盛衰",《全宋筆記》第五編第十册,大象出版社,2012年,第79~80頁。

語乎？"¹

王安石的弟弟王安國，字平甫，也以好佛聞名。富弼的女婿馮京，字當世，神宗時官至參知政事。他出知并州（今山西太原）時，專心習禪，以"閉目塞聽"來躲避當地的"歌舞妙麗"。王安國則認爲其學禪不能"達理"，尚未至於"空"的境界。張師正《倦游雜錄》記載：

> 馮當世晚年好佛，知并州，以書寄王平甫，曰："并州歌舞妙麗，閉目不喜，日以談禪爲事。"平甫答曰："若如所諭，未達理，閉目不喜，已是一重公案。"²

前文提到的張商英，字天覺，徽宗時曾任宰相，崇佛不遺餘力。他著有《護法論》《宗禪辯》，爲佛教申辯，主張佛、儒不應偏廢。他從兜率從悅禪師處接受禪法後，追隨者頗多，儼然以一代宗師自居。

> 張丞相天覺喜談禪，自言得其至。初爲江西運判，至撫州，見兜率從悅，與其意合，遂授法。悅，黃龍老南之子，初非其高弟，而江西老宿爲南所深許，道行一時者數十人。天覺皆歷詆之。其後天覺浸顯，諸老宿略已盡。後來庸流傳南學者，乃復奔走推天覺，稱"相公禪"，天覺亦當之不辭。近歲遂有爲長老開堂承嗣天覺者，前此蓋未有。³

其實，羅列宋代好佛的文人士夫，實可謂數不勝數，反而是一些"排佛"的士人更耐人尋味，就北宋時期看，最著名的有司馬光、范鎮、歐陽修。范鎮字景仁，封蜀郡公。原先他與司馬光都是力詆佛教的，⁴但後來，司馬光的態度有所改變，而范鎮也在不知不覺中受到一定影響。葉夢得《避暑錄話》記載：

> （熙寧時）人人皆喜言名理，惟司馬溫公、范蜀公以爲不然。既久，二公亦自偶入其說，而溫公尤多，蜀公遂以爲譏。溫公曰："吾豈爲天下無禪乎？但吾儒所聞有，不必捨我而從其書爾。"此亦幾所謂實與而文不與者，觀其與韓持國往來論《中庸》數書可見矣。末因蜀公論空

---

1 蘇軾撰，孔凡禮整理：《仇池筆記》卷上"佛菩薩語"，《全宋筆記》第一編第九册，大象出版社，2014年，第 209~210 頁。
2 張師正：《倦游雜錄》卷一"不喜歌舞"，第 203 頁。
3 葉夢得：《避暑錄話》卷上，第 283 頁。
4 葉夢得《避暑錄話》卷下記載："范蜀公素不飲酒，又詆佛教。"（第 322 頁）

相,遂以詩戲之曰:"不須天女散,已解動禪心。"蜀公不納。反復以戲之,詩曰:"賤子悟已久,景仁今日迷。"又云:"到岸何須筏,揮鋤不用金。浮雲任來往,明月在天心。"此道極致,豈大聰明而有差別。觀此謂溫公不知禪,可乎?[1]

再到後來,有人問范鎮:"何以不信佛?"范鎮回答:"爾必待我合掌膜拜,然後爲信耶。"[2]這一回答説明他内心對佛教已有所認同。蘇軾對范鎮内心的變化看得十分清楚,所以評論説:

> 范景仁平生不好佛,晚年清慎,减節嗜欲,一物不芥蒂於心,真却是學佛作家,然至死常不取佛法。某謂景仁雖不學佛而達佛理,雖毁佛駡祖,亦不害也。[3]

上述三人中,歐陽修的"闢佛"始終很堅决,司馬光曾説:"吕晦叔之信佛,近夫佞;歐陽永叔之不信,近夫躁,皆不須如此。信與不信,纔有形迹,便不是。"[4]然而,歐陽修在私下場合,對佛教和僧侣并不像他著書立説時那樣反感。他早年曾請僧人相面,還認爲很靈驗。蘇軾《東坡志林》記載:

> 歐陽文忠公嘗語:"少時有僧相我:'耳白於面,名滿天下;唇不著齒,無事得謗。'其言頗驗。"耳白於面,則衆所共見;唇不著齒,余亦不敢問公,不知其何如也。[5]

更有意思的是,歐陽修的夫人薛氏篤信佛教,歐陽修并未干預。據説,歐陽修晚年受富弼影響,也曾向證悟修顒禪師問學,并研讀《華嚴經》,但不久即去世,未能真正走上信佛之道。其後,包括兒子歐陽棐在内的衆多歐陽家子孫都在薛夫人帶領下,成爲極其虔誠的佛教信徒。葉夢得《避暑録話》記載:

> 歐陽氏子孫奉釋氏甚衆,往往尤嚴於他士大夫家。余在汝陰,嘗訪公之子棐於其家。入門,聞歌唄鐘磬聲自堂而發。棐移時出,手猶持數珠,諷佛名,具謝今日適齋日,與家人共爲佛事方畢。問之,云:

---

[1] 葉夢得:《避暑録話》卷上,第278頁。
[2] 佚名:《道山清話》,第110頁。
[3] 李廌:《師友談記》,第50頁。
[4] 佚名:《道山清話》,第110頁。
[5] 蘇軾:《東坡志林》卷三《技術》"僧相歐陽公",第70頁。

"公無恙時,薛夫人已自爾,公不禁也。及公薨,遂率其家無良賤悉行之。"汝陰有老書生猶及從公游,爲余言:"公晚聞富韓公得道於净慈本老,執禮甚恭。以爲富公非苟下人者,因心動。時法顯師住薦福寺,所謂顯華嚴者,本之高弟。公稍從問其說。顯使觀《華嚴》,讀未終而薨,則知韓退之與大顛事真不誣。公雖爲世教立言,要之,其不可奪處不唯少貶於老氏,雖佛亦不得不心與也。"[1]

三、彌漫社會的崇佛之風

佛教的中國化和世俗化使其影響滲透了宋代社會的各個層面,由是,崇佛之風彌漫於整個社會。離弃俗世,皈依佛門,在社會各階層都不乏其例,食素放生、結社禮佛、篤信因果、誦經超度之類的現象,時時可見。各類佛教法術也在民間具有廣泛的影響。

(一)弃俗入佛

就世俗社會的各界人士而言,離弃俗世,皈依佛門,當屬崇佛的最高境界。兩宋時期,經政府登記在册,獲得度牒的僧尼爲二三十萬,[2] 若算入私下出家,未獲度牒的,還應增加百分之七八十,總數約爲四十萬。這些出家爲僧爲尼者,除信仰之外,往往還有其他原因,有迫於生計的,有看破紅塵的,也有書香門第、官宦之家的子弟,生活優裕,才華出衆,却因信之彌篤,一旦醒悟,斷然跨入空門,

---

[1] 葉夢得:《避暑録話》卷上,第 231 頁。
[2] 《宋會要輯稿》記載:"天禧五年,……僧三十九萬七千六百一十五人,尼六萬一千二百三十九人。"但隨後分述的各路數字,相加後的僧尼總數爲三十七萬八千八百五十六人,與前者差八萬多,故這一數字是否指已獲度牒的僧尼,僉存疑。章如愚《群書考索》後集卷六十三《財用門·鬻僧類》稱:"天禧二年八月,詔普度道士、女冠、僧尼,凡度二十六萬二千九百餘人。"再證以前文所引陳襄所述嘉祐時的數字"僧尼、道士、女冠計有三十一萬七百餘人"。去除道士、女冠,獲度牒的僧尼數量從天禧至嘉祐有所增加,總數當在二三十萬之間。《宋會要輯稿》隨後記載:"(熙寧)十年,……僧二十萬二千八百七十二人,尼二萬九千六百九十二人。"其僧尼總數與前引方勺《泊宅編》所載"熙寧末,……僧尼、道士、女冠二十五萬一千七百八十五人"去除道士、女冠後的數字大致相符,也爲二十餘萬。見《宋會要輯稿》道釋一《披度》,第 9979~9980 頁。

至死不肯回頭。費袞《梁谿漫志》所舉北宋後期饒節和吳叙二人的事例,頗爲典型。饒節字德操,工詩善文,爲江西詩派的重要作者,曾與曾布、陳瓘等名臣交往,出家後,陸游譽其詩爲"近時僧中之冠"。[1]吳叙字元常,北宋末年大臣吳敏的弟弟,棄官爲僧後,終老寺院:

> 近世儒者絶意聲利,飄然游方之外者,有二人焉。饒節字德操,臨川人,以文章著名,曾子宣(曾布)丞相禮爲上客,陳了翁(陳瓘)諸公皆與之游,往來襄、鄧間。始亦有婚宦意,遇白崖長老與之語,欣然有得。嘗令其僕守舍,歸,見其占對异常,怪而問之,僕曰:"守舍無所用心,聞鄰寺長老有道價(《學海類編》本作"行"),往請一轉語,忽爾覺悟,身心泰然無他也。"德操慨然曰:"汝能是,我乃不能,何哉?"徑往白崖問道,八日而悟,盡發囊橐,與其僕祝髮爲浮屠。德操名如璧,僕名如琳,遍參諸方。陳了翁、關子開(關景仁)兄弟,皆以詩稱美之。至江浙,樂靈隱山川,因挂錫焉。琳抱疾,德操躬進藥餌,既卒,盡送終之義。後主襄陽天寧,……德操自號倚松道人,所爲詩文皆高邁,號《倚松集》云。吳元中(吳敏)丞相之弟名叙,字元常,亦能詩,有"水竹清瘦霜松孤"之句。除南京敦宗院教授,未赴,忽棄官爲僧,法名正光,歷住萬年、國清諸刹,晚主衢之烏巨寺。一子亦早夭,其婦守志不嫁,光年益老,感疾,婦必躬造飲饌以進,積久不懈。後元中丞相薨,當家無人,其祖母韓夫人奏乞元常歸故官,詔許之,元常迄不就。凡住名刹四十年而終。[2]

與蘇軾交往密切的僧人仲殊原先也是士人。仲殊俗姓張氏,名揮,工詩文,尤善歌詞,曾考過進士。據説,其妻下藥害他,遂棄家爲僧。出家後,凡俗之心未滅,仍喜作艷詞,儘管有老僧苦口婆心加以規勸,但終不悔改。《中吳紀聞》記其事曰:

> 仲殊字師利,承天寺僧也。初爲士人,嘗與鄉薦,其妻以藥毒之,遂弃家爲僧。工於長短句,東坡先生與之往來甚厚。時時食蜜解其

---

1 陸游:《老學庵筆記》卷二,第21頁。
2 費袞:《梁谿漫志》卷九"二儒爲僧",第235頁。

藥,人號曰"蜜殊"。有《寶月集》行於世。慧聚寺詩僧孚草堂,以其喜作艷詞,嘗以詩箴之云:"大道久凌遲,正風還陊隳。無人整頹綱,目亂空傷悲。卓有出世士,蔚爲人天師。文章通造化,動與王公知。囊括十洲香,名翼四海馳。肆意放山水,灑脱無覊縻。雲輕三事衲,瓶錫天下之。詩曲相間作,百紙頃刻爲。藻思洪泉瀉,翰墨清且奇。惜哉大手筆,胡爲幽柔詞?願師持此才,奮起革澆漓。鶩彼東山嵩,圖祖進豐碑。再續輔教編,高步凌丹墀。它日僧史上,萬世爲蓍龜。迦葉聞琴舞,終被習氣隨。伊予浮薄人,贈言增忸怩。倘能循我言,佛日重光離。"老孚之言雖苦口,殊竟莫之改。[1]

這一事例其實折射出中國文化的一個重要現象,即自古以來,中國始終没有陷入過全民性的、極端的"宗教狂熱",中國的社會大衆更多地是以一種世俗的心態,抱着功利性的目的去信奉宗教。在家修行,誦經參禪,不離俗世生活,同樣可以獲取宗教的"慰藉";出家剃度,青燈古佛,或多或少仍留存幾分"俗緣",廣交文友,吟花咏月,合掌膜拜中不失文士風度。饒節、仲殊和勸人的詩僧,其實皆如此,衹是深淺有别。所以說,兩宋的佛教信徒,即便出家,其身心仍多處於僧、俗之間。

民間普通人家子女出家的事例,宋代筆記也時有記載。此類故事往往敷上濃重的"靈异"色彩,反映了佛教因果報應之説在民間的廣泛流傳。王明清《投轄録》所載陳氏女出家爲尼一事尤爲典型:

> 法悟,清源陳氏戊申女。早慧,能誦《金剛經》。嘗許適其姑之子,姑愛之异常。元祐三年二月初一日,在本家道堂内忽以剪刀斷其髮。母見,持之而泣。頃刻,兄嫂弟妹畢集,誘諭迫脅,無所不致。法悟神色怡然,笑而不答,曰:"法悟自有境界,已發大願,若遇明眼善知識,或敢言其一二。"舉家莫能爲計。异日謀請建隆長老爲舉揚般若違恩義,罪譴無邊。語未竟,法悟直前拈香,低頭禮拜,言曰:"正月一日晡時,在道堂坐,忽見眼前黑暗,見遠處有火光,舉身從之。約行數里,入大門,榜曰'報冤門',有緑衣判官持簿籍曰:'汝未可來,何爲至此?汝有

---

[1] 龔明之:《中吴紀聞》卷四"仲殊",第236~237頁。

宿冤當報,知否?'法悟心悸,對曰:'得生人間,未曾爲惡,何得有冤?'判官曰:'汝前世之妻乃汝今生之夫,以嫉妒故,傷汝左耳,因而致死。今反爲汝之夫,合正其命。'法悟曰:'我雖有此宿冤,心不欲報。'判官曰:'此自當報,不由汝心。'法悟曰:'我若報冤,冤冤相報,無有了期。'判官曰:'不然。如世間殺人,若有不償報者,其冤終在。'法悟曰:'我但不生嗔恨,冤自消釋。譬如釋迦世尊,昔爲歌利王割截身體,節節支解,不生嗔恨,我今亦不生嗔恨。'法悟仍見世間冤對,盡載簿内,念得火炬焚却此簿,令一切冤仇盡得解脱。判官忽揚眉怒曰:'汝是何人,輒來亂吾法也?'叱之使去。震恐之際,不覺身在郊外,號泣曰:'是何惡業,却教殺人報冤,觀世音菩薩來救取我去。'忽見一老僧云:'童子過來,汝須發願。'法悟應聲曰:'我若殺人,願碎身如微塵河沙劫,不生人道。'僧曰:'善哉!當聽吾偈:萬丈紅絲結,何時解得徹?但修頓教門,那見彌勒法。'法悟知僧不凡,因前問前生父母何在,曰:'汝母已生天。父猶沈滯,可禮阿育王寶塔,一會與父。'法悟旋歸,失足墮井中,驚不覺醒。乃見身在道堂内,約日色止逾一食時,而自初覺眼前黑暗,至入門與判官議論,及被叱見老僧語言,不啻如終日也。法悟既覺,心極惶駭,又重捨其姑之恩義,彷徨不决。至當月晦夜,忽夢前所見老僧,以手摩法悟頂。法悟確意,遂於翌日對佛發願,願云:'若果有出家緣分,願剪髮時無人來見。'遂剪二十四刀,盡斷其髮,再以剪刀齊其蓬。母忽見之。"建隆聞説,不復阻難,但云"不可思議"。[1]

文中完整記述了基於因果報應觀念而敷衍的一則具有宋代特色的故事,儘管"報冤門""緑衣判官"之類的具體情節實屬荒誕不經,但其所反映的思想觀念是真實的,對人們的影響是深刻的,宋代基於此類因果報應觀念而皈依佛門的應當爲數不少。

還有些人生前由於種種原因未能皈依佛門,臨終時却强烈要求剃度更衣,達成出家意願,最有名的就是《澠水燕談録》所記神宗朝丞相王禹玉(王珪)妻鄭氏的故事,說鄭氏"奉佛至謹,臨終囑其夫曰:'即死,願得落髮爲尼。'及死,公

---

[1] 王明清:《投轄録》"尼法悟",第86~87頁。

奏乞賜法名師號,斂以紫方袍"。時人將此事與王安石因子王雱患心疾而遣兒媳改嫁的事情并提,戲曰:"王太祝生前嫁婦,鄭夫人死後出家。"[1] 又《春渚紀聞》也記載了一年邁的女傭臨終出家的事情:

  湖州孫略教授家婢名吕媪者,服勤孫氏有年矣。性謹樸,無他能,但常日晨起,就厨中取食器潔之,聚所弃餘粒,間有落溝渠者,亦拾取淘濯,再於釜中或加五味煮食之,未嘗一日廢也。年七十餘,一日微疾,即告其家人曰:"爲我髡髮,着五戒衣,我將去矣。"家人從之,因起以左手結印而化。[2]

臨終出家,即便是象徵性的,也表達了其人弃俗入佛的强烈願望,這種對宗教至誠至信的宣示,往往能得到家庭和社會的認可。

(二)放生與結社

佛教戒律中的"五戒""十善",[3]皆將"不殺生"置於首位,作爲佛教信徒,無論是在家修行,還是出家奉道,都應遵守這一戒條。儘管宋代佛教徒違反戒律的并不罕見,但信守這一戒律的也大有人在,他們不僅自己不殺生,而且還勸阻他人殺生,相關的事例在宋代文獻中時有所見,北宋後期的胡奕修即爲典型的一例。胡奕修字叔微,徽宗時官至淮南江浙荆湖制置發運副使。平生好佛,與禪僧來往密切。時人所作行狀説他:

  爲篤信因果,平生未嘗殺活物。在杭時,因其人善食鮮,多細碎水類,日不下千萬。公諄諄誘勸,食者遂絶,而業者爲改。[4]

南宋時的錢佃也是一例。錢佃字仲耕,秉性敦厚,爲官頗有政聲。郭彖《睽車志》記載,他任江西轉運副使時,曾一次救下數百隻田雞。

---

[1] 王闢之:《澠水燕談錄》卷十《談謔》,第 103 頁。又張師正《倦游雜錄》卷三"死後出家"條記此事爲"乞度爲女真,敕特許披戴,賜名希真,仍賜紫衣,號冲静大師。"(第 225 頁)

[2] 何薳:《春渚紀聞》卷四《雜記》"孫家吕媪",第 227 頁。

[3] 所謂"十善"是從"五戒"擴展而來的,即:一不殺生,二不偷盗,三不邪淫,四不妄語,五不兩舌,六不惡口,七不綺語,八不貪欲,九不瞋恚,十不邪見。犯此即成"十惡"。參見星雲監修:《佛光大辭典》,第 468 頁。

[4] 李之儀:《姑溪居士集》後集卷一九《故朝請郎直秘閣淮南江浙荆湖制置發運副使贈徽猷閣待制胡公行狀》,《景印文淵閣四庫全書》第 1120 册,臺灣商務印書館,1986 年,第 721 頁。

錢仲耕郎中佃任江西漕,按部,晚宿村落,夢青衣數百哀鳴乞命。明日適見鬻田雞者,感夢,買放,傾籠出之,其數與夢無差。[1]

佛經中還就"五戒""十善"的功德作了詳細闡述,如《十善業道經》論及"不殺生"的功德,稱:

　　若離殺生,即得成就十離惱法。何等爲十? 一,於諸衆生,普施無畏。二,常於衆生,起大慈心。三,永斷一切瞋恚習氣。四,身常無病。五,壽命長遠。六,恒爲非人之所守護。七,常無惡夢,寢覺快樂。八,滅除怨結,衆怨自解。九,無惡道怖。十,命終生天。[2]

所以,佛教信徒相信,若能持守"不殺生"的戒律,即可健康長壽,去除一切煩惱。蘇軾曾記載了一位名蘇佛兒的老人,長年持戒,不食肉,不飲酒,八十餘歲仍顔若童子:

　　元符三年八月,余在合浦,有老人蘇佛兒來訪,年八十二,不飲酒食肉,兩目爛然,蓋童子也。自言十二歲齋居修行,無妻子。有兄弟三人,皆持戒念道,長者九十二,次者九十。與論生死事,頗有所知。居州城東南六七里。佛兒嘗賣菜之東城見,老人言:"即心是佛,不在斷肉。"余言:"勿作此念,衆人難感易流。"老人大喜,曰:"如是,如是。"[3]

相反,若肆意殺生,便會受到懲罰,遭遇各種痛苦,唯有改邪歸正才能脱離苦海。郭彖《睽車志》記載:

　　平江人王亨正嗜牛炙,忽病瘧半年,百藥無效。沉頓中,夢黃衣人告云:"汝勿食牛則生,更食則死。"既寤,誓不復食,病亦隨愈。[4]

因此,人們在遭遇厄運,陷入困境時,往往更希望以持守不殺生的戒律來"救贖"自己犯下的"惡業"。北宋後期的龔夬即爲一個頗爲極端的例子。龔夬字彥和,徽宗時任殿中侍御史,因彈劾蔡京等事削籍編管房州,又徙象州、化州。因其戒殺生到了常人難以理解的地步,以至友人作偈予以嘲諷。

1　郭彖:《睽車志》卷二,第108頁。
2　見《大正新修大藏經》第15册,第158頁。
3　蘇軾:《東坡志林》卷二《道釋》"記蘇佛兒語",第46頁。
4　郭彖:《睽車志》卷二,第105頁。

龔彥和謫化州,持不殺戒,日夜禮佛,對客蟣虱滿衣領,不恤也。鄒志完作偈嘲之曰:"衣領從教虱子緣,夜深拜得席兒穿。道鄉活計君知否? 饑即須餐困即眠。"[1]

蘇軾爲人豁達開朗,不拘小節,但經"烏臺詩案"之後,也更嚴格地恪守不殺生的戒律:

余少年不殺,未能斷也,近年始能不殺猪羊。惜嗜蟹,每見餉者,(該書《稗海》本作:然性嗜蟹蛤,故不免殺。自去年得罪下獄,始意不免,既而得脱,遂自此不復殺一物。有見餉蟹蛤者,)皆放之江中,雖在江無活理,庶幾求一活。即使不活,亦愈於烹煎也。親遭患難,不异鷄鴨之在庖厨,不忍以口腹之故,使有生之類受無量怖苦耳。[2]

"放生"是"不殺生"的延伸。其實,在某些特殊日子舉行放生活動,作爲一項慣例,在中國漢族地區古已有之,《列子》即有"正旦放生,示有恩也"[3]的記載。佛教傳入中國後,偶爾的放生活動與佛教戒律相結合,經南朝、隋唐的提倡,成爲漢地的佛門儀軌,至宋代,更發展成爲一項流行於社會各界的、持續性的佛教信仰習俗。宋真宗於天禧元年(1017)下詔:"淮、浙、荆湖治放生池,禁漁采。"[4]天禧四年(1020),出判杭州的王欽若奏請,"以西湖爲放生池,禁捕魚鳥,爲人主祈福。自是以來,每歲四月八日,郡人數萬會於湖上,所放羽毛鱗介以百萬數"[5]。此後,各地放生池紛紛建立,放生活動日趨盛行。例如,信佛的王安石即熱衷於放生。沈括《補筆談》記載:"予嘗見丞相荆公喜放生,每日就市買活魚縱之江中,莫不洋然。"[6]商賈、平民好放生的也十分常見。洪邁《夷堅志》記載:

信州鹽商范信之説,同輩孫十郎者,家世京師人,南徙信州。奉佛喜捨,日課誦觀世音名萬遍。每入市,逢人携飛禽走獸,及生魚鱉蝦

---

[1] 釋惠洪:《冷齋夜話》輯佚,第 97 頁。
[2] 蘇軾:《仇池筆記》卷下"戒殺",第 231 頁。
[3] 楊伯峻:《列子集釋》卷八《説符篇》,中華書局,1979 年,第 269 頁。
[4] 《宋史》卷八《真宗紀三》,第 163 頁。
[5] 蘇軾:《蘇軾文集》卷三〇《奏議·杭州乞度牒開西湖狀》,第 864 頁。
[6] 沈括:《補筆談·續筆談》卷三《藥議》,第 248 頁。

蛤,必買而放之。惟大風雨則不出,采捕者利於速售,且可復取,紛紛集其門,或一日費錢二三萬。[1]

當時,許多地方都有定期舉行的群體性放生活動,杭州西湖每年四月八日舉行的放生會至南宋時仍盛行不衰。西湖老人《繁勝錄》記載:

> 佛生日。府主在西湖上放生亭設醮,祝延聖壽,作放生會。士民放生會,亦在湖中船內看經判斛放生。游人湖峰上買飛禽、烏龜、螺螄放生。[2]

與不殺生相關的另一項信仰習俗是"食素"。禁止肉食也是漢地僧尼特有的一項制度,比丘戒律中原無此項規定。據說由南朝梁武帝根據《大般涅槃經》等經書的教義予以提倡,然後普遍實行。兩宋時期,食素不僅是佛門儀軌,信佛的各界人士以食素爲齋戒,也蔚然成風。大致而言,宋人食素可分爲長齋和花齋兩種方式。所謂長齋即終年食素,花齋即在特定的日期食素。奉佛的婦女長年食素或終身食素的尤爲多見。例如,丹陽人竇從謙盛讚其妻霍氏各項美德時稱:"吾妻之奉佛茹素,有以先我也。"[3] 惠洪《冷齋夜話》記其游臨川景德寺,見該寺所藏十八應真像缺失一軸,"明日有女子來拜,敘曰:'兒南營兵妻也,寡而食素,夜夢一僧來言曰:"我本景德僧,因行失隊,煩相引歸寺,可乎?"……'"[4] 洪邁《夷堅志》記載:"合州城內一媼曰鄭行婆,自幼不飲酒茹葷,默誦《金剛經》,未嘗少輟。……今已九十餘歲。"[5] 上述這些女子或獲得美譽,或得人信重,或享以高壽,似乎都與常年茹素有關,因此,有更多人於此"頓悟"而改變了以往的生活習慣。如北宋大臣孫沔之妻邊氏,喜食活殺的魚,後夢見觀音顯靈而醒悟,遂終身食素。莊綽《雞肋編》記載:

> 孫威敏公(孫沔)夫人邊氏,喜食鱠。須目見割鮮者,食之方美。

1　洪邁:《夷堅三志》壬集卷八"孫十郎放生",第1526頁。
2　西湖老人撰,黃純艷整理:《繁勝錄》"佛生日",《全宋筆記》第八編第五冊,大象出版社,2017年,第320頁。
3　劉宰:《漫塘集》卷二八《霍氏墓誌銘》,《景印文淵閣四庫全書》第1170冊,臺灣商務印書館,1986年,第663頁。
4　釋惠洪:《冷齋夜話》卷一,第29~30頁。
5　洪邁:《夷堅支志》丁集卷三"鄭行婆",第990頁。

一日,親視庖人將生魚已斷成臠,忽有睡思,遂就枕,令覆魚於器,俟覺而切。乃夢器中放大光明,有觀音菩薩坐其内,遽起視魚,諸臠皆動,因弃於水中,自是終身蔬食。[1]

當時,行"花齋"即在特定的日子中齋戒食素的現象更爲普遍,宋代筆記中也多有記載,例如:

> 釋氏以正、五、九月爲"三長月",故奉佛者皆茹素。其説云:"天帝釋以大寶鏡,輪照四天下,寅、午、戌月,正臨南贍部洲,故當食素以徼福。官司謂之'斷月',故受驛券有所謂羊肉者,則不支。……"[2]

> 今人以月一日、八日、十四日、十五日、十八日、二十三日、二十四日、二十八日、二十九日、三十日不食肉,謂之"十齋",釋氏之教也。[3]

> 七月十五日,道家謂之中元節,各有齋醮等會。僧寺則於此日作盂蘭盆齋。而人家亦以此日祀先,例用新米、新醬、冥衣、時果、彩段、麵棋,而茹素者幾十八九,屠門爲之罷市焉。[4]

宋代的食素之風與當時的信仰觀念密切相關,人們相信,食素行善者與殺生行惡者,最後的歸宿迥然相異。何薳《春渚紀聞》即以實例宣揚了上述觀念:

> 入内都知宣慶使陳永錫言:上皇朝,内人有兩劉娘子。其一年近五旬,志性素謹,自入中年,即飯素誦經,日有程課,宫中呼爲"看經劉娘子";其一乃上皇藩邸人,敏於給侍,每上食則就案,所治脯脩,多如上意,宫中呼爲"尚食劉娘子",樂禍而喜暴人之私。一日,有小宫嬪微忤上旨,潜求救於尚食,既諾之而反從之下石。小嬪知之,乃多取紙筆焚之,云:"我且上訴於天帝也。"即自縊而死。不逾月,兩劉娘子同日而亡,時五月三日也。至舁尸出閤門棺斂,初舉尚食之衾,而其首已斷,旋轉於地,視之,則群蛆叢擁,而穢氣不可近。逮啓看經之衾,則香馥襲人,而面色如生。於是内人知者皆稽首云:"善惡之報,昭示如此,

---

1 莊綽:《雞肋編》卷下,第 104 頁。
2 洪邁撰,孔凡禮整理:《容齋隨筆》卷十六"三長月",《全宋筆記》第五編第五册,大象出版社,2012年,第 203 頁。
3 趙與時:《賓退録》卷三,第 37 頁。
4 周密:《武林舊事》卷三"中元",第 44~45 頁。

不可不爲之戒也。"[1]

與食素之風相應,宋代開封、杭州等大都市中都開設了專門經營素食的店鋪。"素食店賣素簽、頭羹、麵食、乳蕈、河鯤、脯炙、元魚。凡麩笋乳蕈飲食,充齋素筵會之備"[2];"及有素分茶,如寺院齋食也"[3]。

> 更有專賣素點心從食店,如豐糖糕、乳糕、栗糕、鏡面糕、重陽糕、棗糕、乳餅、麩笋絲、假肉饅頭、笋絲饅頭、裹蒸饅頭、菠菜果子饅頭、七寶酸餡、薑糖辣餡、糖餡饅頭、活糖沙餡、諸色春繭、仙桃龜兒包子、點子、諸色油炸、素夾兒、油酥餅兒、笋絲麩兒、果子、韵果、七寶包兒等點心。[4]

宋代善男信女的禮佛大致也可分爲兩種形式,其一是個別的、散在的,或居家,或赴廟,誦經念佛,焚香膜拜。其二是結社集會,舉行群體性的佛事活動。前一種形式尤爲普遍,筆記中的個案記載也極爲常見。例如:

> 會稽士人范之綱,居於城中,壯歲下世。有兩子,能謹畏治生,日以給足。其母早夜焚香,敬禱天地百神,且誦經五十過。凡十餘年,未嘗少輟。[5]

> 吕辯老母李夫人,喜事佛。中年後,晨興盥櫛竟,必焚香誦《金剛經》一卷已,然後理家務。[6]

> 徐熙載之母程氏,酷信釋書,雖年過七十,雞鳴而起,炷香持誦,不以寒暑易節,而瞻奉觀音,尤極誠敬。[7]

宋代結社禮佛的風氣也很興盛,究其原因,實與净土宗的迅速發展及其在民間的廣泛影響有關。以結社形式修净土是净土宗的重要特點,兩宋時期,此

---

[1] 何薳:《春渚紀聞》卷一《雜記》"兩劉娘子報應",第177頁。
[2] 耐得翁撰,湯勤福整理:《都城紀勝》"食店",《全宋筆記》第八編第五册,大象出版社,2017年,第10頁。
[3] 孟元老:《東京夢華録》卷四"食店",第145頁。
[4] 吴自牧:《夢粱録》卷一六"葷素從食店",第254頁。
[5] 洪邁:《夷堅支志》丁集卷二"范之綱妻",第981頁。
[6] 洪邁:《夷堅支志》癸集卷三"大聖院蝦蟆",第1243頁。
[7] 洪邁:《夷堅三志》辛集卷五"觀音救溺",第1418頁。

類佛社數量衆多,難以統計。不同時期皆有著名佛社,如太宗時有"净行社"、四明寶雲寺佛社;真宗、仁宗時有"念佛施戒會""白蓮社""净土會""净土道場";神宗、哲宗時有"净業社"、湖州八聖寺萬人結社、"蓮花勝會";徽宗時有"興净業社"、錢塘"净土會";南宋時期有"白蓮懺堂""净土繫念會""西資社""寶積蓮社"等。[1] 净土宗在傳播中還與其他宗派互相影響,出現"台净融合""禪净雙修"的現象,因此,其他宗派也不乏群體性的宗教活動。大致而言,宋代的結社禮佛在南方地區尤爲常見,誠如時人所述:"釋氏之教,南方爲盛,男女聚僧廬爲傳經會,女不嫁者,私爲庵舍以居。"[2] 如杭州地區,每年例行的集會禮佛活動就十分繁複:

奉佛,則有上天竺寺光明會,皆城内外富家助備香花燈燭,齋襯施利,以備本寺一歲之用。又有茶湯會,此會每遇諸山寺院作齋會,則往彼以茶湯助緣,供應會中善人。城中太平興國傳法寺净業會,每月十七日則集男士,十八日則集女人,入寺諷經聽法。歲終則建藥師會七晝夜。[3]

又有善女人,皆府室宅舍内司之府第娘子夫人等,建庚申會,誦《圓覺經》,俱帶珠翠珍寶首飾赴會,人呼曰鬥寶會。……四月初八日,六和塔寺集童男童女善信人建朝塔會。……每月遇庚申或八日,諸寺庵舍集善信人誦經設齋,或建西歸會。保俶塔寺每歲春季建受生寄庫大齋會。諸寺院清明建供天會。七月十五日,建盂蘭盆會。二月十五日,長明寺及諸教院建涅槃會。四月八日,西湖放生池建放生會,頃者此會所集數萬人。……其餘白蓮行法三壇等會,各有所分也。[4]

洪邁《夷堅志》所記各地佛社活動頗多,此略舉數例:

鄱陽少年稍有慧性者,好相結誦經持懺,作僧家事業,率十人爲一社,遇人家吉凶福願,則偕往建道場,齋戒梵唄,鳴鐃擊鼓。起初夜,盡

---

[1] 參見閆孟祥:《宋代佛教史》,第 651~652 頁。

[2] 黃榦:《勉齋集》卷三十六《朝奉大夫文華閣侍制贈寶謨閣直學士通議大夫諡文朱先生行狀》,《景印文淵閣四庫全書》第 1168 册,臺灣商務印書館,1986 年,第 417 頁。

[3] 耐得翁:《都城紀勝》"社會",第 15~16 頁。

[4] 吳自牧:《夢粱錄》卷一九"社會",第 292~293 頁。

四更乃散,一切如僧儀,各務精誠,又無捐丐施與之費,雖非同社,而投書邀請者亦赴之。一邦之內,實繁有徒,多著皂衫,乃名爲白衣會。[1]

紹興辛亥上元日,(饒州餘干)里中豪者王德璋倡率社甲爲佛會,禳除凶災,且薦拔遭兵而死者。[2]

紹興丙寅歲,溫州小民數十,詣江心寺赴誦佛會。或自外入,言江水極清,非復常色,競出門觀之。[3]

從上述史料的字裏行間可以看出,宋代的結社禮佛活動,論規模可大可小,論形式多種多樣,或祈吉,或薦亡,或誦經,或放生。富人可藉助集會行善布施,小民則利用集會觀景怡情,女人甚至乘機展示首飾,争奇鬥艷,至於鳴鐃擊鼓、人潮洶湧的場景更是給平淡的生活增加了色彩。在"禮佛"的名義下,人們可以各取所需,各得其所,這可能也是兩宋結社禮佛活動興盛的社會原因之一。

(三)篤信因果

佛教傳入中國後,其因果報應的教理對中國民間社會的思想觀念產生了極爲廣泛而深刻的影響。雖然善有善報、惡有惡報的觀念在中國本土起源甚早,《易傳》即有"積善之家,必有餘慶;積不善之家,必有餘殃"[4]的說法,但佛教在中國化的過程中,既依據自身的基本理論,又融合中國的傳統觀念,形成系統而完整的因果報應學說。佛教認爲,衆生種下任何因緣,必定獲得相應果報,善因得善果,惡因得惡果。所有的報應皆體現在"三世"(前世、現世、來世)和"六道"(地獄道、餓鬼道、畜生道、修羅道、人間道、天道)的輪迴中。現世的富貴貧賤是前世所作善惡的結果;今生的善惡必將導致來世的禍福,甚至在現世即獲報應。輪迴轉生也有六種趨向,行善者轉向修羅、人間、天上"三善道",行惡者墮入地獄、餓鬼、畜生"三惡道"。[5]

---

[1] 洪邁:《夷堅三志》壬集卷六"蔣二白衣社",第1512頁。

[2] 洪邁:《夷堅支志》庚集卷七"盛珪都院",第1188頁。

[3] 洪邁:《夷堅甲志》卷四"江心寺震",第35頁。

[4] 王弼注,孔穎達正義:《周易‧坤‧文言》,中華書局影印阮元校刻《十三經注疏》本,1980年,第19頁。

[5] 參見星雲監修:《佛光大辭典》,第536~538、1298、3323~3324頁。

兩宋時期,佛教的因果報應觀念流行於社會各界,篤信者比比皆是。例如,許多人都深信,行惡者會淪爲畜生,轉生牛馬。郭彖《睽車志》記載:

> 常州華嚴寺僧道良,爲知庫數年,多所乾没。忽卧病危惙,長老道素夜夢良來云:"且往近莊養疾去。"逮曉則報良已卒。俄近莊報牛夜產犢而病一目,良素眇,皆驚訝。他日道素按視近莊,取犢視之,見素淚下。素謂曰:"汝知庫耶?業報如此,當隨吾還寺,曳磑作麵供衆以償宿負。"犢即隨肩輿以行,不待驅逐。既至寺,日作麵兩石。有常課主者竊增其數,犢至常課即止,驅之竟不行。或呼知庫良公撫勞之,則淚下。有僮行斥良名罵之曰:"盜常住賊!"則怒目奔觸,人力不能制。素令日以僧食啖之,酸鹹至頓食五十枚。僧從簡言親見其事。[1]

吳曾《能改齋漫録》也有一段惡人淪爲畜生的記載:

> 沈遼叡達言:"嘉祐中,其兄文通自越移杭,所經諸堰,皆集牛以運舟。是時方夏暑,監官堰上露宿以俟之。夜久人静,忽聞以行相呼云:'今吾輩有何生活?'或答曰:'明日沈幾兒子過來,赴任杭州也。'又云:'沈幾早有子知杭州乎?'嘆息不已。使臣者審其聲,甚雄重,非人聲。又深夜野次,更無外人,其言氣非俗流。因熟察之,乃堰上數牛也。"張芸叟聞其事而言曰:"既以行呼,豈非沈之親朋者耶?"又云:"因果之説,凡禄厚而無功澤於民者,死即轉生爲象牛駝馬,復以大力償衆生爾。然事關幽顯,理未可知。假或可知,其中宵牛語之事,亦可知矣。"[2]

現世作惡多端,罪孽深重的,還將墮入地獄,備受酷刑,永世不得超生。以此類事例説教的,在筆記中也頗常見。周密《癸辛雜識》中有一段十分生動的描述,尤能反映當時的觀念:

> 乙未歲,余還霅省墓,杼山聞寶積僧云:"去歲菁山普明寺僧茂都事者,病傷寒,死二日復蘇。言初至大官府,冠裳數人據坐大殿,有一僧立廊下竊窺之,則徑山高雲峰也。欲扣其所以,搖手云我爲人所累

---

[1] 郭彖:《睽車志》卷四,第116~117頁。

[2] 吳曾撰:《能改齋漫録》卷一八《神仙鬼怪》"中宵牛語",第233~234頁。

至此。忽枷至一僧,則其徒也。即具鐵床,熾火炙之,叫號穢臭不可聞。主者呼雲峰,問其事如何?答曰:'彼受此痛,若某有預,必言矣。'主者曰:'當是時是誰押字?'則無以對。繼又枷至一僧,骨肉皆零落,則資福寺主守觀象先也。方欲問之,忽有黃巾武士直造殿上,問某事何爲久不行遣?(或云問景僧録事。)主者皆悚然而起,立命吏索案。案卷盈庭,點檢名字,一吏就旁書之,凡四十二人,主者遂署於後。甫畢,此紙即化爲火飛去,即有大青石枷四十二具陳於庭下,各標姓名於上。頃刻追至二僧,乃靈隱、齡悦二都事,即就枷之。繼而又有一人自外巡廡而入,各點姓名,見茂云:'汝安得至此?'遂令擁出至門,一跌而寤。"然其所見四十二人,是時皆無恙。至次年,死者凡十數人,固已异矣。至丁酉七月,演福主僧允澤號雲夢者,以雙足墮指潰爛病亟,日夕號呼,瞑目即有所睹。其親族兄長在左右視其疾,一日,忽令其兄設四十九解禮懺,自疏平生十大罪以謝過,發陵亦一事。泣謂其兄曰:"適至陰司,見平日作過諸僧皆在,各帶青石大枷,獨有二枷尚空,已各書名於上矣,其一即下天竺瑞都事也。"其時瑞故無恙。扣其一枷爲何人,則潸然墮泪曰:"吾恐不可免也。"是夕澤殂。越一日,瑞都事亦殂。其冥中所見,大率與甲午歲茂僧入冥所睹皆吻合,蓋可謂怪。天理果報之事,未有昭昭如此事者,故書之以警世云。[1]

當時人還普遍相信,作惡者很可能在現世就遭受報應,即所謂的"現報"。郭彖《睽車志》中的兩則事例,反映了這種觀念。

  武翼大夫焦仲居四明,性嗜殺,日以彈射臂鷹走狗爲樂,所殺不可勝紀。營一宅新成,遷居之,房闥間巨蛇縱橫,至相糾結如辮,殺之復然。家有三男二女,長曰嗣昌,業進士,忽得心疾,朝夕慟哭,云憶其亡父母。其妻謂之曰:"堂上坐者汝父母也,何狂易至此!"嗣昌憤然曰:"此人乃害吾父母者,恨未能殺之以復仇,然不可與之同居。"日挽其妻以出,不可禁止,乃聽其外居。嗣昌竟以病惑死。次子、季子不數年相

---

[1] 周密:《癸辛雜識》別集上"二僧入冥",第372~373頁。

繼殂,晚年仲復喪妻,生計益落,孑然一身。[1]

　　平江陸大郎者,家頗富厚,有別業在平山。一庵僧與之素善,僧所置產業,率皆寄陸戶內。既久,陸遂萌乾沒之心,僧索之不與,乃訟之官。陸多推金錢賂胥輩,僧不得直,反坐誣詐。僧不勝忿恨,乃日焚香望陸門而拜且禱,願爲其子,取償所負。久之,僧死。逾年,而陸生子,以年長始立嗣,鍾愛之,號曰小大郎。稍長,游蕩不檢,家資爲耗,陸不之禁也。及陸死,小大郎者奉葬甚厚,是後妄費益侈,不數年,財產蕩盡。無以爲計,乃伐墓木以易斗升,既童其山,則又托言風水不利,發取其棺及甓甒之屬,盡賣之,焚其骨,弃爐湖中。人皆謂小大郎即僧後身,蓋伐墓焚尸之酷,非至讎不忍爲也。今世之不肖子以貧故,若小大郎所爲者多矣。是雖名爲子孫,安知非宿世冤憎,願力之重,假托以償其忿耶?[2]

按照佛教教義,一旦作下惡業,即無法逃脫惡報,唯有儘早醒悟,去惡從善,誦經念佛,纔有可能消除或減輕報應。相關事例在郭彖《睽車志》中也多有記載,例如:

　　支提長老善秀,言其鄉里有人以田獵畢弋爲業者,其妻晝寢,忽見床前地裂,深不可測,俯視見城郭屋宇。恍惚間,身墮其間,至殿庭,仰望有王者坐其上,左右皆牛頭阿旁。主者命以大刀斷其手足,剖割心肺懸挂之,自踵至頂細剉血肉如泥,乃揉和成團塊,業風吹之,俄復爲人。方其身被慘毒,而其識神在旁,見其屠剝痛苦不可名狀。既醒,則身故在榻上,移時始能言,百體餘痛,經日乃定。自後或經歲,或半載,所見輒如此,不勝其苦。一日又然,則聞殿上人謂之曰:"當往求善秀長老説懺悔可以滅罪。"乃如其言謁秀,道其故。秀教之誦破地獄真言,具爲演説懺滌,自後乃不復睹前事,竟亦善終。[3]

　　臨川屠者張某,晚年頗悔其業,自以宰殺物命至多,必受惡報。又

1　郭彖:《睽車志》卷二,第102頁。
2　郭彖:《睽車志》卷五,第126頁。
3　郭彖:《睽車志》卷一,第101頁。

其體至豐肥,乃日誦佛號數百聲,畫佛像瞻禮,惟祈命終之日不值暑熱,人皆笑之。如是積十數年,忽盛夏死。其家素貧,無以棺斂,人謂必臭潰矣。俄天大雨,停尸破屋之下,漏下如注,遍濕其體,經夕悉凝爲冰。凡停三日,略無變動,鄰里爲營葬之。[1]

通過誦經念佛救贖所犯惡業,還可在死後早日超生,投胎於一個好人家。也是郭彖《睽車志》的記載:

湖妓楊韵手寫《法華經》,每執筆,必先齋素,盥沐更衣。後病死。死之夜,其母夢韵來別云:"以經之力,今即往生烏程縣廳吏蔡家作女。"時蔡妻方娠,是夜夢有肩輿及門者,迎之,則韵也,云來寄宿,寤而生女。其母他日來視,女爲之啞然一笑,人咸異之。[2]

張無盡(張商英)之子龍圖公,家於義興郭外。有故遣僕入邑,舟行數里,日將沒,見一婦人行岸上,手挈油罌,迎舟而過。僕熟視,即家故婢招喜也,名呼之不應,去愈疾。停舟追及之,方悟其已死,因問:"爾今安在?"婦人遠指岸側一古木曰:"吾居是間。"復問:"須油安用?"曰:"吾遍體創裂,藉此膏潤則痛少差耳。"且謂僕:"郭門外精舍老僧戒行嚴潔,惟日誦《金光明經》,爲吾求誦十部以資冥福,當即往生。"僕如其言訪僧誦經,還過其處,擊木呼之,俄有白衣叟出木穴中,曰:"招喜得經已受生矣。煩再爲吾誦十部。"僕方問其何人,忽不復見。他日復訪僧誦經,但以木中老人回向云。[3]

由於篤信誦經念佛可令死者免墮"惡道",儘早投胎人間,甚至上升天堂,宋代設齋薦亡的風氣頗爲興盛。許多人家凡有親人離世,往往建道場,做佛事,禮請僧尼誦經念佛,不惜花費大量錢財。司馬光曾對這一社會風氣作了揭示:

世俗信浮屠誑誘,於始死及七七日、百日、期年、再期、除喪、飯僧、設道場,或作水陸大會,寫經造像,修建塔廟。云爲此者,滅彌天罪惡,

---

1　郭彖:《睽車志》卷五,第124~125頁。
2　郭彖:《睽車志》卷一,第97頁。
3　郭彖:《睽車志》卷四,第116頁。

必生天堂,受種種快樂;不爲者,必入地獄,銼燒舂磨,受無邊波吒之苦。[1]

司馬光將此類行爲視作"浮屠誑誘"的結果,反映了部分士大夫對這一風氣的保留態度。

(四)佛教法術

佛教修持方法中最爲神秘,而且對中國民間社會影響十分廣泛的一個部分,是咒語和咒術。佛教在形成和傳播的過程中,曾吸收了印度民間信仰中的咒語、咒術,因此,各宗派的經典中往往保留了一些咒語。其中,密宗尤爲重視密咒的作用,修法強調"三密加持",即手結印契(身密)、口誦咒語(口密)、心觀佛尊(心密),若衆生身口心"三業"清净,與諸佛身口心三密相應,即可現世成佛。[2]中國傳統的信仰習俗注重現世訴求,具有明顯的實用性和功利性,這與具有即時效用的佛教咒術比較接近,二者易於融通。兩宋時期,融合了中國文化某些元素的佛教法術,既被官方用於祈禳、求雨,也廣泛流行於民間社會,人們普遍相信,念誦某些佛教咒語和經文,不僅能驅邪避祟,防身護體,使自己免遭災難,還可役使鬼神,攻擊仇敵。

從宋代文獻記載看,被民間認定的、法力最高、效用最廣的佛教經咒有《金剛經》《大悲咒》等。蘇軾《東坡志林》記載了一則奇聞,説某人身陷礦洞,全賴念誦《金剛經》纔得以生還:

蔣仲甫聞之孫景修言:近歲有人鑿山取銀礦至深處,聞有人誦經聲。發之,得一人,云:"吾亦取礦者,以窟壞不能出,居此不知幾年。平生誦《金剛經》自隨,每有飢渴之念,即若有人自腋下以餅餌遺之。"殆此經變現也。[3]

憑藉《金剛經》之法力逢凶化吉的故事,洪邁《夷堅志》中記述尤多,某老嫗夜宿客店,因誦讀《金剛經》而免遭店主謀財害命,即爲典型的一例:

---

[1] 司馬光:《書儀》卷五《喪儀一·魂帛》,第30頁。
[2] 參見星雲監修:《佛光大辭典》,第3113~3115、4477~4481頁。
[3] 蘇軾:《東坡志林》卷二《佛教》"誦金剛經帖",第43頁。

青州人柴注,爲壽春府司理。因鞫劫盜獄,一囚言:"離城三十里間,開旅邸,每遇客携囊橐獨宿,多殺之,投尸於白沙河下,前後不知若干人,惟謀一老嫗不得。"注問其故,囚曰:"頃年老嫗獨寄宿,某與兄弟言:'今夜好個經紀。'至更深,遣長子推户,久乃還云:'若有人抵户而立,不可啓。'某不信,提刀自行,及門,穴壁窺之,見紅光中一大神,與房上下等,背門而立,氣象甚怒。某驚懼失聲,幾於顛仆。天將曉,門方開。嫗正起理髮,誦經不已。問何經,曰:'《金剛經》也。'乃知昨夜神人蓋金剛云。"[1]

宋代,觀音信仰極爲興盛,這位源自佛教的菩薩經過中國本土的"民俗化",已成爲世人普遍信奉的大慈大悲、普度衆生的尊神。因此,使用觀音名號的經咒往往被視爲法力無邊的護身利器。例如,唐代伽梵達摩所譯《千手千眼觀世音菩薩廣大圓滿無礙大悲心陀羅尼經》收載的《大悲咒》,被認爲誦之即可獲十五種善生,避免十五種惡死,[2] 所以在民間非常流行,廣爲運用。《夷堅志》中相關的事例很多,其中,建德鄉民以人祭獻蟒妖的故事尤爲驚心動魄:

祈門汪氏子,自番陽如池州,欲宿建德縣。未至一舍間,過親故居,留與飲。行李已先發,飲罷,獨乘馬行,遂迷失道,與從者不復相值。深入支徑榛莽中,日且曛黑,數人突出執之。行十里許,至深山古廟中,反縛於柱。數人皆焚香酌酒,拜神像前,有自得之色,禱曰:"請大王自取。"乃扃廟門而去。汪始知其殺人祭鬼,悲懼不自勝。平時習大悲咒,至是但默誦乞靈而已。中夜大風雨,林木振動,聲如雷吼,門軋然豁開,有物從外入,目光如炬,照映廊廡。視之,大蟒也,奮迅張口,欲趣就汪。汪戰栗誦咒愈苦。蛇相去丈餘,若有礙其前,退而復進者三,弭首徑出。天欲曉,外人鼓簫以來,欲飲神胙,見汪依然,大駭。問故,具以事語之。相顧曰:"此官人有福,我輩不當得獻也。"解縛謝之,送出官道,戒勿敢言。[3]

---

[1] 洪邁:《夷堅甲志》卷八"金剛靈驗",第67~68頁。

[2] 參見星雲監修:《佛光大辭典》,第860頁。

[3] 洪邁:《夷堅甲志》卷一五"建德妖鬼",第126頁。

此外，宋代民間還流行多種形式的《觀音咒》《觀音經》，人們不僅用以祈福禳災，還用以反擊仇家的詛咒。蘇軾《東坡志林》記載：

> 《觀音經》云："咒咀諸毒藥，所欲害身者，念彼觀音力，還著於本人。"東坡居士曰："觀音，慈悲者也。今人遭咒咀，念觀音之力而使還著於本人，則豈觀音之心哉？"今改之曰："咒咀諸毒藥，所欲害身者，念彼觀音力，兩家總沒事。"[1]

蘇軾不贊成冤冤相報，所以想改《觀音咒》，使仇家平息爭端，但從中也可看出，世人篤信《觀音咒》具有攻擊或反擊他人的法力，並且在日常生活中確實這樣運用。

觀音部佛經中收錄的其他咒術也有非常高強的法力。王明清《投轄錄》記述了一則天台僧道清以《咒土法》驅除鬼魅的故事，十分生動。說的是出身官宦之家的賈生，美風姿，善詩詞，富於才情，且樂善好施，奉佛極爲虔誠。某日，與朋友相約，前往京師觀燈，受化身美女的鬼魅迷惑，自此，日漸消瘦，病入膏肓。服藥、誦咒皆不奏效，家人已無可奈何：

> 五六月間，天寧寺作般若會，長老宗戒請賈之昆季與賈之友往齋。既罷，同游納涼。寺之僧堂高廣，蔽以大殿，無西日，堂之前有風陰陰焉。并門長連床，一寓僧坐其上，戒老與客俱至，先語僧曰："兄弟勿動，同此納涼，諸官皆道友也。"瀹茗剖瓜，均行而食之。從容戒老忽曰："今歲賈宅幾官人獨不在此，聞久病，日來亦少瘥否？"其兄言其曲折，且曰："知其爲鬼所困，而不能治也。"長連床上寓僧忽曰："審如此，我能治之。"衆競起問之，則天台僧道清也。僧取淨土斗許，念咒百餘遍，以授其兄，使候其來，以土圍之，連牆壁處穴敷土令相接，或置之牆上令遍，或以意想爲得。至哀鳴求免，即開庵中土而使之去，慎勿至日出也。如其言圍之，方四鼓，忽聞庵中悠厲聲達於外，至五鼓且哭且悔。賈兄問之，稱罪曰："我京城之廟靈也，有封爵，慚不能自言。悅其風姿，不少忍，以至於此。明，則醜惡俱露矣，伏願見憐！"曰："復來乎？"曰："我恃神力，以爲無如我何，而不知遭此。今得免，當洗心省

---

[1] 蘇軾：《東坡志林》卷二《佛教》"改觀音咒"，第43頁。

谷,豈敢再至。"曰:"神見何物而懼也?"曰:"身在鐵城中,高際天矣。""欲自何方去?"曰:"西北。"即開土尺許。既泣且謝,肅然有冷風自西北而去。比明視之,則賈尚寢矣。巫往謝道清,施以二萬錢,不受。與之香數十兩,各取一片如指面許,插笠中,曰:"方往五靈臺山,檀越於文殊前燒結緣也。"問其咒,曰:"《觀世音菩薩胃索部》三十卷中《咒土法藏經》具載。"即誦一遍。問:"何爲如此靈?"曰:"但人心念不一,若念一,則靈爾。"又問:"賈生所遭何物也?"曰:"何必問哉,神耶,鬼耶,精魅耶,妖狐耶,此咒土皆可令去也。若愛欲纏縛,見造業而死,墮落其間,蓋頭下迎來者,非某咒土法所能了。諸官善思之。"聞者悚然,即邀上堂,食畢揖辭,以腰抵柱,繫包戴笠而去。後月餘,賈生亦漸安。[1]

值得一提的是,佛教在中國化的過程,其理論體系和修行方法都吸收了衆多中國本土的元素,佛教的各類法術,也融合了中國的民間巫術和道教法術。不少僧人所行之術,除咒語外,諸如點金、算命、役物、看風水、預測吉凶等,都具有明顯的中國本土特色。北宋前期的漣水人婁道,法號證因大師,即是一位頗具傳奇色彩的高僧。

婁道者,漣水人,生有奇相,右手中指凡七節,父母异之,令出家,依文殊院。即院之隅雙檜間,一席當空,爲棲隱地,强名曰藥師庵,其實無屋廬也。蓬首裸身,不問寒暑,雖積雨雪,宛轉泥淖間。所藉席,非甚敗不輒易。隆冬則卧雪浴冰,盛夏或擁毳附火。傍有物若虺狀,動止與俱,逮師示滅,亦不復見。庵絶人迹,蕪穢不治。有顔翁者,日來掃除,師亦聽焉。獨庵旁十步,禁不聽治。每事已告去,師必指一磚謂曰:"下有錢可取。"翁發磚,輒得之。日易其處,止五十文。他日,覦其多也,兩手掬之,其數自若也。師既絶物,願見者足纔踵門,輒嫚罵,疏其隱諱,皆探其不聞於人者發之,無不慚退。雖不得見,耻心且格矣。有民婦贄幣求見,師厲聲曰:"若事姑不謹,何見我爲?不用汝物也,可抱柱著。"婦意其使之聽命也,既及柱,則旋柱疾走,若有牽制,足不得輟,自晨達午不解。鄰人祈師,師曰:"今縱汝去。"鄰人曰:"是嘗

---

[1] 王明清:《投轄録》"賈生",第88~90頁。

苦其姑推磨,殆坐此乎?"久之,名聞京師。太宗召見,賜以偈焉,加禮遣還。祥符中,章聖復召,館於開寶寺造塔道者院,與石頭道者同對。上用明皇飲張果故事,賜酒,師引飲無難色。侍者下咽輒仆,師摩其頂,擊以三掌,平愈如故。上益异焉。昭陵爲皇子,師撫之曰:"他日爲四十二年太平天子。"復命宮中同妝服,畢出修敬。師閉目端坐,閱數十人。內至一人,遽起曰:"願善待此人,他日爲陛下作得家主。"乃章獻明肅太后也。既辭歸,上賜兩偈,并金器等物。[1]

當時,善於預測術和陰陽術的僧人并不罕見,例如:

僧妙應能言人未來事,名重上國。吳元中丞相在掖垣日,忽造之,曰:"天下將亂,子作相矣,吾欲南適,俟見子於嶺外,吾其死時矣!是時公亦將不免。"言訖而別。宣和末,元中以內禪功,自給事中兩月至相位,未逾年即南竄。建炎中,起家爲宣撫使,力辭不拜,避地柳州,再與妙應遇。因語之曰:"師之前言驗矣,奈何!"與之弈棋,罷,妙應歸所寓寺,翌日訪之,已蟬蛻矣。未幾,元中亦薨。[2]

謂三命者,承天寺僧,精陰陽山水之術,吉凶無不立驗。好食活鷄,已就死者,則却而不食。人欲其卜葬,必以數十活鷄自隨,聞其聲咿然,則食之愈喜,率以是爲常。後享高壽而死。[3]

由此可見,宋代以來,就順應民間需要的各類法術而言,佛、道、巫三家已呈現合流的趨勢。

四、佛教文藝

宋代的僧侶曾創作了大量的文學作品,其體裁有詩、偈、説唱等,其中有不少佳作極富特色,在當時和後世都有很大影響。這一時期,一些僧人,包括文人士大夫還創作了諸多與佛教有關的書法、繪畫作品,其獨特的藝術追求也在藝

---

[1] 吳曾:《能改齋漫録》卷一八《神仙鬼怪》"證因大師",第235~236頁。
[2] 王明清:《投轄録》"僧妙應",第113頁。
[3] 龔明之:《中吳紀聞》卷五"謂三命",第262~263頁。

術史上占有重要地位。佛教文藝的發展既是佛教信仰日益興盛的表現,同時也對佛教信仰的廣泛傳播起了重要作用。

(一)詩偈説唱

兩宋時期,佛教在發展與傳播中的一個重要特點是,僧侣群體與文人士夫有着廣泛而密切的交往,其間,還有不少文人士夫剃度出家,皈依佛門。隨着僧侣成分和交往對象的變化,互相之間,吟詩作偈,應答酬唱,遂成爲交往中的一項重要内容。因此,宋代僧人的詩作不僅在數量上是空前的,而且諸多詩僧還創作出大量的佳作名句。這些作品談禪説理,點撥引導,成爲宣揚佛教教義的上佳載體,同時又以獨具特色的藝術構思、審美趣味和表現手法在宋代詩壇上占有一席之地,對文學的發展産生了不小影響。宋代的"詩話"著作即對詩僧的作品頗加關注,如胡仔的《苕溪漁隱叢話》,討論僧人詩作的篇目多達二十八篇。宋代筆記也時常論及僧人的詩歌創作。例如,杭州寺廟衆多,詩僧集聚,葉夢得《避暑録話》曾就此作過評論:

　　錢塘西湖舊多好事僧,往往喜作詩。其最知名者,熙寧間有清順、可久二人。順字怡然,久字逸老,其徒稱順怡然、久逸老。所居皆湖山勝處,而清約介静,不妄與人交。無大故不至城市,士大夫多往就見。時有饋之米者,所取不過數斗,以瓶貯置几上,日取其三二合食之。雖蔬茹亦不常有,故人尤重之。其後有道潛。初無能,但從文士往來,竊其緒餘,并緣以見當世名士,遂以口舌論説時事,譏評人物,因見推稱。同時有思聰者亦似之,而詩差優。近歲江西有祖可、惠洪二人。祖可詩學韋蘇州(韋應物),優此數人。惠洪傳黄魯直(黄庭堅)法,亦有可喜而不能無道潛之過。[1]

道潛與蘇軾關係密切,葉夢得可能出於個人偏見,對他頗有微詞,其實,蘇軾、陳師道等人對道潛的詩作是大加贊賞的。惠洪對道潛的評論比較中肯,也對他遭受某些士人惡評的原因作了解釋:

　　東吴僧道潛有標致,嘗自姑蘇歸湖上,經臨平,作詩云:"風蒲獵獵

---

[1] 葉夢得:《避暑録話》卷下,第 326~327 頁。

弄輕柔,欲立蜻蜓不自由。五月臨平山下路,藕花無數滿汀洲。"坡一見如舊,及坡移守東徐,潛往訪之,館於逍遥堂,士大夫争欲識面。東坡饌客罷,與俱來,而紅妝擁隨之。東坡遣一妓前乞詩,潛援筆而成曰:"寄語巫山窈窕娘,好將魂夢惱襄王。禪心已作沾泥絮,不逐春風上下狂。"一座大驚,自是名聞海內。然性偏尚氣,憎凡子如仇,嘗作詩云:"去歲東風上苑行,爛窺紅紫厭平生。如今眼底無姚魏,浪蕊浮花懶問名。"士論以此少之。[1]

至於清順,無論品行,還是詩作,都受到人們的一致贊揚,惠洪稱贊説:

> 西湖僧清順怡然清苦,多佳句,嘗賦《十竹》詩云:"城中寸土如寸金,幽軒種竹祇十個。春風慎勿長兒孫,穿我階前緑苔破。"又有《林下》詩曰:"久從林下游,頗識林下趣。縱渠緑陰繁,不礙清風度。閒來石上眠,落葉不知數。一鳥忽飛來,啼破幽寂處。"荆公游湖上,愛之,稱揚其名。坡晚年亦與之游,亦多唱酬。[2]

作爲方外之人的詩僧,其作品往往具有意境清寒、氣骨高邁的特色,北宋後期的祖可、善權,即爲這一詩風的代表。祖可,字正平,因患有癩病,人稱癩可、病可。善權,字巽中,消瘦清癯,人稱瘦權。二人俱爲江西詩派的重要作家,皆有詩集傳世。陳善《捫虱新話》評論説:

> 予嘗與僧惠空論今之詩僧,如病可、瘦權輩,要皆能詩,然嘗病其太清。予因誦東坡《陸道士墓志》,坡嘗語陸云:"子神清而骨寒。其清足以仙,其寒亦足以死。"此語雖似相法,其實與文字同一關捩。蓋文字固不可犯俗,而亦不可太清。如人太清則近寒,要非富貴氣象。此固文字所忌也。今觀二僧詩,正所謂"其清足以仙,其寒亦足以死"者也。空云:"吾往在豫章,從李商老游。一日,亦論至可師處,商老曰:'可詩句句是廬山景物,試拈却廬山,不知當道何等語。'亦以爲有太清之病。"[3]

---

[1] 釋惠洪:《冷齋夜話》卷六,第59~60頁。
[2] 釋惠洪:《冷齋夜話》卷六,第59頁。
[3] 陳善:《捫虱新話》卷八《詩類》"僧病可瘦權詩太清",第70頁。

然而,這種清寒空靈、富於禪意的美學趣味和藝術特色,雖一時難爲普通文人所理解,但確實爲其後的文藝創作開啓了一個新的方向,在歷史上影響深遠。[1] 惠洪的評論,頗能點出此類詩作的奧妙:

  桂林僧景淳工爲五言詩,規模清寒,其淵源出於島(賈島)、可(無可),時有佳句。元豐之初,南國山林人多傳誦。居豫章乾明寺,終日閉門,不置侍者,一室淡然,聞鄰寺齋鐘,即造焉,坐同衆,食堂前,飯罷徑去。諸刹皆敬愛之,見其至,則爲設鉢,其或陰雨,則諸刹爲送食。住二十年如一日,四時不出,畏大風雨、極寒熱時。景福老衲爲予言:淳詩意苦而深,世不可遽解。如曰:"夜色中旬後,虛堂坐幾更?臨溪猿不叫,當檻月初生。"又曰:"後夜客來稀,幽齋獨掩扉。月中無事立,草際一螢飛。"有深意。[2]

偈語原爲佛經中所附的頌辭,後來,僧侶也經常創作偈語用以表述自己對教義的理解,或指點他人領悟佛理。兩宋時期,僧侶和文人士夫都喜好以偈語來應答唱和,於是,偈語不但用於悟佛參禪,也用於抒情説理,題材和内容都有所擴大,表述技巧也大大提升,實際上已成爲一種特殊的文學樣式。好佛的蘇軾常與方外友以偈語對答,留下不少膾炙人口的名句。例如,他游廬山時所作的《題西林壁》,看似寫景,其實藴含着豐富的佛學哲理。

  東坡游廬山,至東林,作二偈曰:"溪聲便是廣長舌,山色豈非清净身?夜來八萬四千偈,他日如何舉似人。""橫看成嶺側成峰,遠近看山了不同。不識廬山真面目,祇緣身在此山中。"魯直曰:"此老人於般若,橫説竪説,了無剩語。非其筆端有口,安能吐此不傳之妙哉?"[3]

陳瓘,字瑩中,北宋後期的名臣,以好佛著稱,也經常與僧侶以偈語應答。詩僧惠洪記載了自己與陳瓘的唱和之作:

  陳瑩中謫合浦,時予在長沙,以書抵予,爲負《華嚴經》入嶺,有偈

---

1 相關論述可參見葛兆光:《禪宗與中國文化》,上海人民出版社,1986 年。
2 釋惠洪:《冷齋夜話》卷六,第 60 頁。
3 釋惠洪:《冷齋夜話》卷七,第 62 頁。據《蘇軾全集》卷十三所載,前一首爲《贈東林總長老》,後一首爲《題西林壁》,惠洪稱"至東林,作二偈"有誤。但據惠洪的説法,以及黄庭堅的贊語,蘇軾這兩首詩最初確實是作爲偈語寫的。

曰："大士游方興盡回，家山風月絶塵埃。杖頭多少閑田地，挑取《華嚴》入嶺來。"予和之曰："因法相逢一笑開，俯看人世過飛埃。湘南嶺外休分别，常寂光中歸去來。"又聞嶺外大雪，作二偈寄之曰："傳聞嶺外雪，壓倒千年樹。老人拊手笑，有眼未嘗睹。故應潤物材，一洗瘴江霧。寄語牧牛人，莫教頭角露。"又曰："遍界不曾藏，處處光皎皎。開眼失却踪，都緣太分曉。園林忽生春，萬瓦粲一笑。遥知忍凍人，未悟安心了。"[1]

向普通民衆宣揚佛教的俗文藝作品，在宋代仍有一定的發展，其中，以説唱的形式敷演佛經故事，在當時的瓦舍勾欄中是很受歡迎的節目。説唱佛經故事是由唐代的俗講演變而來的，在宋代的説話家數中稱爲"説經"，而"説經"又派生出"説諢經"和"説參請"兩種形式。從名稱可以看出，宋代演講佛經故事已更加通俗化，往往還添加許多插科打諢的笑料，以此吸引聽衆。[2] 吴自牧《夢粱錄》記載了當時的説話家數：

> 説話者謂之舌辯，雖有四家數，各有門庭。……談經者謂演説佛書，説參請者，謂賓主參禪悟道等事，有寳庵、管庵、喜然和尚等。又有説諢經者戴忻庵。[3]

西湖老人《繁勝録》中記載的杭州城内著名的説經演員，有長嘯和尚、彭道安、陸妙慧、陸妙净四位。周密《武林舊事》中記載的杭州男女説經演員共有十七位。現今留存的一部略有殘缺的《大唐三藏取經詩話》，被認爲是宋代説經的話本，後來的《西游記》很可能是依據此類話本創作的。

參請是"參堂請話"的簡稱。習禪者談禪，往往在論辯中語言犀利，機鋒四出，富於誘導性和啓發性，於是，也發展成爲一種説唱伎藝。吴曾《能改齋漫録》中的一段記述，被認爲是宋代説參請的樣本：

> 杭之西湖，有一倅閑唱少游(秦觀)《滿庭芳》，偶然誤舉一韵云："畫角聲斷斜陽。"妓琴操在側云："畫角聲斷譙門，非斜陽也。"倅因戲

---

[1] 釋惠洪：《冷齋夜話》卷七，第64頁。
[2] 參見程千帆、吴新雷：《兩宋文學史》，上海古籍出版社，1991年，第595頁。
[3] 吴自牧：《夢粱録》卷二〇"小説講經史"，第307頁。

之日："爾可改韵否？"琴即改作陽字韵，云："山抹微雲，天連衰草，畫角聲斷斜陽。暫停徵轡，聊共飲離觴。多少蓬萊舊侶，頻回首烟靄茫茫。孤村裏，寒鴉萬點，流水繞低牆。魂傷當此際，輕分羅帶，暗解香囊。漫贏得青樓薄倖名狂。此去何時見也，襟袖上空有餘香。傷心處，長城望斷，燈火已昏黄。"東坡聞而稱賞之。後因東坡在西湖，戲琴曰："我作長老，爾試來問（或作"參問"）。"琴云："何謂湖中景？"東坡答云："秋水共長天一色，落霞與孤鶩齊飛。"琴又云："何謂景中人？"東坡云："裙拖六幅瀟湘水，鬢嚲巫山一段雲。"又云："何謂人中意？"東坡云："惜他楊學士，憋殺鮑參軍。"琴又云："如此究竟如何？"東坡云："門前冷落鞍馬稀，老大嫁作商人婦。"琴大悟，即削髮爲尼。[1]

蘇軾是否真與歌妓琴操有過上述對話，還是說話人憑空虛構的，已無法確知，但這段記述應該保留了説參請的大致情況，即有説有唱，并通過富於啓發性的對話，向聽衆宣揚佛教教義。

（二）佛教書畫

兩宋時期，繪畫作品的題材大爲擴展，内容非常豐富，山水畫、花鳥畫、風俗畫等都有長足的發展，但以佛教人物、佛經故事等爲題材的繪畫作品仍非常流行，并在畫壇上占有重要地位。北宋徽宗時修撰的《宣和畫譜》將繪畫分爲十科，"道釋"仍是居於首位的畫科。郭若虛的《圖畫見聞志》收錄宋初至神宗熙寧年間的著名畫家共一百七十四人，其中，以畫道釋人物爲主的有五十餘人。其實，繪製佛教題材作品的絕大多數是未留下姓名的畫工、畫匠，此類畫家及其作品的數量現已無法統計，但可以肯定，當時數萬所僧寺、尼庵中多有壁畫或卷軸畫形式的佛教畫像，而信佛的人家也往往會請一二幅佛陀或菩薩像供奉，因此，其數量之多可以想見。然而，宋代佛教繪畫的特點并不在於數量多，而是畫風發生了很大變化。宋代以前的佛教人物畫，大多形體端莊，神情肅穆，給人高高在上之感。而宋代的佛教人物畫，無論是佛陀、菩薩，還是天王、羅漢，都增添了不少人間氣息，或和藹可親，或嫉惡如仇，與平民百姓的日常情感更爲接近。

---

[1] 吳曾：《能改齋漫錄》卷一六《樂府》"杭妓琴操"，第201頁。

特別是一些簡筆寫意的高僧畫像,筆墨縱橫恣肆,形態奇異誇張,表情幽默詼諧,充滿俗世的意趣,尤爲人們所喜愛。在開創此類風格的畫家中,宋初的石恪可謂著名的代表。《宣和畫譜》記載:

> 石恪字子專,成都人也。喜滑稽,尚談辯。工畫道釋人物,初師張南本,技進,益縱逸不守繩墨,氣韵思致過南本遠甚。然好畫古僻人物,詭形殊狀,格雖高古,意務新奇,故不能不近乎譎怪。孟蜀平,至闕下,被旨畫相國寺壁。授以畫院之職,不就,力請還蜀,詔許之。[1]

趙希鵠《洞天清禄集》也記載:

> 恪亦蜀人。其畫鬼神奇怪,筆畫勁利,前無古人,後無來者。亦能水墨,作蝙蝠、小禽之屬,筆畫輕盈而曲盡其妙。[2]

現藏日本東京國立博物館的《二祖調心圖》相傳是石恪的作品。該圖描繪了兩位高僧類的人物,一位倚虎而眠,一位袒腹赤膊,盤腿而坐,低頭作沉思狀。形象奇特,筆墨簡括,畫風與文獻記載相近。[3] 石恪的作品在宋代影響很大,許多著名的文人學士都爲他的畫作題過跋。蘇軾曾爲他的《維摩頌》題詩,其中幾句說道:

> 斷取妙喜佛世界,如持針鋒一棗葉。云是菩薩不思議,住大解脫神通力。我觀石子一處士,麻鞋破帽露兩肘。能使筆端出維摩,神力又過維摩詰。若云此畫無實相,毗耶城中亦非實。佛子若作維摩像,應作此觀爲正觀。[4]

顯然,蘇軾看到的石恪所畫維摩詰像,也是破衣破帽的奇特形象。值得注意的是,此類衣衫不整、袒腹赤膊的佛教人物形象,在宋代恰恰是十分流行,尤受歡迎的。擅長佛教人物的南宋著名畫家梁楷,曾創作了諸多此類畫風的作

---

1 佚名:《宣和畫譜》卷七《人物三·宋》,《叢書集成新編》第53册,臺灣新文豐出版公司,1985年,第264頁。

2 趙希鵠撰,鍾翀整理:《洞天清禄·古畫辨》"石恪",《全宋筆記》第七編第二册,大象出版社,2016年,第43頁。

3 《二祖調心圖》可見《海外中國名畫精選》第1册,上海文藝出版社,1999年,第58~59頁。據學者研究,該圖并非石恪真迹,可能是南宋晚期的臨摹之作。

4 蘇軾:《蘇軾文集》卷二〇《頌·石恪畫維摩頌》,第585頁。

品，如《六祖截竹圖》《潑墨仙人圖》《布袋和尚圖》等。其中，袒開大肚、哈哈大笑的布袋和尚[1]，可能是宋代民間最熟悉、最喜歡的佛教人物形象，所以，後世流行的彌勒佛塑像據說就是源於布袋和尚的形象。莊綽《雞肋編》記載：

> 昔四明有异僧，身矮而皤腹，負一布囊，中置百物，於稠人中時傾寫於地，曰"看，看"。人皆目爲布袋和尚，然莫能測。臨終作偈曰："彌勒真彌勒，分身百千億。時時識世人，時人總不識。"於是隱囊而化。今世遂塑畫其像爲彌勒菩薩以事之。張耒文潛學士，人謂其狀貌與僧相肖。陳無己(陳師道)詩止云"張侯便便腹如鼓"，至魯直遂云："形模彌勒一布袋，文字江河萬古流。"[2]

就佛教信徒而言，誦讀和抄寫佛經都是很大的功德，因此，無論僧尼，還是文人學士、平民百姓，都有以抄寫經書來奉佛積德的，而書法大家抄寫的，就成了書法作品。現今存世的名人名士之作即有王安石的《行書楞嚴經》、黃庭堅的《行書華嚴經疏》、張即之的《楷書華嚴經》等。蘇軾也抄寫過多種佛經，相傳他寫的《金剛經》還出了一則奇聞：

> 東坡先生居黃州時，手抄《金剛經》，筆力最爲得意，然止第十五分，遂移臨汝。已而入玉堂，不能終卷，旋亦散逸。其後謫惠州，思前經不可復尋，即取十六分以後續書之，置於李氏潛珍閣。李少愚參政得其前經，惜不能全，所在輒訪之，冀復合。紹興初，避地羅浮，見李氏子輝，輝以家所有坡書悉示之，而秘金剛殘帙，少愚不知也。异日，偶及之，遂兩出相視，其字畫大小高下，墨色深淺，不差毫髮，如成於一旦，相顧驚异。輝以歸少愚，遂爲全經云。[3]

當然，這則傳聞祇是反映了當時人的信仰觀念，即認爲《金剛經》具有極高的法力，縱然是時隔多年的兩次抄寫，也能完美無缺地合成一體。

僧人畫家的創作也值得一説。前文提及，宋代的許多僧侶兼具文人士夫的

1　據說，布袋和尚，名契此，號長汀子，唐末、五代時明州奉化僧人。布袋和尚的各類傳聞在宋代非常流行，但未必都是事實。
2　莊綽：《雞肋編》卷中，第51頁。
3　洪邁：《夷堅甲志》卷一一"東坡書金剛經"，第97頁。

素養和氣質,他們不僅工詩善文,還擅長書畫,且因長期浸潤於佛禪,還趨向於一種清寒簡淡的審美意趣。他們的繪畫作品,即便非佛教題材,也往往透露出幽幽的禪味。中國的文人畫崛起於宋代,元明以來已占據畫壇的主導地位,而從源頭上看,不乏僧人畫家的重要貢獻。以山水畫爲例,五代以來,善畫江南風光的董源和巨然別開生面,開創了天真簡遠、淡墨輕嵐的畫風。僧人巨然師法董源,由南唐入宋後,起了承上啓下的作用。沈括《夢溪筆談》對此有一段精彩的評述:

> 江南中主時,有北苑使董源善畫,尤工秋嵐遠景,多寫江南真山,不爲奇峭之筆。其後建業僧巨然祖述源法,皆臻妙理。大體源及巨然畫筆,皆宜遠觀。其用筆甚草草,近視之幾不類物象,遠觀則景物粲然,幽情遠思,如睹异境。[1]

著名書畫家米芾對巨然也是推崇備至,其《畫史》稱:

> 巨然師董源,今世多有本,嵐氣清潤,布景得天真多。巨然少年時多作礬頭,老年平淡趣高。

> 仲爰收巨然半幅橫軸,一風雨景,一皖公山天柱峰圖,清潤秀拔,林路縈回,真佳製也。

> 蘇泌家有巨然山水,平淡奇絶。[2]

經宋元時期的倡導與實踐,文人山水畫在明代已蔚爲大觀,而後世的文人山水畫家皆將董源、巨然推爲本派的開山鼻祖。

宋元以來,文人畫家的"墨戲"之作,尤愛梅、竹、蘭、菊,即所謂的"四君子畫"。其中,"墨梅"的創始人仲仁,也是北宋中後期的僧人。仲仁,號花(華)光,與黃庭堅交往密切,長期居住在湖南衡州(今湖南衡陽)花(華)光寺。惠洪《冷齋夜話》記載:

> 衡州花光仁老以墨爲梅花,魯直觀之,嘆曰:"如嫩寒春曉,行孤山籬落間,但欠香耳。"余因爲賦長短句曰:"碧瓦籠晴香霧繞,水殿西偏,

---

[1] 沈括:《夢溪筆談》卷一七《書畫》,第131頁。

[2] 米芾撰,吳曉琴、湯勤福整理:《畫史》,《全宋筆記》第二編第四册,大象出版社,2006年,第268、271、280頁。

小駐聞啼鳥。風度女牆吹語笑,南枝破臘應開了。道骨不凡江漳曉,春色通靈,醫得花重少。抱瓮釀寒春杳杳,譙門畫角催殘照。"又曰:"入骨風流國色,透塵種性真香。爲誰風鬢浣新妝,半樹水村春暗。雪壓枝低籬落,月高影動池塘。高情數筆寄微茫,小寢初開霧帳。"[1]

仲仁的墨梅畫法後經楊補之等人繼承發揚,在後世文人畫家中影響深遠。曾敏行《獨醒雜志》記載:

> 花光仁老作墨花,陳去非與義題五絶句,其一云:"含章檐下春風面,造化功成秋兔毫。意足不求顏色似,前身相馬九方皋。"徽廟見而喜之,召對擢用。畫因詩重,人遂爲此畫。紹興初,花光寺僧來居清江慧力寺,士人楊補之、譚逢原與之往來,遂得其傳。[2]

顯然,僧侶的文藝創作是其與文人士大夫交往的重要手段,而其宗教性的主題以及獨特的藝術風格與意境,也擴大了佛教信仰的影響。

---

[1] 釋惠洪:《冷齋夜話》輯佚,第91頁。
[2] 曾敏行:《獨醒雜志》卷四,第30~31頁。

第四章 道教信仰習俗

道教是中國本土宗教,在發展、傳播的過程中,道教不僅吸納了大量中國本土的原始信仰和民間巫術,而且融合了佛教和儒學的理論體系,因此,其神仙譜系、宗教理論和修煉方法都十分龐雜。出於政治上的考慮,趙宋王朝繼唐朝之後,也對道教實行尊崇、扶持的政策,宋代道教由此呈現頗爲繁盛的景象。儘管道教宮觀和道士、女冠的絕對數量遠低於佛教寺廟和男僧、女尼,但因其植根於中國本土文化之中,所以在各社會階層都具有廣泛而深入的影響。

一、憑依官方的道教

　　趙宋王朝立國後,爲穩固其政治統治,實行佛道并重的政策,其間,北宋真宗、徽宗時期,更對道教備加尊崇,大力扶持。由於官方的推崇,道教臻於興盛,宮觀的數量不斷增加,道士的地位也有顯著提高。

(一)朝廷崇道

　　追溯趙氏與道教的聯繫,實始於廢周建宋之前。當時,趙匡胤、趙光義兄弟與道士已有頗爲密切的接觸。釋文瑩《續湘山野錄》記載:

　　　　祖宗潛耀日,嘗與一道士游於關河,無定姓名,自曰混沌,或又曰真無。每有乏則探囊金,愈探愈出。三人者每劇飲爛醉。生善歌《步虛》爲戲,能引其喉於杳冥間作清徵之聲,時或一二句,隨天風飄下,惟祖宗聞之,曰:"金猴虎頭四,真龍得真位。"至醒詰之,則曰:"醉夢語,豈足憑耶?"至膺圖受禪之日,乃庚申正月初四也。自御極不再見,下詔草澤遍訪之,或見於轘轅道中,或嵩、洛間。後十六載,乃開寶乙亥歲也,上巳祓禊,駕幸西沼,生醉坐於岸木陰下,笑揖太祖曰:"別來喜安。"上大喜,亟遣中人密引至後掖,恐其遁,急回蹕與見之,一如平時,抵掌浩飲。上謂生曰："我久欲見汝决剋一事,無他,我壽還得幾多在?"生曰:"但今年十月廿日夜晴,則可延一紀;不爾,則當速措置。"上酷留之,俾泊後苑。苑吏或見宿於木末鳥巢中,止數日不見。帝切切記其語。至所期之夕,上御太清閣四望氣。是夕果晴,星斗明燦,上心方喜。俄而陰霾四起,天氣陡變,雪雹驟降,移仗下閣。急傳宫鑰開端門,召開封王,即太宗也。延入大寢,酌酒對飲,宦官、宫妾悉屏之,但遥見燭影下,太宗時或避席,有不可勝之狀。飲訖,禁漏三鼓,殿雪已數寸,帝引柱斧戳雪,顧太宗曰:"好做,好做!"遂解帶就寢,鼻息如雷霆。是夕,太宗留宿禁内。將五鼓,周廬者寂無所聞,帝已崩矣。[1]

這條史料因涉及"斧聲燭影"之謎,經常爲人引述,但文中也道出另一史實,即太祖發迹前曾與一位道士親密無間,情同手足。道士不僅向太祖暗示了得位之日,也預言了駕崩之時。若剔除其中的神秘色彩,説太祖曾與道士密切接觸,并請其預測未來,應當是可信的。這位道士的真實姓名,文瑩未説,而蔡惇《夔州直筆》中一段類似的記載,則明言其就是五代宋初的著名道士陳摶。[2] 無獨有偶,魏泰《東軒筆録》也提及陳摶對趙匡胤定鼎天下的預測:

> 陳摶,字圖南,有經世之才。生唐末,厭五代之亂,入武當山,學神仙導養之術,能辟穀,或一睡三年,後隱於華山。自晋、漢已後,每聞一朝革命,則嚬蹙數日,人有問者,瞪目不答。一日,方乘驢游華陰,市人相語曰:"趙點檢作官家。"摶驚喜大笑,人問其故,又笑曰:"天下這回

---

[1] 釋文瑩:《續湘山野録》,《全宋筆記》第一編第六册,大象出版社,2014年,第68頁。
[2] 李燾《續資治通鑒長編》卷一七引蔡惇《夔州直筆》稱:"太祖召陳摶入朝,宣問壽數,對以丙子歲十月二十日夜或見雪,當辦行計,若晴霽須展一紀。至期前夕,上不寢。初,夜遣宫人出視,回奏星象明燦。交更,再令出視,乃奏天陰,繼言雪下,遂出禁鑰,遣中使召太宗入對。……"(第379頁)釋文瑩《續湘山野録》另一段記載稱:"祖宗居潛日,與趙韓王(趙普)游長安市。時陳摶乘一衛遇之,下驢大笑,巾簪幾墜。左手握太祖,右手挽太宗:'可相從市飲乎?'祖宗曰:'與趙學究三人并游,可當同之。'陳睥睨韓王甚久,徐曰:'也得,也得,非渠不得預此席。'既入酒舍,韓王足疲,偶坐席左,陳怒曰:'紫微帝垣一小星,輒據上次,不可!'斥之使居席右。"(第72頁)據此,文瑩也提及陳摶曾與趙氏兄弟飲於長安。

定叠也。"太祖事周爲殿前都點檢,搏嘗見天日之表,知太平自此始耳。[1]

傳聞中的道士是否是陳搏其實并不重要,此類記載無非說明,趙匡胤即位前後確與道士有聯繫,并與利用佛教一樣,試圖藉助道教宣揚其篡周的正當性與合理性。太祖坐穩皇位後,政治上利用道教的意圖更爲明顯,他曾與龍興觀道士蘇澄隱長久交談,不僅詢問道教方術,還論及治國之道,并賜蘇道號,以示恩寵。釋文瑩《玉壺清話》記載:

> 太祖征太原還,至真定,幸龍興觀。道士蘇澄隱迎鑾駕,霜簡星冠,年九十許,氣貌翹辣。上因延問甚久,自言:"頃與亳州道士丁少微、華山陳搏結游於關、洛,嘗遇孫君房、麋皮處士。"上問曰:"得何術?"對曰:"臣得長嘯引和之法。"遂令長嘯,其聲清入杳冥,移時不絕。上嘿久,低迷假寢,殆食頃,方欠伸,其聲略不中斷。上大奇之,因問引導之法,養生之要。隱對曰:"王者養生异於是。老子曰:'我無爲而民自化,我無欲而民自正。'無爲無欲,凝神太和,黃帝、唐堯所以享國永圖,得此道也。"遂賜頤素先生。[2]

從政治上考慮,太祖一方面加強對道教的管控,整頓五代以來的道流弊端,禁斷僞造金銀、蓄妻養子、私自披度等亂象。王栐《燕翼詒謀錄》記載:

> 黃冠之教,始於漢張陵,故皆有妻孥,雖居宫觀,而嫁娶生子與俗人不异。奉其教而誦經,則曰"道士",不奉其教不誦經,惟假其冠服,則曰"寄褐",皆游惰無所業者,亦有凶歲無所給食,假寄褐之名,挈家以入者,大抵主首之親故也。太祖皇帝深疾之,開寶五年閏二月戊午,詔曰:"末俗竊服冠裳,號爲'寄褐',雜居宫觀者,一切禁斷。道士不得畜養妻孥,已有家者,遣出外居止。今後不許私度,須本師、知觀同詣長吏陳牒,給公憑,違者捕繫抵罪。"自是宫觀不許停著婦女,亦無寄食

---

[1] 魏泰:《東軒筆錄》卷一,第6頁。又杜文瀾輯《古謡諺》卷七二《陳希夷吟》引《繡像列仙傳》卷三稱:"初,兵紛時,太祖之母挑太祖、太宗於籃以避亂。先生(陳搏)遇之,即吟曰:'莫道當今無天子,都將天子上擔挑。'"(中華書局,1958年,第812頁)

[2] 釋文瑩:《玉壺清話》卷一,第93~94頁。

者矣。[1]

另一方面,太祖又給予道教一定的尊崇與扶持。他下詔:"前代祠宇,各與崇修。"[2]其中有不少爲道教宮觀。在京城,他下令重修前代的太清觀,賜名"建隆觀","自是齋修,率就是觀"。此外,還在宮中建立道教內道場,用於祈福禳災,任命萊州道士劉若拙爲左街道錄,由其主持內道場。劉若拙,"善服氣養生,九十餘歲不衰,步履輕捷。每水旱,必召於禁中致禱,其法精至,上甚重之"。[3]

宋太宗繼位後,進一步推行多項崇道之舉。

其一,興修宮觀。宋初,盩厔縣(今作周至縣,屬陝西西安市轄縣)民張守真聲稱有天神降臨其家,"自言天之尊神,號黑殺大將軍,玉帝之輔。帝命乘龍降世,衛護宋朝"。張守真爲之出家當道士,尊奉天神,傳其旨意。太宗利用此事,尊奉天神爲"翊聖將軍",在終南山興建規模宏大的上清太平宮供奉該神,并賜張守真紫衣,號崇元大師,由其主持上清太平宮。此後,凡遇重大政治、軍事活動或水旱之災,太宗皆命人前往祭禱。[4] 太宗在位期間興修和詔改的大型宮觀還有太一宮、靈仙觀、栖真觀、上清宮、洞真宮、壽寧觀等,其中,至道元年(995)在開封建成的上清宮規模尤大,共有屋宇一千二百四十二區,太宗親爲書額。[5]

其二,禮遇道士。太宗先後召見并給予恩寵的著名道士有陳摶、丁少微、趙自然、王懷隱、柴通玄、張契真、侯莫陳利用等。其中,太宗厚待陳摶的事例頗具代表性。楊億《楊文公談苑》記載:

> 陳摶,譙郡真源人。……太宗即位,再召之。雍熙初,賜號希夷先生。爲修所居觀,留闕下數月,多延入宮中書閣內奧語,頗與之聯和詩什。謂宰相宋琪等曰:"陳摶獨善其身,不干勢利,真方外之士。入華

---

[1] 王栐:《燕翼詒謀錄》卷二"禁民庶宮觀寄褐",第19頁。
[2] 《宋會要輯稿》禮二〇《諸祠廟·雜錄》,第987頁。
[3] 以上見李攸:《宋朝事實》卷七《道釋》,《叢書集成新編》第28冊,臺灣新文豐出版公司,1985年,第656頁。
[4] 宋初天神下降事件的始末可見李攸《宋朝事實》卷七《道釋》(第658~659頁),以及真宗時王欽若所撰《翊聖保德真君傳》,載《雲笈七籤》卷一〇三。顯然,該事件的真相是,張守真利用道教向趙宋王朝獻媚,而宋太宗則藉助道教神化趙宋及其本人的統治。相關的今人論著可參見卿希泰主編:《中國道教史》第二卷,四川人民出版社,1996年,第531~541頁。
[5] 參見卿希泰主編:《中國道教史》第二卷,第539~541頁。

山已四十年,計其年近百歲,且言天下治安,故來朝覲,此意亦可念也。"遣中使送至中書。琪等問曰:"先生得玄默修養之道,可以授人乎?"曰:"摶遁迹山野,無用於世,神養之事,皆所不知,亦未嘗習練吐納化形之術,無可傳授。擬如白日升天,何益於治?聖上龍顏秀異,有天人之表,洞達古今治亂之旨,真有道仁聖之主,正是君臣合德以治天下之時,勤行修練,無以加此。"琪等表上其言,上覽之甚喜。[1]

其三,編集道書。道教經書自唐玄宗時纂修成藏後,經唐末五代戰亂,頗受破壞,散亂無倫。宋太宗時下令訪求各地道經,共得七千餘卷,遂命徐鉉、王禹偁等人加以校正,删去重複,得三千七百三十七卷,又詔兩街道録優選學者進行刊正。此次編集道書,對保存道經及日後繼續編纂《道藏》都奠定了良好的基礎。[2]

太祖、太宗的扶道政策被歷朝宋帝繼承并有所發展。宋真宗在位時,爲進一步神化趙宋政權,興起一波崇道高潮。真宗與大臣王欽若、宦官劉承珪、道士王捷等人經密謀策劃,自大中祥符元年(1008)開始,編導了一系列道教神話。當年正月,真宗自稱曾夢見天神降臨,囑其建黄籙道場一月,有天書《大中祥符》三篇下降,届時果有天書降於宫中,書有"趙受命,興於宋,付於恒(真宗名趙恒),居其器,守於正,世七百,九九定"等字樣。爲此,真宗與群臣大事慶賀,并祭告天地、宗廟、社稷及京城祀祠,改元大中祥符。四月,又有天書降於宫内功德閣。五月,真宗再次聲稱天神降臨,告以六月再降天書於泰山。十月,真宗奉"天書"至泰山封禪。大中祥符四年(1011),真宗又奉"天書"至汾陰祭祀后土。大中祥符五年(1012),真宗又編導了一出"天尊降臨"的神話。他自稱夢見先前的天神傳達玉皇之命,"先令汝祖趙某授汝天書,令再見汝"。其後,果有天尊降於延恩殿,自稱爲人皇九人中一人,乃趙氏始祖,轉世爲軒轅黄帝。真宗遂將此事布告天下,尊這位天尊爲"聖祖",名趙玄朗,上尊號爲"聖祖上靈高道九天

---

[1] 楊億口述,黄鑒筆録,宋庠重訂,李裕民整理:《楊文公談苑》卷五"陳希夷",《全宋筆記》第八編第九册,大象出版社,2017年,第100~101頁。

[2] 見馬端臨:《文獻通考》卷二二四《經籍考》五十一《子部·房中、神仙》,第1802頁。參見卿希泰主編:《中國道教史》第二卷,第542、797~799頁。

司命保生天尊大帝",尊聖祖母爲"元天大聖后",以聖祖壽辰七月一日爲"先天節",聖祖降臨日十月二十四日爲"降聖節"。[1]

在編導上述神話的過程中,真宗及其近臣又安排了"祥瑞紛呈"的情景,各地所獻芝草、嘉禾、瑞獸等不計其數。與此同時,真宗還在全國大建宫觀,"詔:天下宫觀陵廟,名在地志,功及生民者,并加崇飾"[2]。爲慶賀天書下降,"令諸路州府軍縣,開擇官地,建道觀,或改舊宫觀,……并以天慶爲額"[3]。爲供奉天書而在京城修建的玉清昭應宫,規模巨大,共有宫宇兩千六百一十區。[4] 上行下效,民間也紛紛修建道觀,道教宫觀遂遍布全國。真宗不僅給予道士優厚的禮遇,而且還依賴道士推行其崇道之策。汀州道士王捷即爲天書、天尊事件的重要參與者,屢屢由其傳達天神的旨意。王闢之《澠水燕談録》記載:

> 汀州王捷,少商江、淮間,咸平初,遇一人於南康逆旅,衣道士服,儀狀奇俊。後屢見之,授以黄金術,仍付以神劍,且戒之曰:"非遇人君,不可妄泄。"後佯狂叫呼上饒市中,配流嶺南。逃歸京,撾登聞鼓自陳。上召與語,悦之,命之官,更名"中正"。寓居中官劉承珪家,珪上言:"數聞中正與人語,聲如童子。云'我司命真君也'。"中正亟遷神武大將軍、康州團練使。常以藥金、銀獻上,以助國費。卒贈嶺南節度使,世謂之"燒金王先生",建祠永寧院西。[5]

有意思的是,真宗的崇道也使自己陷於局中,逐漸痴迷於道教的諸般方術。據張邦基《墨莊漫録》記載,真宗本人很可能燒煉乃至服食過金丹:

> 章聖時煉丹一爐,在翰林司金丹閣,日供炭五秤,至熙寧元年猶養火不絶。劉豢延仲之父被旨裁減百司,此一項在經費之數,有旨罷之。其丹作鐵色,詔藏天章閣。[6]

---

1 宋真宗大中祥符年間的"天書下降"和"天尊降臨"事件,宋代文獻多有記載,可詳見李攸《宋朝事實》卷七《道釋》;李燾《續資治通鑒長編》卷六六至卷七九;《宋史》卷六至卷八《真宗紀》,卷一〇四《禮志七》等。
2 《宋史》卷七《真宗紀》,第139頁。
3 李攸:《宋朝事實》卷七《道釋》,第657頁。
4 李燾:《續資治通鑒長編》卷八三,大中祥符七年十月甲子,第1899頁。
5 王闢之:《澠水燕談録》卷九《雜録》,第96頁。王捷之事,另可參見李攸《宋朝事實》卷七《道釋》。
6 張邦基:《墨莊漫録》卷三,第39頁。

王明清《投轄錄》也記載了其祖父聞於歐陽修的一則奇事,説真宗時宫中可運用道教方術前往"蓬萊三山":

> 祥符中,封禪事竣,宰執對於後殿。真宗曰:"治平無事,久欲與卿等至一二處未能,今日可矣。"遂引群公及内侍數人入一小殿。殿後有假山甚高,而山面有洞。上既先入,復招群公從行。初覺暗甚,行數十步則天宇豁然,千峰百嶂,雜花流水,盡天下之偉觀。少焉,至一所,重樓複閣,金碧照輝。有二道士,貌亦奇古,來揖上,執禮甚恭,上亦答之良厚。邀上主席,上再三遜讓,然後坐。群臣再拜,居道士之次。所論皆玄妙之旨,而肴醴之屬又非人間所見也。鸑鷟舞於堂,笙簫振林木,至夕而罷。道士送上出門而别,曰:"萬幾之暇,毋惜與諸公頻見過也。"復由舊路以歸。臣下因以請於上,上曰:"此道家所謂蓬萊三山者。"群臣惘然自失者纍日,後亦不復再往。不知何術以致之。[1]

顯然,真宗尊崇道教已有本人信仰的因素,而非簡單的利用。

宋徽宗在位時,再次興起一波崇道高潮,宋代道教由此臻於極盛。據説徽宗最初是被道教的風水術所迷惑:

> 祐陵登極之初,皇嗣未廣,混康言京城東北隅地叶堪輿,倘形勢加以少高,當有多男之祥。始命爲數仞崗阜,已而後宫占熊不絶。上甚以爲喜,繇是崇信道教,土木之工興矣。[2]

茅山道士劉混康認爲徽宗子嗣不廣是因爲京城的風水有問題,如果將東北角的地勢加高,就會"多男"。在"數仞崗阜"築成後,徽宗果然得了好幾個兒子,從此十分崇信道教。

徽宗先後寵信的道士有劉混康、張繼先、徐神翁、王老志、王仔昔、林靈素、張虚白等,身邊的親信,如蔡京、童貫等,也多熱衷於道教。經與權臣、宦官、道士等的共同策劃,徽宗相繼推出一系列尊崇道教、神化自身的鬧劇。政和三年(1113),徽宗自稱多年來時常夢見被太上老君召見,老君告諭徽宗:"汝以宿命,

---

1 王明清:《投轄錄》"蓬萊三山",第79頁。
2 王明清:《揮麈後錄》卷二,第92頁。

當興吾教。"[1] 當年南郊冬祀,徽宗又編導了天神降臨的神話。周煇《清波雜志》所錄蔡攸奏疏,敘述了事件始末:

> 十一月五日,陛下御玉輅,自太廟出南薰門,至玉津園,伏蒙宣諭臣曰:"玉津園東樓殿重複,是何處?"臣奏以城外無樓殿,恐是齋宮。陛下曰:"此去齋宮尚遠,可回顧。"見雲間樓臺殿閣,隱隱數重。既而審視,其樓殿去地數十丈,即知非齋宮。俄頃,陛下又謂臣曰:"見人物否?"臣即見有道流、童子,持幢幡節蓋,相繼而出雲間。人漸衆,約千餘人,皆長丈餘。有輅車輿葷,多青色,駕者不類馬,狀若龍虎。及輦後有執大枝花數十相繼,雲間日色穿透,所見分明,衣服眉目歷歷可識。人皆戴冠,或有類今道士冠而稍大者,或若童子狀,皆衣青、紫、黃、綠、紅,或淡黃、杏黃、淺碧,望之,衣上或有繪綉。或秉簡,或持羽扇,前後儀衛益衆,約數千許人。迴旋於東方稍南,人物异常,旌旗飛翻飄轉,所持幢節高數丈,非人世所睹。移刻,或見或隱,又頃乃隱不見。此蓋陛下恪祗祀事,追述三代,作新禮器,上體天道,秉執元圭,齋服盛明,嚴恭寅畏,天意感昭,神明降格,示現如此。伏望宣付史館,播告天下。

隨後,"太師蔡京等奏,乞率百僚,稱慶明庭"[2],徽宗更是大事宣揚,親作《天真降臨示見記》頒示天下,[3] 并於京城修建迎真館,迎接天神下降。其實,明眼人皆能洞識其偽,故周煇在該段記載後明白指出:"當時已多有議之者,豈亦出神道設教乎?"

其後,徽宗又自稱夢游神霄府,并與所寵信的道士林靈素合謀,宣稱自己是神霄府的神霄玉清王,號長生大帝君,係上帝長子,爲解救人間苦難,下降爲人君,神霄府暫由其弟青華帝君攝領。[4] 政和七年(1117),徽宗又編導了青華帝君夜降宣和殿,授以帝誥、天書、雲篆的神話,并在大事宣揚的同時,諷示群臣與

1　畢沅:《續資治通鑑》卷九一《宋紀九十一》,上海古籍出版社影印本,1987年,第479頁。

2　以上見周煇:《清波雜志》卷一一"郊壇瑞應",第115頁。

3　《宋史》卷二一《徽宗紀》,第392頁。

4　《宋史》卷四六二《方技下·林靈素傳》,第13528～13529頁。

道録院"册己爲教主道君皇帝"[1]。隨後詔令天下，"天寧觀改爲神霄玉清萬壽宫，無觀者，以寺充。仍設長生大帝君、青華大帝君像"[2]。於是，徽宗成爲集人君、天神、教主於一身的皇帝。[3]

在神化自己的同時，徽宗的崇道之舉也層出不窮。他下詔訪求各地道士，給予優厚待遇，設立道官道職，提高道士地位，并貶抑佛教，將道教置於佛教之上，且熱衷於爲道教神仙和歷代高道加封賜號。此外，還極爲重視道教經籍的搜訪、整理和編撰，并動用大量人力、物力在全國各地增修和擴建道教宫觀。由於徽宗的狂熱尊崇，道士的地位顯著提高，一些得寵的道士更是權勢顯赫，甚至"出入呵引，至與諸王争道"[4]。周煇《清波雜志》記載：

> 宣和崇尚道教，黄冠出入禁闥，號"金門羽客"，氣焰赫然，林靈素爲之宗主。道官自金壇郎至太虚大夫，班秩與庭臣同。靈素初除金門羽客、通真達靈元妙先生，視中大夫。後馴擢至太中大夫、冲和殿侍晨，視兩府。道官同文官，編入雜壓，仍每遇郊恩，封贈父母。[5]

南宋時期，雖無北宋真宗、徽宗那樣的狂熱之舉，但高宗、理宗等仍對道教實行扶持和尊崇的政策，道教的發展繼續維持頗爲興盛的局面。[6]

（二）宫觀與道士

隋唐及其前代的道教宫觀，經唐末五代的戰亂，頗遭破壞。入宋後，因歷朝宋帝的扶道崇道政策，各地宫觀逐漸恢復，且續有興修，尤其是真宗、徽宗時期，更興起大建宫觀之風，致使宋代的道教宫觀呈現十分興盛的景象。雖然宋代道觀的數量無法準確統計，但前文論及寺觀總數的幾組數字仍有一定參考價值。

---

1 《宋史》卷二一《徽宗紀》，第398頁。
2 趙與時：《賓退録》卷一，第9頁。
3 直至金軍南下，京師岌岌可危之際，徽宗依然沉湎於自己製造的道教神話中。岳珂《桯史》卷八《玉虚密詞》記載：靖康元年，徽宗出逃後返京，所作詞稿仍署"奉行玉清神霄保仙、元一六、陽三五、璇璣七九、飛元大法師、都天教主臣某"。（第93頁）
4 《宋史》卷四六二《方技下·林靈素傳》，第13529頁。
5 周煇：《清波雜志》卷三"林靈素"，第34頁。
6 參見卿希泰主編：《中國道教史》第三卷，第92～105頁。

《江鄰幾雜志》稱:"本朝景德中,天下二萬五千寺;嘉祐間,三萬九千寺。"方勺《泊宅編》稱:"熙寧末,天下寺觀、宮院四萬六百十三所。"若據寺觀總數中宮觀約占百分之十的比例推算,[1] 大致可知,由於太祖、太宗及真宗早期的扶持,官方備案許可的大小宮觀在景德年間約有兩千五百所,經大中祥符時的大事崇道,至仁宗嘉祐年間,迅速增至約三千九百所。神宗熙寧時,又增至約四千零六十一所。徽宗時再次狂熱崇道,宮觀數量肯定大幅上升,應當不下於五千所。若加上未經官方許可的民間私修道觀,總數還應上浮百分之七八十。

宋代的道教宮觀大致可分三類:其一是因皇帝崇道,由官方新建的宮觀;其二是宋代予以修葺或擴建的前代宮觀;其三是民間修建的小型道觀。

官方興修和擴建的宮觀,真宗時京師有玉清昭應宮、景靈宮、會靈觀、五岳觀、祥源觀等,兗州有會真宮、景靈宮、太極觀,泗州有延昌觀,亳州有明道宮,商丘有鴻慶宮,茅山增建元符觀,各地建有天慶觀。徽宗時京師有顯烈宮、玉清和陽宮(後改名玉清神霄宮)、葆真宮、寶成宮、九成宮、上清寶籙宮等,茅山建元符萬寧宮,龍虎山建上清觀,各地建天寧觀(後改名神霄玉清萬壽宮)。[2] 孟元老《東京夢華錄》記載了徽宗時開封幾所官建宮觀的位置。

> 上清宮在新宋門裏街北,以西茆山下院。醴泉觀在東水門裏。……長生宮在鹿家巷。……太和宮女道士,在州西洪橋子大街。洞元觀女道士,在班樓北。瑤華宮在金水門外。萬壽觀在舊酸棗門外十王宮前。[3]

每年正月十四、十五日,皇帝照例駕詣五岳觀和上清宮,并在宮觀中賜群臣宴。冬至以後,又擇日詣宮內的景靈東、西宮,"行恭謝之禮三日",然後再游幸其他宮觀。[4]

宋代官方依據皇帝旨意興修的宮觀往往規模宏大,建築華麗,耗資驚人。田況《儒林公議》所載真宗時興建的玉清昭應宮,即為典型的一例:

---

[1] 推算的依據參見游彪:《宋代寺觀數量問題考辨》,載《文史哲》2009年第3期。
[2] 參見卿希泰主編:《中國道教史》第二卷,第562~564、611~615頁。
[3] 孟元老:《東京夢華錄》卷三"上清宮",第136頁。
[4] 孟元老:《東京夢華錄》卷六"十四日車駕幸五岳觀""十五日駕詣上清宮",卷十"駕還擇日詣諸宮行謝",第155、156、187頁。

真宗建玉清宫,自經始及告成,凡十四年。其宏大瑰麗,不可名似。遠而望之,但見碧瓦凌空,聳耀京國。每曦光上浮,翠彩照射,則不可正視。其中諸天殿外,二十八宿亦各一殿。梗柟杞梓,搜窮山谷。璇題金榜,不能殫紀。朱碧藻綉,工色巧絶。薨栱欒楯,全以金飾。入者驚悦褫魄,迷其方向。所費鉅億萬,雖用金之數,亦不能會計。天下珍樹怪石、内府琦寶異物,充牣襲積,窮極侈大。餘材始及景靈、會靈二宮觀,然亦足冠古今之壯麗矣。議者以爲玉清之盛,開闢以來未始有也,阿房、建章固虛語爾。[1]

南宋雖偏安江南,但官方修建的,尤其是建於京城杭州的道教宫觀,仍十分精緻華麗。吴自牧《夢粱録》記載了德壽宫、景靈宫、萬壽觀以及東西太乙宫、佑聖觀、顯應觀、四聖延祥觀、三茅寧壽觀、開元宫、龍翔宫、宗陽宫九所御前宫觀的情況。僅以東太乙宫爲例,即可見其一斑:

　　東太乙宫在新莊橋南,元東都祠五福太乙神也。駐蹕於此,以北隅擇地建宫以奉。禮寺討論,宜設位塑像。按,十神者曰五福、君基、大游、小游、天一、地一、四神、臣基、民基、直符。凡行五宫四十五年一移,所臨之地歲稔無兵疫。紹興間,命浙漕度地建宫,凡一百七十四區。殿門扁曰"崇真",大殿扁曰"靈休",挾殿扁曰"瓊章寶室",元命殿扁曰"介福",三清殿扁曰"金闕",寥陽齋殿扁曰"齋明",火德殿扁曰"明離"。兩廡俱繪三皇五帝、日月星宿、岳瀆九宫貴神等,與從祀一百九十有五,遵太平興國舊制。每祀,用四立日,設籩豆簠簋尊罍,如上帝禮。兩廡以次降殺。車駕遇四孟朝饗,嘗親詣焉。孝廟又建元命殿,扁曰"崇禧"。淳熙建藏殿,扁曰"瓊章寶藏",鐘樓扁曰"瓊音之樓"。理廟建長生殿奉南極。度宗建通真殿以奉佑聖,中祐殿奉元命,順福殿奉太皇元命,蓋易長生名改爲延壽,俱宸翰也。又北辰殿奉北斗。崇真館在宫南,有齋八,曰觀妙、潛心、泰定、集虛、頤真、集真、洞

---

[1] 田况撰,儲玲玲整理:《儒林公議》,《全宋筆記》第一編第五册,大象出版社,2014年,第92~93頁。

微、虛白。館有小圃,亭扁"武林",山在宮後小坡,山乃杭之主山也。[1]

道教名勝有所謂的"洞天福地",這些"聖境"往往自漢魏以來即建有宮觀,其中一部分至宋代依然留存。對這些前代宮觀,宋代官方或民間曾出資出力予以修葺或擴建。宋代筆記對此類宮觀也多有記載,而且在描述中常常敷以更多的"仙氣"。例如,蘇軾《東坡志林》記載了羅浮山的"异境":

> 有官吏自羅浮都虛觀游長壽,中路睹見道室數十間,有道士據檻坐,見吏不起。吏大怒,使人詰之,至則人室皆亡矣。乃知羅浮凡聖雜處,似此等异境,平生修行人有不得見者,吏何人,乃獨見之。正使一凡道士見己不起,何足怒?吏無狀如此,得見此者必前緣也。[2]

江蘇茅山爲道教上清派的發源地,有"第一福地,第八洞天"之譽。吳曾《能改齋漫錄》記載了茅山"華陽洞門開"的奇事。

> 王笙,字子真。有道之士,富鄭公(富弼)嘗客之於門。元豐中,神宗賜號衝熙處士。元符三年,游茅山,受《上清籙》。先是,茅山中峰石洞忽開,案其域,乃《真誥》所謂華陽洞天便門也。自左元放仙去,即閉,閱千歲矣,至是復開。又前期霽日,甘露薦降。道士劉混康曰:"似此必有异。"無何,先生至。受籙之夕,仙樂聞於空浮之上。山中刻石,爲記其事。而給事中龔深之,亦爲之詩曰:"華陽新報便門開,應爲高人受籙來。試問玉門砂遠近,未饒元放是仙才。"先生留洞玄庵久之,若有所待。嘗書壁云:"身佩《上清寶籙》,心持《大洞真經》。入靜敷坐靈鎮,神游金闕玉京。"[3]

江西廬山也是道教的洞天福地,《能改齋漫錄》又記載了安惇在廬山遇見陸修靜現形迎謁的奇聞。

> 樞密安公惇處厚,元祐末爲江東漕使。因游廬山太虛觀,未至數里間,有道士紫衣皂巾,領徒七人迎謁。既而不知所在,問左右皆無見

---

1 吳自牧:《夢粱錄》卷八"御前宮觀·東太乙宮",第164頁。"靈休",原本作"雲休",據《建炎以來朝野雜記》《臨安志》等改。

2 蘇軾:《東坡志林》卷二《异事上》"記羅浮异境",第52頁。

3 吳曾:《能改齋漫錄》卷一八《神仙鬼怪》"華陽洞門開",第223頁。

者。至觀謁陸修靜仙師遺像,則宛然其人也。元符庚辰,公再到,賦詩曰:"昔年游歷訪霓旌,多謝仙師數里迎。今日重來知有意,此身應不爲公卿。"[1]

宋代民間也興修了不少小型道觀,有些僅爲草屋數間,并建於人迹罕至的深山。而在筆記作者的筆下,此類道觀往往與身懷異術的"高道"相聯繫,所以尤具神奇色彩。王明清《玉照新志》的一段記載頗爲典型:

熙寧辛亥壬子間,武侯李,忘其名,以供奉官爲衡州管界巡檢。一日,捕盜入九嶷山,深歷岩洞,人迹罕到,忽瞻絶嶺,路窮不可上。徘徊民舍,遥見嶺中間有青烟一點,了然可辨。指以示村民,云:"居常見之,但不知爲何人所燎。樵夫、牧子皆不能到也。"李侯識其處,歸以告同姓李君彦高者。李君業文,志未就,嘗以養生不死爲意,每聞有方士异人,必訪之,與游處者皆此類,恨未有得也。聞侯言,頗喜,即裹糧,假侯所與同行從者一人,往詣之。至其所,則獨尋路望青烟處,攀緣藤而上,嶮危備歷。忽得平地,有草堂三數間。叩門而入,見一老人燕坐其中。忽睹李君,驚相謂曰:"何爲至此?此非人迹可到也。"李揖前,叙以久慕仙道,聞所聞而來。老人笑揖,與之坐。李問老人姓名,曰:"吾唐末人,因離亂避世,隱歷名山。來此亦三五十春秋矣。姓邢氏,名字不必問,吾亦不欲聞於世。"李意其爲邢和璞,問之,則曰:"非也。"因問李曰:"吾避世久,不接人事,聞今國號宋,不知天子姓氏,傳代幾葉,年號謂何?"又指面前一小池,仍有竹筒作刻漏狀,曰:"從來甲子日辰,吾盡知之,今日乃何日。所不知者,國姓、年號耳。"李因盡告以熙寧天子姓號,傳序年月。仙老頷之而已。李又問:"仙翁居此既久,曾略下山乎?"曰:"從來此,凡三因取水到半山下,他時未嘗出也。"因叩以仙經道術要訣,則曰:"此當修養自到,難以口耳傳授。"但以修身治性,凡爲人倫、慈愛、忠孝事告之。李不得問,糧盡乃歸。又數日,即爲五日糧裹之而去,復至其所。其人笑喜問勞,李遂留五日。復叩之,則告以吐納煉養之事。每坐語倦,則援瑟鼓之,其聲韵非世間之音。李

---

[1] 吳曾:《能改齋漫録》卷一八《神仙鬼怪》"陸仙師迎漕使安公",第221~222頁。

既不能辨其曲操,但覺草堂中逡巡驚怒雷濤之聲,既罷而餘韵不絶也。左右凡四窗,長几上文史如世間書,李竊視之,皆墨字天篆古文,間以朱字,如刊正校讎者,李皆不能曉。五日糧盡,又歸。歸數日,又携五日糧以往,仙翁復笑延之如故,漸無間矣。李復叩之,遂以内丹真訣語之。李所説如此,恐其别有所得,亦不傳也。因謂李曰:"吾以天上校對天書,自有程課,不須復來,恐妨吾事。吾亦不久徙居他處矣。"李問以窗間道書,云:"此皆仙房所著天上書,凡繫仙籍皆與分校勘。此吾所校,已則歸之,别給他書也。"因贈李十二詩,臨行又書一絶,皆天篆古文,李初莫能識。其後竟不復往,莫知所之也。[1]

自太祖、太宗實行扶持道教的政策以來,官方給予道士、女冠的度牒名額逐步放寬,致使男女道士的人數不斷增加。北宋初年,男女道士的總數爲四五千人,[2]此後逐漸增加。真宗崇道,曾於天禧三年(1019)一次普度道士七千零八十一人,女冠八十九人,故至天禧五年(1021),獲官方度牒的道士已達一萬九千零六十六人,女冠七百三十一人。至神宗熙寧十年(1077),人數略有下降,道士一萬八千五百一十三人,女冠七百零八人。[3] 徽宗時又狂熱崇道,男女道士人數應有所增加,總數當超過兩萬。

宋代文獻記載的道士大致有以下幾類:其一,原本即以精通道學著稱,被皇帝召見後,備受恩寵,更是遐邇聞名;其二,以方術及諂媚、哄騙獲皇帝賞識與寵信,於是平步青雲,受封號,任道官,成爲道流首領;其三,身懷異術的民間高道,其中有些并未留下真名實姓,但其傳奇性的行迹仍爲時人津津樂道。

前文述及太祖、太宗時的蘇澄隱和陳摶,即屬第一類的道士,此類人物在真宗時最著名的是种放。种放,字明逸,河南洛陽人,曾從陳摶學道,是位亦道亦儒的隱士。真宗聞知其名聲後,多次召其入京,委以要職,但种放并不留戀官位,最後仍回終南山隱居。王闢之《澠水燕談錄》記載:

1　王明清:《玉照新志》卷五,第200~202頁。
2　宋初男女道士的人數并無統計數據,據《宋會要輯稿》道釋一《披度》所載的幾組數據看,北宋男女道士與僧尼的人數比例爲1:10至1:20,若取其中間數1:15推算,宋初僧尼總數爲六萬七千四百零三人,算出的男女道士總數約爲四千四百九十四人。(第9979~9980頁)
3　《宋會要輯稿》道釋一《披度》,第9979~9980、9984~9985頁。

真宗優禮种放，近世少比。一日登龍圖閣，放從行，真宗垂手援放以上，顧近臣曰："昔明皇優李白，御手調羹。今朕以手援放登閣，厚賢之禮，無愧前代矣。"真宗久欲大用，放固辭乃止，惜夫！

种放明逸，少舉進士不第，希夷先生（陳摶）謂之曰："此去逢豹則止，他日當出於衆人。"初莫諭其意，故放隱於南山豹林谷，真宗召見，寵待非常，拜工部侍郎，皆符其言。放別業在終南山，學行高古，後生從之學者尤衆。性頗嗜酒，躬耕種秫以自釀。所居有林泉之勝，尤爲幽絶。真宗聞之，遣中使携工圖之，開龍圖閣，召輔臣觀焉，上嘆賞之。[1]

真宗對种放的恩寵曾引起一些大臣的不滿，後來真宗出示了种放奏上的治國安邦之策，臣僚才無話可說。釋文瑩《湘山野録》記：

真宗初，詔种隱君放至闕，以敷對稱旨。日既高，中人送中書膳，諸相皆盛服俟其來，种隱君韋布止長揖而已。楊大年聞之頗不平，以詩嘲曰："不把一言裨萬乘，祗叉雙手揖三公。"上聞之，獨召楊曰："知卿有詩戲种某。"楊汗浹股栗，不敢匿避。又曰："卿安知無一言裨朕乎？"出一皂囊，内有十軸，乃放所奏之書也。其書曰《十議》，所謂《議道》《議德》《議仁》《議義》《議兵》《議刑》《議政》《議賦》《議安》《議危》。俾大年觀之，從容奏曰："臣當翊日負荆謝之。"[2]

徽宗時得寵的多爲第二類道士，其中著名的有徐神翁、王老志、王仔昔和林靈素。徐神翁與王老志都是好道的蔡京引薦給徽宗的。陸游《家世舊聞》記載：

蔡京自少好方士之術。自言在錢唐嘗遇异人，以故所至輒延道人輩。崇寧初作相，即爲徽廟言："泰州徐神翁能知未來事。元祐中蘇軾知揚州，遣人往來求神翁字，神翁大書曰：'泄慢墮地獄，禍及七祖翁。'神翁雖方外士，而能疾元祐人，所宜褒顯。"其可笑如此，然上頗喜之。群閹又言："元符中，哲宗嘗遣人密問嗣。神翁曰：'吉人君子。'"吉人者，上名也。於是召至都下。上用太宗見陳摶故事，御繖褐即便殿以

---

[1] 王闢之：《澠水燕談録》卷四《高逸》，第45頁。
[2] 釋文瑩：《湘山野録》卷上，第8頁。

賓禮接之。

……初,京爲真定帥,道人王老志自言鍾離權弟子,嘗言京必貴極人臣,至是物色得之。京館之後圃,引與見上。老志敢大言,熟視上曰:"頗記老臣否?"上亦自記嘗夢游帝所,有仙官贊拜者其面目真老志也。恩禮尤渥,車駕游幸,老志輒羽衣導駕,言有非常輒能知之。未幾,老志夜叩京門,告以鍾離公大怒我語涉欺誕,行當謫墮,公福亦不終矣。明日得疾,力辭歸河朔而死。自是方士自言有异術者相踵。[1]

葉夢得《避暑錄話》也記載:

宣和間道術既行,四方矯偽之徒乘間因人以進者相繼,皆假古神仙爲言,公卿從而和之,信而不疑。有王資息(即王仔昔)者,淮甸間人,最狂妄,言師許旌陽(許遜)。王老志者,濮州人,本出胥吏,言師鍾離先生。……皆小有術動人。資息後有罪,誅死。……唯老志狡獪有智數,不肯爲已甚,館於蔡魯公家,自言鍾離先生日相與往來。自始至,即日求去。每戒魯公速避位,若將禍及者。魯公頗信之。或言此反而求奇中者也。[2]

顯而易見,這些道士雖有一些"异術",但同時又使用吹噓、蒙騙的手段,以獲取皇帝和權貴的賞識,在這方面,稍晚一些的林靈素尤爲典型。徽宗後期,林是最受寵信的道士,徽宗狂熱的崇道之舉,多由林出謀劃策。趙與時《賓退錄》的記載可見一斑:

林靈素,初名靈噩,字歲昌。家世寒微,慕遠游,至蜀,從趙昇道人數載。趙卒,得其書,秘藏之。由是善妖術,輔以五雷法,往來宿、亳、淮、泗間,乞食諸寺。政和三年,至京師,寓東太乙宮。徽宗夢赴東華帝君召,游神霄宫。覺而异之,敕道錄徐知常訪神霄事迹。知常素不

---

[1] 陸游撰,李昌憲整理:《家世舊聞》卷下,《全宋筆記》第五編第八册,大象出版社,2012年,第255~256頁。"未來事",原本作"前來物",據四庫本、《說郛》改。

[2] 葉夢得:《避暑錄話》卷上,第246頁。另蔡絛《鐵圍山叢談》卷五記載:"小王先生仔昔者,豫章人也。始自言遇許遜真君,授以《大洞隱書》,豁落七元之法,能知人禍福。老志死後,仔昔來都下。上知之,召令蹤老志事,寓於魯公賜第。大抵巧發奇中,道人腹中委曲,其神怪過老志,逆知如見。又自言書見星,事多不及載。詔封通妙先生。"(第230頁)

曉,告假。或告曰:"道堂有溫州林道士,纍言神霄,亦作《神霄》詩題壁間。"知常得之大驚,以聞。召見,上問有何術,對曰:"臣上知天宮,中識人間,下知地府。"上視靈噩風采如舊識,賜名靈素,號金門羽客、通真達靈玄妙先生。賜金牌,無時入內。五年,築通真宮以居之。時宮禁多怪,命靈素治之。埋鐵簡長九尺於地,其怪遂絕。因建寶籙宮、太乙西宮,建仁濟亭,施符水,開神霄寶籙壇。詔天下:天寧觀改爲神霄玉清萬壽宮,無觀者,以寺充。仍設長生大帝君、青華大帝君像。上自稱教主道君皇帝。皆靈素所建也。靈素被旨修道書,改正諸家醮儀,校讎丹經靈篇,刪修注解。每遇初七日升座,座下皆宰執、百官、三衙、親王、中貴、士俗觀者如堵。講說《三洞道經》,京師士民始知奉道矣。靈素爲幻不一,上每以"聰明神仙"呼之。御筆賜玉真教主、神霄凝神殿侍宸,立兩府班。[1]

其實,林靈素尤擅長騙術,并以此糊弄徽宗。陸游《家世舊聞》揭示了他的蒙騙行徑:

> 靈素……頗知小術,亦時時自寫所爲歌詩遺人,然筆札詞句皆鄙惡,了無可觀。既得幸,其徒黠者稍潤色之。然靈素本庸夫,每升高座説法,肆爲市井俚談,聞者絕倒。或擇日施符水爲人治病,車駕間幸其所居,設次臨觀,則陰募京師無賴數十人,曲背爲傴,扶杖爲盲,噤口爲瘖,曳足爲跛。既噀水投符,則傴者伸背,盲者捨杖,瘖者大呼,跛者疾走,或拜或泣,各言得疾二十年或三十年,一旦都除,歡聲動地。上爲大悅。[2]

然而,騙術不可能始終得逞,時間久了,徽宗也有所察覺,林靈素最終因施術多有不效而失寵,被放歸老家溫州。

除上述與官方有關係的道士,宋代筆記中還述及一些身懷异術、言行神秘的民間高道,他們或栖居深山,或游走江湖,留下不少令人驚嘆的傳聞。王明清

---

[1] 趙與時:《賓退錄》卷一,第9~10頁。林靈素之事,宋代筆記多有記載,另可見周煇《清波雜志》卷三"林靈素"、郭彖《睽車志》卷一、王明清《投轄錄》"林靈素"、曾敏行《獨醒雜志》卷五等。

[2] 陸游:《家世舊聞》卷下,第256~257頁。

《投轄錄》所記載的"豬嘴道人",頗具代表性:

> 宣和初,西京有道人來,行吟跌宕,或負擔賣查桃梨杏之屬,不常厥居,往往能道人未來事,而無所希求。以其喙長,號曰"豬嘴道人"。居洛甚久,有賈邈、李瓛者以家資豪侈,少年憑藉好客喜事,屢招與飲,至斗酒不亂。一日,閒步郊外,因謂曰:"諸君得無餒乎?"懷中探紙,裹小麥捨於地,如種藝狀。頃之,即擢秀駢實,因挽取以手摩,麵紛然而落,汲水和餅,復内懷中,頃取出已焦熟矣!擲之地中,出火氣,然後可食。同行下逮僕隸悉皆竟日不飢,二子自此頗敬之。洛人素種桃花,時盛夏,置酒家圃水閣中,曰:"我能令小池盡開桃花,雜於荷葉中。"又探懷中取小礫土擲之。酒未半,蓮跗冉冉擎桃開花,浮於水面,花葉映帶,深爲奇絶。鄉人親舊聞之,嗟駭競賞,幾旬而後謝。其餘奇異,悉皆此類。[1]

《投轄錄》還記載了一位名鄭子卿的民間高道,其道學和方術遠在林靈素之上,赴京後因林的嫉妒和阻攔,未能得見帝王權貴,於是繼續隱伏民間:

> 林靈素得幸之後,凡有藝能之人至京師,皆掩匿不以聞之於上,或恐有勝於己者之故也。忽有道人自江南來,年甚少,願供灑掃之役。會禁中設醮,命道士輩書青詞,稍鹵莽,靈素躁怒。道人前來曰:"某願爲之。"靈素命吉蠋筆墨之屬。道人曰:"不須也,將紙來。"但以尋常所用筆倚而寫之,衆竊怪且笑其不知事體也。俄頃書就,端謹精密,前所未見。靈素固已訝之,自是遇之良厚。凡事過目即解,且度越他人。靈素亦奇而忌之,每戒其徒,遇警蹕府臨,即勿令出。一日,徽考幸其舍,語及黄白事,嘆息以謂未始一遇其人,既而去。道人告靈素曰:"某實有是術,願先生姑試之。"靈素前已異之,取道像前古銅香爐與之,曰:"汝可以此爲銀者乎?"道人曰:"甚易耳!"即於腰間小瓢中取藥少許,微以手擦之,持以示靈素,則已爲黄金矣,銀不足道。靈素見之大駭賞,延之上座,少選遂不見,呼之則已逸去。後數日,上幸靈素所居,忽仰視見三清閣牌上有金書小字兩行,嘗目所不睹。閣既高而牌出飛

---

[1] 王明清:《投轄錄》"豬嘴道人",第101~102頁。

檐之外,人迹所不能到者,上甚訝之。亟令人縛梯往觀,字云:"鄭子卿居此兩月,不得見上而去。"[1]

此類記載既從一個側面揭示了民間道士的日常活動,也反映了世人對得道之士的景仰,以及對道教方術的稱羨與痴迷。

二、民間奉道之風

兩宋時期,民間信奉道教、尊崇神仙的風氣極爲興盛,真武、關帝、梓潼神、呂洞賓等都在民間有很大影響。當時還形成諸多道教節日,節日中的群體性宗教活動參與者衆多,熱鬧非凡。

(一)奉道祀仙

道教的形成和發展植根於中國本土文化,其宗教理論、修煉方法等與民間傳統的宗教觀念和信仰習俗多相契合,加上官方的扶持與推崇,道教信仰在宋代各社會階層都有廣泛的影響,奉道崇仙之風頗爲興盛。

奉道的最高形式自然是皈依道門,從宋代筆記所載事例看,當時主要基於宗教原因而出家爲男道、女冠的不在少數。吳曾《能改齋漫錄》中的兩則記載尤爲典型。一則稱,有位名王迪的官員,因道士之言而感悟,遂弃官隱居,皈依道門:

> 熙寧初,王迪爲洪州左司理參軍。一日,有道人來磨鏡,因俾迪,乃自照,乃見星冠羽帔,縹緲現鏡中。迪問其故,曰:"此汝前身也。由汝誤念,墮此。勉自修證,勿淪苦海。"既去,迪具以告妻,妻然之,遂弃官,與妻隱去。郡僚挽留不可,咸作詩以餞行。時新建主簿劉純臣有詩,雖非警拔,可以紀其實,云:"鬢如抹漆左參軍,脱却青衫去隱淪。世上更無羈絆事,壺中別有自由身。鼎烹玉兔山前藥,花看金鼇背上春。莫怪少年能決裂,藍田夫婦總登真。"後歸姑蘇,不知所終。[2]

---

[1] 王明清:《投轄錄》"鄭子卿",第104~105頁。
[2] 吳曾:《能改齋漫錄》卷一八《神仙鬼怪》"王迪照鏡見前身弃官學道",第223頁。

另一則稱,有位劉姓州吏,見妻子死後忽現异狀,驚懼中幡然醒悟,最後弃家從道,隱於九華山:

> 滕待制宗諒,謫官秋浦。時州吏有劉某者,妻有美色。俄病死,浴裝在櫬,未及釘蓋。忽然化爲异狀,皮青髮紅,若世所畫鬼將之類。州吏悲而畏之,既葬,即弃家爲道士,入九華山不返。宗諒後在北方,猶寄以詩,所謂九華劉道人是也。[1]

當然,絕大部分的道教信徒是在家奉道,他們尊崇道士,供奉神仙,誦念道經,修煉道術。許多人包括文人士夫,既信佛又慕道,與道士來往密切,蘇軾就是一位頗具代表性的人物。葉夢得《避暑錄話》曾記載了一則蘇軾受道士誆騙的趣聞。

> 蘇子瞻亦喜言神仙。元祐初,有東人喬仝,自言與晋賀水部游,且言賀嘗見公密州道上,意若欲相聞。子瞻大喜。仝時客京師,貧甚。子瞻索囊中得二十縑,即以贈之,作五詩,使仝寄賀,子由亦同作。仝去,訖不復見,或傳妄人也。晚因王鞏又得姚丹元者,尤奇之,直以爲李太白所化,贈詩數十篇,待之甚恭。姚本京師富人王氏子,不肖,爲父所逐去。事建隆觀一道士,天資慧,因取《道藏》遍讀,或能成誦。又多得其方術丹藥。大抵有口才,好大言。作詩間有放蕩奇譎語,故能成其説。浮沈淮南,屢易姓名,子瞻初不能辨也。後復其姓名王繹。[2]

聰明絕頂的蘇東坡竟然輕信道士的謊言,可見其對仙道是何等崇信。

道教在發展過程中,既接納了官方祀典中的神靈,也吸收、整合了衆多的民間俗神,因此,其神仙譜系極爲龐雜。不過,普通民衆的信教奉道往往出於更爲明顯的實用、功利目的,所崇信的道教神仙與官方及道門并不一致。例如,趙宋王朝尊祀的"聖祖天尊",在民間的影響很有限。從筆記文獻看,始興於宋代,在民間尤受尊祀的道教神仙有真武、關帝、梓潼神、呂洞賓等。

真武即玄武,係源於星辰崇拜的神靈,早期以龜蛇作爲形象特徵。唐代以

---

[1] 吳曾:《能改齋漫錄》卷一八《神仙鬼怪》"劉妻死化爲异狀",第221頁。
[2] 葉夢得:《避暑錄話》卷上,第232~233頁。文中所說的"晋賀水部"是指唐末五代人賀元(一説賀充、賀亢),曾任後晋水部員外郎,據説修道於山東蒙山,得道不死。

來,道教開始注意對玄武信仰的融合,宋初,玄武已被納入道教神譜,地位迅速上升。楊億《楊文公談苑》記載:"開寶中,有神降於終南道士張守真,自言:我天之尊神,號黑殺將軍,與玄武、天蓬等列爲天之三大將。"[1] 據《雲麓漫鈔》記載,玄武改名真武是在真宗大中祥符年間,隨後,其形象也變爲"被髮黑衣,仗劍蹈龜蛇"的神將,官方加號爲"鎮天佑聖":

> 朱雀、玄武、青龍、白虎,爲四方之神。祥符間,避聖祖(趙玄朗)諱,始改玄武爲真武、玄冥爲真冥、玄枵爲真枵、玄戈爲真戈。後興醴泉觀得龜蛇,道士以爲真武現,繪其像爲北方之神,被髮黑衣,仗劍蹈龜蛇,從者執黑旗。自後奉祀益嚴,加號鎮天佑聖。[2]

天禧二年(1018),真宗再次"詔加真武號曰真武靈應真君"[3]。靖康元年(1126),欽宗又下詔,"佑聖真武靈應真君加號佑聖助順真武靈應真君"[4]。

宋初以來,真武信仰在民間逐漸流行,至南宋,已極爲興盛,洪邁《夷堅志》中多有記載。此錄二則,以見一斑:

> 劉道昌者,本豫章兵子,略識字,嗜酒亡賴,橫市肆間。嘗以罪受杖於府,羞見儕輩,不敢歸,徑登滕王閣假寐,夢道士持一卷書置其袖,曰:"謹秘此,行之可濟人,雖父兄勿示也。"戒飭甚至。既寤,書在袖間,頓覺神思灑落,視其文,蓋符咒之術。還家即繪事真武像,爲人治病行醮。所書之符與尋常道家篆法絕异,凡所療治,或服符水,或掬香爐灰,或咒棗,殊爲簡易。且告人曰:"夜必有報應。"無不如意。以治牛疫,亦皆愈。郡人久而知敬,共作真武堂居之。[5]

> 閩人楊翼之元禮,登隆興癸未科,調清流主簿,未赴官而感寒熱之疾,彌日轉甚。母郭氏絕憂之,平生敬事真武,愁坐其床,積誦咒數百卷。元禮迷困中見一人,身軀長大,被髮仗劍,猛從高而下,以劍斫其腦,不暇遮避,便覺頭痛漸減,以水沃其身,則汗出如漿,俄頃不見。明

---

1 楊億:《楊文公談苑》卷六"黑殺將軍",第110頁。
2 趙彥衛:《雲麓漫鈔》卷九,第202頁。
3 高承:《事物紀原》卷二《禮祭郊祀部第九》"真武號"引《宋朝會要》,第81頁。
4 馬端臨:《文獻通考》卷九〇《郊社考》二十三《雜祠淫祠》,第824頁。
5 洪邁:《夷堅丁志》卷二"劉道昌",第551頁。原文中的方框已據陸心源刊本補。

日,還復如前,乃具以告母。母曰:"是佑聖真君救汝也!"經數日,果愈。母自此益加肅敬,至盡日禮拜,幾忘寢食,八十四而終。[1]

可見,南宋時,民間建堂立祠,或在家中供奉真武的現象已十分普遍,而真武治病救人的逸聞也流傳甚廣。故元明以來,真武已成爲道教大神之一,被尊稱爲真武大帝、蕩魔天尊,在官方和民間都極受尊崇。

關帝信仰源於三國時期的蜀漢大將關羽。明清時期,關帝備受尊崇,道教奉爲護法天神,尊稱蕩魔真君、伏魔大帝。官方將其納入國家祀典,明神宗晉封帝號爲"協天護國忠義帝",加封"三界伏魔大帝神威遠鎮天尊關聖帝君",其後的明清皇帝續有加封。民間更視之爲神通廣大、法力無邊的尊神,廟祀遍及天下。然而,究其信仰,實興起於宋代。關羽戰死後,很長一段時間并無多大影響,直至唐代,纔開始被神化。晚唐范攄《雲溪友議》記載:

> 蜀前將軍關羽守荊州,夢猪嚙足,自知不祥,語其子曰:"吾衰暮矣!是若征吳,必不還爾。"果爲吳將吕蒙麾下所殛,蜀遂亡荊州。玉泉祠,天下謂四絶之境。或言此祠鬼興土木之功而樹,祠曰"三郎神"。三郎,即關三郎也。允敬者,則仿佛似睹之。緇俗居者,外户不閉,財帛縱横,莫敢盗者。厨中或先嘗食者,頃刻大掌痕出其面,歷旬愈明。侮慢者,則長蛇毒獸隨其後。所以懼神之靈,如履冰谷,非齋戒護净,莫得居之。[2]

五代孫光憲《北夢瑣言》也記載:"唐咸通亂離後,坊巷訛言關三郎鬼兵入城,家家恐悚。罹其患者,令人寒熱戰栗,亦無大苦。"[3]

宋代開始,官方爲之修廟加封。真宗於大中祥符年間敕修山西解州關聖廟。[4] 哲宗於紹聖二年(1095)下詔,賜荊州當陽縣關羽祠名額爲"顯烈"。徽宗更是於崇寧元年(1102)追封關羽爲忠惠公,大觀二年(1108)加封武安王,[5] 宣

---

1 洪邁:《夷堅三志》壬集卷九"楊母事真武",第 1538~1539 頁。
2 范攄:《雲溪友議》卷上,古典文學出版社,1957 年,第 19 頁。
3 孫光憲:《北夢瑣言》卷一一"關三郎入城",第 137~138 頁。
4 見陳時修、介孝璿纂:〔康熙〕《解州志》卷三《壇廟》,《北京大學圖書館藏希見方志叢刊》第 43 册,國家圖書館出版社,2013 年,第 617 頁。
5 《宋會要輯稿》禮二〇《歷代帝王名臣祠》,第 1002 頁。

和五年(1123)又加封義勇武安王[1]。二十年間由亭侯封公進王,大大提升了關羽的人神地位。其中,固然有統治者激勵"忠義"的價值取向所致,也與關羽逐漸爲釋道二教神化利用有關。

與此同時,民間對關帝的信仰與崇祀也不斷升溫,祠廟驟增,尤其在江淮、荆楚等關羽後期生活戰鬥過的地方,更是供奉日盛。宋人李漢杰撰寫的《漢壽亭侯廟記》就稱:"迄今江淮之間,尊其廟像,尤以爲神。"[2] 荆州地區更是"家置一祠",人們對關帝既敬又畏,"雖父子兄弟室中之語,度非羽之所欲,則必相戒以勿言,唯恐羽之知之也"。[3] 關帝的法力也隨着他神壇地位的變化而不斷提升,郭彖《睽車志》記載了關帝顯靈,向李若水預言靖康之禍的奇聞:

> 忠愍李公若水,宣和壬寅尉大名之元城。有村民持書至云:"關大王有書。"公甚駭愕,視其緘云:"書上元城縣尉李尚書,漢前將軍關雲長押。"詰民何自得之,云:"夜夢金甲將軍告某曰:'汝來日詣縣,由某地逢着鐵冠道士,索取關大王書,下與李縣尉。'既覺驚异,勉如其言,果遇道士得書,不敢不持達。"公發書,其間皆預言靖康禍變,以事涉怪,即火其書,遣其人不復問,作詩紀之云:"金甲將軍傳好夢,鐵冠道士寄新書。我與雲長隔异代,翻疑此事大荒虛。"公後果貴顯,卒蹈圍城之禍。兆朕之萌,神告之矣。[4]

此後,有關關羽治病救灾、驅邪避惡、破賊平叛的傳聞越來越多地見於記載,關羽信仰不斷深入人心,以至於發展至明清,關羽的地位已與文聖孔子比肩,成爲武聖,而對其的崇拜已發展到《陔餘叢考》所言的"今且南極嶺表,北極寒垣,凡兒童婦女,無有不震其威靈者。香火之盛,將與天地同不朽"[5] 的地步了。

---

[1] 見《山西通志》卷一六七《祠廟四·解州·關聖廟》,《景印文淵閣四庫全書》第 548 册,臺灣商務印書館,1986 年,第 173 頁。
[2] 《山西通志》卷二〇一《藝文》,《景印文淵閣四庫全書》第 549 册,臺灣商務印書館,1986 年,第 567 頁。
[3] 陳淵:《默堂集》卷一三《正月十七日上殿札子》,《四部叢刊初編》本。
[4] 郭彖:《睽車志》卷二,第 102~103 頁。
[5] 趙翼:《陔餘叢考》卷三五"關壯繆",第 623 頁。

梓潼神源於四川梓潼一位名張惡(亦作堊、噩)子的地方神靈。[1] 相傳其"仕晉戰死",當地立祠祭祀。東晉以來,多次顯靈,北宋真宗時,又助官軍平亂,咸平四年(1001),宋朝廷追封其爲英顯王。高承《事物紀原》記載:

> 英顯王,廟在梓州梓潼縣,本梓潼神也。《舊記》曰:神本張惡子仕晉戰死,而廟存。唐明皇狩蜀,神迎於萬里橋,追命左丞相。僖宗播遷,亦有助,封濟順王。咸平中,益卒爲亂,王師討之,忽有人呼曰:"梓潼神遣我來。"九月二十日城陷,果克。四年,州以狀聞,故命追封英顯王。[2]

自北宋前期開始,這位梓潼神在民間信仰中已與科舉相聯繫。葉夢得《巖下放言》記載了一則奇聞,講述了兩個舉人夜遇梓潼神,意外獲得殿試考題與答案,終因互相猜忌而被黜的經過:

> 祥符中,西蜀有二舉人同硯席,既得舉,貧,干索旁郡,乃能辦行。已迫歲,始發鄉里,懼引保後時,窮日夜以行。至劍門張惡子廟,號英顯王,其靈響震山川,過者必禱焉。二子過廟,已昏晚,大風雪,苦寒,不可夜行,遂禱於神,各占其得,且祈夢爲信,草草就廟廡下席地而寢。入夜,風雪轉甚,忽見廟中燈燭如晝,然後有俎甚盛,人物紛然往來。俄傳道自遠而至,聲振西山,皆岳瀆貴神也。既席,賓主勸酬如世人。二子大懼,已無可奈何,潛起伏暗處觀焉。酒行,一人曰:"帝命吾儕作來歲狀元賦,當議題。"一神曰:"以鑄鼎象物爲題。"既而,諸神皆一韵,且各删韵删改商榷,又久之,遂畢。朗然誦之曰:"當召作狀元者魂魄受之。"二子默喜,私相語曰:"此正爲吾二人發。"迨將曉,見神各起致

---

[1] 《華陽國志》卷二《漢中志》記載:"梓潼縣,郡治,……有善板祠,一曰惡子。民歲上雷杼十枚,歲盡不復見,云雷取去。"(《四部叢刊初編》本)據此,該神最初似與雷神信仰有關。而孫光憲《北夢瑣言》逸文卷四《張噩子神》則記載:"梓潼縣張噩子神,乃五丁拔蛇之所也。或云雋州張生所養之蛇,因而祠,時人謂爲張噩子,其神甚靈。"(第253頁)據此,該神最初似爲蛇精。可見,其最初起源後人已難知究竟。

[2] 高承:《事物紀原》卷七《靈宇廟貌部第三十七》"英顯王",第375頁。所謂"仕晉戰死",可能附會了東晉時蜀人張育起兵抗擊苻堅之事,見《晉書》卷一一三《載記第十三・苻堅上》,中華書局,1974年,第2897頁。

別,傳呼出廟而去,視廟中寂然如故。二子素聰警,盡記其賦,亟寫於書帙後,無一字忘,相與拜賜,鼓舞而去,倍道以行,笑語欣然,惟恐富貴之逼身。至御試,二子坐東西廊,御題果出"鑄鼎象物賦",韵脚盡合。東廊者下筆思廟所書,懵然一字不能上口,間關過西廊問之。西廊者望見東來者,曰:"御題驗矣。我乃不能記,欲起問子,幸無隱也。"東廊者曰:"我正欲問子也。"於是二子疑曰:"臨利害之際,乃見平生。但此神賜而獨私以自用,天其福爾邪?"各憤怒,不得意草草信筆而出。唱名,二子皆被黜,狀元乃徐奭。既見印賣賦,二子比廟中所記者,無一字异也。二子嘆息,始悟凡得失皆有假手者,遂皆罷筆入山,不復事筆硯。[1]

隨着科舉制的完善,科考已成爲宋代士子入仕的主要途徑,梓潼神信仰在士人中的影響也不斷擴大。北宋中期以來,相關的傳聞時見於筆記文獻。如蔡絛《鐵圍山叢談》記載:

> 長安西去蜀道有梓潼神祠者,素號异甚。士大夫過之,得風雨送,必至宰相;進士過之,得風雨,則必殿魁。自古傳無一失者。有王提刑者過焉,適大風雨,王心因自負,然獨不驗。時介甫(王安石)丞相年八九歲矣,侍其父行,後乃知風雨送介甫也。魯公(蔡京)帥成都,一日召還,遇大風雨,平地水幾二十寸,遂位極人臣。何文縝丞相桌,政和初與計偕,亦得風雨送,仍見夢曰:"汝實殿魁,聖策所問道也。"文縝抵闕下,適得太上注《道德經》,因日夜窮治。及試策目,果問道,而何爲殿魁。[2]

洪邁《夷堅志》更記載了多則傳聞,其中一則稱:

> 王龍光,字天寵,資州人。入京赴上舍試,過劍州梓潼縣七曲山,謁英顯武烈王廟。(原注:俗呼爲張相公廟。)夢一人持榜,正面無姓名,紙背乃有之。又有持席帽蒙其首者。覺而喜,謂士人登第則戴席帽。是歲免省不逮,但補升內舍。次舉當政和八年方登科,已悟紙背

---

1 葉夢得:《巖下放言》佚文"來歲狀元賦",第353~354頁。
2 蔡絛:《鐵圍山叢談》卷四,第207頁。

之説。時方禁以龍、天、君、玉、王、主等爲名字,唱第之日,面賜名寵光,頭上加帽,蓋謂是云。[1]

南宋時,梓潼神的影響更爲廣泛,士子奉祀極其虔誠,除蜀地外,其他地區也紛紛立祠祭祀。吴自牧《夢粱録》即記載了杭州的梓潼祀祠:

> 梓潼帝君廟在吴山承天觀,此蜀中神,專掌注禄籍。凡四方士子求名赴選者悉禱之。封王爵曰惠文忠武孝德仁聖王。王之父母及妃、及弟、若子、若孫、若婦、若女,俱襃賜顯爵美號,建嘉慶樓奉香燈。[2]

自宋代以來,道士以梓潼神與文昌宫六星中的司禄星相附會,[3]稱玉帝命該神主管人間爵禄,故元朝延祐年間,朝廷加封梓潼神爲"輔元開化文昌司禄宏仁帝君"[4],自此,梓潼神與文昌神合而爲一,世人習稱爲文昌帝君。

"八仙"是最爲民間津津樂道的道教神仙。"八仙"名目的形成約在宋元時期,但八位神仙的具體説法,最初并不統一,直至明清,纔最後固定爲張果老、韓湘子、藍采和、吕洞賓、鍾離權、何仙姑、李鐵拐、曹國舅八位。[5] 八仙中,傳聞尤多、最爲神奇、民間奉祀極其廣泛的是吕洞賓。吕洞賓是否真有其人,真實的姓名和身世究竟如何,實難確認,後世對其生平的追述,未必可信。一般認爲,他可能是唐末五代一位精通道術的隱士,由於才行卓异,世人逐漸傳頌其事迹,并不斷將一些救世度人、點化凡俗的仙話叠加在他的身上,於是,吕洞賓成爲民間普遍奉祀的道教神仙。

吕洞賓的神仙傳説始見於宋初文獻,楊億《楊文公談苑》記載了吕洞賓與丁

1　洪邁:《夷堅甲志》卷十八"席帽覆首",第158頁。

2　吴自牧:《夢粱録》卷一四"外郡行祠",第236頁。另外,鄭瑶、方仁榮撰《景定嚴州續志》卷四《祠廟》記載,"梓潼真君行祠舊在天慶觀廡間",景定元年(1260)拓地擴建。(《宋元方志叢刊》第五册,中華書局,1990年,第4379頁)可見,南宋時嚴州也建有梓潼祀祠。錢大昕《十駕齋養新録》卷一九《梓潼神》認爲,宋末元初,"縉紳大夫士多信禮之,而文昌之祠,遂遍郡邑"。(上海書店,1983年,第458頁)

3　《史記》卷二七《天官書第五》記載:"斗魁戴匡六星曰文昌宫:一曰上將,二曰次將,三曰貴相,四曰司命,五曰司中,六曰司禄。"(第1293頁)

4　見貢師泰《玩齋集》卷七《文昌祠記》,《景印文淵閣四庫全書》第1215册,臺灣商務印書館,1986年,第619頁。

5　參見任繼愈主編:《中國道教史》,上海人民出版社,1990年,第452~453頁。

謂、張洎交往的傳聞:

> 吕洞賓者,多游人間,頗有見之者。丁謂通判饒州日,洞賓往見之,語謂曰:"君狀貌頗似李德裕,它日富貴皆如之。"謂咸平初,與予言其事,謂今已執政。張洎家居,忽外有一隱士通謁,乃洞賓名姓,洎倒屣見之。洞賓自言吕渭之後,渭四子,溫、恭、儉、讓。讓終海州刺史,洞賓系出海州房,讓所任官,《唐書》不載。索紙筆,八分書七言四韵詞一章,留與洎,頗言將佐鼎席之意。其末句云"功成當在破瓜年",俗以破瓜字爲二八,洎年六十四卒,乃其讖也。[1]

北宋中期以來,吕洞賓的故事流傳得更爲廣泛。王鞏《聞見近録》記載:

> 岳州唐白鶴寺前有古松,合數圍,平頂如龍形。吕洞賓昔嘗憩其下,有一翁自松頂而下,前揖甚敬,洞賓詰之,曰:"我,樹神也。"洞賓曰:"邪耶? 正耶?"翁曰:"若其邪也,安得知真人哉。"言訖升松而去。洞賓即題於寺壁曰:"獨自行時獨自坐,無限世人不識我。惟有千年老樹精,分明知是神仙過。"[2]

葉夢得《巖下放言》也記載:

> 世傳神仙吕洞賓名巖,洞賓其字也。唐吕渭之後,五代間從鍾離權得道。權,漢人不死者。自本朝以來與權更出入人間。權不甚靈,而洞賓踪迹數見,好道者每以爲口實。[3]

北宋徽宗時,吕洞賓被朝廷封爲"妙通真人"[4]。在此前後,世間又有吕洞賓的自傳流傳。吳曾《能改齋漫録》記載:

> 吕洞賓嘗自傳,岳州有石刻。云:"吾乃京兆人,唐末,纍舉進士不第。因游華山,遇鍾離,傳授金丹大藥之方;復遇苦竹真人,方能驅使

1　楊億:《楊文公談苑》卷六"吕洞賓",第104頁。丁謂於太宗淳化年間任饒州通判,真宗時官至同中書門下平章事,見《宋史》卷二八三《丁謂傳》。張洎由南唐入宋,太宗時官至參知政事,見《宋史》卷二六七《張洎傳》。

2　王鞏:《聞見近録》,第21頁。

3　葉夢得:《巖下放言》卷中,第335頁。

4　見許翰:《襄陵文集》卷二《吕仙翁封妙通真人制(邵州栖真觀)》,《景印文淵閣四庫全書》第1123册,臺灣商務印書館,1986年,第503頁。

鬼神；再遇鍾離，盡獲希夷之妙旨。吾得道年五十，第一度郭上灶，第二度趙仙姑。郭性頑鈍，祇與追錢延年之法。趙性通靈，隨吾左右。吾惟是風清月白，神仙會聚之時，常游兩浙、汴京、譙郡。嘗著白襴角帶，右眼下有一痣，如人間使者箸頭大。世言吾賣墨，飛劍取人頭，吾聞哂之。實有三劍：一斷煩惱，二斷貪嗔，三斷色欲，是吾之劍也。世有傳吾之神，不若傳吾之法，傳吾之法，不若傳吾之行。何以故？爲人若反是，雖握手接武，終不成道。"嗟乎，觀呂之所著，皆自身心始。而學者不能正心修身，徒欲爲徼幸之事可乎？[1]

據此可見，呂洞賓的事迹在士人階層的流傳中已滲入了儒道合一的思想。不過，在民間傳說中，呂洞賓依然是位懲暴安良、解人厄難的神仙。南宋時期，呂洞賓信仰更爲興盛，民間立祠塑像祭祀，或在家畫像供奉的現象十分普遍，相關的仙話也廣泛流傳，僅洪邁《夷堅志》所記，即有近三十則。如《遠安老兵》一則記載：

峽州遠安民家篤信仙佛，嘗作呂公純陽會，道衆預者頗盛。齋供既罷，一老兵從外來，著敝青布袍，躡破麻鞋，負兩筥籠，弛擔踞坐，呼叫索食。却之不可，其家尚有餘饌，隨與之。既又求酒，畀以小尊，一吸而盡，至於再三皆然。主人駭其量，語之曰："尚能飲乎？"曰："固所願也，但爲君家費已多，不敢請耳。"酒至，到手即空，不遺涓滴。徐問今日所作齋會云何，告以故，客曰："儻呂真人自來，必不能識。"主人指壁間畫像示之，客注視微笑曰："我却曾識他，狀貌結束，全然與此別。與我絹五尺，當爲追寫一本。"主人喜，既付之。客接絹不施粉墨，但置手中挼莎，俄而大吐，就以拭殘污。主始惡焉，度其已醉，無可奈何。旁觀者至唾駡引去。良久，納絹於空瓶，笑揖而出。一童探瓶中取視，則仙像已成，衣履穿束，宛與向客無小异。其家方悟真人下臨，悔恨不遇，標飾置净室謹事之。[2]

又如《傳道人》一則記載：

1　吳曾：《能改齋漫録》卷一八《神仙鬼怪》"呂洞賓傳神仙之法"，第221頁。
2　洪邁：《夷堅支志》甲集卷六"遠安老兵"，第755~756頁。

江陵傅氏，家貧，以鬻紙爲業。性喜雲水士，見必邀迎，隨其豐儉款接，里巷呼爲傅道人。舍後小閣，塑呂翁像，坐磐石上，旁置墨籃，以泥裹竹片作墨數笏，朝暮焚香敬事，拜畢，肩户去梯，雖妻子不許至。乾道元年正旦，獨坐鋪中，一客方巾布袍入，共語良久，起曰："吾適有百錢，能過酒爐飲否？"傅從之。自是數日一來，或留飲，或與飯。傅目昏多泪，客教取生熟地黄切焙，取椒去目及閉口者微炒，三物等分，煉蜜爲丸，每五十丸空心服，以鹽米湯飲下之。傅如方治藥，一月目明，夜能視物。往還半歲，忽別云："三兩日外將往襄陽，能與我偕西乎？"辭以累重不可出。客笑曰："吾知汝不肯去。"取筆書"利市和合"四字付之，曰："貼於鋪壁，獲息當百倍。"復拉詣酒肆酌別，袖出紙包，有墨數片，曰："欲攜去襄陽做人事，暫寄君所，臨行來取之。"酒罷傅歸，置墨架上，逾兩月，客不至，試啟視之，乃呂翁像前竹片所作者，探閣内籃中，無有矣！始悟客爲呂翁，深悔不遇，乃貼四字於壁，生意日豐。享壽八十九，耳聰目明，精力如少年。[1]

在金朝統治下的北方地區，呂洞賓也極受尊崇，全真道奉他爲純陽祖師。元、明、清直至近代，其香火在民間始終十分旺盛。

（二）道教節日

　　兩宋時期，道觀及道士、女冠的數量，至多爲佛寺及僧尼的十分之一，然而，植根於中國本土文化的道教，因其宗教理論、神仙譜系、崇祀方式等皆與中國傳統習俗具有千絲萬縷的聯繫，所以在社會上的影響非常廣泛。吳自牧《夢粱錄》中的一段議論尤能道出當時的實情：

　　　　釋老之教遍天下，而杭郡爲甚。然二教之中莫盛於釋，故老氏之廬十不及一。但老氏之教有君臣之分，尊嚴難犯，報應甚捷。故奉老氏者倍加恭敬，不敢褻瀆，此釋氏之所不如也。[2]

　　吳自牧祇是就南宋時的杭州而言，但據此也可大致推知整個兩宋時期及全

---

[1] 洪邁：《夷堅志補》卷一二"傅道人"，第1654～1655頁。
[2] 吳自牧：《夢粱錄》卷一五"城内外諸宫觀"，第240頁。

國各地的情況。當時,信奉道教者不僅散在地、個體地從事形形色色的崇道祀仙活動,有時還自發組織各類道教集會,如前文提及的峽州遠安"吕公純陽會"。尤其在一些人口密集的大中城市,每逢固定的道教節日,往往形成群體性的大規模崇祀活動。例如,《夢粱録》記載了杭州地區每年例行的道教集會:

> 正月初九日玉皇上帝誕日,杭城行香,諸富室就承天觀閣上建會。北極佑聖真君聖降及誕辰,士庶與羽流建會於宫觀或於舍庭。誕辰日,佑聖觀奉上旨建醮,士庶炷香紛然。諸寨建立聖殿者俱有社會,諸行亦有獻供之社。遇三元日,諸琳宫建普度會,廣度幽冥。二月初三日梓潼帝君誕辰,川蜀仕宦之人就觀建會。三月二十八日東嶽誕辰。四月初六日城隍誕辰。二月初八日霍山張真君聖誕("張",原書無,據四庫本補)……九月二十九日五王誕辰。每遇神聖誕日,諸行市户俱有社會,迎獻不一。如府第内官以馬爲社。七寶行獻七寶玩具爲社。又有錦體社、臺閣社、窮富賭錢社、遏雲社、女童清音社、蘇家巷傀儡社、青果行獻時果社、東西馬塍獻异松怪檜奇花社、魚兒活行以异樣龜魚呈獻,豪富子弟緋緑清音社、十閑等社。有内官府第以精巧雕鏤筠籠養畜奇异飛禽迎獻者,謂爲可觀。遇東嶽誕日,更有錢燔社,重囚枷鎖社也。[1]

可見,南宋時,杭州在神仙聖降日或誕辰日舉行的大型集會活動,每年不下十餘次。而且,此類群體活動往往采用中國傳統的祀神賽會形式,整個過程中,既有建醮、焚香等崇道活動,也有娛神娛人的各類表演,如歌舞、器樂、戲劇、雜技以及迎獻奇巧物品等,所以格外熱鬧。

其實,此類群體活動在北宋時已非常盛行,南宋時祇是"效京師故體"[2] 而已。如北宋開封每逢六月六日崔府君生日、六月二十四日神保觀神生日舉行的集會,即熱鬧非凡。崔府君信仰在宋代十分興盛,并被納入道教神譜。開封居民於太宗淳化年間在城北爲之建祠,仁宗景祐年間被封爲"護國顯應公"。[3] 神

---

[1] 吴自牧:《夢粱録》卷一九"社會",第291~292頁。

[2] 吴自牧:《夢粱録》卷一"八日祠山聖誕",第99頁。

[3] 崔府君信仰的流行詳見本書第二章"冥世傳說"。

保觀神即灌口二郎神,據説是秦蜀郡守李冰次子,後人將其神化,北宋神宗時,民衆在開封城西立祠祭祀。官方封爲靈惠侯,徽宗時又封爲真君。[1] 孟元老《東京夢華録》就兩位神仙的生日慶賀活動,作了頗爲詳細的描述:

> 六月六日,州北崔府君生日。多有獻送,無盛如此。二十四日,州西灌口二郎生日,最爲繁盛。廟在萬勝門外一里許,敕賜神保觀。二十三日,御前獻送後苑作與書藝局等處製造戲玩,如球杖、彈弓、弋射之具,鞍轡、銜勒、樊籠之類,悉皆精巧。作樂迎引至廟,於殿前露臺上設樂棚,教坊、鈞容直作樂,更互雜劇舞旋。太官局供食,連夜二十四盞,各有節次。至二十四日,夜五更争燒頭爐香,有在廟止宿,夜半起以争先者。天曉,諸司及諸行百姓獻送甚多。其社火呈於露臺之上,所獻之物,動以萬數。自早呈拽百戲,如上竿、趯弄、跳索、相撲、鼓板、小唱、鬥鷄、説諢話、雜扮、商謎、合笙、喬筋骨、喬相撲、浪子雜劇、叫果子、學像生、倬刀、裝鬼、砑鼓、牌棒、道術之類,色色有之,至暮呈拽不盡。殿前兩幡竿,高數十丈,左則京城所,右則修内司,搭材分占。上竿呈藝解,或竿尖立横木,列於其上,裝神鬼,吐烟火,甚危險駭人。至夕而罷。[2]

崔府君生日的集會在南宋杭州依舊舉行,規模不下於先前。[3] 此外,集會規模盛大的道教節日還有二月八日祠山聖誕、三月三日北極佑聖真君聖誕、三月二十八日東岳誕辰。

祠山神相傳爲西漢宣帝時人,名張渤,生前或以治水聞名,死後被神化。[4] 該神原爲安徽廣德一帶的地方神靈,自宋代以來,奉祀者日衆,香火極盛,遂在

---

[1] 高承《事物紀原》卷七《靈宇廟貌部第三十七》"靈惠侯"記載:"靈惠侯,元豐時,國城之西,民立灌口二郎神祠。云神永康導江縣廣濟王子,王即秦李冰也。《會要》所謂冰次子郎君神也。宋後敕封靈惠侯。"(第378頁)又黎靖德編《朱子語類》卷三《鬼神》記載:"論鬼神之事,謂:'蜀中灌口二郎廟,當初是李冰因開離堆有功,立廟。今來現許多靈怪,乃是他第二兒子出來。初間封爲王,後來徽宗好道,謂他是甚麽真君,遂改封爲真君。'"(第53~54頁)

[2] 孟元老:《東京夢華録》卷八"六月六日崔府君生日二十四日神保觀神生日",第171頁。

[3] 詳見西湖老人:《繁勝録》"六月初六日崔府君生辰",第322頁;吴自牧:《夢粱録》卷四"六月",第117頁。

[4] 有關祠山神的緣起,清代趙翼曾作過詳細考證,可見《陔餘叢考》卷三五《祠山神》,第627~628頁。

各地都產生不小影響。[1] 真宗景德二年(1005)爲之修葺祠宇,[2] 仁宗康定元年(1040)封靈濟王,徽宗崇寧三年(1104)賜廟額"廣惠",纍封正祐昭顯威德聖烈王。南宋初年,在杭州錢塘門外的霍山建行祠,理宗寶祐四年(1256)改封真君。[3] 故宋代習稱祠山張王,或祠山張真君,後世民間尊稱祠山張大帝。杭州居民在祠山聖誕舉行的集會非常熱鬧,吳自牧《夢粱錄》記載:

> 初八日,錢塘門外霍山路有神,曰祠山正祐聖烈昭德昌福崇仁真君,慶十一日誕聖之辰。……其日,都城內外詣廟獻送繁盛,最是府第及內官迎獻馬社,儀仗整肅,裝束華麗。又有七寶行,排列數卓珍異寶器、珠玉殿亭,悉皆精巧。後苑諸作呈獻盤龍走鳳、精細靴鞋、諸色巾帽獻貢。下俗各以彩旗、鼓吹、妓樂、舞隊等社,奇花异果,珍禽水族,精巧面作,諸色鑰石,車駕迎引,歌叫賣聲,效京師故體,風流錦體,他處所無。臺閣巍峨,神鬼威勇,并呈於露臺之上。自早至暮,觀者紛紛。十一日,廟中有衙前樂、教樂所人員部領諸色樂部,詣殿作樂呈獻。[4]

北極佑聖真君即宋代香火極盛的真武。南宋時,杭州建有佑聖觀,專祀真武,每逢其三月三日誕辰,例有規模盛大的集會活動。《夢粱錄》記載:

> 三月三日上巳之辰,……正遇北極佑聖真君聖誕之日,佑聖觀侍奉香火。其觀係屬御前去處,內侍提舉觀中事務,當日降賜御香,脩崇醮籙。午時朝賀,排列威儀,奏天樂於墀下,羽流整肅,謹朝謁於陛前,吟咏洞章陳禮。士庶燒香,紛集殿庭。諸宮道宇,俱設醮事。上祈國泰,下保民安。諸軍寨及殿司衙奉侍香火者皆安排社會,結縛臺閣,迎列於道,觀睹者紛紛。貴家士庶亦設醮祈恩。貧者酌水獻花。[5]

---

[1] 宋人認爲祠山神極爲靈驗,能預卜休咎,佑人前程,故信奉者甚衆。周密《齊東野語》卷一三"祠山應語"稱:"余世祀祠山張王,動止必禱,應如蓍龜。"(第239頁)吳自牧《夢粱錄》卷一"八日祠山聖誕"稱:"凡邦國有禱,士民有告,感通即應。"(第98頁)
[2] 見馬端臨:《文獻通考》卷九〇《郊社考》二十三《雜祠淫祠》,第823頁。
[3] 張廷玉等:《續文獻通考》卷七九《群祀考·雜祠淫祠》,商務印書館,1936年,考3494。
[4] 吳自牧:《夢粱錄》卷一"八日祠山聖誕",第98~99頁。本段文字標點不從原本。
[5] 吳自牧:《夢粱錄》卷二"三月",第101頁。本段文字標點不從原本。

東岳泰山自戰國以來一直是君主告成於天的封禪聖地,從漢代開始,世人又流行東岳神"主冥"的說法。[1] 唐代玄宗時封東岳神爲天齊王,[2] 北宋真宗大中祥符四年(1011)加封東岳神爲"天齊仁聖帝"。[3] 東岳神信仰在宋代十分流行,其廟祀不限於泰山,而是遍及各地。南宋時,杭州一地即有五座東岳行宮,每逢三月二十八日東岳誕辰,民間的集會活動也非常熱鬧。《夢粱錄》記載:

> 三月二十八日乃東岳天齊仁聖帝聖誕之日。其神掌天下人民之生死,諸郡邑皆有行宮奉香火。杭州有行宮者五,如吳山、臨平、湯鎮、西溪、曇山奉其香火。惟湯鎮、臨平殿廡廣闊,司案俱全。吳山廟居輦轂之下,人烟稠密,難以開拓,亦勝。曇山,梵宫内一小殿耳。都城士庶自仲春下浣,答賽心愫,或專獻信香者,或答重囚帶枷者,或諸行鋪户以異果名花、精巧麵食呈獻者,或僧道誦經者,或就殿廡舉法音而上壽者。舟車道路絡繹往來,無日無之。又有丐者於吳山行宮獻彩畫錢幡,張挂殿前。其社尤盛。[4]

上述集會結合了中國傳統的文藝、娛樂活動,在信仰習俗中尤具特色,故成爲民間精神生活的一個重要組成部分,在歷史上影響深遠。

三、道教方術

中國的傳統文化和民俗心理是以注重現世生活爲主要特徵的,因此,人們的宗教信仰觀念也多基於世俗的、現實的功利需要,而非一味追求彼岸的精神解脱。就此而言,道教的修煉目的及其各類方術,諸如煉製金銀、避凶趨吉、延年益壽、即身成仙等,往往與世人的現實需要相吻合。這也是道教信仰在民間具有廣泛影響的一個重要原因。

---

1 有關東岳神的緣起及其主冥的説法,可見趙翼《陔餘叢考》卷三五《東岳天齊》《泰山治鬼》的考證。(第617~619頁)東漢墓中出土的鎮墓券也常見"死屬太山"的説法。
2 見《舊唐書》卷八《玄宗紀上》,第188頁。
3 《宋史》卷一〇二《禮志五·吉禮五》,第2486~2487頁。
4 吳自牧:《夢粱錄》卷二"二十八日東岳聖帝誕辰",第107頁。

(一) 黄白術

黄白術指古代道士煉製黄金、白銀的方術。[1] 最初,金丹與黄白并無明顯區别,道士運用丹砂可煉製藥金、藥銀,所以煉丹術往往也稱黄白術。後來,又有人專治黄白,用以謀利。漢魏兩晋時期,藥金被認爲與真金等同,唐代,人們已能識别藥金與真金。然而,道士精於黄白術的傳聞在宋代依然盛行,有關的記載在宋代筆記中十分常見,而且,傳聞中的道士不僅能通過爐火、藥劑煉製金銀,還能運用各種方式點化金銀,所以尤具神秘色彩。例如,蘇軾《東坡志林》記載了一則以藥煅銀的傳聞:

> 有道士講經茅山,聽者數百人。中講,有自外入者,長大肥黑,大罵曰:"道士奴! 天正熱,聚衆造妖何爲?"道士起謝曰:"居山養徒,資用乏,不得不爾。"罵者怒少解,曰:"須錢不難,何至作此。"乃取釜竈杵臼之類,得百餘斤,以少藥鍛之,皆爲銀,乃去。後數年,道士復見此人從一老道士,鬚髮如雪,騎白驢,此人腰插一驢鞭從其後。道士遥望叩頭,欲從之。此人指老道士,且摇手作驚畏狀,去如飛,少頃即不見。[2]

吴曾《能改齋漫録》記載了一則道士煉金的傳聞:

> 青城山一道士,俾小師持鐵湯瓶出觀買酒,以待檀越。小師中道奏厕於林下,以瓶挂樹端。瓶重木弱,爲風所摇,木葉揩磨,所著處皆成金色。徐以木葉再揩未至處,則表裏黄赤。既煅以火,赴市貨之,得上金之價。自是識化金之木,因走四方,未始乏絶。年逾六十,不能去,寓滑州天慶觀,以老病不出幾十年,龍鐘爲甚。同觀道士,平日固以物色疑之。其人欲傳其術,而未有可付者。陰視觀前一老人,以賣米爲業,不問歲之荒歉,一斗求息一文。意其爲行有常,或可以傳。一日招至酒肆,密告以欲傳之意。老人曰:"某能是久矣。"其人曰:"未必然也,明日可過我共試之。"詰旦,老者至,因扃户。而同觀道士居鄰房

---

[1] 葛洪《抱朴子内篇》卷一六《黄白》稱:"抱朴子曰:《神仙經·黄白之方》二十五卷,千有餘首。黄者,金也。白者,銀也。古人秘重其道,不欲指斥,故隱之云爾。"(第283頁)

[2] 蘇軾:《東坡志林》卷三《异事下》"記异",第61頁。

者,似有所聞,穴壁視之,見二人破一釜,各以火煅,次下藥物。少間,傾注於地,則赤金爛然。遞相把玩稱嘆,以爲世不可謂無人也。同觀道士數人,駭其所爲,推壁而入。二人倉皇,收拾不及,因之喧呶爭奪,卒壓死二人,衆道士竟因是坐獄。[1]

郭彖《睽車志》中有關黃白術的記載尤多,此錄一則:

> 孟通判者,密州人。丞郡青社,秩滿還里,素慕神仙長生之説。一日有道者謁之,故絮藍縷,疥癩狼藉,謂孟曰:"以公好道,故來謁公。頃在青州印施《度人經》,我嘗受一軸,公頗憶否?"視文書御軸取觀,真曩所施也。又曰:"我能燒汞爲白金,願以相授。"孟曰:"某不願也。"乃曰:"必不欲,姑試一觀。"自於腰間取鋥數百,顧孟從者,令市汞至,則以實鼎熾炭環之,解帶間劑投其中,有頃,取傾出,真白金也。它日,又至,曰:"我來與公別。適得佳茗,願共嘗之。"探懷出建茶一塊,裹以壞布,蟣虱仆緣。孟有難色,辭以無茶具。道者取紙裹槌碎,顧爐中銀鐺取水煮之,分注兩盞,揖孟舉啜。孟辭以太熱。久之,又言已冷,當留候再溫飲之。道者愠曰:"果相惡耶?"取茗覆之,不揖而起,孟猶送之門,還見所覆茗地皆黃金,其盞及鐺茗所漬處表裏皆金,始知其异人,亟追訪之,已失所在。[2]

筆記中還記載了一些雖精通黃白術,却深藏不露、秘而不用的人物,文人士夫多將這類人物視爲真正的有德之人。如王明清《投轄錄》記載:

> 衡州有一老父,荷擔賣生薑三十餘年,老稚見之,顏貌不改。或問之,曰:"吾所居在回雁峰後,人迹罕至,人亦不暇訪吾廬也。"一日,有道人延入茶肆會,曰:"吾有黃白之術,求其常德者授之。吾見翁數十年未曾改操,吾將遺翁此術如何?"翁即就擔中取薑一塊納口中,少頃取出,已成黃金矣。乃笑曰:"吾有此術尚不爲,况其他耶?"市人驚嘆聚觀,若便旋而失之。自是之後,亦不復見其人矣。[3]

---

1 吳曾:《能改齋漫錄》卷一八《神仙鬼怪》"化金之木",第238~239頁。
2 郭彖:《睽車志》卷一,第96頁。
3 王明清:《投轄錄》"衡州老人",第84頁。

宋人相信并盛傳道士的黃白術,既說明道教方術的神秘性對人們的吸引力,同時,也從一個側面折射出,渴望獲取意外之財的社會心理在宋代已頗具影響,而這一點實與日益興起的市民階層及其生活觀念密切相關。

(二)外丹與内丹

煉丹爲道教方術之一,就其發展而言,又有所謂的外丹與内丹。早期的煉丹術專指煉製外丹,即以鉛汞之類配製其他藥物,置於爐鼎之中,用火燒煉,製成金丹。道教認爲,服食金丹可長生不死,即身成仙。其後,道士又將煉丹方術予以擴充,形成内丹術,即以人體擬作爐鼎,修煉體内的"精""氣""神",使三者凝聚,結成"聖胎"(即所謂的"内丹"),同樣可以成仙。

外丹術盛行於南北朝至隋唐時期,然因服食金丹中毒而亡者日衆,至宋、金時期,已漸趨衰落,代之而起的是日益興盛的内丹術。當時的道教南、北宗皆主修内丹,排斥外丹。所以,處於轉折期的宋代,雖仍有服食金丹的修道之人,[1]但二者并存之際已頗顯此消彼長的趨勢。

當時,不少文人學者已清晰地認識到道教金丹的毒性,并以其致人於死的事例告誡世人,不可輕信道士之言誤服金丹。如葉夢得的《避暑錄話》,即以親眼所見的事實,直斥金丹的虛妄:

> 士大夫服丹砂死者,前此固不一。余所目擊:林彦振平日充實,飲啖兼人。居吴下,每以强壯自誇。有醫周公輔,言得宋道方煉丹砂秘術,可延年而無後害。道方,拱州良醫也,彦振信之。服三年,疽發於腦。始見髮際如粟,越兩日,項領與胸背略平。十日死。方疾亟時,醫使人以帛漬所潰濃血,濯之水中,澄其下,略有丹砂。蓋積於中與毒俱出也。謝任伯平日聞人畜伏火丹砂,不問其方,必求之,服惟恐盡。去歲亦發腦疽。有人與之語,見其疾將作。俄頃,覺形神頓异,而任伯猶

---

[1] 前文述及宋真宗很可能服食過金丹,即爲一例。又《東坡詩集注》卷一六《送别·送騫道士歸廬山》有"綿綿不絶微風裏,内外丹成一彈指"之句,陳師道注稱:"道家以烹煉金石爲外丹;龍虎胎息,吐故納新爲内丹。"可見當時外丹、内丹并存的情况。

未之覺。既覺如風雨,經夕死。十年間親見此兩人,可以爲戒矣。[1]

即便仍相信服食丹藥可祛病延年的士人,其所推崇的"丹藥"往往也與先前以金石、鉛汞煉製的金丹迥然有别。如蘇軾盛贊的"陰丹"即以人乳煉製,顯然没有傳統金丹那樣的毒性。

> 取首生男子之乳,父母皆無疾恙者,并養其子,善飲食之,日取其乳一升,少祇半升已來亦可。以朱砂銀作鼎與匙,如無朱砂銀,山澤銀亦得。慢火熬煉,不住手攪如淡金色,可丸即丸,如桐子大,空心酒吞下,亦不限丸數。此名陰丹陽煉。世人亦知服秋石,然皆非清净所結;又此陽物也,須復經火,經火之餘皆其糟粕,與燒鹽無異也。世人亦知服乳,乳,陰物,不經火煉則冷滑而漏精氣也。此陽丹陰煉、陰丹陽煉,蓋道士靈智妙用,沉機捷法,非其人不可輕泄,慎之!慎之![2]

在外丹、内丹此消彼長的過程中,内、外丹兼修的學説也日益興盛。蘇轍《龍川略志》中有一段非常重要的記載:

> 予治平末溯峽還蜀,泊舟仙都山下,有道士以《陰真君長生金丹訣》石本相示,予問之曰:"子知金丹訣否?"道士曰:"不知也。然士大夫過此,必以問之,庶有知之者。"予佳其意,試問以燒煉事。對曰:"養生有内外。精氣,内也,非金石所能堅凝。四支百骸,外也,非精氣所能變化。欲事内,必調養精氣極而後内丹成,内丹成,則不能死矣。然隱居人間久之,或托尸假而去,求變化輕舉,不可得也。蓋四大本外物和合而成,非精氣所能易也。惟外丹成,然後可以點瓦礫,化皮骨,飛行無礙矣。然内丹未成,内無交之,則服外丹者多死,譬積枯草弊絮而置火其下,無不焚者。"予甚善其説,告之曰:"昔人有服金丹不幸赴井而死,既而五臟皆化爲黄金者。又有服玉泉死於盛夏而尸不敗壞者,皆無内丹以主之也。子之説信然哉。"[3]

---

[1] 葉夢得:《避暑録話》卷上,第282~283頁。

[2] 蘇軾:《東坡志林》卷一《修養》"陰丹訣",第22頁。

[3] 蘇轍撰,孔凡禮整理:《龍川略志》卷一"養生金丹訣",《全宋筆記》第一編第九册,大象出版社,2014年,第258頁。

文中所述的仙都山道士,以及蘇轍本人,雖主張内丹、外丹兼修,但都認爲内丹比外丹更爲重要,修煉内丹不僅是長生不死的根本,也是服食外丹的前提與基礎,内丹不成,則一切無從説起。至南宋、金朝,強調内丹,摒棄外丹,已成爲煉丹術的主流,而這一趨勢正是由上述理論進一步發展而來的。事實上,北宋末年,内丹説已極爲盛行,實踐者衆多。如宣和年間任大府卿的李傳,即以精通内丹術聞名,曾因徽宗詢問而上其術:

> 臣聞内觀所以存其心也,外觀所以養其氣也。存其心、養其氣,則真火爐鼎日炎、神水華池日盛矣,長生久視,上下與天地同流。天道運而不積,聖人知而行之。大道甚易知,甚易行。以簡,以易,而天下之理得也。人之所恃以生者,氣也。氣住則神住,神住則形住,形住則長生久視自此始矣。蓋日月運轉,寒暑往來,天地所以長久。吹嘘呼吸,吐故納新,真人所以住世。故丹元子曰:形以神住,神以氣集。氣,體之充也;形,神之舍也。氣實則成,氣虛則散,氣住則生,氣耗則滅。此廣成子所以保氣,而烟蘿子所以煉氣也。然則一言而盡保煉之妙者,其惟咽納乎!故曰:一咽二咽,雲蒸雨至;三咽四咽,内景充實;七咽九咽,心火下降,腎水上升。水火既濟,則内丹成,可以已疾,可以保生,可以延年,可以超升。臣謹刪其繁紊,撮其樞要,直書其妙,以著於篇。上篇曰進火候:每日子後、午前,若於五更初陽盛時尤佳。就坐榻上,面東或南,握固盤足合目,主腰而坐,澄心靜慮,内觀五臟,仰面合口,鼻中引清氣,氣極則主腰而咽之。每一咽,縮穀道一縮,再引則再如之,至再至三。若氣極不能任,則低頭微開口以吹,寧出之,勿令耳聞出氣之聲。如此凡三次,是謂進火一周天。俟氣調匀,然後行水。下篇曰進水候:進火畢,中取口中液,聚爲一處,多多益辦,俟甘而熱,即閉口,仰面亞腰,左顧一咽,正中一咽,分三咽而下,内想一直下丹田。每一咽,亦縮穀道一縮。如此一遍,是爲行水一周天。每進火、行水畢,然後下榻,行履自如。後叙曰:五行水火爲初,人生水火爲急。此是極易之要法,上奪天地造化。學道修真之士,初行須覺臍下如火,飲食添進,四肢輕快,是其驗也。行而久之,則髮白再黑,齒落重生,精神全具,復歸嬰兒;寒暑不能侵,鬼神不能寇,千二百歲,壽比彭老,漸爲

真人矣。[1]

顯然,李傳通過"吹噓呼吸,吐故納新",以存其心、養其氣,使"精神全具",確實深得道教内丹術的精粹。

(三)求籤問卦

以籤卦算命之類推測未來,預卜吉凶,是尤爲民間所熟知的道教方術。形形色色的占卜術原屬上古時期流行的原始巫術,其後在民間長期傳承,并逐漸産生不少新的門類。道教興起後,將各類預測巫術納入其信仰體系,於是,占卜、問卦、相面、求籤、算命、測字等,也成爲道教的方術。兩宋時期,被民間視爲高道的,往往精通預測術,而世人凡有疑難,也多喜好請道士爲其預卜吉凶。例如蘇軾,後半生仕途坎坷,屢遭貶謫,故頗好各類預測之術,其著作中常論及軌革卦影之類。厄難中,他多次前往道觀,求籤問卦,以卜吉凶,《東坡志林》記載了以下兩個事例:

> 冲妙先生季君思聰所製觀妙法象,居士以憂患之餘,稽首洗心,歸命真寂,自惟塵緣深重,恐此志未遂,敢以籤卜。得吴真君第三籤,云:"平生常無患,見善其何樂。執心既堅固,見善勤修學。"敬再拜受教,書《莊子·養生》一篇,致自勵之意,不敢廢墜,真聖驗之。紹聖元年八月二十一日,東坡居士南遷過虔,與王巖翁同謁祥符宫,拜九天使者堂下,觀之妙象,實同此言。[2]

> 東坡居士遷於海南,憂患之餘,戊寅九月晦,游天慶觀,謁北極真聖,探靈籤,以決餘生之禍福吉凶。其辭曰:"道以信爲合,法以智爲先。二者不離析,壽命不得延。"覽之竦然,若有所得,書而藏之,以無忘信道、法智二者不相離之意。軾恭書。古之真人未有不以信人者,子思則曰:"自誠明謂之性。"此之謂也。孟子曰:"執中無權,由執一也。"法而不智,則天下之死法也。道不患不知,患不凝;法不患不立,患不活。以信合道,則道凝;以智先法,則法活。道凝而法活,雖度世

---

1 張邦基:《墨莊漫錄》卷九,第116~117頁。
2 蘇軾:《東坡志林》卷三《技術》"記真君籤",第70頁。

可也,況延壽乎?[1]

王明清《投轄錄》中也記載了多則道士預測吉凶的故事,此錄其二:

淮南山有道士善《易》術,知休咎,學者多從之。一日,有門人造其舍,道士忽愀然不樂,曰:"早筮卦得《乾》之《離》,九三爻動,其詞曰:'焚如,死如,弃如。'不知何祥耶?"門生纔下山,有盜過其居,掠其所有,殺人投尸江中,火其居而去。[2]

張忠文嵇仲作武官日,差往蜀中。遇道人於逆旅,風骨甚异,熟視嵇仲,笑曰:"子它日當歷清要,至二府。"嵇仲以爲玩己之醉,問道人:"若有何能?"道人云:"惟命所試。"嵇仲益笑其大言,謂曰:"汝能詩否?"道人請示其題,嵇仲指其所携葫蘆令賦之。道人拈筆立成,云:"莫笑葫蘆子,其中天地寬。流金不着暑,裂石豈知寒?拖後尋踪易,吹時覓縫難。從教灰盡却,留與後人看。"言既,騰空而去。嵇仲後試換,歷小蓬當制,宗伯修史,最後知樞密院,悉如道人之言。[3]

(四)符籙祈禳

建壇設醮,以符籙、咒語之類祈福禳灾,可謂典型的道教方術。符籙、咒語、聖水等其實也源於古代巫覡的法術,不過,道教興起之初即將其納入自己的信仰體系,并在長期的傳習中創造出紛繁複雜的符籙道法,使之成爲最常見的道教方術之一。兩宋時期,道士施行法術,爲世人祈福禳灾,趨吉避凶,運用最多的仍是符籙、咒語之類。蘇軾《東坡志林》中有一則記載,頗爲發噱:

紹聖二年五月九日,都下有道人坐相國寺賣諸禁方,緘題其一曰:"賣'賭錢不輸方'。"少年有博者,以千金得之。歸,發視其方,曰:"但止乞頭。"道人亦善鬻術矣,戲語得千金,然亦未嘗欺少年也。[4]

文中的道士戲弄了求取"賭錢不輸方"的京師少年,但他告誡少年,唯有招人聚

---

[1] 蘇軾:《東坡志林》卷三《技術》"信道智法説",第70~71頁。
[2] 王明清:《投轄錄》"淮南道士",第98頁。
[3] 王明清:《投轄錄》"張忠文",第103頁。
[4] 蘇軾:《東坡志林》卷二《道釋》"記道人戲語",第46頁。

賭,自己袖手旁觀,向勝者抽取頭錢,方能"不輸",確爲實話,所以蘇軾説他"然亦未嘗欺少年也"。從這則記載還可看出,當時的道士不僅爲人施法,也在市場上出售道教的符籙、禁咒,而世人對此類符籙、咒語非常相信。

吴曾《能改齋漫録》也記載了一則故事,稱某人獲"太乙真君筆",遂用此筆書寫符籙,爲人治病療疾:

> 柴文元,本綿州彰明縣弓手。沿幹山樊,睹一鷹帶緑縧胸,絆於林間。柴喜其俊异,又疑豪子所蓄,遂取以歸。道遇少年,就索,柴即與之。少年愧謝,傳以符術,授丹筆一枝,曰:"遇人疾厄,當書符以救之。"柴歸縣,不喜執役。遂竄迹西蜀,游荆渚。每書符以治疾,亦時得金,以助行橐。後游太華,見陳希夷,問:"子何處得太乙真君筆乎?"方知所遇乃太乙洞主。柴即求披戴,住閬鄉縣觀中。真宗西祀回,召對賜坐,問以無爲之要,賜茶藥束帛。時已百餘歲,善服氣,能長嘯,精彩如中年人。觀即唐軒游宫,有明皇詩及所書《道德經》二碑。真宗作詩賜之,改賜祥符觀額,邑人至今呼爲柴先生觀。[1]

郭彖《睽車志》記載了一則道士以符籙、禁咒通神,得見冥府之事的奇聞,情節雖荒誕無稽,但真實地反映了當時人的信仰。

> 程泳之沂爲平江昆山宰,秩滿,其弟鉅爲府監倉,乃携其家就居焉。一日,泳之方與妻對食,忽有髑髏自空墮几案間,舉家駭愕。泳之爲祭父而埋之。不數日,泳之妻病,日浸加劇,一夕爲鬼所憑,下語云:"我李貫也。爾先爲吾妻,酷妒特甚,三婢懷妊,皆手殺之,今使吾無後,職汝之由。吾既死,資財且多,曾不爲吾廣作佛事,以伸薦悼,乃盡奄有爲再嫁資。吾已訟於陰府,不汝置也。"妻遂冥然。有道士善治鬼,使視之,道士取幅紙密咒,展示童子,童子怖曰:"正見一庭下有人,袍笏而立,旁有三婦人,皆被髮流血,庭中捽一婦人鞭之甚楚。"程視之果然,遭鞭者乃其妻也。道士曰:"此已爲陰府所逮,疾不可爲也。"程懇祈徒欲其少蘇而訣,道士復作法書籙文焚之,童子復視,則曰:"鞭者已停捶矣。"程亟入視其妻,果漸蘇醒,能言,問之,乃言前嫁爲李貫妻,

---

[1] 吴曾:《能改齋漫録》卷一八《神仙鬼怪》"柴先生獲太乙真君筆",第234~235頁。

實嘗殺婢,故爲所訴。……已而竟卒。[1]

(五)治病療疾

上古時期,巫醫不分,爲人診治疾病,也是巫覡的特長與職責。其後,漸有分別,以驅鬼避邪的法術爲人治病的仍爲"巫",而以望、聞、問、切作診斷,以藥物進行治療的稱爲"醫"。後世巫、醫并存,道士中也有精通醫術的,但非本書叙述範圍,此處論及的是專指繼承、發展了巫覡之術,以道教方術爲人"治病療疾"的情况。宋代筆記所見,此類現象在民間頗爲普遍。例如,蘇軾《東坡志林》記載的道士李若之、徐問真,皆善以道術治病:

> 學道養氣者,至足之餘,能以氣與人,都下道士李若之能之,謂之"布氣"。吾中子迨少羸多疾,若之相對坐爲布氣,迨聞腹中如初日所照,温温也。蓋若之曾遇得道异人於華岳下云。[2]

> 道人徐問真,自言濰州人,嗜酒狂肆,能啖生葱、鮮魚,以指爲針,以土爲藥,治病良有驗。歐陽文忠公爲青州,問真來從公游……公常有足疾,狀少异,醫莫能喻。問真教公汲引,氣血自踵至頂,公用其言,病輒已。……軾過汝陰,公具言如此。其後貶黄州,而黄岡縣令周孝孫暴得重腄疾,軾試以問真口訣授之,七日而愈。[3]

又據王明清《投轄録》記載,北宋後期的名士江緯,年少時久病不愈,後道士以方術指點,纔得以痊愈。

> 江緯彦文,少年美風儀,嘗得瘵疾,醫莫能療。有道人教之休糧、不語、不衣,令入中岳觀,但以木葉蔽體。如是者三載,觀中道士以爲奇貨,每月游客必引令觀之,號爲仙人焉。疾既愈,還家温舊業。元符初,上書陳大中至正之道於朝廷,上召見,賜進士出身,爲太學録,陸農師(陸佃)以女妻之。[4]

---

[1] 郭彖:《睽車志》卷四,第117~118頁。
[2] 蘇軾:《東坡志林》卷二《道釋》"書李若之事",第45頁。
[3] 蘇軾:《東坡志林》卷二《异事上》"記道人問真",第51頁。
[4] 王明清:《投轄録》"江彦文",第97~98頁。

郭彖《睽車志》所記此類事例尤多,甚爲奇异,此錄二則,以見一斑:

　　執政府候兵任章,嘗因小疾,忽昏憒不知人。越一日乃醒,自言初見二人若公皂,持檄來逮去。如行山野間,數十里入大城門,至一官府,引立庭下。有王者坐殿上,問姓名鄉里,叱吏云:"誤矣!"令引觀地獄數處,指示受罪者云:"此皆不忠不孝、昧心害物者。"已而復引出城,若非向來所經。或過市里通衢,見人鬼渚混,有相識者,與語如不聞也。俄出一崖穴,送至其家。入門見身卧榻上,追者先留一人守視其旁,迎語送者曰:"復還耶?吾守之久,餒甚,已食其心半矣,奈何?"恍惚間推仆榻上,乃蘇。自此疾雖愈而常怔忡恐悸,或遺亡顛錯,若失心狀。久之,因出行,中途遇一道人,瞪目視之,曰:"汝心乃失其半也。吾爲汝療之。"令市一牛心,至則道人割取其半,咒祝已,令食之。章頓覺心地安泰,不復驚怯。問道人姓氏,怒曰:"吾牛心道人也,何問爲?"不受謝而去。章追逐至稠人間,遂失所在。[1]

　　趙三翁名進,字從先,中牟縣白沙鎮人。自言遇孫思邈,授以道要,從之十稔。……技術無所不通,能役使鬼神,知未來事,吹呵按摩,疾痛立愈。……有頓保義公孺者,苦冷疾二年矣,幾至骨立,百藥不效。一日方灼艾,翁過之,詢其病源,頓以實告。翁令徹去火艾。時方盛暑,俾就屋開三天窗,放日光下射,令頓仰卧,揉艾遍布腹上,約十數斤,就日光灸之。移時覺熱透臍腹不可忍,俄而腹中雷鳴,冷氣下泄,口鼻間皆濃艾氣,乃止。明日又復爲之。如是一月,疾愈。仍令爲之一百二十日。自此病不作,壯健如初。且曰:"此孫真人秘訣也。世人但知着艾炷而不知點穴,虛忍痛楚,耗損氣力。日者太陽真火,艾既遍腹,又且徐徐照射,功力極大,但五六七月爲上。若秋冬間當以艾十數斤鋪腹,蒙以綿衣,熨斗盛炭火徐熨之,候聞濃艾氣方止,亦其次也。"其術每出奇而中理,事迹甚多。[2]

上述數例中的道人治病,或能布氣與人,或教人汲引氣血,或以食療輔以符

---

[1] 郭彖:《睽車志》卷二,第107頁。
[2] 郭彖:《睽車志》卷六,第131~132頁。

咒,或盛暑以日光灸艾,既有巫醫之緒餘,亦有道家之方術,且每有良效,故被時人視爲"出奇而中理"。

(六)養生延年

道教講求長生不死,即身成仙,因此,對養生健體、延年益壽極爲關注,除致力於煉製外丹和修養内丹,還發展出一系列的養生方術。就道教養生術的具體内容而言,固然有許多虛妄神秘、荒誕不經的成分,但也有一些理論學説和實踐環節與生物科學相符合,對維持人體健康確有一定成效。故以現今的眼光看,實可謂良莠并存。

兩宋時期,道教養生術對社會各界人士皆產生很大影響,尤其是文人士夫,多采納道教的學説與方術,通過四時攝養、調理飲食、導引按摩、辟穀行氣、靜思存想等一系列手段,遵循各種養生禁忌,以期達到祛病健身、延年益壽的目的。例如蘇軾即對養生很有研究,其《東坡志林》《仇池筆記》等著作,論及養生的文字甚多。其中,有關日常飲食、起居的論述,可謂得養生之精要:

已飢方食,未飽先止。散步逍遥,務令腹空,當腹空時,即便入室。不拘晝夜,坐卧自便,惟在攝身,使如木偶。常自念言:"今我此身,若少動摇,如毛髮許,便墮地獄。如商君法,如孫武令,事在必行,有犯無恕。"又用佛語及老聃語,視鼻端白,數出入息,綿綿若存,用之不勤。數至數百,此心寂然,此身兀然,與虛空等,不煩禁制,自然不動。數至數千,或不能數,則有一法,其名曰"隨":與息俱出,復與俱入,或覺此息,從毛竅中,八萬四千,雲蒸霧散,無始以來,諸病自除,諸障漸滅,自然明悟。譬如盲人,忽然有眼,此時何用,求人指路。是故老人,言盡於此。[1]

蘇軾記載的"搬運法",結合按摩和行氣,對防病健體應該具有一定效果:

揚州有武官侍其者,官於二廣十餘年,終不染瘴。面紅膩,腰足輕快,初不服藥。每日五更起坐,兩足相向,熱摩涌泉穴無數,以汗出爲度。歐公平日不信仙佛,笑人行氣。晚年云:"數年來足瘡一點,痛不

---

[1] 蘇軾:《東坡志林》卷一《修養》"養生説",第18~19頁。

可忍。近有人傳一法,用之三日,不覺失去。"其法,重足坐,閉目握固,縮谷道,搖颭兩足,如氣球狀。氣極即休,氣平復爲之,日八九度,得暇則爲,乃搬運捷法也。文忠痛已即止,若不廢,當有益。[1]

葉夢得與道士討論養生之術,論及導引、行氣、靜思、存想,也頗有見地:

  天下真理日見於前,未嘗不昭然與人相接,但人役於外,與之俱馳,自不見耳。惟静者乃能得之。余少常與方士論養生,因及子午氣升降,纍數百言,猶有秘而不肯與衆共者。有道人守榮在旁,笑曰:"此何難?吾常坐禪,至静定之極,每子午覺氣之升降往來於腹中,如飢飽有常節。吾豈知許事乎?惟心内外無一物耳。非止氣也。凡寒暑燥濕有犯於外,而欲爲疾者,亦未嘗悠然不逆知其萌。"余長而驗之,知其不誣也。在山居久,見老農候雨暘,十中七八。問之,無他,曰:"所更多耳。"問市人,則不知也。余無事常早起,每旦必步户外,往往僮僕皆未興。其中既洞然無事,仰觀雲物景象與山川草木之秀,而志其一日爲陰、爲晴、爲風、爲霜、爲寒、爲温,亦未嘗不十中七八。老農以所更,吾以所見,其理一也。乃知惟一静,大可以察天地,近可以候一身,而況理之至者乎?[2]

周密就蘇軾"養生之方,以胎息爲本"的説法展開討論,引經據典,結合自己的實踐與體驗,洋洋千餘言,涉及道教養生的基本理念以及諸多踐行細節,可謂宋人具有代表性的養生文獻,雖頗占篇幅,仍值得一引:

  東坡云:"養生之方,以胎息爲本。"此固不刊之語,更無可議。但以氣若不閉,任其出入,則渺綿混漭,無卓然近效,待其兀然自住,恐終無此期。若閉而留之,不過三五十息,奔突而出,雖有微暖養下丹田,此一於迂,决非延世之術。近日沉思,似有所得,蓋因看孫真人養生門中《調氣》第五篇,反復尋究,恐是如此。其略曰:"和神之道,當得密室閉户,安牀暖席,枕高二寸半,正身偃卧,瞑目閉氣於胸膈間,以鴻毛著鼻上而不動,經三百息,耳無所聞,目無所見,心無所思。則寒暑不能

---

[1] 蘇軾:《仇池筆記》卷下"搬運法",第221~222頁。
[2] 葉夢得:《避暑録話》卷下,第297頁。

侵,蜂蠆不能毒,壽三百六十歲,此鄰於真人也。"此一段要訣,且静心細意,字字研究看。既云"閉氣於胸膈中,令鼻端鴻毛不動",初學之人安能持三百息之久哉?恐是元不閉鼻中氣,祇以意堅守此氣於胸膈中,令出入息似動不動,氤氲縹緲,如香爐蓋上烟,湯瓶嘴上氣,自在出入,無呼吸之重煩,則鴻毛可以不動。若心不起念,雖過三百息可也。仍須一切依此本訣,卧而爲之。仍須真以鴻毛粘著鼻端,以意守氣於胸中,遇欲吸時,不免微吸,及其呼時,不免微呼。但任其氣氤氲縹緲,微微自出,出盡氣平,則又吸入。如此出入元不斷而鴻毛自不動,動亦極微。覺其極微動,則又加意則勒(四庫本作"抑勒")之,以不動爲度。雖云則勒,然終不閉,至數百息。出者多則内守充盛,血脉流通,上下相灌輸,而生理備矣。予悟此玄意,甚以爲奇。

又記張安道《養生訣》云:此法比之服藥,其力百倍,非言語所能形容。其訣大略具於左:每日以子時後(三更三四點至五更以來),披衣坐(床上擁被坐亦可),面東或南,盤足坐,叩齒三十六通,握固(兩拇指掐第三指手文,或以四指都握拇指,兩手拄腰腹間可也),閉息(閉息最是道家要妙,先須閉目静慮,除滅妄想,使心源湛然,諸念不起,自覺出入調勻細微,即閉口并鼻,不令出氣,方是工夫)。内視五臟,肺白、肝青、脾黄、心赤、腎黑(當先求五臟圖,或烟蘿子之類,常挂於壁上,使日常熟識五臟六腑之形狀也)。次想心爲炎火,光明洞徹,入下丹田中(丹田在臍下三寸是),待腹滿氣極,則徐徐出氣(不得令耳聞聲)。候出息匀調,即以舌攪唇齒内外,漱煉津液(若有鼻涕,亦須漱煉,不可嫌其鹹。漱煉良久,自然甘美,此即真氣也),未得咽下。復用前法閉息内觀,納心丹田,調息漱津,皆依前法。如此者三,津液滿口,即低頭咽下,以氣送下丹田中。須用意精猛,令津與氣谷谷然有聲,徑入丹田中。又依前法爲之,凡九閉息、三咽津而止。然後以左右手熱摩兩脚心(此涌泉穴,上徹頂門,氣訣之妙),及臍下腰脊間,皆令熱徹(徐徐摩之,微汗出不妨,不可喘)。次以兩手摩熨眼、面、耳、項,皆令極熱,仍按捏鼻梁左右五七次,梳頭百餘梳,散髮而卧,熟寢至明。

右其法至簡易,惟在長久不廢,即有深功。且試行二十日,精神便自不同,覺臍下實熱,腰腳輕快,面目有光,久之不已,去仙不遠。但當存閉息,使漸能持久,以脈候之,五至爲一息。某近來閉得漸久,每一閉一百二十至而開,蓋已閉得二十餘息也。又不可強閉多時,使氣錯亂,或奔突而出,則反爲害也。慎之!慎之!又須常節晚食,令腹中寬虛,氣得回轉。晝日無事,亦時時閉目內觀,漱煉津液咽之,摩熨耳、面以助真氣。但清淨專一,即易見功矣。神仙至術,有不可學者三:一忿躁,二陰險,三貪欲。

　　道家胎息之法,以玄牝爲鼻。鼻者,氣之所由出入,以爲息也。佛藏中有《安盤守意經》云:"其法始於調身簡息,以謂凡出入鼻中而有聲者,風也;雖無聲而結滯不通者,喘也;雖無聲亦不結滯,而猶粗悍不細者,氣也。去是三者,乃謂之息。"然後自鼻端至臍下,一二數之至於十,周而復始,則有所繫而趨於定。則又數,以心隨息,聽其出入。如是反復,調和一定,而不可亂。則生滅道斷,一切三昧,無不見前。

　　道士陳彥真常教人,令常寄其心,納之臍中,想心火烈烈然下注丹田,如是坐臥起居不廢。行之既久,覺臍腹間如火,則舊疾盡去矣。[1]

(七)尸解

"尸解"是道教的修煉方術之一,指修道者遺弃肉體,登仙而去。《後漢書·王和平傳》記載:"北海王和平,性好道術,自以當仙。……後弟子夏榮言其尸解。"李賢注:"尸解者,言將登仙,假托爲尸以解化也。"[2] "尸解"雖屬"仙品之下第",但自道教興起後,一直被視爲修煉道術者成仙的重要途徑,所以道書中有關的論述極多。[3] 儘管以現今的眼光看,尸解堪稱道教中最荒誕無稽的方術,但兩宋時期信之者甚衆,故筆記中多有記載。如郭彖《睽車志》稱:

　　左賁字彥文,有道術,游京師依段氏,甚禮重之。段氏母病,賁爲

1　周密:《癸辛雜識》前集"胎息",第156~158頁。
2　《後漢書》卷八二《方術列傳·王和平傳》,第2751頁。
3　如張君房《雲笈七籤》卷八五《尸解·太極真人飛仙寶劍上經叙》稱:"夫尸解者,尸形之化也,本真之煉蛻也,軀質遯變也,五屬之隱適也。雖是仙品之下第,而其禀受所承,未必輕也。"(上海古籍出版社影印版,1989年,第598頁)

拜章祈福,乙夜羽衣伏壇上,五鼓始蘇,愴然不懌久之。段氏甚懼,詰之,賁曰:"太夫人無苦,三日當愈,禄筭尚永。"段問:"先生何爲不懌?"賁曰:"適出金闕,忽遇先師,力見邀,已不可辭,後五日當去。賁本意且欲住世廣行利益,今志不遂,故不樂耳。"既而段母如期而疾良已。越二日,賁竟卒。段氏悲悼,具棺衾斂之。賁兄居洛,段命凶肆數人舁棺送之,既舉棺,辭不肯往,云:"棺必無尸。某等業此久矣,凡人之肥瘠大小,若死之久近,舉棺即知之。今此甚輕,是必假致它物,至彼或遭訊詰。"段與之約曰:"苟爲累,吾自當之。"既至,兄果疑,發視,衣衾而已。段言其故,乃悟其尸解。[1]

又據道書《太極真人遺帶散》的説法,"凡尸解者,皆寄一物而後去,或刀,或劍,或竹,或杖,及水、火、兵刃之解。既得脱去,即不得回戀故鄉及父母妻子之愛也"[2]。也就是説,尸解者一旦登仙而去,其尸骸往往會化爲刀、劍、竹、杖之類的物品,留於凡世。相關的記載,在宋代筆記中也時或可見。郭彖《睽車志》的記載:

京師有道人姓鄭,持一銅鈴,終日搖鳴闤闠間,丐錢爲食用,餘則分惠貧者,號爲鄭搖鈴。宣和末忽迤邐南來維揚,搖鈴丐錢如故,夜則寄宿逆旅。久之,謂主人曰:"吾將死,願以隨身衣物悉置棺中而焚之。"已而果死。主人如其言,舁棺出城,舉者覺漸輕,復聞鈴聲如在數十步外。俄而鈴聲漸遠,則棺愈輕,若無尸。至焚所,啓蓋視之,惟一竹杖而已。[3]

此外,尸解者還有"借尸還魂"的,即尸解後,其靈魂藉他人肉身得以復活。此類尸解的事例,見諸宋代筆記的也爲數不少。如周密《癸辛雜識》稱:

建康有陳道人,常與仵作行人往來,飲酒甚狎。仵問道人將何爲?因曰:"吾欲得一十七八健壯男子尸。"一夕,忽有劉太尉鞭死小童,仵輿致之。道人作湯,浴其尸,加自己之衣巾,作趺坐於一榻上。道人亦

---

1 郭彖:《睽車志》卷一,第95~96頁。
2 張君房:《雲笈七籤》卷八五《尸解·太極真人遺帶散》,第599頁。
3 郭彖:《睽車志》卷二,第105頁。

結趺其前。至明,道人尸化而童尸生矣。又,金大定中宛平縣張孝善男名合得,病死復活,云是良鄉王建男喜兒,蓋是假尸還魂者。[1]

四、道教文藝

兩宋時期,道教文藝也有長足的發展。不少道教詩詞源於宗教的情感和豐富的想象,光怪陸離,成爲文學史上的奇葩。當時,道教題材的書法、繪畫作品爲數不少,一些杰作堪稱中國藝術史上的瑰寶。道教文藝的發展對道教信仰的傳播,實有推波助瀾的作用。

(一)道教詩詞

道教詩詞的主要内容大體包括頌神、游仙、論道、傳教等,因而是道教信仰體系的一個組成部分。然而,從文學藝術的角度看,道教詩詞又以熾熱的情感和豐富的想象,開創了一種新的審美體驗,成爲中國詩歌史上的一朵奇葩。當代學者葛兆光曾就道教對中國古典文學的影響,作了一段頗爲精彩的論述:"道教的終極目的是生存與享樂,理想是飛升羽化,信仰的是天尊神鬼,手段是齋醮符咒、煉丹服食,在這裏,神仙真人駕飛龍、乘鸞鳳,飄蕩來去於天人之界,厲鬼魔魅狰獰可怖,遍及人間,齋醮儀式上挂圖亂目、幡蓋旌扇令人眼花繚亂,鐘磬和奏,音聲聒耳,燈火閃爍,星燈交映,神秘詭譎,道士們作鬼裝神,令人驚愕迷惑。……因此,與老莊不同,道教帶給人們的不是一種寧靜的情感與恬淡的心境,而是一種熱烈與迷狂的情緒;同樣,它帶給中國文學藝術的,乃是一種追求絢麗神奇的審美情趣,一種色彩繽紛、瑰偉怪誕的意象群,一種近乎沉浸於幻覺之中的熱烈想象力。"[2] 就宋代的道教詩詞而言,上述論斷也是適用的。

1　周密:《癸辛雜識》别集下"假尸還魂",第384頁。
2　葛兆光:《道教與中國文化》,上海人民出版社,1987年,第371頁。

宋代著名道士和道教學者陳摶[1]、張伯端[2]、張繼先[3]、白玉蟾、張白等，都有不少詩詞流傳於世。如南宋道士白玉蟾，原名葛長庚，字如晦、白叟，號海瓊子、武夷散人，瓊州(今海南省海口市瓊山區)人，一説福建閩清人。天資聰穎，十二歲舉童子科，通九經，工詩賦，擅長書畫。平生著述頗富，多有流傳。俞琰《席上腐談》記載：

  白玉蟾有《武夷集》《上清集》《玉隆集》《海瓊集》《金關玉鎖集》，又有《留子元問道集》《彭鶴林問道篇》，皆門弟子所編。《群仙珠玉集》載張紫陽(張伯端)《金丹四百字》、石杏林(石泰)《還源篇》，其文辭格調與玉蟾所作無異，蓋玉蟾托張、石之名爲之耳。陳泥丸(陳楠)《翠虛篇》亦是玉蟾所作，其首篇數首詩，皆元陽子詩，其後《紫庭經》《羅浮吟》《歸一論》與《武夷》等集如出一手。

  玉蟾《謝陳泥丸書》《謝張紫陽書》，無非張皇其説，然所謂青山暮雲，碧潭夜月，芭蕉春風之機，梧桐秋雨之秘，以論升降浮沉，極盡形容之妙。彼所以宛轉爲之假托者，蓋欲深取信於當時學者故爾。[4]

又如宋初道士張白，字虛白，號白雲子，以善於賦詩聞名，曾於數日間作《武陵春色》詩三百首，頗獲時人贊賞。潘若同《郡閣雅談》記載：

  張白，邢州人。少應進士舉不及第，入道，常挑一鐵葫蘆，得錢便飲酒，自稱白雲子。注《天尊升玄護命經》，著《武陵春色》三百首，略

---

[1] 《宋史》卷四五七《隱逸上·陳摶傳》記載："陳摶字圖南，亳州真源人。……好讀《易》，手不釋卷。嘗自號扶搖子，著《指玄篇》八十一章，言導養及還丹之事。……又有《三峰寓言》及《高陽集》《釣潭集》，詩六百餘首。"(第 13420~13421 頁)今有《陰真君還丹歌注》等留存。

[2] 張伯端，字平叔，號紫陽，天台(今屬浙江)人，爲北宋内丹大家，全真道南五祖之一。所著《悟真篇》多爲詩詞歌曲，以闡述内丹修煉及道、儒、佛三家合一的思想。其自序稱："僕既遇真筌，安敢隱默，罄所得成律詩九九八十一首，號曰《悟真篇》。内七言四韻一十六首，以表二八之數。絶句六十四首，按諸周卦。五言一首，以象太乙。續添《西江月》一十二首，以周歲律。其如鼎器尊卑，藥物斤兩，火候進退，主客後先，存亡悔吝，悉備其中矣。於本源真覺之性，有所未盡，又作爲歌頌樂府及雜言等，附之卷末。庶幾達本明性之道，盡於此矣。"見王沐：《悟真篇淺解》，中華書局，1990 年，第 4 頁。

[3] 張繼先，字嘉聞，道正，號翛然子，北宋末道士，天師道第三十代天師。擅長詩詞歌賦，作品留存很多，後人編爲《三十代天師虛靖真君語録》七卷，收入《道藏》。

[4] 俞琰：《席上腐談》卷下，第 482 頁。白玉蟾與張伯端、石泰、陳楠爲全真道南五祖中的四位，另一位是薛道光。

一兩篇云:"武陵春色好,十二酒家樓。大醉方回首,逢人不舉頭。是非都不采,名利混然休。戴個星冠子,浮沉逐世流。"《贈酒店崔氏》一絕云:"武陵城裏崔家酒,地下應無天上有。南游道士飲一斗,臥向白雲深洞口。"又《哭陸先生》一絕云:"六親慟哭還復蘇,我笑先生泪滴無。脫履定歸天上去,空墳留入《武陵圖》。"[1]

宋代的道教詩詞除以結集的形式流傳外,還有不少散見於筆記之中,其中不乏頗能反映宋代道教理念與特色的佳作,因而時常被人提及。例如,當時人曾盛傳呂洞賓的多首詩作,張靚《雅言雜載》記載:

呂仙翁名巖,字洞賓。……嘗有詩《送鍾離先生》云:"得道來來相見難,又聞東去幸仙壇。杖頭春色一壺酒,頂上雲攢五岳冠。飲海龜兒人不識,燒山符子鬼難看。先生去後應難老,乞與貧儒換骨丹。"《贈薛道士》云:"落魄薛道士,年高無白髭。雲中臥看石,雪裏去尋碑。誇我吃大酒,嫌人念小詩。不知甚麼漢,一任輩流嗤。"[2]

楊億《楊文公談苑》記載:

洞賓詩什,人間多傳寫,有《自詠》云:"朝辭百越暮三吳,袖有青蛇膽氣麤。三入岳陽人不識,朗吟飛過洞庭湖。"……大率詞意多奇怪類此,世所傳者百餘篇,人多誦之。[3]

江少虞《宋朝事實類苑》記載:

宿州天慶觀,有神仙題詩二絕於五星門扉之上,俗傳云呂先生神篆。其詩曰:"秋景蕭條葉亂飛,庭松影裏坐移時。雲迷鶴駕何方去?仙洞朝元失我期。"又曰:"肘傳丹篆千年術,口誦黃庭內卷經。鶴觀古壇槐影裏,悄無人迹戶長扃。"後為人刮去,墨迹猶存,乃知非常人書也。[4]

呂洞賓是位傳奇性的神仙之人,生平難考,行踪不定,上述詩作是否真的出

---

[1] 阮閱編,周本淳校點:《詩話總龜》前集卷四六《神仙門上》,引潘若同《郡閣雅談》,人民文學出版社,1987年,第445~446頁。

[2] 阮閱:《詩話總龜》前集卷四六《神仙門上》,引張靚《雅言雜載》,第442頁。

[3] 楊億:《楊文公談苑》卷六"呂洞賓",第104頁。

[4] 江少虞:《宋朝事實類苑》卷四三《仙釋僧道·呂先生》,第560頁。

自其手,也無從確認,但宋人極爲贊賞此類詩作則爲事實,因而有多部筆記和詩話加以記載與評論。

北宋末年,有位上清蔡真人所作的《望江南》詞,也膾炙人口,盛傳於世。洪邁《夷堅志》記載:

> 陳東,靖康間嘗飲於京師酒樓,有倡打坐而歌者,東不顧。乃去倚欄獨立,歌《望江南》詞,音調清越,東不覺傾聽。視其衣服皆故弊,時以手揭衣爬搔,肌膚綽約如雪。乃復呼使前,再歌之。其詞曰:"闌干曲,紅揚繡簾旌。花嫩不禁纖手捻,被風吹去意還驚,眉黛蹙山青。鏗鐵板,閑引步虛聲。塵世無人知此曲,却騎黃鶴上瑤京,風冷月華清。"東問何人製,曰:"上清蔡真人詞也。"歌罷,得數錢下樓。亟遣僕追之,已失矣。[1]

宋代筆記、詩話之類著作中保存的道教詩詞往往極富傳奇色彩,由此增添了濃郁的"神仙"氣息。例如《名賢詩話》記載:

> 晉公(丁謂)舊有園在保康門外,園內有仙游亭、仙游洞,景趣瀟灑。有道士劉遁相往來,遁作仙游亭詩贈公云:"屢上(或作"屢屢""屢在")游仙亭上醉,游仙洞裏杳無人。他時鶴駕游滄海,同看蓬萊島上春。"公莫曉其詩。公南遷,遁往見公於崖,公方思其詩,乃知遁异人也。與之泛舟海上而飲,公曰:"今日之游,成子之詩意也。"[2]

王明清《投轄錄》記載:

> 蒲恭敏(蒲宗孟)帥益都日,有道人造謁,閽者辭之,留文字一軸而去。恭敏啓視,云:"我居清空表,君隱塵埃中。聲形不相吊,兹事難形容。"又云:"欲乘明月光,於君開素懷。天杯飲清露,展翼到蓬萊。佳人持玉尺,度君多奇才。君才不可盡,玉尺無時休。對面一笑語,共躡金鰲頭。絳宮樓閣百千仞,霞衣雜與雲烟浮。"後題云:"上清鑒逸真人李白。"恭敏驚悵,繩治閽吏,遍訪迹於閭巷,不可復得。[3]

---

[1] 洪邁:《夷堅甲志》卷七"蔡真人詞",第57頁。
[2] 江少虞:《宋朝事實類苑》卷四三《仙釋僧道·劉遁》,第561~562頁。
[3] 王明清:《投轄錄》"蒲恭敏",第83頁。

文人士夫與道士的題贈唱和之作，也多以慕道頌仙爲題，即便平生排斥佛、道的，也難免沾染一些"仙氣"。蔡絛《西清詩話》記載了歐陽修與道士許昌齡的酬唱之作：

> 潁陽石唐山，一峰特峙，勢雄秀，獨岐遥通，絕頂有石室，邢和璞筭心處也。治平中，許昌齡者，安世諸父，蚤得神仙術，杖策來居，天下傾焉。後游太清宫，時歐陽文忠公守亳社，公生平不肯信老佛，聞之，邀致州舍與語，豁然有悟，贈之詩曰："綠髮青瞳瘦骨輕，飄然乘鶴去吹笙。郡齋坐覺風生竹，疑是孫登長嘯聲。"公集中許道人石唐山隱者，皆昌齡也。一日，公問道，許告以公屋宅已壞，難復語此，但明了前境，猶庶幾焉。且道公昔游嵩山，見神清洞事。公默有所契，語秘不傳。後公歸汝陰，臨薨，以詩寄之。"石唐仙室紫雲深，潁陽真人此筭心。真人已去升寥廓，歲歲岩花自開落。昔公曾爲洛陽客，偶向岩前坐盤（磐）石。四字丹書萬仞崖，神清之洞鎖樓臺。雲深路絕無人到，鸞鶴今應待我來。"公又嘗手書昌齡詩："南莊相對北莊居，更入深山十里餘。幽路（或作"幽谷"）每尋樵徑上，真心還與世情疏。雲中犬吠流星過，天外雞鳴曉日初。昨日有人相問訊，旋將落葉寫回書。"讀此，想見其人矣。神清洞，世固詳其事，而昌齡尤瑰異，信公真神仙中人也。[1]

青詞也稱青辭、清詞、綠章，爲道教舉行齋醮活動時敬獻給神仙的奏章、祝告之類。唐代以來，道教法事常以青詞進行人神溝通，[2] 宋代更爲流行，創作青詞的既有道士，也有衆多文人士夫。在一些重要的道教儀式中，使用青詞已成爲慣例。宋仁宗時確定的齋醮儀式，即以青詞向聖祖天尊奏告。

> 景祐元年四月間，上謂宰臣曰："近年以來，陰陽不順。卦氣乖舛，此必應天之道，有未合於天心、而違於人意者，宜推明咎徵之本。"臣僚上言："早歲陳彭年等定中外醮儀，列聖祖天尊在北極之上。伏緣北極大帝總領萬物，主宰中極，而聖祖司命真君因薦尊號，驟居紫微帝君之

---

[1] 江少虞：《宋朝事實類苑》卷四四《仙釋僧道·許昌齡》，引蔡絛《西清詩話》，第580~581頁。
[2] 唐代李肇《翰林志》記載："凡太清宫道觀薦告詞文，用青藤紙，朱字，謂之青詞。"《景印文淵閣四庫全書》第595册，臺灣商務印書館，1986年，第298頁。

上,既定位非順,自茲天下郡縣多致災傷。伏望重行詳定。"禮院詳定,當院與道衆參詳。天下道觀,聖祖每遇醮設,於本殿供獻,則聖祖天尊及六位仙官,即與衆真各無相妨,仍別用青詞奏告;如無聖祖殿處,即別設醮位爲便。從之。[1]

南宋時,爲潮神伍員等設醮祭祀,也照例使用青詞祈福。吳自牧《夢粱錄》記載:

> 忠清廟在吳山,其神姓伍名員,乃楚大夫奢之子,自唐立祠,至宋亦祀之。每歲海潮大溢,衝激州城,春秋醮祭,詔命學士院撰青詞以祈國泰民安,纍錫美號曰"忠武英烈顯聖福安王"。[2]

當時,個人因某事向神仙祭告,也往往撰作青詞。洪邁《夷堅志》記載了一則事例,南宋高宗時,任洪州通判的向仲堪因糾正了一例冤案,被神靈延長年壽六年,向仲堪遂以青詞向神靈告謝:

> 樂平向仲堪,字元仲,紹興十一年通判洪州。府帥梁揚祖侍郎峻於治盜,嘗有殺人盜委向審問,吏以成牘來,問盜所在,對曰:"彼已伏罪,例不親引,恐開其反覆之端,但占位書名足矣。"向曰:"人命至重,安得不見而詢之?"幹官趙不係譖於梁,梁召向責其生事。向曰:"如帥司即日徑誅之,何必審實?既付之獄,則當準式引問,若無罪而就死地,想仁人不忍爲也。"梁感悟,遂竟其問,果平人耳,遂得釋。後自池州赴調,宿留旅邸,一疾瀕於危殆,夢至殿宇間,聞王者云:"向仲堪有治獄陰德,特延半紀。"既覺,浸以安愈,詣天慶觀啓醮筵以謝再生,其青詞自述云:"頃既罹於重患,忽得夢於良宵。睨玉嶺之無涯,恍身歷真都之邃。續龜年而有永,覺親聞帝語之祥。"旋復貳處州,終於官,距夢時正六年數也。[3]

符籙咒語之詩雖無文學價值,但也可藉此窺見宋代道教咒語的大體樣式。例如,蘇軾《東坡志林》記載:

---

[1] 趙彥衛:《雲麓漫鈔》卷八,第192~193頁。
[2] 吳自牧:《夢粱錄》卷一四"山川神",第228頁。
[3] 洪邁:《夷堅支志》景集卷一〇"向仲堪",第963頁。

王君善書符，行天心正法，爲里人療疾驅邪。僕嘗傳此咒法，當以傳王君。其辭曰："汝是已死我，我是未死汝。汝若不吾祟，吾亦不汝苦。"[1]

如同大白話的咒語，淺近易懂，或許更能爲大衆所接受。

(二)道教書畫

兩宋時期，擅長書畫的道士以及精於道教題材繪畫的畫家，爲數不少。僅據郭若虛《圖畫見聞志》所載，北宋神宗以前的十三位士大夫畫家中，"善畫佛道人物"的有武宗元；五十三位專業人物畫家中，工於佛道人物的有王靄、高益、王瓘、孫夢卿、趙光輔、趙雲子、孫知微、勾龍爽、石恪、趙長元、王齊翰、郝處、李雄、侯翼、高文進、王道真、李用及、李象坤、張昉、高元亨、楊朏、王兼濟、孫懷悦、孟顯、王拙、郝澄、童仁益、南簡、龍章、武洞清、鍾文秀、李元濟、王易、陳坦、僧令宗、道士李八師、劉道士等三十七位，而主攻其他門類兼精佛道人物的尚未計入。[2] 上述諸人中：

隱士趙雲子，善畫道像，於青城丈人觀畫諸仙，奇絶。孫太古嘗陰使人問己畫，趙云："孫畫雖善，而傷豐滿，乏清秀。"孫由是感悟。

孫知微，字太古，眉陽人，精黄老學，善佛道畫，於成都壽寧院畫熾盛光、九曜及諸墻壁，時輩稱伏。知微凡畫聖像，必先齋戒疏瀹，方始援毫，有《功德》并《故事》《人物》傳於世。

道士李八師(亡其名)，邛州依政人，於本縣崇聖觀披挂，工畫道門尊像，青城山丈人觀有畫壁。

劉道士(亡其名)，建康人，工畫佛道鬼神，落筆逍怪，江南寺觀時見其迹。尤愛畫甘露佛，多傳於世。[3]

鄧椿《畫繼》記載了北宋神宗至南宋孝宗時的著名畫家，其中道士畫家有甘風子、王顯道、李德柔、三朵花、羅勝先、李時澤、楊大明等七位。此外，善畫"仙

---

[1] 蘇軾：《東坡志林》卷三《技術》"記天心正法咒"，第72頁。
[2] 郭若虛：《圖畫見聞志》卷三《紀藝中》，人民美術出版社，1963年，第61~62、67~82頁。
[3] 郭若虛：《圖畫見聞志》卷三《紀藝中》，第70~71、81~82頁。

佛鬼神"的畫家有劉國用、陳自然、於氏、雷宗道、能仁甫、費宗道、成宗道、吉祥、司馬寇、楊杰、鄭希古、張通等十二位。[1] 其中：

> 甘風子,關右人,陽狂垢污,恃酒好罵,落泊於廛市間,酒酣耳熱,大叫索紙,以細筆作人物頭面,動以十數,然後放筆如草書法,以就全體,頃刻而成,妙合自然。多畫列仙之流,題詩其後,傳觀既畢,往往毀裂而去。好事者藏匿,僅存一二,豪富求之,唾罵不與,或經年不落一筆,故流傳於世者極少。[2]

> 司馬寇,汝州人,佛像、鬼神、人物,種種能之,宣和間稱第一手。多畫翊聖真武,於雲霧中現半身,觀者駭敬,士大夫奉事,皆有靈應。[3]

從繪畫作品的流傳和收藏情況看,爲北宋《宣和畫譜》和南宋《中興館閣儲藏圖書記》著錄的佛道畫作中,太上、天尊、天帝、真人、仙君之類的道教畫像占十之六七,各類佛教繪畫占十之三四。[4] 由此推知,當時創作的佛道人物畫中,道教人物應多於佛教人物。

宋代民間每遇節慶尤其是道教節日,往往以道教人物和神仙故事爲題材,繪製許多大型的裝飾畫,用以烘托節日氣氛。例如元宵節,在傳承與發展的過程中分別滲入了佛教和道教的元素,道教視之爲天官賜福的日子,所以觀燈的熱鬧場所都有道教內容的繪畫。孟元老《東京夢華錄》記載北宋開封的狀況：

> 正月十五日元宵,大内前自歲前冬至後,開封府絞縛山棚,立木正對宣德樓。游人已集御街,兩廊下奇術异能,歌舞百戲,鱗鱗相切,樂聲嘈雜十餘里。……至正月七日,人使朝辭出門,燈山上彩,金碧相射,錦綉交輝。面北悉以彩結山沓,上皆畫神仙故事。[5]

南宋時期的杭州,沿襲了北宋的慣例,同樣以道教繪畫作爲元宵節的裝飾。《夢粱錄》記載："正月十五日元夕節,乃上元天官賜福之辰。昨汴京大内前縛山

1　鄧椿：《畫繼》卷五《道人衲子》、卷六《仙佛鬼神》,人民美術出版社,1963 年,第 53~58、75~77 頁。
2　鄧椿：《畫繼》卷五《道人衲子》,第 55 頁。
3　鄧椿：《畫繼》卷六《仙佛鬼神》,第 77 頁。
4　詳見潘天壽：《中國繪畫史》,上海人民美術出版社,1983 年,第 125 頁。
5　孟元老：《東京夢華錄》卷六"元宵",第 154 頁。

棚,對宣德樓,悉以彩結,山沓上皆畫群仙故事。"[1]

現今留存的宋代道教繪畫當以《朝元仙仗圖》最爲著名。這件中國美術史上的瑰寶爲絹本墨筆圖卷,縱57.7厘米,橫790厘米,相傳爲北宋畫家武宗元所繪,現由美國私人藏家收藏。圖卷以白描畫法描繪了道教傳說中的東華、南極帝君及其隨從的仙官、侍衛、儀仗、樂隊等八十七位神仙朝謁元始天尊的情形,人物形象生動鮮明、神采飛揚,水墨綫條簡潔勁健、優美流暢,深得唐代吳道子的遺韵,從樣式看,應屬畫家爲繪製道觀壁畫而作的粉本。[2] 武宗元以擅長道釋畫聞名,宋真宗對他的畫作極爲贊賞。《宣和畫譜》著錄其作品十五件,并記載了他的生平:

> 文臣武宗元,字總之,河南白波人,官至虞曹外郎。家世業儒,而宗元特喜丹青之學,尤長於道釋,筆法備曹、吳之妙。……嘗於西京上清宮畫三十六天帝,其間赤明和陽天帝,潛寫太宗御容,以宋火德王,故以赤明配焉。真宗祀汾陰還,道由洛陽,幸上清宮,忽見御容,驚曰:"此真先帝也。"遽命焚香,再拜,嘆其精妙,佇立久之。張士遜有詩云"曾此焚香動聖容",蓋謂是也。祥符初,營玉清昭應宮,召募天下名流圖殿廡壁,衆逾三千,幸有中其選者,才百許人,時宗元爲之冠,故名譽益重,輩流莫不斂衽。今御府所藏十有五:《天尊像》一;《天帝釋像》一;《朝元仙仗圖》一;《北帝像》一;《真武像》一;《火星像》一;《土星像》一;《天王圖》一;《觀音菩薩像》一;《渡海天王像》一;《李得一衝雪過魯陵岡圖》四。[3]

關於武宗元的杰出畫藝,范公偁《過庭錄》也引述了蘇軾的一段叙述:

> 武宗元,真廟朝比部員外郎也,畫手妙一時。中岳告成,召宗元圖羽儀於壁,以名手十餘人從行。既至,武獨占東壁,遣群工居西,幕以幃帳。群工規模未定,武乃畫一長脚幞頭執撾者在前,諸人愕然,且怪笑之,問曰:"比部以上命至,乃畫此一人,何耶?"武曰:"非爾所知。"

---

[1] 吳自牧:《夢粱錄》卷一"元宵",第94頁。
[2] 《朝元仙仗圖》的情況,可見《海外中國名畫精選》第1册,上海文藝出版社,1999年,第76~77頁。
[3] 佚名:《宣和畫譜》卷四《道釋四·宋》,第257~258頁。

既而武畫先畢,其間羅列森布,大小臣僚,下至厮役,貴賤形止,各當其分,幾欲飛動。諸人始大服。[1]

通過武宗元等畫家的作品,可以想見宋代道教繪畫的成就及在社會上的廣泛影響。

宋代的文人士夫和著名書法家還創作過不少有關道教的書法作品,例如,《宣和書譜》著録有蔡京的行書《題神霄宮詩》《步虚詞》《玉扶步虚詞》《柳真人步虚詞》《蓬萊仙步虚詞》《大仙留題詩》《大仙詩曲》,蔡卞的行書《清净經》,岑宗旦的行書《太上道德經》。[2] 現今留存的有范仲淹的楷書《道服贊》、米芾的行書《拜中岳命帖》等。

宋代道士擅長書法的也爲數不少,蔡絛《西清詩話》記載了一則逸聞:

鍾弱翁(傳)帥平涼,戎事有間,延賓客。一日,有方士偕衆道通謁,幅巾衣白紵,短不掩骭,氣局廣深,進退從容中度。從牧童,牽黄犢,立庭下。弱翁异之,指牧童曰:"道人頗能賦此乎?"笑曰:"不煩我語,是兒能之。"牧童乃擘箋放筆,大書曰:"草鋪横野六七里,笛弄晚風三四聲。歸來飽飯黄昏後,不脱簑衣卧月明。"[3]

隨從的牧童也工詩善書,方士及衆道士更不用説了。

除書法、繪畫外,許多道士還擅長操琴和弈棋。惠洪《冷齋夜話》記載了王安石退居金陵後與道士弈棋的逸事:

舒王在鍾山,有道士求謁,因與棋,輒作數語曰:"彼亦不敢先,此亦不敢先。惟其不敢先,是以無所争。惟其無所争,故能入於不死不生。"舒王笑曰:"此特棋隱語也。"[4]

顯然,這位道士不但善於弈棋,還能以棋爲喻,向人傳輸道教的思想。事實上,宋代有不少道士正是利用自己的文藝才能,與文人士夫結交,潜移默化地擴大了道教的影響。

---

1 范公偁撰,儲玲玲整理:《過庭録》,《全宋筆記》第六編第五册,大象出版社,2013年,第16~17頁。
2 詳見《宣和書譜》卷一二《行書六》,《景印文淵閣四庫全書》第813册,臺灣商務印書館,1986年。
3 江少虞:《宋朝事實類苑》卷四三《仙釋僧道·方士謁鍾弱翁》,引蔡絛《西清詩話》,第568~569頁。
4 釋惠洪:《冷齋夜話》卷三,第44頁。

第五章

俗神信仰與淫祀

民間信仰是從遠古的原始信仰傳襲而來的,來自人們對他們所無法認識的自然和社會盲目的接受和盲目的崇拜;民間信仰又往往與個人或群體的切身利益密切相關,其功利性目的及其表現十分明顯,因此,民間信仰的對象範圍極廣,涉及萬事萬物。囿於本書的體例,我們把一部分信仰對象單獨論述了,如天地日月等自然崇拜、鬼魂先賢等祖靈崇拜等,但是還有衆多的民間俗神,包括一些世俗化程度較高的正式宗教神祇,在宋代民衆信仰生活中有着廣泛的影響。

一、家內神

在官方祀典中,家內神的地位或顯得微不足道,但是於普通民衆而言,家內神却是時時刻刻存在并護佑着他們的生活。祇是由於儒家"不語怪力亂神"的傳統教誨,更由於家內神如鄭玄所言:"此非大神所祈報大事者也。小神居人之間,司察小過,作譴告者爾。"[1] 因此,家內神信仰很難登上官方正史、政書以及學者私撰的各類史籍之"大雅之堂",却可以在稗史筆記中窺見其多彩的本來面目。

早在先秦時期就有"五祀"之説,祭祀户、竈、中霤、門、行五種神靈,鄭玄認爲這是殷代之制。[2] 後世有將井納入五祀的,[3] 故王充在《論衡》中解釋説:"五祀,報門、户、井、竈、室中霤之功,門、户人所出入,井、竈人所飲食,中霤人所托處,五者功鈞,故俱祀之。"[4] 宋代沿襲周、唐之制,行七祀之祭,且與四季、五臟

---

1 孔穎達:《禮記正義》卷四六《祭法》,第 1590 頁。
2 孔穎達:《禮記正義》卷五《曲禮下》,第 1268 頁。
3 《漢書》卷二五《郊祀志》,第 1194 頁。
4 王充撰,黄暉校釋:《論衡校釋》卷二五《祭意》,《新編諸子集成》本,中華書局,1990 年,第 1059 頁。

對應,如元豐年間規定:

> 立春祭户於廟室户外之西,祭司命於廟門之西,制脾於俎;立夏祭竈於廟門之東,制肺於俎;季夏土王日祭中霤於廟庭之中,制心於俎;立秋祭門及厲於廟門外之西,制肝於俎;立冬祭司命及行於廟門外之西,制腎於俎,皆用特牲,更不隨時享分祭。[1]

七祀較五祀增加了司命和厲的祭祀,但在民間,與人們日常生活最密切相關的,仍是門、竈、中霤等家内俗神,因此,這些祭祀從國家祀典廣泛地進入普通百姓的家。

(一)門神

門神是最直接的家庭保護神,承擔着驅鬼避邪、看守門户、保衛家庭安全的重要職責。最早的門神應該是鬱壘和神荼了,這是由桃人、桃符發展演化而來的。高承《事物紀原》引《山海經》且曰:

> 東海度朔山有大桃樹,蟠屈三千里,其卑枝門東北曰鬼門,萬鬼出入也。有二神,一曰神荼,一曰鬱壘,主閱領衆鬼之害人者。於是黄帝法而象之,毆除畢,因立桃版於門户上,畫鬱壘以禦凶鬼。此則桃版之制也。蓋其起自黄帝,故今世畫神像於版上,猶於其下書"右鬱壘,左神荼",元日以置門户間也。[2]

五代後蜀時期,人們開始在桃符上寫一些吉祥語以辭舊迎新,桃符的職能逐步發生改變,其意義由驅邪向趨吉進化,其形式也逐漸演變成後世沿襲至今的春聯。與此同時,源於桃符的門神逐漸獨立承擔起保護門庭的責任。因此,處於這一過渡時期的宋代,桃符和長相凶惡的鬱壘、神荼應該是并存的。陳元靚《歲時廣記》卷五中還專有"辯荼壘"條,稱"今人正旦書桃符,多用鬱壘、神荼"[3]。王安石的《元日》詩"爆竹聲中一歲除,春風送暖入屠蘇。千門萬户曈曈日,總把新桃換舊符"與晏殊的《元日》詩"屠蘇醴酒盈金樽,鬱壘神荼衛紫關"

---

1 《宋史》卷一〇三《禮志六》,第2522頁。
2 高承:《事物紀原》卷八《歲時風俗部第四十二》"桃版",第426頁。
3 陳元靚:《歲時廣記》卷五"辯荼壘",第393頁。

也證明了桃符向鬱壘、神荼過渡及并存的情況。

唐代出現了新的門神鍾馗,據説捉鬼的本領要比鬱壘、神荼高得多,不但捉鬼,而且吃鬼。據《夢溪筆談》記載,鍾馗是陝西終南山人,曾經參加武舉考試,但因爲相貌醜陋而未中舉,憤而撞死在殿階上,從此"誓與陛下除天下之妖孽"。後唐玄宗久病不愈,夢小鬼纏身,得鍾馗保護而得以解脱,且"痁若頓瘳而體益壯",於是召吴道子繪鍾馗像,"頒顯有司,歲暮驅除,可宜遍識。以祛邪魅,兼静妖氛,仍告天下,悉令知委"。入宋後,鍾馗的影響越來越大,不僅朝廷認同他,"熙寧五年,上令畫工摹拓鐫板,印賜兩府輔臣各一本"[1],民間除夕之夜或端午節在門上貼鍾馗圖像驅邪辟鬼,也蔚然成風。筆記中不乏有關記載:

近歲節,市井皆印賣門神、鍾馗、桃板、桃符及財門鈍驢、回頭鹿馬、天行帖子。賣乾茄瓠、馬牙菜、膠牙餳之類,以備除夜之用。[2]

十二月盡,俗云"月窮"。歲盡之日,謂之"除夜"。士庶家不論大小,家俱灑掃門閭,去塵穢,净庭户,換門神,挂鍾馗,釘桃符,貼春牌,祭祀祖宗。遇夜則備迎神香花供物,以祈新歲之安。[3]

都下自十月以來,朝天門内外競售錦裝新曆、諸般大小門神、桃符、鍾馗、狻猊、虎頭及金彩縷花、春帖幡勝之類,爲市甚盛。[4]

可見,鍾馗以其非凡的驅鬼能力,已經成爲兩宋時期民間重要的家内保護神了。據《武林舊事》記載,就連宋孝宗給太上皇進奉的年禮當中,也没忘記放上一幅鍾馗像。[5]

宋代,門神不再以面目狰獰的神怪形象獨霸天下了,出現了披甲執鉞的武士門神,如南宋袁褧《楓窗小牘》曰:"靖康已前,汴中家户門神多番樣,戴虎頭盔,而王公之門至以渾金飾之。"[6] 連七夕節叫賣的油麵糖蜜做的小點心中,也

---

1 沈括:《補筆談》卷三《雜志》,第242~243頁。
2 孟元老:《東京夢華録》卷一〇"十二月",第188頁。
3 吴自牧:《夢粱録》卷六"除夜",第146頁。
4 周密:《武林舊事》卷三"歲晚節物",第48~49頁。
5 周密:《武林舊事》卷七"乾淳奉親",第103頁。
6 百歲老人袁褧:《楓窗小牘》卷下,第241頁。

有披甲胄者如門神之像,謂之"果食將軍",[1] 可見武士門神的普及程度。不過這些武士門神在當時并沒有對應的歷史人物,有些門神形象就是畫工憑自己的理解或感覺創作的。《夷堅志》記載了一件發生在紹興年間的事:

> 浮梁畫工胡生,居於縣市,其技素平平。邑人葺城隍祠,付以錢,使繪門衛二神。胡生嫌所得之微,視其直斟酌,但作水墨而已,衣冠略不設。夜夢二巨人,長七尺,儀貌雄偉,而衣裝極敝惡,謂曰:"我二人蒙君力,獲所依憑,霑受香火。獨恨被服不如法式,不爲人所禮。願君復加藻飾,必有以報,使技日進而名益彰。"夢中恍惚許之。已覺,而未暇研究。經旬日,因過彼處,遥望兩像,宛如故知,瞿然悚悟。即日買金箔五采,自施工藝,繪黄金甲,執金鉞,冠帶整嚴。見者悉加瞻敬,而不以夢告人。後夢其來,威容凛凛,服與貌稱,感謝至再三。自是胡日以稱遂,求者接踵。至於嫁女文綉,祇以畫代之。里巷遭疫癘,無一家不病,胡氏獨免。[2]

顯然,這兩個武士門神并沒有人物原型,後世以秦瓊、尉遲恭爲武門神,這是到元代纔有的現象。

早期門神的作用就是鎮鬼禳灾、保護家院的,所以在宋代,門神也未必一定有來歷,祇要有足夠的威懾力,也就可以擔當這一角色。《夢溪筆談》記載:

> 關中無螃蟹。元豐中,予在陝西,聞秦州人家收得一乾蟹,土人怖其形狀,以爲怪物,每人家有病瘧者,則借去挂門户上,往往遂差。不但人不識,鬼亦不識也。[3]

一隻小小的乾螃蟹,雖然已經完全沒有進攻性了,但因其張牙舞爪的形狀,在宋代的關中地區,還是被認爲能嚇退一些鬼魅的。類似的宅門鎮物,想必還有很多,如前文論及的石敢當就是其一。此外,還有些特殊的門神與宗教相關,范致明《岳陽風土記》記載:"華容令宅東北有老子祠,曰大皇觀。門之左右有二神

1　孟元老:《東京夢華録》卷四"七夕",第172頁。
2　洪邁:《夷堅支志》戊集卷一〇"胡畫工",第1133~1134頁。
3　沈括:《夢溪筆談》卷二五《雜志二》,第192頁。

像,道家所謂青龍、白虎也。"[1] 道教以青龍、白虎爲護衛神,故道觀山門多以青龍、白虎爲門神。

宋代的門神雖然沒有像後世那樣,有文門神、武門神、福禄門神等明確的分類,但是包括艾草、桃人、桃符乃至鬱壘、神荼、鍾馗等,也算是豐富多彩了。有意思的是,每有新的門神出現,老門神并不退出或完全退出,因此造成多位門神共同守護家園的現象。蘇軾《東坡志林》中的一則故事很能反映這一狀況:

> 桃符仰視艾人而駡曰:"汝何等草芥,輒居我上。"艾人俯而應曰:"汝已半截入土,猶争高下乎。"桃符怒,往復紛然不已。門神解之曰:"吾輩不肖,方傍人門户,何暇争閑氣耶。"[2]

如此可見,宋代的宅門上往往琳琅滿目,衆門神和平共處,以此换來家室的四季平安,倒也值得。

除上述以外,宋代還出現了一些文人門神形象,傳爲李嵩所作的《歲朝圖》中,就有外貼武士門神、内貼文人門神的畫面。這説明宋人門神崇拜之目的,已由單純的驅邪避惡開始向積極的祈福納吉發展,不過,保護家宅平安仍然是當時門神崇拜的主流功能。

(二) 竈神

獲得最廣泛崇拜的家内神應該是竈神。竈神的起源有多種説法,一般認爲與原始的火崇拜有關,因此,由火神、光明神演化而來的炎帝、黄帝、祝融等都曾經是早期的竈神。王楙在《野客叢書》中引《淮南子》曰:"炎帝主於火,死而爲竈神。"引《事始》曰:"竈,黄帝所置。"又引《古史考》曰:"黄帝始造釜、甑,火食之道就矣。"[3] 顯然,王楙是認同竈神與火神之關係的。以後,竈神被認爲是"主飲食之事"的"先炊",這是與先農、先牧、先蠶同一級别的神靈,因此,秦漢典籍中多見竈神爲一老婦的説法,祭竈被稱爲是"老婦之祭",且是在室之西南角

---

[1] 范致明:《岳陽風土記》,第90頁。
[2] 蘇軾:《東坡志林》補録《商刻東坡志林》卷一二,第180頁。
[3] 王楙撰,儲玲玲整理:《野客叢書》卷二〇"人物名字不同",《全宋筆記》第六編第六册,大象出版社,2013年,第265頁。

"奥"或房屋其他隱蔽地方祭祀的。黄震《黄氏日鈔》評論説:"奥者,西南隅致養之地。竈能化飲食以養人,故祀竈於奥,而以婦人之爲先炊者配之,不過盛飲於盆,尊酒以瓶,禮無燔柴也。"[1] 認爲主竈的和主飲食的并不是一回事。之後,竈神的身份或男或女,越傳越繁複。唐以後,民間有竈君、竈王爺之稱,抛開人物原型不論,竈神總算有了一個統一的尊稱。

宋代的竈神管得很寬,不僅要過問一家之飲食膳饈,還要"記人善惡,悉奏天曹",也就是説,肩負着司火、司飲食、監察人間善惡并禀告天庭的多種職能。這樣一來,人們不僅吃飯喝水受制於竈神,一年到頭的一言一行也都在竈神的眼皮底下。因而當時"上自天子,庶人庶士,曰竈之祀,禮得通置"[2]。人們對這古老神靈的信仰熱情有增無減,唯恐供奉不虔。

據《夢粱録》記載,每年的十二月二十四日,臨安"不以窮富皆備蔬食餳豆祀竈"[3]。《東京夢華録》也記載:"二十四日交年,都人至夜請僧道看經,備酒果送神,燒合家替代錢紙,帖竈馬於竈上,以酒糟塗抹竈門,謂之'醉司命'。"[4] 范成大的《祭竈詞》描寫民間送竈風俗特别生動:

  古傳臘月二十四,竈君朝天欲言事。雲車風馬小留連,家有杯盤豐典祀:猪頭爛熱雙魚鮮,豆沙甘鬆粉餌團。男兒酌獻女兒避,酹酒燒錢竈君喜。"婢子鬥争君莫聞,猫犬觸穢君莫嗔;送君醉飽登天門,杓長杓短勿復云,乞取利市歸來分!"[5]

可見,祭竈王爺不僅要好吃好喝地供着,還要酹酒燒錢説盡好話,希望他不要將家裏發生的婢子鬥争、猫犬觸穢之類的壞事向上報告。最有意思的是要塗抹酒糟在竈門上,據説這是爲了讓竈王爺吃得醉醺醺的,上天庭匯報的時候想不起什麽壞事情來。還有人用飴餳祭竈,也是想粘住竈王的嘴,免得他到天帝處亂説。

---

1 黄震:《黄氏日鈔》卷一八《禮器五·禮器第十》,《景印文淵閣四庫全書》第707册,第530頁。

2 周麟之:《海陵集》卷二一《祭竈文》,《景印文淵閣四庫全書》第1142册,臺灣商務印書館,1986年,第170頁。

3 吴自牧:《夢粱録》卷六"十二月",第145頁。

4 孟元老:《東京夢華録》卷一〇"十二月",第188頁。

5 范成大:《范石湖集》卷三〇《祭竈詞》,第411頁。

僅在過年的時候討好竈王爺是不夠的,一年當中,若有什麼變故發生都要向竈王爺報告備案。《酉陽雜俎》記唐代婚禮:"婦入門先拜豬枳及竈。"[1]《説郛》引《嘉蓮燕語》曰:

> 吴俗遷居,預作飯,米下置豬臟共煮之。及進宅,使婢以箸掘之,名曰"掘藏",闔門上下俱與酒飯及臟,謂之"散藏",歡會竟日。後人復命婢臨掘向竈祝曰:"自入是宅,大小維康,掘藏致富,福禄無疆。"掘藏先祭竈神,然後食。[2]

無論是結婚還是喬遷,都要向竈君祝禱、獻祭,祈求安康,新生活纔能過得安心、安逸。其實,人們這麼做,多少是有些無可奈何的,就如曾慥《類説》引王叡《炙轂子》言:"今世祭井竈門户箕帚臼杵者,非以其神爲能享之也,懼頑其德煩苦之無已也。"[3]

自然,向天庭匯報不是竈神的全部職責,作爲家庭保護神,他的作用是多方面的,劉斧《青瑣高議》記載了一則故事:

> (彭介)晚年授郴州刺史。到家歲餘,中夜如厠,見庖廊下有燈,公謂女使未寢。俄聞呼斥,若呵責人,公乃潛往,自牖窺之。有烏衣朱冠者,箕踞坐前,捶撻一人,公亦不知神鬼,乃推户而入。他皆散去,惟烏衣起而揖公。公視其面,蒼然焦黑,不類人。公知其異,乃安定神室而問之:"子何人也,而居此?"烏衣者云:"我,公之屬吏;公,吾主人。某即竈神。"公曰:"適所譴責者何人?"神曰:"飢餓無主之鬼,入公厨庖竊食耳。"公曰:"餓而盜食,汝何責之深也?"神曰:"吾主内外事。酉刻則出巡,遇魑魅魍魎皆逐之,此吾職也。"神曰:"在吾境内,無主之鬼,日受飢凍。公能春秋於臨水處,多爲酒肉祭之,其爲德不細。無主之骨,擇土掩之,其賜甚厚。若有灾患,此屬必能展力。"烏衣云:"吾職雖微,權實頗著。公之目下,當有微恙。公歸,急服牛黃,以生犀置鼻中,即無患。"公至堂仆地,侍者引起,乃如所言而服之,方愈。

---

[1] 段成式撰,方南生點校:《酉陽雜俎》前集卷一"禮异",中華書局,1981年,第8頁。

[2] 佚名:《嘉蓮燕語》,《説郛三種》第四册,上海古籍出版社,1988年,第1454頁。

[3] 曾慥:《類説》卷二五引《炙轂子》"祭井竈等神",第428頁。

後公如其言,祭餓鬼於水濱,葬遺骨於高原。公没,靈柩歸長沙。
　　空中聞百人泣聲,人曰:"無主之鬼,感恩而泣彭公。"移時乃滅。[1]
這一故事反映了幾個問題:一、竈神兼管内外,"權實頗著";二、竈神能治鬼,且對損害本家庭利益的鬼處罰很嚴;三、竈神能提出建議,引導主人做善事;四、竈神能預知疾病,并且懂得醫治方法。如此一個面面俱到的竈神,確實足以擔負起家庭保護神的職責。

　　竈神還能拯救主人於危難之中,洪邁《夷堅丁志》記載了這樣一個傳説:
　　南城楊氏,家頗富。長子不肖,父逐之。天寒無所向,入所貯牛藁屋中,藉草而寢,霜重月明,寒不得寐。忽一虎躍而來,翼從數鬼,皆倀也,直趣屋所,取草鼓舞爲戲。子不敢喘。俄黑雲勁風,咫尺翳暝,虎若被物逐,倉黄走,衆倀亦散。既,神人傳呼而至,命唤土地神。老叟出拜,神人責之曰:"汝受楊氏祭祀有年矣,公縱虎爲暴,郎君幾爲所食,致煩吾出神兵驅之,汝可謂不職矣!吾乃其家竈君司命也,汝識乎?"土地謝罪而退。明日起視,外有虎迹,草皆散擲地上。後其父怒解,子得歸,具言之,由是事竈益謹。[2]
可見,竈神不僅能"上天言好事",還能"下界保平安",人們希望他受了自家香火,就能保全家安康。承擔着如此重托的竈神,享受着人們日益恭謹的供奉與祭祀,想必也是心安理得的。

(三)中霤神

　　中霤,王充解釋爲"人所托處",是專主宅室的土神。據唐代丘光庭所言:"或問社之始,答曰:'始於上古冗居之時也。'故《禮記》云'家主中霤,而國主社者'。古人掘地而居,開中取明,雨水霤入,謂之中霤。言土神所在,皆得祭之,在家爲中霤,在國爲社也。"[3]意思是,土地神於國家是"社",在家庭就是"中霤",家室雖小,也不能無視土地神的存在。

---

[1]　劉斧:《青瑣高議》前集卷一《彭郎中記(彭介見竈神治鬼)》,第15~16頁。
[2]　洪邁:《夷堅丁志》卷二〇"楊氏竈神",第703~704頁。
[3]　丘光庭:《兼明書》卷一"社始",《叢書集成新編》第11册,臺灣新文豐出版公司,1985年,第216頁。

中霤所處,葉廷珪《海録碎事》曰:"古者穴居,故名室中爲中霤。"[1] 程大昌《演繁露》説得更具體:"以今人家準之,則堂中有天井處也。"[2] 無論是室中還是天井,中霤應該是處於家之中央,所以祀典規定祭中霤是在"廟庭之中",且"制心於俎",即取犧牲的心臟作爲供品。可見,在五祀之中,中霤的地位還是很特殊的。中霤在本質上屬於土地神,但古代"五祀"既然把中霤列於其中,顯然是將其歸爲家内神的。

與門神護門、竈神掌竈不同,中霤神似乎没有什麽具體的執掌,但事實上,中霤神也管得很寬。何薳《春渚紀聞》曰:"中霤之神,實司一家之事,而陰佑於人者。晨夕香火之奉,故不可不盡誠敬。"[3] 何薳的想法代表了宋人對中霤神的認識,他列舉的幾件事,也能夠反映中霤神的實際職能:

其一曰:

> 莊僕陳青者,睡中多爲陰府驅令收攝死者魂識,云每奉符至追者之門,則中霤之神先收訊問,不許擅入。青乃出符示之,審驗反覆得實,而後鞭撻而入。青於門外呼死者姓名,則其神魂已隨青往矣。[4]

此例是説中霤神掌門,尤其是爲主人把住生死之門,若有陰府遣使來收魂,一定要反覆驗看有關公文,確定無誤後才肯放行。

其二曰:

> 建安李明仲秀才山居,偶赴遠村會集,醉歸侵夜,僕從不隨,中道爲山鬼推墮澗仄,醉不能支,因熟睡中,其神徑還其家。見母妻於燭下共坐,乃於母前聲喏,而母略不之應。又以肘撞其婦,亦不之覺。忽見一白髯老人,自中霤而出,揖明仲而言曰:"主人之身今爲山鬼所害,不亟往則真死矣。"乃拉明仲自家而出,行十里許,見明仲之尸卧澗仄,老人極力自後推之,直呼明仲姓名。明仲忽若睡醒,起坐驚顧,而月色明甚,乃扶路而歸,至家已三鼓矣。[5]

---

[1] 葉廷珪:《海録碎事》卷二一《政事禮儀部·祭祀門·中霤》,第864頁。

[2] 程大昌:《演繁露》卷一"霤",第156頁。

[3] 何薳:《春渚紀聞》卷二"中霤神",第199頁。

[4] 何薳:《春渚紀聞》卷二"中霤神",第199頁。

[5] 何薳:《春渚紀聞》卷二"中霤神",第200頁。

此例是説中霤神時刻關注着主人的安危,關鍵時刻能够拯救主人性命。所以李明仲感慨萬分,"乃語母妻其故,晨起,率家人具酒醴敬謝於神"。

其三曰:

> 朝奉郎劉安行,東州人,每遇啜茶,必先酹中霤神而後飲。一夕,忽夢一老人告之曰:"主人禄命告終,陰符已下而少遲之,幸速處置後事,明日午時不可逾也。"劉起拜老人,且詢其誰氏,曰:"我主人中霤神也,每承主人酹茶之薦,常思有以致效,今故奉報也。"劉既悟,點計其家事,且語家人神告之詳,云:"生死去來,理之常也。我自度平生無大過惡,獨有一事,吾家厨婢采蘋者,執性剛戾,與其輩不足,若我死,必不能久留我家,出外則必大狼狽,今當急與求一親,使之從良,且有所歸,則我瞑目矣。"因呼與白金十星,以爲資遣。語畢,沐浴易服以俟。時至過午,忽覺少倦,就憩枕間,復夢其神欣躍而告曰:"主人今以嫁遣厨婢之事,天帝嘉之,已許延一紀之數矣。"已而睡起安然,後至宣和間無病而卒。[1]

此例是説中霤神能預知生死,并有"奉報"之心。如果不是神預告了劉安行之死期,劉安行就不可能對厨婢作出妥善安排,其善心也就無從讓天帝瞭解,"延一紀之數"自然也就不可能實現,中霤神在此中的作用大矣哉。自然,不可否認的是,劉安行平日"每遇啜茶,必先酹中霤神而後飲"是重要的因素,這也就證明了何薳所説的對中霤神要"晨夕香火之奉,故不可不盡誠敬"的重要性了。

楊簡《祭中霤文》很能説明問題:"敬告於中霤之神,竊惟陰陽不測之謂神,妙萬物之謂神,視之不見、聽之不聞,洋洋如在其上、如在其左右之謂神。天以是生,地以是成,人以是誠,中霤以是靈。洞觀此機,幽明一心,爰敬爰祀,孰知精浸。尚饗。"[2] 楊簡不僅認同中霤爲神,且肯定了中霤神的靈驗,因此,他的"爰敬爰祀"自然是發自内心的了。

---

[1] 何薳:《春渚紀聞》卷二"中霤神",第 200 頁。
[2] 楊簡:《慈湖遺書》卷十八《祭中霤文》,《景印文淵閣四庫全書》第 1156 册,臺灣商務印書館,1986年,第 902 頁。

(四)廁神

廁神雖然没資格列入"五祀""七祀"之列,但宋代的廁神却以其凄婉的身世傳説和多方面的才能,有着相當廣泛的影響,并成爲從士大夫到庶民都認可的家内神之一。

早期的司廁之神并不統一,有説是后帝的,也有説是西漢被扔於廁間爲"人彘"之戚夫人的。比較有影響的廁神傳説是六朝時期形成的,南朝宋劉敬叔的《异苑》曰:

> 世有紫姑神,古來相傳,云是人家妾,爲大婦所嫉,每以穢事相次役,正月十五日感激而死,故世人以其日作其形,夜於廁間或猪欄邊迎之,祝曰:"子胥不在(子胥是其婿名也),曹姑亦歸(曹即其大婦也),小姑可出戲。"投者覺重,便是神來。奠設酒果,亦覺貌輝輝有色,即跳躞不住。能占衆事,卜未來蠶桑。又善射鈎,好則大舞,惡便仰眠。[1]

梁宗懔的《荆楚歲時記》也有"其夕(正月十五日)迎紫姑,以卜將來蠶桑,并占衆事"的記載,并稱"俗云:溷廁之間必須静,然後致紫姑"。[2]

唐宋時期,紫姑神的身世傳説越發豐滿,蘇東坡撰寫的《子姑神記》如此説:

> (元豐三年)有神降於州之僑人郭氏之第,與人言如響,且善賦詩……予往觀之,則衣草木爲婦人,而置箸手中,二小童子扶焉。以箸畫字曰:"妾,壽陽人也,姓何氏,名媚,字麗卿。自幼知讀書屬文,爲伶人婦。唐垂拱中,壽陽刺史害妾夫,納妾爲侍書,而其妻妒悍甚,見殺於廁。妾雖死不敢訴也,而天使見之,爲直其冤,且使有所職於人間。蓋世所謂子姑神者,其類甚衆,然未有如妾之卓然者也……"[3]

《古今圖書集成·神異録》卷四引佚名之《顯异録》也有相似記載。可見,廁神爲一身世坎坷、地位低下之女性神的説法在唐宋時期已經完全定型了。

雖然是廁神,但宋代對於紫姑神專司廁事的記載却不多見,相反,這位廁神

---

1 劉敬叔:《异苑》卷五,《景印文淵閣四庫全書》第1042册,臺灣商務印書館,1986年,第522頁。
2 宗懔:《荆楚歲時記》,第18頁。
3 蘇軾:《蘇軾文集》卷一二《子姑神記》,第406~407頁。

具備了扶乩占卜、文章歌詩等許多才能,很受人們歡迎,因此紫姑"出場"機會很多。《夢溪筆談》記載:

> 舊俗,正月望夜迎廁神,謂之紫姑。亦不必正月,常時皆可召。予少時見小兒輩等,閑則召之以爲嬉笑。親戚間曾有召之而不肯去者,兩見有此,自後遂不敢召。……近歲迎紫姑仙者極多,大率多能文章歌詩,有極工者,予屢見之。多自稱"蓬萊謫仙"。醫卜無所不能,棋與國手爲敵。[1]

可見,是紫姑的"無所不能"使得她原本的社會功能發生了變化。

多數人家請紫姑是因爲她的"先知"能力,說她"每談未來事,未嘗不驗"[2]。從《异苑》和《荆楚歲時記》所記可知,六朝以來,紫姑是以卜"未來農桑"爲主的,有學者以爲這是因爲古代農業經濟"崇肥",蠶桑經濟又以女性勞動力爲主,因此紫姑作爲主管厠事的女性神,被賦予預知農桑的能力是很順理成章的。然而,宋人對紫姑先知的熱衷,有了很大的拓展。閨中女性往往通過請紫姑訴離情、卜歸期,如陸遊《無題》"迎得紫姑占近信,裁成白紵寄征衣",歐陽修《驀山溪》"應卜紫姑神,問歸期,相思望斷,天涯情緒"之類的請紫姑占卜活動,屢見於宋人詩文。而宋代文人士大夫對於紫姑的先知,則往往寄托着更爲"高大上"的企盼。《夷堅志》記録了士子請紫姑預測科舉試題的故事:

> 莆田方壽次雲,紹興丁巳秋,將赴鄉舉。常日能邀致紫姑神,於是以題目爲問。神不肯告,曰:"天機不可泄。"又炷香酌酒,禱請數四,乃書"中和"二字。壽時方十八歲,習詞賦,遂遍行搜索,如"天子建中和之極""致中和天地位""以禮樂教中和""中和在哲民情",如此之類,凡可作題者,悉預爲之。是歲以舉子多,分爲兩場。其賦作前題曰《中興日月可冀》,後題曰《和戎國之福》,始悟所告。壽試前賦,中魁選。[3]

又龐元英的《文昌雜録》記載了元豐改制前的一件事:

> (五年九月)禮部謝侍郎言:昨以諫議大夫知潭州,歲正月,家人迎

---

[1] 沈括:《夢溪筆談》卷二一《异事》,第 161~162 頁。
[2] 洪邁:《夷堅支志》景集卷六"西安紫姑",第 928 頁。
[3] 洪邁:《夷堅支志》戊集卷二"方燾招紫姑",第 1065~1066 頁。

紫姑神爲戲。是時官制未頒,升改之名莫有知者,家人戲問紫姑,將來遷何官,乃畫地作"太中"字,了不詳所以。明年,遂改太中大夫。唐義問家事,紫姑最靈,在京南問得何差遣,寫"京西轉運"四字,已而果除京西轉運判官。何其异邪?[1]

《夷堅志》"吕少霞"條也記載了紫姑神以韋應物"書後欲題三百顆,洞庭須待滿林霜"詩句中的"洞庭",暗示卜主徐琰未來將出仕吴縣縣令的故事。[2] 中舉爲官,是宋代士人最爲關心的事情,故而這些讀書人也不嫌厠神地位低下又涉及穢事,不惜"炷香酌酒,禱請數四",百般求得紫姑神之示下。所幸紫姑也不乏"靈驗"之時,常有卜主"中魁選""左遷"之類的事發生,因此引得更多人對其"下神,用兩手扶一筥箕,頭插一箸,畫灰盤作字,加筆於箸上,則能寫紙,與人應答"[3]的占卜方法趨之若鶩。宋代筆記中這類記載并不少見。

紫姑還能降神。所謂降神,是通過一定法術請來神明或死者亡靈出現於儀式現場,與生者溝通,一般爲懷念死去親人的喪家采用。趙叔問《肯綮録》記載:

  常州酒官鄭思永爲予言:岳飛死之明年,因元夕會飲士,失器皿。庫官數人相與請紫姑神卜之。方焚香,箕已重不可舉,忽大書曰:"辛苦提兵十二秋,功多怨少未爲讎。主恩未報遭讒謗,幽壤含悲暗點頭。"其後乃書飛押字也。庫官輩識之,初不知飛坐獄及死於除夜也。泣而禱曰:"觀押字,乃是相公押字,相公别無可否?"自是不復再書。又明年,軍人有來臨安請衣糧者,茶肆中偶與人言,遂爲邏事者所捕以送棘寺。窮究其獄,庫官并吏輩數人皆追逮流竄焉。思永時爲棘寺推司。[4]

郭彖《睽車志》也有相似之記載,不過後文明確指出是"丞相秦公聞而惡之,擒治其徒,流竄者數人,有死者"[5]。這種降神術,多體現與死者相關之人的感

---

1 龐元英撰,金圓整理:《文昌雜録》卷一,《全宋筆記》第二編第四册,大象出版社,2006年,第124頁。
2 洪邁:《夷堅乙志》卷一八"吕少霞",第338頁。
3 朱彧:《萍洲可談》卷三,第173頁。
4 趙叔問撰,戴建國、趙龍整理:《肯綮録》"紫姑神獄",《全宋筆記》第三編第六册,大象出版社,2008年,第143頁。
5 郭彖:《睽車志》卷一,第100頁。

情和思慮。岳飛之死,天怒人怨,紫姑的乩文,不過是反映了當時軍將、百姓的心聲,難怪秦檜要"聞而惡之",大加懲治了。

宋代傳說中的紫姑,聰慧博學,能書畫,善詩文,應對敏捷,出人意表,因此,本是一個卑微家內小神的她,因具有了多彩的文化内涵,居然能够登堂入室,在文人士大夫的圈子裏混得風生水起,十分得意。《春渚紀聞》記載了一則有關紫姑善書法的故事:

政和二年,襄邑民因上元請紫姑神爲戲,既書紙間,其字徑丈。或問之曰:"汝更能大書否?"即書曰:"請連粘裏表二百幅,當爲作一'福'字。"或曰:"紙易耳。安得許大筆也?"曰:"請用麻皮十斤縛作,令徑二尺許,墨漿以大器貯,備濡染也。"諸好事因集紙筆就一富人麥場,鋪展聚觀。神至,書云:"請一人繫筆於項。"其人不覺身之騰踔,往來場間,須臾字成,端麗如顔書。復取小筆書於紙角云"持往宣德門賣錢五百貫文"。既而縣以妖捕群集之人,大府聞之,取就鞫治,訖無他狀,即具奏知。有旨令就後苑再書驗之。上皇爲幸苑中臨視,乃書一"慶"字,與前書"福"字大小相稱,字體亦同。上皇大奇之,因令於襄邑擇地建祠,歲祀之。[1]

紫姑藉助人體騰躍,寫成極大字,還"端麗如顔書",怎不令人咂舌!難怪當地官府會認爲是妖。也幸虧驚動了太上皇,因禍得福,得以"建祠,歲祀之"。

有關紫姑善詩文的記載就更多了,《夷堅志》有紫姑咏手的故事:

吉州人家邀紫姑,正作詩,適有美女子在其傍,因請咏手,即書曰:"笑折夭桃(或作"櫻桃")力不禁,時攀楊柳弄春陰。管弦曲裏傳聲慢,星月樓前斂拜深。绣幕偷回雙舞袖,綠衣閑整小眉心。秋來幾度挑羅襪,爲憶相思放却針。"信筆而成,殊不思索,頗有雅致也。[2]

又有紫姑賦詩悼陳元的故事:

侯官陳元,居縣之甘洲,以進士第二人登科,未食禄而卒。……既没二年,鄉士請紫姑仙,得兩字曰陳元,復書一詩曰:"月桂曾攀第二

---

[1] 何薳:《春渚紀聞》卷四"紫姑大書字",第225頁。
[2] 洪邁:《夷堅支志》乙集卷五"紫姑咏手",第834頁。

枝,緑袍得意拂丹墀。不霑雨露空歸去,折斷連環多少悲。"蓋陳巍捷之後,方娶妻,纔爲夫婦月餘而永訣,故卒章不能忘,亦可哀也。[1]

還有紫姑以詩文戲書生的故事也很生動,説的是書生江楠認爲紫姑占卜乃僞托惑衆,弗信。紫姑神就在乩文中先後引《晋書》《唐書》《史記》《後漢書》中有關粥事的典故,戲諷江楠嫖宿於一家世賣粥、綽號"藍粥"的藍姓官妓處。[2] 故事中的紫姑不僅熟讀詩文,典故隨手拈來,還對江楠的行蹤瞭如指掌,堪稱神力、才藝兼具。

紫姑,一女性神,一司厠事的家内神,後世多由深宅婦女祭拜,紫姑占卜也祇是作爲婦女們暇日的娛樂活動而存在。但是在宋代民間,尤其是在宋代士大夫階層居然有如此大的影響,吟咏紫姑的詩文屢見不鮮,這實在是不尋常而又值得深思的現象。

二、行業神

隨着社會分工的逐漸細密和社會經濟的發展,各行各業都有了自己的利益訴求,需要有適合本行業特點的、能夠保護本行業利益的超社會力量,即行業神。行業神或以原始的與本行業有關的自然神充當,如運輸業選擇馬王,廚業選擇竈王;或以對本行業有突出貢獻的歷史人物充當,如紙業選擇蔡倫,梨園業選擇唐明皇等。行業神信仰的發展也不是一蹴而就的,早期祇是單純的保護神崇拜,隨着手工業的日漸發達,才產生了祖師崇拜。宋代,行業神體系還没有全面形成,筆記中祇是零零星星地出現了一些相關記載,雖是一鱗半爪,也反映了宋代行業神信仰不甚成熟的現狀。

(一)農業神

宋代以農業經濟爲主,按理説,"社稷"二字囊括了農業生產最重要的因素土地和五穀,是最爲恰當的農業神,但由於"社稷"承擔了更多的政治意義,已與

---

[1] 洪邁:《夷堅支志》丁集卷一〇"陳元紫姑詩",第1050頁。
[2] 洪邁:《夷堅丁志》卷一八"紫姑藍粥詩",第687頁。

農業相距甚遠,因此,國家性的農業神,就由先農來承擔了。

先農是傳說中最早教民稼穡的神,南宋葉適説:"先農者,田祖也,猶先蠶爾。"[1] 後世或以爲是神農,或以爲是后稷。宋代循先秦禮制,行籍田之禮,届時,築先農壇,皇帝親享神農,以后稷配,宋代曾多次修定籍田禮。江少虞《宋朝事實類苑》"籍田"記載:

> 元豐二年七月,詳定禮文所言:"《國語》云:'王耕一墢,庶人終於千畝。廩於籍,東南鍾而藏之。'自漢迄唐,皆有帝籍神倉,今久廢不設。凡祭祀之所用,皆索諸市,非所以致潔誠也。乞於京城東南,度田千畝,置籍田,仍徙先農壇於其中。立神倉於東南,五穀之外,并植果蔬。冬則藏冰,一歲祠祭之用取具焉。"并從之。[2]

李心傳《建炎以來朝野雜記》則記録了紹興十五年(1145)的一次親耕禮:

> 正月二十二日,上服衮冕,親饗先農於東郊,牲用少牢,配以后稷。禮畢,易通天冠、絳紗袍,詣親耕位,宫架樂作,上親耕,九推乃止,遂登親耕壇,命宰執、使相、侍從、兩省、臺諫行五推、九推之禮,庶人終千畝焉……司農寺主簿宋敦樸因請令守、令以歲中春出郊勞農,至今遂爲故事。[3]

以上兩條史料可以證明,在天子籍田禮中,先農是被作爲最重要的神尊奉的。然而,先農祭祀畢竟是由官府關注和主持的,離面朝黄土背朝天的農民太遠了,因此,百姓更願意去取悦更加實在的田神、驅蟲神等,哪怕他們連個像樣的祭祀場所都没有。洪邁曾在福建興化去城五十里的地方看到"有小祠一間,庫陋之甚,農家以祀田神"[4],可見這等鄉野小神的境遇。

不過,如此"廟貌全無"的田神,并不影響農家對它的信賴,以及年復一年的春祈秋報。樂史的《太平寰宇記》記載:"巴之風俗皆重田神,春則刻木虔祈,冬

---

[1] 葉適:《習學記言》卷三九《唐書·表志》,《景印文淵閣四庫全書》第849册,臺灣商務印書館,1936年,第696頁。

[2] 江少虞:《宋朝事實類苑》卷一八《典禮音律·籍田》,第210~211頁。

[3] 李心傳撰,徐規整理:《建炎以來朝野雜記》甲集卷三"親耕",《全宋筆記》第六編第七册,大象出版社,2013年,第74頁。

[4] 洪邁:《容齋四筆》卷八"通印子魚",第292頁。

即用牲報(原本作"解")賽,邪巫擊鼓,以爲淫祀,男女皆唱《竹枝歌》。"[1]

梅堯臣有《野田行》詩描寫了人們在春天迎田神的情境:"輕雷長陂水,農事乃及辰。茅旌送山鬼,瓦鼓迎田神。青皋暗藏雉,萬木欣已春。桑間耦耕者,誰復來問津。"[2] 歐陽修也有《田家》詩曰:"綠楊高下映平川,賽罷田神笑語喧。林外鳴鳩春雨歇,屋頭初日杏花繁。"[3] 祭畢田神之後的歡聲笑語,表達的是人們對當年收成的期盼和信心。

高承的《事物紀原》則記載了人們在秋天對田神的報答:"今人以歲十月農功畢,里社致酒食以報田神,因相與飲樂,世謂社禮,始於周人之蠟云。"[4] "賽神"也稱"社會""社火""賽會"等,是古代民間盛行的酬神方式,包括集會性的祀神、迎神、舁神出巡等,崇奉對象多爲民間俗神。宋人每至秋收過後就舉行賽會,表達對田神的感謝。黃庭堅的《戲咏江南土風》記載了農民秋報田神時的快樂:"十月江南未得霜,高林殘水下寒塘。飯香獵户分熊白,酒熟漁家擘蟹黃。橘摘金苞隨驛使,禾舂玉粒送官倉。踏歌夜結田神社,游女多隨陌上郎。"[5]

宋代還有青苗神,專掌青嫩的苗稼,因此總在莊稼茂盛的時候祭祀。不過青苗神往往没有專門的祀廟,附着於土地廟等廟宇作配神。《中吴紀聞》中曾記載吴地以織女作爲青苗神祭祀,已在第一章"日月星辰崇拜"部分介紹,此不贅述。

驅蝗神可歸於農業保護神之列。在古代,旱灾過後往往會出現蝗災。正如蘇軾所説的"從來蝗旱必相資,此事吾聞老農語"[6]。蝗災在古代是毀滅性的災害,一旦暴發,莊稼瞬間俱盡,即如李綱所描寫的"剪穗齊若刀,抱秆牢如釘"。隨之而來的,就是餓殍遍野的慘狀,因此,從官府到民間,都"談蝗色變",哀嘆

---

[1] 樂史:《太平寰宇記》卷一三七《山南西道五·開州》,第470册,第317頁。

[2] 梅堯臣:《宛陵集》卷四《野田行》,《景印文淵閣四庫全書》第1099册,臺灣商務印書館,1986年,第35頁。

[3] 祝穆:《古今事文類聚》前集卷三六《民業部·律詩·田家》,《景印文淵閣四庫全書》第925册,臺灣商務印書館,1986年,第604頁。

[4] 高承:《事物紀原》卷八《歲時風俗部第四十二》"賽神",第439頁。

[5] 黃庭堅:《山谷集》外集卷六《戲咏江南土風》,第394頁。

[6] 蘇軾:《蘇軾詩集》卷一三《次韻章傳道喜雨》,第623頁。

"异哉天壤間,孕此妖孽形"[1]。慶曆年間,朝官提出"螟蝗爲害,乞内外并修祭醀",於是,朝廷以小祠規格,仿祭馬步之禮,制定了一整套祭祀醀神的禮儀,其頒定的祝文曰:"昭告於醀神:蝗螟薦生,害於嘉穀,惟神降祐,應時消殄。請以清酒、制幣嘉薦,昭告於神。"此後,凡遇蝗灾,便行祭禮,南宋初年還特下詔令"蟲蝗爲害,則祭醀神"。嘉定八年(1215)六月,臨安發現了飛蝗,朝廷即差官祭告,"又詔兩浙、淮東西路州縣,遇有蝗入境,守臣祭告醀神"[2]。李綱的《醀祭》記載了祭醀神的情境:"閔旱意不樂,駕言游近坰。田父紛在野,祭醀方乞靈。借問何以然,東皋産蝗螟。主張有神物,薄禮羞微馨。"不少文人寫的祭醀祝文中也可見大致情況。

民間驅蟲多祈求於俗神,衛宗武有詩曰:"但祈田祖去螟螣,願如荆叟歌元豐。"[3]可見人們相信田神也具有驅蝗的能力。相傳有一種名爲"鶩"的水鳥,具有驅蝗神力,《夷堅志》記載了宋金對峙時期的一件事:

> 紹興二十六年,淮、宋之地將秋收,粟稼如雲,而蝗蟲大起,翩飛蔽天,所過田畝,一掃而盡。未幾,有水鳥名曰鶩,形如野鶩而高且大,脛有長喙,可貯數斗物,千百爲群,更相呼應,共啄蝗,盈其喙,不食而吐之,既吐復啄。連城數十邑皆若是。纔旬日,蝗無孑遺,歲以大熟。徐、泗上其事於虜庭,下制封鶩爲護國大將軍。[4]

至於明清時期民間奉祀甚篤的驅蝗神劉猛將,多認爲是宋代人,原型有多種説法,如欽宗時劉仲偃、高宗時劉錡、理宗時劉鋭、光宗時劉漫堂等。後人説他:"死而爲神,職掌蝗蝻,呼爲猛將,江以南多專祠。春秋禱賽,則蝗不爲灾。"但是宋人筆記中尚未見有關記載,幾個人物原型生前也没有驅蝗經歷,所以清代王應奎斷言"其爲後人附會無疑也"[5]。此可備一説。

---

1 李綱:《梁溪集》卷一五《次韵王堯明四旱詩·醀祭》,《景印文淵閣四庫全書》第1125册,臺灣商務印書館,1986年,第632頁。
2 《宋史》卷一〇三《禮志六》,第2523頁。
3 衛宗武:《秋聲集》卷二《用韵再作》,《景印文淵閣四庫全書》第1187册,臺灣商務印書館,1986年,第664頁。
4 洪邁:《夷堅支志》甲集卷一"護國大將軍",第719頁。
5 王應奎:《柳南隨筆》卷二,《叢書集成新編》第89册,臺灣新文豐出版公司,1985年,第195頁。

事實上，飛蝗來臨是一刹那的事情，無論禱祈哪路驅蝗神，都是遠水救不了近火。《春渚紀聞》記載了一件有趣的事情：

> 米元章爲雍邱令，適旱蝗大起。而鄰尉司焚瘞後遂致滋蔓，即責里正并力捕除。或言盡緣雍邱驅逐過此，尉亦輕脱，即移文載里正之語致牒雍邱，請各務打撲，收埋本處地分，勿以鄰國爲壑者。時元章方與客飯，視牒大笑，取筆大批其後付之云："蝗蟲元是空飛物，天遣來爲百姓災。本縣若還驅得去，貴司却請打回來。"傳者無不絶倒。[1]

米芾之爲人素灑脱不羈，作此詩固不乏調侃意，但也反映了當時對於蝗災的無可奈何。

（二）蠶業神

種桑養蠶在古代男耕女織的經濟結構中占有重要地位，歷朝歷代的祀典上，都有蠶神的位置。蠶神何許人也？説法各異，傳説中的黄帝元妃嫘祖，是其中之一。東漢以來的蠶神被稱爲"先蠶"，意爲"始爲蠶桑之神"。宋真宗時期，朝廷修訂了祭祀先蠶之禮，在東郊築壇，依先農之例，祀禮如中祠。徽宗宣和年間，皇后數行親蠶之禮，於是相關禮儀又得到進一步的規範和提升，至南宋孝宗乾道年間，先蠶禮已正式升格爲中祠了。[2]

民間信奉的蠶神多爲馬頭娘，關於馬頭娘的來歷，高承的《事物紀原》概引《搜神記》曰：

> 上古時，有人遠征，家惟一女與馬。女思父，戲馬曰："汝能迎得吾父，吾將嫁汝。"馬乃絶繮去，得父還。後馬見女輒怒，父怪之，女具以答。父大怒，殺馬曝其皮。女至皮所，忽蹶然捲女而行，後於大樹枝間得女及皮，盡化爲蠶。既死，因名其樹曰桑。桑，喪也。此蠶桑之始也。[3]

這一傳説在三國以前就已形成，到宋代仍然盛行，曾慥《類説》引《蜀本紀》稱：

1　何薳：《春渚紀聞》卷二"雍邱驅蝗詩"，第 199 頁。
2　《宋史》卷一〇二《禮志五》，第 2493~2497 頁。
3　高承：《事物紀原》卷九《農業陶漁部第四十五》"蠶絲"，第 462 頁。

"(蠶女)冢在綿竹縣,塑女子像,被以馬皮,俗號爲馬頭娘廟。"[1]葉廷珪的《海錄碎事》記曰:"蜀中寺觀多塑女人披馬皮,謂之馬頭娘,以祈蠶。"[2]

宋代的四川地區則以蠶叢氏爲蠶神。《事物紀原》引《仙傳拾遺》曰:

> 蜀蠶叢氏王蜀,教人蠶桑,作金蠶數千,每歲首出之,以給民家。每給一,所養之蠶必繁孳,罷即歸於王。王巡境内,所止之處,民成市。蜀人因其遺事,每年春有蠶市也。[3]

黃休復《茅亭客話》記載:

> 蜀有蠶市,每年正月至三月,州城及屬縣循環一十五處。耆舊相傳,古蠶藂氏爲蜀主,民無定居,隨蠶藂所在致市居,此之遺風也。[4]

蠶叢氏,也叫青衣神,據說他曾經穿着青衣,巡行郊野,教民蠶事,鄉人感其德,立祠祀之,無不靈驗。蠶叢氏不僅發展了蜀地的養蠶業,還刺激了蜀地的商業,當地著名的蠶市,就是在蠶叢氏崇拜的基礎上形成發展起來的。

馬頭娘、蠶叢氏以外,漢儀后、菀窳婦人、寓氏公主這些古老的蠶神在宋代也都得到認可,享有奉祀。

養蠶是個精細活兒,來不得半點兒差錯,因此蠶桑之家禱蠶神特別虔誠,秦觀《蠶書》記養蠶人家的禱神活動曰:

> 臥種之日,升香以禱天駟,先蠶也。割雞設醴以禱(菀窳)婦人、寓氏公主,蓋蠶神也。毋治堰,毋誅草,毋沃灰,毋室入外人,四者神實惡之。[5]

其實,環境衛生是養蠶的必要條件,不過,宋人把這些都認作蠶神不喜的行爲,一概禁止。姚寅的《養蠶行》記錄了養蠶婦人祈求蠶神保佑時的戰戰兢兢:"夜深人静不敢眠,自繞床頭逐飢鼠。又聞野崇能相侵,典衣買紙燒蠶神。一家心在陰雨裏,祇恐葉濕繰難勻……"[6]

---

[1] 曾慥:《類說》卷三六引《蜀本紀》"蠶女",第634頁。
[2] 葉廷珪:《海錄碎事》卷一七《農田部·蠶織門·馬頭娘》,第762頁。
[3] 高承:《事物紀原》卷八《歲時風俗部第四十二》"蠶市",第434頁。
[4] 黃休復:《茅亭客話》卷九"鸑龍骨",第67頁。
[5] 秦觀:《蠶書》"禱神",《説郛三種》第八册,上海古籍出版社,1988年,第4928頁。
[6] 厲鶚輯撰:《宋詩紀事》卷七三《養蠶行》,上海古籍出版社,1983年,第1804頁。

像祭田神一樣，民間祭蠶神既是虔誠的信仰行爲，也是調節身心的好時機。陸游《春晚即事》記錄下的祭蠶神："桑麻夾道蔽行人，桃李隨風旋作塵。煜煜紅燈迎婦擔，鼕鼕畫鼓祭蠶神。"[1] 熱鬧、隆重的情境躍然紙上。如果蠶情好，豐收在望，更是全家歡喜，急切地盼望着賽蠶神日子的到來，李若林《蠶婦詞》就描寫得十分生動：

舍前舍後桑成林，鋤墾不放青草侵。東風滿條新葉大，村家愛此輕黃金。日暖春蠶大眠起，戢戢盈箱齊若指。看蠶新婦夜不眠，蠶老登山滿家喜。阿姑嗔辦噪連遲，小姑已催修織機。殺雞沽酒賽神福，今歲不怕寒無衣。[2]

（三）工商業神

兩宋的工商業發展達到新的高度，僅從《清明上河圖》中就可以看出，開封的街道兩旁商鋪、酒樓鱗次櫛比，人群熙攘，一派欣欣向榮的景象。但是工商業經營有其不確定性，經營者稍有不慎，就會影響商機甚至生機，特別需要有神靈保佑自己免災除難、利益達成。再加上工商業有行業特殊性，一些手工業有着明確的技藝傳承，行業祖師往往就可以充當本行業的護佑神，所以，工商業的行業神信仰雖然遠不如明清那麽成熟，但也漸成規模。

《景定嚴州續志》記載：

招商神祠在輯睦坊北，祠廢已久，地爲民居。淳祐火延數十百家自居祠地者，始郡以民請復建祠。然舊以招商爲名，豈非土儉俗貧，假懋遷之利，以粒斯民，故汲汲然耶？[3]

嚴州地處浙江山區，交通不便，農業落後，商業也不發達。在商品經濟浪潮的刺激下，嚴州民衆建造了招商祠。當神祠年久失修，被占用爲民居後，"民請復建"，"仍以招商爲名"，體現了嚴州民衆要求發展商業經濟的强烈願望。

---

1 陸游：《劍南詩稿》卷七〇《春晚即事》，第 3920 頁。
2 陳思編、陳世隆補：《兩宋名賢小集》卷二三七《延月樓詩稿·蠶婦詞》，《景印文淵閣四庫全書》第 1363 册，臺灣商務印書館，1986 年，第 823～824 頁。
3 鄭瑶、方仁榮撰：《景定嚴州續志》卷四，《宋元方志叢刊》第五册，第 4380 頁。

宋代的手工業、商業發展尚不平衡，各行業的行業神崇拜發展也不平衡，前代已有的，往往就繼承下來了。唐《因話錄》記陸羽"性嗜茶，始創煎茶法，至今鬻茶之家，陶爲其像，置於煬器之間，云宜茶足利"[1]，可見茶館業以陸羽爲行業神，自唐代就已形成。至宋代，陸羽仍然聲名卓著，吳曾的《能改齋漫錄》引《水記》曰：

> 陸鴻漸善别水味，嘗令操舟者於揚子江取南零水。俄水至，羽以勺揚之曰："江則江矣，非南零者，似臨岸之水。"既傾至半，又以勺揚之曰："此南零者矣。"其人大駭曰："某昨取水至岸，便覆其半，懼其少，取岸水增之。"[2]

善别水味，這是飲茶者的功夫之一，但精準到這種程度，一般人做不到，人們盛傳這一故事，也是將陸羽當茶神來崇拜的。歐陽修《集古錄跋尾》記曰："後世言茶者必本陸鴻漸，蓋爲茶著書自其始也。至今俚俗賣茶肆中，嘗置一瓷偶人於竈側，云此號陸鴻漸。鴻漸以茶自名於世久矣。"[3] 可知茶肆祭陸羽之俗在宋代是全盤繼承下來了，祇不過將其偶像從水壺之間挪到了竈側而已。

不過，宋人挺同情陸羽在茶館的遭遇，費袞《梁谿漫志》曰：

> 人不可偏有所好，往往爲所嗜好掩其他長。如陸鴻漸，本唐之文人達士，特以好茶，人止稱其能品泉别茶爾。所著書甚多……然世所傳者特《茶經》，他書皆不傳，蓋爲《茶經》所掩也。鞏縣有瓷偶人號陸鴻漸，買十茶器得一鴻漸，市人沽茗不利，輒灌注之。鴻漸嗜茶，而終遭困辱。嗜好之弊至此，獨不可笑乎？[4]

"沽茗不利，輒灌注之"的做法見於唐代李肇的《唐國史補》，身爲行業神，還要受此困辱，宋人很替陸羽抱不平。但不知實際上是否有所改觀，筆記中未見記載。

宋代有餅師神，也是沿襲前代的。蔡絛《鐵圍山叢談》記載："漢宣帝在仄

---

[1] 趙璘：《因話錄》卷三《商部下》，上海古籍出版社，1979年，第86頁。
[2] 吳曾：《能改齋漫錄》卷十四《類對》"别水味"，第151頁。
[3] 歐陽修：《歐陽修全集》卷一四二《集古錄跋尾》卷九《唐陸文學傳》，第2303頁。
[4] 費袞：《梁谿漫志》卷十"陸鴻漸爲茶所累"，第237頁。

微,有售餅之异,見於《漢書紀》,至今凡千百歲,而關中餅師每圖宣帝像於肆中,今殆成俗。漢氏之德於世如此也。"[1] 製餅本是一個小得不起眼的行業,怎敢奉大漢天子做行業神?或説是出於對因巫蠱之禍一度落魄江湖的漢宣帝的同情,但更有可能的是,漢宣帝能給商家帶來興隆的生意、高倍的利潤。相傳漢宣帝在民間生活時,"每買餅,所從買家輒大讎"[2]。這不就是尊奉行業神最樸素的初衷嗎?

宋代航運業除了信奉媽祖,還信奉船神,此自唐沿襲而來。《雲麓漫鈔》記載:

> 徽廟既内禪,尋幸淮浙,嘗作小詞,名《月上海棠》,末句云:"孟婆且與我做些方便。"而隆祐保祐之功,蓋識於此。諺語謂風為孟婆,非也。段公路《北户録》云:"南方祝船神,名曰孟姥、孟公。"梁簡文《船神記》云:"又呼為孟公、孟姥。"[3]

曾慥《類説》也引《北户録》曰:"南方除夜及將發船,皆殺雞擇骨為卜,傳古法也。占吉即以肉祀船神,呼為孟公、孟姥,其來尚矣。"[4] 雖説《北户録》是唐朝筆記,但是宋徽宗内禪後寫的小詞中還曾提及孟婆,至少説明孟公、孟姥這對船神的影響在宋代仍然存在。

此外,《泊宅編》還記曰:"今西北屠者皆祭樊噲,又可笑也。"[5] 雖然方勺將此作為可笑的行為記載,但我們可以從中確定:宋代,西北地區屠宰業的行業神是曾以屠狗為業,後追隨劉邦并在鴻門宴上立下大功的西漢開國名將樊噲。又張端義《貴耳集》記載:"輦下酒市,多祭二郎、祠山神,有詩云:'簫鼓喧天鬧酒行,二郎賽罷賽張王。愚民可煞多忘本,香火何曾到杜康。'"[6] 可見,宋人行業神的選擇,主要還是看靈應程度,未必與本行業的歷史有關。

---

1 蔡絛:《鐵圍山叢談》卷六,第247頁。
2 《漢書》卷八《宣帝紀》,第237頁。
3 趙彦衛:《雲麓漫鈔》卷四,第137頁。袁文《甕牖閒評》卷五引該小詞末句作"孟婆且告你與我佐些方便,風色轉吹個船兒倒轉"。
4 曾慥:《類説》卷一三引《北户録》"孟公孟姥",第223頁。
5 方勺撰,許沛藻、楊立揚點校:《泊宅編》三卷本卷中,中華書局,1983年,第87~88頁。
6 張端義:《貴耳集》卷上,第304頁。

(四)胥吏神

公務性行業雖然不是以營利爲目的,但也有自己的利益保護需要,因此也有相應的保護神。如宋代的官司衙門就有胥吏神。《石林燕語》記載:

> 京師百司胥吏,每至秋,必釀錢爲賽神會,往往因劇飲終日。蘇子美進奏院會,正坐此。余嘗問其何神?曰:"蒼王。"蓋以蒼頡造字,故胥吏祖之,固可笑矣。官局正門裏,皆於中間用小木龕供佛,曰"不動尊佛",雖禁中諸司皆然。其意亦本吏畏罷斥,以爲禍福甚驗,事之極恭。此不惟流俗之謬可笑,雖神佛亦可笑也。[1]

胥吏奉倉頡爲祖師,乍一看似風馬牛不相及,細究之也很有道理,胥吏天天與文書打交道,不僅需要一手漂亮的字,還要力求不出錯,由倉頡保佑,真是再放心不過了。

宋代的監獄還供奉着獄神。獄神的崇信者是監獄中的兩端:掌管監獄的官員、獄吏和被看管的囚犯。對於前者來説,監獄神是行業神,而對於後者來説却是監獄生活的護佑神,因此在各類護佑神中,獄神顯得比較特殊。袁文的《甕牖閒評》記載:"今州縣皆立皋陶廟,以時祀之。蓋皋陶,理官也,州縣獄所當祀者。"這是針對獄吏、獄卒而言的,皋陶是堯舜時期的"士",即負責理獄的官員。《唐律疏義》又説"皋陶造獄",因此皋陶可以説是造獄先驅及最早的監獄負責人,作爲獄吏祖師確實是當仁不讓的。袁文又引《泊宅編》言:祀皋陶是"後漢以來始有之,考《范滂傳》坐繫黃門北寺獄,獄吏謂曰:'凡坐繫皆祭皋陶。'滂曰:'皋陶賢者,古之直臣,知滂無罪,將理之於帝;如其有罪,祭之何益?'衆人由此亦止。夫滂既不曾祭,則亦未可據以爲始此也"[2]。這是針對囚犯而言的,至少自漢代開始,"坐繫皆祭皋陶"已成慣例,直到宋代還"州縣皆立皋陶廟",説明獄神信仰是比較成熟和穩定的。

許多行業,如瓷業、鹽業、建築業、演藝業、飲食業甚至蹴鞠業等,在宋代都已經相當發達,也陸陸續續都有了自己的行業神,并且在後世蔚爲大觀。雖然

1　葉夢得:《石林燕語》卷五,第71頁。

2　袁文:《甕牖閒評》卷二,第152頁。

宋代方志、文集中也可見到星星點點的相關記載,但是由於宋代筆記資料的匱乏,本書祇能略而不敘了。

三、社會神

在原始社會,人們主要的奮鬥對象是天地自然,因此神靈觀念大都是自然神。隨着社會結構的日益複雜,社會公共事務的不斷增多,各種社會力量也逐漸引起人們更多的關注。一些社會現象對人們的生活有着很大的支配力和影響力,左右着人生的追求。爲了達成各種願望,人們除了加強自身努力,也將一些難以駕馭的社會現象和社會力量幻想成人格化的神,從而產生了許多適應社會生活需要的膜拜對象,即社會神。上述的家內神、行業神等雖分別論述,但在本質上都屬於社會神範疇。除此以外,生育神、文運神、醫藥神、財神等,都是爲達成人們各種人生願望而產生的社會神。祇是許多在後世蔚爲大觀的社會神信仰在宋代還沒有形成或僅處於萌芽狀態,如財神信仰等。有些即便已出現,但筆記中又少有記載,所以本節祇能就一些較具普遍意義的社會神信仰擇要論之。

(一)生育神

在以父家長爲中心的宗法社會,按父系血統延續和發展是家族最基本的功能,爲家族誕育下合格的并能光宗耀祖的後代,是婚姻的首要任務,也是每對夫妻的基本責任,這就給不育或晚育的夫婦乃至其家庭造成了莫大的壓力,因此,生育神是中國古代信衆最廣的社會神之一。

以生育職能被納入國家祀典的神祇是高禖,因常立祠於郊外,也稱郊禖。《禮記·月令》曰:"(仲春之月)玄鳥至,至之日,以大牢祠於高禖,天子親往。后妃帥九嬪御,乃禮天子所御,帶以弓韣,授以弓矢,於高禖之前。"[1]《黃氏日鈔》引上文後曰:"玄鳥,燕也。高禖,所求嗣之神也。御,侍也。韣,弓衣也。弓矢者,男子之祥也。春分祀高禖祈嗣,后妃以下皆從,乃禮后妃之侍見於天子

---

[1] 孔穎達:《禮記正義》卷一五《月令》,第 1361 頁。

者,於高禖祠之前,示以得男之象。"[1]可見,祀高禖是以"祈嗣"并"得男"爲目的的,衹是漢唐之際,其禮不著。

北宋景祐四年(1037),因宋仁宗没有子嗣,禮官上言建議重興高禖之祀,并於當年春分,築壇遣官致祭。祀前一日,皇后要宿齋於别寢,祀日,率宫嬪於所齋之庭行禮,須經上香、帶弓韣、受弓矢、受胙、飲福等禮儀,十分隆重。《夢粱録》記載:

> 高禖壇在郊壇東。壇祭設青帝神位於壇上,南向,配伏羲帝、高辛帝於西向北,又設從祀簡狄、姜嫄位於壇下卯陛南西向北。每歲春分日,遣官致祭畢,收徹二從祀饌,弓韣弓矢入禁中,后妃以次行禮。[2]

寶元二年(1039),皇子誕生後,皇帝遣參知政事以太牢報祠,此後,便成爲常祀。政和年間,朝廷重訂禮制,規定"春分祀高禖,以簡狄、姜嫄從祀,皇帝親祠",進一步提高了祭祀規格。

紹興元年(1131),百廢待興之時就有言官提出:"自車駕南巡,雖多故之餘,禮文難備,至於祓無子,祝多男,所以係萬方之心,蓋不可闕。乞自來歲之春,復行高禖之祀。"[3]於是,高禖之祭再次完善:

> (紹興十六年)監察御史石埭、王鎰因請行親祠高禖之禮。八月,改築高禖壇於圜丘之東,高昄而廣五倍。十七年二月,以秦丞相爲親祠使。丁未,上親祠青帝於壇,以伏羲、高辛配,又祀簡狄、姜嫄於壇下。牲用太牢,玉用青,幣仿其玉之色,樂舞如圜丘之制。[4]

可見,高禖之祭雖歷史悠久,但祭儀的進一步完善是在宋代,并一直沿用至清代。不過高禖是國家層面的祭祀,於民間影響不大。

始於先秦的九子母信仰延續至宋代。古代天文學有二十八宿之説,其中"女宿"也叫"女歧","尾宿"也稱"九子星",相傳尾宿是女宿的九個兒子,所以屈原《楚辭·天問》有"女歧無合,夫焉取九子"之句。楚人認爲女歧無夫而多

---

1 黃震:《黃氏日鈔》卷一六《讀禮記·月令第六》,《景印文淵閣四庫全書》第707册,第466頁。
2 吴自牧:《夢粱録》卷一四"祠祭",第228頁。
3 《宋史》卷一〇三《禮志六》,第2513頁。
4 李心傳:《建炎以來朝野雜記》甲集卷二"祚德廟",第65頁。

子,宜於生育,稱其爲九子母,尊爲司子嗣的神靈,漢代以來,作爲生育神的九子母神一直爲民間尤其是江南各地所信奉。

《荆楚歲時記》記南北朝時情況曰:"四月八日,長沙寺閣下有九子母神。是日,市肆之人無子者供養薄餅以乞子,往往有驗。"[1]《太平寰宇記》引晋朝劉欣期《交州記》云:"石九子母者,坐高七尺,在今州寺中,九子悉附於石體。傳云浮海而至,士庶禱祀求子多驗,於今不絶。"[2] 又《太平廣記》引五代時人王仁裕《玉堂閑話》曰:"南中有僧院,院内有九子母像,裝塑甚奇。"[3]《海録碎事》記曰:"九華山舊爲九子山,李太白易之。今有九子廟,塑像九子母。"[4] 可見魏晋至宋,九子母祭祀一直延續着,且分布也比較廣。

九子母的來歷和形象爲時人所熟知,成爲文人畫家樂於描繪的人物形象,《宣和畫譜》就收録了周昉的《九子母圖》三幅。另《老學庵筆記》記載:

> 錢穆父風姿甚美,有九子。都下九子母祠,作一巾紆美丈夫坐於西偏,俗以爲九子母之夫,故都下謂穆父爲九子母夫。東坡贈詩云"九子羨君門户壯",蓋戲之也。[5]

九子母被用於日常戲謔之中,可見當時其信仰在民間的普及程度。年節中,開封的九子母殿是萬衆集聚的熱鬧場所之一。《東京夢華録》記載了正月十六日晚大相國寺的情況:

> 寺之大殿前設樂棚,諸軍作樂,兩廊有詩牌燈云:"天碧銀河欲下來,月華如水照樓臺",并"火樹銀花合,星橋鐵鎖開"之詩,其燈以木牌爲之,雕鏤成字,以紗絹幂之,於内密燃其燈,相次排定,亦可愛賞。資聖閣前安頓佛牙,設以水燈,皆係宰執戚里貴近占設看位。最要鬧九子母殿及東西塔院,惠林、智海、寶梵,競陳燈燭,光彩争華,直至

1　韓鄂撰:《歲華紀麗》卷二"四月八日"引《荆楚歲時記》,《叢書集成新編》第 7 册,臺灣新文豐出版公司,1985 年,第 202 頁。
2　樂史:《太平寰宇記》卷一七〇《嶺南道十四·交州》,第 470 册,第 576 頁。
3　李昉等編:《太平廣記》卷三六八"南中行者",中華書局,1961 年,第 2931 頁。
4　葉廷珪:《海録碎事》卷一三《鬼神道釋部·鬼神門·塑九子母》,第 682 頁。
5　陸游:《老學庵筆記》卷一〇,第 121 頁。

達旦。[1]

九子母殿屬於年節中"最要鬧"的地點之一,其香火之盛可見一斑。

佛教傳入中國後,走中國化、世俗化的道路,與中國的傳統文化相結合,從而得以在中華大地迅速傳播。由於中國傳統民間信仰的根深蒂固,佛教神祇并不能在中國的信仰體系中占主導地位,相反却是程度不等地被吸納到民間諸神體系,被作爲民間俗神加以禮拜。其中,觀世音菩薩可能是佛教神祇中世俗化程度最高的一位。觀音在佛教中的品位要低於佛,却能讓中國信衆如此崇奉,除了他大慈大悲、能救苦救難,還與他自唐以來多現女相,并且承擔起"送子"這一社會職能有着密切的關係。

觀音能够送子,在佛經中是有依據的。《妙法蓮華經·觀世音菩薩普門品》曰:"若有女人,設欲求男,禮拜供敬觀世音菩薩,便生福德智慧之男;設欲求女,便生端正有相之女。宿植德本,衆人愛敬。"[2] 據此可知,觀世音不僅可保佑生子,還能滿足人們生男生女的不同需要。從六朝開始,送子觀音的相關故事就逐漸見載於筆記小説,李昉的《太平廣記》就轉引了不少。如《辨正論》記:晉琅琊王珉妻祈觀世音乞兒,後便生了個"及生能語"的兒子。《冥祥記》記:劉宋孫道德,至心禮誦《觀世音經》,少日之中而有夢應,婦即有孕,遂以産男。《冥祥記》又記:劉宋居士卞悦之,行年五十未有子息,後發願頌《觀音經》千遍,遂生一男。[3] 等等。就連初唐高僧道丕,也是"母許氏爲求其息,常持《觀音普門品》,忽夢神光燭身,因爾妊焉"[4]。武則天時期很受寵信、語事多驗的高僧萬廻,也是其母"祈於觀音像而因娠廻"的。[5] 宋代天台宗大師遵式:"初其母王媪乞靈於古觀音氏求男,一夕,夢其舍灑然,有美女子以明珠授使咽之。及生法師,方七月,已能從母稱乎觀音。"[6] 也是得助於觀音的法力。以上記載,足見六朝至

---

1 孟元老:《東京夢華録》卷六"十六日",第157頁。
2 見《大正新修大藏經》第9册,第191~192頁。
3 李昉等編:《太平廣記》卷一一〇、卷一一一,第751、757、760頁。
4 贊寧:《宋高僧傳》卷一七"周洛京福先寺故道丕傳",第432頁。
5 李昉等編:《太平廣記》卷九二"萬廻",第606頁。
6 釋契嵩:《鐔津集》卷一五《杭州武林天竺寺故大法師慈雲式公行業曲記》,《景印文淵閣四庫全書》第1091册,臺灣商務印書館,1986年,第552頁。

宋,向觀音祈子風俗是一脉相承,蔚然成風。

宋代筆記中的送子觀音故事情節更加具體、複雜,并由單純的"祈子"向"送子"發展,觀音送子的内涵也更加深化了,如《夷堅志》"翟楫得子"條記載:

> 京師人翟楫居湖州四安縣,年五十無子,繪觀世音像,懇禱甚至。其妻方娠,夢白衣婦人以槃擎一兒,甚韶秀。妻大喜,欲抱取之,一牛横陳其中,竟不可得。既而生男子,彌月不育,又禱請如初。有聞其夢者,告楫曰:"子酷嗜牛肉,豈謂是歟?"楫竦然,即誓闔家不復食,遂復夢前婦人送兒至,抱得之,妻遂生子爲成人。[1]

在這個故事中,觀音菩薩不再有求必應了,祈子者必須反省自己爲人處世及日常生活中的不良嗜好并真心悔改之,方能如願以償。翟楫酷嗜牛肉,與佛教戒殺生及農耕社會保護耕牛的理念都相違背,觀世音此舉,伸張了佛教教義,也滿足了宋代社會教化的需要。

又如《夷堅志》"徐熙載禱子"條記載:

> 樂平徐熙載,祇有一子,以淳熙甲午歲八月二十四日亡。明年,徐寓舒州,宿松令鍾炤之館舍。值子初期偕南臺寺供佛,長老宗悟升座,爲舉唐顧況之子非熊再生爲顧氏子之事,且云:"吾有觀音聖相,極靈异,今以相授。能刊板印施,必獲報格。"徐敬而受之,攜歸書齋。鍾令爲唤匠者於郡城,逾月方至。啓像匣視之,已有黄蜂作三土窠如龍眼大,其子同時飛出,二巨者甚偉,一細者甚弱,幾不能相追隨。鍾令喜曰:"螟蛉之子殪而逢蜾蠃,祝之曰:'類我,類我。'久則肖之。舜俞它日當有三丈夫子矣。"明年,果以八月二十四日生男,名曰伯仁。考諸五行命書,實爲還魂格。繼又得兩男,季子秀而不實,符弱蜂之應云。[2]

這一故事仍然强調了觀音的靈异,但是要求祈子者將觀音聖像"刊板印施"。當徐熙載十分賣力地完成了尋訪工匠的任務後,觀音給了他一個令人滿意的預示:"它日當有三丈夫子",甚至連"二强一弱"都給安排好了。

在"安國寺觀音"條中,觀音的職能有所擴大,不單純是送子,還擔負起保佑

---

[1] 洪邁:《夷堅乙志》卷一七"翟楫得子",第325頁。
[2] 洪邁:《夷堅支志》丁集卷一"徐熙載禱子",第969~970頁。

產婦,令母子平安的責任。

饒州安國寺方丈中,有觀音塑像一龕。民俗祈請,多有神應。慶元二年七月,寓士許洄妻孫氏,懷妊臨產,乳醫守視,自夜半至平旦,乃泰然如常。又兩月,復擬就蓐,將產之際,危痛萬狀。孫默禱觀音,乞垂哀護。令其子持净油一盞,點照像前。家素貧,不能廣施願力。所居邇丈室,長老之祥,日夕聞其呻吟之聲,深爲不忍。因其油至,命童行滅宿燈而然所施者。自爲焚香啓白曰:"許洄妻孫氏,感孕以來,閲十三個月,未得免身。彼家四壁空空,二膳不足,燈油微矣,而出於誠心,望菩薩慈悲,賜其子母團圓平善,亦使鄰近老僧,得以安寢。"祝罷,許子還。孫正困卧榻蹬上,恍惚如夢間,見白氅婦人,往來其前,凡三返。瞿然興念,是必觀音菩薩來救我也。最後抱一金色木龍,呼而與之。孫氏接受,驚寤。纔頃刻,生男,遂采夢兆名之曰"龍孫"。此兒蓋辰生屬龍云。[1]

在古代,婦女產子是十分危險的事,故事中的許洄妻孫氏,預產期大大超過,臨產之時,又"危痛萬狀"。觀音及時出手,挽救了母子兩條生命,更是滿足了天下孕產婦共同的心理期盼。

宋代還有幾位聲名較著的生育神:北方地區影響較大的是碧霞元君,相傳她是東岳大帝的女兒,故也稱泰山聖母、泰山娘娘等。由於泰山在東,東方主生;又因爲《易經》中的泰卦是乾下坤上,表陽氣上升陰氣往下,於是就"陰陽交合,萬物乃生",因此泰卦是生長卦,吉利而亨通。人們把這些理念融合在一起,於是奉泰山娘娘爲生育神。南方地區影響較大的是臨水夫人,也叫陳靖姑、順懿夫人等,五代時人。相傳她曾運用法術,助難產的皇后生下太子,得到皇帝敕封並在福建地方建廟。於是人們就認爲她能催生護幼,婦人生產,尤其是難產時多供其神像於室內,成爲孕產婦和新生兒的保護神,後世又兼具了送子的功能。宋代還有一位男性生育神張仙,民間流行張貼《張仙送子圖》,圖中的張仙是個貴族美男子形象,持金弓銀彈,身邊有幾個小孩。古代高禖之禮以"天子所御,帶以弓韣,授以弓矢",民間則流行生男孩"設弧於門左"的風俗,"彈"又諧

---

[1] 洪邁:《夷堅支志》癸集卷一〇"安國寺觀音",第1300~1301頁。

音"誕",都是祈子之俗,於是張仙張弓挾彈的形象就這麼拼湊形成,其送子的功能也就這麼附會而來。據説蘇轍、蘇軾就是其父禱於張仙而生的,蘇洵曾題張仙畫像曰:

> 洵嘗於天聖庚午重九日至玉局觀無礙子卦肆中,見一畫像筆法清奇,乃云張仙也,有感必應,因解玉環易之。洵尚無子嗣,每旦必露香以告,逮數年,既得軾,又得轍,性皆嗜書,乃知真人急於接物而無礙子之言不妄矣。故識其本末,使异時祈嗣者於此加敬云。[1]

此事乃蘇洵親題,足見祈子於張仙確實是北宋之風俗。上述諸神都是宋代很有影響的生育神,可惜筆記中相關資料不多,難以展開論述。

其實宋人祈子并不執着於聲名顯赫的生育神,中國的民間信仰具有實用性、功利性之特點,因此許多民間神祇,本由於某一方面的靈驗爲人們崇奉,當信衆有其他需求的時候,往往會自發地賦予其相應的神力,如海上保護神媽祖被賦予生育神功能就屬於這種情況。因此宋代可佑人生育的神靈不少。如《錢氏私志》記載了宋慶壽公主向玉仙聖母祈子的經過:

> 賢穆乳母永嘉董夫人,一日入禁中,慈聖問云:"公主以未得子爲念,爲甚不去玉仙聖母處求嗣?"董奏曰:"都尉不信,事須是官家、娘娘處分。"後數日,光玉(四庫本作"先王",駙馬錢愐)入禁中,上笑云:"董婆來娘娘處説都尉來。"光玉皇恐謝罪。欽聖云:"别,没事。祇是娘娘要教公主去玉仙求嗣。董奏云'都尉不信'。"光玉奏云:"既得聖旨,安敢不信。"遂擇日與賢穆同詣玉仙,止留知觀老道士一人祝香祈禱。道士見貴主車服之盛,歆艷富貴,云:"願得貧道與大主作兒子。"歸而有娠。明年四月十五日,光玉欲赴朝,賢穆云:"我昨夜夢見玉仙觀知觀來與我作孩兒。"亟遣人詣廟祈禱,且問道士動静。云:"知觀自去年大主上廟後便不安,不下床多日矣。"知觀在房内聞人聲,問云:"甚處人來?"報云:"錢大主臨蓐賫香燭祈禱。"知觀笑云:"來催我也。"是日告殂。大父寶閣善推步,午時遣人來報光玉云:"得數七十有

---

[1] 蘇洵:《嘉祐集》卷一五《題張仙畫像》,《景印文淵閣四庫全書》第1104册,臺灣商務印書館,1986年,第962頁。

九,若今日酉時生,是個有福節度使。"伯兄果酉時生。平生淡薄,壽享正七十有九。[1]

玉仙聖母來歷有多種說法,多以爲是道教女神,或說就是王母娘娘。其送子之神能,連宮廷都知曉。

又如《夷堅志》記載了黄履中祈子於君山廟:

> 黄鉞,字元受,建昌人,汪應辰榜登科。言其祖履中無子,禱於君山廟。夢人以彩籠盛五色鳳三,別以筠籠盛一鳥,并授之。後正室生三子,皆擢第。妾生一子,無所能。[2]

君山廟應是祭祀洞庭湖神的,但是不妨礙人們在那裏祈子,并且也獲得成功。《夷堅志》還記載了平民黄廓帶妻子祈子於羅漢的故事:

> 黄廓講書者,興化人,徙家信州。未有子,携妻施氏及侍妾詣佛寺,禱於羅漢堂。是夜夢與妻妾同數羅漢位次,相視而笑。羅漢忽發言顧之曰:"前後各三年。"既寤,歷歷能憶。妻妾同時亦感此夢,俱莫曉旨意,但謂當相去各三年孕育耳。已而,同歲得男。廓卒後,施氏教之讀書甚力。妾之子曰煮,爲長。施之子曰杰。淳熙甲辰,杰登第。至丁未榜,煮繼之,方悟前後各三年之説。[3]

在大乘佛教中,羅漢的品位僅次於菩薩,佛經上有十八羅漢之稱,但中國自五代起,就有了五百羅漢,廟宇中須專闢羅漢堂尊之。也許是因爲人數衆多,羅漢比較接地氣,民間常有羅漢降生人間,或某人爲羅漢化身等説法。因此,羅漢儘管清一色全是男性,不太符合人們對於生育神的一般心理傾向,但也成爲祈子的對象。

總之,繁衍後代是人類社會的基本需求,在宗法制度影響下的古代中國尤其如此。因此,宋代大多數渴望生育的人們,就如李覯的母親那樣,"初無子,凡有可禱,無不至"[4]。被認爲能佑人生育的神靈,一定要比見諸文獻記載的多

---

1 錢世昭:《錢氏私志》,第64頁。
2 洪邁:《夷堅甲志》卷九"黄履中禱子",第74頁。
3 洪邁:《夷堅支志》乙集卷一〇"黄講書禱子",第872頁。
4 李覯:《旴江集》卷一《疑仙賦》,《景印文淵閣四庫全書》第1095册,臺灣商務印書館,1986年,第16頁。

得多。

(二) 文運神

在科舉時代,沒有什麼比金榜題名更讓莘莘學子及其家庭嚮往的了,年復一年的寒窗苦讀,爲的就是博取功名,躋身仕宦,光宗耀祖。無數文人士子除了常年埋首卷帙,力求以真才實學考出個好成績,當然也希望有一些捷徑可走,如結交名士,拜謁高官等。而對於大多數無門路可走的士子來說,求得神助大概是唯一可以獲取的捷徑了。

由自然崇拜發展而來的文運神是魁星。魁星是北斗七星中的第一星,或說爲前四星,排列如勺子的頭,故稱"斗魁"。但是,在宋代以前的星官系統中,魁星與文運一點關係都沒有,倒是二十八宿中的"奎星",素有"奎主文章"的說法。因此,後人推測,由於"魁"與"奎"同音,又帶有"爲首"的意思,故而合二爲一,改奎爲魁,一如顧炎武《日知錄》所分析的那樣:"今人所奉魁星,不知始自何年,以奎爲文章之府,故立廟祀之。乃不能像奎,而改奎爲'魁'。又不能像魁,而取之字形,爲鬼舉足,而起其斗。"[1] 因而後世民間供奉的魁星形象是右脚立於鰲頭,左脚向後蹺起,右手執筆,左手捧斗的一赤髮藍面鬼,既符合"魁"的字形,也表現"魁星點斗,獨占鰲頭"之意。

魁星崇拜始於宋代,宋代方志中已出現建魁星樓的記載。[2] 宋人文集中常見關於魁星的詠嘆,尤其是南宋後期,關於魁星堂、魁星像、魁星祭祀的文章明顯增多,如姚勉《雪坡集》有祭魁星祝文,方大琮《鐵庵集》有"魁星堂",王柏《魯齋集》有"題魁星",何夢桂《潛齋集》有《淳安縣學魁星樓記》,等等。其中姚勉的《武寧田氏魁星堂記》叙述了當地建立魁星堂的緣由:

歲嘉熙庚子,里人有夢魁星臨於茲山之巔者,是年從孫允中首薦於洪。癸卯,弟偉繼薦。戊申,子可與又以童科擢。由是益神所夢,即山建祠祀魁星。爲溪前立精舍,號"龍峰書室",萃秀子弟講習,魁兆日

---

[1] 顧炎武撰,黄汝成集釋:《日知錄集釋》卷三二,岳麓書社,1994年,第1155頁。
[2] 見方仁榮、鄭瑶:《景定嚴州續志》卷三、卷八,第4368、4369、4404頁。

彰矣。[1]

可見,魁星崇拜完全是在"文運"的刺激下迅速發展的。

宋代文人的賦詩酬答中,常以魁星喻科舉折桂或官場升遷,如張元幹有《感皇恩》詞曰:"綠髮照魁星,平康争看,錦綉肝腸五千卷,出逢熙運,蚤侍玉皇香案。"[2] 一派做出錦綉文章、滿懷憧憬、躊躇滿志的士子情狀。又如南宋寶慶二年(1226)探花李昴英有《送魁星與李子先》詩:"金斗高跳鬼狀獰,世傳此像是魁星。祥光閃爍開先兆,助子秋闈筆硯靈。"[3] 不僅生動地描寫了世傳魁星的形象,也將時人關於魁星有助於科場的認識表現得十分明確。

魁星喻狀元之説,未見載於唐代文獻,但在宋代已是相當普及的觀念了,宋元之際學者劉塤的《隱居通議》中記有這麽一件宋代逸事:

> 淳熙中殿試進士,有鄧太史者告周益公(周必大),魁星臨蜀。臚傳先一日,又告:夕有震雷,魁星自蜀移照吴分。及期,上忽以第一卷與第二卷互易之,吴人果第一,蜀人第二,當時咸奇驗其言。此事甚神。前輩謂:古天官書無魁星之名,今所繪像又與斗魁不同,使此星即斗魁,安得移照分野,且移照又先以雷,尤爲甚(神)異。[4]

據太史觀星相,這一屆科舉的狀元應是蜀人,但詔令發布前一日,又預測由於震雷的影響,魁星將移照吴分。果然,皇帝在一念之間將第一卷和第二卷互換了名次,於是狀元就成了吴人,正符合魁星的預示。另周密《癸辛雜識》記載:

> 太學先達歸齋,各有光齋之禮,各刻於齋牌之上。宰執則送真金碗一隻,狀元則送鍍金魁星杯柈一副,帥漕新除,各齋十八界二百千、酒十尊。[5]

送狀元的禮品雖然衹是鍍金的,但因其上有魁星形象,送給狀元却是最爲恰當

---

[1] 姚勉:《雪坡集》卷三三《武寧田氏魁星堂記》,第219頁。

[2] 張元幹:《蘆川歸來集》卷七《感皇恩》,《景印文淵閣四庫全書》第1136册,臺灣商務印書館,1986年,第640頁。

[3] 李昴英:《文溪集》卷一七,《景印文淵閣四庫全書》第1181册,臺灣商務印書館,1986年,第215頁。

[4] 劉塤:《隱居通議》卷二八《造化·魁星移次》,《景印文淵閣四庫全書》第866册,臺灣商務印書館,1986年,第238頁。

[5] 周密:《癸辛雜識》後集"光齋",第204~205頁。

的了。這兩則故事告訴我們,魁星崇拜與宋代科舉活動有着非同一般的聯繫和影響,在士人的心目中,魁星的地位恐怕也不亞於文昌帝君。

宋代最重要的文運神應該是梓潼帝君了,關於這位神靈的來歷和職司,已經在第四章"道教信仰習俗"部分作了介紹。其司科舉之説在北宋初漸起,至南宋大盛,經道教的進一步宣揚,與傳統主文運、司祿位的文昌星合一,成爲文昌帝君,完成了由地方俗神向全國普世大神的轉換。這一過程,與科舉制度的不斷完善和強化,以及科舉取士人數的大量增加是密切相關的。

在宋人心目中,梓潼神對於科舉的掌控已非同一般。《夷堅志》記載了徽宗時舉人何㮚赴東京應試時的故事:

> 何文縝丞相初自仙井來京師,過梓潼,欲謁張王廟而忘之,行十里始覺,亟下馬還望,默禱再拜。是夕,夢入廟廷,神坐簾中,投文書一軸於外,發視之,全類世間告命,亦有詞語。覺而記其三句云:"朕臨軒策士得十人者,今汝褎然爲舉首,後結銜具所授官。"何公思之:"廷試所取無慮五百,而言十人,殆以是戲我也。"及唱第,果魁多士。第一甲元放九人,既而傅崧卿以省元升甲,遂足十數。蓋夢中指言第一甲也,所得官正同。[1]

故事中的梓潼神不僅可以決定廷試三甲人數,可以確定狀元人選,連日後的職位也都安排好了。難怪梓潼神的地位不斷上升,到元代已是文人學士普遍認同的文運大神——文昌帝君了。

宋代重文輕武的國策,使儒家先聖的地位得以提高,宋太祖、太宗都曾三幸國子監,謁文宣王孔子廟,真宗東封泰山時,還親臨曲阜,備禮謁文宣王廟。連帶着孔門十哲、七十二弟子的地位都水漲船高,各有封贈。其中子游、子夏被民間尊爲"二相",也掌管起文運來了。王栐《燕翼詒謀録》記曰:"京師試於禮部者,皆禱於二相廟,二相者,子游、子夏也。"不過王栐也想不明白,"子游爲武城宰,子夏聘列國,不知何以得相之名也"。[2]

士子們在二相公廟主要以乞夢的方式求得神示,如《夷堅志》記載:

---

[1] 洪邁:《夷堅丁志》卷八"何丞相",第606頁。
[2] 王栐:《燕翼詒謀録》卷四"皮場廟",第36頁。

京師二相公廟在城西內城腳下，舉人入京者，必往謁祈夢，率以錢置左右童子手中，云最有神靈。崇寧二年，毗陵霍端友、桐廬胡獻可、開封柴天因三人求夢，皆得詩兩句。霍詩曰："已得新消息，臚傳占獨班。"柴曰："一擲得花王，春風萬里香。"胡曰："黃傘亭亭天仗近，紅綃隱隱鳳鞘鳴。"既而霍魁多士，胡與柴皆登第。鄉人余國器（名應求）崇寧五年赴省試，其父石月老人攜往廟中焚香，作文禱之。夜夢一童子，年可十三四，走馬至所館門外，告曰："送省榜來。"覺而榜出，果中選。其他靈驗甚多，不勝載。[1]

此二事都發生在徽宗崇寧年間，反映了"二相"信仰在北宋後期流行的情況。也許因爲也是讀書人出身，"二相"預言不僅靈驗，還不乏幽默詼諧。費袞的《梁谿漫志》記載：

京師二相公廟，世傳子游、子夏也。靈異甚多，不勝載，於舉子問得失，尤應答如響，蓋至今人人能言之。大觀間，先大父在太學，有同舍生將赴廷試，乞夢於廟，夜夢一童子傳言云："二相公致意先輩，將來成名在二相公上。"覺而思之：子游、子夏，夫子高弟也，吾成名在其上，必居巍科無疑。竊自喜。暨唱名，乃以雜犯得州文學，大憤悶失意，私念二相公之靈，不宜有此。沈吟終夜，忽駭笑曰："《論語》云'文學子游、子夏'，今果居其上乎！"詰旦以語同舍，皆大笑曰："神亦善謔如此哉！"[2]

如此近於戲謔調侃的預言，至少能讓原本高度緊張的舉子無論是如願還是失意，都能消除一點兒精神壓力。

仰山神是發源於袁州宜春縣（今江西宜春）的地方性神祇，其最初的神迹多與水有關，是袁州地區人民祈雨祈晴的重要神明。宋真宗封禪之後，大事封賜神靈，仰山神以其"君欲雨即爲雨，晴亦如之"[3]的靈驗，一再獲得加封，影響力不斷擴大，逐步越出江西，香火遍及江蘇、浙江、湖南、福建各地。其靈應也不再

1　洪邁：《夷堅乙志》卷一九"二相公廟"，第349頁。
2　費袞：《梁谿漫志》卷一〇"二相公廟乞夢"，第242頁。
3　樂史：《太平寰宇記》卷一〇九《江南西道七·袁州》，第470冊，第161頁。

限於水旱祈禱,還能預卜科舉前程,於是逐步成爲江南地區士人心目中的文運神。《夷堅志》中記有多個相關故事,如"鍾世若"條曰:

>　　紹興二十六年,宜春郡士鍾世若謁仰山乞夢,以占秋試得失。是夜夢自廟外門進抵庭下,顧見廊廡間背縛一人於柱,回望鍾,欣然有喜色,且笑且語。因驚寤。爲朋友言,不能曉其指意。迨入試,出《反身而誠樂莫大焉賦》爲題,始默念昨夢:背縛者,反身之義;顧笑者,樂也。神既告以題,必可中選,乃精思運牘。第五韵押"焉"字,欲用《孟子》"有三樂,而王天下不與存焉"及"仰不愧於天,俯不怍於人"等語,慮無他經句堪對,不覺伏几假寐,仿佛見黃衣一吏叱之曰:"場屋日暮有限,豈汝晝寢時耶!"鍾曰:"正爲尋索故事作對未得。"吏問其故,具以告。吏曰:"胡不用孔子'不怨天,不尤人'與'飯疏食飲水,樂亦在其中'爲對乎?"鍾灑然而起,遂綴緝成隔聯云:"孔不怨尤,飯疏食在其中矣;孟無愧怍,王天下不與存焉。"書畢自喜,爲得神助,持卷而出。考官閲讀,批其旁云:"隔對渾成,可以冠場。"置之首選。洎揭榜,經義爲都魁,鍾居其次。[1]

仰山神不僅命人以肢體語言向祈夢者預告了試題,使之在關鍵時刻信心倍增,還能適時提供素材,啓發思路,讓信奉者做出了"可以冠場"的答卷。如此神力,怎不讓士人趨之若鶩?更不用説仰山神的預言十分準確了。《夷堅志》記載了士人龔輿的夢:

>　　潭州士人龔輿,乾道四年冬,與鄉里六七人偕赴省試。過宜春,謁仰山廟祈夢。輿夢至官府,見柱上揭帖紙一片,書"龔輿不得"四字,而"不"字上下稍不聯接。既覺,殊不樂,自意必下第。及春榜至,輿中選,餘人盡黜,始以語人,謂夢不驗。好事者曰:"'不'字斷續如此,乃'一個'也。神言龔輿一個得舉,豈不昭然?"[2]

龔輿看到"不得"二字,自以爲必定落第無疑,却不知神所書"不"字上下間隙很大,應作"龔輿一個得"來理解,真是意外之喜。事實上,這種神示似是而非,模

---

[1] 洪邁:《夷堅支志》甲集卷七"鍾世若",第768頁。
[2] 洪邁:《夷堅甲志》卷五"龔輿夢",第746頁。

棱兩可,在不同的情況下,作正反兩解都是正確的。

當然,并非所有的祈夢者都會得到好的預示,《夷堅志》記載吴曾的情況就很典型:

> 吴虎臣(名曾)博聞强識,知名江西。爲舉子日,謁夢於仰山,欲知科第遲速。其夜,夢紅衫女子執板而歌,覺而不能省憶,但記一句曰:"尋春不是探花郎。"是後竟不第,而以獻書得官。[1]

吴曾即《能改齋漫録》的作者,《建炎以來繫年要録》記載:"(紹興十有一年六月)壬午,布衣吴曾特補右迪功郎。曾,臨川人,獻所著《左氏發揮》而有是命。"[2] 可見,他確實不是由科舉入仕的。

仰山神不僅能夠預知考試得失,還會給予舉子們一些人生哲理的啓示,《夷堅志》"湯省元"條的記載十分生動:

> 瀏陽湯璹君寶,爲士人時,游學於清江,每往來必過宜春。淳熙甲辰,謁仰山二王祈夢,是夕夢行通衢,遇兩士同塗,揖問姓字,其前人云姓王,其後人云歐陽。少頃,一吏如典謁者,邀赴公燕。到一處,崇閣華屋,二少年衣冠燁如,若貴游子弟,與之坐,置酒高會。席罷徑起,但一僧在傍相問訊,拉詣別館,見一鐘絶大,挂於架。湯拊摩之,謂僧曰:"試扣之如何?"僧曰:"鐘雖成,俟經洪爐陶鑄乃可擊。今未也。"又問其故,曰:"今擊之,其聲止聞一方。若得洪爐坯冶之力,然後鳴蒲牢以撞之,當播宣四方,非兹日比也。"遂驚寤。歲在丙午,潭州秋試,以第三名中選,舉首則王顔,次爲歐陽問。丁未南省,湯魁多士,予實典貢舉,乃悟洪爐之兆,蓋默寓姓字,夢中二少年疑爲王子,僧者小釋迦云。[3]

此中的仰山神不僅以"洪爐"暗喻其姓字,預示其科舉必中,還告知湯氏物經陶鑄方能成器、厚積薄發的人生道理,這也是準備走上仕途,意欲"播宣四方"的士人所應該具備的。

1　洪邁:《夷堅支志》乙集卷二"吴虎臣夢卜",第808頁。
2　李心傳:《建炎以來繫年要録》卷一四〇"紹興十一年六月壬午",第2256頁。
3　洪邁:《夷堅支志》甲集卷五"湯省元",第748頁。

科舉制度使平民百姓走上仕途成爲可能，間接地，也使越來越多的地方性神祇被賦予主文運的職司，成爲當地士人和奔波於赴考途中的學子頂禮膜拜的對象。如曾敏行《獨醒雜志》記載的江西峽江玉笥山的飆御廟：

> 玉笥飆御廟乃西岳之別祠，初爲雲騰廟，許覺之書三大字，後改賜今名。唐之神多唐衣冠，傳聞其像皆唐所塑，帝像不冕而冠。蓋章聖東封後始冊帝號，土人屢欲更像，迄不得。卜水旱疾疫，有禱輒應。遠近數百里，舉子當秋賦，亦皆往謁。始因劉公美中嘗致禱，神降之夢，有詩云："來年三月春盛時，驊騮穩步金街西。"劉公自是舉進士，中詞科，出入中外，終於兵部尚書、顯謨閣學士。故皆以爲夢之符如是。外舅謝公世林，方舍法盛時再貢不第，其居距祠下不數里，歲時奉祠惟謹。一日，以科目禱焉，夢中亦得詩句云："欲留年少待富貴，富貴不來年少去。"乃樂天詩也。外舅自是不復南宮大廷之試，尋以疾終。[1]

飆御廟，始建於唐玄宗天寶年間，其神是貞觀時"得道成仙"的原吉州刺史吴雲儲，宋真宗時加封爲"華岳府主"，賜額"雲騰飆御"。本來其神力主要在"卜水旱疾疫"方面，但到宋代已是方圓數百里舉子所信奉的文運神，上文中劉美中祈夢後得到的神示完全應驗，而謝世林則因爲祈夢所得詩句的暗示，終身不再應試，足見時人對此神的崇信。

又如洪邁《夷堅志》記載福建建寧府的梨岳廟：

> 建寧城東梨岳廟所事（祀）神，唐刺史李頻也，靈异昭格。每當科舉歲，士人禱祈，赴之如織。至留宿於廟中以求夢，無不驗者。浦城縣去府三百里，邑士陳堯咨，苦貧憚費，不能應詔，乃言曰："惟至誠可以動天地，感鬼神，此中自有護學祠，吾今但賫香紙謁之，當獲丕應。"是夕，宿於齋，夢一獨脚鬼，跳躍數四，且行且歌曰："有官便有妻，有妻便有錢，有錢便有田。"堯咨既覺，遍告朋友，決意入城。其事喧播於鄉里，或傳以爲戲笑。秋闈揭榜，果預選，一舉登科。[2]

梨岳廟本是坐落在城東梨山上的一座小廟，祠神是一個前朝刺史，但却靈應如

---

[1] 曾敏行：《獨醒雜志》卷三，第22頁。
[2] 洪邁：《夷堅支志》丁集卷八"陳堯咨夢"，第1030頁。

此，又不嫌弃貧者，難怪祈禱者會"赴之如織"，且不以數百里爲遠也。

其他如福建長溪人林劉舉，禱於"錢塘門外九西五聖行祠"；[1] 建昌李朝隱因"素事伍子胥之神甚謹"，考試前得到了神的夢告考題；[2] 永嘉諸葛貢，是謁夢於太學土地祠的；[3] 等等，不勝枚舉。總之，宋代明確頂着"文運神"頭銜的神祇不多，但是實際掌文運的神靈却不少，這也正符合中國民間信仰功利性、實用性的特點。

四、淫祀

所謂淫祀，是指不在祀典及國家權力控制範圍内的祭祀。一般而言，民間信仰中被納入官方祀典和獲得官方封賜的祠神屬於正祀，如山川、土地、龍王等由自然崇拜發展而來的祠神，以及歷史上的功臣名將、孝子鄉賢等紀念性祠廟的祭祀等。其他神靈祭祀，嚴格地説，在獲得官方承認之前都屬於淫祀，不過由於種種原因，正、淫之間絶非界限分明。宋代，民間的多元崇拜發展到一個前所未有的高度，朝廷頒定的正祀，遠遠不能滿足廣大百姓多方面的精神需求，所以，儘管《禮記·曲禮》早就指出"非其所祭而祭之，名曰淫祀。淫祀無福"，但是這"無福"的祠祭在數量和分布上還是遠過於正祀。

（一）遍地淫祠

北宋陳淳説，宋代"上而州縣，下至閭巷村落，無不各有神祠"[4]。若以趙璘《因話録》所説爲標準——"雖岳海鎮瀆，名山大川，帝王先賢，不當所立之處，不在典籍，則淫祀也。昔之爲人，生無功德可稱，死無節行可獎，則淫祀也"[5]，那些遍布於閭巷村落的祠廟多爲淫祀。不過，雖統稱爲淫祠，其産生、作爲及發展等，還是有所區別的。

1　洪邁：《夷堅三志》己集卷一〇"林劉舉登科夢"，第1379頁。
2　洪邁：《夷堅支志》景集卷五"伍相授賦"，第920頁。
3　洪邁：《夷堅三志》壬集卷九"諸葛貢致語"，第1537頁。
4　陳淳：《北溪字義》卷下"鬼神"，第64頁。
5　趙璘：《因話録》卷五《徵部》，第109頁。

張邦基的《墨莊漫錄》記載：

> 韓退之《木居士》詩："偶然題作木居士，便有無窮祈福人。"蓋當時以枯木類人形，因以乞靈也。在今衡州之耒陽縣北沿流三十里鰲口寺，至今人祀之。元豐初年旱暵，縣令禱之不應，爲令析而焚之。主僧道符乃更刻木爲形而事之。張芸叟南遷郴州，過而見之，題詩於壁云："波穿火透本無奇，初見潮州刺史詩。當日老翁終不免，後來居士欲奚爲。山中雷雨誰宜主，水底蛟龍睡不知。若使天年俱自遂，如今已復長新枝。"[1]

韓愈所記的木居士，不過是有人偶爾以枯木雕成的人形，於是就有人對之"乞靈"。元豐年間因"禱之不應"而被地方官焚毀，但不久就由主僧道符重新刻木爲形而祀之。到張邦基所生活的兩宋之際，其祀居然還存在。如此來歷的神靈，也難怪北宋文學家張舜民要諷刺：既然有神力決定天年，木居士自己爲何沒能枯木逢春重長新枝呢？

劉昌詩所記草鞋大王的事情也令人發噱：

> 紹興癸丑，予客淮南。時右司陳子長（損之），蜀人也，以庚節攝楚州。往訪之。從容言及蜀道上有百年古木，枝葉繁茂，陰可庇一畝。故東西行者多憩其下，或易扉屨，則以其舊抛挂於枝上以爲戲。久而積千百緉，亦有卜心事者，往往皆應，人固神之。忽一士人應舉過之，旁無人焉，取佩刀削樹皮書曰："草鞋大王，某年月日降。"莫有知者。洎回塗，則已立四柱小廟堂矣。士笑而不言。三年再至，則祠宇壯麗，亦有十數家於其側。驚而問焉，則備言其靈感。士乃留宿而扣神曰："神之號蓋某戲書，胡然而至此盛耶？抑神何人也？"是夕，夢神紫綬而請見，告之曰："予此近老鋪兵也，平生不敢欺心，揀汰之後，每見負重而不能前者，因爲送五里以息其肩，無他長也。不謂上帝録是勞績，顧未有所處，得先輩書此號，遂受敕，俾血食。"士曰："若何爲而能靈感？"神曰："是非予所能也，每有禱雨暘或休咎，即爲奏帝。帝以其誠，隨扣得請爾。"士曰："然則某之前程可問乎？"神曰："諾。"再夕，夢神告曰：

---

[1] 張邦基：《墨莊漫録》卷八，第104頁。

"必俟某年而後登第,當至何官。"已而皆驗。然則神亦何常之有,人苟有一善,上帝無不録之,積惡亦然,可不知所擇哉。[1]

本是過路人抛爛草鞋爲戲,或有人以能否將草鞋抛上樹端來卜心事,這都很正常。後來却因一應舉士人開玩笑的舉動,發展成祠宇壯麗的祭祀,讓始作俑者也目瞪口呆。更有趣的是,雖然這個"草鞋大王"不過是個老鋪兵,充當二傳手的角色,但是創造了"大王"的這位士子竟然也相信了他的神力,虔誠地卜前程,居然還"皆驗",如此的神靈創造,幾同兒戲。

吴地的"盤溝大聖",則倚門傍户,附會宗教,借助唐宋高僧泗州大聖僧伽的名望,獲得一些香火。《中吴紀聞》記載:

> 承天寺普賢院有盤溝大聖,身長尺許。人有禱祈,置之掌上,吉則拜,凶則否,人皆异之。推所從來,乃盤溝村中有漁者,嘗遇一僧云:"何不更業?"漁者云:"它莫能之。"僧云:"吾教汝塑泗州像,可以致富。"漁者云:"人不欲之,則奈何?"僧云:"吾授汝一法。"遂以千錢與之,令像中各置一錢,所售之直,亦以千錢爲率。漁者如所教,競求買之,果獲千緡。今寺中所藏,乃其一也,豈非僧伽托此以度人耶![2]

原本的盤溝大聖衹是盤溝村裏一個漁民爲謀生而塑造的一種僧伽小像,由於經營得法,收獲頗豐,小像得以廣爲傳播,進而躋身於承天寺,雖身高僅尺餘,也充當起祠神來了。

歐陽修在《歸田録》中對一些穿鑿附會的祠祀感到不滿:

> 江南有大、小孤山,在江水中巋然獨立,而世俗轉孤爲姑;江側有一石磯,謂之澎浪磯,遂轉爲彭郎磯,云"彭郎者,小姑婿也"。余嘗過小孤山,廟像乃一婦人,而敕額爲聖母廟,豈止俚俗之繆哉。[3]

既爲小孤山,立一個山神廟是順理成章的,但是當地人民却由"孤"轉"姑"而創造了一個聖母,還給她配了夫婿。吴曾在《能改齋漫録》中曾論説,此事在南唐時"已嘗討論改正,至本朝因循既久,又復婦人像,而敕額至以聖母爲稱,其鹵莽

---

[1] 劉昌詩撰,張榮錚、秦呈瑞點校:《蘆浦筆記》卷四"草鞋大王事",中華書局,1986年,第33~34頁。
[2] 龔明之:《中吴紀聞》卷五"盤溝大聖",第259頁。
[3] 歐陽修:《歸田録》卷二,第268頁。

曾不若南唐也"[1]。

也許是貪圖祭祀方便,民間立廟很隨意,而神靈的選定更是匪夷所思。歐陽修記載:

>西京龍門山夾伊水上,自端門望之如雙闕,故謂之闕塞。而山口有廟曰闕口廟,余嘗見其廟像甚勇,手持一屠刀尖銳,按膝而坐,問之,云:"此乃豁口大王也。"此尤可笑者爾。[2]

還有更爲可笑的事例,如俞琰《席上腐談》記載:

>温州有土地杜拾姨,無夫;五撮鬚相公,無婦。州人迎杜拾姨以配五撮鬚,合爲一廟。杜拾姨爲誰?乃杜拾遺也。五撮鬚爲誰?乃伍子胥也。少陵有靈,必對子胥笑曰:"爾尚有相公之稱,我乃爲拾姨,豈不雌我耶?"[3]

杜甫自號"少陵野老",曾官左拾遺、工部員外郎等職,故後世有稱杜工部、杜拾遺。誰知到了温州民間,或許人們已不知"拾遺"是怎麽回事,居然以"拾姨"名之,還把他嫁給伍子胥,成爲一對土地夫妻,真是荒誕之極。

并非所有的淫祀都是以訛傳訛、穿鑿附會的愚民行爲,有一些祠祭是某些人爲了某種利益而有意識創造的。如費袞《梁谿漫志》記載:

>江東村落間有叢祠,其始,巫祝附托以興妖,里民信之,相與營葺,土木浸盛。有惡少年不信,一夕被酒入廟,肆言詆辱。巫駭愕不知所出,聚謀曰:"吾儕爲此祠,勞費不貲,一旦爲此子所敗,遠邇相傳,則吾事去矣。"迫夜,共詣少年,以情告曰:"吾之情狀,若固知之,儻因成吾事,當以錢十萬謝若。"少年喜,問其故,因教之曰:"汝質明復入廟,罵辱如前,凡廟中所有酒殽,舉飲啖之,斯須則僞爲受械祈哀之狀,庶印吾事。今先賂汝以其半。"少年許諾,受金。翌日,果復來廟廷,袒裼嚚呼,極口醜詆不可聞。廟傍民大驚,觀者踵至。少年視神像前方祭賽羅列,即舉所祀酒悉飲之,以至殽饌無孑遺。旋俯躬如受繫者,叩頭謝

---

1 吴曾:《能改齋漫錄》卷五《辨誤》"大小姑山彭郎磯",《全宋筆記》第五編第三册,第116頁。
2 歐陽修:《歸田錄》卷二,第268頁。
3 俞琰:《席上腐談》卷上,第479頁。

過。忽黑血自口涌出，七竅皆流，即仆地死。里人益神之，即日喧傳傍郡，祈禳者雲集。廟貌繪繕極嚴，巫所得不勝計。越數月，其黨以分財不平，詣郡反告，乃巫置毒酒中殺其人。捕治引伏，魁坐死，餘分隸諸郡，靈響訖息。[1]

這個祠廟就是當地巫祝爲借神斂財而建立的，一開始，惡少年并不相信，酒後"肆言詆辱"。巫便以利誘之，讓他"詈辱如前"，然後做出"受械祈哀之狀"，假裝受到了神的懲罰，以此提高神在民衆中的影響力。隨後，巫假戲真做，毒死了少年，却使"里人益神之"，"祈禳者雲集"，巫趁機大發其財，這正是這類淫祀興起的目的。

宋代，有些地方的淫祀已經發展到在家門口便可爲之的程度。洪邁《夷堅志》記載：

奉化縣大姓家，率於所居旁治小室事神，謂之三堂，云祀之精誠，則能使人順利。然歲久多能作禍。縣之下郝村富民錢丙，奉之尤謹，每三歲必殺牛羊豕三牲，盛具祭享，享畢，大集親鄰，飲福受胙，若類姻禮。[2]

這個三堂神也不知是什麼來歷，却讓奉化縣的大姓家族紛紛在府宅旁築室供奉，祭祀禮竟用上牛羊豕三牲，可見其在奉化人心目中的地位。

宋代最爲典型、影響最大的淫祀要數五通神信仰。宋代筆記中有五通神，也有五顯神的記載，學界至今觀點不一，或認爲五通、五顯完全是兩回事，或認爲是同一組神的兩種類屬，五顯屬正祀，五通因經常爲非作歹，故歸於淫祀。無論哪種觀點，都認爲五通是橫行鄉里、無惡不作的邪神。洪邁曾如此形容五通：

大江以南地多山，而俗機鬼，其神怪甚佹异，多依岩石樹木爲叢祠，村村有之。二浙江東曰"五通"，江西閩中曰"木下三郎"，又曰"木客"，一足者曰"獨脚五通"，名雖不同，其實則一。考之傳記，所謂木石之怪夔罔兩及山獵是也。李善注《東京賦》云："野仲游光，兄弟八人，常在人間作怪害。"皆是物云。變幻妖惑，大抵與北方狐魅相似。或能

---

[1] 費袞：《梁谿漫志》卷一〇"江東叢祠"，第245頁。
[2] 洪邁：《夷堅志補》卷一五"奉化三堂神"，第1693頁。

使人乍富,故小人□□致奉事,以祈無妄之福。若微忤其意,則又移奪而之他。遇盛夏,多販易材木於江湖間,隱見不常,人絕畏懼,至不敢斥言,祀賽惟謹。尤喜淫,或爲士大夫美男子,或隨人心所喜慕而化形,或止見本形,至者如猴猱,如龍,如蝦蟆,體相不一,皆趫捷勁健,冷若冰鐵。[1]

正如洪邁所說的,五通神在民間做的大多是操縱人生意財富、疾病禍福以及好淫亂毁人家庭甚至是一些惡作劇的事情。《夷堅志》記載:

> 方子張爲會稽倉官,僦民屋作廨舍。庖中炊飯熟,婢舉甑時,忽三分失其一。已而殽饌亦然。陰伺之,了無所見。主母疑婢盗與人,屢加鞭笞,而竟不能得其實。一老嫗嘗至彼,遇异物,一足蹯踏。不暇細睹容狀,悸而出,以告子張。子張异焉,謀徙居以避他禍。偶步至鄰家,望小室内一龕帳極華潔,試往視,正(止)畫一巨脚,略無相貌。扣其人,但窘撓不答,若無所措,乃悟常日盗飯者此也。郡士姚縣尉,精法籙,善治鬼。語之故,姚曰:"是名獨脚五通,蓋魈類也。君欲治之乎?"子張曰:"幸不爲大過,無用深懲,祇令絕迹勿相犯足矣。"姚爲飛符約敕之,自此寂不至。[2]

此五通僅一足,竟被鄰人禱之於室,所幸祇是偷人飯食,尚未作大惡,但也已把人家折騰得疑神疑鬼、雞飛狗跳了。

《夷堅志》"胡十承務"條也記載:揚州人胡十,其家頗贍,紹興末年有五士人不請自來,要求假借一室,使得依栖。胡十同意了,熱情招待并時有饋贈。數月後,五人又要求胡十"於比近別築第",讓出其所居給他們當廟宇。胡十以"此吾三世所居"爲由拒絕,願意出資給他們另外築一祠,五人不同意,從此就在胡宅"造祟怪",使胡十"不能堪"。最後,胡十在素所祀奉的僧伽和尚的幫助下,趕走了這些"强魂縱暴"的五鬼。[3]

總之,宋代的淫祀形形色色,五花八門,堪稱光怪陸離,又遍布城鄉,緊鄰民

---

1 洪邁:《夷堅丁志》卷一九"江南木客",第695~696頁。
2 洪邁:《夷堅支志》景集卷二"會稽獨脚鬼",第890頁。
3 洪邁:《夷堅支志》戊集卷六"胡十承務",第1098~1100頁。

衆,影響深達人心,有識之士深以爲惡,故張邦基《墨莊漫錄》論曰:

> 予每憤南方淫祠之多,所至有之。陸龜蒙所謂有雄而毅、勳而碩者,則曰將軍;有溫而愿、哲而少者,則曰某郎;有媼而尊嚴者,則曰姥;有婦而容者,則曰姑。而三吳尤甚,所主之神不一,或曰太尉,或曰相公,或曰夫人,或曰娘子……所謂郎者、姑者,安能禍福於忠信之士?吾所未信也,世豈無一狄公爲一革之。木居士既爲令之所焚矣,彼庸髡者復假託以惑衆,此尤可嘆云。[1]

(二)淫祀危害

淫祀在民間的泛濫給宋代社會造成了不少危害。

首先,淫祀使殺人祭鬼陋俗愈演愈烈。人殉現象古已有之,考古發掘證明,至少在原始社會晚期就有了以人殉葬的習俗。朱翌《猗覺寮雜記》曰:

> 平子伐莒,取鄫,獻俘,始用人於亳社。臧武仲聞之,曰:"周公其不享魯祭乎!"宋人使邾文公用鄫子於次睢之社。司馬子魚曰:"將以求霸,不亦難乎!"今遠方猶殺人祭鬼,實二子啓之也。哀哉![2]

且不說"二子啓之"這一論斷是否正確,朱翌的話至少說明了兩點:第一,春秋時期是有殺人祭鬼現象的。第二,在朱翌所處的兩宋之際,仍然存在着這一殘酷的風俗。

關於宋代殺人祭鬼的總體情況,法律文獻中的描述比較全面。《名公書判清明集》載范西堂《行下本路禁約殺人祭鬼》稱:

> 訪聞本路所在鄉村,多有殺人祭鬼之家,平時分遣徒黨,販賣生口,誘略平民,或無所得,則用奴僕,或不得已,則用親生男女充代,臠割烹炮炙,備極慘酷,湘陰尤甚。淫昏之鬼,何能爲人禍福,愚俗無知,一至於此![3]

---

[1] 張邦基:《墨莊漫錄》,第104~105頁。

[2] 朱翌撰,朱凱、姜漢椿整理:《猗覺寮雜記》卷下,《全宋筆記》第三編第十冊,大象出版社,2008年,第64頁。

[3] 中國社會科學院歷史研究所宋遼金元史研究室點校:《名公書判清明集》卷一四《淫祀》,中華書局,1987年,第545~546頁。

從以上文書中可見,宋代人祭現象"多有";殉人的來源,或販賣,或誘略,或自家奴僕,甚至用親生兒女;人祭的方式异常殘酷。這種情況不僅湘陰存在,各地都有,以南方爲甚。

祭鬼之殉人的身份有高低之分,《夷堅志》記載:"殺人祭祀之奸,湖北最甚,其鬼名曰棱睁神。得官員士秀,謂之聰明人,一可當三;師僧道士,謂之修行人,一可當二;此外婦人及小兒,則一而已。"[1] 因此,這三類人遭飛來橫禍的尤其多。

《夷堅志》"湖北棱睁鬼"條記載:福州一士人,少年登科,爲湖北憲使聘爲婿。在八名士兵保護下前往拜親。途中,貪戀於山水之美,便在古木陰森處歇息。没隔多久,僕人喚其吃飯,已失所在。最終"得諸深山灌莽之間,縻之以索,既剖其肝矣"。[2] 《夷堅丁志》"秦楚材"條也記載:"京畿惡少子數十成群,或三年或五年輒捕人漬諸油中,烹以祭鬼。其鬼曰獰瞪神,每祭須取男子貌美者。"而旅宿客邸的秦楚材,一路被盯梢,目睹"壯夫十數輩皆錦衣花帽,拜跪於神像前,稱秦姓名,投杯珓以請。前設大鑊,煎膏油正沸"。幸而"壯夫者連禱不獲,遂覆油於地而去",方得"垂死而脱"。[3] 上述兩位少年,一個被殘忍地剖腹取肝,一個差點兒被油烹,因爲以淫祀的標準,他們都是"一可當三"的上等祭品。

缺乏自保能力的婦女兒童,一旦遭遇此等事情,必定會更慘。周密《癸辛雜識》記載:

> 安吉縣村落間有孕婦,日饁其夫於田間,每取道自叢祠之側以往。祠前有野人以卜爲業,日見其往,因扣之,情浸洽。一日,婦過之,卜者招之曰:"今日作餛飩,可來共食。"婦人就之,同入廟中一僻静處,笑曰:"汝腹甚大,必雙生子也。"婦曰:"汝何從知之?"曰:"可伸舌出看,可驗男女。"婦即吐舌,爲其人以物鈎之,遂不可作聲。遂刳其腹,果有孿子。因分其尸,烹以祀神,且以孿子炙作腊,爲鳴童預報之神。至晚,婦家尋覓不見,偶有村翁云其每日與卜者有往來之迹,疑其爲奸。

---

1 洪邁:《夷堅三志》壬集卷四"湖北棱睁鬼",第1497頁。
2 洪邁:《夷堅三志》壬集卷四"湖北棱睁鬼",第1497頁。
3 洪邁:《夷堅丁志》卷一〇"秦楚材",第620頁。

遂入廟捕之，悉得其尸，并獲其人，解之縣中。蓋左道者以雙子胎爲靈丹，乃所不及也。[1]

一個毫無防備心的孕婦，就這樣被分尸烹煮，成了祀神的祭品。《夷堅志》也記載了江西撫州一村民，遣妻歸寧，兩家相去不過百步，但要經過一段山路。做丈夫的俟之久而妻不出，就去尋找：

見岐徑鮮血點滴，新殺一婦人，斷其頭，去其肝，衣服皆非所著者。又趨而進，遇兩婦人，面色蒼惶，正著己妻之衣。執而索之，得妻頭於籠內，告於官。鞠之，其詞曰："本欲得其肝爾，首非所用也，將弃之無人過之地而滅迹焉。"[2]

這位婦人活生生地被取肝臟作爲祭祀棱睜神的供品，因爲"首非所用"，還被割下準備弃之滅迹，殘忍之極，讓人毛骨悚然。

如若是處女，被物色爲祭品的可能性更大。《夷堅志》"莆田處子"條記載了一位被買來充當祭品的少女沉着自救的故事：

紹興二十九年，建州政和縣人往莆田買一處子，初云以爲妾。既得，爲湯沐塗膏澤，鮮衣艷裝，置諸別室，不敢犯。在途旬日，飲食供承，反若事主。所携唯一籠，扃鑰甚固，每日暮，必焚香啓鑰，拜跪惟謹。女頗慧黠，竊異之，意其有詭謀，禍且不測，遂絶不茹葷，冥心誦《大悲咒》不少輟。既至縣，其人不歸家，但別僦空屋，納女并囊篋於室中。過數日，用黄昏時至籠前，陳設酒果，禱祀畢，明燈鎖户而去。女危坐床上，誦咒愈力。甫夜半，籠中碟碟有聲，劃然自開。女知死在漏刻，恐栗萬狀，無可奈何！但默祈神力，願冤家解免，諸佛護持而已。良久，一大蟒自内出，蜿蜒遲回望，若有所畏，既而不見。女度已脱，始下床，視籠中所貯，獨紙錢在。天未明，破壁走告鄰里。鄰里素知其所爲，相與伺其人至，執以赴縣。時長溪劉少慶季裴爲令，窮治其奸，蓋傳嶺南妖法采生祭鬼者，前已殺數人矣！獄成坐死，而遣女還鄉。[3]

1　周密：《癸辛雜識》續集下"孕婦雙胎"，第 302~303 頁。
2　洪邁：《夷堅三志》壬集卷四"湖北棱睜鬼"，第 1497~1498 頁。
3　洪邁：《夷堅志補》卷一四"莆田處子"，第 1683~1684 頁。

爲了達到殺人祭鬼的目的，迷於淫祀者不惜觸犯法律，祇要能獲得理想的祭品，坑蒙拐騙什麽手段都會使。彭□《墨客揮犀》記載：

> 有儒生行郴、連道中，日將暮，遇耕者。問："秀才欲何往？"生告之故。耕者曰："前有猛獸爲暴，不宜夜行，此村下有民居，可以托宿。"生信之，趨而前，始入一荒徑，詰屈，行者甚少。忽見高門大第，主人出見客，甚喜，延入一室，供帳赫然，肴饌豐美。既夕，有婦人出問生所，窺其色，甚妍。生戲一言挑之，欣然而就。生由是留連數日，婦人亦比夜而至，情意款昵，乃私謂生曰："是家將謀殺子以祭鬼，宜早自爲計，我亦良家子，爲其所劫至此，所以遣妾侍君者，欲以綴君留耳。"生聞大駭，乃夜穴壁與婦人同出。比明，行四十里，投近縣，縣遣吏卒捕之，盡得奸狀，前後被殺者數十人，前所見指途耕者，亦其黨也。於是一家盡抵極法。生用賞得官，遂與婦人偕老焉。[1]

殺人祭鬼的風氣越來越興盛，播布的區域也越來越廣，各級官府都爲此感到不安。《建炎以來繫年要錄》記載："（紹興二十三年七月）戊申，將作監主簿孫壽祖面對，論湖、廣、夔、峽多殺人而祭鬼，近又浸行於他路。浙路有殺人而祭海神，川路有殺人而祭鹽井者，望飭監司州縣，嚴行禁止，犯者鄉保連坐，仍毁巫鬼淫祠，以絶永害。"[2] 類似的議論在宋人文集和《宋會要輯稿》中多有所見，説明殺人祭鬼現象已經成爲當時十分嚴重的社會問題了。

其次，淫祀的泛濫，讓宋代社會信巫不信醫的風氣持續蔓延。在上古時代，巫由於掌握了較多的文化知識，不僅充當人神之間的代言人，也往往在部落中承擔着天文、歷史、醫療等各種職責，因此巫醫不分是很正常的事。隨着古代醫學的逐漸發達，以及人們對自然、社會認識的逐步提高，巫讓位於醫是順理成章的事。可是在文化高度發展的宋代，以巫代醫的醫療陋俗仍有相當的市場，這種現象與淫祀的普及有着十分密切的關係。

曾敏行的《獨醒雜志》比較集中地記録了各地區信巫不信醫的情况：

---

[1] 彭□撰，孔凡禮整理：《墨客揮犀》卷二，《全宋筆記》第三編第一册，大象出版社，2008年，第12~13頁。

[2] 李心傳：《建炎以來繫年要錄》卷一六五"紹興二十三年七月戊申"，第2693頁。

夏英公帥江西日，時豫章大疫，公命醫製藥分給居民。醫請曰："藥雖付之，恐亦虛設。"公曰："何故？"醫曰："江西之俗尚鬼信巫，每有疾病，未嘗親藥餌也。"[1]

廣南風土不佳，人多死於瘴癘。其俗又好巫尚鬼，疾病不進藥餌，惟與巫祝從事，至死而後已，方書藥材未始見也。[2]

劉執中彝知虔州，以其地近嶺下，偏在東南，陽氣多而節候偏，其民多疫，民俗不知，因信巫祈鬼。[3]

李元綱的《厚德錄》也記載：

周諫議湛通判戎州日，其俗尚巫，有病輒不醫，皆聽巫以飲食，往往不得愈。[4]

又范致明《岳陽風土記》記載：

荊湖民俗……疾病不事醫藥，惟灼龜打瓦，或以雞子占卜，求祟所在，使俚巫治之。親族不相視病，而鄰里往往問勞之。謂親戚視之則傳染，鄰里則否。死者多不埋葬，或暴露風日，或置之木杪，謂之死喪祥葬。多舉樂飯僧。[5]

以上數例分別發生在江西、廣東、湖南、四川等地，故而張邦基《墨莊漫錄》評價南方的巫風淫祠說：

村氓家有疾病，不服藥劑，惟神是恃。事必先禱之，謂之問神，苟許其請，雖冒險以觸憲綱，必為之；倘不諾其請，卒不敢違也。凡禱，必許以牲牢祀謝，封敕命物，所費不貲。禱而不驗，病者已殂，猶償所許之祭，曰"弗償，其禍必甚"。無知之俗，以神之禦災捍患為可倚，惴惴然不敢少懈也。豈獨若曹乎！近時士大夫家亦漸習此風。士大夫稍有識者，心知其非，而見女子之易惑，故牽於閨閫之愛，亦遂徇俗，殊可

---

[1] 曾敏行：《獨醒雜志》卷二，第13頁。
[2] 曾敏行：《獨醒雜志》卷三，第27頁。
[3] 曾敏行：《獨醒雜志》卷三，第28頁。
[4] 李元綱撰，朱旭強整理：《厚德錄》卷三，《全宋筆記》第六編第二冊，大象出版社，2014年，第269頁。
[5] 范致明：《岳陽風土記》，第88頁。

駭嘆。[1]

其實不僅貧瘠偏遠的南方地區如此,富庶的兩浙路、江南路、福建路,包括北方也有這種情況,這在正史、政書及文集中也有不少記載。如《宋會要輯稿》記載:

> (紹興)十六年二月三日,臣僚言:"近來淫祠稍行,江淛之間,此風尤熾,一有疾病,唯妖巫之言是聽,親族鄰里不相問勞,且曰此神所不喜。不求治於醫藥,而屠宰牲畜以禱邪魅,至於罄竭家貲,略無效驗,而終不悔。欲望申嚴條令,俾諸路監司、郡守重行禁止。"[2]

不可否認的是,宋代的醫藥水平和政府能夠提供的醫療條件尚未能滿足人民的需求,《夷堅志》記載:"文惠公總領淮東日,携幼弟迅在官,其所生母病,療治無良醫,乃載詣常州。時從兄景高爲晉陵宰,畏其疾傳染,使往節級范安家。招醫巫診治,竟不起。"[3] 這一事件中涉及的幾人都有官職在身,居然也無法找到良醫,普通百姓的境遇更是可想而知。醫療力量的不足給了民間巫師可乘之機,他們藉助祠神的威靈,利用巫術的神秘,蠱惑民眾,就如寧宗嘉泰年間權知萬州趙師作所言:

> 峽路民居險遠,素習夷風,易惑以詐,易爛以惡,致使淫巫得肆簧鼓。凡遇疾病,不事醫藥,聽命於巫,決卜求神,殺牲爲祭,虛費家財,無益病人。雖或抵死,猶謂事神之未至。故凡得疾,十死八九……[4]

巫之治病,自有一套程式,神乎其神,頗具欺騙性。《夷堅志》記載,樂平一工匠之妻患病,"里中江巫言能治,即被髮跣足,跳梁而前,鳴鼓吹角,以張其勢",其間"使侶伴緋衣高冠十輩,分東西立,雜擊銅鐵器",并且架起"煎油大鍋,通夕作訣愈力",最終制服了纏繞病者的長蛇。工匠妻久病後神志不清,江巫還"使吞符以正其心神,餌藥以滌其腸胃,逾月始平"。[5] 像這樣被"治愈"的事例,通過口耳相傳,使信巫之風更熾。

---

[1] 張邦基:《墨莊漫錄》卷八,第 105 頁。
[2] 《宋會要輯稿》刑法二《禁約四》,第 8380 頁。
[3] 洪邁:《夷堅支志》乙集卷七"姚將仕",第 846 頁。
[4] 《宋會要輯稿》刑法二《禁約三》,第 8361 頁。
[5] 洪邁:《夷堅三志》辛集卷五"程山人女",第 1425 頁。

巫與淫祠是互爲依托的,巫倚仗着祠神,狐假虎威,假冒神意,欺騙民衆,祠廟正好提供了巫師活動的場所;而巫通過惑衆,引來香火,又擴大了淫祠的影響。《夷堅志》所記張子智的故事反映了其間的關係:

> 張子智(貴謨)知常州。慶元乙卯春夏間,疫氣大作,民病者十室而九。張多治善藥,分諸坊曲散給,而求者絶少,頗以爲疑。詢於郡士,皆云:"此邦東岳行宫後有一殿,士人奉祀瘟神,四巫執其柄。凡有疾者,必使來致禱,戒令不得服藥,故雖府中給施而不敢請。"張心殊不平。他日,至岳祠奠謁,户庭悄悄,香火寥落。問瘟廟所在,從吏謂必加瞻敬,命炷香設褥。張悉撤去。時老弱婦女,祈賽闐咽,見使君來,爭叢繞環視。張指其中像衮冕者,問爲何神,巫對曰:"太歲靈君也。"又指左右數軀:或擎足,或怒目,或戟手,曰:"此何佛?"曰:"瘟司神也。"張曰:"人神一也,貴賤高卑,當有禮度。今既以太歲爲尊,冠冕正坐,而侍其側者,顧失禮如此,於義安在?"即拘四巫還府,而選二十健卒,飲以酒,使往擊碎諸像,以供器分諸刹。時薦福寺被焚之後,未有佛殿,乃拆屋付僧,使營之。掃空其處,杖巫而出諸境。蚩蚩之民,意張且貽奇譴,然民病益瘳,習俗稍革。[1]

在這個事例中,淫祠設在東岳行宫後的一個殿中,名義上的祠神是瘟神,殿内供奉的主神是太歲靈君,瘟神在側。職掌者是四個巫師,他們強迫有疾者必來致禱,不得服藥,而廟中祈禱者多爲老弱婦女,很容易被欺騙和控制,所以官府免費給藥都不敢領取。足見淫祠對於信巫不信醫之風的作用和影響。

再次,淫祀的泛濫使宋代社會不安定因素增加。

淫祀一詞,是以國家統治爲出發點而言的,對百姓來説,當地的祠祭是其信仰世界的大部分甚至全部,因此,他們的祭祀行爲,或出於從衆心態,或出於畏懼心理,也有真心信奉者,有人甚至達到走火入魔的狀態,《夷堅志》中有這樣的記載:

> 吴十郎者,新安人。淳熙初,避荒,挈家渡江,居於舒州宿松縣。初以織草履自給,漸至賣油。才數歲,資業頓起,殆且巨萬。里落莫不

---

[1] 洪邁:《夷堅支志》戊集卷三"張子智毀廟",第1074~1075頁。

致疑,以爲本流寓窮民,無由可富。會豪室遭寇劫,共指爲盜,執送官。困於考掠,具以實告云:"頃者夢一脚神來言:'吾將發迹於此,汝能謹事我,凡錢物百須,皆可如意。'明日,訪屋側,得一毁廟,問鄰人,曰:'舊有獨脚五郎之廟,今亡矣。'默感昨夢之异,隨力稍加繕葺。越兩月,復夢神來曰:'荷爾至誠,即當有以奉報。'凌晨起,見緡錢充塞,逐日以多,遂營建華屋。方徙居之夕,堂中得錢龍兩條,滿腹皆金。自後廣置田土,盡用此物,今將十年,未嘗敢爲大盜也。"邑宰驗其不妄,即釋之。吳創神祠於家,值時節及月朔日,必盛具奠祭,殺雙羊、雙猪、雙犬,并毛血糞穢,悉陳列於前。以三更行禮,不設燈燭。率家人拜禱訖,不論男女長幼,皆裸身暗坐,錯陳無別,逾時而退。常夕不閉門,恐神人往來妨礙。婦女率有感接,或産鬼胎。慶元元年,長子娶官族女,不肯隨群爲邪,當祭時獨不與。旋抱病,與翁姑相繼亡。所積之錢,飛走四出,數里之内,咸有所獲。吳氏虔啓謝罪,其害乃止。至今奉事如初。[1]

吳十郎安享於五通神帶給他的富裕,報之以更爲虔誠的信奉,應該說,他的信仰行爲是出於真心的。但是他不僅自己如此,還逼迫全家都采用詭异的形式祭神,甚至犧牲家中女性的清白也在所不惜。新娶進的媳婦不從,便造成人亡錢散,家室不寧。這種淫祀已與邪教没有差异。

有些巫者,借祠祀名義,多方搜刮民財,如《夷堅志》記載的張妖巫,先是"以創造法院,斂民錢幾千緡",又倚仗妖術,"每於富室須索錢米,小不如意,則距躍勃跳,名曰'打筋斗'。此家隨即病瘡痘,或有死亡。以是莫不畏憚"。還"大書一榜曰'朝天門',揭於其居。巫頂高冠,着寬袖緋衫,繫大黃帶,每日升高座,縱談禍福,隨從祇承可三十輩"。有過路者不燒香立即"遣人押回取問"[2]。這樣的巫師,已成爲利用祠祀欺壓民衆的地方惡霸了。

各地因祠祀而舉辦的賽會也帶來了許多社會問題,黄震《黄氏日鈔》有"申諸司乞禁社會狀"以祠山賽會爲例,歸納了此類活動潜在的危機:

---

[1] 洪邁:《夷堅支志》癸集卷三"獨脚五通",第1238~1239頁。
[2] 洪邁:《夷堅支志》丁集卷四"張妖巫",第995頁。

照得本軍有祠山春會,四方畢集,市井雖賴之稍康,風俗實由之積壞。凡合厘正僣(偕)具列申。

其一謂埋藏祭以太牢。夫太牢者,天子所用饗帝,豈臣子所宜祀神,惟此祠山之會,敢爲不法,遂使民俗亦多殺牛坐坊賣肉,略不知忌,良由習之慣爾。……

其二謂傷神迎以兵器。夫兵器者,國家所用禦敵,豈民庶所宜賽神,惟此祠山之會,敢爲不法,遂使民俗亦多帶刀,狠鬥殺人,略不知忌,良由習之慣爾。……

其三謂罪案迎以囚帽枷索。夫囚帽枷索者,獄户所以械繫辟囚,豈市井所宜玩悦士女,惟此祠山之會,敢爲不法,遂使民俗視獄具爲戲弄之物,謂罪惡有厭勝之方,作奸犯科,略不知忌,良由習之慣爾。……

其四謂差會首。夫自狄梁公不世出,世之淫祠固多矣。然其社首之輪流,皆出民情之願欲,未聞有迫於官差者也。今此祠山歲差會首,同於差役,雁鶩成行,誅責已遍,抽籤方行,民一充應,率至破產,夫差役猶曰不可廢也,此亦不可廢乎?差役既擾之,差會首又擾之,不知爲民父母者何心?況祠山自有租入廟祠,自能設供,初無以會首爲也。

其五謂差機察。夫自嚴子陵不常有,世之求用者多矣,然必有坊場河渡之污,故易以集江湖乞丐之靡,未聞有擾及史祝者也。今此祠山歲差機察,同於征商,狐鼠輩屈體而得攘臂以臨,遠至商賈無一獲免。夫征商尚曰不獲已也,此亦不獲已乎?肥一二之不肖,毒四方之民旅,不知爲民父母者何忍?況郡官元係提督祠廟,本無他事,初無以機察爲也。

凡此祠山五事,無不關係風俗,而又有并緣,祠山關係尤大者焉……[1]

黃震認爲,賽神動輒使用太牢爲犧牲,不僅亂了禮法,還造成耕牛大量被殺。賽會時有喬裝打扮持刀弄槍的,還有戴囚帽繫枷鎖的,不僅失去了國家法制的嚴

---

[1] 黃震:《黃氏日鈔》卷七四《申明五・申諸司乞禁社會狀》,第746~747頁。

肅性,還十分不安全。賽會動用的人力財力太多,加大了官府的壓力,也增加了民衆的負擔。更爲嚴重的是:"率聚千百爲群,……而至者又皆江湖出没之徒,蔓則難圖,漸不可長,區區所憂,又不止敗壞風俗而已。"這對統治者而言,是值得萬分重視的。

淫祀既然有"聚千百爲群"的能力,就有秘密結社的可能,這是最讓統治者心驚肉跳的事情,宋代食菜事魔的發展就十分典型。食菜事魔的歸屬較難一言以蔽之,其既有脱胎於摩尼教的成分,也有佛教、道教的异端或變异成分,顯然更符合民間信仰的特徵。莊綽《鷄肋編》曾對食菜事魔有比較詳細的論説,曰:

> 事魔食菜……近時事者益衆,云自福建流至温州,遂及二浙。……聞其法:斷葷酒,不事神佛祖先,不會賓客。死則裸葬……始投其黨,有甚貧者,衆率財以助,積微以至於小康矣。凡出入經過,雖不識,黨人皆館穀焉。人物用之無間,謂爲一家,故有無礙被之説。以是誘惑其衆。其魁謂之魔王,爲之佐者,謂之魔翁、魔母,各誘化人。旦、望人出四十九錢,於魔翁處燒香。翁、母則聚所得緡錢,以時納於魔王,歲獲不貲云。亦誦《金剛經》,取"以色見我"爲"邪道",故不事神佛。但拜日月,以爲真佛。……如不事祖先、裸葬之類,固已害風俗。而又謂人生爲苦,若殺之,是救其苦也,謂之度人。度多者,則可以成佛。故結集既衆,乘亂而起,甘嗜殺人,最爲大患。[1]

食菜事魔以標志性的教規,如拜日月、斷葷酒、不事祖先、不會賓客、裸葬等,使自己有别於其他的宗教性組織,又以接納貧者、資助財物以及黨人互爲一家等做法,迷惑了衆多百姓。尤其是其教義宣揚殺人是度人出苦海,殺人者可以成佛,這更是社會治安的大患。因此,莊綽認爲應該放寬對食菜事魔的禁令,使之不至於"協心同力,以拒官吏",同時嚴懲其魁首,這樣纔能够弭禍。

(三)淫祀處置

《淳熙三山志》記載:"景德二年,李堪爲宰,毁淫祠三百一十五,撤佛宫四十九,取其材植爲縣廟學。"三山是福州的別稱,僅一個縣便一次性毁淫祠三百多,

---

[1] 莊綽:《鷄肋編》卷上,第15~16頁。

放眼全國,可以想象民間淫祀的數量是何等的龐大。淫祀的存在部分滿足了底層百姓的精神信仰需求,但客觀上造成的社會危害朝廷也是無法視而不見的。

一部分淫祀可以"轉正"爲正祀。宋代的地方祀典一般包括兩部分:一是與國家祀典相通的,又對本地區生產生活有較大影響的自然神,如山林水澤、風雷雨雹等;二是朝廷承認的地方祠祀,主要包括當地有突出功績和德行的歷史人物。之前未入地方祀典的,就要由民衆或官員逐級申請,以獲得官方承認。[1]

曾敏行《獨醒雜志》記歐陽修禱沙山神一事曰:

>歐陽公自南京留守奉母喪歸葬於瀧岡,將興役,忽陰雨彌月。公念襄事愆期,日夕憂懼。里之父甲,往告公曰:"鄉有沙山之神,乃吾郡太守也,廟祀於此,里人遇水旱,禱之必應。盍以告焉。"公乃爲文,齋潔而謁於神曰:"修扶護母喪,歸祔先域,大事有日,陰雲屢興。今即事矣,幸神寬之,假三日之不雨,則終始之賜,報德何窮!"翌日,天宇開霽,始克舉事。公後在政府,一夕,忽夢如坐官府,門外列旗幟甚衆,視其名號,皆曰"沙山"。公因感悟前事,遂以神之嘉惠其民者聞於朝。沙山今在祀典。[2]

沙山神原是當地郡太守,死後爲郡民廟祀,禱之必應,且行事有方,仍有官府遺風,連歐陽修也有所觸動和感悟,於是就將其嘉惠百姓的事迹上報朝廷,沙山神最終得以入地方祀典。這種情況,可算是淫祀所能得到的最完美的結果了。

如果達不到進入祀典的要求,還可以申請賜額、封號,同樣算是獲得官府承認了,吳地的"慧感夫人"就是這種情況:

>慧感夫人,舊謂之聖姑,或以爲大士化身,靈異甚著。祝安上通守是邦,事之尤謹。每有水旱,惟安上禱祈立驗。後以剡薦就除台守,既至錢唐,詰旦欲絕江,夢一白衣婦人告之曰:"來日有風濤之險。"既覺,頗異之,卒不渡。至午,颶風倏起,果覆舟數十,獨安上得免。一夕,盜入祠中,竊取其幡。平旦廟史入視之,見一人以幡纏其身,環走殿中,

---

[1] 關於祠廟的申報登記程序,劉雅萍《宋代民間神靈的"轉正"之路》所論甚詳,載《海南師範大學學報》2010 年第 6 期。

[2] 曾敏行:《獨醒雜志》卷五,第 41~42 頁。

因執以問,答曰:"某實盜也。夜半幸脱,已逾城至家矣。今不知潛制於此,神之威靈使然,敢不伏辜。"建炎間,賊虜將至城下,有一居民平昔謹於奉事,夢中告之曰:"城將陷矣,速爲之所。謹勿以此告人,佛氏所謂劫數之説,不可逃也。"不數日,兵果至,其它神驗不一。後加封慧感顯祐善利夫人,今參政范公爲作記。[1]

慧感夫人原是梁衛尉卿僧瓚的女兒,僧瓚捨宅爲寺,其女未離舊宅。後寺改建爲重玄寺,祀夫人爲伽藍神,號聖姑。其後她靈應甚著,可以預告風濤之險、兵燹之災,尤其是元符元年(1098)大旱,祝安上郡守"禱而應",活民無數,於是就上報朝廷,錫封慧感顯祐善利夫人,立靈祐廟於能仁寺内。慧感夫人在當時的影響可至"郡人奔湊致禱,相與社而稷之,闔境祠廟莫能尚也"[2]。最後得參知政事范仲淹爲其作記,完美地實現了身份的"轉正"。

哪怕是無名無姓的非人格化神靈,也能夠因爲靈驗而獲得加封,《夷堅志》記載:

> 淳熙甲辰歲,福州盛夏不雨。府帥趙子直命諸邑,凡境内有神祠湫淵靈异之處,悉加敬禱。古田縣杉洋山有三潭,在岩嶺峭拔間,居民每往祈雨,多獲甘霖。於是邑丞陳某詣其處,焚香致詞罷,向潭簪笏端立,願一睹龍形。丞爲人愿愨,移時不懈。俄黑雲從山腰起,遍覆大空,一物躍出第三潭,盤於岩石之上,蓋龍股也,色正黄,其大如椽。陳倉卒趨下,得民家少憩。即時大雨,周浹一縣,三日乃止。郡上其事於朝,詔加封立廟。[3]

由上述數例可知,民間俗神要獲得官府承認,其中最重要的一個標準就是靈應,能夠"禦大灾,捍大患"的神靈,纔是朝廷穩定統治秩序所需要的。因此,儘管地方上申報時都會將申報對象形容得神力高强,朝廷還是要設法進行驗證的。《夷堅志》中有一則故事説的就是這個程序:

> 德興以五顯公事狀申江東運司,在法須遣他州官核實,然後剡奏。

---

1 龔明之:《中吴記聞》卷四"慧感夫人",第 234~235 頁。
2 范成大:《吴郡志》卷一二《祠廟》,《宋元方志叢刊》第一册,中華書局,1990 年,第 784 頁。
3 洪邁:《夷堅支志》戊集卷一"杉洋龍潭",第 1057~1058 頁。

上饒丞儒林郎吳呈俊奉檄而至,甫謁廟下,恍然有省。因憶少年時夢入大祠,見神王五位,皆冕服正坐,光焰烜赫。良久,一吏宣詞,若有所告。既寤,能紀仿佛,久而忘之矣。及是,儼如夢境所睹。乃詳其感异本末,復於漕臺。且留一詩,備紀其事。其詞有"檄來此日言明載,夢裏當年事已通"之句。於是五神得加封。吳君,縉雲人也。[1]

德興以五顯神申報加封,由上饒官員來驗證。這位吳姓官員一看廟宇與自己曾經的夢境相符,而那個夢又留給他很好的印象,所以爽快地認可并加以保奏,德興的五顯神由此得以賜封,成爲正祀。

地方神靈一旦獲得賜封,祠祀必定會興旺起來,這對於地方政治影響和經濟發展都有一定的好處,因此地方勢力總是千方百計地説動地方官員,使之重視本地的祠祀及其靈應,并積極向朝廷申請封賜,因此兩宋對民間神祇賜封的絶對數字也很可觀。美國學者韓森根據《宋會要輯稿》禮之二〇、二一的記載統計,從960年至1125年,朝廷對民間俗神的賜封有兩千一百五十二例。[2] 當然,這一數字必定不是全部。

更多的淫祀,其下場是被禁毀。毀淫祀,前代也不乏其例,如東漢末年,青州等地爲城陽景王立祠,僅濟南就有六百餘祠,曹操受任爲濟南相後,"皆毀壞祠屋,止絶官吏民不得祠祀"。盛唐時狄仁杰充江南巡撫使,因"吳楚之俗多淫祠,奏毀一千七百所"。李德裕禁亳州取聖水治病,廢除淫祠千餘所,令僧尼燒煉、咒術、禁氣者還俗。因此,宋代官員士大夫也一再援引其例,呼籲處置淫祀。如范西堂上《寧鄉段七八起立怪祠》言:

狄仁杰持節江南,毀淫祠千七百所,李德裕觀察浙西,除淫祀一千一十所,前賢所爲,大概爲風俗設也。伍倫易會稽之俗,宋均移辰陽之風,一出於此。假鬼神以疑衆,聖人所必殺,後世反憑以爲徼福之用,愚亦甚矣!昏淫之鬼,散在荆楚,習尚尤甚。禮已亡矣,若不禁止,此

---

[1] 洪邁:《夷堅三志》己集卷一〇"吳呈俊",第1379~1380頁。
[2] 參見韓森著,包偉民譯:《變遷之神》附表一《民間神祇逐年賜封統計》,浙江人民出版社,1999年,第168~170頁。

無乃其戎之先乎?[1]

宋朝政府十分重視各地臣僚關於淫祀的上言,多次下詔,禁止各類淫祀行爲,[2]對淫祀的打擊可以説與兩宋政權相始終。

對純粹的淫祀,地方官大多大刀闊斧、態度堅决地禁毁之。《青瑣高議》記載寇準事迹:

> 寇相準,年十九。蘇易簡狀元下及第,知巴東縣。縣舊有一廟,不知其名。舊令尹嘗夢其神泣告之曰:"宰相將來,吾不敢居此。雖强留,必不容也。"令曰:"宰相何人?"神曰:"他日當自知,不敢預告。"及寐,與同僚言之。
>
> 不數日,邸吏賫狀來,乃寇爲之代。果以廟無名,圖牒所不載而毁之。噫!廟之毁去,神固知之,寇之爲相,已兆於此矣!神謂留必不容,蓋亦知寇公之正直也。[3]

又《澠水燕談録》記載王嗣宗事迹:

> 景德中,汾(邠)州有神祠,凡民祈禱者,神必親享,杯盤悉空,遠近奔赴。蓋狐穴神座下,通寢殿下,複門綉箔,人莫得窺。群狐自穴出,分享肴醴。王公嗣宗雅負剛正,及鎮邠土,乃騎兵挾矢,驅鷹犬,投薪穴中,縱火焚之,群狐奔逸,擒殺悉盡。鞭廟祝背,徙其家,毁其祠,妖狐遂絶。[4]

寇準和王嗣宗都以剛正著稱,又性不信鬼神,所以對淫祀的處置雷霆萬鈞,毫不手軟。不過他們的行動并非師出無名,巴東縣"廟無名,圖牒所不載",顯然不在祀典,邠州神祠"神必親享,杯盤悉空"則騙取供品,耗費民財,都屬於應該打擊的對象。

有些地方官在毁祠的時候,爲了讓信衆信服,想出各種招數,甚至"以身試法",使祠神暴露出真面目,宣州地方官錢譓的做法就很有代表性:

---

1 《名公書判清明集》卷一四《淫祀》,第 544~555 頁。
2 參見皮慶生《宋代民衆祠神信仰研究》一書"附録六"《兩宋關於正祀、淫祀詔令與行爲一覽表》,其彙集正史、政書、文集中相關資料甚詳。
3 劉斧:《青瑣高議》補遺"寇相毁廟",第 262~263 頁。
4 王闢之:《澠水燕談録》卷九《雜録》,第 95 頁。

宣州南陵縣舊有蜂王祠,莫知所起,巫祝因以鼓衆,謂爲至靈,里俗奉祀甚謹。既立廟,又崇飾龕堂貯之,遇時節嬉游,必迎以出。紹興初,臨安錢譓爲縣宰,到官未久,因閔(關)雨有祈,吏民啓曰:"此神可恃賴。"乃爲具儀導入縣治,才升廳,錢焚香致敬,望其中無他像設,獨一蜂,大如拳,飛走自若。錢素習行天心正法,知爲怪妄,於是大聲語之曰:"爾爲蠢蠢小蟲,當安窟穴,那得憑托妖祟,受人血食!吾今與汝約,此日之事,理無兩全,爾實有靈,宜即出螫我,雖死不憚。苟爲不然,當焚爾作灰,以洗愚俗。"語畢,蜂如不聞。錢固已蓄乾荻,命積於庭下,緊閉龕户,舁出加熱,蜂在内喧咆撞突,聲音哀怨,頃之煨燼無餘,遂并火其廟,邑人自是不敢復言。[1]

此蜂王在當地被奉爲"至靈",里俗奉祀甚謹,簡單地摧毀,恐怕一下子難以服衆,容易引發争端,所以錢譓擺出決然的、不是你死就是我活的姿態,壓倒了蜂王,徹底毀了祠廟,還使邑人"不敢復言"。這位地方官并非特別勇敢,而是他作爲一個縣令,自然不會相信一隻野蜂會有什麽神力,所以也就"有恃無恐"了。

對於信巫不信醫的打擊則有破有立,雙管齊下。其中有像夏竦在豫章那樣,"遂下令捕爲巫者杖之,其著聞者黥隸他州。一歲,部内共治一千九百餘家,江西自此淫巫遂息"[2]。以堅決果斷的手段,保證了大疫之時官府頒藥的順利進行。

也有像邵曄在廣南那樣,"請於朝,願賜《聖惠方》與藥材之費,以幸一路。真宗皆從其請,歲給錢五百緡。今每歲夏至前,漕臣製藥以賜一路之官吏,蓋自曄始"[3]。向朝廷申請一定的經費和醫藥指導,以彌補禁巫之後的醫療空白。

還有像劉彝在虔州那樣,"乃集醫作《正俗方》,專論傷寒之疾,盡籍管下巫師,得三千七百餘人勒之,各授方一本,以醫爲業。楚俗大抵尚巫,若州郡皆仿執中此舉,亦政術之一端也"[4]。集中醫生編寫醫方,巫師人手一册,强迫巫師

---

[1] 洪邁:《夷堅支志》乙集卷五"南陵蜂王",第830頁。
[2] 曾敏行:《獨醒雜志》卷二,第13頁。
[3] 曾敏行:《獨醒雜志》卷三,第27頁。
[4] 曾敏行:《獨醒雜志》卷三,第28頁。

學習,并從此以醫爲業。

地方官處置淫祀還必須講究些策略,如《夷堅志》記載:

> 蔣靜叔明,宜興人,爲饒州安仁令。邑多淫祠,悉命毁撤,投諸江,且禁民庶祭享,凡屏三百區。唯柳將軍廟最靈,未欲輒廢,故隱然得存。[1]

蔣靜將被搗毁淫祠的器用全部投諸江,且禁止民衆再行祭享,態度不可謂不堅决。但他策略性地留下了柳將軍廟,一來此廟最爲靈驗,以後或有上升可能;二來也讓民衆的精神宣泄有一個出口,客觀上也有利於對其他淫祠的處置。

姚寬《西溪叢語》記載:

> 紹興府軒亭臨街大樓,五通神據之,土人敬事。翟公巽帥越,盡去其神,改爲酒樓。神座下有一大酒字,亦非偶然,目爲和旨樓。取《食貨志》"酒酤在官,和旨便人"。[2]

紹興的軒亭位於鬧市區,始建於唐,宋代一度被五通神祠占據,當屬淫祠,然而信衆甚夥。翟公巽很聰明地搬掉神像,改成酒樓,既保全了通衢之處的熱鬧繁華,也達到了禁毁淫祠的目的,并讓信衆們至少在空間上有心理替代。

前文所及的張子智毁瘟神廟也是這樣,張子智抓住了數尊瘟神"或擎足,或怒目,或戟手"的形象做文章,認爲神界也應有禮,"顧失禮如此,於義安在?"然後拘四巫,擊諸像,將所有的器用分給其他宗教場所,將建築材料給了薦福寺造佛殿,這樣既打擊了淫祀,又支持了正祀,取得了一舉兩得的效果。

并非所有的禁毁行動都是一帆風順的,信衆們出於慣性及信仰需求,淫祠的掌控者爲既得利益所驅,都會千方百計阻撓淫祠的被毁,這時候,執行者的態度往往决定了行動的結果。《癸辛雜識》記載:

> 趙暨守衢日,所任都吏徐信,興建佑聖觀,斂民財甚夥。未幾,詹寇作,信以致寇抵罪而死。然民之詣祠如故,特太守不復往。趙孟奎春谷始至,以典祀亦往致敬。已而得堂帖,從前守陳蒙所申,命加毁

---

[1] 洪邁:《夷堅甲志》卷一"柳將軍",第2頁。
[2] 姚寬撰,湯勤福、宋斐飛整理:《西溪叢語》卷上,《全宋筆記》第四編第三册,大象出版社,2008年,第15頁。

拆。民投牒求免,而主祀祠黃冠遇大蛇於道,謂神所憑,率民以禱,曰:"果神也,盍詣郡。"遂以蛇至倅廳,以白郡。趙曰:"此妖也。"以黃冠爲惑衆,械繫於獄,繼取蛇貯以大缶,加封閉焉。三日獄成,黃冠坐編置,而戮蛇於市,人咸壯之。[1]

佑聖觀斂民財甚夥,但"民之詣祠如故"。趙孟奎接到毀拆命令後,民衆求免,而主祠者更是弄條大蛇到官府假借神意胡鬧。趙孟奎一概不聽,殺了蛇,懲處了妖言惑衆的主祠者,達到了毀淫祠的目的,還取得了"人咸壯之"的效果。而蘇軾的祖父蘇序遇到的情況就有所不同了,《師友談記》記載:

> 眉州或有神降,曰茅將軍,巫覡皆狂,禍福紛錯,州皆畏而禱之,共作大廟,像宇皆雄,祈驗如響。太傅忽乘醉呼村僕二十許人入廟,以斧钁碎其像,投溪中,而毀折(拆)其廟屋,竟無所靈。後三年,伯父初登第,太傅甚喜,親至劍門迎之。至七家嶺,忽見一廟甚大,視其榜曰茅將軍。太傅曰:"是妖神却在此爲幻耶?"方欲率衆復毀。忽一廟吏前迎拜,曰:"君非蘇七君乎?某昨夜夢神泣告曰:'明日蘇七君至,吾甚畏之,哀告蘇七君,且爲容恕,幸存此廟,俾竊食此土也。'"衆人怪之,共勸焉,乃捨。[2]

蘇序本是堅定的毀淫祀者,第一次毀茅將軍廟時也是大刀闊斧,毫無顧忌。三年後,他在其他地方又見茅將軍廟,仍然欲毀之,最終却在廟吏的哀告和衆人的勸説下偃旗息鼓,對淫祀作了讓步。想必,即便有朝廷的淫祠政策在,這種該毀而沒毀、該毀而不能毀的淫祠還有不少。

直至南宋寧宗嘉泰元年(1201),還有這樣的臣僚上言:

> 臣昨試郡吳興,首問獄囚,自當年正月至月終,境内已殺四十九人,而鄰里掩蓋不以聞者不預焉。臣甚駭之,力詢其故,皆淫祠有以啓之。所謂淫祠者,始因愚民無知,以謂殺人而死可得爲神,其家父子兄弟與夫鄉黨鄰里又憚聞官之擾,相與從臾,使之自經,於是立廟以祠,稱之爲神。故後之凡欲殺人者三五爲群,酹酒割牲,謂之起傷,起傷之

---

[1] 周密:《癸辛雜識》後集"趙春谷斬蛇",第243頁。

[2] 李廌:《師友談記》,第54頁。

廟蓋遍於四境之内矣。生不正典刑,死乃得立廟,遞相仿效,皆以殺人爲喜,豈清明之世、近畿之地所宜有哉！臣近禱雨祠山,訪之道途,頗言廣德愚民殺人之風漸入吴興。浸浸不已,其害將有不可勝言者。乞行下所屬,應淫祠不載祀典者盡行毁拆,勿令再造。凡有殺人而自經者,以法戮尸;其父母兄弟妻孥不即諫止,與夫已殺人而逼令自經、祠之以廟者,次第坐罪,徙之遠方。[1]

可見,雖説兩宋政府爲了禁絶淫祀下了很大的決心,采取了很多措施,其最終效果還是不容樂觀的。

---

1 《宋會要輯稿》刑法二《禁約三》,第 8360 頁。

第六章 巫術與禁忌

巫術是原始宗教的一種形式，如果説原始信仰是通過對客體即崇拜對象的神化，以向其敬拜求告的方式實現自己的願望的話，那麽巫術就是力圖通過自己的力量，包括神秘的法術儀式，去影響、控制事物或環境以達到某種目的，其中多摻入了鬼神觀念。在古代的信仰活動中，巫術的作用非常廣，無論是氣候、物産、疾病、禍福都可以歸因於巫術，同樣也都可以藉助巫術的力量去左右其發展的軌跡，從而改變既定的事實或命運。禁忌也是古老的、各民族普遍存在的文化現象，人們認定某些事物，或是神聖、至高無上的，或是不潔、不祥甚至危險的，衹有具備了特賦靈力的巫師纔能接觸並處理，普通人若貿然觸犯，必定會遭受不幸，由此形成了許多不成文的習慣性法則并代代相傳。因此，雖然巫術和禁忌都是原始時代便已形成的最古老的信仰行爲，但在宋代仍然有相當完整的表現。

一、預測巫術

預測性巫術是指通過某種人爲的技術和方法，向神靈詢問未來的吉凶禍福，推知未來將會發生的事情。預測巫術的形式多種多樣，很多還十分簡單易行，因此在民間流行甚廣。

（一）先兆迷信

先兆是事物預先顯現出來的迹象，古人對已經發生的自然或社會現象缺乏認識，又力圖加以解釋，就將某些先前發生的異常情况與已經發生的事情聯繫起來，并以神意進行解釋，進而把一些先兆看作是鬼神的預警。先兆迷信没有特定的規則和法術，多數是根據自然物和自然現象的變化，尤其是一些反常的、奇异的現象來預測、推斷人事的吉凶禍福。如氣候的變化、動植物的反常、身體的异常感覺等都可以作爲徵驗。先兆迷信不是嚴格意義上的巫術,却是占卜等巫術行爲發生的基礎。

影響面最廣的先兆是天體兆和氣象兆,日蝕、月蝕、星隕及風雷雨電的异常發生等,都是人們認爲的凶兆,在第一章相關内容中已有論述,此不贅言。

禽獸兆吉凶是古已有之的一種先兆認識,《尚書》中就有"牝鷄無晨,牝鷄之晨,惟家之索"[1]之説。宋代因之,祇是不同地區的具體説法不同。朱彧《萍洲可談》説:"東南謂烏啼爲凶,鵲噪爲吉,故或呼爲喜鵲。頃在山東,見人聞鵲噪則唾之,烏啼却以爲喜,不知風俗所見如何。"[2]彭□的《墨客揮犀》也記載了這一南北不同的風俗,并且把鳥糞掉在身上、驅趕雀鬥等都視爲不祥之兆:

> 北人喜鴉聲而惡鵲聲,南人喜鵲聲而惡鴉聲,鴉聲吉凶不常,鵲聲吉多而凶少,故俗呼喜鵲,古所謂乾鵲是也。南中多有信鵲者,類鵲而小,能爲百禽聲。春時,其聲極可愛,忽飛鳴而過庭檐間者,則其占爲有喜。凡野禽或獐、狐之類入人家者,必有不祥事,余纍試甚驗,不但主人家當去而已。路行遇飛鳥過者,切避之。若遺糞污人衣者,亦不祥。又見雀鬥者,不得相逐,遭官事。[3]

人們還將飛禽的异常與重大事件聯繫起來,陳長方《步里客談》記載:

> 熙寧戊申,邵堯夫聞杜鵑啼,不樂。或問之,曰:"將有人起東南爲相,以文教亂天下,此禍非六十年不已。"未幾,王介甫召自江寧。介甫所建明經術法令,至建炎戊申方熄。[4]

邵堯夫就是精通易術玄學的邵雍,這條史料或有攻擊王安石變法的意味,但是,其中的"杜鵑啼主凶"這一先兆認識還是十分明確的。邵雍的預言在陳長方看來也很準確,熙寧戊申到建炎戊申,正好一個甲子。

也有人不能像邵雍一樣憑着先兆斷言後事,但會在事情發生後回憶起先前的一些現象認爲是先兆,如孔平仲《談苑》記載:

---

[1] 孔穎達:《尚書正義》卷一一《牧誓》,第183頁。
[2] 朱彧:《萍洲可談》卷二,第163頁。
[3] 彭□:《墨客揮犀》卷二,第13頁。
[4] 陳長方:《步里客談》卷上,第5頁。

虢州朱陽鎮，一夕鳧雁之聲滿空，其鳴甚悲。逮旦，鳧雁死於野中無數，或斷頭，或折翅，或全無所傷，而血污其喙。村民載之入市，市人不敢買，蓋此鎮未嘗有此物，怪之也。又一年，王冲叛，朱陽之民殲焉。[1]

王冲起義發生在元豐七年（1084），當時吳居厚任京東路轉運使，他善於理財，以鹽鐵賦稅之利支援陝西邊關軍餉，這對朝廷來説是好事，却引發了當地老百姓的强烈不滿，爆發了王冲領導的農民起義。義軍隊伍轉戰於商（今陝西商縣）、虢州（今河南靈寶）之間，堅持了很長時間，最後在朝廷鎮壓下失敗。孔平仲認爲，大批鳧雁的死亡，預示着一年後朱陽人民在戰亂中的慘狀。

植物的异常也往往是吉凶之預兆，《墨客揮犀》記載：

揚州芍藥，名著天下郡國，最其盛處。仁宗朝，韓魏公以副樞出鎮維揚。初夏，芍藥盛開，忽於叢中得黄緣棱者四朶，土人呼爲金腰帶，云數十年間或有一二朶，不常見也。魏公開宴，召三人者同賞。時王禹玉作監郡，王荆公爲幕官，陳秀公初授衛尉寺丞，爲過客。其後四人者皆相繼登台輔，蓋花瑞也。[2]

其中的韓魏公是後來"相三朝、立二帝"的韓琦，王禹玉是後被稱爲"三旨相公"的王珪，王荆公是主持熙寧變法的王安石，陳秀公是被稱爲"荃相"的陳升之，此後三十年中，四人先後都出任宰相，"簪花四相"成爲當時美談。

與人們生産、生活密切相關的常用器具一旦發生异常，便令人産生不安和猜想。如吴曾《能改齋漫録》記載："嘉祐八年，豐城李君儀爲袁州軍事推官。明年，被臺符，權知萍鄉縣事。居數月，一夕，卧室中燈忽引焰高數尺，如是者再三。俄而得疾不起。"[3] 燈火突然冒得幾尺高，還反復幾次，十分反常，預示屋主人將有异常事發生，果然李君儀就"得疾不起"了。又如周密《癸辛雜識》"船吼"條記載："甲戌歲，越中榮邸兩舫舟忽有聲如牛吼，移時方止，俗謂之'船

---

[1] 孔平仲：《談苑》卷一，第 300 頁。
[2] 彭□：《墨客揮犀》卷一，第 10 頁。
[3] 吴曾：《能改齋漫録》卷一八《神仙鬼怪》"燈焰高數尺"，第 239 頁。

吟',不祥之徵也。未幾,有透渡之禍。"[1]周密筆下多見"透渡"之説,自言指的是"宋之北狩",甲戌,指宋咸淳十年(1274),當年七月宋度宗駕崩,不久南宋也滅亡了。王銍《默記》所記鄭獬父子事更爲典型:

> 鄭翰林獬,郎官紓之子也。獬雖負時名,然纍赴殿試、省試,俱不利。紓爲狄青征廣南辟客。是時儂智高鴟張,未知勝負,留家在雍丘舟中;而獬赴殿試罷,在京師候唱名。其母與盡室憂紓從軍未知吉音,又憂獬仍舊黜於殿試。一家屏默惶惑之次,忽舟尾晨炊釜鳴,聲甚厲,震動兩岸,舉家不知所爲。釜鳴未定,忽岸上亟尋鄭郎中船,乃報捷者南來,且附紓書云:"已破儂賊,殺戮殆盡,走入溪洞,且議賞超遷矣。"語次,又有北來報榜者馳至云:"二秀才昨日唱名而出,已狀元及第矣。"釜鳴蓋有爲吉者。[2]

釜爲炊具,家家都有,鄭家釜鳴,還"聲甚厲,震動兩岸",預示的事情一定不小。果然,生死難料的鄭紓破儂智高,升遷在即;屢試不利的鄭獬摘桂冠,狀元及第,故而王銍認爲,釜鳴是吉兆。

氣候反常除了造成生產的損失、生活的不便,還引發人們對未來事情的吉凶判斷。又因爲氣候异常的影響面較廣,因而其所預示的也往往是有關國計民生的大事。如袁文《甕牖閒評》説:"嶺南無雪,大觀庚寅歲,忽有之,寒氣太盛,雖嶺南地暖,莫能勝也。此乃北方兵起之兆,後遂有靖康之變。"[3]張知甫《可書》曰:"宣和末,博州富人冶張家田内,忽雨血數頃,其腥氣不可近。後,狄人犯博,盡驅市民殺於彼。"[4]再有陸游《老學庵筆記》記載:"淳熙中,黄河決入汴。梁、宋間謹言謂之'天水來'。天水,國姓也。遺民以爲國家恢復之兆。"[5]此數例都以氣候异常言國事,反映了兩宋人民在社會動蕩時期對命運的困惑、對和平的嚮往。本來,黄河決堤是一種灾難,但是在淪陷區的人民却將之看成是"天水",象徵着天水一朝的重新統一。

---

1 周密:《癸辛雜識》續集上"船吼",第268頁。
2 王銍撰、湯勤福、白雪松整理:《默記》,《全宋筆記》第四編第三册,大象出版社,2008年,第149頁。
3 袁文:《甕牖閒評》卷八,第217頁。
4 張知甫撰、孔凡禮整理:《可書》,《全宋筆記》第四編第三册,大象出版社,2008年,第182頁。
5 陸游:《老學庵筆記》卷八,第92頁。

爲官者身在仕途,如履薄冰,也十分在意先兆,而旁人也往往會根據一些偶爾發生的事情,猜測、斷言其未來的吉凶。《能改齋漫錄》記載:

> 章郇公初入樞府,以所賜鞍綉文疏略,命市工別綉之。既就來上,視其花乃宰相所用,不旋踵遂大拜。[1]

章郇公即章得象,曾爲州、縣地方官近二十年,有政聲。仁宗景祐三年(1036)升同知樞密院事,後改户部侍郎,寶元元年(1038)即拜同中書門下平章事,前後不到兩年,吳曾認爲賜鞍上重新綉的花紋已經預示了他即將拜相。

又《老學庵筆記》記載:

> 翟公巽參政,靖康初召爲翰林學士。過泗州,謁僧伽像,見鬚忽涌出長寸許,問他人皆不見,怪之。一僧在旁曰:"公雖召還,恐不久復出。"公扣之,曰:"鬚出者,須出也。"果驗。[2]

公巽,翟汝文也,好直言,故京官的位置總是坐不穩:徽宗時除秘書郎,因反對東封,轉而責監宿州税;皇太子就傅,命他勸講,除中書舍人,又被劾與蘇軾、黄庭堅有交往而出知襄州、濟州、唐州;後召回,修國史,遷給事中,又因揭發内侍梁師成强市百姓墓田修私人園圃而出守宣州;不久,召爲吏部侍郎,又因故出知廬州、密州。欽宗即位,召爲翰林學士,歸途中發生了僧伽"鬚出"之先兆,不久,果然出知越州兼浙東安撫使。[3]

至於偶爾的舉止失誤或行爲失常而被看作是先兆的就更多了。如《齊東野語》記載:

> 汪伯彦初拜相於維揚,正謝上殿,而笏墜中斷,上以他笏賜之,非吉徵也。未幾,有南渡之擾。[4]

又《清波雜志》記載:

> 蔡攸副童貫出師北伐,有"少保節度使"與"宣撫副使"二認旗從於後。次日,執旗兵逃去,二旗亦失之。識者知爲不祥。[5]

---

1 吳曾:《能改齋漫錄》卷一八《神仙鬼怪》"賜鞍綉文",第230頁。
2 陸游:《老學庵筆記》卷八,第98頁。
3 《宋史》卷三七二《翟汝文傳》,第11543~11544頁。
4 周密:《齊東野語》卷一二"笏異",第222頁。
5 周煇:《清波雜志》卷二"失認旗",第29頁。

還有《癸辛雜識》記載：

> 丙寅冬，嗣榮王拜福王之命，賈御醫將上命部押儀物過越，及至邸第，則遺忘誥命及新鑄之印，人皆以爲不祥。賈師憲景定庚申自江上凱旋歸朝，遂拜少師，賜玉帶。及入朝之日，馬蹶而墜，碎其帶焉，人人皆知爲不祥。[1]

朝笏、認旗、誥命、官印和玉帶，都是官品和權力的象徵，一旦發生异常情况，很容易聯想起其所代表的地位，從中既可見仕途順暢的春風得意，也可見政事難爲的戰戰兢兢，官場的喜樂苦惱可見一斑。

身處最高層的皇室也很重視先兆，尤其是關係到皇位繼承者的確定、后妃的選擇、國運的興衰等。《鐵圍山叢談》記載：

> 神宗當寧，已負疾。一日，後苑池水忽沸，且久不已。神宗爲睥睨而不樂。有抱延安郡王從旁過者，池沸輒止，莫不駭异。未幾延安郡王即位。是爲哲宗。[2]

又《揮麈後錄》記載：

> 宣和中，燕諸王於禁中。高宗以困於酒，倦甚，小憩幄次。徽宗忽詢："康王何往乎？"左右告以故，徽宗幸其所視之，甫入即返，驚鄂默然。內侍請於上，上云："適揭簾之次，但見金龍丈餘，蜿蜒榻上，不欲呼之，所以亟出。"嘆息久之，云："此天命也。"繇是异待焉。[3]

以上二例都是關於皇嗣的，說神宗、徽宗是根據先兆選定了接班人，那肯定不會是事實，此類先兆之說大抵是哲宗、高宗的擁護者爲神化君權而製造的輿論吧。

立儲意味着在位皇帝政治生涯甚至是生命的終結，所以皇帝的心情實在是五味雜存的。《能改齋漫録》記載：

> 仁宗晚年久不豫，漸復康平，御朝。忽一日，命宮嬪妃主游後苑。乘小輦東向，欲登城堞。遥見一小亭，榜曰"迎曙"，仁宗不悦，即時回

---

[1] 周密：《癸辛雜識》續集下"失誥碎帶"，第306頁。
[2] 蔡絛：《鐵圍山叢談》卷一，第147頁。
[3] 王明清：《揮麈後録》卷二"徽宗幸高宗幄次見金龍蜿蜒榻上"，第91頁。

輦。翌日上仙,而英宗登極。蓋曙犯英宗名也。[1]

此事的關鍵不在"曙",而在"迎"。英宗本名宗實,嘉祐七年(1062)定爲皇子,賜名"曙"。仁宗久病稍愈,一眼看到"迎曙",難免想到自己的病況,故而不悅。游園次日便登仙,或許也有受先兆刺激的精神因素在內。

還有更爲直接的先兆,張耒《明道雜志》記載:"元豐七年正旦元會,駕既坐,輅屋忽崩,玉輅遂碎,守輅士壓死者數人,輿尸而出。明年,永裕晏駕,此近不祥也。"[2] 在元旦朝會上,皇帝坐的玉輅被壓垮了,還有人被壓死,這事別說有多不吉利了。果然,第二年,神宗皇帝也"輿尸而出"了。

讖語可説是一種特殊的先兆。讖,按照清四庫館臣的説法,是"詭爲隱語,預決吉凶"[3],讖語是無意中説的話或寫成的文字,事後卻應驗了的。宋代筆記中,有不少關於讖語、讖詩的事情。如王得臣《麈史》記載:

> 治平間,李尉廣德,錢公輔君倚守郡。一日,召李登城亭,問及郡事簡,得暇山川行樂,昔葉道卿云"贏得十年閑",某止得五年亦足矣。自謂不越五年復入。至五年錢卒。[4]

錢公輔在仁宗時期歷通判越州、知明州,擢知制誥。英宗治平年間因違抗君命而謫滁州團練使,逾年,起知廣德軍。他覺得自己五年內會重新成爲朝官,故言即便郡事清閑,五年也就足夠了。神宗時他果然拜天章閣待制知鄧州,復知制誥,知諫院,但至熙寧五年(1072)就去世了,前後差不多五年。"五年閑"卻應驗於五年的壽命。

又《春渚紀聞》記載:

> 黃公度,興化人。既爲大魁,郡人同登第者幾三十人。余一日於江路茶肆小憩,繼一士人坐側,因揖之,且詢其鄉里,云:"興化落第人也。"余因謂之曰:"仙里既今歲出大魁,而登科之數復甲天下,是可慶也。"其人嘆息曰:"昔黃涅槃有讖語云'拆了屋,換了椽,朝京門外出狀

---

[1] 吳曾:《能改齋漫錄》卷一八《神仙鬼怪》"迎曙亭",第228~229頁。
[2] 張耒撰,查清華、潘超群整理:《明道雜志》,《全宋筆記》第二編第七冊,大象出版社,2006年,第27~28頁。
[3] 永瑢等:《四庫全書總目》卷六《經部·易類六·易緯坤靈圖》,中華書局,1965年,第47頁。
[4] 王得臣:《麈史》卷下"語讖",第78頁。

元'，初徐鐸振夫作魁時，改建此門。近軍賊爲變，城門焚毀，太守復新四門，而此門尤增崇麗。黃居門外區市中，而左右六人同遇，雖一時盛事，亦皆前定，非人力所能較也。"[1]

黃涅槃是唐代禪師黃秒應，名曜堂，他精於風水，人信其言。因而當地人認爲黃涅槃的讖語應驗在黃公度及與其一起登第的三十多位同郡人身上，而其他人就未必有這般"非人力所能較"的好運道了。

喜歡舞文弄墨的文人經常填詞作賦，一不小心也會"一詩成讖"。《能改齋漫錄》記有一事曰：

> 曾子固之祖曾易占，南豐人。知信州玉山縣，坐法失官。閑居十餘年，執政憐之，諷令至京師。行次，至洪州樵舍僧寺，題詩屋壁云："今朝才是雪泥乾，日薄雲移又作寒。家山千里何時到，溪上梅花正好看。"是時慶曆七年六月二十日也，人怪其寫景不侔。既而行次睢陽而卒。其孫子固載柩還鄉，復過樵舍，乃臘中雪日梅芳。然此詩乃蔡君謨詩，易占偶書之耳。遂成讖云。[2]

曾易占於夏季六月赴京，途中在住處牆上書蔡襄詩一首，意境却完全是冬景，時人怪之，却不知是應驗半年後其靈柩返鄉時的景象。

詩讖也不盡然是預言倒霉事，《雲麓漫鈔》記載宋高宗放弃中原，一路南逃，至台州臨海縣金鰲山駐留時的一事：

> 金鰲蓋一獨峰，坡陁鬱茂，若鰲背然，正與柵浦相對，兩涘之間，略辨牛馬，東看海門，雲飛波翻，渺然無際。山頂有善際寺與夫祥符塔院，紹興三十二年，始賜額。先是，有人題詩云："牡蠣灘頭一艇橫，夕陽多處待潮生。與君不負登臨約，同向金鰲背上行。"及高廟覽之，以爲詩讖，求其人不可得矣。[3]

宋高宗狼狽渡江，前途未卜，雖一路仍不忘享樂，但畢竟心懷惴惴。面對渺然無際的海水，乍一見這首氣勢還算昂揚的詩，就覺得是大好前景的預示。這首詩

---

[1] 何薳：《春渚紀聞》卷二"黃涅槃讖語"，第 189~190 頁。
[2] 吳曾：《能改齋漫錄》卷一八《神仙鬼怪》"曾易占詩讖"，第 225~226 頁。
[3] 趙彥衛：《雲麓漫鈔》卷七，第 186 頁。

在當時必定給了宋高宗強烈的心理暗示,以至於他在多年以後還想着要給這個山頂小寺賜額。

最有意思的是人名讖,有人因名而倒霉,有人因名而得益,筆記中有不少相關記載。如楊億《楊文公談苑》云:

> 太平興國四年,北戎寇邊,車駕幸大名府,方渡河,有人持手版邀乘輿,前驅斥之,號呼道旁,自言獻封事。太宗令接取視之,乃臨河主簿宋捷,上甚喜,即以爲將作監。[1]

又如王明清《揮麈錄餘話》記載:

> 高宗建炎三年冬,自建康避狄,幸浙東。初渡錢塘,至蕭山,有列拜於道側者,揭其前云:"宗室趙不衰以下起居。"上大喜,顧左右曰:"符兆如是,吾無慮焉。"詔不衰進秩三等。是行雖涉海往返,然天下自此大定矣。不衰即善俊之父。此與太宗征河東宋捷之祥一也。是時,選御舟樑工,又有趙立、畢勝之讖。[2]

陳鵠的《耆舊續聞》也有記載:

> 慶曆七年,貝州卒王則叛。參政文彦博請行,仁宗忻然遣之,且曰:"'貝'字加'文'爲'敗',卿擒賊必矣。"逾月,以捷報聞,詔拜平章事,改"貝"爲"恩"。[3]

不僅人名可爲讖,地名、物名都可能是。《清波雜志》云:

> 高宗自相州提兵渡河,初程宿頓,問地名,以新興店對。幕府進言:"大王治兵討賊,行紹大統,而初宿新興,天意若曰:宋室中興,其命維新。"且以太平興國中宋捷之語爲證。紹興辛巳,視師江上,至無錫,幸惠山酌泉。泉上有汲桶,桶間書"吳安"二字。吳安,閽隸姓名也。侍衛者偶見之,皆喜謂吳地可安。[4]

以上數例,或人名讖,或地名讖,共同之處是,都關係到兩宋的戰爭勝負或

1　楊億:《楊文公談苑》卷三"宋捷",第53頁。
2　王明清:《揮麈錄餘話》卷一"建炎符兆",第9~10頁。
3　陳鵠撰,儲玲玲整理:《耆舊續聞》卷八,《全宋筆記》第六編第五冊,大象出版社,2014年,第94頁。
4　周煇:《清波雜志》卷一"新興吳安",第12頁。

國內平叛。可見，讖語實際上是社會狀況的一種反映，凡有引起社會動蕩、影響國計民生、牽動百姓情緒的事情發生，與之相關的各類讖語就會涌現。因此，宋代士大夫對讖語、讖詩的認識是多面的，如王楙在《野客叢書》中說：

> 王直方《詩話》舉東坡、少游、後山數詩，以爲詩讖。漁隱以爲不然。謂人之得失、生喪自有定數，烏有所謂詩讖云者，其不達理如此。僕謂此說亦失之偏，詩讖之説，不可謂無之，但不可謂詩詩皆有讖也。其應也往往出於一時之作，事之與言，適然相會。豈可以爲常哉？漁隱舉東坡詩之不應者爲證，可笑其愚。大抵吉凶禍福之來，必有先兆，固有托於夢寐影響之間，而詩者，吾之心聲也，事物變態皆能寫就，而況昧昧休咎之徵，安知其不形見於此哉？但泥於詩讖則不可。[1]

王楙認爲詩爲心聲，能夠預示個人的禍福之來，詩讖不可全盤否定，但不要過分拘泥即可。而洪邁在《容齋隨筆》中直言"詩讖不然"，態度十分明確：

> 今人富貴中作不如意語，少壯時作衰病語，詩家往往以爲讖。白公十八歲，病中作絶句云："久爲勞生事，不學攝生道。少年已多病，此身豈堪老。"然白公壽七十五。[2]

以現代的觀點看，各類先兆迷信自然皆屬無稽之談，但是此類信仰習俗在宋代是普遍存在和流行着的。渴望從一些偶發的先兆中推知未來的吉凶，折射的是時人因世事多變、人生無常而產生的困惑與焦慮。

（二）占卜算命

占卜，是根據事物的某些表徵來推斷事後結果或解釋事前原因的一種預測性巫術。"卜"的原意是以火灼甲骨，根據其出現的裂紋，取得兆象，"占"就是觀察兆象，從所得到的些許依據中預測未來。如果是以蓍草推演，那就是蓍占。以後，占測的方法和所用的工具越來越多，占卜不再特指甲骨占，而成爲衆多預測性巫術的統稱。

---

[1] 王楙：《野客叢書》卷一九"詩讖"，第247頁。
[2] 洪邁撰，孔凡禮整理：《容齋隨筆》卷一"詩讖不然"，《全宋筆記》第五編第五册，大象出版社，2012年，第25頁。

这种极为古老的巫术行为,到了宋代并没有销声匿迹,相反,就像王曾瑜先生指出的那样:"宋朝雖是當時世界上文明程度最高的國家,其巫術的盛行,决不比周邊國家遜色。"[1] 宋代占卜盛行的情況據楊曉紅女士的歸納,一是卜者人數衆多,僅開封一地,"以是自名者"就以萬計,若加上兼職卜者數量就更爲可觀。二是占卜書籍增多,以至於《宋史·藝文志》新開闢了"蓍龜類",專門著錄占卜書籍三十五部。三是占卜方式多,不僅繼承并完善了唐五代的絕大部分占術,還發展了一些新的方法。[2] 雖然朝廷曾屢降禁卜的詔令,但事實上是禁而不止。

宋代不僅相信占卜的人多,且參與面廣,上至皇帝,下至庶民,都不乏其人。最著名的故事便是宋太祖未顯時的一次占卜了,葉夢得《石林燕語》記載:

> 太祖皇帝微時,嘗被酒入南京高辛廟。香案有竹杯筊,因取以占己之名位。俗以一俯一仰爲聖筊。自小校而上至節度使,一一擲之,皆不應。忽曰:"過是則爲天子乎?"一擲而得聖筊。天命豈不素定矣哉![3]

雖然故事發生時趙匡胤還沒有當上皇帝,但這一記載至少説明他是相信占卜可以預測前程的。趙匡胤顯貴後熱衷於與陳摶交往,還請他預測過自己陽壽幾何,也正是這一信仰觀念的延續。

又葉紹翁《四朝聞見錄》記載光宗皇帝扶乩的故事:

> 今所請仙,蓋小陳也。光皇爲儲副日久,遣黃門召其父以入。上著白絹汗衫,繫小紅縧,見陳入,避之。徐遣召陳,黃門設香案,金屈卮酒,金楪貯生果三飣,炷香焚所問狀。仙遂降於箕,書光皇以某年月日即大位。黃門持以入,出則就以酒勞陳,且贈金帛遣出,戒以歸勿語。後果如所定。光皇又遣使召陳,陳以近日仙不降爲辭,恐蹈罔上之罪。不期年,光皇得疾,蓋陳已前知於仙矣。[4]

---

1 朱瑞熙、張邦煒、王曾瑜等著:《遼宋西夏金社會生活史》,中國社會科學出版社,1998 年,第 255 頁。

2 楊曉紅:《宋代民間信仰與政府控制》,西南交通大學出版社,2010 年,第 125~128 頁。

3 葉夢得:《石林燕語》卷一,第 6 頁。

4 葉紹翁:《四朝聞見錄》乙集"清湖陳仙",第 272 頁。

光宗皇帝不耐於久居皇太子之位，冒着"窺測帝位"之危險請人扶乩，應驗後更是希望長期依賴於此，也足見其對占卜的態度了。

皇帝尚且如此，朝臣就更可想而知了。李元綱《厚德錄》記載了真宗朝的一件事：

> 真廟時有卜者上封事，言干宫禁。上怒，令捕之，繫獄坐以法，因籍其家，得朝士往還書尺。上曰："此人狂妄，果臣僚與之游從，盡可付御史獄案劾。"王文正公旦得之以歸，翼日獨對曰："臣看卜者家藏文字，皆與之筭命選日草本，即無言及朝廷事。臣托往來，亦曾令推步星辰，其狀尚存。"因出以奏曰："果行，乞以臣此狀同問。"上曰："卿意如何？"公曰："臣不欲因以卜祝賤流，累及朝臣。"上乃解。公至政府，即時焚去。繼有大臣力言乞行，欲因而擠之。上令中使再取其狀，公曰："得旨已寢，焚去之。"[1]

這一記載說明：一是占卜活動不能踩到皇帝的底綫，一旦有勾結朝臣干政的嫌疑，是要受嚴厲懲處的。二是朝臣與卜者往來者甚多，包括宰相王旦自己，也"曾令推步星辰"，若要嚴懲，勢必累及甚廣。三是朝臣與卜者的交往，多爲"筭命選日草本"，也就是各種占卜行爲，可見朝臣對此類活動十分感興趣。在這種流風下，出現"生平最尚機祥，每晨占鳴鵲，夜看燈蕊，雖出門歸邸，亦必竊聽人語，用卜吉兆"[2]的極品宰相丁謂，也就不足爲奇的了。

文人士大夫熱衷於占卜的也爲數甚多，起初他們可能祇是將其作爲一種娛樂消遣，如《老學庵筆記》所記晁之道的習慣是"日日平旦具衣冠焚香占一卦"[3]，并不一定有什麼事情想要詢問神意。逐漸，就有人精通於此，就像《梁谿漫志》所稱"近世士大夫多喜譚命，往往自能推步，有精絶者"[4]。於是，很多人就習慣成自然，心中有事，便以占卜解。如蘇東坡精於易占，弟弟蘇轍久未來信，他"憂不去心，以《周易》筮之"。占的卦"極精詳"，卦象也不錯，便"口以授

---

[1] 李元綱：《厚德錄》卷二，第252頁。
[2] 百歲老人袁褧：《楓窗小牘》卷上，第223頁。
[3] 陸游：《老學庵筆記》卷一，第8頁。
[4] 費袞：《梁谿漫志》卷三"譚命"，第227頁。

過,又書而藏之",¹很是自得其樂。即使是不精通占卜的人,也可以隨時行之,如《能改齋漫録》記載章得象:"章郇公守洪州,嘗因宴客,擲骰賭酒。乃自默占,如异日登台輔,即成貴采,一擲得佛面浮圖。遂緘秘其骰,至爲相猶在。"²

有些人察覺到統治者也不乏依靠、利用占卜的需要,就憑借所掌握的占卜技能,爲自己謀得進身之階。徽宗時期的陳彦就比較典型,《鐵圍山叢談》記載:

> 太上皇帝端邸時,多徵兆,心獨自負。一日,呼直省官者謂之曰:"汝於大相國寺遲其開寺時,持我命八字往,即詣卦肆,遍問以吉凶來。第言汝命,勿謂我也。"直省官如言,至,歷就諸肆問禍福,大抵常談,盡不合。末見一人,窮悴藍縷,坐諸肆後,試訪,曰:"浙人陳彦也。"直省官笑之黽勉,又出年命以示彦。彦曰:"必非汝命,此天子命也。"直省官大駭,狼狼走歸,不敢泄。翌日,還白端王,王默然。因又致飭:"汝遲開寺,宜再一往見,第言我命,不必更隱。"於是直省官乃復見彦,具爲彦言。彦復咨嗟久之,即藉語顧直省官曰:"汝歸可白王,王,天子命也,願自愛。"逾年,太上皇帝即位,彦亦遭遇,後官至節度使。³

一個落魄士人,爲當時還是端王的宋徽宗算出了"天子命",從此青雲直上,竟然官至節度使,可見占卜術在宋代已非簡單的"糊口養家"的行當了。

宋代的占卜術真是五花八門,除了上文已經涉及的擲珓、推步、易占等,可舉者甚多。一般而言,在社會底層的,或在南方偏遠地區的人們多使用隨手可得的事物作爲占卜工具,如吴處厚和周去非都記載了嶺南的"鷄子卜":

> 元豐中,余任大理丞,斷嶺南奏案,韋庶爲人所殺,疑尸在潭中,求而弗獲。庶妻何以鐺就岸爨煮鷄子卜之,咒曰:"儂來在箇澤裏,他來在別處。"少頃,鷄子熟,剖視得儂。韋全曰:"鷄卵得儂,尸在潭裏。"果得之。然不知所謂得儂者,其兆如何也。⁴

有用鷄卵卜者,焚香禱祝,書墨於卵,記其四維而煮之,熟乃橫截,

---

1 蘇軾:《東坡志林》卷三"記筮卦",第71頁。
2 吴曾:《能改齋漫録》卷一八《神仙鬼怪》"擲骰默占",第229~230頁。
3 蔡絛:《鐵圍山叢談》卷三,第184~185頁。
4 吴處厚:《青箱雜記》卷三,第211頁。

視當墨之處，辨其白之厚薄而定儂人吉凶焉。[1]

他們對當地流行的"鳥卜""雞卜"等禽類卜觀察得也十分仔細：

> 又有鳥卜，東女國以十一月爲正，至十月，令巫者齎酒肴詣山中，散糟麥於空，大咒呼鳥。俄頃，有鳥如雉，飛入巫者懷中，即剖其腹視之，有一穀米，歲必登；若有霜雪，則多异灾。[2]

> 南人以雞卜。其法以小雄雞未孳尾者，執其兩足，焚香禱所占而撲殺之。取腿骨洗净，以麻綫束兩骨之中，以竹梃插所束之處，俾兩腿骨相背於竹梃之端，執梃再禱。左骨爲儂，儂者我也；右骨爲人，人者所占之事也。乃視兩骨之側所有細竅，以細竹梃長寸餘者徧插之，或斜或直，或正或偏，各隨其斜直正偏而定吉凶。其法有一十八變，大抵直而正或附骨者多吉，曲而斜或遠骨者多凶。[3]

以植物占卜也相當流行，趙彥衛《雲麓漫鈔》記載了"竹占"法："今人折竹長寸餘者三，以手彈於几，以占吉凶，命曰五兆，大意仿佛灼龜。"[4] 周去非還詳細記載了南方的茅卜法：

> 卜人信手摘茅，取占者左手，自肘量至中指尖而斷之，以授占者，使禱所求。即中摺之，祝曰"奉請茅將軍、茅小孃，上知天綱，下知地理"云云。遂禱所卜之事，口且禱，手且掐，自茅之中掐至尾，又自茅中掐至首，乃各以四數之，餘一爲料，餘二爲傷，餘三爲疾，餘四爲厚。料者雀也，謂如占行人，早占遇料，行人當在路，此時雀已出巢故也；日中占遇料，則行人當晚至，時雀至暮當歸爾；晚占遇料，則雀已入巢不歸矣。傷者聲也，謂之笑面猫，其卦甚吉，百事歡欣和合。疾者黑面猫也，其卦不吉，所在不和合。厚者滯也，凡事遲滯。茅首餘二，名曰料貫傷；首餘三，名曰料貫疾。餘皆仿此。南人卜此最驗，精者能以時辰與茅折之委曲，分別五行而詳說之，大抵不越上四餘。而四餘之中，各

1　周去非：《嶺外代答》卷一〇"雞卜"，第219~220頁。

2　吳處厚：《青箱雜記》卷三，第211頁。

3　周去非：《嶺外代答》卷一〇"雞卜"，第219頁。

4　趙彥衛：《雲麓漫鈔》卷一，第96頁。

有吉凶,又係乎所占之事。當卜之時,或遇人來,則必別卜,曰:"外人踏斷卦矣。"余以爲此法,即《易》卦之世應揲蓍也。嘗聞楚人簟卜,今見之。[1]

這類的占卜之所以如此普及,一是由於材料易得,鷄蛋、竹子、茅草信手可得,對農家來說,抓隻小公鷄也不是難事。二是因爲方法易行,煮個鷄蛋,看看蛋白或蛋黄凝結的情况;或先喂食,再捕鳥,剖腹看看殘存物。甚至還有連工具都不要的"人言卜":"江西人遇元夕,多以人静時微行,聽人言語以占一歲之所爲通塞。"[2] 取得兆象後,根據既定的觀念,非此即彼,很容易判斷。這類方法很適合普通民衆。故而吴處厚説:"或擊一丸,或打楊枝,或杓聽旁人之語,亦可以卜吉凶。蓋誠之所感,觸物皆通,不必專用龜策也。"[3]

文化程度稍高的人可能就不滿足於以上類型的占卜了,他們熱衷的是技術含量高一些的,有懸念、帶玄機的占卜方式。如劉斧《青瑣高議》記載:慶曆年間,錢塘張圭和馬存都待闕都下,一日,同游都門外古寺,遇一"衰朽之甚"的老僧,主動表示願爲兩人作卦預卜食禄之地,於是:

> 三人環坐,僧乃探懷出皂囊,中有算竹及大錢十六文。僧以錢疊作浮圖,命圭以手觸之,錢散於地。僧乃俯而觀焉。又取錢如前疊之,命存以手觸之,僧復觀焉。曰:"張之卦,乃潰卦。東至泰山則可,西至華山路塞。存卦,散卦也。南至大庾有路,北至嵩岳無緣。張則一幕蓋天,馬則一邑掃地。"圭曰:"《易》中無潰散二卦。"僧曰:"此乃焦貢《易林》言也。"……(兩人)共記其言。然圭授筠州推官,存授瑞州高安縣尉。圭至筠州,以受賄敗其身;存到瑞州,爲儂賊蕩殺。是非"張一幕蓋天,存一邑掃地"之應也。彼僧之卦兆也,何先知之審![4]

十六枚大錢可以展現的卦象十分豐富,所以需要用到算竹,還需要仔細觀之方能得出結論。求卜者也并非完全盲目無知,能一下子分辨出老僧用的不是一般

---

[1] 周去非:《嶺外代答》卷一〇"茅卜",第220頁。
[2] 曾敏行:《獨醒雜志》卷九,第88頁。
[3] 吴處厚:《青箱雜記》卷三,第211頁。
[4] 劉斧:《青瑣高議》後集卷一〇《僧卜記(張圭與馬存問卜)》,第202頁。

的易占法。最後,兩人"共記其言",説明老僧的占卜是獲得這類初入仕途者的認同的。

測字是宋代極爲盛行、深受文人士大夫青睞的占卜術,能將測字術運用得出神入化的是兩宋之交的術士謝石。《鐵圍山叢談》記:"蜀人謝石,宣和歲壬寅到輦下,以術得名。善相字,使人書一字,即知人之用意,以卜吉凶,其應如響。"[1] 他最有名的故事是:徽宗書了一個"朝"字,密遣人試之。謝石一看即呼萬歲,説:"十月十日生,非今上而誰?"徽宗召他入宫,令左右及宫嬪都書字示之,謝石皆"據字論説禍福,俱有精理"。徽宗甚喜,"錫賫甚厚,并與補承信郎"。從此,"四方來求相者,其門如市"。[2] 也有人不服氣,想爲難他,却總也難不倒他,周必大《二老堂雜志》記載:

> 蜀有士人文覺戲以"乃"字爲問,謂其無可拆也。石曰:"'及'字不成,君終身不及第。"有人遇於塗,告以婦不能産,書"日"字於地。石曰:"日出地上。得男矣。"其驗如此。每於肆中以牌寫千字,不識字任其所指,禍福皆應。[3]

受謝石影響,以測字謀生的人越來越多,稍有名氣者,就千方百計接近朱紫顯貴,謀取更大利益,其中善於揣摩人意者的機會就更多一些。王明清《投轄録》記載:

> 趙元鎮、秦會之同作左右相,客言有術者善相字,甚奇。二公令呼來姑試之,各書一"退"字視(示)之。術者熟視久之,曰:"左相行須引去,右相宜在中書。"二公問其故,曰:"左所書日下人遠,右書人向日邊。"已而果然。[4]

趙元鎮即被後世譽爲南宋中興賢相之首的趙鼎,他在朝之日因反對議和,一再被秦檜排斥、構陷,最後謫居興化軍,移吉陽軍,絶食而死。他與秦檜雖分爲左右相,但由於高宗畏戰求和的根本態度,主和的秦檜日漸炙手可熱,這位相字者

---

[1] 蔡絛:《鐵圍山叢談》卷三,第185頁。
[2] 何薳:《春渚紀聞》卷二"謝石拆字",第198~199頁。
[3] 周必大撰,李昌憲整理:《二老堂雜志》卷四"謝石拆字",《全宋筆記》第五編第八册,大象出版社,2012年,第367頁。
[4] 王明清:《投轄録》"相字",第115~116頁。

關於"日下人之遠近"的説辭,未必沒有投機取巧的心理。

《四朝聞見録》所記"楊和王相字"事更有意思:

> 楊王沂中閑居郊外(一作"微行"),遇相字者。相者以筆與札進,楊王拒之,但以所執拄杖大書地作一畫。相者作而再拜曰:"閣下何爲微行至此?宜自愛重。"楊愕而詰其所以,則又拜曰:"土上作一畫,乃王字也。公爲王者無疑。"楊笑,遽用先所進紙批緡錢五百萬,仍用嘗所押字,命相者翌日詣司帑者徵取。[1]

楊沂中即宋代名將楊存中,他戰功卓著,名震天下,權力恩寵日盛。但他謝世前一年方封爲郡王,死後纔追封爲和王,因此,相者稱其爲王,他一定很高興,一出手就批給相者五百萬。雖然最後到手未必有那麽多,也足以讓更多人對此職業趨之若鶩了。

測字説到底是一種文字游戲,利用漢字的組合規律,附會人事,巧妙解説,以打動人心。不過其基礎是對漢字結構及字義有相當的研究和把握,否則就不能"言之成理",也正因爲如此,測字術纔在知識階層有很廣泛的影響。

扶乩也是宋代相當流行的占卜術。扶乩又稱扶鸞、降仙,其法一般是由巫師"以箕插筆,使兩人扶之,或書字於沙中"[2]。宋人最喜歡請降的就是紫姑神,關於紫姑的信仰已在第五章"家内神"部分論及,此不贅述。或許是受紫姑扶乩之影響,宋代的扶乩之風大盛,周密《齊東野語》專門論及當時的"降仙":

> 降仙之事,人多疑爲持箕者狡獪以愚旁觀,或宿構詩文托爲仙語,其實不然,不過能致鬼之能文者耳。余外家諸舅,喜爲此戲,往往所降多名士,詩亦粗可讀,至於書體文勢,亦各近似其人。一日,元慤舅諸姬,戲以紈扇求詩,遂各題小詞於上,仍寓姬之名於内,行草間有可觀者。[3]

周密相信,扶乩并不是預先準備好詩文假冒仙語,而是"致鬼之能文者"。且不論其中欺騙性究竟如何,而要做到文風書體都與所降之名士相似,還要能隨手

---

1 葉紹翁:《四朝聞見録》甲集"楊和王相字",第 262 頁。
2 洪邁:《夷堅三志》壬集卷三"沈承務紫姑",第 1486 頁。
3 周密:《齊東野語》卷一六"降仙",第 299 頁。

作出嵌名詩若干,扶乩者確實要有相當的文學功底和文化素養。因此,扶乩不僅是内庭小女子喜歡的活動,也吸引了如周密"諸舅"那樣的文化人。

宋代扶乩時還有針對時事憂國憂民的驚人之語出現,第五章論及請紫姑時出現了爲岳飛抱屈的詩即是一例,周密也有記載:

> 又聞李和父云:"向嘗於貴家觀降仙,扣其姓名,不答。忽作薛稷體大書一詩云:'猩袍玉帶落邊塵,幾見東風作好春。因過江南省宗廟,眼前誰是舊京人。'捧箕者皆悚然驚散,知爲淵聖在天之靈。"真否固未可知,然每讀爲之凄然。[1]

淵聖即北宋末代皇帝欽宗,被擄囚於北方,生前曾希望高宗將他贖回,表示願意當一個道士終其餘生,但高宗唯恐危及帝位,全無迎回二聖、收復中原之心,欽宗最終屈死北國。此詩不過是有人假借仙語,道出對南宋朝廷的指責罷了。

卦影是宋代新創的占卜方式,據說是仁宗時代的費孝先得傳於一神秘老人。[2] 其法之關鍵是卜卦時繪製圖形或輔以文辭以隱寓卦意,以備應驗。朱彧《萍洲可談》曰:"熙寧間,蜀中日者費老筮易,以丹青寓吉凶。在十二辰,則畫鼠爲子,畫馬爲午,各從其屬。畫牛作二尾則爲失,畫犬作二口爲哭,畫十有一口則爲吉,其類不一,謂之卦影。亦有繇詞,以相發明。其書曰《軌革》,費老筮之無不驗。"[3] 作卦影有圖有辭,頗合文化人之心意,因此"自至和、嘉祐已來,費孝先以術名天下,士大夫無不作卦影,而應者甚多"[4]。

筆記中關於卦影靈驗的故事很多,如《文昌雜録》記載:"户部馬員外乞守明州,既受命,因閱昔年卦影,見畫一豕其上,日月相并,下有舟一隻。亥年明州之應,豈不了然邪?"[5]《澠水燕談録》也記載:"術士李某者,亦傳管輅軌革法,畫卦影頗有驗。今丞相頃嘗問之,卦影畫水邊一月,中有十口。未幾,除知湖州。又盧龍圖秉使占,卦影亦同,乃除知渭州。字雖不同,而其影皆符。"[6] 又《中吴紀

---

1 周密:《齊東野語》卷一六"降仙",第301頁。
2 蘇軾:《東坡志林》卷三"費孝先卦影",第71~72頁。
3 朱彧:《萍洲可談》卷三,第169頁。
4 魏泰:《東軒筆録》卷一一,第88頁。
5 龐元英:《文昌雜録》卷三,第144頁。
6 王闢之:《澠水燕談録》卷六《先兆》,第70頁。

聞》記載：

> 韓中孚字應天，將游上庠，聞市肆有精軌革術者，應天筮之。畫一金章紫綬人，有黃色瓶在其旁，後有一人處圓圈中。術士謂之曰："君此行未必到闕，中途必爲貴人所留。"應天未之信。行次南徐，適朱行中龍圖爲郡守，與之厚善，聞其來，倒屣迎之，延於郡圃。朱平生愛一黃色酒壺，因宴出示之。圃中有草庵，其狀甚圓，應天寢於其間，與卦影所畫，無一不驗。以此知不惟飲啄前定，雖受用之物，寢處之地，亦非偶然者。[1]

韓應天此行，不僅"爲貴人所留"的預言應驗，連卦影所畫之黃色瓶、圓形屋等也全都相合無異，讓人很難不信命由天定。又魏泰《東軒筆錄》記載：

> 李璋嘗令費孝先作卦影，畫雙鳳立於雙劍上，又畫一鳳據廳所，又畫一鳳於城門，又畫一鳳立重屋上，其末畫一人，紫綬，偃卧，四孝服卧於旁。及璋死，其事皆驗。劍上雙鳳者，璋爲鳳寧軍節度使也，廳所者，嘗知鳳翔府。末年，謫官鄆州，召還，卒於襄州鳳臺驛，襄州有鳳林關也。兩子侍行，璋既病久，復有二子解官省疾，至襄之次日，璋薨，四子縗服之應也。[2]

費孝先的卦影畫了五鳳、四孝服，在李璋生前死後全都應驗了。

卦影經常"畫人物不常，鳥或四足，獸或兩翼，人或儒冠而僧衣，故爲怪以見象"，以至於個性張揚、打扮异常的米芾被人稱作"活卦影"，還使"求筮者得幅紙畫人物，莫測吉凶，待其相符，然後以爲妙"。[3] 意思是乍一看，不懂其意，應驗後恍然大悟，所以王安石弟弟王安國就對其不屑一顧，説："占卜本欲前知，而卦影驗於事後，何足問耶？"[4] 還有人一厢情願，錯誤地理解卦影，《東軒筆錄》記載：

> 唐坰知諫院，成都人費孝先，爲作卦影，畫一人衣金紫，持弓箭，射

---

1 龔明之：《中吳紀聞》卷二"軌革卦影"，第 206 頁。
2 魏泰：《東軒筆錄》卷一一，第 88 頁。
3 朱彧：《萍洲可談》卷三，第 169 頁。
4 魏泰：《東軒筆錄》卷一一，第 88 頁。

落一鷄。坰語人曰:"持弓者我也,王丞相生於辛酉,即鷄也,必因我射而去位,則我亦從而貴矣。"翊日,抗疏以彈荆公,又乞留班,頗誼於殿陛。主上怒,降坰爲太常寺太祝、監廣州軍資庫,以是年八月被責。坰嘆曰:"射落之鷄,乃我也。"[1]

唐坰是錯誤地估計了朝中形勢,認爲王安石已經地位不穩,所以纔敢放此狂言。想必當時判錯卦影的人也不在少數。

(三)看相解夢

看相解夢,也屬於占卜範疇,之所以分別論述,是因爲看相占夢的客體是人本身,操作也無須什麼工具,故而有一定的特殊性。

每個人都有自己獨特的體相,包括身相、面相、骨相、手相等,其中有遺傳的因素,也有後天的經歷、學養造成的改變。看相即相人術,通過觀察分析人的外貌特徵,包括精神氣質、舉止情態等,來預測人的吉凶禍福,判斷人的稟性命運。私有制産生以後,不平等的社會現狀讓人們逐漸産生"命由天定"思想,人們無法把握命運,又渴望預知自己及家人此生的貴賤貧富,看相知命的嘗試也就逐漸産生。東漢王充説:"人曰命難知。命甚易知。知之何用?用之骨體。人命稟於天,則有表候於體。察表候以知命,猶察斗斛以知容矣。表候者,骨法之謂也。"[2] 意思是,人命都是從上天稟氣而成,在身體上會有徵候表現出來,詳察人體表象就能知命。這種相人術春秋時期已流行於上層社會,宋代,人們對其仍然熱情不減,無論是朝廷擢用人才還是民間男婚女嫁,都會請相士出馬,篤信其術者和以此爲業者都很多,相人的方法和理論也都有所創新。[3]

相面是最常用的相人術。劉斧《青瑣高議》記載宰相陳執中在赴端州刺史任的途中,遇一胡僧爲其相面的事:

> 僧謂公曰:"公虎目鳳鼻,骨方氣清,身當極貴。"公知其异,設席詢之。僧云:"氣欲伏,不欲發;骨欲細,不欲露。肉貴厚而瑩,髮欲黑而

---

1 魏泰:《東軒筆録》卷一一,第88頁。
2 王充撰,黄暉校釋:《論衡校釋》卷三《骨相篇》,第108頁。
3 楊曉紅:《宋代民間信仰與政府控制》第九章《相術》,第165~175頁。

光。目欲相去遠，黑白分明；眉欲秀而濃，相對而起。口紅潤而方，鼻隆高而貫額，面方而瑩澤，耳厚而隱伏，身肌重厚，舉動詳審，皆相之美者也。夫相美於外，不若美於內。美於外，人所共有；美於內，人所難全。內外全美，是爲大人。公相甚奇，但公虎目猿身，平地非能爲也。當有攀附，然後有所食，公不日位極公相。"公曰："如師言，不敢相忘。"……

公後顯用皆仁廟拔擢，至於相，果如僧言，一何异也。[1]

此胡僧的相面術已十分全面，目、眉、口、鼻、面型、耳廓、肌肉、骨骼乃至氣息、舉動，都在觀察之列，尤其是強調骨方氣清，內外兼具，可見其相人也不僅看外在形象。在相者眼中，虎目鳳鼻之相固然不錯，但其貌不揚者也未必不是富貴命，張舜民《畫墁錄》記載王欽若的故事就是這樣：

錢若水暇日在家，延一術士，戒閽者不得進客。既而門外喧争，久之呼問，閽者曰："有一秀才欲請謁，辭以有客，不肯去。"因命之進，則刺字書云：臨江軍進士王欽若。既入，無冠頭巾，皂衫黃帶，雀躍嘶聲而結喉，鄙狀可掬，錢意甚輕之。術士一見，不復顧錢，側坐向王咨嗟不已。少頃王辭，術士不揖錢，褰衣從之。錢大駭，使人呼術者詰之，乃曰："斯人大富貴人也，名位壽考無不極。但無嗣，當以外姓爲嗣。"既卒，真廟俾其婿張環主祀。[2]

王欽若身材矮小，頸部有疣，時人稱爲"瘦相"。他的"鄙狀可掬"被錢若水輕視，但却讓相士當即拋開一切去追隨，可見俗世之美醜不是看相的主要標準。

相手也是相者常用的方法，手型、掌紋、指形、指紋、指甲等都可以作爲預測人生的依據。《齊東野語》記載許公言爲安定郡王趙子濤看手相，認爲他"手有直紋，未可量，但早年亦齲困，宜順受之，壽可至六十九。人壽修短，視其操行。上帝所甚惡者貪，所甚靳者壽，人能不犯其所甚惡，未有不得其所甚靳者。君能不忘吾言，可至七十九，持之益謹，更可至八十九"。後趙子濤"守許之戒不渝。晚

---

[1] 劉斧：《青瑣高議》後集卷一《胡僧异相（執中遇胡僧説相）》，第115頁。
[2] 張舜民撰，湯勤福整理：《畫墁錄》，《全宋筆記》第二編第一册，大象出版社，2006年，第202~203頁。

而襲爵,年八十七乃終"。¹ 又《東軒筆錄》記陳摶爲王克正之女看手相的事,陳摶僅凭"觀其捧爐手相甚貴",便作出若为"女子嫁即爲國夫人"的斷言,後果如其説。²

許公言看的是掌紋,陳摶根據的是手型,雖然都祇是一瞥之間,但在時人眼裏,都預測得十分準確。陳師道《後山談叢》記夏竦不僅給別人看,也給自己看手相:"外大夫潁公,初爲黃州參軍,事夏英公。公喜相人,謂潁公曰:'吾使相爾,而君真相也。'視其手曰:'雖貴而貧,不如吾也。'出其手,突如堆阜,曰:'此大富之相也。'"³潁公即龐籍,後果然官至同中書門下平章事,封潁國公。夏竦本人也曾拜相,封英國公,均可稱大富貴。可見夏竦這位業餘相者的相術也很有造詣了。

宋代新創了合八字的相人方法。八字又叫生辰八字、四柱八字,所謂四柱,即人出生時年月日時的四組干支,共八個字。此法起源甚早,歷代皆有發展,至唐代命理學家李虛中的時候,已能以人生辰的年月日即三柱推算星命。北宋的徐子平總結發展了前人的成果,加上了時的干支,参合爲四柱八字,形成了八字推命術,故此法也稱"子平術"。八字推命較其他推命術精奥又嚴密,一經問世便受世人推崇,很快流播於朝野,凡人之事業、婚姻、財運、健康等諸事,都可以合八字來預測。周煇在《清波雜志》中記録了他自己的合八字情況:"丙午、己亥、壬戌、乙巳,煇命之八字也。頃遇一老僧談五行,見語:'若非乙巳,不至今日;若無壬戌,不致竟老窮薄。退神用事,多失機會。然福不成福,禍不成禍,所得者壽數差永。'"⁴看來,周煇生辰的日與時兩柱是影響他一生的關鍵,雖不能大富大貴,也没有大灾大難,能有不算短的壽命,還是不錯的命。

王明清《投轄録》記載了一個八字算命的故事:

> 廉宣仲布、吕安老祉二人同年生,且極厚善。既中第,聞有楚先覺者,以命術聞都下,二公相率往問卜,各以八字叩之。楚笑曰:"俱新進

1　周密:《齊東野語》卷八"許公言",第134~135頁。
2　魏泰:《東軒筆錄》卷二,第12~13頁。
3　陳師道:《後山談叢》卷二,第86頁。
4　周煇:《清波雜志》卷七"僧譚禍福",第80頁。

士耶?"復問姓氏云:"廉君目下又有小喜,不出明年即官中都,然終身官爵止於此矣。吕君後數年始入朝,便須進用。又數年,出而再入,爲八座,將不得令終,蓋五行全似徐德占也。吕君亡後二十年,廉君始死。"二公以謂一時孟浪之語,不足信。未幾,宣仲爲張子能婿,明年以博士徵,已而坐妻黨擯不用。安老數年後始被召,遂登言路,未久遭逐,又數年再召,浸爲大戎,提師淮西。兵亂,爲其下所殺。宣仲雖以疾挂冠,今尚存,距安老之死,殆十八九年矣。術者之言有驗如此者,無异於毛十八仙翁也。[1]

還有一種相術叫揣骨聽聲,不相其面,而通過摸其骨骼,聽其語聲,來判斷貴賤吉凶。揣骨源於古代醫家病理診斷所用的"測骨探穴",後世逐漸發展宏揚,形成揣骨相法。此法特別適合盲人卜者,他們對男人采用摸骨法,對女人采用聽聲法,使原本全靠視力的相術照樣可以成爲他們的從業行當。宋真宗在做開封尹的時候,"呼通衢中鐵盤市卜一瞽者,令張耆、夏守贇、楊崇勛左右數輩,揣聽聲骨,因以爲娛,或中或否。獨相王繼忠,瞽者駭之,曰:'此人可訝,半生食漢禄,半生食胡禄。'真宗笑而遣去"[2]。後來王繼忠果然投降了遼國,還在溝通宋遼關係過程中發揮了作用。

王明清《投轄錄》記載了一則逸事:落第舉子翟惟康,上街替姐姐買分娩時用的藥物,經過相國寺見一瞽者善揣骨聽聲,就上前詢問。瞽者告訴他:"此婦必生男子,非常之人也,子之前程實有繫焉。俟此兒高官,子當受其蔭,始入仕。"一個志在科舉的學子,前程居然要由一個未出生的孩子來決定?這樣的預言實在讓人掃興,故"惟康笑其狂誕一至於此,不問其他而去"。後來的事實是:"惟康之姊免身得雄,惟康自此連蹇。其兒即沈文通也,中甲科,三十爲侍從,出守杭州。惟康爲其持貢奉表,賀神宗登極,補太廟齋郎。"一事無成的翟惟康果然是靠着外甥,纔恩補了一官半職。[3]

龔明之《中吳紀聞》也記載:

---

[1] 王明清:《投轄錄》"楚先覺",第116頁。
[2] 釋文瑩:《玉壺清話》卷四,第120頁。
[3] 王明清:《投轄錄》"翟惟康",第81頁。

元豐中,姑蘇有一瞽者,號"草腰帶",善揣骨聽聲。一日,王父呼至家,以祖姑吉凶禍福扣之,云:"此婦人他日必以夫而貴,但出適時,事干朝廷。"時祖姑已許嫁顧沂大夫,以其語不祥,舉室皆唾之。論命未竟,適有捷夫過門報省榜者,王父亟出問榜首姓名,云:"無爲人焦蹈。"既入告之,嗟惋不已。王父怪之,因問曰:"知此人聲骨否?"曰:"熟知之。"王父曰:"官職如何?"曰:"不能食祿,安問官職也?"衆皆以爲焦已爲大魁,術者之言必謬。經旬,有自京師來者云:"揭榜後六日,焦已死矣。"祖姑在曾王父服中,顧以欲之官,促其期,遂引女年二十不待父母服除法聞之朝,得旨方成禮,其言無一不驗。[1]

一個已經定下親事的女子,突然被告知她的出嫁會驚動朝廷,全家都以爲大不祥,草腰帶挨罵也是情理中的事。誰知後來因她必須在父母守喪期出嫁,還是驚動了朝廷方獲得特批。至於論命過程中的插曲焦蹈,雖爲榜首,但草腰帶斷言其活不了多久,當不成官,理由是自己對其聲骨"熟知之"。

更有人把揣骨聽聲之術發展到僅憑嗅覺就可知吉凶。《齊東野語》記載:

耿聽聲者,兼能嗅衣物以知吉凶貴賤。德壽聞其名,取宮人扇百餘,雜以上及中宮所御,令小黃門持扣之。耿嗅至后扇云:"此聖人也,然有陰氣。"至上扇,乃呼萬歲!上奇之,呼入北宮,又取妃嬪珠冠十數示之。至一冠,奏曰:"此有尸氣。"時張貴妃薨,此其故物也。[2]

既然以"聽聲"爲名,耿聽聲的聽覺自然更好,他的親家夏震當時還衹是個帳前佩印官,"耿聞其聲,知其必貴,遂以其女妻其子,子復娶其女"。早早爲兒女安排了富貴路,後夏震果然官至節度使。

宋代還有人能通過診脉知人吉凶的,《宋史·方技傳》記僧智緣:"每察脉,知人貴賤、禍福、休咎,診父之脉而能道其子吉凶,所言若神,士大夫爭造之。"[3] 莊綽《雞肋編》也記載了李文和以太素脉占人吉凶之事:

澧州有卒李文和者,本僧徒,犯罪坐黥。能診太素脉,知人吉凶,

---

[1] 龔明之:《中吳紀聞》卷五"草腰帶聽聲",第260~261頁。
[2] 周密:《齊東野語》卷一五"耿聽聲",第281頁。
[3] 《宋史》卷四六二《方技下》,第13524頁。

雖心性隱微,皆可推測。嘗診司法孫評云:"據脉當作僧道,然細審之,却有名無實。幼時須曾出家,不爾,亦見於小字也。"問之果爾,以多病,嘗捨於釋氏,小名行者。余頗訝其別有他術,云:"法中脉出寸口者,當爲僧道。今所出不多,又或見或隱,故以有名無實斷之。"後得其書,以十二經配十二辰,如五行家分宮之法,身命運限,亦各有術,逐日隨支,輪脉直事,故目下災福,纖悉皆可見。其書序云:"本唐隱者董威輦以授張太素,太素始行其術,故以爲名。"後於京師、四方,多見診太素脉得名,而未有如李文和者。[1]

當時,王珪與王安石同在翰林,王珪對此法表示懷疑,覺得無根無源的,不可信。但王安石說:"昔秦醫和診晉侯之脉,知其良臣將死。夫良臣之命,尚於晉侯脉息見之;因父知子,又何怪乎?"[2] 據此可見,以診脉占吉凶的方法早在春秋時就已經存在了,但太素脉之稱至唐代纔有,而宋代的李文和使這一方法得到了進一步的完善和發展。

相人術在宋代的應用非常廣泛,上至皇帝,下至庶民,凡遇大事,總要藉助相術,求得心安。如孔平仲《談苑》記:

> 太宗八子,真宗第三,封壽王。詔一異僧遍相諸公,僧已見七王,惟壽王未起。僧奏曰:"遍觀諸公皆不及壽王。"上曰:"卿未見,安知之?"僧曰:"適見三僕立於門,皆將相材器,其僕即爾,主可知矣。"三僕乃張相耆、楊相崇勳、郭太尉承祐也。[3]

兒子多了,選擇誰爲皇位繼承人,太宗舉棋不定,祇得藉助於異僧的相術。異僧"見僕知主",間接相人,毫不遲疑地選擇了壽王。事實上,太宗自己也懂得相術,《玉壺清話》記載:錢若水雖是儒人,但"號令軍伍,分布行列,悉有規節,深爲武將所伏"。太宗很想重用他,但"觀若水風骨秀邁,神仙資格,苟用之則才力有餘。朕止疑其壽部促隘,果至大用,恐愈迫之"。擔心一旦重用反而促其短

---

[1] 莊綽:《雞肋編》卷上,第10~11頁。
[2] 周煇:《清波雜志》卷一一"太素脉",第116頁。
[3] 孔平仲:《談苑》卷四,第333頁。

壽。[1]　後錢若水果然短命,四十四歲就去世了。

　　男婚女嫁,不僅要廝守終身,還要承擔家族發展的重任,就更需要相術幫助把關了。《青箱雜記》記載:

>　　龍圖劉公燁未第前,娶趙尚書晃之長女,早亡,而趙氏猶有二妹,皆未適人。既而劉公登科,晃已捐館,夫人復欲妻之,使媒婦通意。劉公曰:"若是武有之德,則不敢爲姻。如言禹别之州,則庶可從命。"蓋劉公不欲七姨爲匹,意欲九姨議姻故也。夫人詰之曰:"諺云:'薄餅從上揭。'劉郎纔及第,豈得便簡點人家女?"劉公曰:"非敢有擇,但七姨骨相寒薄,非某之對,九姨乃宜匹。"遂娶九姨,後生七子,皆至大官。七姨後適關生,竟不第,落泊寒餒,暮年,劉氏養之終身。[2]

劉燁自己懂得相術,認爲七姨"骨相寒薄",堅持續娶九姨,這雖然有違"薄餅從上揭"的習俗,但爲了家族的利益,他不惜違拗岳母的意志,可見相術在婚姻締結中發揮的作用是不容小覷的。

　　解夢即占夢,是基於夢兆迷信的占卜活動,古人認爲夢中的事物或情境將在現實生活中應驗,因此一旦做了不尋常的夢,就急於得到解説,以夢境占驗吉凶。人的夢境内容龐雜,千奇百怪,解釋夢境需有一定的理論和方法。早在周代,就有以圓夢爲職責的官員,他們負責"掌其歲時,觀天地之會,辨陰陽之氣"以便"以日月星辰占六夢之吉凶"。所謂六夢,是指正夢、噩夢、思夢、寤夢、喜夢、懼夢,所謂"以日月星辰占知",是"夜作夢,旦於日月星辰以占其夢,以知吉凶所在"。[3]　當然,以日月星辰占夢衹是占夢的一種方法,後世,占夢的方法多而雜,衹要推理得合乎常理,一般夢境都可以得到解釋。

　　宋人十分看重占夢,洪邁在《容齋續筆》中説:"《漢·藝文志》:《七略》雜占十八家,以《黄帝長柳占夢》十一卷,《甘德長柳占夢》二十卷爲首。其説曰:'雜占者,紀百家之象,候善惡之證。衆占非一,而夢爲大,故周有其官。'"[4] 洪邁贊

---

[1]　釋文瑩:《玉壺清話》卷七,第154頁。
[2]　吴處厚:《青箱雜記》卷四,第218頁。
[3]　賈公彦:《周禮注疏》卷二五《春官·宗伯》,第807頁。
[4]　洪邁撰,孔凡禮整理:《容齋續筆》卷一五"古人占夢",《全宋筆記》第五編第五册,大象出版社,2012年,第404頁。

同《漢書·藝文志》的觀點，認爲各種雜占當中，夢占是最值得重視的。

宋人筆記中關於夢的記錄很多，僅《分門古今事類》就專有"夢兆門"三卷。不過其記載大多爲"兆"，即夢中展現的某種情境，當時無法理解，事後却一一應驗。如《青箱雜記》記載："丁咸序應舉時，夢唱名已過，續有一龍蜿蜒騰上，又有一駱駝繼之，不知其然。比唱名，有龍起、駱起二人在其後。"又記："鄉人朱熙鄰，景祐中舉進士，夢造棺缺板而弗成。是歲，止過省不及第，晚遇推恩，長史出身，棺不全之應也。"[1] 這類故事中的做夢人大多覺得夢境離奇，却茫然無解，也没有人替他們解夢，要等事後纔恍然大悟。而占夢的重點在於"占"，是指針對夢境作解釋，讓做夢者正確解讀夢境，對未來的事情有心理適應。爲了達到預測的目的，相者各出奇招，採用多種方法爲人解夢，就如吕鳳棠先生所指出的，"多藉助於其他術數和方法，衹要能用來解夢，不管是隱語、拆字、諧音，還是易經、五行，一并接受"[2]。

筆記中關於科舉的占夢記錄較多，這與宋代科舉取士、科場競爭激烈的時代背景也相吻合。王得臣《麈史》記載：

> 余少時同伯氏從學於里人鄭毅夫，假館京師景德寺之白土院。皇祐壬辰，是歲秋試，鄭與予兄弟皆舉國學進士。時已差考試官矣。一日，院僧德珍者言："昨夢院內南，忽有池水中一龍躍而起，與空中龍鬥。池龍勝而歸。"其時旁院書生有曰："某當作狀元。"毅夫微笑曰："狀元當出此院。"於是伯氏書僧夢與日月在於寢室門，時八月也。明年癸巳，春殿試，鄭公果狀元。[3]

顯然，在鄭毅夫眼裏，院僧夢境中的池龍因在院內，代表白土院的舉子，空中龍是外來者，故而面對旁院書生的自信，他十分有把握"狀元當出此院"，最終也確實如願了。

《麈史》還記載了趙景睨爲廖獻卿解夢的故事：

> 趙孝廉令時景睨言：景祐元年同廖獻卿赴試春闈。一日獻卿謂孝

---

[1] 吳處厚：《青箱雜記》卷三，第213頁。
[2] 徐吉軍、方建新、方健等：《中國風俗通史·宋代卷》，上海文藝出版社，2001年，第608頁。
[3] 王得臣：《麈史》卷中"神授"，第34頁。"春殿試"，原本無"試"字，據四庫本補。

廉曰:"某必不利於南宮。昨夢榜出,上有先人名氏。"景睍賀曰:"獻卿必登甲科,繼先君矣。"未幾,省榜出,獻卿乃第十人。獻卿名子孟,淳之長子也。淳天禧三年第十人及第。今校理君正一,乃獻卿第三子,元豐戊午國學第十人薦。三世之間及第、過省、取解,并同名次,亦世罕有也。[1]

廖獻卿是時稱"蘇門後四學士"之一廖正一的父親,廖氏祖孫三人及第、過省、取解都是第十名,成爲一時美談,所以趙景睍會用"繼先君也"這種合理的推斷爲他圓夢解壓。

還有人的解夢更加直白,《青箱雜記》記:"李文定公迪,美髭髯,未御試,一夕,忽夢被人剃削俱盡,迪亦惡之。有解者曰:'秀才須作狀元,緣今歲省元是劉滋。已替滋矣,非狀元而何?'是歲果第一人。"[2] 李迪是仁宗時宰相,好美髯,夢中被人剃盡,覺得不祥。而解夢者却告訴他,"剃髭"是"替滋"也,取代了省元劉滋,你一定是今科狀元。這解夢者用的是諧音法,所幸也言中了。

仁宗時宰相劉沆也會占夢,《獨醒雜志》記載:

劉丞相沆爲士人時,携一僕赴禮部,夜卧忽驚起哭。丞相怪問,僕曰:"不祥殊甚,不敢言。"再三詰之,曰:"夢主君爲人斫去頭。"丞相曰:"此乃吉證,斫去頭留得項,我當爲第二人。"果於王拱辰榜第二人賜第。[3]

在夢中被人砍去了腦袋,這是何等的不吉利!但是劉沆却認爲是吉兆,因爲南方話裏"項"念成"沆","留"與"劉"音同,[4] 頭的下面就是項,所以他自占應是第二名,果然。不過《麈史》裏記載的劉沆可沒有這麼淡定,他在夢中聽聞殿上唱名"劉沆南斗下立",又言"北斗下立",醒來後自占曰:"歷象南斗司生,北斗注死,我其死乎?"揭榜之後,纔知自己是第二名。[5] 據說是因爲劉太后認爲狀

---

1 王得臣:《麈史》卷下"盛事",第71~72頁。

2 吳處厚:《青箱雜記》卷三,第212頁。今本《青箱雜記》"髭"多作"鬚",《宋朝事實類苑》卷四六、《古今類事》卷七皆作"髭",髭、滋同音,當以"髭"爲確。

3 曾敏行:《獨醒雜志》卷二,第10頁。

4 吳處厚:《青箱雜記》卷三,第212頁。

5 王得臣:《麈史》卷中"神授",第34頁。

元不得出京城，臨時將居於開封府的王拱辰擢爲第一名，劉沆則降爲榜眼。劉沆占夢失誤，讓自己虛驚了一場。

最有意思的是真宗皇帝，"一日，夢殿前菜苗生，與階齊。既唱名，聞蔡齊，乃召見，久之曰：'得其人矣。'遂以爲狀元"[1]。長得與階齊的菜苗，與蔡齊本是風馬牛不相及的事，但一入皇帝的夢境便身價百倍，由此就決定了狀元人選，可見真宗對夢兆的解讀有多執著。

宋代的官場，員多闕少，競争十分激烈，關於仕途的夢自然不少。《青箱雜記》記載："馬尚書亮，知江寧府，秩滿將代。一夕，夢舌上生毛，有僧解之曰：'舌上生毛剃不得，尚書當再任。'已而果然。"[2] 此事與上述李迪例相似，剃者，替也，既然替不得，那也就是連任了。又《能改齋漫錄》記載："余左丞靖嘗夢人告己云：'官至八座，死在秦亭。'常自思曰：'然則我不過爲天水郡將耳。'其後靖過江寧，泊舟秦淮亭下，得疾而亡。"[3] 余靖是北宋"四名諫"之一，慶曆新政的參與者。"八座"是指八種高級官員，歷代所指各异。秦亭在今甘肅省清水縣東北，秦最早立邑的地方，屬天水郡。故余靖會有"不過爲天水郡將"之嘆。不過此時余靖的注意力已不在"八座"上，《宋史》記載余靖一生都畏懼西行，怕的就是"死在秦亭"，誰知最終是死於江寧府的秦淮亭。

死亡是人生的終結，儒釋道文化綜合影響下的宋代人，對死亡的態度也很複雜，或畏懼，或坦然，夢及死亡，也是十分正常的生理反應，很多士大夫對此很淡定。如《東齋記事》記載：原國公趙承炳"好老氏之學，一夕，夢青衣執雉扇前導，悟而告家人曰：'吾數盡矣。'具冠帶，將朝而卒"[4]。又《能改齋漫錄》記晏殊之婿楊察的事：晏殊去世後，"次年，公婿楊侍郎察，夢與公對飲，七行而罷。楊公起，視庭下奏樂人擁從，皆紙人也。寤而告其夫人，因曰：'我必弃世。'未幾果薨"[5]。《獨醒雜志》也記載陳文龍事：

---

1 佚名：《分門古今類事》卷七《夢兆門》"蔡齊狀元"，《景印文淵閣四庫全書》第1047冊，臺灣商務印書館，1986年，第70頁。
2 吳處厚：《青箱雜記》卷三，第212頁。
3 吳曾：《能改齋漫錄》卷一八《神仙鬼怪》"秦亭之夢"，第230頁。
4 范鎮：《東齋記事》卷五，第224頁。
5 吳曾：《能改齋漫錄》卷一八《神仙鬼怪》"晏元獻公楊侍郎夢"，第241頁。

陳忠肅公居南康日，一夕忽夢中得六言絶句云："静坐一川烟雨，未辨雷音起處。夜深風作輕寒，清曉月明歸去。"既覺，語其子弟，且令記之。次年徙居山陽，見曆日於壁間，忽點頭曰："此其時矣。"以筆點清明日曰："是日佳也。"人莫知何謂，乃以其年清明日卒。[1]

陳文龍是南宋名將，被元軍抓獲，押送杭州途中開始絶食，謁拜岳飛廟時氣絶而死。他自占夢境，根據"清曉月明歸去"詩句，在日曆上圈定清明日，斷定自己將於其時死。

當然，更多的人夢及與死亡有關的事，還是會惴惴不安的，《能改齋漫録》記載：

　　撫之臨川北郭二十里，有地名曰虎頭洲。郡人死不能葬者，必詣其所焚之，因颺骸灰於水中。治平元年，撫人李權，夢親朋張樂送至洲上。甚不悦，告人曰："吾其死乎。"俄而權被鄉薦，遂登第，調虔州司理。乃悟虎頭爲"虐"字。[2]

虎頭洲是當地不能入祖墳之橫死者的火葬之地，夢見被人張樂送至此地，"不悦"是必然的，李權根據自己的占夢常識，認定"吾其死"。其後却時來運轉，出任虔州司理，"虎頭洲"不過是"虔州"的拆字游戲。

宋人不僅相信夢兆，相信占夢，還喜歡祈夢，筆記中求夢、祈夢的記載較爲多見，僅《夷堅志》一書，有關舉子祈夢的故事就有幾十個，二相祠、仰山廟、梓潼廟、五顯祠等，都是舉子們最嚮往的祈夢之地。[3] 人們祈求神靈賜夢，預告吉凶，然後根據夢境中的點點滴滴，決定自己的行爲。如《老學庵筆記》記："李知幾少時，祈夢於梓潼神。是夕，夢至成都天寧觀，有道士指織女支機石曰：'以是爲名字，則及第矣。'李遂改名石，字知幾。是舉過省。"[4] 在筆記中，梁遜改名黃裳[5]，

1　曾敏行：《獨醒雜志》卷九，第83~84頁。
2　吴曾：《能改齋漫録》卷一八《神仙鬼怪》"夢至虎頭洲"，第241頁。
3　朱瑞熙：《宋朝舉人的科舉夢》，《科舉學論叢》2014年第1輯。
4　陸游：《老學庵筆記》卷二，第20頁。
5　王闢之：《澠水燕談録》卷六"先兆"，第68頁。

趙禋改名趙㮙[1],孫貫改名孫抃[2]等,都是因夢而定。

《夷堅志》記載:

> 紹興戊午,黃師憲自莆田赴省試。初與里中陳應求約同行,以事未辦集,後數日乃登途,過建安,詣梨山李侯廟求夢。夢神告曰:"不必吾有言,祇見陳俊卿,他所説者是已。"黃至臨安,方與陳會,即詢其得失。陳蓋未嘗至彼廟也,辭以不能辭(知)。黃逼之不已,陳怒,大聲咄之曰:"師憲做第一人,俊卿居其次,足矣。"黃喜其與夢合,乃以告之。暨揭榜,如其説。[3]

黃師憲求夢於梨山神廟,根據神示,硬要不知就里的陳俊卿對考試結果表態。被逼得沒法的陳俊卿怒叱:"你第一,我第二,滿意了嗎?"黃不怒反喜,因爲神曾告之:陳俊卿所説的就是本次省試的結果。

筆記中的祈夢、占夢故事多涉荒誕,所以洪邁的認識是:"士人應科舉,卜筮之外,多求諸夢寐,至有假托神奇以自欺者。若出於他人之口,則謂堪信。"[4]自然,從今天的觀點看,他人所説也不堪信,但對洪邁而言,已是力求有證可尋了。

相比其他占卜術,占夢比較直觀、簡單,相關的理論和方法研究也比較薄弱,雖然,宋代的一些理學家對夢的本質作了些探索,試圖通過對夢的分析來闡發理學的理論,客觀上對占夢理論的發展有所促進,但畢竟未成大的氣候。所以,據洪邁看來,占夢術至南宋有走下坡路之趨勢:"今人不復留意此卜,雖市井妄術,所在如林,亦無一個以占夢自名者,其學殆絶矣。"[5]

風水堪輿,也是預測性巫術重要的部分,但第二章喪葬風俗中已涉獵甚多,限於篇幅,本章不再論及。

1　吴曾:《能改齋漫録》卷一八《神仙鬼怪》"趙少師夢名",第 227 頁。
2　范鎮:《東齋記事》卷五,第 225 頁。
3　洪邁:《夷堅支志》戊集卷六"黃師憲禱梨山",第 1096 頁。
4　洪邁:《夷堅支志》庚集卷二"浮梁二士",第 1149 頁。
5　洪邁:《容齋續筆》卷十五"古人占夢",第 404 頁。洪邁此説,當代學者有不同看法,參見劉文英、曹田玉《夢與中國文化》,中國人民出版社,2003 年。

二、祈禳巫術

趨吉避凶,是凡人都有的正常心理。當預測性巫術讓人們感覺到能預知吉凶的成就感後,進一步的精神需求自然而然地產生,即希望通過自身或巫師的努力,掌握趨利避禍的主動權,因此,祈福禳災、趨吉避凶之類的巫術活動得以盛行於宋代。祈禳巫術,是以模擬巫術、接觸巫術及對抗性巫術爲基本形式,作用於目標人或事物,以獲取所希望結果的巫術行爲。

(一)趨吉祈福

對宋人而言,生産活動中的風調雨順、五穀豐登,生命歷程中的兒孫滿堂、健康長壽,生存狀態中的安樂順遂、榮華富貴,都是竭力想達成的願望,因而祈吉巫術滲透在農事、婚喪、育兒、節日、飲食等各個方面。尤其是隨着城市的發展,市民階層的崛起以及社會觀念和生活方式的諸多改變,人們普遍愛好喜慶祥和、歡快熱鬧的生活情趣,也越來越注重運用各種方式主動地祈求吉利、祈求福佑。

在生産活動方面,"打春牛"是模擬巫術和交感巫術的典型表現。"打春牛"也叫"鞭春",是立春時節的一項農事活動,一般由"州縣官吏擊之,以示勸農之意"[1]。每年的鞭春活動都會吸引很多人觀看,這首先是爲了求得"一歲利市"。張世南《游宦紀聞》記載:"三山之俗,立春前一日,出土牛於鼓門之前。若晴明,自晡後達旦,傾城出觀,巨室或乘轎旋繞。相傳云:'看牛則一歲利市。'"[2] 對觀者來説,參與鞭春活動,看到象徵着春耕的土牛,就會保證當年的收成。其次,儀式過後,人們會把土牛擊碎,爭搶其土塊,或藏之送回家,或撒在自家的農田裏。據説牛身各部分的土趨吉作用不一,如《雞肋編》記載:

> 庶民遂碎其牛,又不知何理所在,小人莫不爭奪。而河東之人,乃謂土牛之肉宜蠶,兼辟瘟疫,得少許則懸於帳上,調水以飲小兒,故相

---

[1] "鞭春"習俗詳見本書第一章"動物崇拜"部分。

[2] 張世南撰,張茂鵬點校:《游宦紀聞》卷八,中華書局,1981年,第71~72頁。

竟有致損傷者。[1]

爲了爭土塊不惜大打出手,主要還是出於祈吉心理,以至於官衙會做一些小春牛分送,商家也早早準備小土牛出售,以彌補未爭得大春牛土塊者的遺憾。

"照田蠶"是江南地區祈求農桑豐收的儀式。每年年末,村民們燃起火把,繫於竹梢,照於農田。范成大《照田蠶行》詩序如此描述:"與燒火盆同日,村落則以禿帚若麻藍竹枝輩燃火炬,縛長竿之杪以照田,爛然遍野,以祈絲穀。"屆時,田野裏星星點點,如流螢繁星,家家户户樂此不疲,以求如石湖詩所云:"儂家今夜火最明,的知新歲田蠶好。"[2] 四川地區則流行以"樂山"的形式祈求蠶桑豐收,王象之《輿地紀勝》記載:每年正月初七,"鄉人携鼓笛酒食登山娛樂以祈蠶事,故號樂山"[3]。至於祀神賽會等祈蠶形式,各地就更爲多見了。

"喊山"是茶業的祈吉風俗之一。王觀國《學林》曰:"茶之佳品,摘造在社前,其次則火前,謂寒食前也。其下則雨前,謂穀雨前也。"[4] 社前指春社之前,火前指寒食即清明之前,雨前乃穀雨之前,所以茶農有"三前摘翠"之説。爲了多摘采到"三前",就有了喊山之舉,意爲喊醒山神和茶神,讓茶樹及時發芽。龐元英《文昌雜録》記載了庫部林郎中所説:"建州上春采茶時,茶園人無數,擊鼓聞數十里。"[5] 此中擊鼓,就是喊山的步驟之一。這一習俗發展到元代,已成爲皇家茶園的開山儀式,每年驚蟄日,官員要到特意築造的喊山臺上祭祀茶神,祭畢,隸卒鳴金擊鼓,鞭炮震響,千百茶農同聲高喊:"茶發芽!茶發芽!"[6] 聲音響徹山谷,意欲驚動茶芽萌發,祈盼茶事順利。宋趙汝礪《北苑别録》曾感慨喊山的壯觀:"方其春蟲震蟄,群夫雷動,一時之盛,誠爲大觀。"[7] 熊蕃曾作《御苑采茶歌十首》,其中有曰:"雲腴貢使手親調,旋放春天采玉條。伐鼓危亭驚曉夢,

---

1　莊綽:《雞肋編》卷上,第 27 頁。

2　范成大:《范石湖集》卷三〇《照田蠶行》及詩序,第 409、412 頁。

3　王象之:《輿地紀勝》卷一六二《潼川府路·渠州·風俗形勝》,中華書局,1992 年,第 4387 頁。

4　王觀國:《學林》卷八"茶詩",《全宋筆記》第四編第二册,大象出版社,2008 年,第 68 頁。

5　龐元英:《文昌雜録》卷四,第 154 頁。

6　姚之駰:《元明事類鈔》卷二《地理門·泉》"呼來泉",《景印文淵閣四庫全書》第 884 册,臺灣商務印書館,1986 年,第 31 頁。

7　趙汝礪:《北苑别録》,《説郛三種》第七册,上海古籍出版社,1988 年,第 4261 頁。

嘯呼齊上苑東橋。"[1]生動地描繪了響聲震天的擂鼓和呼嘯而上的茶農。歐陽修的詩句"溪山擊鼓助雷驚,逗曉靈芽發翠莖"[2],則明確道出了以喊山促使"靈芽發翠莖"的目的。不過,喊山習俗雖然一直延續到今天,但在宋代的實行是時斷時續的。北宋方偕權知建安縣的時候,"縣產茶,每歲先社日,調民數千鼓噪山旁,以達陽氣。偕以爲害農,奏罷之"[3]。難怪南宋時曾在北苑擔任監製貢茶漕司幕僚的胡仔在《苕溪漁隱叢話》中説,他在富沙的三年中,"備見北苑造茶,但其地暖,纔驚蟄,茶芽已長寸許,初無擊鼓喊山之事,永叔詩與文昌所記,皆非也"[4]。估計與方偕觀點相同、反對如此浪費民力的地方官時時有之。

古人不理解植物生長之原理,衹是直觀地認識到人及動物是通過兩性交合誕下後代,於是便認爲人類生命繁衍與大自然的運行是一致的,性行爲能够促使天地陰陽交合,也能促使植物的生長。事實上,一些地區曾流行稻穀抽穗前夫婦夜宿於田間的習俗,宋人則采取比較間接的方法。《湘山野録》記載:

> 冲晦處士李退夫者,事矯怪,携一子游京師,居北郊別墅,帶經灌園,持古風外飾。一日,老圃請撒園荽,即《博物志》張騫西域所得胡荽是也。俗傳撒此物,須主人口誦猥語播之則茂。退夫者固矜純節,執菜子於手撒之,但低聲密誦曰"夫婦之道,人倫之性"云云,不絶於口。夫何客至,不能訖事,戒其子使畢之。其子尤矯於父,執餘子咒之曰:"大人已曾上聞。"皇祐中,館閣以爲雅戲,凡或淡話清談,則曰宜撒園荽一巡。[5]

"口誦猥語播之",即邊説表示性行爲的話語邊播撒種子,是模擬巫術行爲。而李退夫本來就"固矜純節",猥語説不出口,衹能用抽象的大道理取而代之。他的兒子"尤矯於父",僅説"就是父親説過的那些"。父子倆的行爲把宋代士大夫既相信俗説又囿於禮教的尷尬表現得淋漓盡致。

農業生產中最常見的祈吉行爲是祈雨,除了已在第一章論述過的蜥蜴祈

---

1 熊蕃:《宣和北苑貢茶録》,《景印文淵閣四庫全書》第884册,臺灣商務印書館,1986年,第646頁。
2 歐陽修:《歐陽修全集》卷一二《和梅公儀嘗茶》,第209頁。
3 《宋史》卷三〇四《方偕傳》,第10069頁。
4 胡仔:《苕溪漁隱叢話》后集卷一一"玉川子",第84頁。
5 釋文瑩:《湘山野録》卷中,第32頁。

雨、自毀肢體祈雨等方法,以水祈雨也是比較典型的巫術祈雨法。水與雨本質相通,在祈雨過程中,既可以作爲聖水、神水加以崇拜,也可以當作媒介引來雨澤。張耒的《叙雨》詩序曰:"福昌之民,有禱旱於西山者,取山之泉一勺祠之,不數日而雨。"[1]《邵氏聞見後録》記載:"汾、晉間祈雨,裸袒叫呼,奮臂爲反覆手狀,又以水灑行道之人,殆可笑。按《董仲舒傳》注,有'閉陰縱陽,以水灑人'之説,蓋其自也。"[2] 即便是名道如林靈素作法祈雨,也離不開水,《夷堅志》記載:

> 林靈素傳役使五雷神之術。京師嘗苦熱,彌月不雨,詔使施法焉。對曰:"天意未欲雨,四海百川水源皆已封錮,非有上帝命,不許取。獨黄河弗禁而不可用也。"上曰:"人方在焚灼中,但得甘澤一洗之,雖濁何害!"林奉命,即往上清宫,敕翰林學士宇文粹中蒞其事。林取水一盂,仗劍禹步,誦咒數通,謂宇文曰:"内翰可去,稍緩或窘雨。"宇文出門上馬,有雲如扇大起空中,頃之如蓋,震聲從地起。馬驚而馳,僅及家,雨大至,迅雷犇霆,逾兩時乃止。人家瓦溝皆泥滿其中,水積於地尺餘,黄濁不可飲,於禾稼殊無所益也。[3]

林靈素雖能"仗劍禹步,誦咒數通"地作法祈雨,但若没有"取水一盂",以水作爲媒介,也不能使"雨大至"。

在人生儀禮方面,祈福趨吉活動愈加繁複,祈吉巫術應用得也更爲廣泛。傳統婚禮從議親至親迎的整個過程,有許多祈吉的儀式性活動,宋代儘管已將六禮簡化爲三禮,但有巫術意味的祈吉活動還是保留了許多。《東京夢華録》和《夢粱録》分别記載了兩宋都城的嫁娶之風,先是通媒:"婚娶之禮,先憑媒氏以草帖子通於男家。男家以草帖問卜,或禱籤,得吉無尅,方回草帖。"[4] 這是結兩姓之好的第一道手續,如果草帖通不過問卜、禱籤,這門親事就作罷了。

到議親階段,男方送上的禮品除了珠翠、首飾、金器等,還必須有"段匹,茶餅,加以雙羊牽送,以金瓶酒四尊或八尊,裝以大花銀方勝,紅緑銷金酒衣簇蓋

---

[1] 張耒:《柯山集》卷五《古樂府歌詞·叙雨》,《叢書集成新編》第 62 册,臺灣新文豐出版公司,1985 年,第 494 頁。

[2] 邵博:《邵氏聞見後録》卷二九,第 205 頁。

[3] 洪邁:《夷堅丙志》卷一八"林靈素",第 518 頁。

[4] 吳自牧:《夢粱録》卷二〇"嫁娶",第 297 頁。

酒上;或以羅帛貼套花爲酒衣,酒擔以紅彩繳之"。其中的茶因其"移植則不生,種樹必下籽"的特性,取堅貞不移和多子多孫之意;雙羊意味吉祥如意;瓶酒象徵平平安安、長長久久;銷金酒衣及紅彩裝飾則寓意生活美滿、紅紅火火。女方還禮除了有茶餅、果物、羊、酒等,"更以空酒尊一雙投入清水,盛四金魚,以箸一雙,葱兩株安於尊內,謂之回魚箸"[1],寓意平安富裕繁盛。

親迎之日,"新人下車檐,踏青布條或氈席,不得踏地,一人捧鏡倒行,引新人跨鞍驀草及秤上過"[2]。鞍與秤都寓意平平安安,至於"踏青布條或氈席",原意與"抱轎"同,指隔絶新娘雙脚與地面的接觸,以免驚動鬼神。因氈席往往不够長,需要有人轉接,故稱"轉席""傳氈"。龔頤正《芥隱筆記》説:"今新婦轉席,唐人已爾。樂天《春深娶婦家》詩云:'青衣轉氈褥,錦綉一條斜。'"[3]這一習俗在明清已演變爲用麻袋、布袋轉接,意爲"傳代",宋代的轉席是否已有這一意向,尚有待於史料的證實。

拜堂後進入洞房,"女向左,男向右坐,婦女以金錢、彩果散擲,謂之'撒帳'。男左女右,留少頭髮,二家出匹段釵子,木梳頭鬚之類,謂之'合髻'。然後用兩盞以彩結連之,互飲一盞,謂之'交杯酒'。飲訖,擲盞并花冠子於床下,盞一仰一合,俗云大吉,則衆喜賀,然後掩帳訖。"[4]撒帳原有壓煞之意,但宋代的撒帳物品主要是金銀錢、彩果以及鑄有吉祥文字的錢幣,趨吉的意味已經超過原始意義了。合髻是新婚夫婦在飲交杯酒前各剪下一絡頭髮,綰在一起表示生死與共。合髻以及坐床時的男左女右,擲盞時的一仰一覆,無不表示陰陽和諧、婚姻美滿之意。王得臣《麈史》還説:"媒氏祝之,擲杯於地,驗其俯仰以爲男女多寡之卜,媒即懷之而去。"[5]如此,擲盞還承擔了預占兒女的功能。

生育習俗同樣滲透了巫術祈吉意味。古人認爲"不孝有三,無後爲大",祈子是所有新婚夫婦及不育、晚育夫婦的必修課。除了在第一章"山石崇拜"部分

1　吴自牧:《夢粱録》卷二〇"嫁娶",第297~298頁。
2　孟元老:《東京夢華録》卷五"娶婦",149~150頁。
3　龔頤正撰,李國强整理:《芥隱筆記》"轉席",《全宋筆記》第五編第二册,大象出版社,2012年,第102頁。原本爲"青衣轉即氈褥","即"爲衍字,删去。
4　孟元老:《東京夢華録》卷五"娶婦",150頁。
5　王得臣:《麈史》卷下"風俗",第69頁。

已經論及的靈石祈子,在飲食、服飾、節慶、儀式等各種活動中都可以找到祈子的痕跡。

有人通過食物祈子。如人們相信棗子繁殖能力強,又諧音"早生貴子",因此棗子特別得到育齡婦女的青睞。《東京夢華錄》記載,北宋時富貴之家生孩子滿月之時要"大展'洗兒會'。親賓盛集,煎香湯於盆中,下果子、彩錢、葱、蒜等,用數丈彩繞之,名曰'圍盆';以釵子攪水,謂之'攪盆'。觀者各撒錢於水中,謂之'添盆'。盆中棗子直立者,婦人爭取食之,以爲生男之徵"[1]。每年八月的秋社日,是婦女回娘家的日子,"有士庶家妻女歸外家回,皆以新葫蘆、棗兒等爲遺。俗諺云謂之宜良外甥兒之兆耳"[2]。葫蘆的形狀易聯想到孕婦的肚子,又多籽,娘家饋贈女兒葫蘆和棗,其意不言自明。《歲時廣記》還引《本草》說:"三月雨水,夫妻各飲一杯,還房獲時有子,神助也。"[3] 這是因爲人們相信,春季是萬物萌生的季節,春天的雨水能發育萬物,當然也能助婦人有孕。

有人通過服飾祈子。《夷堅志》記載:

> 睢陽劉槳夫婦,年皆四十餘,屢得子不育,唯一幼女。劉調官京師,女在家亦死。將出瘞,母望送之,哭甚苦,倦憩椅上,遂昏睡。及醒,見高髻婦人立於側曰:"無庸過悲惱,便毓貴子矣!官人已得差遣,朝夕歸。但往城西魏十二嫂處,覓一故衣,俟生子,假大銀合,藉以衣,置子於中,合之少時而出,命之爲合住或蒙住可也。"語畢,忽不見。後五日,劉調滁州法曹掾歸,妻告之故。次日,既出西門尋魏氏,行二里,無此姓者。還及門,偶駐茶肆,與主人語,其行第則魏十一也,問其弟,曰:"正爲十二弟,所娶弟婦生十子,皆不損折,共居同食,殊非貧舍所宜。"劉聞言喜甚,以情語之。魏入告其弟,持婦所衣絹中單與客,劉酬以錢二千,不肯受。既而妻娠。[4]

魏十二嫂生了十個孩子,個個都養活了,雖非"貧舍所宜",但是人們還是羨慕

---

1 孟元老:《東京夢華錄》卷五"育子",第 151 頁。
2 吳自牧:《夢梁錄》卷四"八月",第 119 頁。
3 陳元靚:《歲時廣記》卷一"飲雨水",第 382 頁。
4 洪邁:《夷堅志補》卷一〇"魏十二嫂",第 1640 頁。

她。劉妻求得其衣穿之,由此而感孕生男,這是十分典型的交感巫術。

又《夷堅志》記載了以鞋祈子的故事:恭州(今重慶)報恩寺有羅漢洞,塑有五百羅漢,"唯瑞應尊者一像,乃天生石所成。其顔狀衣服,襞摺文縷悉具,了無斫削痕迹"。高宗紹興年間,像首丟失,遍尋不得,直到孝宗乾道中,一商人得异僧托夢指點,纔使得瑞應尊者身首歸一。"是時朱師古少卿赴召造朝,挈家游洞。子婦求嗣者竊其隻履而去,諸僧不覺也。十年後,朱還鄉過渝,夢僧稱在報恩寺挂搭久,乞施履焉。明日,爲人語,訝其异。婦始自陳曩事,敬以歸之。"[1]鞋在民間俗信中有多種含義,比較普遍的是取其"諧"音,寓意夫婦和諧。而"鞋"在南方諧音"孩",偷鞋就是偷孩,又何況是羅漢身上的鞋,自然更有神力,所以朱之兒媳祈子心切,不惜竊羅漢像之鞋來實現自己的願望。

模擬行爲也可以祈子,如七夕晚上,婦女望月穿針,一般認爲是乞巧,但金盈之《醉翁談録》記:"其夜婦女以七孔針於月下穿之,其實此針不可用也,針褊而孔大。"[2]所以有學者認爲:"七夕婦女望月穿針有乞巧、求子的雙重含義,引綫穿針從表層看是祈求雙手靈巧,但這一動作本身也是對陰陽兩性結合的模擬行爲。"[3]洪邁《夷堅志》記載:姑蘇人沈端叔年過三十未有子,數招道士設醮禱於天帝都無效,無奈之下請來一位以顛得名的酒肉和尚:

> 僧曰:"一子不難得,當使孺人月内便成孕,然須夫婦下階禮拜乃可。"婦如其言。又令遍拉姻戚,畢集幕巒,正堂當中設榻,不挂帳,請夫且避舍,而約諸親共觀,相爲證明,看我施法,但不可笑,笑必誤事。使婦卸冠釵脱上服仰卧,僧相去丈許,咄咄持念,忽踴身而起,翻背一躍,若優人所謂打筋斗者,徑跳登婦榻,跨腹而過,四坐不覺失笑。僧嘆曰:"幸好一個男兒,可惜笑害了,不得全具,然尚可整理。"遂去。婦果有娠生男,而上唇缺,始悟僧前説。復延致敬禮如仙佛。僧曰:"君家祇合招一兒,俟缺者夭折,然後可再求。"不數月兒亡,僧至曰:"如前法式可也。"時觀者滿坐,皆屏息注視,事畢,出賀主人曰:"極喜

---

[1] 洪邁:《夷堅支志》癸集卷五"瑞應尊者",第1256~1257頁。

[2] 金盈之:《醉翁談録》卷四《京城風俗記》,第204頁。

[3] 方燕:《巫文化視域下的宋代女性》,中華書局,2008年,第89頁。

极喜！"及期，婦生子，了無破相。[1]
顛僧雖請丈夫回避，但設榻堂中，不挂帳，又約諸親共觀，表明其行爲的公開。但其對婦人的服飾體態要求以及作法時"登婦榻，跨腹而過"的動作顯然都是男女交合行爲的模仿。這種祈子法并非偶然爲之的，至少顛僧就爲同一個人重復施法，且均得成功，因此在宋人眼裏，這種模擬巫術是相當靈驗的。

　　節日中許多習俗都是具有祈子意味的。如《夢粱錄》記："二月朔，謂之中和節。民間尚以青囊盛百穀、瓜果子種互相遺送，爲獻生子。"[2] 五穀、瓜果有種子便能生長，且一些瓜果本身多籽，又瓜瓞綿綿，送人瓜果及種子，就有着多子多孫、傳宗接代的象徵意義。又如七夕節最受人歡迎的節物摩睺羅，其來源有佛經故事說、波斯商人帶入說等，還可以追溯到唐代的"化生"習俗。《天中記》引唐《歲時紀事》曰："化生七夕，俗以臘作嬰兒，浮水中以爲戲，爲婦人宜子之祥，謂之'化生'，本出於西域，謂之摩睺羅，俗云摩喝樂。"[3] 顯然，摩睺羅在唐代是作爲"婦人宜子"的節物出現的。至宋代，大衆化的摩睺羅已非浮水蠟人而是"小塑土偶"。《東京夢華錄》記載：

　　　七夕前三五日，車馬盈市，羅綺滿街。旋折未開荷花，都人善假做雙頭蓮，取玩一時，提携而歸，路人往往嗟愛。又小兒須買新荷葉執之，蓋效顰磨喝樂。[4]

可見磨喝樂的典型形象已由浮水嬰兒轉變爲持蓮童子。童子本就是人們生育祈盼的對象，而蓮又具有多子豐產的特性，因此蓮童便成了"連生貴子"的象徵，特別受到宋人的青睞，持蓮童子的形象出現在宋及後世的金器、玉器、瓷器、銅鏡上，也深受人們喜愛。七夕節還有一種祈子習俗叫"種生"。"以緑豆、小豆、小麥於磁器內，以水浸之，生芽數寸，以紅藍彩縷束之，謂之'種生'。皆於街心

1　洪邁：《夷堅志補》卷一一"姑蘇顛僧"，第1645~1646頁。
2　吳自牧：《夢粱錄》卷一"二月"，第98頁。
3　陳耀文：《天中記》卷五"七月七日"，《景印文淵閣四庫全書》第965册，臺灣商務印書館，1986年，第217頁。"婦人宜子"，原本作"婦人女子"，據《格致鏡原》《陝西通志》所引改。
4　孟元老：《東京夢華錄》卷八"七夕"，第172~173頁。

彩幕帳設，出絡貨賣。"¹ 這是以植物的發芽萌生來象徵人的生育成長。²

婦女產子在古代是一道難坎，除有限的醫藥及不太靠譜的穩婆外，催生巫術對產婦來説就是救命符。臨產前，產婦娘家就要送上催生及分痛禮品，希望女兒順產。《東京夢華録》記載：

> 凡孕婦入月於初一日，父母家以銀盆或錂或彩畫盆，盛粟秆一束，上以錦綉或生色帕複蓋之，上插花朶及通草帖羅五男二女花樣，用盤合裝送饅頭，謂之"分痛"。并作眠羊、卧鹿、羊生、果實，取其眠卧之義。并牙兒衣物襁籍等，謂之"催生"。³

其中的"盆"意爲臨盆，五男二女花樣顯然是對人丁興旺的祈盼，多個饅頭是用來分擔產婦分娩的疼痛的。南宋時除上述禮品外，還特別要送"彩畫鴨蛋一百二十枚"⁴，其中蛋不僅與"誕"諧音，還具有如雞鴨產卵般"易生"的模擬巫術意味。

宋人還有習用的催生符咒，《歲時廣記》引《博聞録》載："五月五日午時有雨，用雨水調朱，書'龍'字如小錢大。次年此日此時有雨，再用雨水磨墨，又書'龍'字如前字大。二字合之作小團兒，臨產用乳香湯吞下，催生如神。男左手，女右手握出。"⁵ 這種特殊的文字符要用兩年的端午雨水纔能製成，人們相信其"催生如神"，但説小字團能男左女右地握在嬰兒手中產出，這實在是太荒誕了。

養育過程中也有許多巫術性祈吉活動。如"洗兒"，蘇東坡曾記曰："閩人生子，三日浴兒時，家人及賓客皆戴葱、錢，曰葱使兒聰明，錢使兒富。"⁶《東京夢華録》和《夢粱録》也都有"煎香湯於盆中，下果子、彩錢、葱、蒜等"的記載。⁷ 其中"果子"諧音"課子"，含教子成才之意。有才氣、有富貴、聰明、能計算，正是時人對孩子的祈盼標準。又如"抓周"，《東京夢華録》記載：

1　孟元老：《東京夢華録》卷八"七夕"，第172頁。
2　關於巫術在婚禮、生育過程中的應用，方燕《巫文化視域下的宋代女性》所論甚詳，可參見。
3　孟元老：《東京夢華録》卷五"育子"，第151頁。
4　吳自牧：《夢粱録》卷二〇"育子"，第301頁。
5　陳元靚：《歲時廣記》卷二一"圓朱龍"，第440頁。
6　葉寘：《愛日齋叢鈔》"滿月"，《説郛三種》第三册，上海古籍出版社，1988年，第807頁。
7　孟元老：《東京夢華録》卷五"育子"，第151頁。吳自牧：《夢粱録》卷二〇"育子"，第301頁。

至來歲生日謂之"周晬",羅列盤盞於地,盛果木、飲食、官誥、筆研、算秤等、經卷、針綫,應用之物,觀其所先拈者,以爲徵兆,謂之"試晬"。此小兒之盛禮也。[1]

宋人十分熱衷這一活動,《玉壺清話》記載:"曹武惠彬始生,周晬日,父母以百玩之具羅於席,觀其所取。武惠左手捉干戈,右手取俎豆,斯須取一印,餘無所視。後果爲樞密、使相,卒贈濟陽王,配享帝食。"[2] 這大概是抓周應驗最著名的事例了。抓周儘管是一種占卜類的活動,但由於父母所放的"百玩之具"中不可能有不祥之物,因此怎麼抓都是吉祥的,能滿足家人的一部分祈福心理。

讓孩子聰明伶俐,是家長的共同心願,祈求手段也多。宋代的社日,講究"三宜三不宜",其中一不宜是:"學生皆給假,幼女輟工夫,若是日不休息令人懵懂。"意思是女孩那天不做女紅就會聰明。一宜是:"小學生以葱繫竹竿上,就窗内鑚出窗外,謂之'開聰明'。"二宜是:"不論男女以彩絲繫蒜懸於心胸之間,令人能計算"。[3] 最有趣的乞聰明方法是"賣痴呆",范成大在《臘月村田樂府十首》其九《賣痴呆詞》序中説:"分歲罷,小兒繞街呼叫云:'賣汝痴!賣汝呆!'世傳吴人多呆,故兒輩諱之,欲賈其餘,益可笑。"其詩曰:

除夕更闌人不睡,厭禳鈍滯迎新歲;小兒呼叫走長街,云有痴呆召人買。二物於人誰獨無?就中吴儂仍有餘;巷南巷北賣不得,相逢大笑相揶揄。櫟翁塊坐重簾下,獨要買添令問價。兒云:"翁買不須錢,奉賒痴呆千百年!"[4]

孩子若身材長得不理想,也有辦法。陳元靚《歲時廣記》引《歲時雜記》云:"小兒生太短者,元日五鼓,就厠傍偃卧,從足倒曳跬步許;太長者,以木枕拍其頭。"[5] 這種名叫"禳長短"的法術很直觀,人人都能操作,對希望兒女十全十美的父母來説,是一種安慰。《歲時廣記》又引同書曰:"重九日天欲明時,以片糕

---

1 孟元老:《東京夢華録》卷五"育子",第 151 頁。
2 釋文瑩:《玉壺清話》卷一,第 90 頁。
3 金盈之:《醉翁談録》卷三《京城風俗記》,第 201 頁。
4 范成大:《范石湖集》卷三〇,第 409、413 頁。
5 陳元靚:《歲時廣記》卷五"禳長短",第 394 頁。

搭小兒頭上,乳保祝禱云:'百事皆高。'"[1] 重陽糕因爲有"百事高"的祈吉意味,就成爲家家户户必備的節令食品了。

正月初一的"打灰堆",也稱"如願令",是宋代典型的祈富風俗。高承《事物紀原》記載:

《録异傳》曰:歐明遇彭澤青洪君,君有婢名如願,君使隨明,明意有所願,如願輒得之。成富人後,不復愛如願。正月歲朝鷄初鳴,呼之不即起,欲捶之。願走糞上,乃故歲掃除所聚者,由此逃去。明謂在積壤中,以杖捶糞使出,知不可得,因曰:"汝我富,不復捶汝也。"今人元日鷄鳴時,輒往積壤間捶之,云使人富。蓋起自歐明也,今京東之俗猶然。[2]

歐明在如願的幫助下致富,却不再愛如願,新年伊始就欲捶打她,如願鑽入垃圾堆,不知所踪。歐明不知,拼命捶打灰堆,還說:"你讓我富裕,我就不打你。"這本是一個貪婪的負心郎的故事,但到了宋代,演化爲"往積壤間捶之,云使人富"的認識,還增加了捶打者邊打邊呼"如願",旁人假裝呼痛,答應"如願"等細節。一如范成大所說:"除夜將曉,鷄且鳴,婢獲持杖擊糞壤致詞,以祈利市,謂之打灰堆;此本彭蠡清洪君廟中如願故事,惟吴下至今不廢云。"他的《打灰堆詞》將這一風俗描繪得十分生動:

除夜將闌曉星爛,糞掃堆頭打如願;杖敲灰起飛撲籬,不嫌灰涴新節衣。老媼當前再三祝:"祇要我家長富足:輕舟作商重船歸,大牸引犢鷄哺兒;野繭可繅麥兩岐,短䘥换着長衫衣。當年婢子挽不住,有耳猶能聞我語;但如我願不汝呼,一任汝歸彭蠡湖!"[3]

節日飲食也常常具有祈吉意味。如陳元靚《歲時廣記》引宋溫革《瑣碎録》:"京師人歲旦用盤盛柏一枝,柿、橘各一枚,就中擘破,衆分食之,以爲一歲百事吉之兆。"[4] 柏、柿、橘,諧音"百事吉",一年之好運全都包括在内了。又引

---

[1] 陳元靚:《歲時廣記》卷三四"百事糕",第474頁。
[2] 高承:《事物紀原》卷八《歲時風俗部第四十二》"捶糞",第427~428頁。
[3] 范成大:《范石湖集》卷三〇《打灰堆詞》及詩序,第409~410、413頁。
[4] 陳元靚:《歲時廣記》卷五"擘柿橘",第392頁。

《風土記》云:"正元日,俗人拜壽,上五辛盤、松柏頌、椒花酒、五熏煉形。五辛者,所以發五臟氣也。"《正一旨要》云:"五辛者,大蒜、小蒜、韭菜、蕓薹、胡荽是也。"[1] 古人認爲這五種帶辛辣味的食物有利於"開五臟,去伏熱,衛生必用"。可使人健康長壽。范成大《吳郡志》記:"夏至復作角黍以祭,以束粽之草繫手足而祝之,名'健粽',云令人健壯。"[2] 也許是因爲夏至做的粽子主要是用來祭祀鬼神的,所以連帶着束粽之草也有了佑人健壯的神力。

采勝是春季的祈吉之舉。相傳女媧創世時,先造了牛馬豬狗等動物,第七天造出了人,故正月七日爲人的生日。漢代以來就有人日剪彩、戴"人勝"的采勝之俗,意欲形貌一新,勝人一籌。宋代沿襲,不過時間却移到了立春日。范成大有《立春》詩曰:"彩勝金旛夢裏,茶槽藥杵聲中。索莫兩年春事,小窗卧聽東風。"[3] 又龐元英《文昌雜録》記載:

> 初十日,立春。賜三省官采勝各有差,謝於紫宸殿門。杜臺卿說正月七日爲人日,家家翦彩,或縷金簿爲人,以帖屏風,亦戴之頭鬢。今世多刻爲華勝,像瑞圖金勝之形。引《釋名》:華,象草木華也;勝,言人形容,正等一人,著之則勝。又引賈充李夫人《典誡》曰,每見時人,月旦花勝交相遺與,謂正月旦也。今俗用立春日,亦近之。然公卿家尤重此日,莫不鏤金刻繒,加飾珠翠;或以金銀,窮極工巧,交相遺問焉。[4]

可見,漢代杜臺卿所見的采勝是在人日,西晋李夫人所記在正月旦,宋代"俗用立春日",不僅"公卿家尤重此日",朝廷也"賜三省官采勝各有差"。人們加飾珠翠,窮極工巧,不遺餘力,實在是因爲能够祈得"正等一人,著之則勝"的吸引力實在是太大了。

燒粰盆是過年時的祈吉活動。《武林舊事》記:"至除夕,則比屋以五色紙錢、酒果,以迎送六神於門。至夜,賣燭粰盆,紅映霄漢。"[5] 又記節後情形:"至

---

1 陳元靚:《歲時廣記》卷五"五辛盤",第 392 頁。
2 范成大:《吳郡志》卷二《風俗》,《宋元方志叢刊》第一册,第 705 頁。
3 范成大:《范石湖集》卷二四《立春》,第 344 頁。
4 龐元英:《文昌雜録》卷三,第 138 頁。
5 周密:《武林舊事》卷三"歲晚節物",第 49 頁。

五夜,則京尹乘小提轎,諸舞隊次第簇擁,前後連亘十餘里,錦繡填委,簫鼓振作,耳目不暇給。……京尹幕次,例占市西坊繁鬧之地,賣燭糀盆,照耀如晝。"[1] 直到元宵過後的十六日,開封城內還是"糀盆照耀,有同白日"[2]。可見,從除夕開始的半個多月裏,糀盆都在熊熊燃燒着。糀盆,俗稱糝盆,以麻的渣滓爲燃燒物,火焰特別旺盛,故人們以此祈求生活的紅紅火火。事實上,燒糀盆也不限於年節中,劉昌詩《蘆浦筆記》記:"今人祠祭或燕設,多以高架然薪照庭下,號爲'生盆'。莫曉其義。予因執事合宮,見御路兩旁火盆皆叠麻糀,始悟爲'糀盆',俗呼爲生也。"[3]《武林舊事》載,天子冬至日舉行南郊祭典的時候,"鹵簿、儀仗、軍兵於御路兩傍分列,間以糀盆賣燭,自太廟直至郊壇泰禋門,輝映如晝"[4]。可見,燒糀盆不僅是民間的祈吉之舉,也是宋代重大場合中常使用的祈吉方式。

總體而言,祈吉巫術在宋代呈現出人情化、生活化的特點,較多凸顯其喜慶歡快的一面,神秘詭異的色彩逐步減少、漸趨消退,以至於晚近的人們,多注意日常生活中習見的祈吉民俗事象,而忽略其原始意義中的巫術內核。

(二) 避凶禳災

趨吉和禳災,原本是一件事情的兩個方面,趨吉即可避凶,禳災便能得福,兩者緊密關聯。然而,巫術的本質是:力圖通過自己的力量去影響、控制事物或環境,以達到某種目的。因此人們在自覺或不自覺地使用巫術的時候,更注重其抵禦和攘除邪祟侵害這一面,相比較而言,禳災巫術要比祈吉巫術內容更豐富,神秘色彩也更爲濃厚一些。

婚禮是人生大喜之時,但在古人意識中,也是各種邪魅侵犯作祟的時機,因此,儘管有上文所及的種種祈吉巫術行爲,避邪巫術也貫穿於婚禮始終。人們認爲新娘是婚禮的主角,但却是外來的,很容易成爲鬼魅攻擊的主要對象,因此

---

[1] 周密:《武林舊事》卷二"元夕",第31頁。
[2] 孟元老:《東京夢華錄》卷六"十六日",第158頁。
[3] 劉昌詩:《蘆浦筆記》卷三"糀盆",第25頁。
[4] 周密:《武林舊事》卷一"大禮",第13頁。

婚禮過程中十分注意對新娘的保護。如始於漢代的"撒豆穀"習俗，就是一種驅趕"三煞"的巫術行爲。當新娘進門時，就有專人拋撒豆、穀、草節等動物愛吃的東西，意在吸引阻門的青羊、烏鷄、青牛之神的注意力并"攘之"，以保證新娘順利進門。這一習俗一直延續到宋代，拋撒物的内容或許有所增减，但驅邪的意義却依然不變。

又如南方吴地在迎親過程中有撒"護姑粉"的習俗，《鷄肋編》記載："近日車駕在越，嘗有一執政家娶婦，本吴人也，用其鄉法。以灰和蛤粉，用紅紙作數百包，令婦自登輿，手不輟擲於道中，名曰'護姑粉'。"[1] 拋撒灰和蛤粉，是爲了擋住鬼魅的眼睛，不讓其傷害到新娘，這與新娘自出娘家門就必須在頭上頂蓋頭的意義是一樣的，直到拜堂時，新人"并立堂前，遂請男家雙全女親以秤或用機杼挑蓋頭，方露花容"[2]。後世把挑蓋頭的時間挪到進入新房後，這對新娘來説，就更爲安全了。

比較離奇的是，宋代的婚禮多處用到妓女。《夢粱録》記載：

（迎親日）顧（雇）借官私妓女乘馬及和倩樂官鼓吹，引迎花檐（擔）子或棕檐（擔）子、藤轎前往女家迎取新人。……迎至男家門首，時辰將正，樂官妓女及茶酒等人互念詩詞，攔門求利市錢紅。……新人下車，一妓女倒朝車行，捧鏡，又以數妓女執蓮炬花燭導前迎引……再坐床……命妓女執雙杯，以紅緑同心結綰盞底，行交巹禮……[3]

據此可見，婚禮中，新郎往女家迎親的隊伍中有妓女；花轎到男家時，攔門討紅包的是妓女；新人下轎後，將其引入室内的是妓女；進入洞房後，捧上交杯酒盞的還是妓女。這是讓現代人無法理解的現象：結婚大喜日，怎能讓妓女處處充門面呢？事實上，由於女性的生理特點，女體污穢是古代中國人根深蒂固的觀念，處於月經期、妊娠期、分娩期的女人往往被排斥在許多重要民俗活動之外，如婚禮、喪禮、商店開張、新房上梁等。人們認爲，墮入風塵的妓女是最爲低賤和污穢的，而"以穢制邪"是禳災巫術的重要手段，所以，在婚禮上使用妓女，是

---

1 莊綽：《鷄肋編》卷上，第 12 頁。
2 吴自牧：《夢粱録》卷二〇"嫁娶"，第 300 頁。
3 吴自牧：《夢粱録》卷二〇"嫁娶"，第 299~300 頁。

希望藉助其穢體之强大的厭勝能力爲新人攘除邪魅。[1] 婚禮以外,宋代的一些官府活動也會藉助妓女,如《夢梁錄》記載:"臨安府點檢所管城内外諸酒庫。每歲清明前開煮,中前賣新迎年,諸庫呈覆本所,擇日開沽呈樣。各庫預頒告示。官私妓女新麗妝着,差雇社隊鼓樂,以榮迎引。"在迎煮儀式上,各式樣酒行前,各類社團隨後,分爲三等的妓女盛裝打扮,前呼後擁。妓女之後,"專知大公皆新巾紫衫,乘馬隨之"。[2] 顯然,妓女在其中的作用也不僅是點綴而已。

有孩子的家庭無不爲孩子的平安成長煞費苦心,除了在衣食、教育等方面精心養育,還要時時注意攘除凶邪。宋人在行洗兒會時,"浴兒落胎髮畢,以髮入金銀小合盛,以色綫結條絡之,抱兒遍謝諸親坐客,及抱入姆嬭房中,謂之移窠"[3]。人們認爲胎髮是嬰兒身體的一部分,一旦遭受邪魅作祟,會對孩子的成長不利,因而總是精心保護,妥善收藏。移窠實際是在嬰兒的居室擺些迷魂陣,不讓鬼魅輕易找到,也是保護孩子的一種措施。

小兒夜啼,往往用符咒、厭勝的方法解決,據《東軒筆錄》記載,王安石之次子王雱生了兒子,小兒夜啼不止,正好有一"能爲符籙咒"的僧人願成客居於京師,王雱便請他來"用神咒而止"。[4] 醫方中也不乏以巫術止啼的内容,如"男左女右,臂上書'尹喜'二字,更於手心内書'天'字一個";"取雄雞冠血,臨兒口上,滴少許入口中,即差";"取雞窩中草,安於臥席之下,勿令乳母知之";"取甑帶懸户上,治鬼祟邪厲夜啼";等等。動物、植物、鏡子、符籙甚至縛豬繩、死人棺木等都可以用來厭勝止啼。[5]

被用作小兒護身符的東西就更是種類繁多,無奇不有,較特殊的如錢易《南部新書》記載:

> 雷州之西,有雷公廟,彼中百姓,每年配納雷鼓、雷車。人有以黄

---

1 關於女體的巫術作用,可參見蔣竹山《女體與戰爭——明清厭炮之術"陰門陣"再探》一文,《新史學》第10卷第3期,1999年9月。
2 吴自牧:《夢梁錄》卷二"諸庫迎煮",第104~105頁。
3 吴自牧:《夢梁錄》卷二〇"育子",第301頁。
4 魏泰:《東軒筆錄》卷七,第55頁。
5 佚名撰,何大任校訂:《小兒衛生總微論方》卷一五《夜啼論》,《景印文淵閣四庫全書》第741册,臺灣商務印書館,1986年,第286~290頁。

魚、鼈肉同食者，立遭雷震，人皆敬而憚之。每大雷後，人多於野中拾
　　得鼈石，謂之"雷公墨"。扣之鏘鏘然，光瑩如漆。又於霹靂處，或土木
　　中，收得如楔如斧者，謂之"霹靂楔"。與兒帶，皆辟驚邪；與孕婦人磨
　　服，為催生藥，皆有應驗。[1]

雷震之後形成的鼈石，被用於催產，被當作兒童的避邪物，這是雷神崇拜的表現，也是驅邪巫術的實施。

　　歲時節日中的避邪巫術十分豐富，其中以年節最為集中。

　　年節自臘月二十四日交年節拉開序幕，民間以這天為小年，除了祭竈，還要禮百神，《歲時廣記》引《歲時雜記》曰："舊俗以為七祀及百神，每歲十二月二十四日新舊更易，皆焚紙幣，誦道佛經咒，以送故迎新，而為讓祈云。"[2]《東京夢華錄》也有相似記載："二十四日交年，都人至夜請僧道看經，備酒果送神，燒合家替代錢紙。"[3]

　　當天晚上，家家戶戶都以燈照於臥床下，謂之"照虛耗"。所謂虛耗，《歲時廣記》引《唐逸史》稱，乃一"衣絳犢鼻，跣一足，履一足，腰懸一履，搢一筠扇"的小兒形象，自謂"虛者望空虛中盜人物如戲，耗即耗人家喜事成憂"，[4]是一個專事盜人錢物、擾人喜慶的小鬼，南朝時便有"虛耗鬼所至之處，令人損失財物，庫藏空竭"之說，唐代起，鍾馗捉虛耗的傳說十分流行，照虛耗習俗也隨之普及。宋代除臘月二十四日外，除夕、元宵也有人攘除虛耗。其形式以燈照為主，《歲時廣記》引《歲時雜記》記北宋習俗："交年之夜，門及床下以至圊溷，皆燃燈，除夜亦然，謂之照虛耗。"[5]《東京夢華錄》《武林舊事》和《夢粱錄》都有相關記載，說明當時的南北方都有此俗。宋代還流行擊鼓打虛耗，程大昌《演繁露》記載："湖州土俗，歲十二月，人家多設鼓而亂撾之，晝夜不停，至來年正月半乃止。問

1　錢易撰，虞雲國、吳愛芬整理：《南部新書》庚卷"雷公墨"，《全宋筆記》第一編第四冊，大象出版社，2014年，第81~82頁。"鏘鏘然"，原本作"鎗鎗然"。
2　陳元靚：《歲時廣記》卷三九"誦經咒"，第486頁。
3　孟元老：《東京夢華錄》卷一〇"十二月"，第188頁。
4　陳元靚：《歲時廣記》卷四〇"夢鍾馗"，第487~488頁。
5　陳元靚：《歲時廣記》卷三九"照虛耗"，第486頁。

其所本,無能知者,但相傳云此名打耗。打耗云者,言警去鬼祟也。"[1]

除夕,家家户户灑掃庭除,换門神桃符,以示辭舊迎新。除塵即去穢,張挂門神、鍾馗、桃符、春牌等,都有抵擋邪魅、攘除惡鬼之意。

驅儺是除夕最隆重的攘除儀式,其中宫廷舉行的稱爲大儺儀。《東京夢華録》記載:"至除日,禁中呈大儺儀,并用皇城親事官、諸班直戴假面,綉畫色衣,執金鎗龍旗。教坊使孟景初身品魁偉,貫全副金鍍銅甲,裝將軍。用鎮殿將軍二人,亦介冑裝門神。教坊南河炭醜惡魁肥,裝判官。又裝鍾馗小妹、土地、竈神之類,共千餘人,自禁中驅祟,出南薰門外轉龍彎,謂之'埋祟'而罷。"[2]《夢粱録》記南宋大儺儀更爲詳細:

> 禁中除夜呈大驅儺儀,并係皇城司諸班直戴面具,着綉畫雜色衣裝,手執金槍、銀戟、畫木刀劍、五色龍鳳、五色旗幟。以教樂所伶工裝將軍、符使、判官、鍾馗、六丁六甲神兵、五方鬼使、竈君、土地、門神户尉等神。自禁中動鼓吹驅祟,出東華門外,轉龍池灣,謂之"埋祟"而散。[3]

民間無論城鄉也都有驅儺活動,如《雲麓漫鈔》記:"世俗,歲將除,鄉人相率爲儺,俚語謂之'打野胡'。"[4]《夢粱録》則曰:"街市有貧丐者三五人爲一隊,裝神鬼、判官、鍾馗、小妹等形,敲鑼擊鼓,沿門乞錢,俗呼爲'打夜胡',亦驅儺之意也。"[5]由於驅儺活動的普及,時間又比較集中,以至於驅儺面具成爲搶手商品。《老學庵筆記》記:"政和中大儺,下桂府進面具。比進到,稱一副,初訝其少,乃是以八百枚爲一副。老少妍陋,無一相似者,乃大驚。至今桂府作此者皆致富,天下及外夷皆不能及。"[6]以八百枚爲一件商品,可見購買量之大,難怪從事面具製作的工匠家家致富。

放爆竹是辭舊迎新不可或缺的程序,《荆楚歲時記》引《神异經》曰:"西方

---

1 程大昌:《演繁露》卷六"臘鼓",第230頁。
2 孟元老:《東京夢華録》卷一〇"除夕",第188~189頁。
3 吴自牧:《夢粱録》卷六"除夜",第146頁。"户尉",原本作"神尉",據四庫本改。
4 趙彦衛:《雲麓漫鈔》卷九,第203頁。
5 吴自牧:《夢粱録》卷六"十二月",第145頁。
6 陸游:《老學庵筆記》卷一,第8頁。

山中有人焉,其長尺餘,一足,性不畏人,犯之則令人寒熱,名曰山臊。人以竹著火中,烞熚有聲,而山臊驚憚遠去。《玄黃經》所謂山獵,鬼也。"[1]可見古時候人們是以竹筒燃燒時的爆裂聲嚇跑山臊,本意是驅鬼的。宋代,中國四大發明之一的火藥應用於軍事和生活,爆竹的威力更大了。宋代的除夕夜,自宮廷到民間,爆竹聲震耳欲聾,通宵達旦。《東京夢華錄》記:"是夜,禁中爆竹山呼,聲聞於外。"[2]《武林舊事》記:"爆竹鼓吹之聲,喧闐徹夜,謂之'聒廳'。"[3]《雞肋編》曰:"澧州除夜,家家爆竹。每發聲,即市人群兒環呼曰:'大熟!'如是達旦。……廣南則呼'萬歲',尤可駭者。"[4]燃燒過的爆竹,還有人收拾整齊,放在床底,認爲還有驅鬼的餘威。范成大的《爆竹行》將宋人放爆竹的心情和場景完美地呈現出來:

> 歲朝爆竹傳自昔,吳儂政用前五日。食殘豆粥掃罷塵,截筒五尺煨以薪;節間汗流火力透,健僕取將仍疾走;兒童却立避其鋒,當階擊地雷霆吼。一聲兩聲百鬼驚,三聲四聲鬼巢傾;十聲百聲神道寧,八方上下皆和平。却拾焦頭叠床底,猶有餘威可驅癘;屏除藥裹添酒杯,晝日嬉游夜濃睡。[5]

其他如除日的"焚廢藥":"集家中不用之藥,焚之中庭,以辟瘟疫之氣。"除夜的"燃皂角":"空房中集衆燃皂角,令烟不出,眼泪出爲限,亦辟疫氣。"[6]元日的"釘麵蛇":"京師人以麵爲蛇形,又以炒熟黑豆煮熟鷄子三物,於元日四鼓時,用三姓人掘地,逐件以鐵釘各釘三下,咒曰:'蛇行則病行,黑豆生則病行,鷄子生則病行。'咒畢,遂掩埋之。"[7]人日前一天的"送窮":"探聚糞壤,人未行時,以煎餅七枚覆其上,弃之通衢以送窮。"[8]以及飲屠蘇、膠牙餳、燒术等,都是年節中的避邪禳灾習俗。

---

1 宗懍:《荊楚歲時記》,第14頁。
2 孟元老:《東京夢華錄》卷一〇"除夕",第189頁。
3 周密:《武林舊事》卷三"歲晚節物",第49頁。
4 莊綽:《雞肋編》卷上,第24頁。
5 范成大:《范石湖集》卷三〇,第411頁。
6 陳元靚:《歲時廣記》卷四〇引《歲時雜記》"焚廢藥""燃皂角",第489頁。
7 陳元靚:《歲時廣記》卷五"釘麵蛇",第394頁。
8 金盈之:《醉翁談錄》卷三《京城風俗記》"正月",第200頁。

端午節的避邪活動也很多，楊無咎的《齊天樂》詞有"衫裁艾虎。更釵鬅朱符，臂纏紅縷"之句，描寫了宋人端午的幾項驅邪習俗：

"臂纏紅縷"，指繫五彩長命縷，這是漢代就有的古老習俗，據說有避兵災、祈長壽之功效，至宋代依然十分流行，故陳元靚《歲時廣記》引《歲時雜記》曰："端五百索，乃長命縷等物，遺風尚矣。"[1] 長命縷是用紅綠黃白黑五色絲綫搓成的彩色綫繩，本來是繫在門戶上的，但宋代的做法是繫在手臂、頸項上，一如《事物紀原》所說："漢五月五日，以朱索五色印爲門戶飾，以難（禁）止惡氣。今有百索，即朱索之遺事也。蓋始於漢，本以飾門戶，而今人以約臂，相承之誤也。又以彩絲結紐而成者，爲百索紐，以作股者名五絲云。"[2]

"衫裁艾虎"，指身穿有艾虎圖樣的衣服。艾，又名艾蒿，其莖、葉含有揮發性芳香油，可驅蚊蠅、净化空氣，還是中醫治病的重要藥材。《歲時廣記》引《歲時雜記》記："端五以艾爲虎形，至有如黑豆大者，或剪彩爲小虎，粘艾葉以戴之。"[3]《老學庵筆記》記載："靖康初，京師織帛及婦人首飾、衣服皆備四時。如節物，則春幡、燈球、競渡、艾虎、雲月之類。"[4] 可見，艾虎是婦人的時令服飾之一。宋人還將艾草扎成艾人、艾虎，懸於門楣或插於堂上。或乾脆製成張天師樣，有的是"以艾與百草縛成天師，懸於門額上"[5]，有的是"合泥做張天師，以艾爲頭，以蒜爲拳，置於門戶之上"[6]，用以驅邪。

"更釵鬅朱符"，《歲時廣記》引《歲時雜記》，是指"端五剪繒彩作小符兒，爭逞精巧，摻於鬟髻之上，都城亦多撲賣，名'釵頭符'"[7]。此外，作爲佩飾的還有"刻蒲爲小人子，或葫蘆形，帶之辟邪"[8]。

此外，"釘赤口"是比較特殊的攘除活動。《武林舊事》記："以青羅作赤口

1　陳元靚：《歲時廣記》卷二一"結百索"，第439頁。
2　高承：《事物紀原》卷八《歲時風俗部第四十二》"百索"，第436頁。
3　陳元靚：《歲時廣記》卷二一"摻艾虎"，第439頁。
4　陸游：《老學庵筆記》卷二，第29頁。
5　吳自牧：《夢粱錄》卷三"五月"，第115頁。
6　陳元靚：《歲時廣記》卷二一引《歲時雜記》"畫天師"，第439頁。
7　陳元靚：《歲時廣記》卷二一引《歲時雜記》"釵頭符"，第439頁。
8　陳元靚：《歲時廣記》卷二一引《歲時雜記》"帶蒲人"，第439頁。

白舌帖子,與艾人并懸門楣,以爲禳檜。"¹《夢粱錄》記"士宦等家以生硃於午時書'五月五日天中節,赤口白舌盡消滅'之句"²。所謂"赤口白舌",是指口舌是非,人們"寫'赤口'字貼壁上,以竹釘釘其'口'字中"³,認爲如此就可以避免因口舌引起的灾禍。

湖南地區在端午時期送瘟,莊綽《雞肋編》曰:

> 澧州作"五瘟社",旌旗儀物,皆王者所用,惟赭傘不敢施,而以油冒焉。以輕木製大舟,長數十丈,舳艫檣柂,無一不備,飾以五采。郡人皆書其姓名、年甲,及所爲佛事之類爲狀,以載於舟中,浮之江中,謂之"送瘟"。⁴

莊綽此言是以澧州送瘟活動的奢華程度說明"方太平盛時,公私富貴,上下佚樂"的情況,雖未明言是時在端午,但與澧州相鄰的岳州:"瀕江諸廟皆有船,四月中擇日下水,擊畫鼓集人,歌以櫂之,至端午罷。其實競渡也,而以爲禳災。民之有疾病者,多就水際設神盤以祀神,爲酒肉以犒櫂鼓者。或爲草船泛之,謂之送瘟。"⁵ 由此可見湖南確有端午期間送瘟的習俗。

最溫馨美麗的驅邪巫術大概要數五月的供養花木了。古人認爲五月是惡月,鬼魅活動頻繁,需要以五色鎮之,因爲紅、黃、藍、白、黑五色象徵金、木、水、火、土五行,具有神奇的鎮邪力量。西湖老人《繁勝錄》記載:

> 初一日,城内外家家供養,都插菖蒲、石榴、蜀葵花、栀子花之類。一早賣一萬貫花錢不啻。何以見得?錢塘有百萬人家,一家買一百錢花,便可見也。……祇供養得一早,便爲糞草。雖小家無花瓶者,用小罐也插一瓶花供養。蓋鄉土風俗如此。尋常無花供養,却不相笑,惟重午不可無花供養。端午日,仍前供養。⁶

《夢粱錄》也有相似記載:"杭都風俗,自初一日至端午日,家家買桃、柳、葵、榴、

---

1 周密:《武林舊事》卷三"端午",第42頁。
2 吳自牧:《夢粱錄》卷三"五月",第115頁。
3 陳元靚:《歲時廣記》卷二一"釘赤口",第440頁。
4 莊綽:《雞肋編》卷上,第25頁。
5 范致明:《岳陽風土記》,第95頁。
6 西湖老人撰:《繁勝錄》"端午節",第321頁。

蒲葉伏道,又并市艾粽、五色水糰、時果、五色瘟紙,當門供養。自隔宿及五更,沿門唱賣聲滿街不絕。"[1] 其中特別提到五色水糰、五色瘟紙,與各色花卉的意義是一樣的。

人生儀禮和歲時節日以外,驅攘巫術存在於社會生活的方方面面,隨處可見,方法也五花八門,各顯神通。如房屋建築。《青箱雜記》曰:"海有魚虯,尾似鴟,用以噴浪則降雨。漢柏梁臺灾,越王上厭勝之法,乃大起建章宫,遂設鴟魚之像於屋脊,以厭火灾,即今世之鴟吻是也。"[2] 宋代宫殿及大型建築都以鴟吻或其他獸頭爲鎮物,《萍洲可談》曰:"宫殿置鴟吻,臣庶不敢用,故作獸頭代之,或云以攘火災。今光州界人家屋皆獸頭,黄州界惟官舍神廟用之,私居不用,云恐招回禄之禍。相去百里,風俗便不同。"[3] 庶民限於身份不敢用鴟吻而用獸頭,但黄州地區的私人住宅却什麽也不用,認爲用了反而會遭火灾,民間信仰區域性特徵十分明顯。

又如《湘山野録》記:"鄭内翰毅夫公知荆南,一日,虎入市嚙數人,郡大駭,競修浮圖法攘之。"[4] 老虎進入城區吃人,競修寶塔攘之,這是藉助佛教的神力攘灾。還有人欲與邪魅和平共處,《東坡志林》記:"王君善書符,行天心正法,爲里人療疾驅邪。僕嘗傳此咒法,當以傳王君。其辭曰:'汝是已死我,我是未死汝。汝若不吾祟,吾亦不汝苦。'"[5] 宋人相信生死輪回,故而認爲可以與作祟的鬼魅訂立互不侵犯的契約。

《歲時廣記》引《歲時雜記》記載了一種叫"弃榴花"的巫術:"人目眥赤者,五月五日,以紅絹或榴花及紅赤之物拭目而弃之,云得之者代受其病。"[6] 這與現代人迷信的"倒藥渣"行爲一樣,意圖將自己的病痛轉嫁到别人身上,是典型的接觸巫術。

至於狗血、猪血澆淋之類的鎮邪法,不僅民間流行,宫廷也使用。《墨客揮

1　吴自牧:《夢粱録》卷三"五月",第 114~115 頁。
2　吴處厚:《青箱雜記》卷八,第 241 頁。
3　朱彧:《萍洲可談》卷二,第 155 頁。
4　釋文瑩:《湘山野録》卷中,第 27 頁。
5　蘇軾:《東坡志林》卷三《技術》"記天心正法咒",第 72 頁。
6　陳元靚:《歲時廣記》卷二二"弃榴花",第 443 頁。

犀》記載：

> 神宗皇帝一日行後苑，見牧猵狚者，問："何所用？"牧者對曰："自祖宗以來，長令畜之，自稚養之，以至大則殺之，必養其稚者。前朝不敢易爾，不知果安用？"神宗沈思久之，詔付有司，禁中自今不得復畜。數月，衛士忽獲妖人，急欲血澆之，禁中卒不能致。神宗方悟太祖遠略亦及此。[1]

陳師道《後山談叢》也有類似記載，并指出"蓋虪血解妖術云"。宋太祖出身軍人家庭，亦曾到處游歷，對民間風俗比他的子孫要熟悉得多，有此"遠略"也在情理之中。

（三）厭勝施蠱

厭勝施蠱是侵害性巫術，與一般的攘除巫術不同的是，侵害性巫術不滿足於"驅除"，使災難遠離自己，而是要通過法術，影響、損傷或鎮壓施法對象，以保障自己或群體的利益。因此其施法手段多樣，或趨於極端，因而民俗學將傷害性明顯、損人利己的巫術歸爲"黑巫術"。

詛咒可以達到損傷、控制對象的目的，《續墨客揮犀》記載：

> 漁家以獼猴毛置之網四角，則多得魚，云魚見之如人之見錦綉也。今有見人於江湖溪沼間垂鈎布網者，但志心默倒誦《偈諦咒》一七遍，則可使終日無獲。湘潭間，有李道人常持此咒以濟物命，後爲群漁所仇，乃越境而遁。[2]

漁民用巫術捕魚，爲多得魚耳。李道人默誦咒語使其終日無獲，從"濟物命"角度看自有其合理意義，但客觀上損害了漁人的經濟收益，故而被漁民視爲仇人。在侵害性巫術中，這種傷害可以說是微不足道的，更多的以詛咒害人的法術讓人們膽戰心驚、聞而生畏。《夷堅志》記載：

> 化州之俗：妖民善咒生，逢人食肉而咒之，則滿腹皆成生肉；食果

---

[1] 彭□:《墨客揮犀》卷四，第 24~25 頁。

[2] 彭□撰，孔凡禮整理：《續墨客揮犀》卷七"誦偈諦咒使漁人不得魚"，《全宋筆記》第三編第一冊，大象出版社，2008 年，第 131 頁。

菜而咒之,則皆生果菜,徐徐腹塞必死,雖守貳或不免。故一歲之中,公會絶少,動輒折送,然罹其禍者亦可解。及咒婦人生產,則無法可防。儻食牛肉而就蓐,則生牛兒。有持訟於州,指名某凶所爲,邊(地方官邊察)命捕逮禁鞫,凶子答款曰:"人不應生牛,是其家不積陰德,爲惡神所譎爾!"遂妄供數家,獄官知其爲而無可奈何。邊憤甚,會其病卒。[1]

以咒語傷人可以做到無聲無形,即使被人指證,施法者也可以言之鑿鑿,推得一乾二净,甚至可以反咬一口,攻擊受害者。上例中的化州守邊察,就是苦於無法治其罪,憤而病卒。

《夷堅志》還記載了一種叫"挑氣"的施咒巫術:

　　從事郎陳逷爲德慶府理官,鞫一巫師獄。巫善挑氣,其始與人有雠隙,欲加害,則中夜扣門呼之,俟其在内應答,語言相聞,乃以氣挑過。是人腹肚漸脹,日久,腹皮薄如紙,窺見心肺,呼吸喘息,病根牢結,藥不可治。獄未成而死。江璆鳴三作守,以事涉誕怪,不敢置於典憲,但杖脊配海南。此妖術蓋有數種,或咒人使腹中生鱉者,或削樹皮咒之,候樹復生皮合而死者,然不得所以治法。[2]

沈括也注意到這一現象,他在《夢溪筆談》中說:

　　予在中書檢正時,閱雷州奏牘,有人爲鄉民詛死。問其狀,鄉民能以熟食咒之,俄頃,膾炙之類悉復爲完肉,又咒之,則熟肉復爲生肉,又咒之,則生肉能動,復使之能活,牛者復爲牛,羊者復爲羊,但小耳,更咒之則漸大,既而復咒之則還爲熟食。人有食其肉,覺腹中淫淫而動,必以金帛求解,金帛不至則腹裂而死,所食牛羊自裂中出。獄具案上,觀其咒語,但曰"東方王母桃,西方王母桃"兩句而已。其他但道其所欲,更無他術。[3]

類似的事例很多,很多現象都沒有科學根據,但是却爲時人所信并畏懼之。

1　洪邁:《夷堅三志》壬集卷四"化州妖凶巫",第1498頁。
2　洪邁:《夷堅丁志》卷一"挑氣法",第542頁。
3　沈括:《夢溪筆談》卷二一《异事》,第160頁。

官府爲了穩定民心,一旦發生有因詛殺人的情況,都從嚴處置。《道山清話》記載:"仁宗時,梓州妖人白彥歡,能依鬼神作法以詛人,至有死者。獄上,請讞,皆以不見傷爲疑。梁莊肅曰:'殺人以刃,尚或可拒;以詛,則其可免乎?'竟殺之。"[1] 可見,在梁適的眼中,以法詛人比以刃殺人更需要嚴懲。

還有些施咒巫術危害面較廣,能破壞自然環境,造成糧食減産、瘟疫流行等。更令人髮指的是,還有人利用邪術使婦女不自覺地寬衣解帶,以達到卑劣的目的。《夷堅志》記載:

> 信州貴溪龍虎山,世爲張天師傳正一教籙之地,而後山巫祝所習,謂之南法,乃邪術也。能使平地成川,瓦石飛擊,敗壞禾稼,鼓扇疾疫,其餘小伎作戲,更多有之。吾鄉樂平白石村董氏子,年少輕浮,往求侮惑婦女之術,得一咒訣,能使婦人自脱衣裳,喜而歸。欲驗其信否,先呼妻試之。便覺遍身奇癢,又若蜂蠆入懷,爬搔拂撮,無可奈何,亟脱上衣,已而袴履皆自墮,遂登榻仰卧。此子詫所學已成,旋取衣使再着,不復可着體,皆滑撻如油,蓋向來貪於亟還家試法,不暇問其返服之法。窘撓經日,告妻,將再往盡其術,妻子不勝羞愧,自縊而死。[2]

這種被稱作"脱衣解帶術"的不道德行爲,不僅違背女性意志,也有悖中國傳統倫理,因此爲人所不齒。故事中的董氏子學會了邪術却忘記學其解法,最終害死了妻子,得到了報應。

厭勝是古老的侵害巫術,世界各民族都存在,其中最爲流行的是偶人厭勝。害人者以簡易的材料,如泥土、麵、紙、木等製成傷害對象的樣子,或寫上傷害對象的名字、生辰八字等,然後對偶人作法,以使傷害對象致病或者死亡。這是基於相似律思想原則的模擬巫術,《夷堅志》所記的"常熟圬者"就是最典型的事例:

> 中大夫吴温彦,德州人,嘗爲郡守,後居平江之常熟縣。建第方成,每夕必夢七人,衣白衣,自屋脊而下。以告家人,莫曉何祥也。未幾,得疾不起。其子欲驗物怪,命役夫升屋,撤瓦遍觀,得紙人七枚於

---

[1] 佚名:《道山清話》,第94頁。
[2] 洪邁:《夷堅志補》卷二〇"董氏子學法",第1736~1737頁。

其中,乃圬者以傭直不滿志,故爲厭勝之術,以禍主人。時王顯道(映)爲郡守,聞之,盡捕群匠送獄,皆杖脊配遠州。吳人之俗,每覆瓦時,雖盛暑,亦遣子弟親登其上臨視,蓋懼此也。吳君北人,不知此,故墮其邪計。[1]

圬者是泥瓦工,吳家請的圬者不滿意東家給予的報酬,又不通過正常渠道爭取,而是在房屋蓋瓦時悄悄放了七個紙人,讓房屋主人備受其騷擾。這種厭勝術在手工行業中十分流行,工匠們藉助職業之便,將厭勝物放置在新房、傢具、船隻中,或者采用反常的建造方式,以坑害房屋或用具的使用者。孔平仲《談苑》記載了木工厭勝:

相船之法,頭高於身者,謂之"望路",如是者凶,雙板者凶,隻板者吉。隻板謂五板、七板,雙板謂六板、八板,以船底板數之也。造屋主人不恤匠者,則匠者以法魘主人,木上銳下壯,乃削大就小倒植之,如是者凶;兩莖之端,合置斗處,以釘釘斗中,如是者凶;以皂角木作門關,如是者凶。[2]

植物必取地氣而生長,故"上銳下壯"。如果木工倒用木柱,"削大就小",就會使這户人家諸事不順,無法長進。相比起瓦下放置偶人,這種通過特殊工藝的厭勝之術更不易被發現。因此,一直到近代,民間都十分注意善待造房子的工匠,生怕得罪了他們而遭暗算。

民間巫師也會使用偶人厭勝危害鄉里,《夷堅志》記載:

荆南有妖巫,挾幻術爲人禍福,横於里中,居郡縣者莫敢問。吳興高某爲江陵宰,積不能堪,捕欲杖之,大吏泣諫,請勿治,且掇奇禍。高愈怒,摔吏下與巫對杖之二十,巫不謝,嘻笑而出。纔食頃,高覺面微腫,攬鏡而視,已格格浮滿,僅存兩眼如綫大。遽呼吏,詢巫所居,約與偕往。吏以爲必拜謁謝過,乃告其處。徑馳馬出門,行三十餘里,薄暮始至,蕭然一敗屋也。巫出迎,高叱從卒縛諸柱,命以隨行杖亂箠,凡神像經文等悉發之。巫偃然自若。後入其室,獲小笥,破鐍觀之,□蕞

---

[1] 洪邁:《夷堅丙志》卷一〇"常熟圬者",第452頁。
[2] 孔平仲:《談苑》卷一,第297頁。

包裹數十重,得木人焉,又碎之。始有懼色,然毆掠無完膚矣。高面平復如初,執以還。明旦,入府白曰:"妖人無狀,某不惜一身爲邦人除害。懼語泄必遁去,故不暇先言。今治之垂死,敢以告。"府帥壯其決,諭使盡其命而投之江。[1]

此妖巫能以木偶厭勝,自認爲地方官也奈何不了他,故有恃無恐,橫行鄉里。當地大多數人就如大吏一樣,敢怒不敢言,生怕惹禍。而江陵宰高某偏不信邪,搗毀其作法工具及木偶,處置了妖巫,巫師所施的厭勝也就自然解除了。

蠱術是殺傷力最大的侵害性巫術,多流行於南方地區。關於"蠱",最直接的解釋就是"腹中蟲也",古人認爲有神秘毒性的蟲爲"蠱蟲",一旦進入人體并發作,輕者將疾病纏身,重者會五臟糜爛或神智昏亂而死。最早的蠱是雖經變異但還是自然生成的毒蟲,但到漢代,《漢律》中已有"敢蠱人及教令者棄市"的條文,說明當時的中原地區,使用并造蠱害人已成爲需要法律干預的社會問題了。至宋代,巫風盛行,蠱術也大行其道。

周去非《嶺外代答》記載:

> 廣西蠱毒有二種:有急殺人者,有慢殺人者,急者頃刻死,慢者半年死。人有不快於己者,則陽敬而陰圖之,毒發在半年之後,賊不可得,藥不可解,蠱莫慘焉。乾道庚辰,欽州城東有賣漿者,蓄蠱毒敗而伏辜。云其家造毒,婦人倮形披髮夜祭,作糜粥一盤,蝗蟲、蛺蝶、百蟲自屋上來食,遺矢乃藥也。欲知蠱毒之家,入其門,上下無纖埃者是矣。今黎峒溪峒人置酒延客,主必先嘗者,示客以不疑也。[2]

從周去非所見可以認識到,宋代廣西的蠱毒,殺人周期可長可短,慢性折磨尤其讓人痛苦。製蠱的主要方法是用蝗、蝶、百蟲之糞便再加上裸體夜祭等神秘法術。以蠱害人的情況相當普遍,"陽敬而陰圖之"者甚多,以至於請客吃飯時主人必須違背禮儀常規率先進食以表示清白。

《夷堅志》記載了福建地區蠱毒的種類及製蠱、施蠱的方法:

> 福建諸州大抵皆有蠱毒,而福之古田、長溪爲最。其種有四:一曰

---

[1] 洪邁:《夷堅丙志》卷二〇"荆南妖巫",第532頁。

[2] 周去非:《嶺外代答》卷一〇"蠱毒",第222頁。

蛇蠱,二曰金蠶蠱,三曰蜈蚣蠱,四曰蛤蟆蠱,皆能變化,隱見不常。皆有雌雄,其交合皆有定日,近者數月,遠者二年。至期,主家備禮迎降,設盆水於前,雌雄遂出於水中,交則毒浮其上,乃以針眼刺取,必於是日毒一人,蓋陰陽化生之氣,納諸人腹,而托以孕育,越宿則不能生。故當日客至,不暇恤親戚宗黨,必施之,凡飲食藥餌皆可入,特不置熱羹中,過熱則消爛。或無外人至,則推本家一人承之。藥初入腹,若無所覺。積久則蠱生,藉人氣血以活。益久則滋長,乃食五臟,曉夕痛楚不可忍,惟啜百沸湯,可暫息須臾。甚則叫呼宛轉,爬刮床席。臨絶之日,眼耳鼻口涌出蟲數百,形狀如一。漬於水暴乾,久而得水復活。人魂爲蟲祟所拘,不能托化,翻受驅役於家,如虎食倀鬼然。死者之尸雖火化,而心肺獨存,殆若蜂窠。[1]

流行於福建地區的蠱毒,主要有蛇蠱、金蠶蠱、蜈蚣蠱、蛤蟆蠱,製蠱時間長短不等,一旦製成,一定要找一個受蠱者,哪怕是自家族人。蠱毒一旦發作,受害者痛苦異常,生不如死。死者靈魂不得托生,而蠱蟲却得水復活,可以繼續害人。如此巫術,不能不讓人談蠱色變。

下蠱有多種方法,其中最直接的就是混入食物或藥物中,周去非《嶺外代答》記載的"挑生法"即是:

廣西挑生殺人。以魚肉延客,對之行厭勝法,魚肉能反生於人腹中而人以死。相傳謂人死,陰役於其家。有一名士,嘗爲雷州推官,親勘一挑生公事。置肉盤下,俾囚作法,以驗其術。有頃發視,肉果生毛。何物淫鬼,乃能爾也?然解之亦甚易,但覺有物在胸膈,則急服升麻以吐之;覺在腹中,急服鬱金以下之。此方亦雷州鏤板印散者,蓋得之於囚也。[2]

又陶穀《清异錄》所載的"休休散":

湖湘習爲毒藥以中人。其法取大蛇斃之,厚用茅草蓋罨,幾旬,則生菌蕈,發根自蛇骨出,候肥盛采之,令乾搗末,糝酒食茶湯中,遇者無

---

[1] 洪邁:《夷堅志補》卷二三"黃谷蠱毒",第1761~1762頁。
[2] 周去非:《嶺外代答》卷一〇"挑生",第221頁。

不赴泉壤。世人號爲"休休散"。[1]

《獨醒雜志》記載了"狐涎法"：

> 祥符中，汀人王捷有燒金之術，因曾繪以見劉承珪。承珪薦之王冀公，遂得召見。時人謂之"王燒金"。捷能使人隨所思想，一一有見，人故惑之。大抵皆南法，以野狐涎與人食而如此。其法：以肉置小口罌中，埋之野外，狐見而欲食，喙不得入，饞涎流墮罌內，漬入肉中。乃取其肉，曝爲脯末，而置人飲食間。又聞以狐涎和水頮面，即照見頭目變爲異形。今江鄉吃菜事魔者多有此術。[2]

《夷堅志》中相關記錄尤多，如"萬歲丹"：

> 徽州婺源縣懷金鄉民程彬，邀險牟利，儲藥害人。多殺蛇埋地中，覆之以苫，以水沃灌，久則蒸出菌蕈，采而曝乾，復入它藥。始生者，以食，人即死。恐爲累，不敢用，多取其次者。先以飼蛙，視其躍多寡以爲度，美其名爲"萬歲丹"。愚民有欲死其仇者，以數千金密市之。嘗有客至，欲置毒，誤中婦翁。翁歸而悟，已不可救。彬有弟曰正道，雅以爲非，不敢諫，至徙家避諸數十里外。彬既老始悔，不復作，稍用僞物代之。藥既不驗，遂無售者。既死，貧甚，唯一子，丐食道亡，其後遂絕。嘗有里胥督租，以語侵彬，彬怒，毒而飲之。胥行未幾，腦痛嘔血，亟反卧其門，大呼乞命。彬汲水飲之即愈，蓋有物以解其毒也。[3]

又《夷堅志》所載"京西田中蛇"：

> 一客以端午日入農民家乞漿，值其盡出刈麥，方小立，聞屋側喀喀作聲，趨而視，則有蛇踞屋上，垂頭檐間，滴血於盆中。客知必毒人者，默自念："吾當爲人除害。"乃悉取血置其家齏瓮內，詣鄰邸以須。良久，彼家長幼負麥歸，皆渴困，爭赴厨飲齏汁。客飯畢，復過其門，則舉室死矣。[4]

---

1 陶穀：《清異錄》卷上《蔬菜門》"休休散"，第47~48頁。
2 曾敏行：《獨醒雜志》卷七，第62頁。
3 洪邁：《夷堅甲志》卷三"萬歲丹"，第20頁。
4 洪邁：《夷堅丁志》卷四"京西田中蛇"，第570頁。

混入食物的蠱毒,見效快,毒性強,短時間內或"物在胸膈",或"腦痛嘔血",如不及時找到施蠱者解救,一般都"以食即死"。也正因爲其害人效果好,那些陰謀害人者不惜"數千金密市之",一旦"藥不驗",製蠱者就失去生計,足見當時的巫風所造成的蠱毒市場需求。

也有人不直接對人施蠱,而是設法將蠱毒轉嫁給他人,以達到傷害他人或自我免禍之目的。如魯應龍《閑窗括异志》記載:

> 金蠶,蠶金色,食以蜀錦,取其遺糞置飲食中,毒人必死。喜能致他財,使人暴富,遣之極難,雖水火兵刃不能害。多以金銀藏篋,置蠶其中,投之路隅,人或收之以去,謂之"嫁金蠶"。[1]

《鐵圍山叢談》也記載:"金蠱毒始蜀中,近及湖、廣、閩、粵浸多。有人或捨此去,則謂之'嫁金蠶'。率以黃金釵器、錦段置道左,俾他人得焉。"[2] 蠱毒一旦粘上,"遣之極難",轉嫁出去雖然損人利己,但却是最簡單方便的辦法。《夷堅志》記載:淳熙二年,古田人林紹先的母親遭蠱毒,林查抄了施蠱者黃谷的家,"得銀珂鎖子、五色綫環玦及小木棋子,兩面書'五逆五順'四字,盛以七孔合,又針兩包,各五十枚,而十一枚無眼"等施蠱用具。其中的"銀珂鎖子",就是"欲嫁禍移諸他處,置道傍,冀見者取之也"。[3] 可見,施蠱者爲了順利嫁禍,需要下些本錢以誘人上當。若有人貪圖小利或好奇心強一些,就不知不覺地惹禍上身了。《夷堅志》記載了林巡檢的故事:

> 泉州城內一空宅,數家分僦居。有林巡檢者,秦人也。晚出市,穿小巷中,見當街橫置一竹籠,頗敝,戲蹴之,微露花衾。發視,乃銀酒器之屬二百餘兩,時旁無行人,即負之以歸,不曉所謂,良以爲天賜耳。既返室,與衆鄰詫其事,主人愕然曰:"此乃閩俗所奉金蠶也,彼家厭足,將嫁禍於他人。君既取其餌,不可悔,今夕定有异物至,宜迎奉敬事之,不然,且獲大咎。"林唯唯。至一更,果有蛇從外來,長丈許,蜿蜒徑入户,如喜悦狀。林執而語之曰:"汝乃金蠶之精耶,吾不能徇汝意

---

[1] 魯應龍:《閑窗括异志》,第43頁。
[2] 蔡絛:《鐵圍山叢談》卷六,第245頁。
[3] 洪邁:《夷堅志補》卷二三"黃谷蠱毒",第1762~1763頁。

害人以自豐,必爲汝所啖食,均一死,寧我先食汝。"即生嚼而吞之,自首至尾,并骨不遺餘。又喚酒痛飲,徐就睡,明旦晏然。林方待興化海口塲闕,因是小康,衆服其勇。[1]

林巡檢對福建地區的嫁金蠶惡俗毫無防備,將路遺之竹籠帶回家,果然爲蛇蠱纏身。幸而他抱着"均一死,寧我先食汝"之信念先下手爲强,僥倖逃脱了蠱毒的殘害。

施蠱固然是巫術行爲,但是蠱毒之所以具有對人體有害的毒素,是有其藥理學原理的,時人雖然還無法對其作出科學的解釋,但也逐步產生了一些防蠱、解蠱的方法,包括以蠱抗蠱的方法。《獨醒雜志》記載了以蜈蚣蠱抗擊蛇蠱的故事:

南粤俗尚蠱毒詛咒,可以殺人,亦可以救人。以之殺人而不中者,或至自斃。往有客游南中,暑行憩林下,見一青蛇長二尺許,戲以杖擊之,蛇即逝去。客旋覺體中不佳。夜宿於逆旅,主人怪問曰:"君何從有毒氣在面也?"客憫然不能對。主人曰:"試語今日所見。"客告之故,主人曰:"是所謂報冤蛇,人有觸之,不遠百里襲迹而至,必噬人之心乃已,此蛇今夕當至。"客懼求救,主人許諾,即出龕中所供一竹筒,祝之以授客曰:"不必省,第置枕旁,通夕張燈,尸寢以俟,聞聲即啓之。"客如戒。夜分,有聲在屋瓦間,俄有物墮几上,筒中亦窣窣響應。舉之,乃蜈蚣,長尺許,盤珊而出,繞客之身三匝,徑至几上。有頃,復歸筒中。客即覺體力醒然。逮旦視之,則前所見蛇斃焉。客始信主人之不妄,重謝而去。[2]

《鐵圍山叢談》記載了以刺猬制服金蠶蠱的見聞:

福清縣有訟遭金蠶毒者,縣官治求不得踪。或獻謀取兩刺猬入捕,必獲矣。蓋金蠶畏猬,猬入其家,金蠶則不敢動。雖匿榻下墻罅,果爲兩猬擒出之,亦可駭也。又嶠嶺多蜈蚣,動長二三尺,螫人求死不得。然獨畏托胎蟲,多延行井幹墻壁上。蜈蚣雖大,遇從下過,托胎蟲

---

[1] 洪邁:《夷堅志補》卷二三"林巡檢",第1763~1764頁。
[2] 曾敏行:《獨醒雜志》卷九,第83頁。

必故自落於地,蜈蚣爲局縮不得行。托胎蟲乃徐徐圍繞周匝,蜈蚣愈益縮,然後登其首,陷腦而食之死。故人遭蜈蚣害,必取托胎蟲涎,輒生搗塗焉,痛立止。且金蠶甚毒,若有鬼神,蜈蚣若是之强且大也,然則狷捕金蠶,托胎制蜈蚣。物理有不可致詰,而人不可以不知。[1]

《夷堅志》記載了防蠱及解蠱毒的咒語:

頃有朝官,與一高僧西游,道由歸峽,程鎮荒遠,日過中,餒甚。抵小村舍,聞其家畜蠱,而勢必就食,去住未剖。僧曰:"吾有神咒,可無憂也。"食至,僧閉目誦持,俄見小蜘蛛延緣碗吻。僧曰:"速殺之。"於是竟食,無所損。其咒曰:"姑蘇啄,磨耶啄,吾知蠱毒生四角,父是穹窿窮,母是舍耶女,眷屬百千萬,吾今悉知汝,摩訶。"是時同行者競傳其本,所至皆無恙。[2]

《西溪叢語》和《夷堅志》分别記載了解蠱毒的藥物配方:

馬監場云:"泉州一僧,能治金蠶蠱毒。如中毒者,先以白礬末令嘗,不澀,覺味甘,次食黑豆不腥,乃中毒也。即濃煎石榴根皮汁飲之,即吐出有蟲,皆活,無不愈者。"李晦之云:"凡中毒,以白礬牙茶搗爲末,冷水飲之。"[3]

嘉祐中,范兵部師道爲福州守日,揭一方於石云:"凡中蠱毒,無論年代遠近,但煮一鷄卵,插銀釵於内,并含之,約一食頃取視,釵卵俱黑,即中毒也。其方用五倍子二兩,硫黄末一錢,甘草三寸,一半炮出火毒,一半生,丁香、木香、麝香各十文,輕粉三文,糯米二十粒,共八味,入小沙瓶内,水十分煎,取其七,候藥面生皺皮爲熟,絹濾去滓,通口服。病人平正仰臥,令頭高,覺腹間有物衝心者三,即不得動,若吐出,以桶盛之,如魚鰾之類,乃是惡物。吐罷飲茶一盞,瀉亦無妨,旋煮白粥補。忌生冷油膩酢醬。十日後,復服解毒丸三兩丸,又經旬日

---

[1] 蔡絛:《鐵圍山叢談》卷六,第245頁。
[2] 洪邁:《夷堅志補》卷二三"解蠱毒咒方",第1764~1765頁。
[3] 姚寬:《西溪叢語》卷上,第41頁。

平復。[1]

根據筆記資料看,這類巫術在包括湖、廣、閩、粵在内的南方發展比較盛,這與南方的自然環境、氣候條件以及少數民族文化的影響有密切關係。周去非的論述反映了時人對此現象的基本認識:

> 祝融之墟,威靈所萃,其間異法,亦天地造化之流也。巫以荊得名,豈無自而然哉?嘗聞巫覡以禹步咒訣,鞭笞鬼神,破廟殞竈。余嘗察之,南方則果有源流。蓋南方之生物也,自然稟禁忌之性,在物且然,況於人乎?邕州溪峒有禽曰靈鵲,善禹步以去窒塞。又有鳩鳥亦善禹步以破山石。有蜮曰十二時,能含毒射人影以致病。以是觀之,南人之有法,氣類實然。然今巫者畫符,必爲鳩頂之形,亦可見其源流矣。是故愈西南愈多詭异,茫茫天地,法各有本,必有精於法者,亦云自然而然,非人所能爲也。[2]

總體而言,巫術在宋代的應用是十分廣泛的,儘管從形式到内涵基本都屬於荒誕的,但對於滿足人們趨利避害的欲望,却是一種實用的手段。伴隨着市民階層的崛起,宋代的白巫術融於生産、生活習俗中,越來越多地成爲喜慶祥和、歡快熱鬧生活情趣的補充,而黑巫術,在儒家"不語怪力亂神"理論的抨擊和官府的嚴令禁止及打擊下,也受到一定的限制。不過,衹要人們的能力與自然和社會的發展還有距離,民間巫術始終會有存在的空間。

三、民間禁忌

禁忌是一種信仰形式,如果説攘除巫術是驅趕禍害,詛咒厭勝是壓制禍害,那麽禁忌就是躲避禍害,是通過自我約束的方式,規避敬畏對象的懲罰或者獲得一些護佑。一如弗雷澤所説:"積極的巫術或法術的目的在於獲得一個希望得到的結果,而消極的巫術或禁忌的目的則在於要避免不希望得到的結果。"[3]

---

1 洪邁:《夷堅志補》卷二十三"黃谷蠱毒",第1763頁。
2 周去非:《嶺外代答》卷一〇"南法",第220~221頁。
3 [英]弗雷澤著,徐育新等譯:《金枝》,中國民間文藝出版社,1987年,第31頁。

禁忌産生於人類對自然的崇拜和畏懼,當人們無力認識自然、掌控自然的時候,禁忌就如無形的戒律,約束着人們的言行,以避免得罪不可知的自然力,因而被稱作是"準宗教現象"。大多數禁忌是毫無科學意義的,但是在道德倫理、社會秩序、生活規範等方面却有着不容忽視的現實意義,因此,這一遠比任何宗教都要古老的信仰行爲,在宋代,乃至現代都頑强地留存着。

(一) 歲時禁忌

大自然規律性的變化是客觀存在的,隨着曆法的産生和完善,人們對時間與事物發展之間對應關係的認識不斷提高,尤其在生産活動中,人們發現某些事情在一定的時段做成功率比較高,反之就會失敗。這一經驗逐漸放大到生活的其他領域,就形成了對時間的信仰和禁忌。時間的吉和凶決定了行事的宜和忌,這就是歲時禁忌。

宋代,每月的初五、十四和二十三被認爲是凶日,其原因衆説紛紜。《齊東野語》記載:

> 俗以每月初五、十四、二十三日爲月忌,凡事必避之,其説不經。後見衛道夫云:"聞前輩之説,謂此三日即《河圖數》之中宮五數耳,五爲君象,故民庶不可用。"此説頗有理。[1]

按照周密的認識,月忌與河圖洛書有關。河圖,其實是一數字縱橫圖,以十數合五方。圖式結構以北爲一、六,南爲二、七,東爲三、八,西爲四、九,居中爲五、十。每日紫白九星入中宮,初一爲一白,初二爲二黑,初三爲三碧,初四爲四緑,初五爲五黄……周而復始,下一次五黄入中宮是在十四日,再下次是廿三日。五黄是君象,象徵天子或龍,凡人須回避,所以,民俗以每月初五、十四、廿三日爲月忌日,避免出行、婚嫁、蓋屋、做客等重大事情,實際是爲了避免衝撞君象。且不論這一解釋是否爲確論,可以確定的是,直到今天,這一風俗在民間還有相當影響。

宋代士人十分忌諱兀日,王欽臣《王氏談録》曰:

> 嘗記丁顧言少卿云:昔游官蜀中,至官有期,駐舟江滸,游憩山寺,

---

[1] 周密:《齊東野語》卷二〇"月忌",第373頁。

遇老僧，問丁公何爲而至，丁具以之官告。又問期在何時，丁又以告。僧曰："是所謂兀日不可視事，弗避之，君必以事去。"君笑而不應。既至官月餘，竟以事免歸。丁深異之。於是復道故處，從僧謁其術。[1]

僧人告訴趕着去上任的丁顧言，他報到的那天是兀日，即使準時上任，官也做不長久。果然，一個多月後丁就被免職。關於兀日的認識，宋人并不統一，或以爲"兀日"應作"瓦日"，《雞肋編》曰："今又有'二瓦'之法，凡數家具六位者，以正月、九月爲'上瓦'，五月爲'下瓦'。瓦或云兀。瓦言其破，兀言其危，忌於臨官。其八卦者，以巽爲'上瓦'，坤爲'下瓦'，皆以年起月，以月起日。又不知其術自何而有也。"[2] 莊綽此説，將兀日與下文將要論及的正、五、九月忌等同了。又《續墨客揮犀》引《遯齋閑覽》認爲，兀日是指"四不祥日"："仕宦多忌兀日，不赴官，人亦多不曉兀之説。或云：當是亢字。然數兀日，數家之説不同，最爲無據。予同官林復之言：'凡上官切忌初四、初七、十六、十九日，名曰四不祥日，用此日，鮮有善罷者。'"[3] 所謂"四不祥日"，據説是指上官、赴任、臨政、親民等四件事不適合選用的日子，明戚繼光《練兵雜記》有《將官到任寶鑑》，專門記載了"四不祥日"以提醒將官們注意："上官初四不爲祥，初七十六最堪傷。十九更兼二十八，凡人不信定遭殃。運好任中人馬死，改任終須有一塲。若是寓官知此日，官升職顯禄高强。"[4] 明代此説顯然與宋人奉行的觀點一脉相承。

爲官者最忌正月、五月、九月，筆記中多有涉及，有説正月、五月、九月"不上任"者，有説"不視事"者，或説"不交印"者。對此俗之來歷，也有多種説法。《能改齋漫録》記載："本朝士大夫相傳，正月、五月、九月不上任。以火德王天下，正、五、九月皆火德生壯老之位。"[5] 《猗覺寮雜記》記載："正、五、九，釋氏謂之'三長月'，學佛者不葷食。唐高祖武德中，因下詔禁屠宰，自是方鎮禮士多避

1　王欽臣撰，儲玲玲整理：《王氏談録》"上官忌兀日"，《全宋筆記》第三編第三册，大象出版社，2008年，第17～18頁。

2　莊綽：《雞肋編》卷上，第34頁。

3　彭□：《續墨客揮犀》卷七"忌兀日"，第134頁。

4　戚繼光：《練兵雜記》卷三《將官到任寶鑑》"四不祥日"，《景印文淵閣四庫全書》第728册，臺灣商務印書館，1986年，第823頁。

5　吳曾：《能改齋漫録》卷二《事始》"正五九月不上任"，第40頁。

之。以方鎮視事之初,須大饗將校,既禁屠宰,而饗士之禮不可廢也,故多不用此三月。"[1]《容齋隨筆》也引俗云:"天帝釋以大寶鏡,輪照四天下,寅、午、戌月,正臨南贍部洲,故當食素以徼福。官司謂之'斷月',故受驛券有所謂羊肉者,則不支。俗謂之'惡月',士大夫赴官者,輒避之。"并引《晉書·禮志》及《北齊書》相關記載指出"此忌相承,由來已久,竟不能曉其義及出何經典也"。[2] 其中以吳曾《能改齋漫錄》的看法比較中肯:

  竇苹《唐書音訓》,其注《高祖紀》:"正、五、九三月,不行死刑。"引釋氏《智度論》曰:"天帝釋以大寶鏡照四大神洲,每月一移,察人善惡。正月、五月、九月照南贍部洲,故以此月省刑修善。"予以是知正、五、九所以不上任者,政以此耳。蓋士大夫初到官,必施刑責。今之州郡所以為供給者,此三月不支羊肉錢,蓋沿唐故事。但歷時久遠,無有能討其源流者耳。偶讀竇所引用,於是始知不用正、五、九上官之理。信乎天下之書,要當無所不讀。[3]

值得注意的是,幾乎所有記載這一現象的筆記作者都認為這一風俗"殊為無稽""不經之甚",周煇還直言道:"御筆除擢,無非日下供職,何嘗問日辰利不利。或曰:曆日上所書黃道,假也;君命到門,真黃道也。"[4] 可見宋代士大夫對此"牢不可破"的"俗忌"已經有了比較清醒的認識。

節日中也有不少禁忌,如元旦日特別忌諱有生人打擾。莊綽《雞肋編》記載:"余嘗行役,元日至鄧州順陽縣,家家閉戶,無所得食。令僕叩門糴米,其家輒叫怒,謂驚其家親,卒不得。賴蔓菁根有大數斤者,煮之甘軟,遂以充腸。"[5] 一個到地方上公幹的官員,元旦日那天竟然淪落到"無所得食"的地步,可見當地人民對年初一"驚其家親"是多麼的忌諱。

宋代的社日講究"三宜三不宜",其中"三不宜"是:

  人家男女并用早起,舊俗相傳,苟為晏起,則社翁、社婆遺糞其面

---

[1] 朱翌:《猗覺寮雜記》卷下,第68頁。
[2] 洪邁:《容齋隨筆》卷一六"三長月",第203頁。
[3] 吳曾:《能改齋漫錄》卷二"事始""正五九不上任",第40頁。
[4] 周煇:《清波雜志》卷七"交印避忌",第76頁。
[5] 莊綽:《雞肋編》卷上,第24頁。

上,其後面黃者則是其驗,一不宜也。女子忌食齋,則嫁時拜公姑腰
響,二不宜也。學生皆給假,幼女輟工夫,若是日不休息令人懵懂,三
不宜也。[1]

面色蠟黃則不美,拜公婆時發出嚼齋般的聲音則不雅,懵懂則不令人喜,如是,"三不宜"自然就成爲人們自覺遵守的社日之忌了。不僅"幼女輟工夫",宋代婦女社日也須停針綫。《墨莊漫録》記載:"今人家閨房遇春秋社日,不作組紃,謂之忌作。故周美成《秋蕊香》詞:'乳鴨池塘水暖。風緊柳花迎面。午妝粉指印窗眼。曲理長眉翠淺。聞知社日停針綫。采新燕。寶釵落枕夢春遠。簾影參差滿院。'予見張籍《吳楚詞》云:'庭前春鳥啄林聲,紅夾羅襦縫未成。今朝社日停針綫,起向朱櫻樹下行。'乃知唐時已有此忌,循習至今也。"[2]

寒食禁火之俗,古已有之,一般認爲是紀念介子推的。宋代寒食禁火別有意義,據陳元靚《歲時廣記》引《歲時雜記》曰:"元豐初,官鎮陽,鎮陽距太原數百里,寒食火禁甚嚴,有輒犯者,閭里記其姓名,忽遇風雹傷稼,則造其家,衆口交遍謫之,殆不能自容,以是相率不敢犯。"[3] 風雹傷稼與寒食舉火有什麼關係?頗難理解,但鎮陽人就是將其視爲因果,且"相率不敢犯"。

又如五月五日,歷來被看作是惡日,人們特別注意自己的所做所爲,以免衝撞了邪魅。如自漢代以來,民間就有五月五日不上屋的禁忌,《歲時廣記》引《風俗通》云:"五月五日以後至月終,最忌翻蓋屋瓦,令人髮禿。"引《西陽雜俎》云:"五月人蛻,如上屋,即自見其影,魂魄不安矣。"又引《歲時雜記》則曰:"五月五日人多忌不上屋,小兒不得下中庭。"[4] 可見宋代沿襲了此古俗。又自古以來,五月五日所生的孩子被看成是克父克母的不祥之人,宋代仍有此風,以至於"徽宗亦以五月五日生,以俗忌改作十月十日爲天寧節"。皇帝都要通過改生日來安定民心,説明俗見之深入人心。不過宋代士大夫亦有對此不以爲然者,周密就認爲"五月五日生子,俗忌之,然不可一概論也"。他雖承認"近世省史翁應龍

1　金盈之:《醉翁談録》卷三《京城風俗記》"二月",第201頁。
2　張邦基:《墨莊漫録》卷九,第115~116頁。
3　陳元靚:《歲時廣記》卷一五"嚴火禁",第419頁。
4　陳元靚:《歲時廣記》卷二一"諱蓋屋",第440頁。

亦以五月五日生,後受極刑。屈原則以五月五日生,投汨羅江而死"等歷史事實,但又列舉了戰國時孟嘗君田文、前秦王猛之孫王鎮惡、東漢胡廣、唐崔信明等同爲五月初五誕生的人,或官至極品,或下筆成章,以證明所謂惡日,也存在兩面性。[1]

歲時禁忌如同其他宗教現象一樣,可以爲人事、爲政治所利用,《老學庵筆記》記載的一件事頗耐人尋味:

> 元祐七年哲廟納后,用五月十六日,法駕出宣德門,行親迎之禮。初道家以五月十六日爲天地合日,夫婦當異寢,違犯者必夭死,故世以爲忌。當時太史選定,乃謂人主與后,猶天地也,故特用此日。將降詔矣,皇太妃持以爲不可,上亦疑之。宣仁獨以爲此語俗忌耳,非典禮所載,遂用之。其後詔獄既興,宦者復謂,若廢后可弭此禍。上意益不可回矣。[2]

哲宗孟皇后,是宣仁高太后、欽聖向太后共同看中的中宫最佳人選,婚禮規格很高,太史特別選定一般人不敢選用的"天地合日"舉行婚禮,也是特別抬高哲宗帝后的地位,雖有違民俗,但得到了宣仁太皇太后的支持。之後,哲宗寵愛劉婕妤,又值新舊黨争正烈,傾向於舊黨的孟皇后屢遭陷害,最終被廢。其間,哲宗并非没有猶豫,但是有人適時重提五月十六日婚禮之忌,以爲廢后就可消弭"夫婦當异寢,違犯者必夭死"之禍,這就堅定了哲宗廢后的決心。可見民俗的影響力、作用力并非僅限於民間。

(二)生活禁忌

日常生活中的禁忌事象可謂無處不在,人們在衣食住行、婚姻生育、壽誕喪葬、舉止行爲、人情往來等各方面,時刻受到禁忌習俗的限制和約束。禁忌也是社會現狀的反映,具有豐富的時代内涵。

宋代穿衣忌凶色,中國傳統的凶色是指白色。《禮記·郊特牲》記載:"素服,以送終也。"可見先秦時純白色已被用於喪服,以致人們對純素服飾一向很

---

[1] 周密:《癸辛雜識》後集"五月五日生",第238~239頁。
[2] 陸游:《老學庵筆記》卷八,第97頁。

忌諱。《禮記·曲禮》記載："爲人子者,父母存,冠衣不純素。"鄭玄明確指出："爲其有喪象也。"魏晉至隋唐,追求服飾新異者仍有服白衣白冠的,程大昌《演繁露》例舉甚多,但他也看到了"今世人麗妝,必不肯以白紵爲衣,古今之變不同如此"[1]。可見,宋代服飾忌白之風又日益流行,且逐漸成爲喪服的專用色。《宋史·輿服志》記載："乾道初,禮部侍郎王曮奏:'竊見近日士大夫皆服涼衫,甚非美觀,而以交際、居官、臨民,純素可憎,有似凶服。……'於是禁服白衫,除乘馬道塗許服外,餘不得服。若便服,許用紫衫。自後,涼衫祇用爲凶服矣。"[2] 於是,視喪服所用的白色爲"凶色",既是宋代官方的規定,也成爲民間的習俗慣制。

宋代飲食禁忌甚多,中國人對食物有獨特的見解,如食物有熱性、涼性、大補、大損之分,不當食用會影響健康,這成爲一部分食物禁忌的根據。如《歲時廣記》引《養生必用》曰："三月三日,勿食鳥獸五臟,及一切果品、蔬菜、五辛,大吉。"[3] 趙希鵠《調燮類編》記："八月,勿食生果、生蜜、鷄子,勿食蟹,霜降後方可食蟹。秋穀初成,老人食之,發宿疾。"[4] 又如《夷堅志》記載食物搭配之忌:

> 食黃頰魚不可服荆芥,食蜜不可食鮓,食河豚不可服風藥,皆信而有證。吳人魏幾道(志)在妻家啖黃魚羹罷,采荆芥和茶而飲,少焉足底奇癢,上徹心肺,跣走行沙中,馳宕如狂,足皮皆破欲裂。急求解毒藥餌之,幾兩日乃止。韶州月華寺側民家設僧供,新蜜方熟,群僧飽食之。別院長老兩人,還至半道,遇村虛賣鮓,不能忍饞,買食,盡半斤,是夕皆死。李悲郎中過常州,王子雲(繕)爲郡,招之晨餐,辦河豚爲饌。李以素不食,遣歸飴其妻,妻方平明服藥,不以爲慮,啜之甚美,即時口鼻流血而絕。李未終席,訃音至矣。[5]

---

1 程大昌:《演繁露》卷一三"古服不忌白",《全宋筆記》第四編第九冊,大象出版社,2008年,第107頁。

2 《宋史》卷一五三《輿服五》"涼衫",第3578頁。

3 陳元靚:《歲時廣記》卷一八"忌果菜",第430頁。

4 趙希鵠:《調燮類編》卷一"時令",《叢書集成新編》第8冊,臺灣新文豐出版公司,1985年,第368頁。

5 洪邁:《夷堅乙志》卷二〇"飲食忌",第361~362頁。

有的飲食禁忌與祈子、育子相關。《泊宅編》記載："吏部尚書曾楘初取吳氏,生子輒不育。异人勸勿食子物,如鷄鴨子、鱐子、腒子之類,公信之,既久不食。"[1] 又,"有孕之乳,謂之忌奶,有毒"[2]。等等。

有的飲食禁忌與國家禮制有關。南北朝始,國忌日即帝后忌日有行香儀式,"以伸追薦之道"。北宋初期,國忌日始禁食酒肉,《雲麓漫鈔》記載："本朝淳化中,虞部員外郎李宗訥請:'國忌,宰臣以下行香,復禁食酒肉,以表精虔。'從之。"[3] 於是,國忌日就有了禮制規定的飲食禁忌。

更多的飲食禁忌是受佛教戒殺生觀念的影響,不僅佛教徒不食葷腥,許多非佛教徒也自覺不殺生。吕希哲《吕氏雜記》記載："榮陽公爲郡,處分公帑,蓄鮿魚、諸乾物及笋乾、蕈乾以待賓客,以減鷄、鴨等生命也。"[4]

宋代禁私自殺牛,濫食牛肉自然也成爲飲食禁忌之一。《夷堅志》多處記載食牛報的故事,如"食牛夢戒"曰:

> 周階,字升卿,泰州人,寓居湖州四安鎮。秦楚材守宣城,檄攝南陵尉,以病疫告歸。夢就逮至官府,緋袍人據案治囚,又有緋緑者數十人,以客禮見,環坐廳事。一吏引周問曰:"何得酷嗜牛肉?"叱令鞭背,數卒捽曳以去。周回顧乞命,且曰:"自今日以往,不唯不敢食,當與闔門共戒。"坐客皆起爲謝罪,主者意解,乃得歸。夢覺,汗流浹體,疾頓愈。至今恪守此禁,時時爲人言之。[5]

周密《齊東野語》也記載了同寮曾朝陽兩次因食牛肉而大病的故事,并説："嘗見傳記小説所載食牛致疾事極衆,然未有耳目所接如此者。余家三世不食牛,先妣及余皆禀賦素弱,自少至老多病。然瘟疫一證,非惟不染,雖奴婢輩亦復無之,益信朝陽之説爲不誣。"[6] 足見當時忌食牛肉已是許多人的自覺行爲。

---

[1] 方勺:《泊宅編》卷六,第195頁。

[2] 趙希鵠:《調燮類編》卷二"身體",第369頁。

[3] 趙彦衛:《雲麓漫鈔》卷三,第120頁。

[4] 吕希哲撰,夏廣興整理:《吕氏雜記》卷下,《全宋筆記》第一編第十册,大象出版社,2014年,第299頁。

[5] 洪邁:《夷堅乙志》卷一"食牛夢戒",第191~192頁。

[6] 周密:《齊東野語》卷一四"食牛報",第264頁。

建房造屋是生活中大事，"繕修犯土"是爲大忌。洪邁説："今世俗營建宅舍，或小遭疾厄，皆云犯土。故道家有謝土司章醮之文。"[1] 具體的禁忌更多，據《調燮類編》所記，從房屋結構而言，忌"五虚"："宅有五實，令人富厚。宅少人多，一實；宅大門小，二實；墻院周完，三實；宅地相停，無屋少地多之病，四實；宅水從東南流，五實。反之爲五虚，主貧耗。"從布局而言："廳後不宜作寵，房門不可對天井，厨門不可對房門。門前不宜有水坑，大樹不宜當門，家内不宜穿井。書齋宜明净，不可太敞，明净可爽心神，宏敞則傷目力。住房貴曲折，門外一望如直腸，大不利。西方主殺，大門向西，恐干殺氣。"從建築材料而言："桑樹不宜作屋料，死樹不宜作棟梁，接木爲柱，尤不吉。梓爲木王，屋有此木，則餘材不震；若梓木作柱，在下手則木響叫，云是子位。"就庭院栽種而言："庭前種桐，妨礙主人；屋内種芭蕉，久而生祟；大約槐竹之外，門庭垂雙棗，庭前石榴爲佳，餘多妨忌。正門前不宜種柳，天井内種花木，主淫泆，大凶。"[2] 蘇軾《格物粗談》也有部分相似記載。

人們不僅注意地面環境、朝向、布局等因素，還特别重視地基選擇。《睽車志》記載：王陔有第宅在平江之崑山，夜晚"肩鎖堂門而寢"。一夕，一老乳婢不明不白地死於西圃池亭之側，耳、目、鼻、口悉爲泥塞，而"其宅墻垣四周，而中門肩鎖則不通内外，不知何從而出也"。事後人們歸咎於"其地基故漏澤園也"[3]。又有平江凌知縣建宅桑林巷，頗壯麗而多怪："門户時自開闔，或飛擲瓦礫。"祇好"損價鬻之"。但無論誰買下，"其怪如故。人皆謂凶宅，轉鬻不復售"。後不得不拆賣其材，在砍伐其地一棵巨大的銀杏樹時，發現其根下有遺骸一具，"支節皆全，弃湖中。今復爲宅，而怪不復見"。[4] 這些事例讓宋人對不吉的地基特别忌諱。

夫妻生活中也有許多禁忌，宋人筆記中不乏關於戒色、禁欲的論述，節欲是許多士大夫采用的養生之術。周密《癸辛雜識》曰：

---

[1] 洪邁：《容齋四筆》卷一"繕修犯土"，第216頁。
[2] 趙希鵠：《調燮類編》卷一"宫室"，第368頁。
[3] 郭彖：《睽車志》卷三，第114頁。
[4] 郭彖：《睽車志》卷六，第130~131頁。

劉元城南遷日，嘗求教於涑水翁曰："聞南地多瘴，設有疾以貽親憂，奈何？"翁以絕欲少疾之語告之。元城時盛年，乃毅然持戒惟謹。趙清獻、張乖崖至撫劍自誓，甚至以父母影像設之帳中者。蓋其初未始不出於勉強，久乃相忘於自然。甚矣，欲之難遣也如此。坡翁云："服氣養生，難在去欲。"蘇子卿嚙雪啖氈，蹈背出血，無一語少屈，可謂了生死之際，然不免與胡婦生子於窮海之上，況洞房綺疏之下乎？乃知此事未易消除。……余少年多病，間有一二執巾櫛、供紉浣者，或歸咎於此。兵火破家，一切散去，近止一小獲亦復不留，然猶未免時有霜露之疾。好事不察者復以前說戲之，殊不知散花之室已空久矣。雖然戲之者，所以愛之也。余行年五十，已覺四十九年之非，其視秀惠溫柔，不啻伐命之斧、鴆毒之杯。一念勇猛，頓絕斯事，以徼晚年清净之福。閉閣焚香，澄懷觀道，自此精進不已，亦庶乎其幾於道矣。然則疾疢者安知非吾之藥石乎？[1]

可見，雖然"服氣養生，難在去欲"，但宋代士大夫包括司馬光、劉安世、趙抃、張咏及周密本人等，都視色欲為"伐命之斧，鴆毒之杯"，各以非常的方法和毅力"頓絕斯事"，"以徼晚年清净之福"。但是，禁欲畢竟違背人的自然本性，更多人無法、也不願做到，《墨客揮犀》記載："蒲傳正知杭州，有術士請謁，蓋年逾九十而猶有嬰兒之色。傳正接之甚歡，因訪以長年之術，答曰：'其術甚簡而易行，他無所忌，惟當絕色欲耳。'傳正俯思良久，曰：'若然，則壽雖千歲何益。'"[2]

不過，即便不能禁欲，宋人對於房事還是十分謹慎的，有許多禁忌。五代末養生學家劉詞所撰《混俗頤生錄》如此說：

凡隱戲之時，忌天地晦暝，日月薄蝕，疾風甚雨，雷電震怒，四時八節，弦望晦朔，日月失度，祥雲興現，虹出星奔，本命之辰，魁罡之日，六甲之日，六丁甲子，庚申子午卯酉，已上并是陰陽七曜失度之時，或天神當辰上直之日。陰氣盛而逼陽則陽不足，陽氣盛而逼陰則陰不足，

---

[1] 周密：《癸辛雜識》前集"寡欲"，第179頁。
[2] 彭□：《墨客揮犀》卷六，第37頁。

陰盛陽弱或陽盛陰衰,故生病之由耳。[1]

趙希鵠《調燮類編》也有記載:"(二月)雷將發聲,有不戒容止者,生子不備,必有凶灾。""四月爲陰月,宜節聲色,薄滋味,謹嗜欲,定心氣。""(五月)屬火,午火大旺,則金氣受傷,古人於此獨宿。""十月夫婦戒同寢,忌純陰用事。""冬至日……并後十日,夫婦當戒容止。"[2]《齊東野語》也指出:"凡婦人陰道,晦明是其所忌。故古之君人者,不以月晦及望御於内。晦者陰滅,望者争明,故人君尤慎之。"[3]這類禁忌理論主要與天時有關。中國傳統的觀念,把男女分歸爲陽和陰,男女交合必合乎時節,纔能達到陰陽調和的境界。如冬至日陽氣尚微,夏至日陰氣尚微,五月初五極陰勝陽,九月九日陽至巔峰,每日晨昏爲陰陽交接之時,這些時日都不宜行房。至於在氣候异常的時候行房,則"損人神,不吉"。即便有子,也是那種"顛痴頑愚,喑瘂聾瞶,攣跛盲眇,多病短壽,不孝不仁",無益於家族的孩子。

此外,人們還講究"日月星辰火光之下、神廟佛寺之中、井竈圊厠之側、冢墓尸柩之傍,皆所不可夫交合。如法,則有神德大智善人降托胎中,仍令性行調順,所作和合,家道日隆,祥瑞競集。若不如法,則有薄福愚痴惡人來托胎中,仍令父母性行凶險,所作不成,家道日否,殃咎屢至,雖生成長,家國滅亡"[4]。"口吹燈則損氣,留燈而卧,神魂不安,行房尤忌。""醉飽行房致百病。目疾行房成目盲。"[5]總體而言,宋人房事注意氣候、時令和地點,凡自然環境异常、時日吉凶不符、地點雜亂不夠隱私的情況下,做愛當屬禁忌。

養育習俗中有許多禁忌,如生下孩子後,胎衣的處置就得十分謹慎:

> 凡胎衣宜藏於天德月德吉方,深埋緊築,令兒長壽。若爲猪犬食,令兒顛狂;蟲蟻食,令兒瘡癬;鳥鵲食,令兒惡死;弃於火中,令兒瘡爛;

---

1 劉詞:《混俗頤生録》卷下《禁忌消息》,《中華道藏》第二三册,華夏出版社,2004年,第727頁。
2 趙希鵠:《調燮類編》卷一"時令",第367~368頁。
3 周密:《齊東野語》卷一九"后夫人進御",第360頁。
4 孫思邈:《備急千金要方》卷八三《養性·房中補益》,《景印文淵閣四庫全書》第735册,臺灣商務印書館,1986年,第850頁。
5 趙希鵠:《調燮類編》卷二"身體",第370頁。

近於社廟、污水、井竈,皆有所禁。蓋銅山西崩,洛鐘東應,自然之理也。[1]

胎衣與胎髮一樣,是孩子身上的一部分,處置不當,會影響新生兒健康,如被別有用心的人操縱,對孩子的傷害更是不可預計,對胎衣的重視,是接觸巫術在生育習俗中的直接反映。此外,宋人還關注數字與孩子性別的關係。趙與時《賓退錄》記:"今世男子初入學,多用五歲或七歲。蓋俗有'男忌雙,女忌隻'之說,以至笄冠亦然。按《北齊書·李渾弟繪傳》:'繪年六歲,便自願入學。家人以偶年俗忌,約而弗許。伺其伯姊筆牘之閑而輒竊用。未幾,遂通《急就章》,內外異之。'則其來久矣。"[2] 男孩以偶年爲忌,這一由來已久的習俗在宋代仍然沿襲,乃民俗之傳承性使然。

日常行爲舉止也有許多禁忌,蘇軾《格物粗談》記曰:"對三光便溺,折人年壽。""小兒指月,令耳後生瘡。""怒目久視日月,令人失明。"[3] 這些禁忌皆出於天體崇拜,教育孩子避免對日月的褻瀆。成年人則忌諱在星月下露卧,《遵堯錄》記載:太祖嘗盛暑中露卧,抵夜,左右請避之,曰:"星月之下不可露卧也。"帝曰:"常人之情,睹星月爛然,則生悚畏。至於暗室得欺之乎?"[4] 民俗還忌倚門太久。戴埴《鼠璞》記:

俗說母之望子曰倚門。按:《戰國策》:王孫賈事閔王,王走,失王之處。其母曰:"女朝出晚而來,則吾倚門望女;女暮出而不還,吾倚閭望女。"朝暮之出入,固可言倚門,若出稍久,當言倚閭。蓋門不可久倚故也。今人但用倚門事,豈以暮出不還爲俗忌耶?[5]

子女出門久久不歸,父母倚門倚閭,望眼欲穿。長久倚門,似有家人將遠行而不歸之兆,故民間忌倚門。

生活的美滿、世事的順遂是人們普遍的嚮往,故而生活中的禁忌無處不在,不勝枚舉。宋太平老人《袖中錦》概括的人生四忌:"一日之忌暮無飽食,一月之

1　趙希鵠:《調燮類編》卷二"身體",第370頁。
2　趙與時:《賓退錄》卷四,第60頁。
3　蘇軾:《格物粗談》卷上"天時",《叢書集成新編》第43冊,臺灣新文豐出版公司,1985年,第576頁。
4　羅從彥:《遵堯錄》卷一"太祖",第117頁。
5　戴埴:《鼠璞》"倚門",第93頁。

忌暮無大醉,一歲之忌暮無遠行,終身之忌暮無然燭行房。"[1]雖然挂一漏萬,却也涉及飲食、交際、行旅、房事等各方面,乃是其一生的經驗之談。

(三)語言禁忌

語言,是人們交流思想、交換信息的工具,是人類精神文化的重要組成部分。古人普遍相信語言具有很強的魔力,與其所代表的事物有着不可分割的聯繫,一旦説出口,就會使事物成真。生活中的祈禱語、詛咒語、宣誓語等,都是在語言崇拜的基礎上發揮作用的。因此,人們總是小心地避開那些有不祥意義的話語,唯恐有不吉利的事情通過語言降臨到自己身上,這就形成了語言禁忌。

宋代的語言禁忌非常廣泛,地區特色明顯,且各有所據。莊綽《雞肋編》有一段記載足以表現這一現象:

> 天下方俗,各有所諱,亦有謂而然。渭州潘原諱"賴"。云始太祖微時,往鳳翔謁節度使王彥才,得錢數千……至潘原,與市人博,大勝。邑人欺其客也,毆而奪之。及即位無幾,欲遷廢此縣,故以"賴"爲耻。然未知以欺爲賴,其義何見?常州諱"打爺賊"。云有子爲伍伯,而父犯刑,恐他人撻之楚,而自施杖焉。雖有愛心,於禮教則疏矣。楚州諱"烏龜頭"。云郡城像龜形,嘗被攻,而術者教以擊其首而破也。泗州多水患,故諱"靠山子"。真州多回禄,故諱"火柴頭"。漣水地褊多荒,人以食蘆根爲諱。蘇州人喜盜,諱言"賊"。世云范文正乃平江人,警夜者避不敢言賊,乃曰"看參政鄉人",是可笑也。而京師僧諱"和尚",稱曰"大師",尼諱"師姑",呼爲"女和尚"。南方舉子至都,諱"蹄子",謂其爲爪,與獠同音也。而秀州又諱"佛種",以昔有回頭和尚以奸敗,良家女多爲所染故爾。衛卒諱"乾",醫家諱"顛狂",皆陽盛而然。疑乾者,謂健也。俗謂神氣不足爲九百,或以乾爲九數,又以成呼之,亦重陽之義耳。蜀人諱"雲",以其近風也。劉寬以客罵奴爲"畜産",恐其被辱而自殺。浙人雖父子朋友,以畜生爲戲語。而對子孫呼父祖名,爲傷毀之極。在龍泉,見村人有刻石,而名蠻、名嬌之類可耻

---

[1] 太平老人:《袖中錦》"四忌",《叢書集成新編》第87册,臺灣新文豐出版公司,1985年,第259頁。

賤者,問之,云欲人難犯,又可怪也。

天長縣炒米爲粉,和以爲團,有大數升者,以胭脂染成花草之狀,謂之"炒團"。而反以"炒團"爲諱,想必有説,特未知耳。[1]

莊綽所述的語言禁忌,或出於當地居人的習性,或出於歷史人物的作爲,或由於當地不够完美的自然環境,或因爲當地的蔑稱、賤稱等,總之,都代表着某種人們不願意涉及的現象,故而成爲各地人民所忌諱的語言。如"越州在鑒湖之中,繞以秦望等山,而魚薪艱得。故諺云:'有山無木,有水無魚,有人無義。'里俗頗以爲諱,言及'無魚',則怒而欲争矣"[2]。這類語言禁忌,有着明顯的區域性特點。

語言禁忌并非祇有民間才有,宫廷、官府所遵之語言禁忌也不在少數。朱彧《萍洲可談》記載:

禁中應奉者多避語忌。大觀中,主文柄者專務奉上,於是程文有疑似之禁,雖無明文,犯必黜落,舉子靡然成風。如"大哉堯之爲君""君哉舜也",皆以與災字同音,并不用;"反者道之動",易反爲復,"九變而賞罰可言",易變爲更,此類不一。能文者執筆不敢下,憸夫善逢迎,往往在高第。[3]

周煇《清波雜志》也有云:

客有言,表章所用字有合回互處,若"危""亂""傾""覆"之類;通朝士書,如"罪出""憂去",甚至以"申謝"爲"叙謝"。初以爲過,及見元祐一小説,言蘇明允作《權書》,歐陽公大奇之,爲改書中所用"崩""亂"十餘字,奏於朝。哲宗嘗書鄭谷《雪詩》於扇,"亂飄僧舍茶烟濕",改"亂飄"爲"輕飄"。[4]

可見,不僅官員、舉子注意語言禁忌,連皇帝對不吉祥的文字也十分在意。在各級政府機構中,免不了公文往來,語言禁忌多了,執筆者就無所適從,惶惶惴惴,

---

1　莊綽:《雞肋編》卷上,第17~18頁。
2　莊綽:《雞肋編》卷上,第15頁。
3　朱彧:《萍洲可談》卷一,第143頁。
4　周煇:《清波雜志》卷二"表章用字",第24頁。

唯恐出錯,這時,有經驗的胥吏就特別受歡迎。《容齋隨筆》記載:

  京師盛時,諸司老吏,類多識事體,習典故。翰苑有孔目吏,每學士制草出,必據案細讀,疑誤輒告。劉嗣明嘗作《皇子剃胎髮》文,用"克長克君"之語,吏持以請。嗣明曰:"此言堪爲長堪爲君,真善頌也。"吏拱手曰:"內中讀文書不如是,最以語忌爲嫌,既克長又克君,殆不可用也。"嗣明悚然亟易之。[1]

若無冷靜、仔細的孔目吏們把關,劉嗣明等文人將會遭遇到什麼,可就難以預料了。

  然而,一邊是官員、士人行文步履維艱,一邊又有許多諂媚者迎合上意,不斷創造語言禁忌,甚至對於人名及字都有百般禁忌。《能改齋漫錄》記載:"政和八年五月,户部幹當公事李寬奏:'欲望凡以聖爲名字者,并行禁止。'奉聖旨依。"[2]"政和八年閏九月,給事中趙野奏:'陛下恢崇妙道,寅奉高真。凡世俗以君、王、聖三字爲名字,悉命革而正之。然尚有以天字爲稱者,竊慮一禁約。'依奏。"[3]洪邁《容齋續筆》也記載:

  政和中,禁中外不許以龍、天、君、玉、帝、上、聖、皇等爲名字。於是毛友龍但名友,葉天將但名將,樂天作但名作,句龍如淵但名句如淵,衛上達賜名仲達,葛君仲改爲師仲,方天任爲大任,方天若爲元若,余聖求爲應求,周綱字君舉改曰元舉,程振字伯玉改曰伯起,程瑀亦字伯玉改曰伯禹,張讀字聖行改曰彥行。蓋蔡京當國,遏絕史學,故無有知周事者。[4]

  如此,凡涉及上述字眼的,無論名或字,都得減損或更換。此外,名字的暗喻也受限制,凡疑有"王者之實""霸者之迹"寓意的名字皆在禁止之列:

  政和八年七月,迪功郎饒州浮梁縣丞陸元佐上書:"竊見吏部左選有徐大明者爲曹官,有陳丕顯者爲教官。蓋大明者,文王之德;丕顯

---

[1] 洪邁:《容齋隨筆》卷一五"京師老吏",第200頁。
[2] 吳曾:《能改齋漫錄》卷一三《記事》"奏禁止聖名字",第108頁。
[3] 吳曾:《能改齋漫錄》卷一三《記事》"詔禁以天字稱",第110頁。
[4] 洪邁:《容齋續筆》卷四"禁天高之稱",第271頁。

者,文王之謨。又況大明者,有犯神明館御殿。臣故曰有取王者之實以寓其名。竊見饒州樂平縣有名孫權者,浮梁縣有名劉項者,臣故曰有取霸者之迹以寓其名云云。……恭睹政和二年春,賜貢士第,當時有吳定辟、魏元勳等十餘人,名意僭竊,陛下或降或革。"奉御筆:"陸元佐所言可行。下逐處并所屬,令改正禁止。"[1]

這類事情,多發生在徽宗政和年間,這與蔡京等六賊當道、政治黑暗不無關係。直到蔡京之流徹底失勢,"宣和七年七月,手詔以昨臣僚建請,士庶名字有犯天、玉、君、聖及主字者悉禁,既非上帝名諱,又無經據,諂佞不根,貽譏後世,罷之"[2]。這是宋徽宗遲到的醒悟。

避尊者諱,是中國特有的歷史文化現象,一般是爲了突出尊者的地位,強化等級制度、維護封建禮教。但以巫術的角度看,避諱實際上也是尊者對自己的保護。在早期人類的觀念中,名字與頭髮、指甲等一樣,受之於父母,是人體的一部分,一旦被敵人掌握,對方就可能運用巫術加害自己,於是人們想方設法對自己的名字采取保密措施,以免受到外來的詛咒和傷害。

皇帝的名字是國諱,犯者即身罹大禍。故宋代將月宮"姮娥"改作"嫦娥",以避真宗趙恒之諱;將唐太宗"貞觀"年號寫成"真觀""正觀",以避仁宗趙禎之諱。《齊東野語》記載:

> 本朝高宗諱構,避嫌名者,仍其字更其音者,勾濤是也;加金字,鈎光祖是也;加絲字,絇紡是也;加草頭者,苟諶是也;改爲句字者,句思是也;增勾龍者,如淵是也;勾龍去上一字者,大淵是也。已上,皆臣下避君諱也。[3]

爲避宋高宗諱,那麽多的家族不得不抛弃本姓,或更其音,或改其形,以求不犯君王諱。其中倒霉的要數文彦博了,《邵氏聞見後錄》記:"文潞公(彦博)本姓敬,其曾大父避石晋高祖諱,更姓文。至漢,復姓敬。入本朝,其大父避翼祖

---

[1] 吳曾:《能改齋漫錄》卷一三《記事》"禁名意僭竊",第108~109頁。
[2] 洪邁:《容齋續筆》卷四"禁天高之稱",第271頁。
[3] 周密:《齊東野語》卷四"避諱",第57頁。

諱,又更姓文。"¹翼祖即宋太祖的祖父趙敬,趙匡胤建宋後,追尊簡恭皇帝,廟號翼祖。事實上,國諱不僅本字不可犯,連諧音都要注意。《青箱雜記》記載:"太祖廟諱匡胤,語訛近香印,故今世賣香印者,不敢斥呼,鳴鑼而已。仁宗廟諱貞,語訛近蒸,今內庭上下皆呼蒸餅爲炊餅,亦此類。"²

帝王諱要避,重臣的諱也要避。"皇祐中,御筆賜蔡襄字君謨。後唱進士第日,有竊以爲名者。仁宗怒曰:'近臣之字,卿何得而名之!'遂令更改。"³又《齊東野語》記載:"蔡京在相位日,權勢甚盛,內外官司公移皆避其名,如京東、京西并改爲畿左、畿右之類。蔡門下昂避之尤謹,并禁其家人,犯者有笞責。昂嘗自誤及之,家人以爲言,乃舉手自擊其口。蔡經國聞京閩音,稱京爲經,乃奏乞改名純臣。"⁴爲了避蔡京的諱,連國家行政區劃名也可更改,那麼自扇耳光、自乞改名之類的行爲,祇能算是小巫見大巫了。這類刻意爲權臣諱的行徑往往爲士大夫所不齒,《癸辛雜識》記:"葉亦愚之爲右丞相也,李澗泉班通書題銜云'門生中奉大夫福建道宣慰使班',蓋徑去自己之姓,以避其名,其苟賤不足道如此。澗泉在前朝爲省元,爲從官,爲督府參謀,所守如此,宋安得不亡。"⁵亦愚乃葉李的號,葉李在宋末因反對投降派而未出仕,入元後拜相,而李澗泉爲避其諱連自己的姓氏都不敢稱了,難怪周密要鄙視他"苟賤不足道"了。

自然,也有耿介不願爲上司諱的,《齊東野語》記載:

> 宣和中,徐申幹臣,自諱其名,知常州,一邑宰白事,言"已三狀申府,未施行"。徐怒形於色,責之曰:"君爲縣宰,豈不知長吏名,乃作意相侮。"宰亦好犯上者,即大聲曰:"今此事申府不報,便當申監司,否則申戶部,申臺,申省,申來申去,直待身死即休。"語罷,長揖而退。徐雖怒,然無以罪之。⁶

徐申任常州知府,要求下屬諱其名,縣宰在稟告公務時說到了"申"字,即遭到徐

1　邵博:《邵氏聞見後錄》卷二一,第 150 頁。
2　吳處厚:《青箱雜記》卷二,第 205 頁。
3　吳曾:《能改齋漫錄》卷十三《記事》"禁名意僭竊",第 109 頁。
4　周密:《齊東野語》卷四"避諱",第 64 頁。
5　周密:《癸辛雜識》續集下"避諱去姓",第 295 頁。
6　周密:《齊東野語》卷四"避諱",第 63~64 頁。

的大聲斥罵。但這位縣宰毫不畏懼，乾脆説了一連串的"申"，倒讓以權勢壓人的徐申没了辦法。當然，這位縣宰所具有的勇氣，當時大多數人是不可能具備的。

宋人對私諱的避忌也十分嚴格，很多人因避私諱而辭官或改授，如仁宗命胡瑗修國史，瑗以祖名"修"而不拜。李建中直昭文館，以父名"昭"而懇辭，乃改集賢院。吕希純擢著作郎，以父名"公著"不拜，遂改授。朝廷也很理解大臣的顧忌，有特意爲私諱改官名者，如慕容延釗父名章，太祖乃授延釗同中書門下三品，去"平章"二字。程元鳳拜右正言兼侍講，以祖諱辭，詔權以右補闕繫銜，等等。喜歡舞文弄墨者，筆下會特别留意，王明清《揮麈前録》記載："歐陽文忠公父名觀，文多避之，如'《碧落碑》在絳州龍興宫'之類。蘇東坡祖名序，文多云'引'，或作'叙'。近爲文者或仿此，不知兩先生之意也。"[1] 有些人爲避私諱，終身不參加某些活動，如吴處厚《青箱雜記》記載："劉温叟，父名岳，終身不聽樂，不游嵩華，每赴内宴聞鈞奏，回則號泣移時，曰：'若非君命，則不至於是。'此與唐李賀父名晋肅，賀不敢舉進士，事頗相類。"不過，并非所有的人都如此對待私諱的，吴處厚同書又記載："杜祁公衍常言：'父母之名，耳可得聞，口不可得言。'則所諱在我而已，他人何預焉。故公帥并州，視事未三日，孔目吏請公家諱，公曰：'下官無所諱，惟諱取枉法贓。'吏悚而退。"[2] 前者避父諱，終身與音樂、山岳絶緣；後者却認爲父母之諱是私事，没必要强求别人遵守，更不應該影響公事，這在當時，也算是十分大膽悖俗的觀念。

需要説明的是，民俗是有延續性的，不可能一朝改變，因此宋人避前朝諱的情況也時有所見。《青箱雜記》記曰："錢武肅王諱鏐，至今吴越間謂石榴爲金櫻，劉家、留家爲金家、田家，留住爲駐住。又楊行密據江淮，至今民間猶謂蜜爲蜂糖，滁人猶謂荇溪爲菱溪。則俗語承諱久，未能頓易故也。"[3]

如果説避諱是一種制度，帶有一些强制性，那麽更多的語言禁忌則是人們的自覺行爲，且有日益擴大化的趨勢。比如中國人普遍將死亡看得很可怕，"惡

1　王明清：《揮麈前録》卷三"歐蘇二公作文多避祖諱"，第34頁。
2　吴處厚：《青箱雜記》卷二，第206頁。
3　吴處厚：《青箱雜記》卷二，第206頁。

老而諱死"是人之常情,關於"死"的代名詞有無數種,如亡故、物化、謝世、捐館、徂落、不禄、見背、仙游、鶴化、示寂、登遐、大行、山陵崩、登鬼録、天奪其魄、蘭摧玉折、香消玉殞、玉樓赴召、千秋萬歲等,人們在生活中對此運用自如,就是不肯說出"死"字。故而周煇説:"士大夫欲永保富貴,動有禁忌,尤諱言死。"[1] 可以說,"死"是社會接受度最高、執行力最強的語忌之一。

凡是表示仕途不順、境遇低下的詞也是人們所忌諱的。《萍洲可談》記載:

> 子瞻元祐中知杭州,築大堤西湖上,人呼爲蘇公堤,屬吏刻石榜名。世俗以富貴相高,以堤音低,頗爲語忌。未幾,子瞻遷責(謫)。時孟氏作后,京師衣飾畫作雙蟬,目爲孟家蟬,識者謂蟬有禪意,久之后竟廢。[2]

杭州蘇堤,是蘇東坡留給後人最美的文化遺產之一,却預示他將跌至人生最低谷,遠貶至廣東惠州。哲宗孟皇后被廢後出家,號"玉清妙靜仙師",法名"沖真",成爲修禪之人,禪與蟬,祇是音同而已。這類故事巧合大多爲人們當"事後諸葛亮"附會而來,但對後來者而言,却是一種警示:不得輕易使用這類不祥字眼。

現代人還在遵守的"分梨"之忌,在宋代已存在。《獨醒雜志》記載:

> 皇祐元年,何正臣與毛君卿俱以七歲應童子科,君卿之慧差不及正臣。時皇嗣后(尚)未生,上見二人年甚幼而穎悟過人,特愛之,留居禁中數日。正臣能作大字,宫人有以裙帶求書者,正臣書曰:"《關雎》,后妃之德也。"上嘗以梨一顆令二人分食之,君卿逡巡不應。上怪,問其故,對曰:"父母在上,不敢分離。"上大喜,以爲皆能知其大義。翌日,御便殿,俱賜童子出身。[3]

語言禁忌被不斷引申、擴大,涉及的面也就越來越廣,相當程度地影響了人們的思維,左右着人們的行動。方勺《泊宅編》曰:

> 命堂閣軒亭名,不可不慎。黄葆光知處州,作賓館,號如歸,或曰:

1　周煇:《清波雜志》卷三"士大夫好尚",第33頁。
2　朱彧:《萍洲可談》卷一,第146頁。
3　曾敏行:《獨醒雜志》卷一,第1~2頁。

"視死如歸,不祥。"黃寻即死於職。龔澈爲瑞安令,亦作如歸亭,後得罪,編置雷州。蔡京嘗游吴興慈感院,院有新堂未名,京爲書牓曰超覽,有坐客賀曰:"行即走召,而人臣四見矣。"明年,京遂入相。若是者,其偶然邪？亦事有符合邪？然語忌不可不避爾。[1]

堂閣軒亭名,多爲文人寄托情懷、展示風雅之所在,其含義也是見仁見智的事情。賓館名"如歸",可以是"賓至如歸"之意,硬被理解成"視死如歸",便成爲黃葆光死於任上之讖。"超覽",被拆成走、召、人、臣、四、見六字,雖近乎民俗合體字或拆字先生的游戲,但客觀上仍加固了"語忌不可不避"的社會意識。

如此,越來越多的語言禁忌產生於人們的一念之中,即使是飽讀詩書的學子,也一樣不能免俗,《癸辛雜識》記載:"太學除夜各齋祀神,用棗子、荔枝、蓼花三果,蓋取'早離了'之讖。遇出湖,則多不至'三賢堂',蓋以樂天、東坡、和靖爲'落酥林'故也。"[2] 太學生最希望早日離開學舍,登第出仕,又最怕名落孫山,這種急切的心態抬舉了棗子、荔枝和蓼花,却讓白樂天、蘇東坡與林和靖的祠堂無端受冷落。

又何薳《春渚紀聞》記一事:

> 畢漸爲狀元,趙諗第二。初唱第,而都人急於傳報,以蠟刻印"漸"字所模點水不着墨。傳者厲聲呼云:"狀元畢斬,第二人趙諗。"識者皆云不祥。而後諗以謀逆被誅,則是"畢斬趙諗"也。[3]

殿試後唱第,萬民矚目之時,議論紛紛,最易積非成是。果然,由於印墨不均匀,名單上看不見"氵","漸"被念成了"斬",架不住好事者"皆云不祥",本是刻印之誤,便成了語讖。

在這種風氣下,語言禁忌越來越多,很多都是望文生義、無稽之談,被有識之士視爲"妖言"。陸游《老學庵筆記》云:

> 政和、宣和間,妖言至多,織文及繢帛有"遍地桃",冠有"并桃",香有"佩香",曲有"賽兒",而道流爲公卿受籙。議者謂,桃者,逃也。

---

[1] 方勺:《泊宅編》卷九,第209~210頁。

[2] 周密:《癸辛雜識》後集"祠神",第209頁。

[3] 何薳:《春渚紀聞》卷二"畢斬趙諗",第188~189頁。

佩香者,背鄉也。賽者,塞也。籙者,戮也。[1]
本是生活中的常見現象,如衣料的花紋、帽子的樣式、曲調的名稱等,就因爲其諧音能够衍生出其他含義來,就莫名其妙地成爲一時之禁忌了。

　　除語言禁忌外,作爲語言書寫符號的文字,也無法避免人們帶有防備心理的眼光,由此形成語言禁忌的特殊形式。《獨醒雜志》記載:"崇寧錢文,徽宗嘗令蔡京書之。筆畫從省,'崇'字中以一筆上下相貫,'寧'字中不從心。當時識者謂京'有意破宗,無心寧國'。後乃更之。"[2] 又《鷄肋編》記載:"杭州遭方臘之亂,譙門州宇皆被焚。翁彦國壞佛寺以新之,乃求梁師成書寧海軍、大都督府二榜。軍字中心一筆上出,督下從日,時謂'督無目,軍出頭'。繼有叛卒陳通之變,乃取二牌焚之。"[3] 蔡京精書法、擅行書,後人多以爲宋四家"蘇黄米蔡"之蔡不是蔡襄而是蔡京。梁師成好附庸風雅,宣稱以"翰墨爲己任",也到處留字。平心而論,古人書法并不一定中規中矩,有時爲平衡美觀,有時因興之所至,缺筆、連筆等現象時有發生,鑄於錢幣方寸之間,筆畫從省本也情有可原。但人們痛恨蔡京、梁師成等沉瀣一氣,禍亂國事,有意將其書法中的異常之處與其目無君上、包藏禍心的作爲聯繫起來,雖然不足以撼動其權力地位,但算也是一種民情的宣泄。

　　又《癸辛雜識》記載:

　　　　上庠齋牌亦有關係。雷宜中爲成均時,立"三槐市"於學前,"市"字似"吊"字,即時學生三人皆不得其死。存心齋立"斗魁"牌,當時十三人遇省,既而徐撼死,以"斗"字止爲"十、二"也。篤信齋立"德聚"牌,時本齋一十四人赴會試,僅二人。蓋"德"字雖有"十、四"字,而"聚"字乃"取、二、人"之讖也。[4]

　　這類如文字游戲般的忌諱不僅民間熱衷,皇帝也相信。《塵史》記載宋神宗挑選年號一事:

---

[1] 陸游:《老學庵筆記》卷九,第110頁。
[2] 曾敏行:《獨醒雜志》卷三,第24頁。
[3] 莊綽:《鷄肋編》卷下,第83頁。
[4] 周密:《癸辛雜識》續集下"上庠齋牌",第293頁。本段文字標點不從原本。

  中書許冲元嘗對客言：熙寧末，神宗欲改元。近臣擬"美成""豐亨"二名以進。上指謂"美成"曰："羊大帶戈，不可。"又指"亨"字曰："爲子不成，可去亨而加元。"遂以元豐紀年。[1]

  事實上，宋代的年號，除了像"大觀"之類有出典的美文，很多都是臣僚絞盡腦汁，百般避忌而最終采納的。儘管如此，政事一有風吹草動，還是會備受攻訐。《鐵圍山叢談》記載北宋改元數事：

  重和者，謂"和之又和"也。改號未幾，會左丞范致虛言犯北朝年號。蓋北先有重熙年號，時後主名禧，其國中因避"重熙"，凡稱"重熙"則爲"重和"，朝廷不樂。是年三月，遽改重和二年爲宣和元年。宣和改，上自以常所處殿名其年，然實欲掩前誤也。自號宣和，人又謂一家有二日爲不祥……大抵名年既不應襲用前代，又當是時多忌諱，以是爲難合。而古人已多穿鑿，徵兆有自來矣。至仁廟初，始垂簾，儒臣迎合時事，年號天聖爲"二人聖"，明道爲"日月"，故後人咸祖述之。至若"元"字，謂神宗、哲宗以元符、元豐登遐，且本朝火德，不宜用水。若"治"字，又謂英廟治平不克久。凡十數義，或出於宦官、女子之常談爾。[2]

  仁宗即位時，太后垂簾聽政，天聖、明道被指爲象徵"二人聖、日月并"。"元"字本來不錯，但元豐、元符是神、哲二宗最後的年號，是爲不祥。水部的字不能用，因爲與宋朝的火德相克。徽宗重和（1118—1119）年號，本來寓意甚佳，却與遼興宗年號撞車。遽改爲宣和，又有人認爲"宣"字爲"宀"下"二日"，乃徽、欽同帝之兆。欽宗改元靖康，有人認爲"靖"乃"立十二月"，兆周歲而失國。還有人指出："凡改元紀號，最忌與前世謚號陵名相犯，宋熙寧、崇寧二名，乃南朝章后、宣后二陵名也，亦當時文臣不學之過。"[3] 如此種種，真是處處陷阱，難怪養了一大幫出類拔萃文人的皇帝，還是要哀嘆"獨難得美名"。

  總之，語言及其書寫符號文字，并非僅是社會交往工具，還是人們精神世界

1　王得臣：《麈史》卷上"睿謨"，第 6 頁。
2　蔡絛：《鐵圍山叢談》卷一，第 158~159 頁。
3　袁文：《甕牖閒評》卷三，第 159 頁。

表現和宣泄的渠道,語言禁忌的内容無論有多荒誕,都是時人精神文化的反映。語言禁忌存在於宋代整個社會,上至達官貴人,下至平民百姓,多數不能免俗,正説明宋人普遍認同這一觀念,即語言與其代表的真實内容之間具有同一的效應關係。這一基於交感巫術而形成的認識,會隨着人們對自然、社會掌控能力的提高逐漸淡化,祇是千年以前的宋代,距離這個境界還是十分遥遠的。

參考書目

一、宋代筆記史料（按筆記名音序排列）

A

葉寘：《愛日齋叢鈔》，《説郛三種》第三册，上海古籍出版社，1988年。

B

張仲文：《白獺髓》，《説郛三種》第四册，上海古籍出版社，1988年。

孫光憲撰，俞鋼整理：《北夢瑣言》，《全宋筆記》第一編第一册，大象出版社，2014年。

趙汝礪：《北苑别録》，《説郛三種》第七册，上海古籍出版社，1988年。

葉夢得撰，徐時儀整理：《避暑録話》，《全宋筆記》第二編第十册，大象出版社，2006年。

趙與時撰，姜漢椿整理：《賓退録》，《全宋筆記》第六編第十册，大象出版社，2013年。

方勺撰，許沛藻、燕永成整理：《泊宅編》，《全宋筆記》第二編第八册，大象出版社，2006年。

陳長方撰，許沛藻整理：《步里客談》，《全宋筆記》第四編第四册，大象出版社，2008年。

C

秦觀：《蠶書》，《説郛三種》第八册，上海古籍出版社，1988年。

俞文豹撰，張宗祥校訂：《吹劍録全編》，古典文學出版社，1958年。

何薳撰，儲玲玲整理：《春渚紀聞》，《全宋筆記》第三編第三册，大象出版社，2008年。

D

佚名撰，趙維國整理：《道山清話》，《全宋筆記》第二編第一册，大象出版社，2006年。

孟元老撰，伊永文整理：《東京夢華録》，《全宋筆記》第五編第一册，大象出版社，

2012年。

蘇軾撰,孔凡禮整理:《東坡志林》,《全宋筆記》第一編第九冊,大象出版社,2014年。
魏泰撰,燕永成整理:《東軒筆錄》,《全宋筆記》第二編第八冊,大象出版社,2006年。
龔鼎臣撰,黃寶華整理:《東原錄》,《全宋筆記》第八編第九冊,大象出版社,2017年。
范鎮撰,汝沛、永成整理:《東齋記事》,《全宋筆記》第一編第六冊,大象出版社,2014年。
趙希鵠撰,鍾翀整理:《洞天清禄》,《全宋筆記》第七編第二冊,大象出版社,2016年。
耐得翁撰,湯勤福整理:《都城紀勝》,《全宋筆記》第八編第五冊,大象出版社,2017年。
曾敏行撰,朱杰人標校:《獨醒雜志》,上海古籍出版社,1986年。

E

周必大撰,李昌憲整理:《二老堂雜志》,《全宋筆記》第五編第八冊,大象出版社,2012年。

F

西湖老人撰,黃純艷整理:《繁勝錄》,《全宋筆記》第八編第五冊,大象出版社,2017年。
百歲老人袁褧撰,俞鋼、王彩燕整理:《楓窗小牘》,《全宋筆記》第四編第五冊,大象出版社,2008年。

G

蘇軾:《格物粗談》,《叢書集成新編》第43冊,臺灣新文豐出版公司,1985年。
歐陽修撰,儲玲玲整理:《歸田錄》,《全宋筆記》第一編第五冊,大象出版社,2014年。
周密撰,范熒整理:《癸辛雜識》,《全宋筆記》第八編第二冊,大象出版社,2017年。
張端義撰,許沛藻、劉宇整理:《貴耳集》,《全宋筆記》第六編第十冊,大象出版社,2013年。
范公偁撰,儲玲玲整理:《過庭錄》,《全宋筆記》第六編第五冊,大象出版社,2013年。

H

葉廷珪:《海錄碎事》,《景印文淵閣四庫全書》第921冊,臺灣商務印書館,1986年。
羅大經撰,王瑞來點校:《鶴林玉露》,中華書局,1983年。
趙令畤撰,孔凡禮整理:《侯鯖錄》,《全宋筆記》第二編第六冊,大象出版社,2006年。
李元綱撰,朱旭強整理:《厚德錄》,《全宋筆記》第六編第二冊,大象出版社,2013年。

陳師道撰,李偉國整理:《後山談叢》,《全宋筆記》第二編第六冊,大象出版社,2012年。

張舜民撰,湯勤福整理:《畫墁錄》,《全宋筆記》第二編第一冊,大象出版社,2006年。

米芾撰,吳曉琴、湯勤福整理:《畫史》,《全宋筆記》第二編第四冊,大象出版社,2006年。

黃震:《黃氏日鈔》,《景印文淵閣四庫全書》第707、708冊,臺灣商務印書館,1986年。

王明清撰,燕永成整理:《揮麈後錄》,《全宋筆記》第六編第一冊,大象出版社,2013年。

王明清撰,燕永成整理:《揮麈錄餘話》,《全宋筆記》第六編第二冊,大象出版社,2013年。

王明清撰,燕永成整理:《揮麈前錄》,《全宋筆記》第六編第一冊,大象出版社,2013年。

J

莊綽撰,夏廣興整理:《雞肋編》,《全宋筆記》第四編第七冊,大象出版社,2008年。

徐鉉撰,傅成校點:《稽神錄》,上海古籍出版社,2012年。

施青臣:《繼古叢編》,《說郛三種》第四冊,上海古籍出版社,1988年。

佚名:《嘉蓮燕語》,《說郛三種》第四冊,上海古籍出版社,1988年。

陸游撰,李昌憲整理:《家世舊聞》,《全宋筆記》第五編第八冊,大象出版社,2012年。

李心傳撰,徐規整理:《建炎以來朝野雜記》,《全宋筆記》第六編第七冊,大象出版社,2013年。

江休復撰,儲玲玲整理:《江鄰幾雜志》,《全宋筆記》第一編第五冊,大象出版社,2014年。

龔頤正撰,李國強整理:《芥隱筆記》,《全宋筆記》第五編第二冊,大象出版社,2012年。

趙□撰,湯勤福整理:《就日錄》,《全宋筆記》第八編第五冊,大象出版社,2017年。

林希:《蘺堂野史》,《說郛三種》第四冊,上海古籍出版社,1988年。

張師正撰,李裕民整理:《倦游雜錄》,《全宋筆記》第八編第九冊,大象出版社,2017年。

K

張知甫撰,孔凡禮整理:《可書》,《全宋筆記》第四編第三册,大象出版社,2008年。

趙叔問撰,戴建國、趙龍整理:《肯綮錄》,《全宋筆記》第三編第六册,大象出版社,2008年。

郭彖撰,李夢生點校:《睽車志》,上海古籍出版社,2012年。

張師正撰,傅成點校:《括异志》,上海古籍出版社,2012年。

L

馬永卿撰,查清華、顧曉雯整理:《懶真子》,《全宋筆記》第三編第六册,大象出版社,2008年。

陸游撰,李昌憲整理:《老學庵筆記》,《全宋筆記》第五編第八册,大象出版社,2012年。

李昌齡:《樂善錄》,《續修四庫全書》第1266册,上海古籍出版社,2003年。

曾慥:《類説》,《景印文淵閣四庫全書》第873册,臺灣商務印書館,1986年。

釋惠洪撰,黃寶華整理:《冷齋夜話》,《全宋筆記》第二編第九册,大象出版社,2006年。

費袞撰,金圓整理:《梁谿漫志》,《全宋筆記》第五編第二册,大象出版社,2012年。

高文虎:《蓼花洲閒錄》,《説郛三種》第五册,上海古籍出版社,1988年。

釋惠洪:《林間錄》,《景印文淵閣四庫全書》第1052册,臺灣商務印書館,1986年。

周去非撰,查清華整理:《嶺外代答》,《全宋筆記》第六編第三册,大象出版社,2013年。

蘇轍撰,孔凡禮整理:《龍川略志》,《全宋筆記》第一編第九册,大象出版社,2014年。

劉昌詩撰,張容錚、秦呈瑞點校:《蘆浦筆記》,中華書局,1986年。

吕希哲撰,夏廣興整理:《吕氏雜記》,《全宋筆記》第一編第十册,大象出版社,2014年。

張齊賢撰,俞鋼整理:《洛陽搢紳舊聞記》,《全宋筆記》第一編第二册,大象出版社,2014年。

M

黃休復撰,趙維國整理:《茅亭客話》,《全宋筆記》第二編第一册,大象出版社,2006年。

陳善撰,查清華整理:《捫虱新話》,《全宋筆記》第五編第十册,大象出版社,2012年。

吳自牧撰,黃純艷整理:《夢粱錄》,《全宋筆記》第八編第五冊,大象出版社,2017年。

沈括撰,胡靜宜整理:《夢溪筆談》,《全宋筆記》第二編第三冊,大象出版社,2006年。

謝采伯撰,李偉國整理:《密齋筆記》,《全宋筆記》第七編第八冊,大象出版社,2016年。

張耒撰,查清華、潘超群整理:《明道雜志》,《全宋筆記》第二編第七冊,大象出版社,2006年。

王銍撰,湯勤福、白雪松整理:《默記》,《全宋筆記》第四編第三冊,大象出版社,2008年。

彭□撰,孔凡禮整理:《墨客揮犀》,《全宋筆記》第三編第一冊,大象出版社,2008年。

張邦基撰,金圓整理:《墨莊漫錄》,《全宋筆記》第三編第九冊,大象出版社,2008年。

N

錢易撰,虞雲國、吳愛芬整理:《南部新書》,《全宋筆記》第一編第四冊,大象出版社,2014年。

方信孺:《南海百詠》,《叢書集成新編》第94冊,臺灣新文豐出版公司,1985年。

吳曾撰,劉宇整理:《能改齋漫錄》,《全宋筆記》第五編第三、四冊,大象出版社,2012年。

P

朱彧撰,李偉國整理:《萍洲可談》,《全宋筆記》第二編第六冊,大象出版社,2006年。

Q

周密撰,張茂鵬點校:《齊東野語》,中華書局,1983年。

陳鵠撰,儲玲玲整理:《耆舊續聞》,《全宋筆記》第六編第五冊,大象出版社,2013年。

錢世昭撰,查清華、潘超群整理:《錢氏私志》,《全宋筆記》第二編第七冊,大象出版社,2006年。

鄭玉道、彭仲剛撰,應俊輯補:《琴堂諭俗編》,《景印文淵閣四庫全書》第865冊,臺灣商務印書館,1986年。

周煇撰,劉永翔、許丹整理:《清波雜志》,《全宋筆記》第五編第九冊,大象出版社,2012年。

陶穀撰,鄭村聲、俞鋼整理:《清異錄》,《全宋筆記》第一編第二冊,大象出版社,2014年。

劉斧撰,李國強整理:《青瑣高議》,《全宋筆記》第二編第二冊,大象出版社,2006年。

吳處厚撰，夏廣興整理：《青箱雜記》，《全宋筆記》第一編第十冊，大象出版社，2014年。

蘇軾撰，孔凡禮整理：《仇池筆記》，《全宋筆記》第一編第九冊，大象出版社，2014年。

朱弁撰，張劍光整理：《曲洧舊聞》，《全宋筆記》第三編第七冊，大象出版社，2008年。

儲泳：《祛疑說》，《叢書集成新編》第33冊，臺灣新文豐出版公司，1985年。

徐度撰，朱凱、姜漢椿整理：《却掃編》，《全宋筆記》第三編第十冊，大象出版社，2008年。

R

洪邁撰，孔凡禮整理：《容齋三筆》，《全宋筆記》第五編第六冊，大象出版社，2012年。

洪邁撰，孔凡禮整理：《容齋四筆》，《全宋筆記》第五編第六冊，大象出版社，2012年。

洪邁撰，孔凡禮整理：《容齋隨筆》，《全宋筆記》第五編第五冊，大象出版社，2012年。

洪邁撰，孔凡禮整理：《容齋五筆》，《全宋筆記》第五編第六冊，大象出版社，2012年。

洪邁撰，孔凡禮整理：《容齋續筆》，《全宋筆記》第五編第五冊，大象出版社，2012年。

田況撰，儲玲玲整理：《儒林公議》，《全宋筆記》第一編第五冊，大象出版社，2014年。

陸游撰，李昌憲整理：《入蜀記》，《全宋筆記》第五編第八冊，大象出版社，2012年。

S

邵博撰，夏廣興整理：《邵氏聞見後錄》，《全宋筆記》第四編第六冊，大象出版社，2008年。

王闢之撰，金圓整理：《澠水燕談錄》，《全宋筆記》第二編第四冊，大象出版社，2006年。

李廌撰，查清華、潘超群整理：《師友談記》，《全宋筆記》第二編第七冊，大象出版社，2006年。

葉夢得撰，徐時儀整理：《石林燕語》，《全宋筆記》第二編第十冊，大象出版社，2006年。

羅璧：《識遺》，《景印文淵閣四庫全書》第854冊，臺灣商務印書館，1986年。

戴埴撰，儲玲玲整理：《鼠璞》，《全宋筆記》第八編第四冊，大象出版社，2017年。

葉紹翁撰，張劍光、周紹華整理：《四朝聞見錄》，《全宋筆記》第六編第九冊，大象出版社，2013年。

潘永因編，劉卓英點校：《宋稗類鈔》，書目文獻出版社，1985年。

江少虞：《宋朝事實類苑》，上海古籍出版社，1981年。

司馬光撰，鄧廣銘、張希清整理：《涑水記聞》，《全宋筆記》第一編第七册，大象出版社，2014年。

孫升撰，趙維國整理：《孫公談圃》，《全宋筆記》第二編第一册，大象出版社，2006年。

T

李昉等編：《太平廣記》，中華書局，1961年。

孔平仲撰，池潔整理：《談苑》，《全宋筆記》第二編第五册，大象出版社，2006年。

趙希鵠：《調燮類編》，《叢書集成新編》第8册，臺灣新文豐出版公司，1985年。

蔡絛撰，李國強整理：《鐵圍山叢談》，《全宋筆記》第三編第九册，大象出版社，2008年。

岳珂撰，吳企明點校：《桯史》，中華書局，1981年。

王明清撰，燕永成整理：《投轄錄》，《全宋筆記》第六編第二册，大象出版社，2013年。

W

王欽臣撰，儲玲玲整理：《王氏談錄》，《全宋筆記》第三編第三册，大象出版社，2008年。

龐元英撰，金圓整理：《文昌雜錄》，《全宋筆記》第二編第四册，大象出版社，2006年。

王鞏撰，戴建國整理：《聞見近錄》，《全宋筆記》第二編第六册，大象出版社，2006年。

邵伯溫撰，查清華、潘超群整理：《聞見錄》，《全宋筆記》第二編第七册，大象出版社，2006年。

袁文撰，李偉國整理：《甕牖閒評》，《全宋筆記》第四編第七册，大象出版社，2008年。

范成大撰，方健整理：《吳船錄》，《全宋筆記》第五編第七册，大象出版社，2012年。

周密撰，范熒整理：《武林舊事》，《全宋筆記》第八編第二册，大象出版社，2017年。

X

姚寬撰，湯勤福、宋斐飛整理：《西溪叢語》，《全宋筆記》第四編第三册，大象出版社，2008年。

俞琰：《席上腐談》，《叢書集成新編》第12册，臺灣新文豐出版公司，1985年。

葉適：《習學記言》，《景印文淵閣四庫全書》第849册，臺灣商務印書館，1986年。

魯應龍撰，儲玲玲整理：《閑窗括异志》，《全宋筆記》第八編第四册，大象出版社，2017年。

釋文瑩撰，鄭世剛整理：《湘山野錄》，《全宋筆記》第一編第六册，大象出版社，2014年。

太平老人:《袖中錦》,《叢書集成新編》第87冊,臺灣新文豐出版公司,1985年。

彭□撰,孔凡禮整理:《續墨客揮犀》,《全宋筆記》第三編第一冊,大象出版社,2008年。

王觀國撰,徐時儀、鄭曉霞整理:《學林》,《全宋筆記》第四編第一、二冊,大象出版社,2008年。

Y

呂頤浩撰,燕永成整理:《燕魏雜記》,《全宋筆記》第二編第八冊,大象出版社,2006年。

葉夢得撰,徐時儀整理:《巖下放言》,《全宋筆記》第二編第九冊,大象出版社,2006年。

程大昌撰,許沛藻、劉宇整理:《演繁露》,《全宋筆記》第四編第八、九冊,大象出版社,2008年。

王栐撰,誠剛點校:《燕翼詒謀錄》,中華書局,1984年。

楊億口述,黃鑒筆錄,宋庠重訂,李裕民整理:《楊文公談苑》,《全宋筆記》第八編第九冊,大象出版社,2017年。

王楙撰,儲玲玲整理:《野客叢書》,《全宋筆記》第六編第六冊,大象出版社,2013年。

洪邁撰,何卓點校:《夷堅志》,中華書局,1981年。

朱翌撰,朱凱、姜漢椿整理:《猗覺寮雜記》,《全宋筆記》第三編第十冊,大象出版社,2008年。

張世南撰,張茂鵬點校:《游宦紀聞》,中華書局,1981年。

釋文瑩撰,鄭世剛整理:《玉壺清話》,《全宋筆記》第一編第六冊,大象出版社,2014年。

錢惟演:《玉堂逢辰錄》,《說郛三種》第五冊,上海古籍出版社,1988年。

王明清撰,戴建國、趙龍整理:《玉照新志》,《全宋筆記》第六編第二冊,大象出版社,2013年。

范致明撰,查清華、潘超群整理:《岳陽風土記》,《全宋筆記》第二編第七冊,大象出版社,2006年。

杜綰:《雲林石譜》,《說郛三種》第七冊,上海古籍出版社,1988年。

趙彥衛撰,朱旭強整理:《雲麓漫鈔》,《全宋筆記》第六編第四冊,大象出版社,2013年。

釋曉瑩撰,夏廣興整理:《雲卧紀談》,《全宋筆記》第五編第二册,大象出版社,2012年。

Z

龔明之撰,張劍光整理:《中吳紀聞》,《全宋筆記》第三編第七册,大象出版社,2008年。

王得臣撰,黃純艷整理:《麈史》,《全宋筆記》第一編第十册,大象出版社,2014年。
趙善璙:《自警編》,《景印文淵閣四庫全書》第875册,臺灣商務印書館,1986年。
金盈之:《醉翁談錄》,《續修四庫全書》第1166册,上海古籍出版社,2003年。
羅從彥撰,黃寶華整理:《遵堯錄》,《全宋筆記》第二編第九册,大象出版社,2006年。

二、其他文獻資料(按經史子集順序排列)

〔唐〕孔穎達:《周易正義》,中華書局影印阮元校刻《十三經注疏》本,1980年。

〔唐〕孔穎達:《尚書正義》,中華書局影印阮元校刻《十三經注疏》本,1980年。

〔唐〕孔穎達:《毛詩正義》,中華書局影印阮元校刻《十三經注疏》本,1980年。

〔唐〕賈公彦:《周禮注疏》,中華書局影印阮元校刻《十三經注疏》本,1980年。

〔唐〕孔穎達:《禮記正義》,中華書局影印阮元校刻《十三經注疏》本,1980年。

〔唐〕孔穎達:《春秋左傳正義》,中華書局影印阮元校刻《十三經注疏》本,1980年。

〔唐〕楊士勛:《春秋穀梁傳注疏》,中華書局影印阮元校刻《十三經注疏》本,1980年。

〔宋〕邢昺:《爾雅注疏》,中華書局影印阮元校刻《十三經注疏》本,1980年。

〔宋〕王稱:《東都事略》,臺灣文海出版社影印本,1979年。

〔漢〕司馬遷:《史記》,中華書局,1959年。

〔漢〕班固:《漢書》,中華書局,1962年。

〔劉宋〕范曄:《後漢書》,中華書局,1965年。

〔晉〕陳壽:《三國志》,中華書局,1959年。

〔唐〕房玄齡等:《晉書》,中華書局,1974年。

〔後晉〕劉昫等:《舊唐書》,中華書局,1975年。

〔宋〕歐陽修、宋祁:《新唐書》,中華書局,1975年。

〔宋〕薛居正等:《舊五代史》,中華書局,1976年。

〔元〕脱脱等:《宋史》,中華書局,1977年。

〔宋〕李燾:《續資治通鑒長編》,中華書局,1995 年。

〔宋〕李心傳:《建炎以來繫年要錄》,中華書局,1988 年。

〔清〕畢沅:《續資治通鑒》,上海古籍出版社影印本,1987 年。

〔宋〕熊克:《中興小紀》,臺灣文海出版社,1968 年。

〔唐〕杜佑:《通典》(影印本),中華書局,1984 年。

〔元〕馬端臨:《文獻通考》,中華書局,1986 年。

〔清〕張廷玉等:《續文獻通考》,商務印書館,1936 年。

〔唐〕蕭嵩等:《大唐開元禮》,《景印文淵閣四庫全書》第 646 册,臺灣商務印書館,1986 年。

〔宋〕宋敏求:《唐大詔令集》,商務印書館,1959 年。

〔清〕徐松輯,劉琳等點校:《宋會要輯稿》,上海古籍出版社,2014 年。

〔宋〕謝深甫監修:《慶元條法事類》,中國書店,1990 年。

〔唐〕李肇:《翰林志》,《景印文淵閣四庫全書》第 595 册,臺灣商務印書館,1986 年。

中國社會科學院歷史研究所宋遼金元史研究室點校:《名公書判清明集》,中華書局,1987 年。

〔宋〕李攸:《宋朝事實》,《叢書集成新編》第 28 册,臺灣新文豐出版公司,1985 年。

〔宋〕司馬光:《書儀》,《叢書集成新編》第 35 册,臺灣新文豐出版公司,1985 年。

〔宋〕李幼武:《宋名臣言行録·別集》,《景印文淵閣四庫全書》第 449 册,臺灣商務印書館,1986 年。

〔宋〕贊寧撰,范祥雍點校:《宋高僧傳》,中華書局,1987 年。

〔梁〕宗懍:《荆楚歲時記》,《景印文淵閣四庫全書》第 589 册,臺灣商務印書館,1986 年。

〔唐〕韓鄂:《歲華紀麗》,《叢書集成新編》第 7 册,臺灣新文豐出版公司,1985 年。

〔宋〕陳元靚:《歲時廣記》,《叢書集成新編》第 43 册,臺灣新文豐出版公司,1985 年。

〔宋〕高承撰,金圓、許沛藻點校:《事物紀原》,中華書局,1989 年。

〔宋〕樂史:《太平寰宇記》,《景印文淵閣四庫全書》第 469、470 册,臺灣商務印書館,1986 年。

〔宋〕王象之:《輿地紀勝》,中華書局,1992 年。

〔宋〕王象之:《輿地碑記目》,《叢書集成新編》第 51 册,臺灣新文豐出版公司,1985 年。

〔宋〕范成大:《吳郡志》,《宋元方志叢刊》第一册,中華書局,1990年。

〔宋〕孫應時:《琴川志》,《宋元方志叢刊》第二册,中華書局,1990年。

〔宋〕周應合:《景定建康志》,《宋元方志叢刊》第二册,中華書局,1990年。

〔元〕潛説友:《咸淳臨安志》,《宋元方志叢刊》第四册,中華書局,1990年。

〔宋〕鄭瑶、方仁榮:《景定嚴州續志》,《宋元方志叢刊》第五册,中華書局,1990年。

〔宋〕羅濬等:《寶慶四明志》,《宋元方志叢刊》第五册,中華書局,1990年。

〔宋〕施宿:《嘉泰會稽志》,《宋元方志叢刊》第七册,中華書局,1990年。

〔宋〕陳耆卿:《嘉定赤城志》,《宋元方志叢刊》第七册,中華書局,1990年。

〔明〕田汝成:《西湖游覽志》,上海古籍出版社,1998年。

〔明〕田汝成:《西湖游覽志餘》,上海古籍出版社,1998年。

〔清〕覺羅石麟等:《山西通志》,《景印文淵閣四庫全書》第548册,臺灣商務印書館,1986年。

〔清〕郝玉麟等:《福建通志》,《景印文淵閣四庫全書》第530册,臺灣商務印書館,1986年。

〔清〕陳時修,介孝璿纂:〔康熙〕《解州志》,《北京大學圖書館藏希見方志叢刊》第43册,國家圖書館出版社,2013年。

〔漢〕董仲舒:《春秋繁露》,《二十二子》,上海古籍出版社,1986年。

〔漢〕班固:《白虎通義》,《景印文淵閣四庫全書》第850册,臺灣商務印書館,1986年。

〔晉〕郭璞傳,袁珂校注:《山海經校注》,巴蜀書社,1993年。

〔漢〕王充撰,黄暉校釋:《論衡校釋》,《新編諸子集成》本,中華書局,1990年。

〔北齊〕顏之推撰,王利器集解:《顏氏家訓集解》,上海古籍出版社,1980年。

楊伯峻:《列子集釋》,中華書局,1979年。

〔宋〕程顥、程頤撰,王孝魚點校:《二程集·河南程氏遺書》,中華書局,1981年。

〔宋〕黎靖德編,王星賢點校:《朱子語類》,中華書局,1986年。

〔宋〕陳淳撰,熊國禎、高流水點校:《北溪字義》,中華書局,1983年。

〔宋〕劉清之:《戒子通錄》,《景印文淵閣四庫全書》第703册,臺灣商務印書館,1986年。

〔晉〕張華撰,范寧校證:《博物志校證》,中華書局,1980年。

〔晉〕干寶撰,汪紹楹校注:《搜神記》,中華書局,1979年。

〔劉宋〕劉敬叔：《异苑》，《景印文淵閣四庫全書》第 1042 冊，臺灣商務印書館，1986 年。

〔唐〕趙璘：《因話錄》，上海古籍出版社，1979 年。

〔唐〕段成式撰，方南生點校：《酉陽雜俎》，中華書局，1981 年。

〔唐〕封演撰，趙貞信校注：《封氏聞見記》，中華書局，2005 年。

〔唐〕丘光庭：《兼明書》，《叢書集成新編》第 11 冊，臺灣新文豐出版公司，1985 年。

〔元〕劉塤：《隱居通議》，《景印文淵閣四庫全書》第 866 冊，臺灣商務印書館，1986 年。

〔宋〕熊蕃：《宣和北苑貢茶錄》，《景印文淵閣四庫全書》第 844 冊，臺灣商務印書館，1986 年。

〔宋〕佚名：《宣和畫譜》，《叢書集成新編》第 53 冊，臺灣新文豐出版公司，1985 年。

〔宋〕郭若虛：《圖畫見聞志》，人民美術出版社，1963 年。

〔宋〕鄧椿：《畫繼》，人民美術出版社，1963 年。

〔明〕戚繼光：《練兵雜記》，《景印文淵閣四庫全書》第 728 冊，臺灣商務印書館，1986 年。

〔宋〕佚名：《分門古今類事》，《景印文淵閣四庫全書》第 1047 冊，臺灣商務印書館，1986 年。

〔宋〕祝穆：《古今事文類聚》，《景印文淵閣四庫全書》第 925 冊，臺灣商務印書館，1986 年。

〔明〕陳耀文：《天中記》，《景印文淵閣四庫全書》第 962 冊，臺灣商務印書館，1986 年。

〔清〕姚之駰：《元明事類鈔》，《景印文淵閣四庫全書》第 884 冊，臺灣商務印書館，1986 年。

〔唐〕孫思邈：《備急千金要方》，《景印文淵閣四庫全書》第 735 冊，臺灣商務印書館，1986 年。

〔宋〕唐慎微：《證類本草》，《景印文淵閣四庫全書》第 740 冊，臺灣商務印書館，1986 年。

〔宋〕佚名撰，何大任校訂：《小兒衛生總微論方》，《景印文淵閣四庫全書》第 741 冊，臺灣商務印書館，1986 年。

〔梁〕陶弘景：《洞玄靈寶真靈位業圖》，《中華道藏》第二冊，華夏出版社，2004 年。

〔宋〕劉詞:《混俗頤生録》,《中華道藏》第二三册,華夏出版社,2004 年。

〔晋〕葛洪著,王明校釋:《抱朴子内篇校釋》,《新編諸子集成》第 37 册,中華書局,1986 年。

〔晋〕葛洪著,楊明照撰:《抱朴子外篇校箋》,《新編諸子集成》第 38 册,中華書局,1991 年。

〔梁〕陶弘景:《真誥》,《景印文淵閣四庫全書》第 1059 册,臺灣商務印書館,1986 年。

〔唐〕釋道世撰,周叔迦、蘇晋仁校注:《法苑珠林校注》,中華書局,2003 年。

〔元〕釋念常:《佛祖歷代通載》,《景印文淵閣四庫全書》第 1054 册,臺灣商務印書館,1986 年。

《大正新修大藏經》,日本東京大藏經刊行會發行,2001 年。

〔宋〕韓琦:《安陽集》,《景印文淵閣四庫全書》第 1089 册,臺灣商務印書館,1986 年。

〔清〕俞樾:《茶香室三鈔》,《筆記小說大觀》第二三編第七册,臺灣新興書局,1962 年。

〔宋〕沈括:《長興集》,《景印文淵閣四庫全書》第 1117 册,臺灣商務印書館,1986 年。

〔宋〕楊萬里:《誠齋集》,《景印文淵閣四庫全書》第 1160 册,臺灣商務印書館,1986 年。

〔宋〕洪興祖:《楚辭補注》,中華書局,1983 年。

〔宋〕鄒浩:《道鄉集》,《景印文淵閣四庫全書》第 1121 册,臺灣商務印書館,1986 年。

〔宋〕范成大:《范石湖集》,上海古籍出版社,1981 年。

〔清〕趙翼撰,欒保群、吕宗力校點:《陔餘叢考》,河北人民出版社,1990 年。

〔宋〕陳襄:《古靈集》,《景印文淵閣四庫全書》第 1093 册,臺灣商務印書館,1986 年。

〔宋〕李之儀:《姑溪居士集》,《景印文淵閣四庫全書》第 1120 册,臺灣商務印書館,1986 年。

〔宋〕張咏:《乖崖集》,《景印文淵閣四庫全書》第 1085 册,臺灣商務印書館,1986 年。

〔宋〕周麟之:《海陵集》,《景印文淵閣四庫全書》第 1142 册,臺灣商務印書館,1986 年。

〔宋〕張九成:《橫浦集》,《景印文淵閣四庫全書》第 1138 册,臺灣商務印書館,1986 年。

〔宋〕朱熹撰,朱杰人、嚴佐之、劉永翔主編:《晦庵先生朱文公文集》,《朱子全書》,上海古籍出版社、安徽教育出版社,2002 年。

〔宋〕蘇洵:《嘉祐集》,《景印文淵閣四庫全書》第1104册,臺灣商務印書館,1986年。

〔宋〕陸游撰,錢鍾聯校注:《劍南詩稿校注》,上海古籍出版社,1985年。

〔宋〕張耒:《柯山集》,《叢書集成新編》第62册,臺灣新文豐出版公司,1985年。

〔宋〕陳思編:《兩宋明賢小集》,《景印文淵閣四庫全書》第1363册,臺灣商務印書館,1986年。

〔宋〕李綱:《梁溪集》,《景印文淵閣四庫全書》第1125册,臺灣商務印書館,1986年。

〔清〕王應奎:《柳南隨筆》,《叢書集成新編》第89册,臺灣新文豐出版公司,1985年。

〔宋〕張元幹:《蘆川歸來集》,《景印文淵閣四庫全書》第1136册,臺灣商務印書館,1986年。

〔宋〕劉宰:《漫塘集》,《景印文淵閣四庫全書》第1170册,臺灣商務印書館,1986年。

〔宋〕黄榦:《勉齋集》,《景印文淵閣四庫全書》第1168册,臺灣商務印書館,1986年。

〔宋〕陳淵:《默堂集》,《景印文淵閣四庫全書》第1139册,臺灣商務印書館,1986年。

〔宋〕穆修:《穆參軍集》,《景印文淵閣四庫全書》第1087册,臺灣商務印書館,1986年。

〔宋〕歐陽修撰,李逸安點校:《歐陽修全集》,中華書局,2001年。

〔元〕袁桷:《清容居士集》,《景印文淵閣四庫全書》第1203册,臺灣商務印書館,1986年。

〔宋〕徐鉉:《騎省集》,《景印文淵閣四庫全書》第1085册,臺灣商務印書館,1986年。

〔宋〕衛宗武:《秋聲集》,《景印文淵閣四庫全書》第1187册,臺灣商務印書館,1986年。

〔清〕顧炎武撰,黄汝成集釋:《日知錄集釋》,嶽麓書社,1994年。

〔宋〕黄庭堅:《山谷集》,《景印文淵閣四庫全書》第1113册,臺灣商務印書館,1986年。

〔宋〕阮閱編,周本淳校點:《詩話總龜》,人民文學出版社,1987年。

〔清〕錢大昕:《十駕齋養新錄》,上海書店,1983年。

〔宋〕葉適:《水心集》,《景印文淵閣四庫全書》第1164册,臺灣商務印書館,1986年。

〔清〕厲鶚輯撰:《宋詩紀事》,上海古籍出版社,1983年。

〔宋〕宋濂:《宋學士文集》,《四部叢刊初編》本。

〔宋〕蘇軾撰,孔凡禮點校:《蘇軾詩集》,中華書局,1982年。

〔宋〕蘇軾撰,孔凡禮點校:《蘇軾文集》,中華書局,1986年。

〔宋〕周紫芝:《太倉稊米集》,《景印文淵閣四庫全書》第 1141 册,臺灣商務印書館,1986 年。

〔宋〕釋契嵩:《鐔津集》,《景印文淵閣四庫全書》第 1091 册,臺灣商務印書館,1986 年。

〔宋〕胡仔纂集,廖德明校點:《苕溪漁隱叢話》,人民文學出版社,1984 年。

〔宋〕梅堯臣:《宛陵集》,《景印文淵閣四庫全書》第 1099 册,臺灣商務印書館,1986 年。

〔元〕貢師泰:《玩齋集》,《景印文淵閣四庫全書》第 1215 册,臺灣商務印書館,1986 年。

〔宋〕司馬光:《溫國文正司馬公文集》,《四部叢刊初編》本。

〔宋〕李昉等:《文苑英華》,中華書局影印本,1966 年。

〔宋〕真德秀:《西山文集》,《景印文淵閣四庫全書》第 1174 册,臺灣商務印書館,1986 年。

〔宋〕許翰:《襄陵文集》,《景印文淵閣四庫全書》第 1123 册,臺灣商務印書館,1986 年。

〔宋〕陸九淵:《象山集》,《景印文淵閣四庫全書》第 1156 册,臺灣商務印書館,1986 年。

〔宋〕王禹偁:《小畜集》,《景印文淵閣四庫全書》第 1086 册,臺灣商務印書館,1986 年。

〔宋〕李覯:《盱江集》,《景印文淵閣四庫全書》第 1095 册,臺灣商務印書館,1986 年。

〔唐〕方干:《玄英集》,《景印文淵閣四庫全書》第 1084 册,臺灣商務印書館,1986 年。

〔宋〕姚勉:《雪坡集》,《景印文淵閣四庫全書》第 1184 册,臺灣商務印書館,1986 年。

〔宋〕曾鞏:《元豐類稿》,《景印文淵閣四庫全書》第 1098 册,臺灣商務印書館,1986 年。

〔宋〕宋庠:《元憲集》,《景印文淵閣四庫全書》第 1087 册,臺灣商務印書館,1986 年。

〔宋〕家鉉翁:《則堂集》,《景印文淵閣四庫全書》第 1189 册,臺灣商務印書館,1986 年。

〔宋〕張載撰,章錫琛點校:《張載集》,中華書局,1978 年。

〔宋〕孫應時:《燭湖集》,《景印文淵閣四庫全書》第 1166 册,臺灣商務印書館,1986 年。

〔宋〕石介:《徂徠集》,《景印文淵閣四庫全書》第1090册,臺灣商務印書館,1986年。

三、主要參考論著(按書名音序排列)

[美]韓森著,包偉民譯:《變遷之神》,浙江人民出版社,1999年。

葛兆光:《禪宗與中國文化》,上海人民出版社,1986年。

葛兆光:《道教與中國文化》,上海人民出版社,1987年。

張總:《地藏信仰研究》,宗教文化出版社,2003年。

李喬:《行業神崇拜:中國民衆造神運動研究》,中國文聯出版社,2000年。

[日]鎌田茂雄著,鄭彭年譯:《簡明中國佛教史》,上海譯文出版社,1986年。

嚴耀中:《江南佛教史》,上海人民出版社,2000年。

[英]弗雷澤著,徐育新等譯:《金枝》,中國民間文藝出版社,1987年。

程千帆、吳新雷:《兩宋文學史》,上海古籍出版社,1991年。

朱瑞熙、張邦煒、王曾瑜等:《遼宋西夏金社會生活史》,中國社會科學出版社,1998年。

游彪:《廟堂之上與江湖之間》,北京師範大學出版社,2011年。

鄭丞良:《南宋明州先賢祠研究》,上海古籍出版社,2013年。

楊倩描:《南宋宗教史》,人民出版社,2008年。

程民生:《神人同居的世界》,河南人民出版社,1993年。

閆孟祥:《宋代佛教史》,人民出版社,2013年。

劉黎明:《宋代民間巫術研究》,四川出版集團巴蜀書社,2004年。

楊曉紅:《宋代民間信仰與政府控制》,西南交通大學出版社,2010年。

皮慶生:《宋代民衆祠神信仰研究》,上海古籍出版社,2008年。

方燕:《巫文化視域下的宋代女性》,中華書局,2008年。

宋兆麟:《巫覡——人與鬼神之間》,學苑出版社,2001年。

卿希泰主編:《中國道教史》,四川人民出版社,1996年。

徐吉軍、方建新、方健等:《中國風俗通史·宋代卷》,上海文藝出版社,2001年。

胡新生:《中國古代巫術史》,山東人民出版社,1998年。

王見川、皮慶生:《中國近世民間信仰》,上海人民出版社,2010年。

烏丙安:《中國民間信仰》,上海人民出版社,1996年。

王景琳等:《中國民間信仰風俗辭典》,中國文聯出版公司,1992年。

高國藩:《中國巫術史》,上海三聯書店,1999年。

何星亮:《中國自然崇拜》,江蘇人民出版社,2008年。